한국
궁중무용사

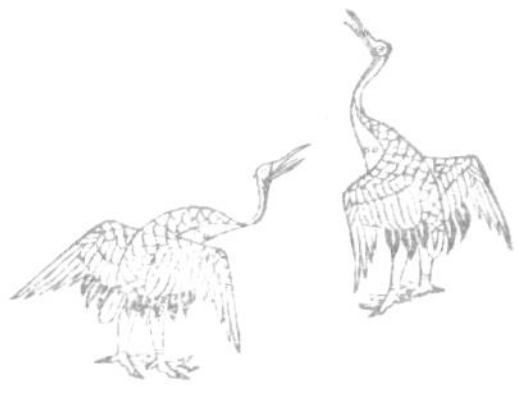

숭실대학교한국문학과예술연구소 학술총서 55

한국 궁중무용사

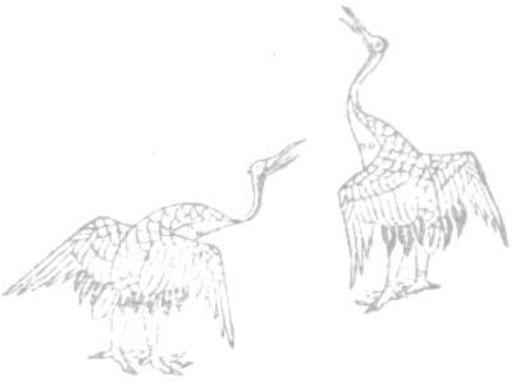

손선숙

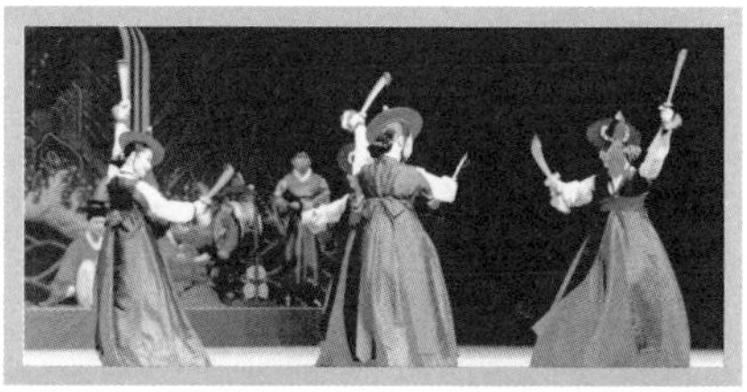

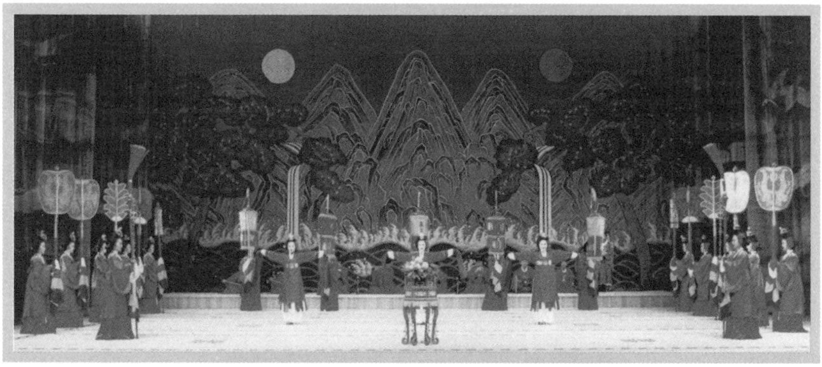

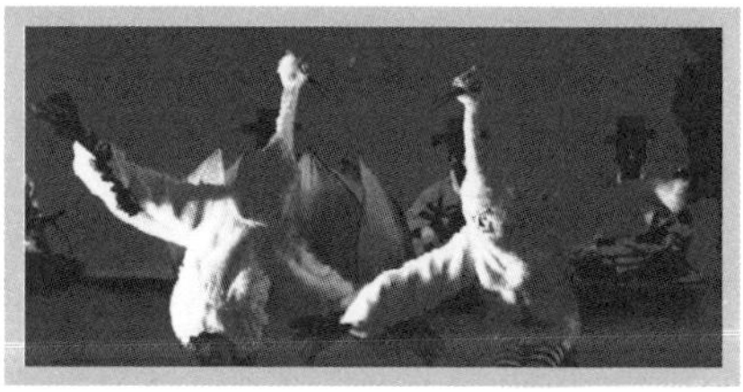

보고사
BOGOSA

머리말

필자가 한국궁중무용사를 집필하게 된 동기는 2007년 박사학위를 받은 후 송방송 교수님께 감사의 뜻을 전하기 위해 서울 프레스센터 19층에서 뵈었을 때 한국무용사 쓰기를 권유받으면서부터이다. 대학 강단에서 한국무용사를 강의하면서 나름 필요성은 느꼈지만 감히 시도하지 못하고 주저하고 있을 때 "자신이 공부한다는 생각을 가지고 …… 잔가지에 신경 쓰기보다는 항상 큰 그림을 그려라"며 자신의 경험을 들려주시며 독려하셨다. 글의 체제와 구성을 분류하여 나름 초안을 잡고 시작하였으나 그동안 여러 학자들에 의해 무용사가 출판된 것을 보고 기존의 무용사와 중복되지 않게 필자의 글쓰기 방향은 궁중정재를 실제 관점에서 서술하기로 계획을 세웠다.

이렇게 한국궁중무용사로 방향을 돌리게 된 결정적인 이유는 필자와 궁중정재와의 첫 대면을 떠올리면서부터이다. 대학 무용과로 진학하여 하숙비를 아껴 처음 산 무용이론 책이 장사훈의 『한국전통무용연구』이다. 나름 무용 전문가로 거듭나기 위해 열공의 뜻을 가지고 첫 장을 연 순간 생소한 정재 단어에 당혹했었고, 내용을 읽어갈수록 머릿속에 춤이 그려지지 않아 자괴감에 고민하였다. 이후 나의 지식을 대변하는 일종의 과시용으로 진열장에서만 존재하였던 이 책은 1990년 초 이흥구 선생님께 정재를 배우면서부터 그 가치를 알게 되었고, 다시 이 책을 집어 든 것은 무려 10년이 지난 후였다. 장사훈 박사는 이 책에서 궁중정재의 역사적 가치와 중요성, 그리고 근현대기에 접어들어 변질되어가는 모습을 통탄해하며 제대로 된 궁중정재의 일면을 되찾는 데 무용학자들의 노력을 강조하고 있다.

필자는 2005년 『궁중정재용어사전』을 시작으로 문헌에 기록된 이론적 토대를 바탕으로 정재복원연구를 해 오면서 세 권의 정재홀기가 당시 실제 상황을 기록한 것으로서 단순한 이론서가 아닌 실용서라는 점을 알고부터 필자의 관심은 기존 한자해석으로 된 것에서 벗어나 실제 관점으로 해석하여 정재의 춤 구성요소와 춤 구조를 살피는 것에 역점을 두었다. 무엇보다도 무용이론보다는 실기에 관심이 집중된 후학들의 모습에서 그리고 학부 및 석·박사과정을 거치면서도 궁중무용에 대한 이해 부족과 정재실기와 이론의 상관성을 알지 못하고 여전히 정재 실기에만 집중하는 현 무용교육의 현실에서 문헌 기록으로 전하는 궁중정재의 실제와 이론의 연관성을 밝히는 것에 주안점을 두고 서술하였다.

궁중정재는 무용 종목에서도 특수한 분야에 해당된다. 예로부터 궁중잔치에서 추어졌던 무용을 기록으로 남겼는데, 지금까지 전해지는 무보는 『고려사』「악지」·『악학궤범』·『정재무도홀기』이다. 이들 문헌을 통해 고려시대부터 조선후기까지의 궁정 공연예술양상을 살필 수 있는데, 이들 문헌들은 당시 추어졌던 궁중정재의 실제를 기록한 것으로서 춤의 구성요소와 형태, 출연 무용수의 구성과 역할 등 전반적인 내용을 세밀하게 기록하고 있다. 춤 내용이 모두 궁중과 관련된 전문적인 용어로 기록되어 있어 궁중정재의 특수한 춤 구조와 이 구조를 토대로 진행하는 의례적 성격을 모두 파악해야 하는 전문적인 해독 능력이 요구된다. 기존에는 이 세 권에 기록된 무용기록을 한자의 해석으로 소개하고 있다. 한자 해석을 통해서 춤의 절차와 순서는 알 수 있지만 춤을 구성하는 요소와 형태 및 기법 그리고 구성요소에 따라 달라지는 공간적 구조와 진행의 변이 상항을 알 수 없다. 세 권의 정재홀기는 고려 및 조선시대의 무용 현장성을 기록한 것으로서, 무용의 구성요소와 형태 그리고 진행구조를 이해한다면 문헌 고증에 의한 궁중정재의 복원 및 재현 공연을 위한 안무제작이 가능하다. 한자해석만으로는 그 시대에 추어졌던 정재의 실제 내용을 이해하기 어려운 현실적인 문제점을 보완하고자 필자는 이 책을 통해 문헌에 기록된 춤의 실제 내용을 직접 안무할 수 있게 궁중정재의 춤 구조와 진행양식을 다루고자 하였다.

역사는 여러 관점으로 서술이 가능하지만 필자는 국가와 왕실의 공식적인 행사에 추었던 춤과 음악을 비롯한 모든 진행과정을 기록한 정재홀기[무보]와 영상물을 실제 관점으로 분석하고 해석하여 천 년 세월을 지켜온 국가의 춤인 궁중정재의 공연양상을 총체적으로 살펴보는 것을 본서의 목적으로 두었다. 세 가지 정재홀기의 해석은 선행 연구자들에 의해 이미 소개된 바 있어 본서에서는 이를 생략하고 시대별로 추어진 춤의 실제 구조와 양태적 형식미를 밝히고자 하였다. 먼저 한국궁중무용사의 시대적 구분은 고려시대, 조선전기, 조선후기, 일제강점기, 현대기로 정하였다. 세 가지 정재홀기가 당시에 추어졌던 내용을 기록한 것에 주목하여 첫 장의 시작을 고려시대부터 하였고, 춤 제목만 전하고 춤의 실제 내용을 확인할 수 없는 상고시대와 삼국시대의 궁중무용은 실제의 내용이 기록된 무보가 없기 때문에 본서에서는 제외시켰다. 본서의 구성은 궁중정재가 창제된 동기와 역사적 배경 그리고 정재홀기에 기록된 내용을 살펴보고, 정재마다 구성된 정재대형을 중심으로 춤의 진행과 왕조 및 연향에 따라 변화된 내용, 그리고 이에 공통적으로 나타난 무용형식과 구조에 대해 살펴보았다. 세 가지 정재홀기의 해석을 실제관점으로 분석하고 문자로 기록된 정재 내용을 배열도와 비교하여 당시 추어진 궁중정재의 실제 춤 구조와 변천과정을 살필 수 있도록 하였다.

역사 관점에 비추어볼 때 궁중무용이 한국무용사의 반을 차지하니 그 절반은 이룬 셈이라며 독려해 주신 송방송 교수님께 진심으로 감사를 드린다. 한국무용사에서 정재학(呈才學)의 중요성과 필요성을 강조하시고 필자에게 항상 새로운 연구방향을 제안해주시어 정재이론의 학문적 체계를 갖추는 데 큰 원동력이 되고 있다. 그리고 1990년 초부터 궁중정재의 고증복원연구의 필요성을 강조하시고 그 뜻에 따라 지금까지 정재연구에 매진할 수 있게 정신적인 버팀목이 되어주신 이흥구·손경순 교수님과 무용계의 여러 다양한 무용정보를 필자에게 알려주시고 정재 미학의 중요성을 일깨워주신 김태원 교수님께 감사드린다. 그리고 국내에서는 유일하게 대학 연구소에 궁중정재연구실을 개설하여 한국 궁정왕실의 가·무·악융합적 연구가 가능할 수 있게 연구 기반을 마련해 주신 숭실대학교 한국문학과예술연구소 조규익 교수님께 감사드린다. 2006년 본 연구소가 출범되면서부터 지금까지 수많은 연구 성과를 올렸는데, 2007년과 2008년에 초중등교사 궁중정재교육연수회, 2007년에 궁중정재교육방법론[저서], 2008년에 〈처용무〉의 봉황음 중기의 악가무[고증복원], 2009년에 고려 말 조선초 시가와 음악형식[저서], 2010년에 좌우일불일전이무 3인무[고증복원], 2011년에 종묘제례악의 원형과 복원[저서]과 〈포구락〉 포구희의 좌우무춤[고증복원], 2012년에 시용향악보 악보 복원[저서]과 세종대왕의 신악과 춤 발표[고증복원], 궁중정재의 복원과 재현[저서], 2013년에 조선전기의 〈봉래의〉를 복원 발표하였고, 2015년에는 세종대왕의 봉래의 복원과 해석[저서]을 발간하였다. 특히 2013년 『세종실록악보』와 『악학궤범』의 〈봉래의〉를 가무악 융합관점으로 고증 복원한 이후 매년 세종대왕 생가 옛터가 있는 청운효자동 세종마을에서 지역특화문화사업의 일환으로 매년 발표하고 있으며, 현재는 조선후기 의궤에 수록된 정재도 연구를 진행하고 있다.

숭실대학교 한국문학과예술연구소 학술총서 발간을 허락하신 숭실대학교 조규익 교수님과 같은 연구실에서 궁중음악과 무용의 연관성과 관련된 문제를 함께 고민하고 전통음악 복원연구를 담당하는 문숙희 교수님께 진심으로 감사드린다. 그리고 필자의 연구로 바쁜 와중에도 꿋꿋하게 자신의 소임을 다하는 궁중정재아카데미단원들과 〈봉래의〉 전승활동에 매진하는《봉래의보존회》 회원들께도 진심으로 고마움을 표한다. 그리고 본 저서에 아낌없이 자료를 제공해 주신 국립국악원, 자연칼라 정주원 사장님, 예전무용단, 사)세종마을가꾸기회, 중요무형문화재 제40호〈학연화대합설무〉 보존회, 한국춤문화자료원, 한국문화예술위원회 예술자료원(국립예술자료원)께도 감사드리고, 무엇보다도 상업성과는 무관한 본 저서를 소담스럽게 꾸며주신 보고사 김흥국 사장님께도 감사드린다.

2017년 5월

손선숙

차례

3장
조선전기 궁중정재 태조~임진왜란 이전

4장

조선후기 궁중정재 임진왜란 이후~경술국치 전 153

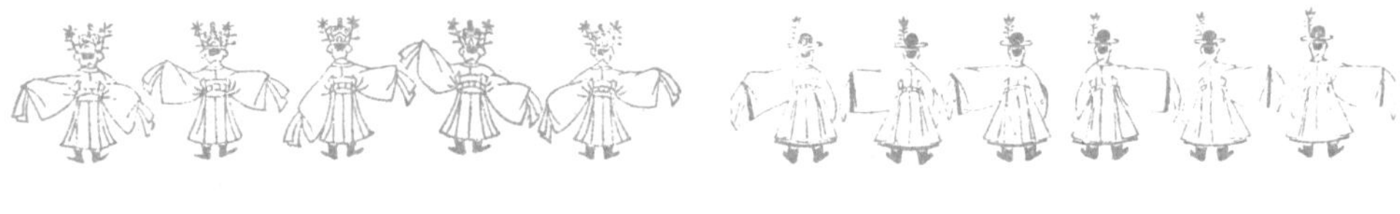

5장
일제강점기 궁중정재 1910~1945

6장

현대기 궁중정재 1945~현재, 대한민국의 궁중정재

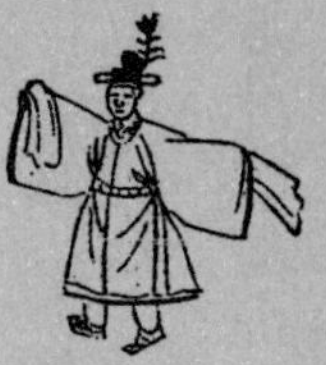

1장
서설

궁중정재는 궁정 왕실의 춤이자 천 년 한국의 역사를 품은 국가의 춤이다. 국가 존속이라는 분명한 목적을 가지고 그 의미를 상징적으로 표출시킨 춤으로, 왕권정치 체제가 성립된 이후부터 출발하였다. 궁중정재는 '예(禮)'를 바탕으로 왕실의 위상을 강화시키기 위한 하나의 수단으로서 '악(樂)'을 이용하였다. 궁중에서의 연향은 왕실을 굳건히 하는 사회 통합의 기능으로서 차별적 질서를 강조하는 '예'의 성격과 조화로움을 강조하는 '악'의 성격이 함께 어우러지는 자리로, 궁중연회는 단순한 잔치가 아니라 왕 중심의 질서를 강화하고 왕의 위상을 높이려는 정치적인 의식이었다. 이러한 궁중잔치를 통해 왕의 위엄과 권위를 세우고 군신의 질서를 다시 한 번 확인하고자 한 연향의 중심에는 늘 정재가 있었다. 예로부터 왕궁에는 국가의 춤과 음악을 관장하는 기관을 두었는데, 신라시대의 음성서(音聲署)를 시작으로 고려시대와 조선시대 그리고 일제강점기를 거쳐 지금은 국립국악원에서 그 역할을 맡고 있다. 시대를 거쳐 오면서 여러 차례 명칭은 바뀌었지만 민족 고유의 정체성을 지키기 위한 역할은 변함없이 지속되어 왔다.

한국의 궁중정재는 지금까지 50여 종이 전해져오고 있다. 한국 왕실의 춤이자 국가의 춤인 궁중정재가 지금에까지 이어져 올 수 있었던 것은 당시 추었던 춤을 기록한 『고려사』「악지」·『악학궤범』·『정재무도홀기』와 같은 무보가 현존하였기 때문이다. 한국에 왕조가 형성되던 시기부터 시작된 정재는 고려시대부터 내용이 확인되는데, 이들 문헌을 통해 지금까지 전해지는 종목은 〈가인전목단(佳人剪牧丹)〉·〈검기무(劍器舞)〉·〈경풍도(慶豐圖)〉·〈고구려무(高句麗舞)〉·〈곡파(曲破)〉·〈공막무(公莫舞)〉·〈관동무(關東舞)〉[1] ·〈광수무(廣袖舞)〉·〈구장기별기(九張機別伎)〉·〈근천정(覲天庭)〉·〈답사행가무(踏沙行歌舞)〉·〈동동(動動)〉·〈만수무(萬壽舞)〉·〈망선문(望仙門)〉·〈몽금척(夢金尺)〉·〈무고(舞鼓)〉·〈무산향(舞山香)〉·〈무애무(無导舞)〉·〈문덕곡(文德曲)〉·〈박접무(撲蝶舞)〉·〈보상무(寶相舞)〉·〈보태평(保太平)〉·〈봉래의(鳳來儀)〉·〈사선무(四仙舞)〉·〈사자무(獅子舞)〉·〈선유락(船遊樂)〉·〈성택(聖澤)〉·〈수명명(受明命)〉·〈수보록(受寶

1 〈관동무〉는 의궤 기록에서 확인된다.

籙)〉·〈수연장(壽延長)〉·〈아박무(牙拍舞)〉·〈연백복지무(演百福之舞)〉·〈연화대무(蓮花臺舞)〉·〈연화무(蓮花舞)〉·〈영지무(影池舞)〉·〈오양선(五羊仙)〉·〈왕모대가무(王母隊歌舞)〉·〈육화대(六花隊)〉·〈장생보연지무(長生寶宴之舞)〉·〈정대업(定大業)〉·〈제수창(帝壽昌)〉·〈처용무(處容舞)〉·〈첨수무(尖袖舞)〉·〈첩승무(疊勝舞)〉·〈초무(初舞)〉·〈최화무(催花舞)〉·〈춘광호(春光好)〉·〈춘대옥촉(春臺玉燭)〉·〈춘앵전(春鶯囀)〉·〈침향춘(沈香春)〉·〈포구락(抛毬樂)〉·〈하성명(賀聖明)〉·〈하황은(荷皇恩)〉·〈학무(鶴舞)〉·〈학연화대처용무합설(鶴蓮花臺處容舞合設)〉·〈항장무(項莊舞)〉·〈향령무(響鈴舞)〉·〈향발무(響鈸舞)〉·〈헌선도(獻仙桃)〉·〈헌천화(獻天花)〉이며, 이 중 〈답사행가무〉·〈구장기별기〉·〈왕모대가무〉는 무모가 전해지지 않는다.

궁중정재는 무용 종목에서도 특수한 분야에 해당된다. 고려시대부터 조선 후기까지 궁정에서 추었던 춤의 실제를 기록한 『고려사』「악지」·『악학궤범』·『정재무도홀기』에는 춤 내용이 모두 궁중과 관련된 전문적인 용어로 기록되어 있다. 그리고 춤의 세부적인 진행 또한 정재의례 관점으로 기록하고 있다. 천 년의 세월이 지난 지금에도 화려했던 옛 한국왕실의 궁중정재를 재현하고 복원할 수 있게 하는 유일한 문헌으로, 궁중정재의 특수한 춤 구조와 이 구조를 토대로 진행하는 의례적 성격을 모두 파악해야 하는 전문적인 해독 능력이 요구된다. 지금까지 소개된 궁중무용사는 이 세 가지 문헌에 기록된 정재 내용을 대부분 한자를 해석하는 것으로 하였다. 기존의 한자 해석을 통해 춤의 절차와 순서는 알 수 있으나 춤을 구성하는 요소의 실제 형태와 기법 그리고 구성요소에 따라 달라지는 공간적 구조와 진행의 변이 상항은 알 수 없다. 주지하듯이 세 문헌에 기록된 내용은 당시 추었던 궁중정재의 실제 내용을 기록한 것으로, 시대적으로 그리고 연향별로 변화된 궁정왕실의 공연예술사를 살필 수 있는 유일한 문헌이다. 따라서 기존에 먼저 소개된 한자 해석으로는 정재의 내용과 순서는 알 수 있지만 그 시대에 추어졌던 정재의 현장성과 실제를 이해하기는 어렵다. 즉 문헌에 기록된 정재 내용의 한자를 한글로 해석한다고 해도 궁중정재의 특수한 춤 구조를 알지 못하고, 이 구조를 토대로 진행되는 의례적 성격을 알지 못하면 궁중정재의 공연예술사를 온전하게 이해하기 어렵다. 즉 정재홀기의 전문적인 해독 능력 없이는 궁중무용사의 충분한 기술이 이루어지기 어렵다.

한국 궁중정재의 실제가 확인 가능한 것은 고려시대부터이다. 고려시대부터 궁정에서 추었던 춤이 문헌에 기록되어 지금까지 전해지고 있는데, 고려시대의 정재는 『고려사』「악지」에, 조선전기의 정재는 『악학궤범』에, 조선후기의 정재는 『정재무도홀기』에 내용이 전한다. 그리고 일제강점기의 정재는 일제강점기 소화 4년(1929) 『무의(舞儀)』, 소화 6년(1931) 『정재(呈才)』, 성경린·이주환·김기수 노트, 1931년 조선총독부에서 촬영한 영상물에 전해진다. 현대기의 정재는 해방 이후 국립국악원 부설 국악사양성소를 시작으로 재현된 정재가 공연으로 발표되고 이를 무보로 제작한 『궁중무용무보』와 영상물이 지금까지 전해지고 있다. 고려시대부터 조선후기까지 추어졌던 궁중정재의 실제 상황을 기록한 『고려사』「악지」·『악학궤범』·『정재무도홀기』는 춤의 내용을 문자[한자]로 기록하고 있다. 이들 문헌에는 춤을 추는 무용수의 구성과 수, 음악 반주곡명, 무용수들이 춤을 추기 위해 대형을 배열하는 과정, 무용수[죽간자·왕모·협무]들이 부르는 노래[구호·치어·창사], 춤의 구성 요소[대형·이

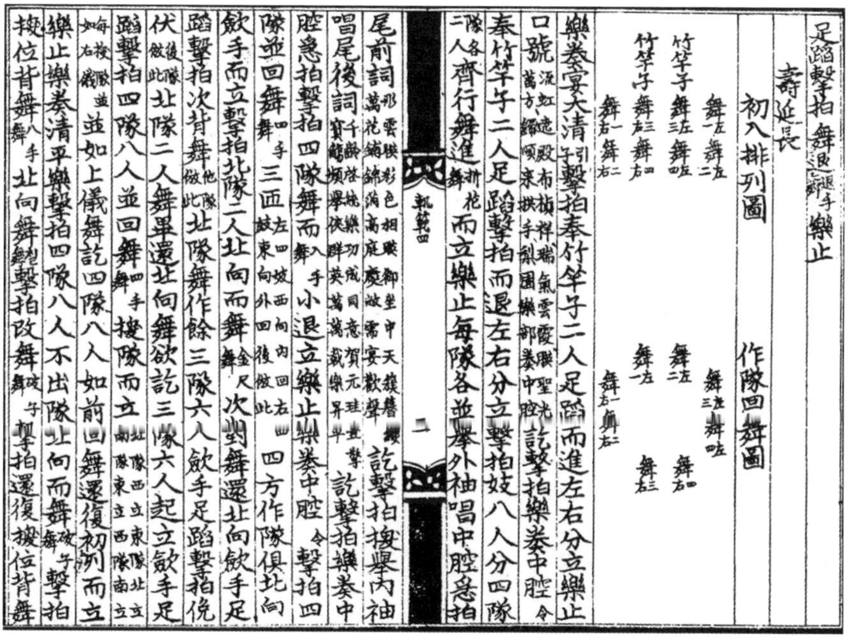
足蹈擊拍舞(退退手)樂止
壽延長(呈才)
初入排列圖
竹竿子 舞一左 舞二左
竹竿子 舞三左 舞四左
竹竿子 舞三右 舞四右
舞一右 舞二右
作隊回舞圖
舞三左 舞四左
舞二左 舞四右
舞一左 舞三右
舞一右 舞二右
樂奏宴大淸(引子)擊拍奉竹竿子二人足蹈而進左右分立樂止
口號(流虹遶殿布檝祥瑞氣雲霞聯聖光 萬方歸順來拱手梨園樂部奏中腔)訖擊拍樂奏中腔(令)
奉竹竿子二人足蹈擊拍而退左右分立擊拍妓八人分四隊
(二隊各二人)齊行舞進(拊花舞)而立樂止每隊各並擧外袖唱中腔急拍
尾前詞(彤雲映彩色相聯御坐中天簇瑞煙 萬花鋪錦滿高庭慶敞需宴歡聲)訖擊拍斂擧內袖
唱尾後詞(千齡啓統樂功成同意賀元珪獻壽聲 寶籙頒學俠群英萬萬載樂昇平)訖擊拍樂奏中
腔急拍擊拍四隊舞而(舞八手)小退立樂止(樂奏中腔令)擊拍四
隊並回舞(舞四手)三面(左四妓西向內回右四妓東向外回後做此)四方作隊俱北向
斂手而立擊拍北隊二人北向而舞(舞金尺)次對舞還北向斂手足
蹈擊拍次背舞(他隊做此)北隊舞作餘三隊六人斂手足蹈擊拍俛
伏(後隊做此)北隊二人舞畢還北向舞欲訖三隊六人起立斂手足
蹈擊拍四隊八人並回舞(舞四手)擻隊而立(北隊西立東隊北立南隊東立西隊南立)
(每擻隊並如右儀)並如上儀舞訖四隊八人如前回舞還復初列而立
樂止樂奏淸平樂擊拍四隊八人不出隊北向而舞(舞破子)擊拍
擻位背舞(舞八手)北向舞(舞轉)擊拍改舞(舞破子)擊拍還復擻位背舞

동·방향·위치·춤사위]를 제시하고 있다.

특히 배열도(排列圖)에는 무용수들이 서는 위치마다 번호로 표시하여 정재마다 사용되는 정재대형의 변화과정과 무용수들이 이동하는 순서를 알 수 있게 하여 춤의 진행과정을 그림과 비교하면서 이해할 수 있도록 하였다. 그리고 1929년 소화 4년『무의』, 소화 6년『정재』, 성경린·이주환·김기수 노트, 1931년에 제작된 영상자료는 일제강점기 이왕직아악부 시절 교육받았던 내용과 여러 행사에서 추었던 정재 내용을 기록한 것으로서, 경술국치 이후 왕조가 폐지된 이후 이왕직아악부 시절 재현된 내용을 살필 수 있다. 한국동란 이후 1960년대부터 무대 위에서 재현한 정재 내용을 기록한『궁중무용무보』와 영상자료는 일제강점기 이후 현대기에 추어진 정재의 실제 상황을 확인할 수 있는 유일한 자료이다. 따라서 고려시대부터 조선후기까지 궁중의례를 바탕으로 추어진 춤의 절차와 내용이 기록된 세 가지 정재홀기와 이를 바탕으로 제작된 공연영상물은 천 년의 세월이 지난 지금에도 화려했던 옛 한국왕실의 궁중정재를 재현하고 복원할 수 있게 하는 원동력이 되고 있다.

지금까지 수많은 시대를 거쳐 오면서 궁중정재는 여러 환경적 요인에 의해 많은 변화가 일어났다. 그 중 가장 밀접한 변화 요인은 음악을 꼽을 수 있는데 예전부터 중국과의 교류를 통해 궁중무악과 관련된 여러 문화가 유입되고 서로 교류되면서 발전되어왔고 또한 왕조별로 정치적 상황이나 외부의 환경적 요인에 의해 변화되어왔다. 이러한 변화는 왕조별 혹은 연향별로 차이를 보이지만 춤에서 만큼은 대형을 중심으로 춤이 진행되는 구조가 변함없이 지속되어 왔다. 궁중정재는 시대별로 새로운 정재가 창제되면서 춤의 구성요소가 더해졌으며 진행 또한 다양한 구조로 진행되었다. 궁중정재는 이전 시대의 춤 양식을 그대로 이어받기도 하고 새로운 양식을 토대로 변이된 형태로 발전되어왔는데 고려시대부터 조선후기까지 시대별과 연향별로 추어오면서도 기본 법례는 변함없이 적용되어왔다. 고려시대와 조선전기에는 당악정재와 향악정재로 전해져오다가 조선후기에 와서는 이러한 구분이 없어지고 연향별로 추어진 정재를 무동정재와 여령정재로 구분하여 전하고 있다. 그러나 일제강점기를 기점으로 많은 내용에 변화가 일기 시작하는데, 일제강점기 이후부터 무대화되면서 춤의 구조와 진행에 변화가 나타난다. 현대기에 들어 궁중정재는 지금의 국립국악원으로 승계되어 면면히 이어지고 있다. 국립국악원은 조선시대 장악원의 후신이다. 일제강점기 이왕직아악부 부원들 중심으로 조직된 단체로 궁중무악을 전승하기 위해 국립국악원양성소로 변경되어 국악교육이 본격적으로 시작된다. 한국동란 이후부터는 궁중무악의 보존과 전승을 위해 궁중정재를 재현하는 것에 의의를 두었고, 1980년대부터는 한국 궁정예술의 보급에 의의를 두어 『궁중무용무보』를 제작하였다. 당시 재현된 정재의 근거로 『고려사』「악지」·『악학궤범』·『정재무도홀기』의 내용을 제시하면서 정재 복원의 명분으로 내세웠지만 이들 문헌들은 춤의 역사적 가치를 부각시키는 데 의의가 있을 뿐 실제 재현된 내용은 일제강점기 이왕직아악부 시절의 정재가 현대기까지 이어진 것이다. 2000년대부터 궁중무악의 진정한 복원을 위한 고증연구가 필요하다는 목소리가 예술 전반에 걸쳐 확산되면서 정재 실기와 문헌의 간극을 좁히는 고증연구가 발표되기 시작하고, 다른 한편으로는 새로운 궁중정재의 문화 창출을 위해 전통을 재구성한 공연활동이 활발하게 전개된다. 연향되는 장소가 궁궐에서 극장으로 바뀌면서 궁중 의례의식의 춤 구조는 사라지고 서구식 극장 구조로 탈바꿈하였다. 궁중정재는 공연예술이라는 명분 아래 공연시간의 제약과 현대적 감각을 요구하는 시대적 욕구를 충족시키기 위해 의례화에서 점점 더 공연예술로서의 면모를 갖춘 무대화로 바뀌어 갔다. 국가 기관 외 단체와 개인무용가 중심으로 정재활동이 본격화되면서 정재원형 복원이 가속화되는 양상을 보인다.

주지하듯이 『고려사』「악지」·『악학궤범』·『정재무도홀기』는 고려시대와 조선후기까지 추어졌던 실제 상황을 기록한 무보로, 이 문헌에 기록된 내용이 일제강점기를 거쳐 지금까지 지속되어온다. 즉 이 내용을 토대로 재현하여 옛 시대에 화려하고 엄중하였던 궁중정재의 일 모습을 지금에 확인할 수 있게 하였다. 이들 문헌이 당시 추어졌던 궁중정재의 실제를 기록한 것에 주목하여 본서에서는 궁중정재의 실제 공연양상을 살피기 위해 문헌[정재홀기]과 영상기록을 중심으로 고려시대, 조선전기, 조선후기, 일제강점기, 현대기로 시대를[2] 구분하였다. 그리고 본서의 구성은 정재가 창제된 동기와 역사적 배경 그리고 정재홀기에 기록된 내용을 살펴보고, 정재마다 구성된 정재대형을 중심으로 춤의 진행과 왕조 및 연향에 따라 변화된 내용, 그리고 이에 공통적으로 나타난 무용형식과 구조에 대해 살펴보고자 하였다. 궁중정재의 실제 춤 구조의 양태적 양상을 살피기 위해서는 춤 구성 요소인 대형·이동·방향·위치·춤사위가 구체적으로 드러나야 한다. 실제 구조를 찾기 위해서는 한자의 해석이 우선시되어야 하지만 이미 세 가지 정재홀기의 해석은 선행 연구자들과[3] 인터넷자료를 통해 이미 소개된 바 있어 본서에서는 이를 생략하고 시대별로 추어진 춤의 실제 구조와 양태적 형식미를 밝히고자 하였다. 세 가지 정재홀기의 해석을 실제관점으로 분석하고, 문자로 기록된 정재 내용을 배열도와 비교하여 궁중정재의 실제를 검토하는 데서부터 시작된 본서는 무보에 기록된 내용을 통해 당시 추어진 정재의 춤 구조를 살피는 것에 두고 궁중정재의 변천과정을 살펴보고자 하였다.

따라서 본서에서는 국가와 왕실의 공식적인 행사에 추었던 궁중정재를 비롯한 모든 진행과정을 기록한 무보와 영상물들을 실제 관점으로 분석하고 해석하여, 한국 국가의 춤인 궁중정재의 공연양상을 총체적으로 살펴보는 것을 본서의 목적으로 두었다.

2 조선전기는 건국 초부터 임진왜란까지를, 조선후기는 임진왜란 이후부터 경술국치(庚戌國恥)까지로 구분하였다.

3 『고려사』「악지」·『악학궤범』·『정재무도홀기』의 해석본은 1960년대부터 이루어져 왔다. 張師勛, 『韓國傳統舞踊研究』(서울: 一志社, 1979), 1~654쪽; 李惠求, 『國譯樂學軌範』, 민족문화추진위원회, 1979; 정은혜, 『呈才研究 I』(서울: 대광문화사, 1993), 1~364쪽; 이혜구 역주, 『신역악학궤범』(서울: 국립국악원, 2000), 1~1016쪽; 허영일, 『완역집성정재무도홀기』(서울: 보고사, 2005), 1~942쪽.

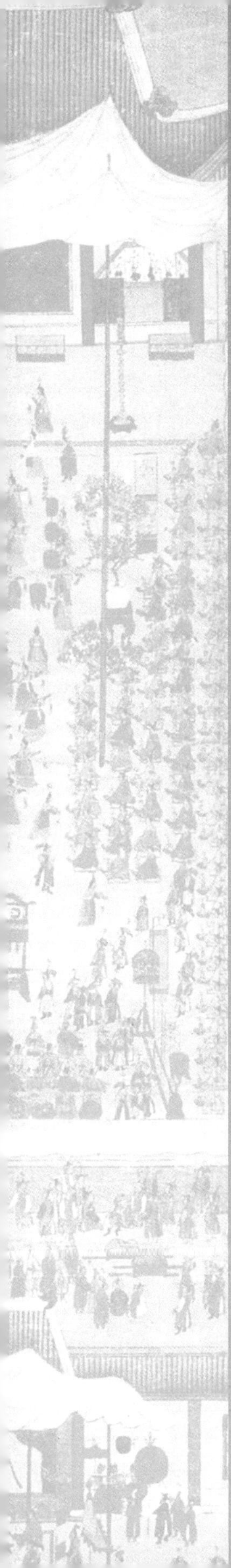

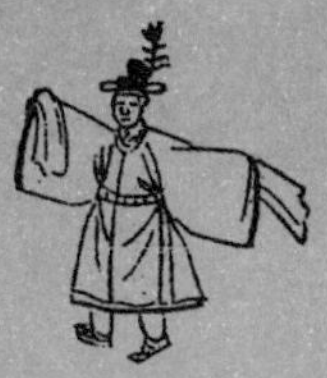

2장

고려시대 궁중정재

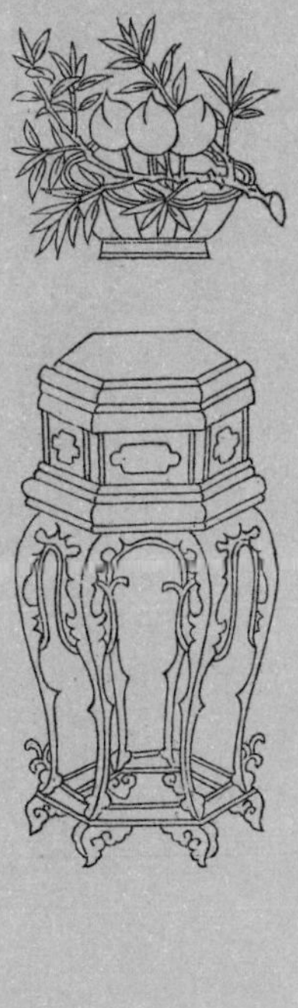

고려는 918년 태조 왕건에 의해 건국되어 조선 개국까지 475년 동안 지속되었다. 불교를 국시(國是)로 삼아 국민 상하의 신앙과 사상의 중심을 이루어 국가와 사회를 비익하게[1] 하여 화려하고 찬란한 불교문화를 향상시켰다. 고려는 이전 신라의 문화를 그대로 이어받았고, 특히 중국과의 활발한 교류를 통하여 새로운 문화도 함께 수용하면서 종교적인 범주에서 벗어난 귀족적인 특성을 띠게 된다.

고려시대의 궁중정재는 건국 초 태조(太祖) 왕건(王建)을 시작으로 광종(光宗), 경종(景宗), 성종(成宗), 목종(穆宗), 문종(文宗), 예종(睿宗) 대를 거쳐 오면서 문화와 예술이 점진적으로 발전되어[2] 왔다. 개국 초 태조 대에는 신라로부터 전승된 팔관회(八關會)의[3] 가무백희와 불교적 성격을 띤 연등회(燃燈會)가[4] 국가의 중요한 의식으로 자리 잡아 성행하였다. 광종 대에는 당나라의 음악과 문화를 직접 배워오게 하여 그 자손들에 의해 세습하도록[5] 하였으며, 경종 대에는 왕이 향악을 듣고 보는 것을 즐겨하였다는 기록을 통해 당시 악무가 성행하였던 것을 짐작할 수 있다. 목종 대에 처음으로 음악을 관장하는 대악서(大樂署)가 설치되었고, 이후 문종 대에는 새로운 악기와 제도가 수입되면서 궁중에 대악관현방(大樂管絃房)을 설치하여[6] 당시의 음악과 노래와 춤을 전문적으로 교육하고 전승하였다. 특히 교방여제자(敎坊女弟子) 초영(楚英)이 〈포구락〉·〈구장기별기(九張機別伎)〉[7] ·〈왕모대가무(王母隊歌舞)〉를[8] 추었다는 기록과

1 성경린, 『한국의 무용』(서울: 세종대왕기념사업회, 2000), 75쪽.

2 성경린, 『한국의 무용』, 2000, 73~80쪽.

3 팔관회(八關會): 고려시대, 매년 음력 10월 15일은 개경에서, 11월 15일은 서경에서 토속 신에게 지내던 제사 의식.

4 연등회(燃燈會): 석가모니의 탄생일에 불을 켜고 복을 비는 의식. 신라 때에 비롯되어, 고려 태조 때에는 정월 대보름날 행하여지다가 1010(현종 1)년에 이월 보름날로 바뀌었다.

5 『太宗實錄』 卷22.

6 대악관현방(大樂管絃房)은 고려 문종 30년(1076)에 둔 음악관서(官署)이다. 궁중에 매인 대악사(大樂司)와 관현방(管絃房)으로서 교방여악(敎坊女樂)을 가르치던 기관이며 공양왕 3년(1354)에 폐지되었다.

7 〈구장기별기(九張機別伎)〉: 고려시대 송나라에서 전래된 당악정재(唐樂呈才)의 하나. 1073년(문종 27) 11월 신해(辛亥)에 임금이 팔관회를 베풀고, 신봉루(神鳳樓)에 나아가 감상할 때에 교방여제자(敎坊女弟子) 초영(楚英)이 새로 전한 〈포구락(抛毬樂)〉과 〈구장기별기〉를 보았다는 기

예종(1105~1122) 대에 송나라의 대성아악(大晟雅樂)이[9] 유입되어 음악 및 무용과 관련된 여러 제반요건들도 함께 충족되면서 발전되었다.

고려시대 왕궁에서 무용과 음악을 관장하던 기관은[10] 아악서(雅樂署)[11] · 대악서(大樂署)[12] · 관현방(管絃房)[13]이다. 이 세 기관에서는 궁중에서 행해지는 당악·향악·아악(雅樂)과 관련된 모든 악무활동과 이에 따른 교육과 연습을 관장하였다. 고려의 궁중음악이 신라의 음악을 계승한 속악[향악]과 중국에서

록이 있다. 〈구장기별기〉의 여제자는 10인이었다고 하였을 뿐 그 내용은 전하지 않는다. 참고사이트: 다음백과사전

8 〈왕모대가무(王母隊歌舞)〉: 고려 문종 때 들어온 당악정재(唐樂呈才)의 하나. 『고려사』에 의하면, 1077년(문종 31) 2월 연등회에 임금이 중광전(重光殿)에 나아가 음악을 감상할 때 교방여제자(敎坊女弟子) 초영(楚英)이 처음으로 추었다고 전한다. 일대(一隊)는 55명이고, 춤은 네 글자[四字]로 이루어지는데, '군왕만세(君王萬歲)', 혹은 '천하태평(天下太平)'을 만들어가며 춘다. 이 춤은 현재의 매스게임과 같은 형식으로 진행한다. 1074년 이후 송나라에서 들어온 포구락(抛毬樂)·답사행가무(踏沙行歌舞)·구장기별기(九張機別伎) 등과 함께 들어온 춤으로 추정된다. 참고사이트: 한국민족문화대백과사전

9 대성아악(大晟雅樂): 대성악(大晟樂) 혹은 대성신악(大晟新樂)으로 불린다. 고려 예종 11년(1116)에 송나라 휘종이 고려에 보낸 음악으로, 우리나라 아악의 기점이 되는 음악이다. 1105년에 중국 송나라의 휘종이 대성부(大晟府)라는 기관에 일러 새로 만든 음악으로, 1114년(예종 9) 송나라에서 새로 만든 악기들을 고려에 보내오자, 예종은 이에 대한 고마움의 표시로 왕자지와 문공미를 하례사로 중국에 보냈다. 이들이 고려 예종 11년에 귀국할 때 송나라 휘종이 다시 대성부에서 새로 제정한 아악기와 무용기구, 무복, 악복 등을 함께 고려로 보내주었다. 참고사이트: 다음백과사전

10 송방송, 『증보한국음악통사』(서울: 세광음악출판사, 1986), 143~144쪽.

11 아악서(雅樂署): 아악서가 처음 설립된 것은 고려조 1391년(공양왕 3)으로, 종묘의 악가(樂歌)를 익히기 위한 목적이었다. 기관의 명칭은 1116년(예종 11) 송나라에서 수입된 대성아악(大盛雅樂)의 '아악'에서 유래된 것으로, 종묘제례악과 같은 제향(祭享)에서 악기로 연주되는 아악만을 관장하였다. 1457년(세조 3) 전악서와 더불어 장악서(掌樂署)로 통합되었고, 조선 초기 아악서와 더불어 예악사상에 의한 악정(樂政)의 확립에 공이 크다. 참고사이트: 한국민족문화대백과사전

12 대악서(大樂署): 고려시대 음률(音律)을 맡아보던 관청으로 궁중의식에 따른 모든 음악과 무용활동을 맡았다. 목종 때 처음으로 설치하였으며, 원래 예부에 속하였으나 1308년(충렬왕 34) 전악서(典樂署)로 고치고 소속도 자운방(紫雲坊)으로 바뀌었다. 1356년(공민왕 5) 다시 대악서로 개편하면서 그 뒤 전악서(1362), 대악서(1369), 전악서(1372)로 개칭을 거듭하고, 1391년 아악서(雅樂署)를 따로 설치하여 전악서에서 맡아보던 향가(鄕歌)를 담당하였다. 참고사이트: 한국민족문화대백과사전

13 관현방(管絃房): 고려시대 궁중의 잔치나 의식을 치를 때 음악을 맡아보는 기관으로, 공인들의 실제 연습과 교육을 맡았으며 대악서보다는 품격이 낮다. 1076년(문종 30)에 설치되어 1391년(공양왕 3) 전악서(典樂署)로 통합될 때까지 300여 년간 궁중의 음악활동을 해왔던 왕립음악기관이다. 참고사이트: 다음백과사전

유입된 당악과 아악 등 세 종류로 구성되면서 이에 따라 무용도 당악정재·속악정재[14] ·아악[제례]으로 구분되어 궁중의 다양한 의례와 국가의 축제 때에 연주되고 추어졌다. 문헌으로 전하는 고려시대의 궁중정재는 〈무고〉·〈무애무〉·〈수연장〉·〈동동〉·〈연화대무〉·〈오양선〉·〈포구락〉·〈헌선도〉이고, 〈답사행가무〉·〈구장기별기〉·〈왕모대가무〉는 이름만 기록되어 전할 뿐 실제 내용은 전해지지 않는다.

1. 고려시대 궁중정재의 무용형식과 구조

1) 당악정재의 형식과 구조

고려시대에는 무대 배열을 2단계로 구분하여 진행한다. 춤을 추기 위해서는 궁 뜰로 들어와 배열하는데, 먼저 등장을 의미하는 궁 남쪽의 1차 배열과 본격적인 춤을 추기 위해 궁 가운데에 배열하는 2차 배열이다.

먼저 1차 배열은 음악 반주 없이 하는 그야말로 등장의 의미이다. 〈그림 1-가〉처럼 순차적으로 배열하는데, 첫 번째로 악관과 여기(女妓)가 걸어 들어와 남쪽에 두 줄로 앉고, 두 번째로 죽간자(竹竿子) 2인과 춤추는 무용수가 초열로[15] 서고, 세 번째로 개(蓋)가 그 뒤에 서고, 네 번째로 의물(儀物) 18인이 들어와 좌우로 배열한다. 이렇게 1차 배열이 마치면 2단계인 춤 배열로 다시 서는데 이때에는 춤 반주 음악에 맞추어 한다. 정재별로 연주되는 춤음악이 연

14 속악정재(俗樂呈才)는 향악정재(鄕樂呈才)를 말한다. 시대별로 그 명칭에 변화가 있었는데, 고려시대에는 속악정재, 조선전기에는 향악정재로 사용되었다.

15 초열(初列): 춤을 추기 위해 맨 처음 서는 자리 혹은 대형을 말한다.

주되면 〈그림 1-나〉처럼 순차적으로 배열하는데, 첫 번째로 죽간자가 무진하고, 두 번째로 의물 18인이 다시 무진하여 좌우로 배열하고, 세 번째로 무용수와 개가 차례로 들어와 초열로 서면 비로소 춤을 시작한다. 결국 1차 배열은 음악 없이 배열하고 2차 배열은 음악 연주에 맞춰 배열한다.

가 - 1차 배열					나 - 2차 배열				
④引人仗	竹竿子②		竹竿子	引人仗	②引人仗	竹竿子①		竹竿子	引人仗
旌 節				旌 節	旌 節				旌 節
龍 扇				龍 扇	龍 扇				龍 扇
旌 節				旌 節	旌 節				旌 節
鳳 扇	挾舞②	仙母	挾舞	鳳 扇	鳳 扇	挾舞③	仙母	挾舞	鳳 扇
旌 節				旌 節	旌 節				旌 節
雀 扇				雀 扇	雀 扇				雀 扇
旌 節				旌 節	旌 節				旌 節
尾 扇	蓋③	蓋	蓋	尾 扇	尾 扇	蓋③	蓋	蓋	尾 扇
①妓妓妓妓妓妓妓妓妓妓妓妓妓妓妓妓					妓妓妓妓妓妓妓妓妓妓妓妓妓妓妓妓				
①妓妓妓妓妓妓妓妓妓妓妓妓妓妓妓妓					妓妓妓妓妓妓妓妓妓妓妓妓妓妓妓妓				

〈그림 1〉 무대배열 과정

고려시대에 당악정재를 춘 무용수는 의물과 개를 비롯한 죽간자와 정재별로 구성되는 무용수인 왕모와 협무이다. 의물은 18인으로 구성되고 당악정재에 등장한다. 무대 좌[東]와 우[西]에 배열하는데, 인인장(引人仗)·용선(龍扇)·봉선(鳳扇)·작선(雀扇)·미선(尾扇) 2인이 좌와 우에 각각 나란히 배열하고 정절(旌節) 8인이 매 대 사이에 선다. 의물 18인은 무대 가운데 무용수를 중심으로 좌와 우로 나누어 배열하여 춤추는 내내 제자리에 서 있기도 하고, 춤 진행에 따라 회무를 돌며 춤을 추기도 한다. 반면 개는 3인에서 5인으로 구성되는데 정재마다 차이를 보인다. 개(蓋)의 역할은 일반적으로 남쪽에 배열하여 무용수들이 춤추는 내내 그 자리에 서서 기다린다. 죽간자는 2인으로 구성되며 동쪽과 서쪽으로 나누어 선다. 춤추는 무용수들이 등장과 퇴장할 때 인솔하기도 하고 춤의 시작과 마침을 알리는 구호를 부른다. 죽간자가 춤추기 전에 부르는 구호를 진구호(進口號)·선구호(先口號)라 하고, 춤을 마친 다음 부

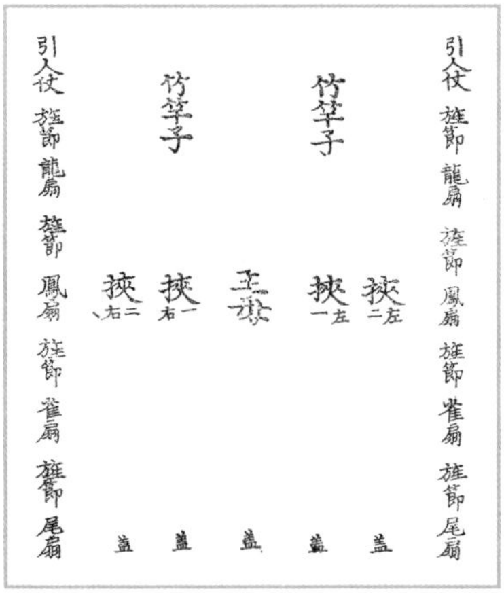

르는 구호를 퇴구호(退口號)·후구호(後口號)라 한다. 선구호는 군왕의 축수(祝壽)와 송축(頌祝)으로 춤의 시작을 알리고, 후구호는 성조(盛朝)와 하례(賀禮)의 말들로 춤이 마쳤음을 알린다. 죽간자가 서는 위치는 도입부·진행부·종결부 모두 북쪽이다.[16] 도입부에는 북쪽을 향해 구호를 부르고 진행부에서는 마주 보고 서서 무용수들이 춤추는 내내 기다리고 이어 종결부에 북쪽을 향해 구호를 부른다. 그리고 죽간자가 북향하여 구호를 부를 때에는 음악 반주 없이 부른다.

무용수 구성은 정재마다 차이가 있는데, 왕모(王母) 및 협무(挾舞)로 구성되기도하고 협무로만 구성되기도 한다. 왕모와 협무로 구성된 정재는 〈헌선도〉와 〈오양선〉이고,[17] 협무로 구성된 정재는 〈수연장〉·〈포구락〉·〈연화대〉이다. 무용수들마다 역할이 구분되어 있고 춤추는 위치가 정해져 있다. 왕모는 좌우협무 사이 무대 가운데에서 춤을 추고 협무는 좌대(左隊)와 우대(右隊)로 구분되어 추는데 좌대는 동쪽, 우대는 서쪽에 선 무용수를 말한다. 좌대와 우대는 제 위치에서 추기도 하고 서로의 자리를 바꾸며 추기도 한다. 그리고 왕모와 협무로 구성된 정재의 경우 왕모는 협무의 수와는 상관없이 항상 1인으로 구성된다. 즉 정재마다 왕모는 항상 1인으로 구성되고 협무의 수는 정재별로 구성되는 인원에 차이가 있다.

고려시대 당악정재에 공통적으로 사용된 정재대형은 일렬대형(一列隊形)·

16 〈포구락〉에서는 죽간자가 무진하여 구호를 부른 후 좌우분립하였고, 이어 협무 12인이 무진하여 죽간자 뒤[南]에 4대 좌우대형으로 선다. 그리고 〈연화대〉에서는 죽간자가 구호를 부른 다음 물러나는 내용 없이 마주 보고 선다.

17 『고려사』「악지」〈헌선도〉에는 왕모 3인, 〈오양선〉은 왕모 5인으로 기록하였으나, 이는 왕모 1인과 협무 2인, 왕모 1인과 협무 4인으로 구성된 것으로, 이는 무용수를 모두 왕모로 표기한 것이다.

전후대형(前後隊形)·사우대형(四隅隊形)·2대 좌우대형(左右隊形)·4대 좌우대형이다. 정재대형의 구성은 정재마다 차이가 있다. 정재대형은 춤을 추는 무용수 구성에 따라 달라지는데 〈오양선〉은 일렬대형·전후대형·사우대형을, 〈헌선도〉는 일렬대형·전후대형을, 〈수연장〉은 4대 좌우대형·전후대형을, 〈포구락〉은 2대 좌우대형·4대 좌우대형·전후대형을, 〈연화대〉는 전후대형·일렬대형을 구성하였다. 정재의 이동은 무진(舞進)·무퇴(舞退)·회무(回舞)로 구성된다. 무진·무퇴는 주로 북쪽을 중심으로 하였고, 회무는 무용수와 의물 18인이[18] 도는데, 도는 형태는 무용수 전체가 크게 한 줄로 도는 우선(右旋)과 좌선(左旋), 좌대와 우대가 각각 도는 회무, 좌대와 우대가 서로 마주 보고 도는 중행회선(重行回旋), 무용수 전체가 제자리에서 도는 주선(周旋)으로 진행하였다.

무용수들이 춤을 추는 기본 방향은 왕이 자리한 북쪽이다. 대무(對舞)와 배무(背舞)는 동쪽의 무용수[좌무]와 서쪽의 무용수[우무]가 대열 중심으로[19] 하기도 하고, 무대 가운데 왕모 중심으로 좌우협무 전체가 동쪽과 서쪽을 향하여 추기도 하고, 좌대와 우대가 각각 무용수 중심으로[20] 하기도 한다. 죽간자가 선구호와 후구호를 부를 때에는 북쪽을 향해 하지만 무용수들이 춤을 추는 동안에는 서로 마주 보고 서는데, 이는 정재 진행에 따라 죽간자가 바라보는 방향이 달라지는 것이다. 무용수들이 상대·상배할 때 춤의 시작은 항상 좌대가 먼저 한다. 예로 〈오양선〉에서는 사우대형에서 왕모가 좌우협무와 상대할 때 〈그림 2-가〉처럼 왕모가 전좌협(前左挾)과 상대를 하고 이어 전우협(前右挾)과 상대한다. 그리고 일렬대형에서 무대 가운데 왕모를 중심으로 좌우협무 전체가 상대·상배를 할 때에도 〈그림 2-나〉처럼 왕모가 동쪽을 먼저 바라보고 다음에 서쪽으로 바라본다. 〈포구락〉처럼 4대 좌우대형

18 〈헌선도〉와 〈오양선〉에서는 의물 18인이 회무를 돌았고, 〈수연장〉에서는 협무 16인이 회무를 돌았다. 〈壽延長〉, 『樂學軌範』, 卷3.3b4; 〈五羊仙〉, 『樂學軌範』, 卷3.5a5; 〈獻仙桃〉, 『樂學軌範』, 卷3.3a2

19 대열(隊列) 중심의 상대·상배는 좌대의 무리와 우대의 무리 중심으로 하는 것을 말한다.

20 무용수 중심의 상대·상배는 좌대는 좌대끼리 우대는 우대끼리 각각 하는 것을 말한다.

에서 상대할 때에도 〈그림 2-다〉처럼 좌대가 먼저 하고, 포구문을 중심으로 포구희를 할 때에도 〈그림 2-라〉와 같이 좌대가 먼저 하고 다음에 우대가 한다.

가	나	다	라
右② 左① 王 右④ 左③	◁ ◁ ▶ ◁ ◁	毬門 右 右 ▷ ◁ 右 右 ▷ ◁ 右 右 ▷ ◁ 右 右 ▷ ◁	毬門 ◁ 右 右 ↑ 左 右 右 左 左 右 右 左 左 右 右 左 左

〈그림 2〉 고려시대 상대 · 상배 구조

당악정재의 창사 구조는 무용수의 역할에 따라 차이가 있다. 왕모와 협무로 구성된 정재에서는 반드시 왕모가 먼저 부르고, 이어 좌우협무가 부르는데, 왕모와 좌우협무가 각각 위치를 다르게 하여 부르기도 하고 같은 위치에서 부르기도 한다. 좌우협무로 구성된 정재에서는 협무가 각각 부르기도 하고 함께 부르기도 한다. 그리고 춤추는 무용수들이 부르기도 하고, 춤추는 무용수[舞妓] 외 그 정재에 참석한 여러 기녀들과 함께 부르기도 한다. 무용수의 역할에 따라 창사의 명칭도 구분되어 있는데, 일반적으로 죽간자가 부르는 사는 구호치어(口號致語)라 하고, 무대 가운데에 선 왕모가 부르는 사는 치어(致語) 또는 치사(致詞)라 한다. 왕모를 제외한 좌우협무가 부르는 사는 창사(唱詞)라[21] 한다.

2) 속악정재의 형식과 구조

고려시대에 속악정재를 춘 무용수는 모두 협무로 구성되었다. 〈무고〉·〈동

21 창사를 부를 때에 소매를 들고 부르지만 손의 위치는 구체적으로 제시되지 않았다.

동〉·〈무애〉 모두 2인이며, 초열은 모두 일렬대형이다. 정재 모두 무구[소도구]를 들고 춤을 추었는데 〈무고〉는 북채로 북을 두드리며 추고, 〈동동〉은 아박을 치면서 춤을 추고, 〈무애〉는 호로를 들고 춤을 춘다. 〈무고〉·〈동동〉·〈무애〉 정재는 북쪽을 중심으로 한 무진·무퇴와 대열 중심의 상대·상배, 그리고 무구를 중심으로 한 상대·상배로 진행하였다. 〈무고〉는 북을 중심으로 상대·상배하고 회선하며 추었고, 〈무애〉와 〈동동〉은 북쪽을 기준으로 무진·무퇴하고 서로 상대·상배하는 구조로 진행되었다. 정재 모두 무구를 사용하였기에 음악의 절차에 따라 무구를 흔들고 희롱하거나 두드리면서 춤을 추었다. 춤 또한 무구를 잡기 전과 잡은 후의 춤으로 구분하여 추었으며, 춤을 추기 위해 무구를 잡을 때와 춤을 마친 다음 무구를 바닥에 내려놓을 때 엎드려 절을 하였다. 속악정재에서는 무용수들이 배열을 마치고 악사가 무구를 설치하면 무용수가 무구를 잡고 혹은 잡기 전 꿇어 앉아 창사를 부르는데, 선창과 화창(和唱)하며 부른다.

2. 고려시대 궁중정재의 종류 및 내용

고려시대의 정재는 모두 8종으로 『고려사』「악지」와 『악학궤범』 권3에 기록되어 전한다. 당악정재와 속악정재로 구분하여 전해지는데, 당악정재는 〈헌선도〉·〈수연장〉·〈오양선〉·〈포구락〉·〈연화대〉이고, 속악정재는 〈동동〉·〈무애〉·〈무고〉이다. 두 정재홀기에 기록된 정재 내용은 모두 같고, 문자[한자]로 기록되어 있다. 이들 문헌에는 춤을 추는 무용수의 구성과 수, 음악 반주곡명, 무용수들이 춤을 추기 위해 배열하는 과정, 무용수[죽간자·왕모·협무]들이 부르는 사[구호·치어·창사]의 내용, 춤의 실제 내용[대형·이동·방향·위치·춤사위]을 제시하고 있다. 특히 무용수들이 춤을 추기 위해 처음 배열하는 과정을 구체적으로 기록하고 있고, 무용수들의 역할에 따라 서는 위치와 진행을 구분하여 제시하고 있다.

1) 고려시대의 당악정재

(1) 헌선도(獻仙桃)

〈헌선도〉는 군왕의 송수(頌壽)를 기리기 위해 곤륜산(崑崙山)에 사는 왕모(王母)가 선계(仙界)에서 내려와 3천 년 만에 한 번 열리는 불로장생의 선도(仙桃)를 올리는 내용의 춤으로, 당악정재이다. 선도는 복숭아를 일컬으며 이 열매는 3천 년에 한 번씩 열매를 맺는다는 고사가 전해진다. 주로 정월 대보름날 밤 가회(嘉會) 때 상연되었으며, 당악 대곡(大曲)의 하나로 고려 예종 9년(1114)에 처음으로 공연된 정재이다. 서왕모(西王母)가 목왕(穆王)에게 신선이 먹는 복숭아를 헌상하는 중국의 고사를 고려 때 최충헌(崔忠獻)이 그 내용을 빌려 무용화한 것이다. 〈헌선도〉는 왕모 1인과 협무 2인이 일렬대형과 전후대형을 구성하며 군왕의 축수를 기원하는 노래를 부르며 춤을 춘다.

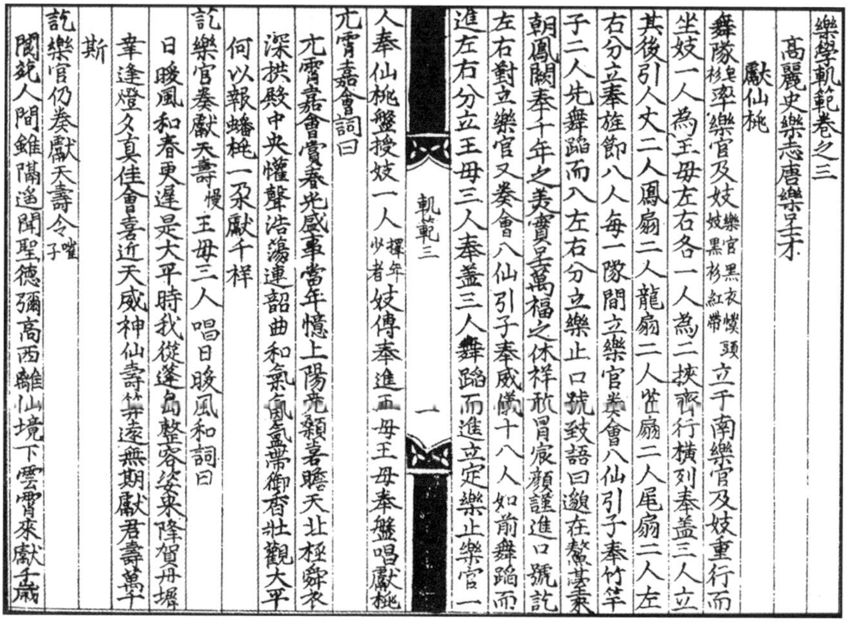
樂學軌範卷之三
高麗史樂志唐樂呈才
獻仙桃
舞隊(皂衫)率樂官及妓(樂官黑衣幞頭 妓黑衫紅帶)立于南樂官及妓重行而
坐妓一人爲王母左右各一人爲二挾旅行橫列奉盖三人立
其後引人丈二人鳳扇二人龍扇二人雀扇二人尾扇二人左
右分立奉旌節八人每一隊間立樂官奏會八仙引子奉竹竿
子二人先舞蹈而入左右分立樂止口號致語曰邈在鰲萊
朝鳳闕奉千年之美實呈萬福之休祥敢冒宸顔謹進口號訖
左右對立樂官又奏會八仙引子奉威儀十八人如前舞蹈而
進左右分立王母三人奉盖三人舞蹈而進立定樂止樂官一
軌範三 一
人奉仙桃盤授妓一人(擇年少者)妓傳奉進王母王母奉盤唱獻桃
元宵嘉會詞曰
元宵嘉會賞春光盛事當年憶上陽堯顏喜瞻天北極舜衣
深拱殿中央懽聲浩蕩連韶曲和氣氤氳帶御香壯觀大平
何以報蟠桃一朶獻千祥
訖樂官奏獻天壽(慢)王母三人唱日暖風和詞曰
日暖風和春更遲是大平時我從蓬島整容姿來降賀丹墀
幸逢燈夕眞佳會喜近天威神仙壽筭遠無期獻君壽萬千
斯
訖樂官仍奏獻天壽令(嗺子)
閬苑人間雖隔遙聞聖德彌高西離仙境下雲霄來獻千歲

"송(宋)나라 때 사곡(詞曲) 중에 선려궁왕모도(仙呂宮王母桃)라는 이름이 있었다. 고려조에 이것을 모방하여 헌선도곡(獻仙桃曲)을 지어서 송축(頌祝)의 음악으로 사용했는데, 우리 조정에서도 이것을 사용했다."[22]

고려시대 〈헌선도〉는 『고려사』「악지」와 『악학궤범』 권3에 전한다.[23] 무용수는 왕모 1인·협무 2인·죽간자 2인·인인장 2인·용선 2인·봉선 2인·작선 2인·미선 2인·정절 8인·개 3인으로 구성된다. 이들 무보에는 무용수들이 춤을 추기 위해 배열하는 과정과 춤 내용을 2가지로 구분하여 기록하고 있다. 무용수들의 배열 과정을 살펴보면, 〈헌선도〉 춤을 추기 위해 무용수들이 궁내로 등장하여 배열하는데, 앞서 〈그림 1〉처럼 죽간자 2인이 북쪽에 서고, 무용수[舞妓]인 왕모 1인과 협무 2인은 그 뒤 무대 가운데에 서고, 봉위의(奉威儀) 18인인 인인장·용선·봉선·작선·미선·정절이 각각 좌우로 늘어서고, 봉개(奉蓋) 3인은 남쪽에 가지런히 선다. 이어 음악이 연주되면 '죽간자-의물 18인-왕모 3인[24]-개 3인'이 차례로 무진하여 배열을 한다. 무용수들이 등장하여 남쪽에 배열할 때에는 음악 반주 없이 〈그림 3〉처럼 배열하고, 이어 회팔선인자(會八仙引子) 음악이 연주되면 다시 이 배열을 유지하며 무용수별로 차례로 무진하여 비로소 〈헌선도〉 춤을 춘다.

『악학궤범』 권3에 기록된 고려시대의 〈헌선도〉 내용을 정리하면, 회팔선인자에 죽간자 2인이 나아가 좌우로 서서 치어를 구호하고, 마치면 마주 보고 선다. 이어 봉위의 18인과 왕모 세 사람과 봉개 세 사람이 배열한다. 왕모는 여기 1인에게서 선도반(仙桃盤)을 받아들고 헌선도조의 원소가회사(元宵嘉會詞)를 창한다. 헌천수만(獻天壽慢)에 왕모와 협무 2인이 일난풍화사(日暖風和詞)를 창하고, 헌천수령(獻天壽令) 최자에 창한다. 금잔자만(金盞子慢)에 왕모 1인이 제자리에서 빙빙 돌며 춤을 추고, 마치면 왕모가 무진하여 옷소매를 치

22 한국예술종합학교 전통예술원, 『高宗辛丑進宴儀軌』 卷一(서울: 민속원, 2001), 140~141쪽.

23 〈獻仙桃〉, 『高麗史』「樂志」 卷71.1b1~4b8; 『樂學軌範』 卷3.1a3~3a5.

24 〈獻仙桃〉에는 실제 춤추는 무용수를 '王母三人'으로 기록하고 있으나, 실제는 왕모 1인과 협무 2인을 말하는 것이다.

켜들고 여일서장사(麗日舒長詞)를 창한다. 금잔자령(金盞子令)에 협무 2인이 무진·무퇴하며 춤추고, 동풍보란사(同風報暖詞)를 창한다. 서자고만(瑞鷓鴣慢)에 협무 2인이 무진·무퇴하며 춤추고, 북포동완사(北暴東頑詞)를 창한다. 천년만세인자(千年萬歲引子)에 봉위의 18인이 빙글빙글 세 바퀴 돌며 춤추고 물러난다. 춤을 모두 마치면 죽간자가 무진하여 치어를 부르고, 회팔선인자에 죽간자가 물러나고, 무용수 전체가 물러나면 춤이 마친다.

인인장				인인장
정절				정절
용선	**죽간자**		**죽간자**	용선
정절				정절
봉선	**협무**	**왕모**	**협무**	봉선
정절				정절
작선				작선
정절				정절
미선	개	개	개	미선

〈그림 3〉 고려시대 〈헌선도〉의 초입배열

고려시대 〈헌선도〉의 춤 대형은 일렬대형과 전후대형으로[25] 구성되고, 이동은 회무삼잡이다. 일렬대형에서는 〈그림 4-가〉처럼 왕모 1인과 좌우협무 2인이 무진·무퇴를 하고, 함께 창사를 부른다. 전후대형에서는 〈그림 4-나·다〉처럼 왕모 1인이 앞으로 나아가 창사를 부르고, 좌우협무 2인이 무진·무퇴하며 춤을 춘다.

가	나	다
舞 王 舞	王 ↕ 舞 舞	舞 舞 ↕ 王 ↕

〈그림 4〉 고려시대 〈헌선도〉의 대형 구성

〈헌선도〉에 사용된 반주음악은 회팔선인자·헌천수만·헌천수령·최자·금잔자만·금잔자령·서자고만·천년만세인자이다. 회팔선인자에는 도입부에서 죽간자가 무진·무퇴를 추고 종결부에 죽간자가 무진을 하고 왕모 1인이 무

25 전후대형(前後隊形): 대열을 전과후로 나누어 선 대형을 말한다. 전대(前隊)는 북쪽, 후대(後隊)는 남쪽에 선 대열로, 즉 남쪽과 북쪽으로 나누어 선 대열을 말한다.

진하여 치어를 부른다. 헌천수만에는 왕모와 협무 2인이 창사를 부르고, 금잔자만에는 왕모가 주선과 무진·무퇴를 추고, 금잔자령에는 좌우협무가 무진·무퇴를 추고, 서자고만에는 왕모가 무진·무퇴를 추고, 서자고만최자에는 협무 2인이 무진·무퇴를 춘다. 천년만세인자에는 의물 18인이 회무를 돌고, 죽간자가 무진을 한다. 무용수들이 부른 창사는 원소가회사·여일서장사·해동금일사·일난풍화사·동풍보란사·북포동완사이다. 창사는 왕모와 좌우협무 2인이 각각 부르기도 하고 함께 부르기도 한다. 제자리에서 혹은 무진하여 부르고 무진·무퇴 한 다음 창사를 부르는데, 왕모는 제자리와 무진하여 창사를 부르고, 좌우협무 2인은 무진·무퇴한 다음 창사를 부른다. 창사는 무용수 별로 구분하여 부르는데, 왕모 1인은 원소가회사·여일서장사·해동금일사를 부르고, 왕모 1인과 협무 2인은 일난풍화사를 함께 부르고, 협무 2인은 동풍보란사·북포동완사를 부른다.

(2) 수연장(壽延長)

〈수연장〉은 당악 대곡의 하나로, 정월 대보름날 군왕에게 술을 올리며 축수(祝壽)를 기원하는 내용의 춤이다. 임금의 장수를 염원하는 중국의 고사를 빌어 무용화한 것으로, 협무 16인이 4대 좌우대형과 전후대형을 구성하여 춤을 춘다.

> 송나라 때 악보에 선려궁연수악(仙呂宮延壽樂)이 있고, 또 장수악(長壽樂)이 있는데 경절(慶節) 때에 축수(祝壽)를 올리는 악으로 사용했다.[26]
>
> 또한, "고려 때에는 '수연장악(壽延長樂)'을 지었는데, 4대가 나란히 서서 돌면서 춤춘다. 우리 조정의 연례(宴禮)에서도 역시 사용했다"라고 하였다.

고려시대 〈수연장〉은 『고려사』 「악지」와 『악학궤범』 권3에 각각 1편이 전

26 한국예술종합학교 전통예술원, 『高宗辛丑進宴儀軌』 卷一(서울: 민속원, 2001), 154쪽.

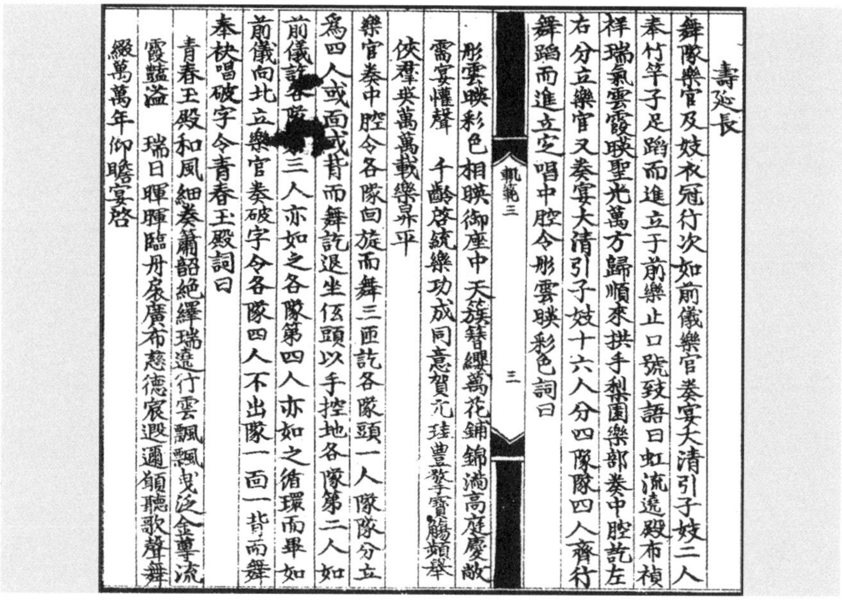
壽延長
舞隊樂官及妓衣冠行次如前儀樂官奏宴大清引子妓二人
奉竹竿子足蹈而進立于前樂止口號致語曰虹流遶殿布禎
祥瑞氣雲霞映聖光萬方歸順來拱手梨園樂部奏中腔訖左
右分立樂官又奏宴大清引子妓十六人分四隊隊四人齊行
舞蹈而進立定唱中腔令彤雲映彩色詞曰
軌範三 三
彤雲映彩色相映御座中天簇簪纓萬花鋪錦滿高庭慶敞
需宴懽聲 千齡啓統樂功成同意賀元珪豐擎寶觴頻擧
俠羣英萬萬載樂昇平
樂官奏中腔令各隊回旋而舞三匝訖各隊頭一人隊隊分立
爲四人或面或背而舞訖退坐低頭以手控地各隊第二人如
前儀訖各隊第三人亦如之各隊第四人亦如之循環而畢如
前儀向北立樂官奏破字令各隊四人不出隊一面一背而舞
奉袂唱破字令青春玉殿詞曰
青春玉殿和風細奏簫韶絶繹瑞遶行雲飄飄鬼泛金尊流
霞艷溢 瑞日暉暉臨冊扆廣布慈德寬洪邇顒聽歌聲舞
綴萬萬年仰瞻宴啓

한다. 무용수는 죽간자 2인·의물 18인·개 3인·협무 16인으로 구성된다. 이들 무보에 전하는 〈수연장〉에는 무용수들이 춤을 추기 위해 배열하는 과정과 춤 내용을 2가지로 구분하여 기록하고 있다. 무용수들이 배열하는 과정에 대해서는 "무대, 악관 및 여기의 의관과 행차는 앞의 의례와 같다"라고 간략하게 기록되어[27] 있다. 여기서 앞의 의례라 함은 〈헌선도〉의 배열 과정을 말한다. 따라서 〈수연장〉의 무용수 배열은 죽간자 2인이 북쪽에 서고, 그 뒤로 무용수 16인이 4대를 지어 그 뒤에 서고, 의물인 인인장·용선·봉선·작선·미선·정절이 각각 좌우로 늘어서고, 개 3인은 남쪽에 가지런히 선다. 〈수연장〉의 초열대형은 한 조가 4인으로 된 4대 좌우대형으로, 무용수들이 〈그림 5〉처럼 배열하고 이어 연대청인자(宴大淸引子) 음악을 연주하면 〈수연장〉 춤을 춘다.

『악학궤범』 권3에 기록된 고려시대의 〈수연장〉 내용을 정리하면,[28] 연대청

---

27 『高麗史』「樂志」와 『樂學軌範』 권3에 기록된 〈수연장〉에는 의물 18인과 개 3인이 등장하는 기록이 없다. 다만 〈수연장〉에 "무대의 의관과 행차가 앞과 같게 한다"는 기록에 의해 궁중에서의 배열과정이 같은 것을 알 수 있고 이와 같은 맥락에 의해 〈헌선도〉와 같은 배열을 하는 것을 알 수 있다. "舞隊樂官及妓衣冠行次如前儀."

28 〈壽延長〉, 『樂學軌範』 卷3.3a~4a.

인인장					인인장
정절	**죽간자**		**죽간자**		정절
용선					용선
정절	무	무	무	무	정절
봉선	무	무	무	무	봉선
정절	무	무	무	무	정절
작선	무	무	무	무	작선
정절					정절
미선	개	개	개		미선

〈그림 5〉 고려시대 〈수영장〉의 초입배열

인자(宴大清引子)에 죽간자 2인이 무진하여 치어를 부르고, 마치면 좌우로 갈라선다. 이어 협무 16인이 4대로 서서 나란히 무진하여 중강령(中腔令)의 동운영채색사를 창한다. 중강령에 각 대가 회무를 세 바퀴 돌고, 마치면 각 대의 제1인이 차례대로 상대·상배하며 춤추고 마치면 물러나 앉아서 머리를 숙이고 손으로 땅을 짚는다. 각 대의 제2인이 앞의 의례와 같이하고 끝나면 각 대의 제3인 역시 그렇게 하고, 각 대의 제4인도 앞과 같이하고, 마치고 돌아와 서면 앞의 의례와 같이 북향하여 선다. 파자령(破字令)에 각 대 4인이 제자리에서 상대·상배하며 춤추고, 옷소매를 치켜들고 파자령의 청춘옥전사(青春玉殿詞)를 창한다. 중강령에 죽간자 2인이 무진하여 치어를 부르고 물러나면 각 대의 네 사람 또한 뒤따라 무도하면서 물러난다. 고려시대 〈수연장〉의 춤 대형은 4대 좌우대형·전후대형으로 구성된다. 4대 좌우대형에서는 〈그림 6-가〉처럼 무용수 전체가 무진하여 창사를 부르고, 전후대형에서는 〈그림 6-나〉처럼 각 대의 무용수 4인이 상대·방배를 한다.

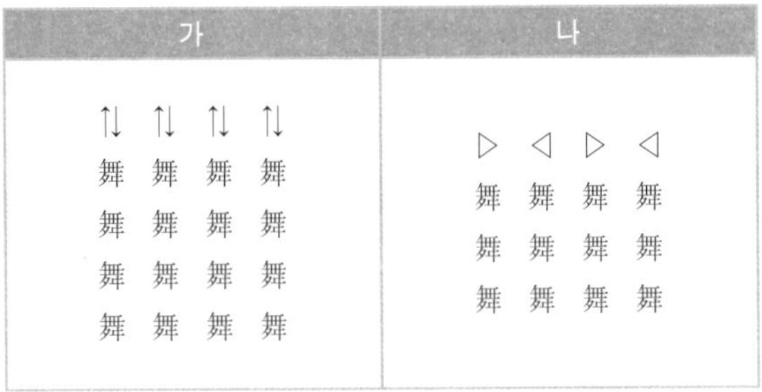

〈그림 6〉 고려시대 〈수연장〉의 대형 구성

〈수연장〉에 사용된 반주음악은 연대청인자·중강령·파자령이다. 연대청인자에는 도입부에 죽간자가 무진·무퇴를 추고 무용수 전체가 무진을 한다.

중강령에는 좌우협무 16인이 회무를 돌고 매 대 4인이 차례로 무진·무퇴를 하고, 종결부에 죽간자가 무진·무퇴를 한다. 파자령에는 각 대의 무용수가 상대·상배를 하며 춤을 춘다. 무용수들이 부른 창사는 동운영채색사·청춘옥전사이며, 창사는 무용수 전체가 4대 좌우대형에서 부르는데, 창사를 부를 때 소매를 치켜든다는 기록은 있으나 구체적인 손 위치는 제시되지 않았다.

(3) 오양선(五羊仙)

〈오양선〉은 당악 대곡(大曲)의 하나이며, 군왕의 송수(頌壽)를 기원하는 내용의 춤이다. 왕모 1인과 협무 4인이 일렬대형·전후대형·사우대형을 구성하며 무대 가운데 왕모를 중심으로 상대·상배하며 춤을 춘다. 고려시대 송나라에서 전래된 당악무로 『태평환우기(太平寰宇記)』에[29] 〈오양선〉의 춤 기원에 대한 기록이 전해지는데, 이러한 유래는 〈오양선〉 정재의 입대 치어와 보허자

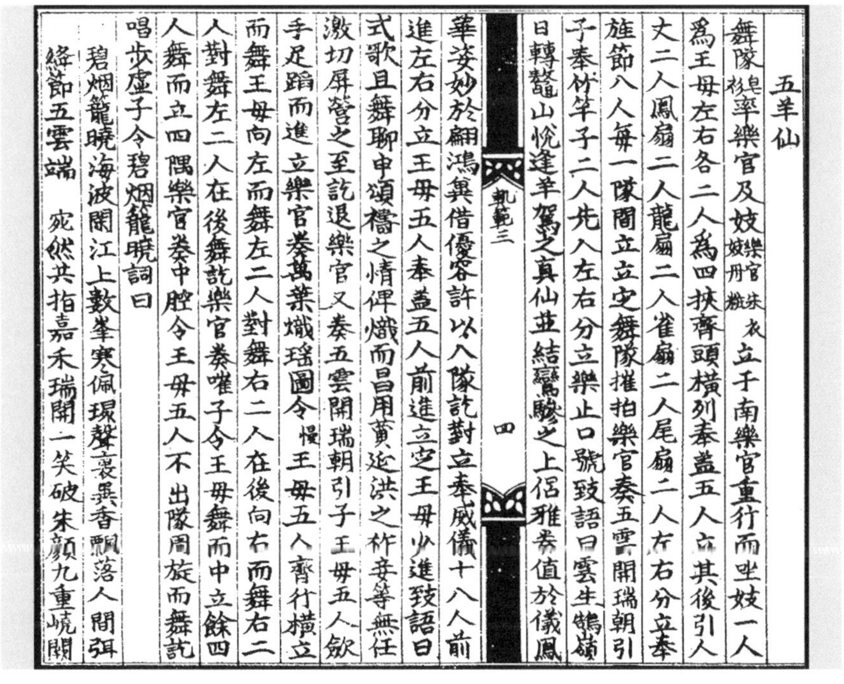
五羊仙
舞隊(皂衫)率樂官及妓(樂官朱衣 妓丹粧)立于南樂官重行而坐妓一人
爲王母左右各二人爲四挾齊頭橫列奉盖五人立其後引人
丈二人鳳扇二人龍扇二人雀扇二人尾扇二人左右分立奉
旌節八人每一隊間立立定舞隊捧拍樂官奏五雲開瑞朝引
子奉竹竿子二人先入左右分立樂止口號致語曰雲生鶴嶺
日轉鼇山恍逢羊駕之眞仙並結鸞驂之上侶雅奏値於儀鳳
軌範三 四
華姿妙於翩鴻冀借優容許以入隊訖對立奉威儀十八人前
進左右分立王母五人奉盖五人前進立定王母少進致語曰
式歌且舞聊申頌禱之情俾熾而昌用賁延洪之祚妾等無任
激切屛營之至訖退樂官又奏五雲開瑞朝引子王母五人歛
手足蹈而進立樂官奏萬葉熾瑤圖令(慢)王母五人齊行橫立
而舞王母向左而舞左二人對舞右二人在後向右而舞右二
人對舞左二人在後舞訖樂官奏嗺子令王母舞而中立餘四
人舞而立四隅樂官奏中腔令王母五人不出隊周旋而舞訖
唱步虛子令碧烟籠曉詞曰
碧烟籠曉海波閑江上數峯寒佩環聲裏異香飄落人間弭
絳節五雲端 宛然共指嘉禾瑞開一笑破朱顏九重嶢闕

29 『太平寰宇記』 卷157.

령(步虛子令)의 전단(前段)인 미전사(尾前詞)와 후단(後段)인 미후사(尾後詞)에서 중국고사와 관련된 기록을[30] 엿볼 수 있다.

> "중국 고고(高固)라는 사람이 중국 초나라의 재상으로 있을 때 다섯 명의 신선이 다섯 빛깔의 양을 타고 한 줄기에 여섯 개의 이삭이 달린 육수거(六穗秬)를 가지고 와서 효심이 지극한 백성에게 전해주었는데, 그 고을을 오양성(五羊城)이라 하였다"

고려시대 〈오양선〉은 『고려사』 「악지」와 『악학궤범』 권3에 각각 1편이 전한다. 무용수는 죽간자 2인 · 의물 18인 · 개 5인 · 왕모 1인 · 협무 4인으로 구성된다. 이들 무보에 전하는 〈오양선〉에는 무용수들이 춤을 추기 위해 배열하는 과정과 춤 내용을 2가지로 구분하여 제시하고 있다. 무용수들이 배열하는 과정을 살펴보면, 악관이 남쪽에 두 줄을 지어 앉으면 〈오양선〉을 추는 무용수 5인이 들어와 배열하고, 개 5인이 그 뒤에 서고, 이어 의물 18인이 동쪽[左]과 서쪽[右]에 배열하면 박 치는 것을 시작으로 춤을 시작된다. 죽간자가 배열하는 것이 생략되어 있는데, 뒤에 죽간자가 구호를 부르는 내용에 의해 앞의 당악정재인 〈헌선도〉와 〈수연장〉처럼 죽간자가 무용수들과 함께 들어와 배열한 것을 알 수 있다. 〈오양선〉의 무용수 배열은 〈그림 7〉처럼 죽간자 2인이 북쪽에 서고, 그 뒤로 왕모 1인과 협무 4인이 그 뒤에 일렬로 나란히 서고, 의물 18인인 인인장 · 용선 · 봉선 · 작선 · 미선 · 정절이 각각 좌우로 늘어서고, 개 5인은 남쪽에 가지런히 선다. 이 기록을 통해서라면 궁궐에서 〈오양선〉을 추기 위한 배열과정이 2단계로 진행됨을 알 수 있는데, 처음 〈오양선〉을 추기 위해 무용수들이 배열할 때는 음악 반주 없이 한다. 〈오양선〉의 초열대형은 왕모 1인과 협무 4인이 나란히 선 일렬대형으로 〈그림 7〉처럼 무용수들이 1차 배열하고, 이어 오운개서조인자(五雲開瑞朝引子) 음악을 연주하면 비로소 〈오양선〉 춤을 춘다.

---

30 張師勛, 『韓國傳統舞踊硏究』(서울: 一志社, 1979), 109쪽.

인인장						인인장
정절						정절
용선		죽간자		죽간자		용선
정절						정절
봉선	협	협	왕모	협	협	봉선
정절						정절
작선						작선
정절						정절
미선	개	개	개	개	개	미선

〈그림 7〉 고려시대 〈오양선〉의 초입배열

『악학궤범』 권3에 기록된 고려시대의 〈오양선〉 내용을[31] 정리하면, 오운개서조인자에 죽간자 2인이 무진하여 치어를 부르고 마치면 마주 보고 선다. 봉위의 18인이 앞으로 나아가 좌우로 갈라서고, 왕모 5인과 봉개 5인이 앞으로 나아가 자리 잡고 선다. 왕모가 앞으로 나아가 치어를 부르고 물러나면 왕모 1인과 협무 4인이 무진한다. 만엽치요도령(萬葉熾瑤圖令)에 왕모를 중심으로 협무 4인이 각각 동쪽과 서쪽을 향해 상대·상배하며 춤을 춘다. 최자령(嗺子令)에 왕모를 중심으로 협무 4인이 사우(四隅) 위치에 선다. 중강령에 왕모와 협무를 포함한 다섯 사람이 대열(隊列)에서 나가지 않고 빙글빙글 돌면서 춤추고, 보허자령(步虛子令)에 벽연롱효사(碧烟籠曉詞)를 부른다. 보허자령에 왕모가 제자리에서 돌며 사우에 위치한 협무 4인과 차례로 춤을 춘다. 중강령에 봉위의 18인이 동운영채색사(彤雲映彩色詞)를 부르며 빙글빙글 세 바퀴 돌고, 노래가 끝나면 제자리로 물러간다. 파자령(破子令)에 왕모 1인과 협무 4인이 춤추고, 마치면 소매를 들고 파자령의 표묘삼산사(縹緲三山詞)를 부른다. 중강령에 죽간자가 무진하여 치어를 부르고, 마치면 물러난다. 이어 봉위의 18인이 마주 보고 무진·무퇴하고, 왕모와 협무 4인이 가지런히 가로로 늘어서면, 왕모가 무진하여 치어를 부르고 마치면 무도하면서 물러나고, 개 5인도 역시 뒤따라 무도하면서 물러난다.

고려시대 〈오양선〉의 춤 대형은 일렬대형·전후대형·사우대형으로 구성된다. 일렬대형에서는 〈그림 8-가〉처럼 무대 가운데 왕모를 중심으로 좌우협무가 각각 상대·상배를 춘다. 전후대형에서는 〈그림 8-나〉처럼 왕모가 무진하여 치어를 부르고, 사우대형에서는 〈그림 8-다〉처럼 왕모가 좌우협무 4인

31 〈五羊仙〉,『樂學軌範』 卷3.4a~5b.

과 차례대로 마주 보고 춤을 추고, 무용수 전체가 제자리에서 주선을 돈다.

가	나	다
舞 舞 王 舞 舞 ◁ ◁ ▶ ◁ ◁	王 舞 舞　舞 舞	舞　舞 王 舞　舞

〈그림 8〉 고려시대 〈오양선〉의 대형 구성

〈오양선〉에 연주된 음악은 오운개서조인자·만엽치요도령·최자령·중강령·보허자령·파자령이다. 오운개서조인자에는 도입부에 죽간자가 무진·무퇴를 하고, 무용수 전체가 초열 대형으로 배열하고, 왕모 1인이 무진하여 치어를 부른다. 만엽치요도령에는 왕모를 중심으로 좌우협무가 인무(人舞)를 추고, 최자령에는 사우대형으로 선다. 중강령에는 사우대형에서 주선이무를 추고, 종결부에 죽간자가 무진·무퇴하고 의물 18인이 상대하여 무진·무퇴를 추고, 파자령에는 왕모 1인과 협무 4인이 춤을 춘다. 창사는 왕모 1인 혹은 왕모 1인와 협무 4인 그리고 의물 18인이 부르는데, 왕모 1인은 치어를 부르고 왕모와 좌우협무는 벽연롱효사와 표묘삼산사를 부르고, 의물 18인은 동운영채색사를 부른다. 창사를 부를 때 소매를 치켜든다는 기록은 있으나 구체적인 손 위치는 제시되지 않았다.

(4) 포구락(抛毬樂)

〈포구락〉은 무용수들이 편을 나누어 포구문 구멍[풍류안]으로 공을 던져 넣는 경기를 벌이며 추는 일종의 놀이 춤이다. 〈포구락〉은 당대(唐代)로부터 유행하던 놀이 춤이 송대(宋代)에 전래되었다. 중국 민간에서도 많이 유행했던 놀이 중 하나였는데, 이러한 설은 송대(宋代) 심괄(沈括)의 『몽계필담(夢溪筆談)』의[32] 기록에서 알 수 있다. 〈포구락〉은 고려 문종 27년(1073) 11월에 교방

32 『夢溪筆談』 卷26.

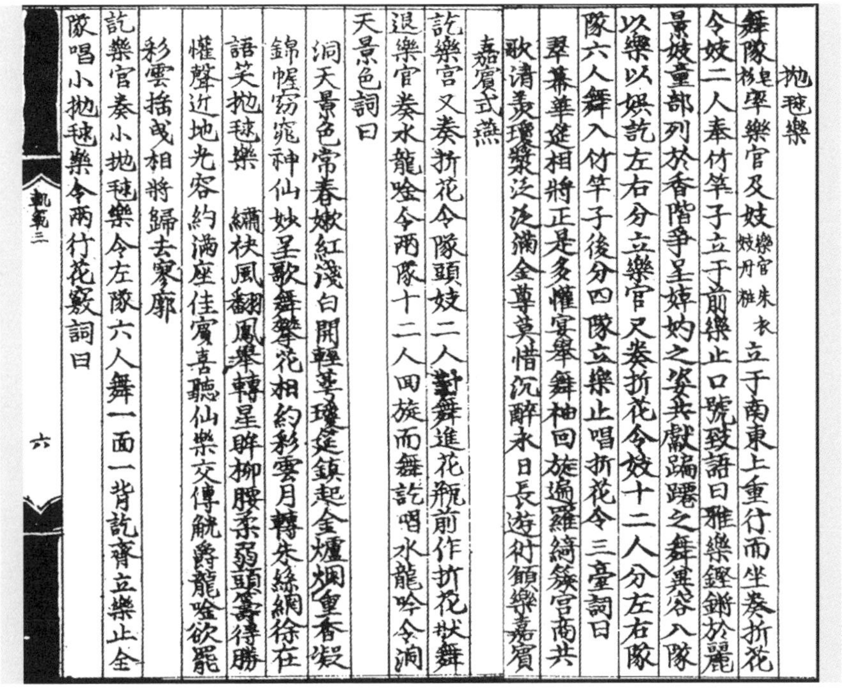

抛毬樂
舞隊樂官及妓(樂官朱衣 妓丹粧)立于南東上重行而坐奏折花
令妓二人奉竹竿子立于前樂止口號致語曰雅樂鏗鏘於麗
景妓童部列於香階爭呈婥約之姿共獻蹁躚之舞冀容入隊
以樂以娛訖左右分立樂官又奏折花令妓十二人分左右隊
隊六人舞入竹竿子後分四隊立樂止唱折花令三臺詞曰
翠幕華筵相將正是多懽宴舉舞袖回旋遍羅綺簇宮商共
歌清羨瓊漿泛泛滿金尊莫惜沉醉永日長遊衎領樂嘉賓
嘉賓式燕
訖樂官又奏折花令隊頭妓二人對舞進花瓶前作折花狀舞
退樂官奏水龍吟令兩隊十二人回旋而舞訖唱水龍吟令洞
天景色詞曰
洞天景色常春嫩紅淺白開輕萼瓊筵鎮起金爐烟重香凝
錦幄窈窕神仙妙呈歌舞攀花相約彩雲月轉朱絲網徐在
語笑抛毬樂 繡袂風翻鳳舉轉星眸柳腰柔弱頭籌待勝
懽聲近地光容約滿座佳賓喜聽仙樂交傳觥斝龍吟欲罷
彩雲搖曳相將歸去寥廓
訖樂官奏小抛毬樂令左隊六人舞一面一背訖齊立樂止全
隊唱小抛毬樂令兩行花竅詞曰

軌範三 六

여제자 초영(楚英) 등 13인이 중국에서 들어온 〈답사행가무〉·〈구장기별기〉와 함께 상연되었던 춤이다.

『송사(宋史)』 권142 「악지(樂志)」에 의하면 "대무지제(隊舞之制)에 소아대(小兒隊) 72인에 석지무(柘枝舞)·검기무(劍器舞) 등 10여 가지가 있었고, 여제자대에는 153인이었는데, 보살만대(菩薩蠻隊) 등 10가지 중 3번째에 포구락대(抛毬樂隊)가 끼어 있다"라고[33] 전한다.

서긍(徐兢)이 고려에 사신으로 왔다가 돌아가서 지은 『선화봉사고려도경(宣和奉使高麗圖經)』 권40에 의하면 "고려에 포구(抛毬)의 기예가 있었다" 하였고, 『고려사(高麗史)』 세가(世家) 권18의 의종(毅宗) 21년(1167) 4월조에는 "하청절(河淸節)에 대악서(大樂署)와 관현방(管絃房)에서 나누어 〈포구락〉을 상연하였다"고 한다.

33 『宋史』 卷142 志45 樂17, 11a~12b.

> “송나라 때 여자대무(女子隊舞) 중에 포구락대(抛毬樂隊)가 있었다. 고려 때 단오절에 〈포구락〉을 했는데, 여기(女妓)가 대궐에서 가사를 불렀다. 우리 조정의 연례(宴禮)에서도 또한 모방하여 사용했다. 붉은 칠을 한 나무로 구문(毬門)을 만들어 용과 봉황을 그리고 문채 있는 비단으로 장식하여, 문 위에 한 구멍을 내어서 풍류안(風流眼)을 삼고 채구(彩毬)를 던져 올린다”[34]

인인장					인인장
정절					정절
용선	**죽간자**		**죽간자**		용선
정절					정절
봉선	**협**	**협**	**협**	**협**	봉선
정절	**협**	**협**	**협**	**협**	정절
작선	**협**	**협**	**협**	**협**	작선
정절					정절
미선	개	개		개	미선

〈그림 9〉 고려시대 〈포구락〉의 초입배열

고려시대 〈포구락〉은 『고려사』 「악지」와 『악학궤범』 권3에 각각 1편이 전한다. 무용수는 죽간자 2인·협무 12인으로 구성된다. 이들 무보에 전하는 〈포구락〉에는 무용수들이 춤을 추기 위해 배열하는 과정과 춤 내용을 2가지로 구분하여 기록하고 있다. 〈포구락〉에는 〈헌선도〉·〈오양선〉과는 달리 의물·개·무용수가 등장하여 배열하는 구체적인 기록이 없다. 무용수들이 배열하는 과정에 대해서는 “무대가 악관 및 기를 이끌고 남동(南東) 위쪽에 서서 두 줄을 짓고 앉는다”라고 간략하게 기록되어 있다. 이 기록으로 볼 때 당악정재를 추기 위해서 무용수들이 배열하는 기본과정이 모두 같은 것을 알 수 있다. 그리고 여기서의 의례를 문헌에 기록된 정재를 기준으로 설명하면 〈오양선〉 정재의 무대배열이지만 이것은 결국 고려시대에 진행된 당악정재의 무대배열을 말하는 것이다. 따라서 〈포구락〉은 무용수들이 〈그림 9〉처럼 죽간자 2인이 북쪽에 서고, 그 뒤로 무용수 12인이 4대를 지어 그 뒤에 서고, 의물인 인인장·용선·봉선·작선·미선·정절이 각각 좌우로 늘어서고, 개는 남쪽에 가지런히 배열한다. 또한 무대를 배열한 다음에 “죽간자가 구호를 부른다”는 내용에 의해 〈포구락〉을 추는 무용수들이 배열된 것을 알 수 있다.

34 한국예술종합학교 전통예술원, 『高宗辛丑進宴儀軌』 卷一(서울: 민속원, 2001), 140~145쪽.

〈포구락〉에서는 이렇게 1차 배열을 마친 다음, 2차 배열인 무용수들의 무대배열 과정을 2단계로 구분하여 상세하게 제시하였다.[35] 먼저 죽간자와 협무 12인이 먼저 〈그림 10-가〉처럼 6인이 한 조가 되어 2대로 무진하였다가 〈그림 10-나〉처럼 다시 3인이 한 조가 되는 4대를 지어 죽간자 뒤에 선다. 두 번의 과정으로 대열을 짓는데, 첫 번째 〈그림 10-가〉는 궁 남쪽에 1차 배열하였다가 죽간자가 구호를 부르고 물러난 다음 〈포구락〉을 추기 위해 다시 무대[궁궐]로 등장하는 무진이고, 두 번째 〈그림 10-나〉는 본격적으로 〈포구락〉을 추기 위해 대열을 지은 것이다.

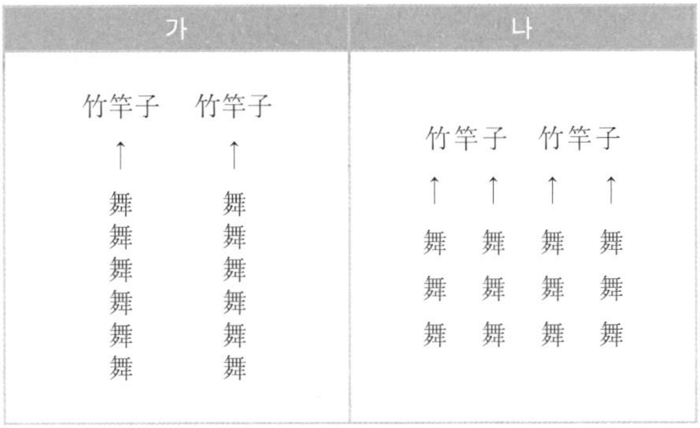

〈그림 10〉 고려시대 〈포구락〉의 초입배열과정

『악학궤범』 권3에 기록된 고려시대의 〈포구락〉 내용을 정리하면, 절화령(折花令)에 죽간자 2인이 치어를 부르고, 마치면 좌우로 갈라선다. 절화령에 무기[협무] 12인이 좌우대로 나누어 한 대가 6인이 되어 무진하다가 죽간자 뒤에 4대를 지어 서서 절화령의 삼대사(三臺詞)를 부른다. 이어 무대 첫머리의 무기 2인이 무진하여 꽃을 꺾는 형상을 하며 마주 보고 춤추고 물러난다. 수룡음령(水龍吟令)에 무기 12인이 빙글빙글 돌면서 춤추고, 끝나면 수룡음령 동

35 "樂官又奏折花令 妓十二人分左右隊六人 舞入 竹竿子後分四隊立 樂止" 이 내용을 해석하면, "기(妓) 12인이 좌우대형로 나누어 서는데 6인으로 구성되었다. 좌대와 우대가 각각 6인[2대 좌우대형]으로 구성하여 무진하다가 죽간자 뒤에 4대로 선다." 즉 6인 구성의 무진은 초열로 서기 전 등장하는 과정을 설명한 대형이고, 4대 좌우대형은 〈포구락〉을 추기 위한 초열로 선 대형을 일컫는다. 이를 통해 무용수들이 춤을 추기 위해 초열로 대형을 서는 과정을 확인할 수 있었는데, 초열 전의 대형과 초열로 선 대형에 차이가 있음을 알 수 있다.

천경색사(洞天景色詞)를 부른다. 소포구락령에 좌대 6인이 일면(一面)·일배(一背)하며 양행화규사(兩行花竅詞)를 부르고, 마치면 좌대 1인이 구문(毬門) 앞으로 나아가 노래를 부르고 포구희(抛毬戱)를 하고, 이어 우대 6인이 각각 일면·일배하며 소포구락사(小抛毬樂詞)를 부르고 마치면 우대 1인이 구문 앞으로 나아가 노래를 부르고 포구희를 한다. 포구희 때 공이 들어가면 그 대의 전체는 큰 절을 하고, 공이 들어가지 않으면 그대로 서서 얼굴에 먹 점을 긋는 벌을 받는다. 이어서 모든 무용수들이 앞에서와 같은 포구희를 모두 마치면, 청평악령(淸平樂令)에 협무 12인이 북향하여 파자사(破子詞)를 부른다. 소포구락령에 죽간자 2인이 무진하여 치어를 부르고 물러나면, 협무 12인이 차례로 춤추며 물러난다.

고려시대 〈포구락〉의 춤 대형은 2대 좌우대형·4대 좌우대형·전후대형으로 구성된다. 2대 좌우대형에서는 〈그림 11-가〉처럼 무진하여 들어와 4대 좌우대형으로 선다. 4대 좌우대형에서는 〈그림 11-나〉처럼 북향하여 창사를 부르기도 하고, 〈그림 11-다〉처럼 좌대와 우대가 각각 차례로 상대·상배를 한다. 전후대형에서는 〈그림 11-라〉처럼 대두(隊頭) 2인이 무진하여 상대를 하고, 〈그림 11-마〉처럼 각 대의 협무 1인이 차례로 나아가 포구희를 한다. 〈포구락〉 춤은 무용수 1인이 차례로 나아가 포구문 앞에서 포구희를 하는데, 마치고 나면 다시 제자리로 돌아가 선다.

〈포구락〉의 반주음악은 절화령·수룡음령·소포구락령·청평악령이다. 절화령에는 도입부에 죽간자가 좌우분립하고, 좌우협무 12인이 무진하고, 대

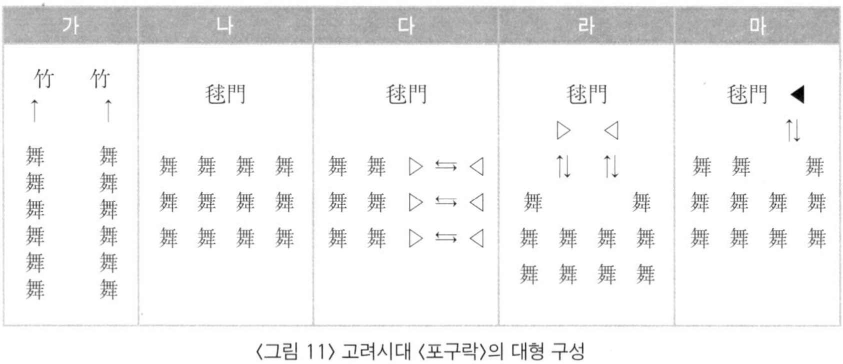

〈그림 11〉 고려시대 〈포구락〉의 대형 구성

의 첫 번째 무용수가 차례로 무진하여 상대·상배를 춘다. 수룡음령에 좌우협무 12인이 회무를 돌고, 소포구락령에는 매 대 1인이 차례로 포구희를 하고, 종결부에 죽간자가 무진·무퇴를 하고 좌우협무 12인이 무퇴하며 춤춘다. 청평악에는 좌우협무 12인이 북향하여 춤을 춘다. 〈포구락〉에서 창사는 무용수 전체가 부르기도 하고 좌대와 우대가 구분하여 부르기도 하고 무용수 1인이 차례로 부르기도 한다.

(5) 연화대(蓮花臺)

〈연화대〉는 동기(童妓)가 연꽃 속에 숨어 있다 나와서 금령(金鈴)이 달린 합립(蛤笠)을 머리에 쓰고 춤을 춘다. 서역의 한 나라인 석국(石國)에서 나온 석지무(柘枝舞)의 일종으로, 중국 당나라와 송나라를 거쳐 고려에 전해진 당악대곡(大曲)의[36] 하나이다.

『고려사』「악지」〈연화대〉 후주(後註)에 따르면, "〈연화대〉는 본래 척발위(拓跋魏)에서 나왔다. 두 여동(女童)이 추는데, 의복과 모자를 조촐하게 차린다. 모자에는 금령(金鈴)을 달아 장단에 맞춰 움직이면 소리가 나게 한다. 그들을 두 연꽃 속에 감추어 두었다가 꽃이 터진 후에 보이게 한다. 춤 가운데 아리따운 것으로 전해 내려온 지 오래이다"라고 하였다.

〈연화대〉의 미신사(微臣詞) 내용에서도 춤의 유래를 확인할 수 있는데, "봉래(蓬萊)에서 내려와 연꽃 술로 생겨났다가 군왕의 덕화(德化)에 감격하여 가무로써 그 즐거움을 가져다 주려 온 것입니다"라고 되어 있다.

서긍(徐兢)이 고려에 사신으로 왔다가 돌아가서 지은 『선화봉사고려도경(宣和奉使高麗圖經)』 권40에 의하면 "고려에 석지(柘枝)의 기예가 있었다"라고 한다.

36 張師勛, 『韓國傳統舞踊研究』(서울: 一志社, 1979), 120~121쪽.

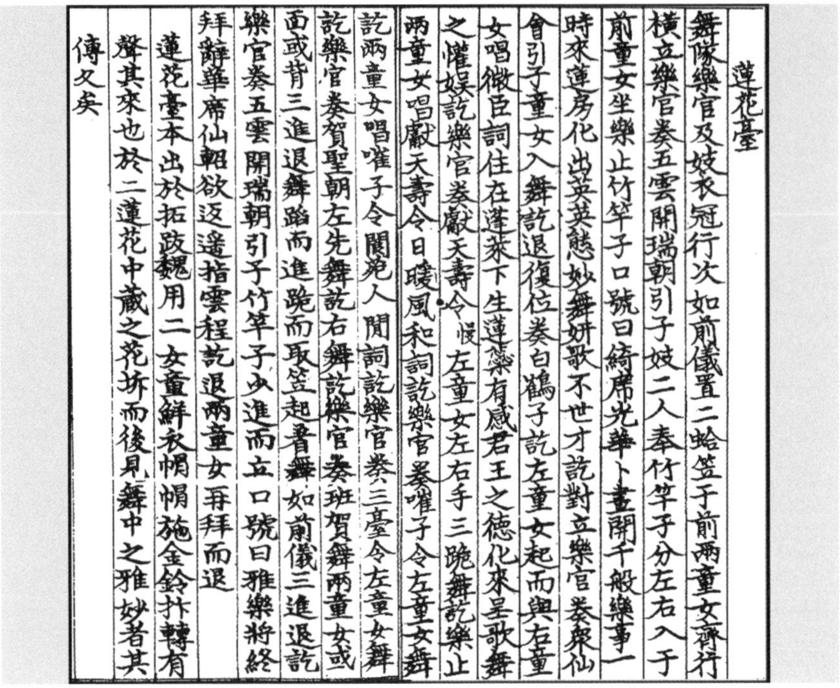
蓮花臺
舞隊樂官及妓衣冠行次如前儀置二蛤笠于前兩童女齊行橫立樂官奏五雲開瑞朝引子妓二人奉竹竿子分左右入于前童女坐樂止竹竿子口號曰綺席光華卜晝開千般樂事一時來蓮房化出英英態妙舞妍歌不世才訖對立樂官奏獻仙會引子童女入舞訖退復位奏白鶴子訖左童女起而與右童女唱微臣詞住在蓬萊下生蓮蘂有感君王之德化來呈歌舞之懽娛訖樂官奏獻天壽令慢左童女左右手三跪舞訖樂止兩童女唱獻天壽令日暖風和詞訖樂官奏嗺子令左童女舞訖兩童女唱嗺子令閬苑人間詞訖樂官奏三臺令左童女舞訖樂官奏賀聖朝左先舞訖右舞訖樂官奏班賀舞兩童女或面或背三進退舞蹈而進跪而取笠起着舞如前儀三進退訖樂官奏五雲開瑞朝引子竹竿子少進而立口號曰雅樂將終拜辭華席仙軺欲返遙指雲程訖退兩童女再拜而退
蓮花臺本出於拓跋魏用二女童鮮衣帽帽施金鈴抃轉有聲其來也於二蓮花中藏之花坼而後見舞中之雅妙者其傳久矣

의궤 악장에[37] 의하면 "고려 때에 〈연화대무(蓮花臺舞)〉가 있었는데, 두 여자 아이에게 고운 옷과 모자로 치장시켜 두 송이 연꽃 속에 숨겼다가 꽃이 터진 뒤에 나타나게 한다. 합립(蛤笠)을 쓰고 붉은 옷을 입고, 양쪽으로 대를 나누어 번갈아가며 춤춘다. 우리 조정의 연례(宴禮)에서도 모방하여 사용했다"라고 하였다.

고려시대 〈연화대〉는 『고려사』 「악지」와 『악학궤범』 권3에 각각 1편이 전하는데, 이들 무보에 전하는 〈연화대〉에는 무용수들이 춤을 추기 위해 배열하는 과정과 춤 내용을 2가지로 구분하여 기록되어 있다. 무용수들이 배열하는 과정에 대해서는 "무대, 악관 및 여기의 의관과 행차는 앞의 의례와 같다"라고 간략하게 기록하였다.[38] 여기서 앞의 의례라 함은 고려시대에 행해

37 한국예술종합학교 전통예술원, 『高宗辛丑進宴儀軌』 卷一(서울: 민속원, 2001), 192~193쪽.

38 『고려사』 「악지」와 『악학궤범』 권3에 기록된 〈연화대〉에는 의물 18인과 개 3인이 등장하는 기록이 없다. 다만 〈연화대〉에 "무대의 의관과 행차가 앞과 같게 한다"는 기록에 의해 〈헌선도〉와 같

진 당악정재의 배열 과정을 말하는 것으로 문헌에 기록된 정재를 기준으로 말하면 〈포구락〉이지만 결국 고려시대에 진행된 무대배열을 말한다. 따라서 〈연화대〉의 무용수들 배열은 〈그림 12〉처럼 죽간자 2인이 북쪽에 서고, 그 뒤로 무용수 2인이 일렬로 나란히 서고, 의물 18인인 인인장·용선·봉선·작선·미선·정절이 각각 좌우로 늘어서고, 개가 남쪽에 가지런히 선다. 〈연화대〉의 초열대형은 동녀 2인이 나란히 선 일렬대형이다. 〈그림 12〉처럼 무용수들이 배열하고 오운개서조인자 음악을 연주하면 비로소 〈연화대〉 춤을 춘다.

인인장				인인장
정절				정절
용선	**죽간자**		**죽간자**	용선
정절				정절
봉선	합립		합립	봉선
정절				정절
작선	**동기**		**동기**	작선
정절				정절
미선	개	개	개	미선

〈그림 12〉 고려시대 〈연화대〉의 초입배열

『악학궤범』 권3에 기록된 고려시대의 〈연화대〉 내용을 정리하면, 악사가 합립 2개를 전중 좌우에 놓고 나가면 두 동녀가 가지런히 옆으로 선다. 오운개서조인자에 죽간자 2인이 무진하여 구호를 부르고 마치면 마주 본다. 중선회인자(衆仙會引子)에 동녀가 무진하여 춤추고 마치면 자기 자리로 돌아온다. 백학자(白鶴子)가 끝나면 좌동녀가 일어나 우동녀와 함께 미신사(微臣詞)를 부른다. 헌천수령(獻天壽令)에 좌동녀가 좌우 손으로 세 차례 무릎을 꿇어 엎드려 춤추고, 마치면 양동녀가 헌천수령의 일난풍화사(日暖風和詞)를 부른다. 최자령에 좌동녀가 춤추고, 마치면 양동녀가 최자령의 낭원인한사를 부른다. 삼대령(三臺令)에 좌동녀가 춤추고 하성조(賀聖朝)에 좌우동녀가 차례로 춤춘다. 반하무(班賀舞)에 양동녀가 상대·상배하고, 세 차례 무진·무퇴하고, 무진하여 합립을 잡고 일어나 머리에 쓰면 악사가 좌동녀·우동녀 순서로 끈을 메어주고, 이어 앞의 의례와 같이 세 차례 무진·무퇴한다. 오운개서조인자에 죽간자 2인이 무진하여 구호를 부르고 물러나면 두 동녀도 재배하고

은 배열을 하는 것을 알 수 있다. "舞隊樂官及妓衣冠行次 如前儀"

물러난다.

고려시대 〈연화대〉의 초열은 〈그림 13〉처럼 일렬대형이다. 춤은 합립을 머리에 쓰기 전과 쓴 후의 춤으로 구분되어 진행한다. 먼저 합립을 쓰기 전의 춤은 양동녀가 무진·무퇴 후 창사를 부르고, 좌동녀가 좌우수3궤무를 춘 다음 양동녀가 차례로 춤을 추고, 이어 양동녀가 상대·상배를 하고 삼진퇴(三進退)를 춘다. 그리고 머리에 합립을 쓴 다음에는 앞에서와 같은 삼진퇴 춤을 반복하여 춘다.

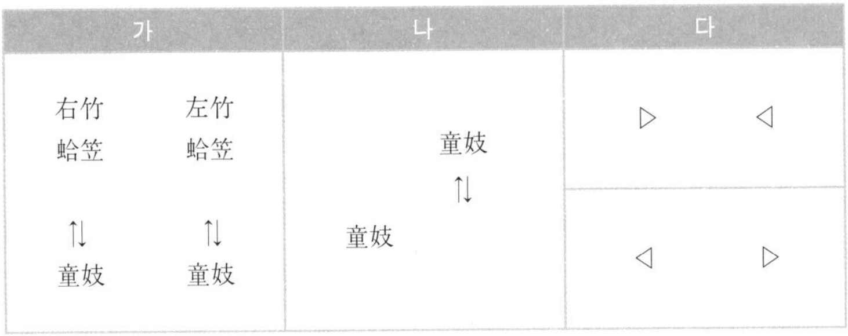

〈그림 13〉 고려시대 〈연화대〉의 대형 구성

〈연화대〉에 연주된 음악은 오운개서조인자·중선회인자·백학자·헌천수령·최자령·삼대령·하성조이다. 오운개서조인자에는 도입부와 종결부에 죽간자가 무진·무퇴를 하고, 양동녀가 앉고 무퇴를 한다. 중선회인자에는 양동녀가 무진·무퇴를 하고, 백학자에 좌동녀가 기립하여 창사를 부르고, 헌천수령만에는 좌동녀가 궤무를 추고, 삼대령에는 좌동녀가 춤을 추고, 하성조에는 양동녀가 춤을 춘다. 반하무에는 양동녀가 무진·무퇴·상대·상배·도약무를 춘다. 창사는 양동녀가 미신사·일난풍화사·낭원인한사를 함께 부르는데, 무진·무퇴와 춤을 춘 다음에 창사를 불렀다. 기록대로라면 춤은 대부분 좌동녀가 추었고 창사는 양동녀가 함께 불렀고, 창사를 부를 때 구체적인 손 위치는 제시되지 않았다.

2) 고려시대의 속악정재

(1) 무고(舞鼓)

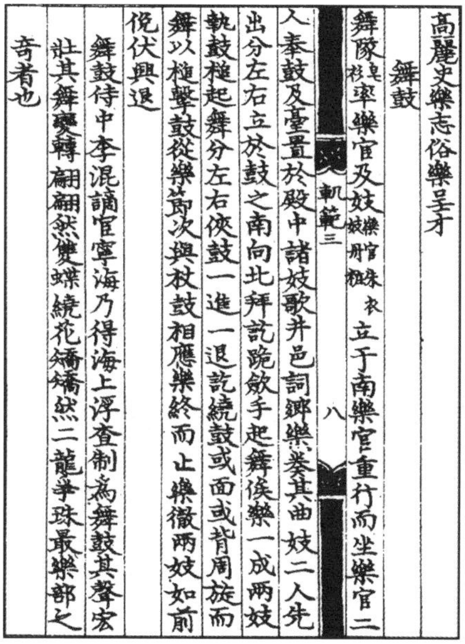
高麗史樂志俗樂呈才
舞鼓
舞隊皂衫率樂官及妓樂官朱衣妓丹粧立于南樂官重行而坐樂官二
軌範三 八
人奉鼓及臺置於殿中諸妓歌井邑詞鄉樂奏其曲妓二人先
出分左右立於鼓之南向北拜訖跪斂手起舞俟樂一成兩妓
執鼓槌起舞分左右俠鼓一進一退訖繞鼓或面或背周旋而
舞以槌擊鼓從樂節次與杖鼓相應樂終而止樂徹兩妓如前
俛伏興退
舞鼓侍中李混謫官寧海乃得海上浮查制為舞鼓其聲宏
壯其舞變轉翩翩然雙蝶繞花矯矯然二龍爭珠最樂部之
奇者也

〈무고〉는 북[鼓]을 가운데에 두고 둥글게 서서 북을 두드리며 추는 춤으로, 속악정재이다. 〈무고〉는 한나라 때 추어졌던 것이 궁중에서 추어진 것과 바다 위에 떠내려 오는 나무로 북을 만들어 추었다는 설이 여러 문헌에 의해 확인된다. 〈무고〉는 고려 25대 충렬왕(1274~1308) 때 시중(侍中) 이혼(李混)이 영해(寧海)에 유배되었을 때 바다 위에 뜬 뗏목을 얻어 그것으로 큰 북을 만들었는데, 그 소리가 매우 크고 웅장해 북을 두드리며 춤을 추었다는 설에 의해 이름이 붙여졌다.

> 『고려사』「악지」〈무고〉의 후주(後註)에 "〈무고〉는 시중(侍中) 이혼(李混)이 영해(寧海)에 유배(流配)되어 갔을 때 바닷가에서 물에 뜬 뗏목을 얻어 그것으로 〈무고〉를 만들었는데, 그 소리가 굉장하였다. 그 춤은 즐겁게 돌아가는 것으로 하늘거리는 한 쌍의 나비가 꽃을 감도는 것 같고, 용감스럽게 두 용(龍)이 구슬을 다투는 것 같다. 악부(樂部)에서는 가장 기묘(奇妙)한 것이다"라고[39] 전한다.

> 의궤 정재악장에[40] 따르면, "○한나라 때 〈비무(鞞舞)〉가 있었는데, 비는 소고(小鼓)이다. 대개 북 장단으로 춤을 춘다. 고려 때에 시중(侍中) 이혼(李混)이 바다 위에 떠 있는 뗏목을 주워 무고를 만들었다"라고 하였다.

---

39 『高麗史』「樂志」 俗樂 舞鼓條.

40 한국예술종합학교 전통예술원, 『高宗辛丑進宴儀軌』 卷一(서울: 민속원, 2001), 179~181쪽.

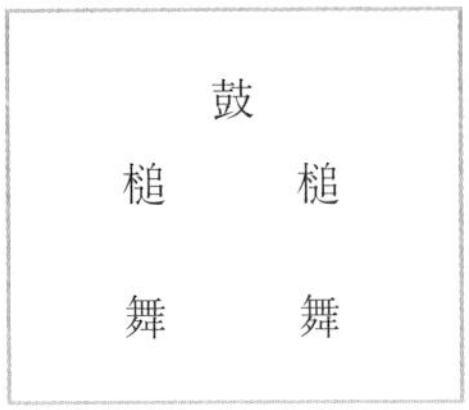

〈그림 14〉 고려시대 〈무고〉의 초입배열

고려시대의 〈무고〉 무보는 『고려사』「악지」와 『악학궤범』 권3에 각각 1편이 전한다. 이들 무보에 전하는 〈무고〉에는 무용수들이 춤을 추기 위해 배열하는 과정과 춤 내용을 제시하고 있다. 무용수들의 배열 과정을 살펴보면, 악관이 남쪽에 두 줄을 지어 앉으면 악관이 북을 전 중에 놓고 나가고, 이어 기녀들이 정읍사(井邑詞)를 부르고 음악이 연주되면 기녀 2인이 나아가 춤을 춘다. 이 기록대로라면 〈무고〉를 추는 무용수들이 먼저 무대 남쪽에 등장의 의미로 1차 배열을 마치면 악사가 무구를 설치하고 이어 음악연주가 시작되면 무용수가 춤을 시작한다. 고려시대 〈무고〉의 무용수는 제기 및 여기[元舞] 2인으로 구성된다. 제기가 여러 명의 기녀인 것은 알 수 있지만 구체적인 인원은 알 수 없다. 이 중 실제로 춤을 추는 무용수는 원무 2인이며, 무용수들이 〈그림 14〉처럼 배열을 마치고 정읍(井邑)을 연주하면 〈무고〉 춤을 춘다.

『악학궤범』 권3에 기록된 고려시대의 〈무고〉 내용을 정리하면, 여러 기녀들이 정읍(井邑) 연주에 맞추어 정읍사(井邑詞)를 부른다. 정읍을 연주하면 원무 2인이 무진하여 북[鼓] 남쪽에 서서 북쪽을 향하여 절을 하고, 손을 여몄다가 춤을 춘다. 이어 원무 2인이 북채를 잡고 일어서서 춤추고, 좌우로 나누어 북을 끼고 무진·무퇴하고, 북을 중심으로 돌면서 추고, 상대·상배하고 빙글빙글 돌며 춤춘다. 음악의 절차에 따라 북을 치는데 장고의 절주에 맞추어 두드리며 춤추고, 음악이 끝나면 춤도 멎는다. 모든 춤이 마치면 원무 2인이 앞에서와 같이 엎드려 절하고 일어나 물러간다.

〈무고〉는 무구를 잡기 전과 잡은 후의 춤으로 구분되어 진행한다. 무구인 북과 북채를 바닥에 설치하면 무구를 잡기 위해 손을 여미고 엎드려 춤추다가 북채를 잡고 일어서고, 이어 북을 치며 춤을 추고, 모든 춤이 마치면 다시 손을 여미고 엎드려 절을 하고 물러난다. 〈무고〉에 연주된 음악은 정읍이고, 여러 기녀들이 부르는 정읍사에 맞춰 춤을 추는데 북을 중심으로 제한된 공간에서 춘다. 〈무고〉의 초열은 〈그림 15-가〉처럼 일렬대형이다. 〈무고〉는 여러 기녀들이 부르는 정읍사에 맞춰 춤을 추는데, 일렬대형에서는 원무 2인이

〈그림 15-가〉처럼 무진하여 북 앞[남]에[41] 놓여진 북채를 잡고 일어서고, 다시 무진하여 〈그림 15-나〉처럼 북 좌우에서 상대·상배하며 추다가 빙글빙글 돌면서 북을 치며 춤을 춘다.

가	나		
鼓 槌 槌 ↑ ↑ 舞 舞	舞 鼓 舞 ↑ ↑	▷ 鼓 ◁	◁ 鼓 ▷

〈그림 15〉 고려시대 〈무고〉의 대형 구성

(2) 동동(動動)

〈동동〉은 양 손에 아박(牙拍)을[42] 잡고 치면서 추는 춤으로, 속악정재이다. 〈동동〉이라는 제목은 동동사(動動詞)의 후렴 가사에 나오는 '아으 동동다리'라는 말을 본떠 사용한 것이다. 〈동동〉은 원래 고려시대 민간에서 떠도는 노래였는데 이것이 궁중으로 들어와 연희에서 불려졌다. 그러나 〈동동〉 가사는 내용이 저속하다하여 불려지지 않았고, 〈동동〉은 조선시대에 〈아박〉이라는 제목으로 바뀌었는데 이것은 아박이라는 무구를 사용한 데서 비롯되었다.

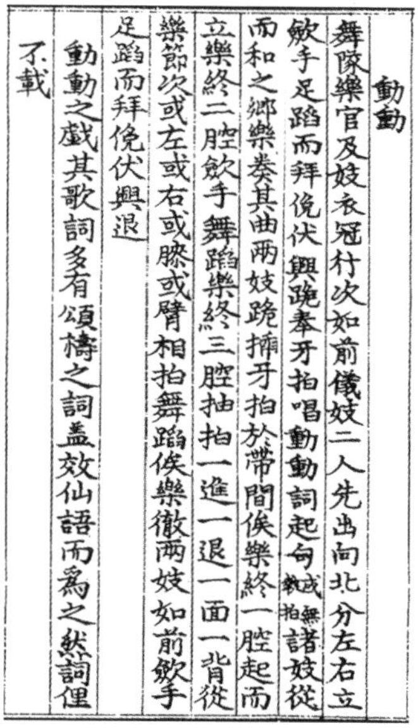
動動
舞隊樂官及妓衣冠行次如前儀妓二人先出向北分左右立
斂手足蹈而拜俛伏興跪奉牙拍唱動動詞起句(或無拍)諸妓從
而和之鄕樂奏其曲兩妓跪插牙拍於帶間俟樂終一腔起而
立樂終二腔斂手舞蹈樂終三腔抽拍一進一退一面一背從
樂節次或左或右或膝或臂相拍舞蹈俟樂徹兩妓如前斂手
足蹈而拜俛伏興退
動動之戱其歌詞多有頌禱之詞盖效仙語而爲之然詞俚
不載

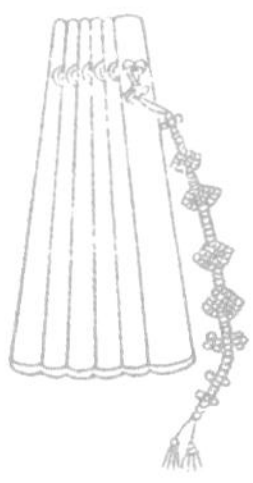

41 정재홀기에 기록된 '鼓之南'은 북쪽에 앉은 왕 중심으로 기록된 것으로, 북[鼓]의 남쪽 위치를 말한다.

42 아박(牙拍): 타악기(打樂器)의 하나. 〈아박무〉 춤을 출 때 사용하는 소도구이다. 아박은 상아·고래뼈·소뼈·사슴뼈로 만드는데, 여섯 조각의 박편을 사슴가죽[鹿皮]로 꿰고, 오색으로 된 매듭을 드리운다. 아박은 음악 연주에도 사용되지만 음악의 시작과 마침을 알리는 기능을 하기도 하고 궁중무(宮中舞)에서는 춤의 변화를 지시할 때 치기도 한다. 참고사이트: 문화콘텐츠닷컴

『고려사』「악지」〈동동〉의 후주에 의하면 "〈동동〉의 놀이는 그 가사에 송축하는 말이 많이 들어 있는데, 대체로 신선(神仙)의 말을 본떠서 지은 것이다. 그러나 가사가 이속(俚俗)하여 싣지 않는다"라고[43] 전한다.

『세종실록』 권126에 의하면 "세종 31년(1449)에 1449년 10월까지도 〈동동〉 정재로 소개되어 있는데, 성종(1469~1494) 때 아박(牙拍)으로 그 이름이 바뀌었다. 그것은 두 손에 상아(象牙)로 만든 소형의 박(拍)을 치면서 춤 춘 데서 바뀌어 진 것이다. 즉 원래의 이름은 가사에서 지은 것이고, 아박(牙拍)의 이름은 그 무구(舞具)에서 붙여진 것이다"라고 전한다.

의궤 악장에[44] 의하면, "○송나라 때의 악무(樂舞) 중에 아박(牙拍)이라는 명칭이 있는데, 우리 조정에서 향악정재에 사용했다"라고 전한다.

고려시대의 〈동동〉 무보는 『고려사』 「악지」와 『악학궤범』 권3에 각각 1편이 전한다. 이들 무보에 기록된 〈동동〉에는 무용수들이 춤을 추기 위해 배열하는 과정과 춤 내용을 2가지로 구분하여 제시하고 있다. 먼저 무용수들이 대열을 배열하는 과정에 대해서는 "무대, 악관 및 여기의 의관과 행차는 앞의 의례와 같다"라고 간략하게 기록되어[45] 있다. 여기서 앞의 의례라 함은 〈무고〉 정재를 포함한 고려시대에 추어진 궁중연향을 말한다. 따라서 〈동동〉의 무대 배열은 〈그림 16〉처럼 노래 부르는 여러 기녀[諸妓]들이 두 줄을 지어 남쪽에 배열하고, 그 앞에 〈동동〉을 추는 무용수가 1차 배열을 마치고 악사가 무구인 아박을 전내에 설치하면 〈동동〉 춤을 춘다.

고려시대 〈동동〉의 무용수 구성은 제기 및 협무 2인이다. 제기는 당시 연향에 참가한 모든 기녀를 말하는데 여러 명의 기녀인 것은 알 수 있지만 구체적인 인원은 알 수 없다. 이 중 실제로 춤을 추는 무용수는 여기[元舞] 2인으로, 〈그림 16〉처럼 배열하면 비로소 〈동동〉 춤을 춘다.

---

43 『高麗史』「樂志」俗樂 動動條.

44 한국예술종합학교 전통예술원, 『국역헌종무신진찬의궤』 卷一(서울: 민속원, 2004), 136~137쪽.

45 "무대의 의관과 행차가 앞과 같게 한다"는 기록에 의해 〈무고〉와 같이 배열의 진행이 같은 것을 알 수 있다. 〈動動〉. "舞隊樂官及妓衣冠行次, 如前儀"

『악학궤범』 권3에 기록된 고려시대의 〈동동〉 내용을 정리하면, 무용수 2인이 나아가 북쪽을 향하여 좌우로 갈라서서 손을 여미고 엎드려 절을 하고 일어나 다시 꿇어앉아 아박을 받들고 동동사(動動詞)의 첫 구를 부른다[혹은 아박을 잡지 않기도 한다]. 여러 기녀들은 그에 따라 화창(和唱)한다. 향악(鄕樂) 동동을 연주하고 무용수 2인은 꿇어앉아서 아박을 띠 사이에 꽂고, 음악 일강(一腔)이 끝나기를 기다려 서고, 음악 이강(二腔)이 끝나면 손을 여미며 무도하고, 음악 삼강(三腔)이 끝나면 아박을 뽑아 일진(一進)·일퇴(一退)·일면(一面)·일배(一背)하며 춤추고, 음악의 절차에 따라 왼쪽 혹은 오른쪽으로, 무릎에 혹은 팔에 아박을 치며 춤을 춘다. 춤을 마치면 무용수 2인이 앞에서와 같이 손을 여미며 족도하고서 절을 하고 엎드렸다가 일어나서 물러난다.

牙拍	牙拍
舞	舞

妓妓妓妓妓妓妓妓
妓妓妓妓妓妓妓妓

〈그림 16〉 고려시대 〈동동〉의 초입배열

〈동동〉은 무용수 2인이 여러 기녀들과 함께 동동사를 부르며 춤을 춘다. 아박을 무구로 사용하는 〈동동〉은 바닥에 놓여진 아박을 잡기 위해 그리고 춤을 마친 다음 엎드려 절을 한다. 〈동동〉을 추기 위해 음악 반주 없이 1차 배열을 하고, 이렇게 1차 배열을 마치면 〈동동〉 음악에 맞추어 춤을 춘다. 일강·이강·삼강에 따라 춤의 진행이 구분되어 있는데, 일강에는 앉아서 춤을 추고, 이강·삼강에는 일어서서 춤을 춘다. 〈동동〉은 춤추는 내내 〈그림 17-가〉처럼 일렬대형을 유지하며 춤을 춘다. 〈동동〉 춤은 아박을 잡기 전과 잡은 후의 춤으로 구분되어 진행하는데, 〈그림 17-나〉처럼 무진·무퇴·상대·상배

가	나		
牙拍　牙拍 舞　舞	↑↓　↑↓ 舞　舞	▷　◁	◁　▷

〈그림 17〉 고려시대 〈동동〉의 대형 구성

하며 춤을 춘다.

(3) 무애(無㝵)

〈무애무〉는 호리병[葫蘆]을[46] 들고 여러 기녀들과 무애사(無㝵詞) 노래를 주고받으며 춤을 추는 속악정재이다. 서역(西域)에서 들어온 춤으로, 이 춤은 원효대사(元曉大師)가[47] 불법의 포교를 위해 무애가를 부르며 춤을 추었다는 것에서 시작된다. 그러나 불가의 가사를 써서 탄망(誕妄)하기 때문에 그 중 필요한 것만 추려서 궁중악으로 사용하였고, 세종 이후에는 모든 사악(賜樂)에서 추어지지 않다가 순조(純祖) 대에 와서 궁중의 각종 연향(宴饗)에서 연희되었다.[48]

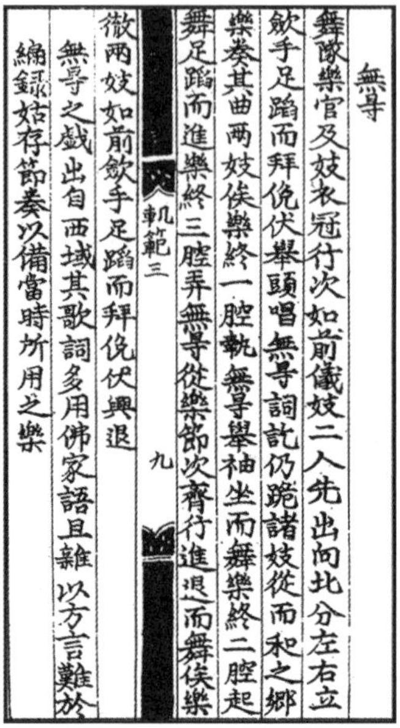
無㝵
舞隊樂官及妓衣冠行次如前儀妓二人先出向北分左右立
斂手足蹈而拜俛伏擧頭唱無㝵詞訖仍跪諸妓從而和之鄉
樂奏其曲兩妓俟樂終一腔執無㝵擧袖坐而舞樂終二腔起
舞足蹈而進樂終三腔弄無㝵從樂節次齊行進退而舞俟樂
軌範三 九
徹兩妓如前斂手足蹈而拜俛伏興退
無㝵之戱出自西域其歌詞多用佛家語且雜以方言難於
翻錄姑存節奏以備當時所用之樂

『삼국유사(三國遺事)』에 의하면 "신라시대 고승(高僧)인 원효대사(元曉大師)가 요석공주(瑤石公主)와 결혼하여 파계(破戒)한 후 속인(俗人)의 복색으로 바꾸어 입고 스스로 이름을 소성거사(小性居士)라 하고 우연히 광대들이 큰 표주박을 놀리며 춤추는 것을 보게 되었는데 그 형상이 진지했다. 그 모양과 같이 도구를 만들어 화엄경(華嚴經)의 일체무애인(一切無㝵人) 일도출생사(一道

---

46 호리병: 호리병박 모양으로 생긴 병.

47 원효(元曉, 617년[진평왕 39]~686년[신문왕 6]): 삼국시대와 신라의 고승이자 철학자. 한국 역사상 최고의 불교사상가이자 사회지도자. 원효는 법명이고, 속성(俗姓)은 설(薛), 속명은 사(思), 서당(誓幢) 또는 신당(新幢)이며, 별명은 모(毛), 호는 화정(和淨). 별명은 소성거사(小姓居士)이며 이외에도 서곡사미(西谷沙彌), 백부논주(百部論主), 해동법사(海東法師), 해동종주(海東宗主)라 불림. 고려시대에는 원효보살, 원효성사(元曉聖師)라 존칭되고, 화쟁국사(和諍國師)라는 시호가 내려짐. 본명은 설사(薛思)이나, 보통 한국에서는 법명을 따라 원효대사로 불림. 불교의 대중화에 힘썼으며 화쟁사상을 통해 여러 개의 종파로 나누어졌던 불교 이론들을 하나의 입장으로 통합시킴. 참고사이트: 위키백과

48 張師勛, 『韓國傳統舞踊硏究』(서울: 一志社, 1979), 128쪽.

出生死) 중에서 무애(無㝵) 두 자를 따서 이름을 〈무애(無㝵)〉라 하였다"라고 전한다.

『고려사』「악지」의 〈무애〉 후주에는 "〈무애〉라는 연희는 서역(西域)에서 나왔다. 그 가사는 불가(佛家)의 말이 많이 쓰여 있고 또 방언이 섞여 있어서 그것을 기록하기 어렵다. 우선 그 절주만을 적어서 당시 사용하던 악을 갖추어 둔다"라고[49] 하였다.

이인로(李仁老)의 파한집(破閑集)에 따르면 "원효대사(元曉大師)가 항상 목이 구부러진 표주박(葫蘆)을 어루만지며 시중(市中)에서 노래하며 춤추었는데, 이를 〈무애〉라 이름하였다. 그런 뒤에 호사가(好事家)가 금령(金鈴)을 달고, 아래에는 채백(彩帛) 비단을 늘어뜨려 장식하고, 이를 두드리며 진퇴(進退)하니 음절에 맞았으며, 경론게송(經論偈頌)을 노래하니 무애가(無㝵歌)라 불렀다"고[50] 전한다.

『세종실록』 권65에 의하면, "세종 16(서기 1434) 8월 예조(禮曹)에서 〈무애〉 정재는 그 가사가 오로지 불가어(佛家語)를 써서 탄망하므로 금후로는 모든 사악(賜樂)에서 〈무애〉 정재를 없애는 것이 옳다"는[51] 임금의 허락이 있었다.

고려시대 〈무애무〉는 『고려사』「악지」와 『악학궤범』 권3에 각각 1편이 전한다. 이들 무보에 전하는 〈무애무〉에는 무용수들이 춤을 추기 위해 배열하는 과정과 춤 내용을 구분하여 제시하고 있다. 먼저 무용수들이 배열하는 과정에 대해서는 "무대, 악관 및 여기의 의관과 행차는 앞의 의례와 같다"라고 간략하게 기록되어[52] 있다. 여기서 앞의 의례라 함은 〈무고〉와 〈동동〉 정재의 배열 과정을 말한다. 〈무애무〉의 무대 배열은 〈그림 18〉처럼 노래 부르는 여러 기녀[諸妓]들이 두 줄을 지어 남쪽에 배열하고 그 앞에 〈무애무〉를 추는 무

49 『高麗史』「樂志」 俗樂 無㝵條.

50 『破閑集』 卷3.

51 禮曹啓 "… 且無㝵呈才 其歌詞專用佛家之語 足爲誕妄 況年前昌盛亦欺之 令後 凡諸賜樂 乞罷無㝵呈才 … 從之" 『世宗實錄』 卷65, 21b, 同 16년 8월 壬戌.

52 "무대의 의관과 행차가 앞과 같게 한다"는 기록에 의해 〈무고〉 및 〈동동〉과 같이 배열의 진행이 같은 것을 알 수 있다. 〈無㝵〉, "舞隊樂[호로]官及妓衣冠行次, 如前儀."

葫蘆　葫蘆	
舞　舞	
妓 妓 妓 妓 妓 妓 妓 妓	
妓 妓 妓 妓 妓 妓 妓 妓	

〈그림 18〉 고려시대 〈무애〉의 초입배열

용수가 선다. 이어 무구인 호리병을 전내에 설치하면, 여기가 나아가 〈무애〉 춤을 춘다. 고려시대 〈무애무〉의 무용수 구성은 제기 및 여기[元舞] 2인이다. 제기가 여러 명의 기녀인 것은 알 수 있지만 구체적인 인원은 알 수 없다. 이 중 실제로 〈무애무〉를 춘 무용수는 원무 2인으로, 〈그림 18〉처럼 배열하고 음악이 연주되면 이에 맞춰 〈무애〉 춤을 춘다.

『악학궤범』 권3에 기록된 고려시대의 〈무애무〉 내용을 정리하면, 여기[무용수] 두 사람이 먼저 나아가 북쪽을 향해 좌우로 갈라서서 손을 여미고 절을 하고 부복했다가 머리를 들고 무애사(無㝵詞)를 창한다. 끝나면 그대로 꿇어 앉아 있고, 여러 여기들은 그것에 따라 화창(和唱)한다. 향악기로 그 곡을 연주하면, 두 여기는 음악의 1강(一腔)이 끝나기를 기다려 무애[호로]를 잡고 소매를 치켜들고 춤을 춘다. 음악의 2강(二腔)이 끝나면 일어나 춤추고 족도하며 앞으로 나아간다. 음악의 3강(三腔)이 끝나면 무애를 희롱하며 음악의 절차에 따라 무진·무퇴하며 춤춘다. 음악이 끝나는 것을 기다려 두 여기는 앞에서와 같이 손을 여미고 절하고 부복했다가 일어나 물러난다.

〈무애무〉는 음악의 구성에 따라 춤이 진행되는데, 일강에는 앉아서 춤을 추고, 이강·삼강에는 일어서서 춤을 춘다. 호로를 무구로 사용하는데, 바닥에 놓여진 호로를 잡기 위해 그리고 춤을 마친 다음 호로를 바닥에 내려놓기 위해 손을 여미고 꿇어 엎드린다. 〈무애무〉는 춤추는 내내 〈그림 19-가〉처럼 일렬대형을 유지하며 춤을 춘다. 〈무애무〉 춤은 호로를 잡기 전과 잡은 후의 춤으로 구분되어 진행하는데, 무애를 잡은 후에는 〈그림 19-나〉처럼 무진·무퇴하며 춤을 춘다.

가	나	
葫蘆　葫蘆 舞　舞	舞　舞 ↑　↑	舞　舞 ⇅　⇅

〈그림 19〉 고려시대 〈무애〉의 대형 구성

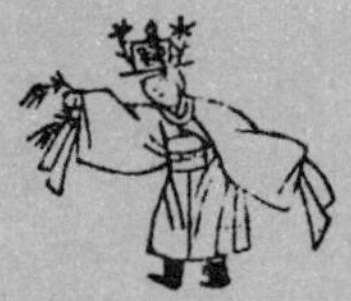

3장

조선전기 궁중정재

태조~임진왜란 이전

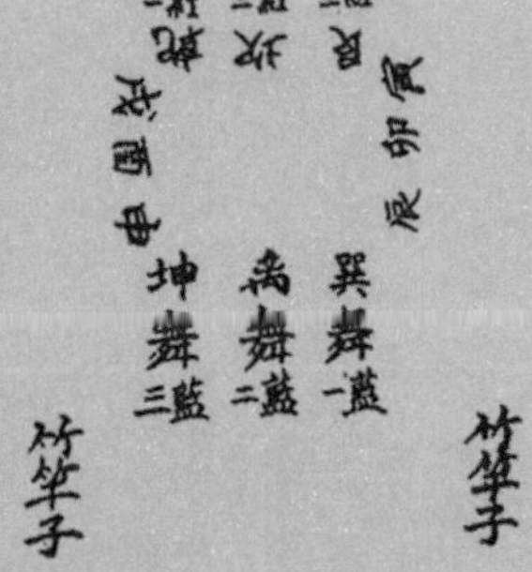

조선시대는 태조 이성계가 고려를 정벌하여 1392년 조선을 국호로 세우고 도읍을 한양[서울]으로 옮기면서부터 시작된다. 고려 말의 불교적 폐단을 불식시키기 위해 성리학(性理學)을 지배이념으로 내세우며 억불숭유정책을[1] 펼쳤다. 조선은 예악(禮樂)을 중요시한 유교 국가로서, 건국 초기에는 새로운 음악과 무용을 만들어 조선 건국을 정당화하고 칭송하고자 하는 노력을 아끼지 않았다.

조선전기의 궁중정재는 태조·태종·세종·세조·성종 대를 거쳐 오면서 점진적으로 발전되어 왔다. 태조 대에는 관습도감(慣習都監)을[2] 설치하여 새로운 조선을 건국한 것에 부응하는 새로운 음악과 무용을 창제하였는데, 대부분 고려시대의 궁중무악을 그대로 답습한 형태로 개작하여 추어진 것으로 태종 대까지 이어졌다. 태종 대에는 조선왕실의 음악을 새롭게 제정하기 위해 의례상정소(儀禮詳定所)를[3] 설치하여 예악을 정비하였다. 이러한 궁중무악은 세종 대에 와서 다시 새롭게 정비되고 확립되었는데, 이것은 새로운 율관(律管)의[4] 제작으로 인하여 정음(正音)과 조화로운 음을 얻게 된 이후부터이다. 기존에 음의 시가를 나타내지 못하는 결점을 보완한 정간보(井間譜)를[5] 창안하였고, 이에 아악을 정비하여 조선시대 역대 왕과 왕비의 신위를 모신 사당에서

1 숭유억불정책(抑佛崇儒政策): 불교를 억압하고 유교를 숭상한 조선시대의 국가정책.

2 관습도감(慣習都監): 조선 초기 음악을 맡아본 관청. 1393년(태조 2)에 설치되어 1457년(세조 3) 악학(樂學)과 병합될 때까지 60여 년간 봉상시(奉常寺)·전악서(典樂署)·아악서(雅樂署) 및 악학(樂學) 등 예조 산하의 다른 음악기관과 함께 주로 음악을 가르치는 임무를 담당하였다. 참고사이트: 다음백과사전

3 의례상정소(儀禮詳定所): 조선 초기 국가 전례, 사서의 예제·정치·사회 제도 등을 연구, 제정하고 기타 중요 국가정책을 심의하기 위해 설치되었던 특별관서. 1401년(태종 1) 의례상정사(儀禮詳定司)라는 이름으로 예조(禮曹) 산하에서 활동을 시작하였으나, 그 뒤 직무와 권한이 확대되어 최고급 특별 기구의 하나로 발전하면서 의례상정소로 개칭하였고, 1435년(세종 17) 폐지될 때까지 35년간 약 70여 건의 중요한 의례·제도·정책들을 확정하였음. 출처사이트: 한국민족문화대백과사전

4 율관(律管): 음악의 기본음을 정하기 위해 음을 불어낼 원통형의 대나무 관. 고대 중국의 아악에서는 율관을 만들 때 천연의 대나무에 거서를 일정량 담아 기준이 되는 음을 얻는 것을 대악(大樂)의 이상으로 삼았으며, 율관의 재료로는 대나무·구리를 사용했다. 참고사이트: 다음백과사전

5 정간보(井間譜): 조선시대 세종이 창안한 악보로, 1행 32간(間)을 '우물 정(井)'자 모양으로 만들고, 한 칸을 1박으로 음의 시가를 표시한 것이다.

제사 지낼 때 추었던 무무[武舞: 정대업]와 문무[文舞: 보태평]를 지어 회례연에서 추었다. 또한 새로운 향악곡을 제작함으로써 당악의 향악화를 꾀하여 조선왕조의 정통성을 알리는 궁중무악을 창제하기에 이른다. 1443년에는 세종대왕이 창제한 훈민정음(訓民正音)으로 한국 최초의 건국서사시인 〈용비어천가(龍飛御天歌)〉를 제작하였고, 이 〈용비어천가〉를 노랫말로 올린 가·무·악의 종합예술체인 〈봉래의〉를 만들었다. 〈봉래의〉는 정재 중에서 유일하게 〈용비어천가〉 가사에 맞춰 대형을 변화시키며 추는 춤이다. 당악과 향악의 이중적 음악 구조로 진행하여 조선 유일의 춤으로 양식적 변천을 꾀한 조선조 최대의 대표적인 창작 무악이다. 세조 대에는 세종 대에 회례아악이었던 정대업과 보태평을 종묘제례악으로 채택하였고, 32정간(井間)에 율명(律名)을 적은 기보법인 정간보를 근거로 하여 16정간을 1행으로 고쳐 율명 대신 궁(宮)을 중심으로 위아래에 오음을 약자로 적은 오음약보(五音略譜)를[6] 창안하였다. 성종 대에는 조선전기에 제작되고 추어졌던 궁중정재의 내용을 기록한 『악학궤범』을[7] 편찬하였다. 무용은 물론 궁중 음악의 이론과 악기 제조 및 악보와 의상 등이 상세하게 기록되어 있는데, 이 책은 우리나라 역사상 최초의 궁중무용 및 음악의 이론서이자 실용서이다.

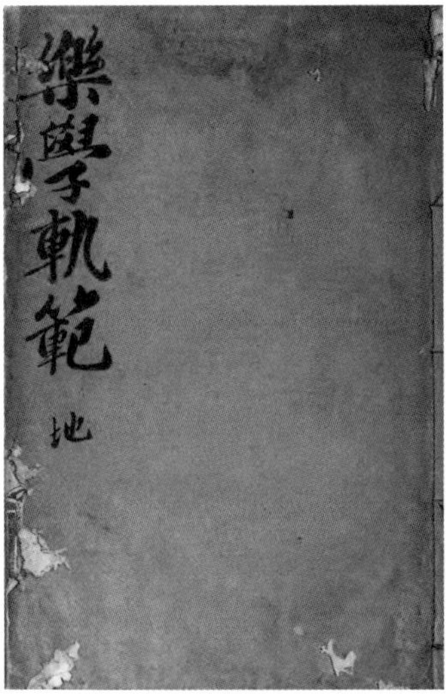

조선전기에는 건국 초부터 무용과 음악을 관장하던 기관인 아악서·봉상

6 오음약보(五音略譜): 조선시대 세조(1455~1468)가 창제하여 19세기까지 사용해온 국악 기보법(記譜法)이다. 궁(宮)을 기본으로 하여 위와 아래에 5음을 적는 이 기보법은 주로 5음 음계로 구성된 향악을 편리하게 기보할 수 있도록 창안하였다.

7 『악학궤범(樂學軌範)』: 조선시대 1493(성종 24)년에 성현(成俔) 등이 임금의 명으로 편찬한 음악 및 무용이론서. 백제 가요 〈정읍사〉와 고려 가요 〈동동〉 등이 한글로 적혀 있으며, 음악의 원리, 악기 배열, 무용 절차, 악기 등이 그림으로 풀이되어 있다. 모두 9권 3책으로 되어 있고, 이 중 무용은 3·4·5권에 수록되어 있다.

시(奉常寺) · 전악서 · 악학(樂學) · 관습도감이 존재하였다. 이들 기관에서는 궁중 예악과 관련된 여러 교육을 도맡아 하였는데, 아악서는 종묘제례악의 악기 연주를 관장하고, 봉상시는[8] 종묘제례악의 노래와 이의 제반 요소들을 관장하였고, 전악서는 연향에 쓰이는 당악과 향악의 연주 활동을 맡았고, 악학은[9] 음악과 무용 그리고 악복 및 의례의 고증과 악서 편찬을 맡았고, 관습도감은 관현맹인(管絃盲人)과 악공 그리고 기녀가 연주하는 당악과 향악의 교육을 맡았다. 이들 기관들은 세조 12년에 장악서로 통합되고 성종 때 다시 장악원으로 계승되기까지 여러 차례 기관의 명칭과 그 역할에 변화를 가지면서 이어져 왔다.

1. 조선전기 궁중정재의 무용형식과 구조

1) 당악정재의 무용형식과 구조

조선전기의 당악정재는 〈헌선도〉·〈수연장〉·〈오양선〉·〈포구락〉·〈연화대〉·〈금척〉·〈수보록〉·〈근천정〉·〈수명명〉·〈하황은〉·〈하성명〉·〈성택〉·〈육화대〉·〈곡파〉이다. 조선전기 당악정재의 무대배열은 고려시대의 법례가 그

8 봉상시(奉常寺): 조선시대 국가의 제사 및 시호를 의론하여 정하는 일을 관장하기 위해 설치되었던 관서. 참고사이트: 한국민족문화대백과사전

9 악학(樂學): 조선전기 음악에 관한 일을 관장하던 기관. 1406년(태종 6)에 음악이론을 학문적으로 다루기 위해 10학(十學 : 儒學·武學·吏學·譯學·陰陽風水學·醫學·字學·律學·算學·樂學)의 하나로 설립된 이후 1457년(세조 3) 관습도감(慣習都監)과 통합되어 악학도감(樂學都監)으로 개칭될 때까지 50여 년 동안봉상시(奉常寺)·아악서(雅樂署)·전악서(典樂署)·관습도감과 더불어 음악에 관한 일을 관장하였다. 악학의 주된 기능은 음악에 관한 옛 문헌들을 고찰하여 악서(樂書)를 편찬하거나 연주되는 음악을 악보화하는 업무 및 음악이론과 역사, 악인들의 관복·의례(儀禮) 등에 관한 고증, 그리고 이론에 맞는 악기 제작의 감독, 마지막으로 악공의 선발과 습악(習樂) 등 네 가지 업무였다. 참고사이트: 다음백과사전

대로 전승되어 이어져 왔다. 의물 18인은 동쪽과 서쪽, 춤을 추는 무용수들은 무대 가운데, 죽간자와 족자는 북쪽에 각각 배열한다. 의물 18인이 배열하는 내용은 기록되지 않았지만 『악학궤범』의 배열도를 통해 의물이 포함된 것을 알 수 있다. 의물 18인은 주로 무용수 좌우에 배열하여 춤추는 내내 제자리에서 있기도 하고 무용수들과 함께 회무를 도는 등, 춤의 구성인으로[10] 직접 참여하였다.

조선전기에는 새로운 정재의 창제로 인하여 족자(簇子)라는 의물이 새로 추가되면서 의물의 배열에 변화를 보인다. 고려시대부터 이어져 온 〈헌선도〉·〈수연장〉·〈오양선〉·〈포구락〉·〈연화대〉 정재에는 죽간자만 등장하였다. 반면 〈금척〉·〈수보록〉·〈근천정〉·〈수명명〉·〈하황은〉·〈하성명〉·〈성택〉 등과 같은 새로운 정재에 족자가 추가되었는데, 족자가 서는 위치는 좌우 죽간자 사이이다. 족자는 죽간자와 나란히 배열하여 무진하고, 죽간자가 선구호를 부르고 물러난 다음에도 족자는 물러나지 않고 제자리에 그대로 머무른다. 족자는 춤 진행 내내 제자리에서 북향하고 서 있으며 무용수들과 함께 회무를 돌기도 한다. 반면 죽간자의 구성은 2인으로 고려시대와 같으나 죽간자가 서는 위치는 정재의 진행에 따라 차이가 있다. 도입부와 종결부에는 북쪽에 서고 진행부에서는 남쪽에[11] 선다. 도입부와 종결부에서 죽간자가 진구호 및 퇴구호를 부르고 물러나 서는 위치는 좌우협무

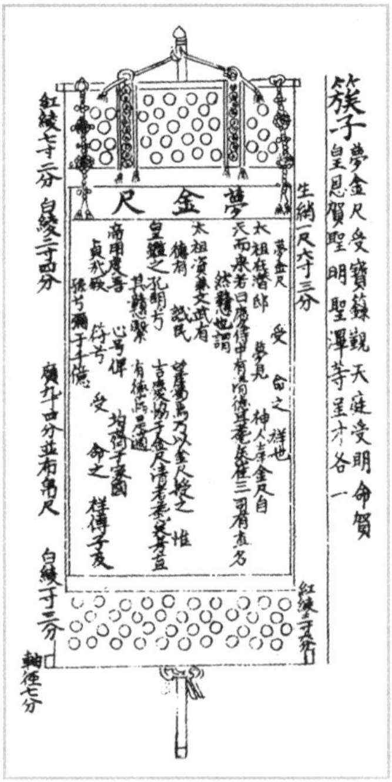

10 〈수보록〉에서는 의물 18인이 좌우[동·서]에 배열하지 않고 일반 무용수들처럼 6대 좌우대형으로 배열하고, 회무를 돌며 춤춘다.

11 조선전기에 죽간자의 위치가 북쪽과 남쪽인 것은 『악학궤범』에 제시된 배열도에서 확인된다.

바깥쪽[外挾]이다.[12]

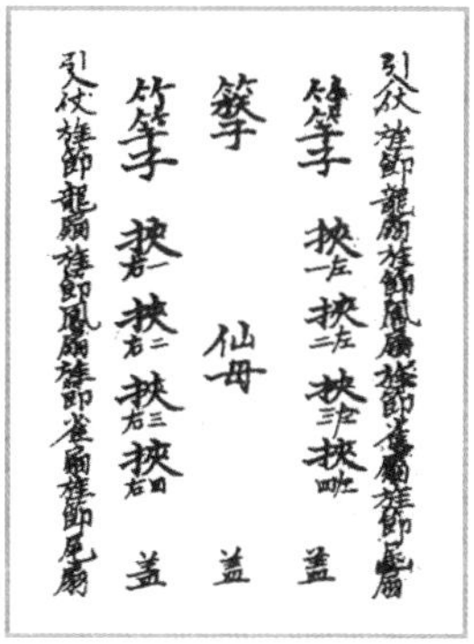

조선전기에 당악정재를 춘 무용수는 정재마다 죽간자·왕모·협무, 족자·죽간자·왕모·협무, 족자·죽간자·협무, 죽간자·원무[동기], 죽간자·협무, 족자·의물[협무]·왕모·원무로 구성된다. 먼저 죽간자·왕모·협무로 구성된 정재는 〈헌선도〉·〈오양선〉·〈육화대〉이고, 족자·죽간자·왕모·협무로 구성된 정재는 〈금척〉·〈근천정〉·〈수명명〉·〈하황은〉·〈성택〉이고, 족자·죽간자·협무로 구성된 정재는 〈하성명〉이고, 죽간자·원무로 구성된 정재는 〈연화대〉이고, 죽간자·협무로 구성된 정재는 〈수연장〉·〈포구락〉·〈곡파〉이고, 족자·의물[협무]·왕모·원무로 구성된 정재는 〈수보록〉이다. 그리고 무용수의 구성 인원 또한 정재마다 차이가 있는데, 〈헌선도〉는 왕모 1인·협무 2인, 〈수연장〉은 협무 8인, 〈오양선〉은 왕모 1인·협무 4인, 〈포구락〉은 협무 16인, 〈연화대〉는 동기 2인, 〈금척〉은 금척인[선모] 1인·협무 12인, 〈수보록〉은 의물 18인·지선[원무] 2인·보록기[선모] 1인, 〈근천정〉은 선모 1인·협무 2인, 〈수명명〉은 선모 1인·협무 8인, 〈하황은〉은 선모 1인·협무 6인, 〈성택〉은 선모 1인·협무 8인, 〈육화대〉는 치어인[선모] 1인·협무 6인, 〈하성명〉은 협무 12인, 〈곡파〉는 협무 2인이다.

무용수의 이름은 춤추는 역할에 따라 정재별로 새로운 명칭을 사용하였는데, 이것은 기존에 사용하던 것을 새로 개작하여 부르기도 하고 혹은 정재의 성격에 따라 다르게 사용한 것이다. 예로 무대 가운데에서 추는 무용수인 왕모를 선모(仙母)라는 새로운 명칭을 붙여 사용하였고, 그 외 정재마다 치어인(致語人)·금척인(金尺人)·보록기(寶籙妓)라는 이름으로도 사용하였다. 이것은 이전 고려시대에 무용수 전체를 왕모 3인 혹은 왕모 5인으로 사용한 것에서 왕모 1인과 협무 2인 혹은 왕모 1인과 협무 4인으로 고쳐 부른 것이다. 그리고

12 〈연화대〉 정재에서는 죽간자가 선구호와 후구호를 부르고 물러난 위치를 "兩童女之左右外挾"으로 제시하고 있다. 『樂學軌範』, 〈蓮花臺〉 卷4.9a1~11b10.

대형의 상징적 구조를 본떠 무용수를 건(乾)·감(坎)·간(艮)·손(巽)·리(离)·곤(坤)·태(兌)·진(震)으로도 불렀다. 이처럼 무대 가운데에서 추는 무용수의 이름이 정재마다 다양하게 불렸으나 서는 위치와 그 역할은 변함없이 이어져 왔다.

새로운 정재의 창제로 인하여 새로운 대형이 구성되기도 하였다. 조선전기 당악정재에 사용된 정재대형은 2대 좌우대형·4대 좌우대형·6대 좌우대형·사방대형·사우대형·삼대(三隊)·일렬대형·전후대형·팔괘대형(八卦隊形)이다. 이 중 6대 좌우대형·사방대형·삼대·팔괘대형은 조선전기에 새로 만들어진 정재대형이다. 정재 대형은 정재마다 차이가 있는데 먼저 초열대형을 살펴보면, 〈헌선도〉·〈수연장〉·〈오양선〉·〈연화대〉·〈근천정〉·〈곡파〉는 일렬대형, 〈수명명〉·〈하황은〉·〈성택〉·〈육화대〉·〈금척〉은 2대 좌우대형, 〈포구락〉·〈하성명〉은 4대 좌우대형, 〈수보록〉은 6대 좌우대형으로 구성되었다. 정재마다 무용수 구성에 따라 사용되는 대형이 결정되는데, 〈헌선도〉·〈연화대〉·〈근천정〉은 일렬대형과 전후대형, 〈수명명〉·〈육화대〉는 2대 좌우대형과 전후대형, 〈수연장〉은 4대 좌우대형·사방대형·전후대형, 〈오양선〉은 일렬대형·전후대형·사우대형, 〈포구락〉은 4대 좌우대형과 전후대형, 〈금척〉은 2대 좌우대형과 6대 좌우대형, 〈수보록〉은 6대 좌우대형과 전후대형, 〈하황은〉은 2대 좌우대형·전후대형·삼대, 〈하성명〉은 4대 좌우대형·2대 좌우대형·전후대형, 〈성택〉은 2대 좌우대형·전후대형·팔괘대형, 〈곡파〉는 일렬대형으로 각각 구성하였다.

조선전기 당악정재에 공통적으로 추어진 춤사위는 '염수족도'를 포함한 '광수무(廣袖舞)·광수환장무(廣袖懽場舞)·금전악무(金殿樂舞)·금척무(金尺舞)·농구무(弄毬舞)·도약무(跳躍舞)·사수무(四手舞)·수보록무(受寶籙舞)·수보록의 지선무(地仙舞)·수양수무(垂揚手舞)·오양선무(五羊仙舞)·인무(人舞)·절화무(折花舞)·첨염수(尖斂手)·칠무·퇴수무(退手舞)·파자무(破子舞)·팔수무(八手舞)·협수무(挾手舞)'이다. 춤 진행에 따라 무용수들이 나아가는 발과 드는 손 위치를 구체적으로 제시하였는데, '염수·족도·내수(內袖)·외수(外袖)·거수(擧手)' 등의 춤사위는 기본적으로 도입부와 종결부에 주로 사용된 것이다. 반

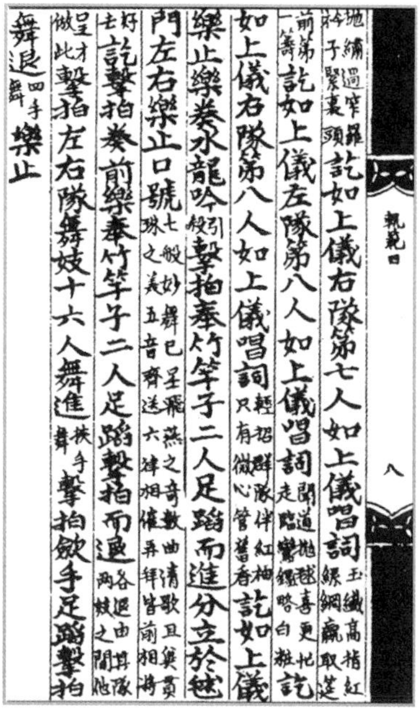
軌範四 八
(地繡遍窄羅衿子緊裹頭)訖如上儀右隊第七人如上儀唱詞(玉纖高指紅綵綱飄取蓮)
(前第一隊)訖如上儀左隊第八人如上儀唱詞(閑道拋毬喜更忙走踏鸞鞖略白雖)訖
如上儀右隊第八人如上儀唱詞(輕招群隊伴紅袖只有微心管普香)訖如上儀
樂止樂奏水龍吟(引殺)擊拍奏竹竿子二人足蹈而進分立於毬
門左右樂止口號(七般妙舞已呈飛燕之奇數曲清歌且貫珠之美五音齊送六律相催弄拜皆蘭相將)
(好去)訖擊拍奏前樂奏竹竿子二人足蹈擊拍而退(各退由其隊兩妓之間作)
(呈才做此)擊拍左右隊舞妓十六人舞進(挾手舞)擊拍斂手足蹈擊拍
舞退(四手舞)樂止

면 진행부에는 정재마다 사용된 춤사위가 다른데 정재별로 살펴보면, 〈근천정〉에서는 '팔수무·오양선무·수보록의 지선무·협수무·퇴수무'를, 〈금척〉에서는 '절화무·금척무·사수무·협수무·퇴수무'를, 〈성택〉에서는 '광수무·사수무·오양선무·사수무·퇴수무'를, 〈수명명〉에서는 '절화무·사수무·광수무·첨염수·팔수무·협수무·퇴수무'를, 〈수보록〉에서는 '사수무·금전악무'를, 〈수연장〉에서는 '절화무·팔수무·사수무·금척무·파자무·칠무·협수무·퇴수무'를, 〈연화대〉에서는 '광수무·도약무'를, 〈오양선〉에서는 '사수무·인무·팔수무·오양선무·파자무'를, 〈육화대〉에서는 '사수무·팔수무·협수무·퇴수무'를, 〈포구락〉에서는 '절화무·사수무·농구무·협수무'를, 〈하성명〉에서는 '절화무·팔수무·광수무·사수무·광수무·협수무·퇴수무'를, 〈하황은〉에서는 '절화무·사수무·팔수무·오양선무·협수무·퇴수무'를, 〈헌선도〉에서는 '절화무·사수무·광수환장무·수보록무·협수무·수양수무·퇴수무'를 구성하여 추었다.

춤의 진행 또한 고려시대의 법례가 그대로 전승되어 이어져 왔다. 정재대형의 형태는 달라도 좌대가 먼저 춤추는 것과 무대 가운데 선모가 좌우협무와 상대·상배할 때 동쪽을 향해 먼저 하고 다음에 서쪽을 향해서 춤추는 원칙은 그대로 지켜져 왔다. 상대·상배는 선모 혹은 좌우협무가 각각 하기도 하고 함께하기도 하는데 이것은 정재대형에 따라 진행에 차이가 있다. 예로 사우 혹은 사방대형과 삼대에서는 무대 가운데 선모를 중심으로 좌우협무가 각각 하기도 하고, 방위에 선 특정 무용수들과 차례로 상대·상배를 하였다. 일렬대형에서는 좌우협무가 하기도 하고 무대 가운데 선모를 중심으로 좌우협무가 동시에 상대·상배를 하였다. 전후대형에서는 전대(前隊)의 무용수들이 하기도 하고 후대에 선 협무가 각각 나아가 전대에 선 선모와 상대·상배를 한다. 무진·무퇴는 북쪽을 향해 기본적으로 진행하였고, 정재마다 좌대[동쪽]와 우대[서쪽] 그리고 전대[북쪽]와 후대[남쪽]의 무용수들이 무진·무퇴를 하는데 마주 보고 하기도 하고 서로의 자리를 바꾸어가며 하였다. 회무는 무용수 전체가 한 줄로 도는 회무와 좌대와 우대가 서로 마주 보고 도는 중행회선,[13] 무대 가운데의 선모는 제자리에서 주선하고 좌우협무가 그 주위를 도는 회무, 그리고 무용수 전체가 제자리에서 도는 주선이 있다.

당악정재의 창사 구조는 고려시대의 것을 그대로 전승하여 이어졌다. 무용수의 역할에 따라 창사의 명칭을 일률적으로 사용하였는데, 죽간자가 부르는 것은 구호, 무대 가운데 선모가 부르는 것은 치어, 좌우협무가 부르는 것은 창사라 하였다. 창사는 선모와 좌우협무가 함께 혹은 각각 부르는데, 이때의 방향은 북쪽을 향하는 것이 기본이며 창사를 부르기 위한 무진·무퇴는 선모와 좌우협무가 각각 하기도 하고 함께하기도 한다. 창사를 부를 때 무용수의 역할과 위치에 따라 드는 손의 위치와 순서가 정해져 있다. 선모는 오른손을 먼저 들고 이어 왼손으로 바꾸어 들고, 좌우협무는 바깥쪽 손을 먼저 들고 이어 안쪽으로 바꿔 들고 창사를 부른다. 손 위치도 정해놓았는데 위로 드는 손은 눈썹 사이이고 아래의 손은 가슴 위치이다.

2) 향악정재의 무용형식과 구조

조선전기의 향악정재는 〈정대업〉·〈보태평〉·〈봉래의〉·〈아박〉·〈향발무〉·〈무고〉·〈학무〉·〈학연화대처용무합설〉·〈교방가요〉·〈문덕곡〉이다. 이 중 〈아박〉[14] ·〈향발무〉·〈무고〉는 고려시대부터 이어져 온 정재이고, 〈정대업〉·〈보태평〉·〈봉래의〉·〈학무〉·〈학연화대처용무합설〉·〈교방가요〉·〈문덕곡〉은 새

13 중행회선(重行回旋)은 좌대와 우대가 서로 마주 보고 도는 형태를 말한다. 중행회선은 현대기에 들어 교선무(交旋舞)라는 용어로 불려졌다. 손선숙, 『궁중정재용어사전』(서울: 민속원, 2005), 49~52쪽.

14 고려시대의 〈동동〉 정재는 조선전기에 와서 〈아박〉으로 이름이 바뀌었다.

로 만들어진 정재이다.

조선전기에 향악정재를 춘 무용수는[15] 정재마다 왕모·협무, 의물 18인·악공 12인·죽간자·협무, 협무로 구성되었다. 왕모와 협무로 구성된 정재는 〈학연화대처용무합설〉의 〈처용무〉와 〈문덕곡〉이고, 의물 18인·악공 12인·죽간자·협무로 구성된 정재는 〈봉래의〉이고, 협무로 구성된 정재는 〈정대업〉·〈보태평〉·〈아박〉·〈향발무〉·〈무고〉·〈학무〉이다. 무용수 구성은 정재마다 차이가 있는데, 〈정대업〉·〈보태평〉은 협무 36인, 〈봉래의〉는 의물 18인·악공 12인·죽간자 2인·협무 8인, 〈무고〉·〈향발무〉는 협무 8인, 〈아박〉·〈학무〉는 협무 2인, 〈처용무〉는 황 처용[선모] 1인과 협무[처용] 4인, 〈문덕곡〉은 선모 1인·협무 8인·노기(老妓) 2인·소기(小妓) 2인으로 구성되었다. 무용수들의 명칭은 기본적으로 기존의 당악정재와 같으나 정재의 성격에 따라 그리고 역할에 따라 새로운 명칭을 사용하였다. 예로 〈학무〉는 동물을 모방한 모의(模擬) 춤으로 청학과 백학으로 불렀으나 이는 좌우협무와 역할이 같다. 그리고 〈학연화대처용무합설〉에서 〈처용무〉는 청 처용·홍 처용·황 처용·흑 처용·백 처용으로 사용하였는데 이 또한 황 처용은 선모, 청·홍·흑·백 처용은 좌우협무로, 무대에 서는 위치와 역할이 기존의 당악정재와 같다.

새로운 향악정재의 창제로 인하여 새로운 정재대형이 만들어졌다. 조선전기 향악정재에 사용된 정재대형은 2대 좌우대형·4대 좌우대형·6대 좌우대형·곡진(曲陣)·방진(方陣)·직진(直陣)·사방대형·예진(銳陣)·오방대형(五方隊形)·원진(圓陣)·일렬대형·전후대형이다. 이 중 2대 좌우대형·4대 좌우대형·6대 좌우대형·사방대형·전후대형은 당악정재에서도 사용한 대형이고, 반면 오방대형과 그 외 곡진·방진·직진·예진·원진과 같은 대형은 전쟁 때를 대비하여 군사들이 훈련할 때 사용하는 군사적 대형으로 향악정재에 처음 사용하였다. 정재마다 차이가 있는데 먼저 초열대형을 살펴보면, 〈보태평〉·〈정대업〉은 6대 대형, 〈봉래의〉는 4대 좌우대형, 〈아박〉·〈향발무〉·〈무고〉·〈학무〉

15 〈교방가요〉는 궁 밖에서 행해지는 연향의 일종으로, 그때마다 선정된 정재가 달라지므로 생략한다.

·〈학연화대처용무합설〉은 일렬대형, 〈문덕곡〉은 전후대형으로 구성되었다. 정재마다 무용수 구성에 따라 사용되는 대형이 결정되는데, 〈정대업〉은 6대 좌우대형, 〈보태평〉은 6대 좌우대형·곡진·직진·예진·원진·방진, 〈봉래의〉는 4대 좌우대형·사방대형·2대 좌우대형, 〈향발무〉는 일렬대형과 2대 좌우대형, 〈무고〉는 일렬대형과 사방대형, 〈아박〉·〈학무〉는 일렬대형, 〈학연화대처용무합설〉은 일렬대형·오방대형·전후대형, 〈문덕곡〉은 전후대형으로 구성되었다.

향악정재에 공통적으로 사용된 춤사위는 '진신고취(振身鼓嘴)·금척무(金尺舞)·내고(內顧)·무릎디피무·발바딧무·발바딧작대무·사수무·수양수무릎디피무·수양수오방무(垂揚手五方舞)·오양선무·외고(外顧)·인무·절화무·정읍무(井邑舞)·취식지·퇴수무·팔수무·협수무·홍정도돔무·환장무'이다. 정재마다 춤 진행에 따라 추어지는 구체적인 춤사위를 제시하였는데, 당악정재와 마찬가지로 도입부와 종결부에 사용된 춤사위는 공통적으로 같다. 다만 진행부에 따라 춤사위 구성이 달라지는데 정재별로 살펴보면, 〈교방가요〉에서는 '사수무·금척무·사수무'를, 〈봉래의〉에서는 '절화무·팔수무·사수무·오양선무·금척무·협수무·퇴수무'를, 〈학무〉에서는 '내고·외고·진신고취·고취·취식지'를, 〈학연화대처용무합설〉에서는 '무릎디피무·홍정도돔무·발바딧무·인무·발바딧작대무·수양수무릎디피무·수양수오방무·정읍무·환장무'를 추었다.

조선전기 향악정재의 춤 진행은 고려시대부터 이어져 오기도 하고, 고려 및 조선전기의 당악정재 춤 구조를 수용하기도 하고 새로운 춤 양식을 도입하여 새로운 춤 구조를 만들어 추었다. 상대·상배는 대형과 상관없이 무대 가운데 선모가 좌우협무와 상대·상배할 때 동쪽을 먼저 향하고 이어 서쪽을 향해 추었고, 방위를 중심으로 상대·상배할 때에는 북대(北隊)가 먼저 하였고 회무 또한 우선·좌선·중행회선·주선하였다. 반면 무진·무퇴는 대부분 고려시대와 조선전기 당악정재의 춤 진행구조를 그대로 수용하였지만 좌우협무가 먼저 무퇴하는[16] 새로운 춤 양식이 처음 도입되었다. 기존의 무진·무퇴는 선모가 먼저 하고 춤의 진행도 무진을 먼저 하는데, 조선전기의 향악정재에서는 선모가 아닌 좌우협무가 먼저 하였고, 진행 또한 무진이 아닌 무퇴를 먼저 하였다. 이것은 기존의 정재 진행에는 없었던 새로운 춤 구조이다.

특히 조선전기 향악정재에서는 당악정재의 춤 구조를 도입하여 당악과 향악의 이중적 구조의 새로운 춤 양식이 새로 창제되었는데, 〈봉래의〉는 향악정재이면서도 전반부에 당악의 음악을 사용하여 당악정재의 법례를 따라 죽간자가 등장한다. 그리고 합설로 추어지기도 하였는데, 〈처용무〉·〈학무〉·〈연화대〉 정재는 각각 독자적으로 추기도 하고 〈학연화대처용무합설〉로도 추어졌다. 창사 구조 또한 고려시대부터 이어져 오기도 하고, 고려 및 조선전기의 당악정재 구조를 수용하여 선모와 좌우협무가 각각 혹은 함께 부르기도 하였다. 반면 〈봉래의〉처럼 춤의 처음부터 끝날 때까지 창사의 진행에 따라 춤을 추는 특이한 춤 구조가 만들어졌는데, 이것은 기존의 창사 진행에는 없었던 새로운 창사 구조이다.

2. 조선전기 궁중정재의 종류와 내용

조선전기의 궁중정재는 모두 24종으로 당악정재와 향악정재로 구분하여 『악학궤범』 권4·권5에 기록되어 전해진다. 당악정재는 〈헌선도〉·〈수연장〉·〈오양선〉·〈포구락〉·〈연화대〉·〈금척〉·〈수보록〉·〈근천정〉·〈수명명〉·〈하황은〉·〈하성명〉·〈성택〉·〈육화대〉·〈곡파〉이고, 향악정재는 〈정대업〉·〈보태평〉·〈봉래의〉·〈아박〉·〈향발무〉·〈무고〉·〈학무〉·〈학연화대처용무합설〉·〈교방가요〉·〈문덕곡〉이다. 『악학궤범』에는 춤의 내용이 문자[한자]로 기록되어

16 〈처용무〉의 '삼진작'에서는 황 처용은 그대로 서고 청·홍·흑·백 처용이 먼저 무퇴하는 춤을 춘다.

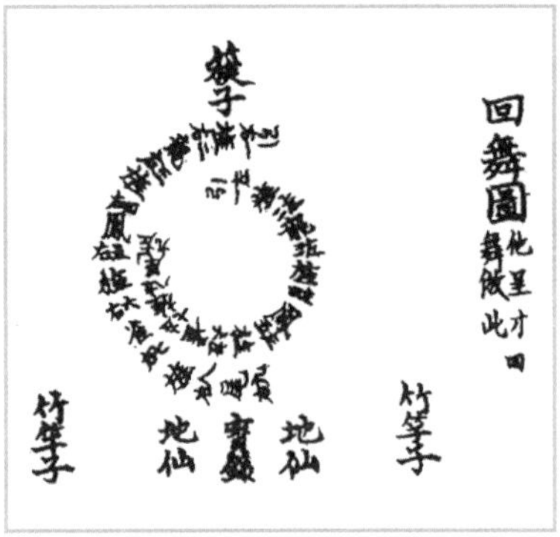

있고 정재대형을 배열도[그림]로 제시하고 있어 춤의 진행과정을 서로 비교하면서 이해할 수 있게 하였다. 특히 배열도마다 무용수들이 서는 위치를 번호로 표시하였는데, 이것은 정재마다 사용되는 정재대형의 변화과정, 즉 무용수들이 이동하는 위치를 표시한 것이다. 그리고 춤 진행마다 대형을 변화하는 과정과 이동하는 구체적인 위치와 방향 그리고 춤사위를 세주로 제시하여 정재의 실제를 알 수 있게 하였다.

조선전기의 정재는 크게 3가지 유형으로 나누어지는데 이를 『악학궤범』 중심으로 살펴보면, 신라 및 고려시대부터 이어져 온 정재와 이를 바탕으로 새로 재구성된 정재 그리고 새로 창제된 정재이다. 고려시대부터 이어져온 정재는 〈헌선도〉·〈수연장〉·〈오양선〉·〈포구락〉·〈연화대〉·〈아박[동동]〉·〈무고〉이고, 고려 때부터 전래되어오던 춤을 조선조 초기에 다시 재구성한[17] 정재는 〈육화대〉·〈곡파〉이고, 새로 만들어진 정재는 〈금척〉·〈수보록〉·〈근천정〉·〈수명명〉·〈하황은〉·〈하성명〉·〈성택〉·〈육화대〉·〈곡파〉·〈정대업〉·〈보태평〉·〈봉래의〉·〈향발무〉·〈학무〉·〈학연화대처용무합설〉·〈교방가요〉·〈문덕곡〉이다.

조선전기에는 당악정재와 향악정재로 구분하여 무용수 구성에 차이를 보이는데, 당악정재는 죽간자·족자·의물·선모·협무로 구성되고, 향악정재는 〈문덕곡〉·〈봉래의〉·〈처용무〉를 제외한 모든 정재가 협무로 구성되었다. 반면 무용의 구성요소는 당악정재와 향악정재 구별 없이 중복 혹은 반복 사용하고 있다. 특히 새로운 정재의 창제로 인하여 다양한 무용 형식과 구조가 만들어졌으며 이에 따라 의례적인 형식과 춤의 진행도 변모되었다.

17 張師勛, 『韓國傳統舞踊研究』(서울: 一志社, 1979), 168·173쪽.

1) 조선전기의 당악정재

(1) 헌선도(獻仙桃)

〈헌선도〉는 고려시대부터 이어져 온 당악정재이다.[18] 원소가회 때 군왕의 축수를 위해 선계에서 왕모가 내려와 천세영도(千歲靈桃)를 헌상(獻上)하는 내용의 춤이다. 조선전기의 〈헌선도〉 춤은 왕모 1인과 협무 2인이 군왕의 송수를 축원하는 노래를 읊으며 일렬대형과 전후대형을 구성하여 무진·무퇴·주선·회선하며 춤을 춘다.

〈헌선도〉는 고려시대와 마찬가지로 무용수 구성은 변함없이 이어져 왔으나 조선전기에 와서 음악 반주곡 및 창사와 춤의 진행 구조에 변화가 일어났다. 먼저 고려시대에는 왕모 1인과 협무 2인이 각각 무진·무퇴하여 치어 혹은 창사를 불렀던 것이 조선전기에 와서는 왕모의 치어 다음에 왕모 1인과 협무 2인이 함께 창사를 부르는 것으로 변화되었다. 그리고 고려시대에 의물

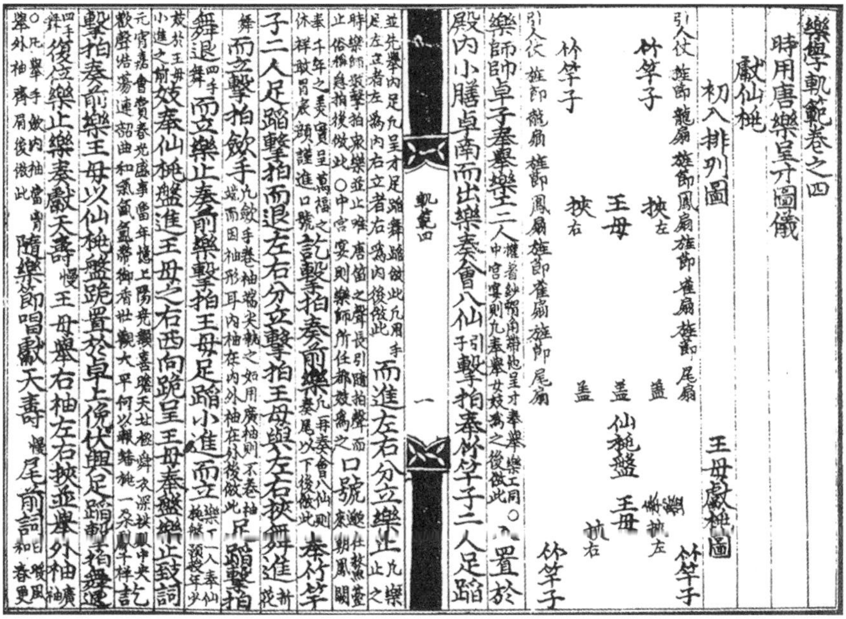
樂學軌範卷之四
時用唐樂呈才圖儀
獻仙桃
初入排列圖
王母獻桃圖

18 〈헌선도〉 춤 유래는 고려시대 편 참조.

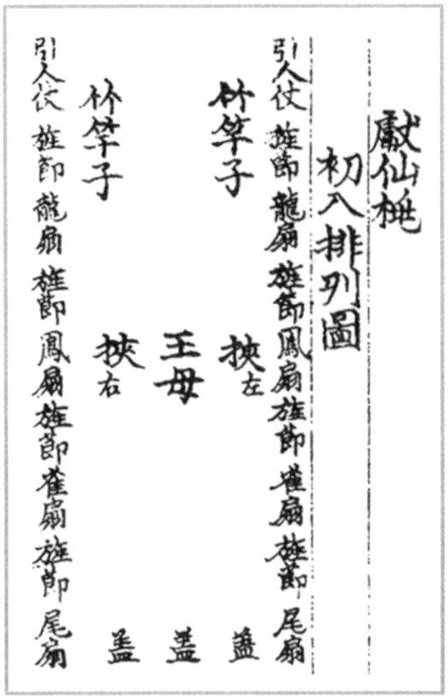

〈그림 20〉 조선전기 〈헌선도〉의 초입배열

18인이 회무를 돌았던 것이 조선전기에 와서는 돌지 않았고 대신 협무 2인이 북향무[수보록무]·무진[협수무]·무퇴[수양수무] 하는 춤이 새로 구성되었다. 음악 반주곡 또한 도입부와 종결부에 죽간자가 무진·무퇴할 때 회팔선인자(會八仙引子)를 연주하였던 고려시대와는 달리 조선전기에는 도입부에 회팔선인자를 연주하였고 종결부에는 천년만세인자를 연주하였다.

조선전기의 〈헌선도〉는 『악학궤범』 권4에 전하는데, 무용수 구성은[19] 왕모[20] 1인·협무 2인·죽간자 2인·인인장 2인·용선 2인·봉선 2인·작선 2인·미선 2인·정절 8인·개 3인이다. 〈헌선도〉의 초열은 〈그림 20〉처럼 실제 춤을 추는 무용수인 죽간자 2인은 북쪽에 서고, 왕모 1인은 무대 가운데, 협무 2인은 좌우에 선다. 의물인 인인장·용선·봉선·작선·미선·정절은 각각 좌우로 늘어서고, 봉개 3인은 남쪽에 가지런히 선다. 의물 18인이 배열하는 내용은 『악학궤범』에 기록되지 않았으나 〈그림 20〉의 초입배열도를 통해 의물이 배열된 것을 알 수 있다.

조선전기의 〈헌선도〉 내용을 정리 하면, 악사가 소선탁(小膳卓)을 전내에 설치하고 나가면, 회팔선인자에 죽간자 2인이 나아가 구호를 부르고, 마치면 물러나 좌우로 갈라선다. 왕모 1인과 협무 2인이 무진·무퇴하며 춤추고, 왕모 1인이 무진하여 기에게 선도반을 받아들고 치사(致詞)를 부른 뒤 닥자 위에 올려놓고 물러난다. 헌천수만(獻天壽慢)에 왕모는 오른손, 협무는 외수(外袖)[21]

19 고려시대에는 왕모 3인으로, 조선전기에는 왕모 1인과 협무 2인, 조선후기에는 선모 혹은 중무 1인과 협무 2인으로 구성되었다. 여기서 왕모, 중무, 선모는 무대 가운데에 서는 무용수를 지칭하는 것으로 같은 의미의 용어이다.

20 정재마다 왕모·선모·중무·황 처용·치어인 등으로 기록되어 있으나 무대구조로 보았을 때 무대 가운데에 선 위치는 모두 같다.

를 들고 미전사를 부르고 다시 손을 바꾸어 들고 미후사를 부른다. 헌천수최자(獻天壽嗺子) 일성(一成)에 협무가 외수를 들고 헌천수최자사를 부른다. 금잔자만(金盞子慢)에 왕모가 주선이무(周旋而舞)를 추고, 금잔자최자(金盞子嗺子)에 왕모가 무진하여 미전사와 미후사를 부르고, 금잔자최자에 왕모가 무퇴하고, 협무가 북향하여 춤추고, 이어 무진·무퇴하고 외수를 들고 창사를 부른다. 서자고만(瑞鷓鴣慢) 3성(三成)을 연주하면 서자고최자(瑞鷓鴣嗺子)에 왕모가 무진하여 치어를 부르고 물러난다. 천년만세인자(千年萬歲引子)에 죽간자가 무진하여 구호를 부르고 물러나면, 무용수 전체가 무진하여 족도하고 물러나면 춤이 마친다.

〈헌선도〉의 무용수 구성 중에서 실제 춤을 추는 무용수는 죽간자 2인·왕모 1인·협무 2인이다.[22] 죽간자 2인은 춤의 도입부와 종결부에 무진하여 구호를 부르고 물러나는 춤을 춘다. 왕모 1인은 혼자 앞으로 나아가 치어를 부르고 일렬대형에서 좌우협무와 창사를 부르고 주선이무를 춘다. 좌우협무 2인은 일렬대형에서 왕모와 함께 창사를 부르고, 무진·무퇴를 춘다. 〈헌선도〉의 춤 대형은 일렬대형과 전후대형으로 구성된다. 일렬대형에서는 〈그림 21-가〉처럼 왕모와 좌우협무가 무진·무퇴를 하고, 함께 창사를 부르고 왕모가 주선이무를 한다. 전후대형에서는 〈그림 21-나〉처럼 왕모가 나아가 선도반을 들고 치어를 부르고, 좌우협무가 무진·무퇴하며 춤춘다.

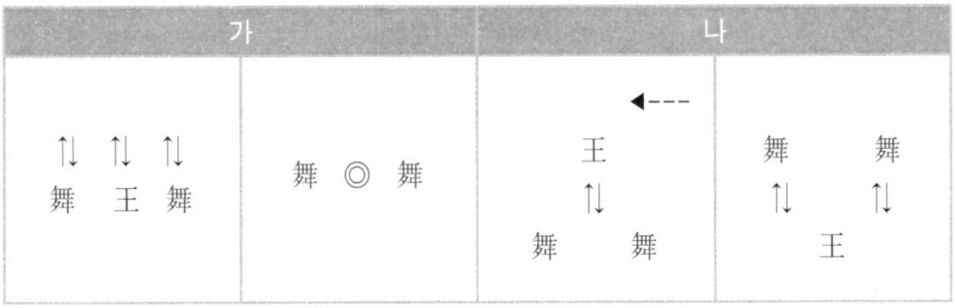

〈그림 21〉 조선전기 〈헌선도〉의 대형 구성

21 외수(外袖)란 무대 가운데 중심으로 바깥쪽의 손을 말한다. 동쪽에 선 좌무는 오른손, 서쪽에 선 우무는 왼손이 외수가 된다.

22 고려시대에는 의물 18인이 회무를 돌았는데 조선전기에는 돌지 않았다.

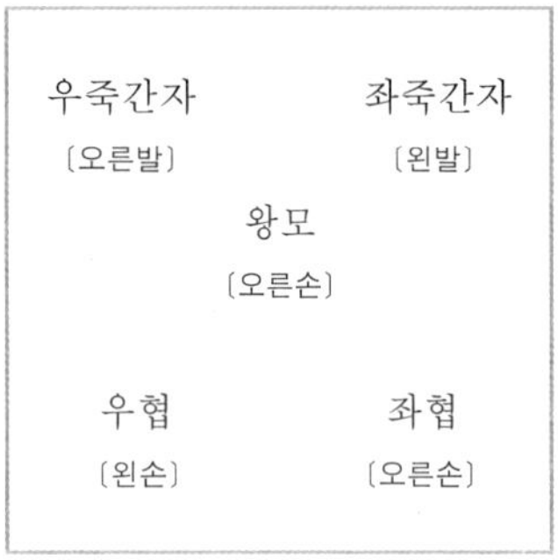

〈그림 22〉 무용수들의 수족(手足) 위치

조선전기 〈헌선도〉에는 춤을 출 때와 창사를 부를 때 실제 사용되는 팔[手]과 발[足]의 위치를 구체적으로 제시하고 있다. 먼저 죽간자가 무진할 때 내족(內足)으로 제시하고 있는데, 여기서 내족이란 안쪽의 발을 말하는 것으로 〈그림 22〉처럼 동쪽에 선 좌죽간자는 왼쪽 발, 서쪽에 선 우죽간자는 오른발을 먼저 내딛는다. 이때 좌우죽간자가 내딛는 발은 오른발·왼발로 서로 다르다. 그리고 창사를 부를 때에는 왕모가 오른손, 좌우협무는 바깥쪽 손을 먼저 들고, 이어 왕모가 왼손으로 바꾸어 들고 좌우협무는 안쪽 손을 든다. 창사 부를 때에 손을 드는 위치는 바깥쪽 손은 눈썹, 안쪽 손은 가슴이다.

조선전기 〈헌선도〉에 사용된 반주음악은 회팔선인자·헌천수만·헌천수최자·금잔자만·금잔자최자·서자고만·서자고최자·천년만세인자이다. 회팔선인자에서는 죽간자와 왕모와 좌우협무 2인이 무진·무퇴를 하고, 헌천수만과 헌천수최자 일성에는 왕모와 좌우협무 2인이 창사를 부른다. 금잔자만에 왕모가 주선을 추고, 금잔자최자에 왕모와 좌우협무 2인이 무진·무퇴를 하고, 좌우협무 2인은 북향무·무진·무퇴를 한다.

창사는 죽간자가 진구호·퇴구호를 부르고, 왕모 1인은 헌천수와 금잔자만의 미전사·미후사, 서자고만사를 부르고, 좌우협무 2인은 헌천수와 금잔자의 최자사를 부른다. 왕모와 좌우협무는 헌천수만의 미전사·미후사, 서자고최자사를 함께 부른다.

〈헌선도〉를 출 때에는 춤 진행마다 구체적인 춤사위를 제시하였는데, 사용된 춤사위는 절화무·사수무·광수환장무·수보록무·협수무·수양수무·퇴수무이다. 이들 춤사위는 도입부에 죽간자가 진구호를 부르고 물러난 다음 왕모와 좌우협무가 무진할 때 절화무로 추고, 무퇴할 때는 사수무로 춘다. 종결부에 죽간자가 후구호를 부르고 물러난 다음 왕모와 협무가 무진할 때 협수무로 추고, 무퇴할 때는 퇴수무를 춘다. 왕모가 선도반을 들고 치어를 부르고 난 뒤 물러날 때는 사수무로 추고, 주선이무할 때에는 광수환장무를 춘다. 좌우협무가 무진할 때에는 협수무로 추고, 북향하여 출 때는 수보록무로 추고, 무퇴할 때는 수양수무를 춘다.

(2) 수연장(壽延長)

〈수연장〉은 고려시대부터 이어져 온 당악정재로[23] 군왕의 장수를 축원하는 내용의 춤이다. 조선전기의 〈수연장〉 춤은 협무 8인이 4대 좌우대형·사방대형·전후대형을 구성하여 '무진·무퇴·북향무·상대·상배·환대이무'하며 춤춘다.

〈수연장〉은 조선전기로 오면서 음악 반주 곡명과 무용수 구성 그리고 정재대형에 변화가 있다. 고려시대에는 협무 16인으로 구성되어 4대 좌우대형을 중심으로 매 대의 4인이 각각 대를 지어 상대·상배를 추고, 이어 초열인 4

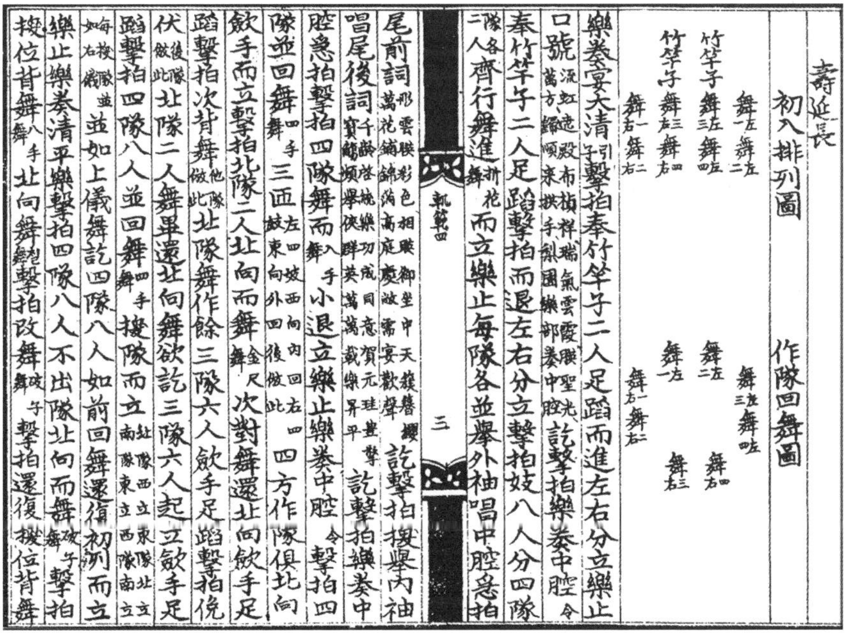
壽延長

初入排列圖　作隊回舞圖

樂奏宴大清擊拍奉竹竿子二人足蹈而進左右分立樂止
口號訖擊拍樂奏中腔
奉竹竿子二人足蹈擊拍而退左右分立擊拍妓八人分四隊
隊各齊行舞進而立樂止每隊各並擧外袖唱中腔急拍
尾前詞訖擊拍擧內袖
唱尾後詞訖擊拍樂奏中
腔急拍擊拍四隊舞而小退立樂止樂奏中腔擊拍四
隊並回舞三匝四方作隊俱北向
斂手而立擊拍北隊二人北向而舞次對舞還北向斂手足
蹈擊拍次背舞北隊舞作餘三隊六人斂手足蹈擊拍俛
伏北隊二人舞畢還北向舞欲訖三隊六人起立斂手足
蹈擊拍四隊八人並回舞撥隊而立
並如上儀舞訖四隊八人如前回舞還復初列而立
樂止樂奏清平樂擊拍四隊八人不出隊北向而舞擊拍
撥位背舞北向舞擊拍改舞擊拍還復撥位背舞

23 〈수연장〉 춤 유래는 고려시대 편 참조.

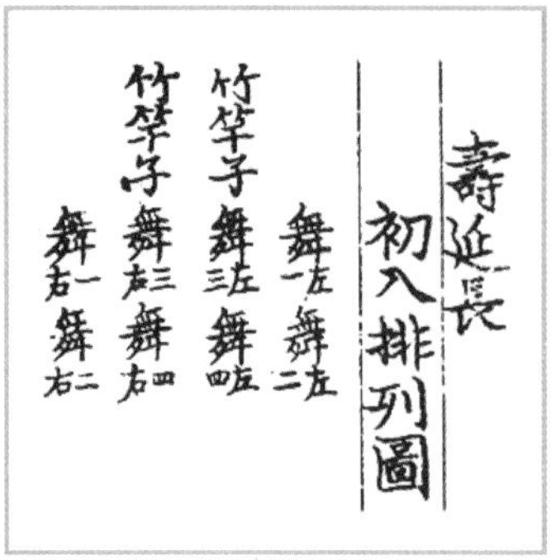

〈그림 23〉 조선전기 〈수연장〉의 초입배열

대 좌우대형에서 상대·상배를 추었다. 반면 조선전기에는 협무 8인으로 구성되어 사방대형의 춤이 새로 구성되었다. 그리고 무용수 전체가 회무 돈 것은 지속되었으나, 회무한 다음 초열로 선 고려시대와는 달리 조선전기에는 사방대형으로 서는 것으로 변화되었다. 음악 반주곡 또한 연대청인자·중강령·파자령을 사용하여 조선전기와는 차이가 있다.

조선전기의 〈수연장〉은 『악학궤범』 권4에 전하는데, 무용수 구성은 죽간자 2인과 협무 8인이다. 〈수연장〉의 초열은 〈그림 23〉처럼 죽간자 2인이 북쪽에 서고, 협무 8인은 그 뒤에 4대로 가지런히 선다. 좌대(左隊)와 우대(右隊)로 구분하여 서는데, 좌대 4인은 동쪽에 우대 4인은 서쪽 위치에 배열한다. 〈수연장〉 무도에는 무용수가 배열된 위치마다 번호가 기록되어 있는데, 이 번호는 회무를 돌 때 무용수들이 차례로 나아가는 순서를 표시한 것이다.

조선전기의 〈수연장〉 내용을 정리하면, 음악이 연대청인자(宴大淸引子)를 연주하면 죽간자 2인이 무진하여 구호를 부르고, 중강령(中腔令)을 연주하면 물러난다. 협무 8인이 4대로 나누어 절화무를 추며 무진하여 각 대가 외수를 들고 미전사를 부르고 이어 내수를 들고 미후사를 부른다. 중강(中腔) 급박(急拍)을 연주하면 4대가 팔수무를 추며 뒤로 물러나고, 음악이 중강령을 연주하면 좌대는 안쪽으로, 우대는 바깥쪽으로 회무를 돌아 사방으로 선다. 사방대형에서 북대의 2인이 상대·상배하며 추는데, 나머지 대도 차례대로 돌아가며 반복하여 춘다. 춤이 끝나면 다시 회무를 돌아 초열로 서고, 죽간자가 무진하여 구호를 부르고 물러나면 춤이 마친다.

〈수연장〉의 무용수 구성 중에서 실제 춤을 추는 무용수는 죽간자 2인·협무 8인이다. 죽간자 2인은 춤의 도입부와 종결부에 무진하여 구호를 부르고 물러나는 춤을 춘다. 좌우협무 8인은 4대 좌우대형에서 무진·무퇴를 하고 회무하여 사방대형으로 서고, 이어 북대에 2인이 서서 '북향-대무-배무-

북향무'를 추는데, 협무 8인이 차례로 돌아가며 춤추고 다시 회무하여 초열로 서서 전대와 후대가 '북향무-환위 배무-환복 배무-북향무'를 춘다. 〈수연장〉의 춤 대형은 4대 좌우대형·사방대형·전후대형으로 구성된다. 4대 좌우대형에서는 〈그림 24-가〉처럼 협무 8인이 무진·무퇴를 한다. 사방대형에서는 〈그림 24-나〉처럼 협무 8인이 2명씩 짝을 지어 차례로 돌아가며 북대에서 '북향·대무·배무'를 추고, 전후대형에서는 〈그림 24-다〉처럼 전대와 후대가 서로 자리를 바꾸어 배무를 춘다. 회무[중행회선]는 2번 반복하는데, 4대 좌우대형에서 사방으로 설 때와 사방대형에서 다시 4대 좌우대형으로 설 때 한다. 이때 회무는 〈그림 24-라〉처럼 좌대는 서향하여 안으로 돌고 우대는 동향하여 밖으로 도는 중행회선으로 한다.

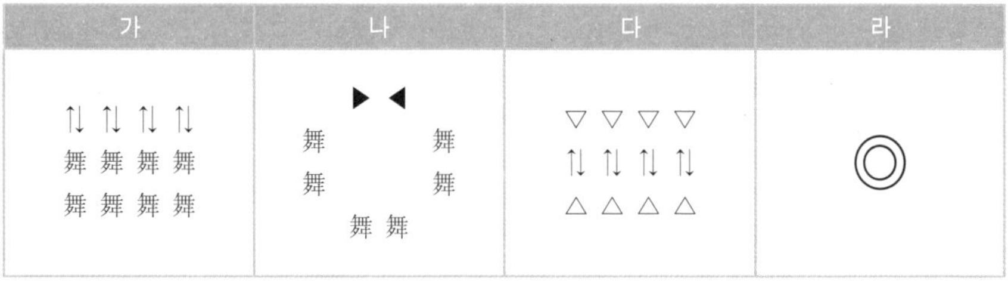

〈그림 24〉 조선전기 〈수연장〉의 대형 구성

〈수연장〉은 사방대형에서 북대의 2인이 각각 마주 보고 등을 지고 춤추는 구조와 초열대형에서 서로 자리를 바꾸어 서고[환대이무] 다시 제자리로 돌아오는[환복기대이무] 구조로 진행된다. 대형을 변화시킬 때에는 초열인 4대에서 사방으로 설 때 중행회선으로 하는데 사방대형에서 다시 초열로 설 때에도 이와 같은 구조로 진행한다.

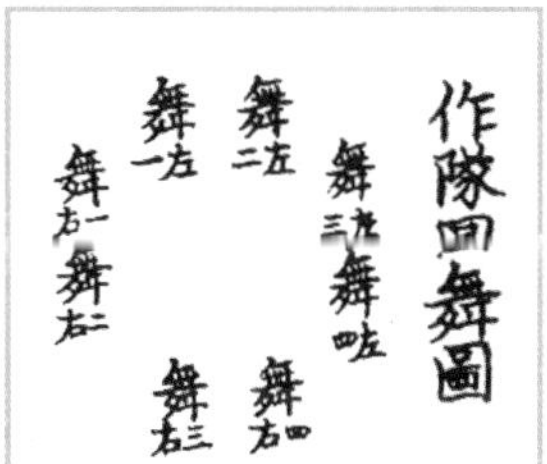

조선전기 〈수연장〉에 사용된 반주 음악은 연대청인자·중강급박·중강령·청평악이다. 연대청인자에는 도입부에 죽간자가 무진을 하고, 중강 급박에는 초열대형에서 협무 8인이 무퇴하고, 청평악에는 협무 8인이 초열대형에서 환대하며 북향무·배무를 춘다. 중강령에는 도입부에 죽간자가 무퇴하고, 협무 8

인이 무진·무퇴를 하고, 4대가 회무 삼잡하여 사방대형으로 서고, 북대 2인이 차례로 북향무·상대·상배를 추고, 종결부에 죽간자와 협무 8인이 무진·무퇴하며 춤춘다.

〈수연장〉에서는 무용수들이 창사를 부를 때에 드는 팔의 순서를 제시하였는데, 바깥쪽 손을 먼저 들고 이어 안쪽 손으로 바꿔 든다. 창사는 협무 8인이 함께 부르는데, 중강 급박에 외수와 내수를 들고 미전사·미후사를 부르고, 청평악에 외수를 들고 파자사를 부른다.

〈수연장〉을 출 때에는 춤 진행마다 구체적인 춤사위를 제시하였는데, 사용된 춤사위는 절화무·팔수무·사수무·금척무·파자무·칠무·협수무·퇴수무이다. 이들 춤사위는 도입부에 죽간자가 진구호를 부르고 물러난 다음 협무 8인이 무진할 때 절화무로 추고, 무퇴할 때는 팔수무를 춘다. 협무 8인이 회무할 때 사수무로 추고, 사방대형에서 북대 2인이 북향하여 춤출 때 금척무를 춘다. 4대 좌우대형에서 북향하여 춤출 때 파자무와 칠무로 추고, 배무할 때는 팔수무로 춘다. 죽간자가 퇴구호를 부르고 물러난 다음 협무 8인이 무진할 때 협수무로 추고, 물러날 때에는 퇴수무를 춘다.

(3) 오양선(五羊仙)

〈오양선〉은 고려시대부터 이어져 온 당악정재이다. 군왕의 축수를 염원하는 내용을 노래 부르며 추는 춤으로, 다섯 명의 신선이 다섯 빛깔의 양을 타고 한 줄기에 여섯 개의 이삭이 달린 육수거(六穗秬)를 가지고 와서 효심이 지극한 백성에게 전해주었다는 옛 고사를 바탕으로[24] 만들어졌다. 조선전기의 〈오양선〉 춤은 왕모 1인과 협무 4인이 일렬대형·전후대형·사우대형을 구성하며 춤을 춘다.

〈오양선〉은 조선전기로 오면서 무용수의 구성과 정재대형은 변함없이 그대로 유지된 반면 음악 반주곡과 진행 구조에 변화가 있다. 고려시대에 추었

24 정은혜, 『呈才研究 I』(서울: 대광문화사, 1993), 173쪽.

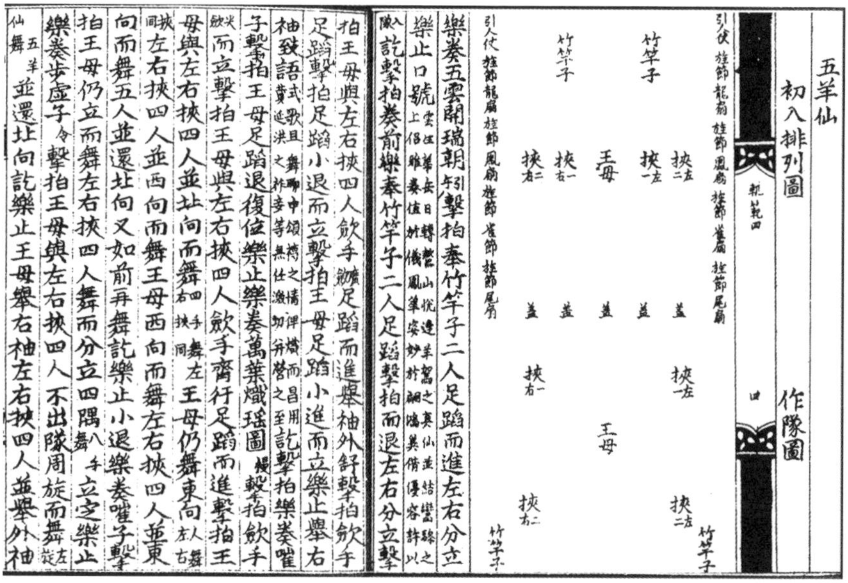

던 의물 18인의 회무 대신 왕모와 협무 4인의 북향무[사수무]가 새로 추가되어 추어졌으며, 음악 반주곡에서 중강령은 연주되지 않았다.

조선전기의 〈오양선〉은 『악학궤범』 권4에 전하는데, 무용수 구성은 왕모 1인·협무 4인·죽간자 2인·인인장 2인·용선 2인·봉선 2인·작선 2인·미선 2인·정절 8인·개 5인이다. 〈오양선〉의 초열은 〈그림 25〉처럼 죽간자 2인은 북쪽에 좌우로 갈라서고, 왕모 1인과 협무 4인은 그 뒤 무대 가운데에 서고, 의물인 인인장·용선·봉선·작선·미선·정절은 좌우로 늘어서고, 개 5인은 남쪽에 가지런히 선다. 〈오양선〉 무도에는 무용수가 배열된 위치마다 번호가 기록되어 있는데 이 번호는 〈그림 26〉처럼 무용수들이 사우대형으로 섰을 때의 위치를 표시한 것이다.

조선전기의 〈오양선〉 내용을 정리하면, 음악이 오운개서조인자를 연주하면 죽간자 2인이 무진하여 진구호를 부르고 물러나 좌우로 나누어 선다. 일렬대형에서 왕모와 협무 4인이 무진·무퇴하고 이어 왕모 1인이 무진하여 치어를 부르고 최자(嗺子)에 무퇴한다. 만엽치요도만(萬葉熾瑤圖慢)에 왕모와 협무 4인이 무진하여 북향무를 추고, 무대 가운데 왕모를 중심으로 협무 4인이 상대·상배하는 인무(人舞)를 춘다. 최자에 사우대형으로 서고, 보허자령에 주선

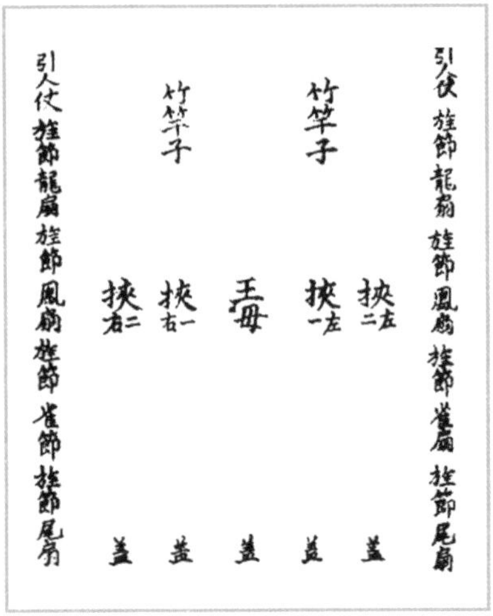

〈그림 25〉 조선전기 〈오양선〉의 초입배열

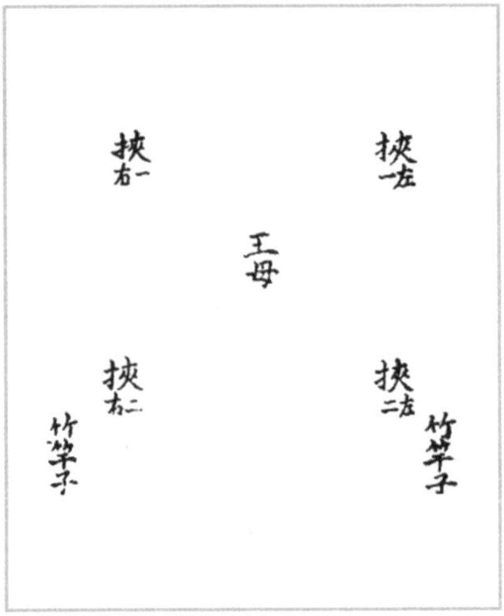

〈그림 26〉 조선전기 〈오양선〉의 사우대형

이무를 춘다. 사우대형에서 왕모는 오른손을 들고 협무는 외수를 들어 보허자령의 미전사를 부르고, 손을 바꾸어 미후사를 부른다. 보허자 급박에 왕모와 협무 4인이 북향무를 추고, 보허자령에 무대 가운데 왕모가 '전좌협-전우협-후좌협-후우협'과 차례로 대무를 춘다. 이어 파자(破子)에 제자리에서 회선[우선]하고, 왕모는 오른손을 들고 협무는 외수를 들어 파자사를 부른다. 오운개서조인자에 초열로 서면 죽간자가 무진하여 퇴구호를 부르고 물러나고, 왕모가 무진하여 치어를 부르고 물러나면 이어 왕모와 협무 4인이 무진·무퇴하고 춤이 마친다.

〈오양선〉의 무용수 구성 중에서 실제 춤을 추는 무용수는 죽간자 2인·왕모 1인·협무 4인이다. 죽간자 2인은 춤의 도입부와 종결부에 무진하여 구호를 부르고 물러나는 춤을 춘다. 왕모 1인은 혼자 나아가 치어를 부르고 좌우협무 4인과 함께 창사를 부른다. 사우대형에서 사우방(四隅方)에 선 협무들과 대무와 주선 그리고 회선이무를 춘다. 좌우협무 4인 또한 왕모 1인을 중심으로 같은 춤을 추는데, 대부분의 춤이 왕모를 중심으로 춘다. 〈오양선〉의 춤 대형은 일렬대형·전후대형·사우대형으로 구성된다. 일렬대형에서는 〈그림 27-가〉처럼 왕모와 협무 4인이 창사를 부르고, 무진·무퇴·북향무를 추고, 왕모를 중심으로 상대·상배를 춘다. 전후대형에서는 〈그림 27-나〉처럼 왕모가 나아가 치어를 부른다. 사우대형에서는 〈그림 27-다〉처럼 제자리에서 주선이무와 회무삼잡을 하고, 〈그림 27-라〉처럼 왕모가 좌우협무 4인과 차례로 대무한다.

가	나	다	라
舞 舞 王母 舞 舞	王母 ↕ 舞 舞 舞 舞	◎ ◎ ◎ ◎ ◎	舞② ①舞 王母 舞④ ③舞

〈그림 27〉 조선전기 〈오양선〉의 대형 구성

〈오양선〉의 반주음악은 오운개서조인자·최자·만엽치요도만·보허자령·보허자급박·파자이다. 오운개서조인자에는 죽간자가 무진·무퇴하고 왕모와 좌우협무 4인이 무진·무퇴를 한다. 만엽치도요만에는 왕모와 좌우협무 4인이 무진하여 북향무와 인무를 춘다. 보허자령에는 사우대형에서 왕모와 좌우협무 4인이 주선이무[오양선무]를 추고 각각 대무를 춘다. 보허자 급박에는 사우대형에서 왕모와 좌우협무 4인이 팔수무를 추고, 최자에는 왕모와 좌우협무 4인이 사우대형으로 서고, 파자에는 사우대형에서 왕모와 좌우협무 4인이 회선 삼잡을 추고 파자사를 부른다.

〈오양선〉에서 창사는 왕모와 좌우협무 4인이 나란히 서서 부르기도 하고, 왕모 혼자 무진하여 부르기도 한다. 무용수들이 창사를 부를 때 드는 팔의 순서를 제시하였는데, 왕모는 오른손과 왼손을 들고 좌우협무 4인은 바깥쪽 손과 안쪽 손을 차례로 든다. 창사는 죽간자가 진구호·퇴구호를 부르고, 왕모 혼자서 치어를 부르고 왕모와 좌우협무 4인이 보허자령의 미전사·미후사와 파자사를 부른다.

〈오양선〉을 출 때에는 춤 진행마다 구체적인 춤사위를 제시하였는데, 사용된 춤사위는 광렴·염수·사수무·서수·오양선무·인무·첨렴·파자무·팔수무이다. 이들 춤사위는 도입부에 죽간자가 진구호를 부른 다음 왕모 1인과 좌우협무 4인이 무진할 때 광염으로 하고, 북향하여 춤출 때 사수무로 추고, 일렬대형에서 왕모를 중심으로 상대·상배할 때 인무로 추고, 사우대형을 만들 때 팔수무로 추고, 사우대형에서 주선할 때와 왕모가 사우방 협무와 대무를 출 때 오양선무로 추고, 왕모와 좌우협무 4인이 회선할 때 파자무로 춤을 춘다.

(4) 포구락(抛毬樂)

〈포구락〉은 고려시대부터 이어져 온 당악정재이다.[25] 포구문(抛毬門)을 가운데에 두고 좌대와 우대로 편을 갈라 나누어 서서 구문(毬門) 가운데에 뚫린 구멍으로 공을 던져 넣으며 추는 경기형식의 놀이 춤이다. 〈포구락〉은 고려와 조선시대에 성행하였으며, 특히 고려의 팔관회와 같은 국중 행사에 공연종목으로 들어갔다. 조선전기의 〈포구락〉 춤은 협무 16인이 4대 좌우대형으로 서서 매 대의 무용수 1인이 차례로 공을 던져 넣으며[抛毬戲] 춤을 춘다.

〈포구락〉은 포구문을 중심으로 포구희하는 춤으로 고려시대부터 변함없이 이어져 왔다. 정재대형[4대 좌우대형]은 그대로 유지된 반면 조선전기에 무용수 구성에 변화를 보이는데, 고려시대에는 협무 12인, 조선전기에는 협무

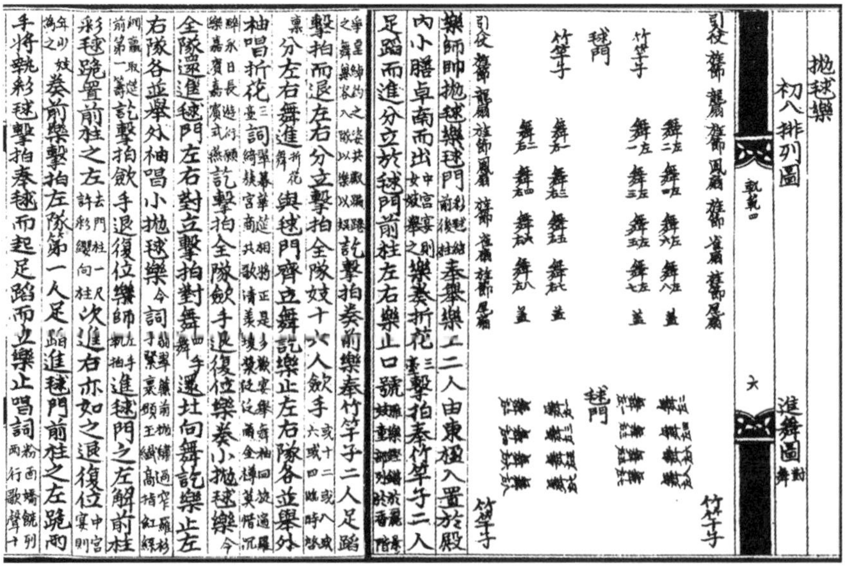

樂師帥抛毬樂毬門奉擧樂工二人由東楹入置於殿
內小膳卓南而出樂奏折花擊拍奏竹竿子二入
足蹈而進分立於毬門前柱左右樂止口號
訖擊拍奏前樂奏竹竿子二人足蹈
擊拍而退左右分立擊拍全隊妓十六人斂手
分左右舞進與毬門齊立舞訖樂止左右隊各並擧外
袖唱折花詞
訖擊拍全隊斂手退復位樂奏小抛毬樂
全隊還進毬門左右對立擊拍對舞還北向舞訖樂止左
右隊各並擧外袖唱小抛毬樂詞
訖擊拍斂手退復位樂師進毬門之左解前柱
彩毬跪置前柱之左次進右亦如之退復位
奏前樂擊拍左隊第一人足蹈進毬門前柱之左跪兩
手將執彩毬擊拍奉毬而起足蹈而立樂止唱詞

25 〈포구락〉 춤의 유래는 고려시대 편 참조.

16인으로 증가되었다. 그리고 초열에서 대무하는 진행구조가 변화되었는데 고려시대에는 좌대와 우대가 차례로 대무한 것이 조선전기에는 좌대와 우대가 동시에 대무를 하였다. 음악 구성에도 변화를 보이는데, 고려시대에는 수룡음령에 협무 12인이 회무를 돌았는데, 조선전기에는 종결부에 죽간자가 무진·무퇴하는 춤으로 바뀌었다. 그리고 소포구락령 음악에 무용수들의 포구희 춤과 종결부에 죽간자가 춤을 춘 반면 조선전기에는 포구희 춤만 추었다. 그리고 고려시대에는 포구희를 하기 전 각 대의 첫 협무 2인이 무진하여 상대를 하고 이어 협무 12인이 회무를 돌았는데, 조선전기에는 회무가 생략되고 모두 무진하여 상대하는 춤을 추었다.

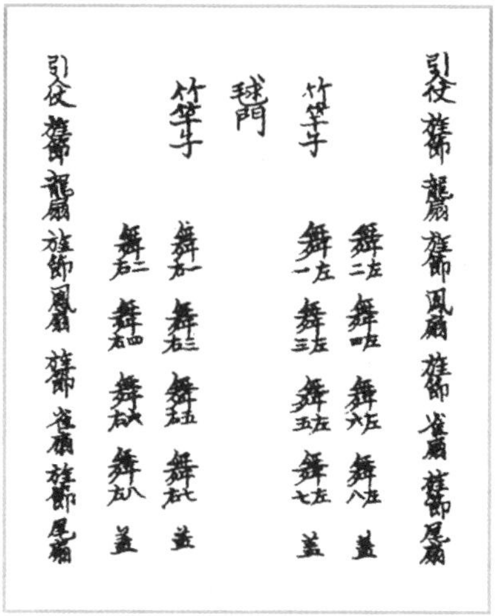

〈그림 28〉 조선전기 〈포구락〉의 초입배열

조선전기의 〈포구락〉은 『악학궤범』 권4에 전하는데, 무용수 구성은 협무 16인·죽간자 2인·인인장 2인·용선 2인·봉선 2인·작선 2인·미선 2인·정절 8인·개 4인이다. 〈포구락〉의 무용수 배열은 〈그림 28〉처럼 죽간자 2인은 북쪽에 서고, 협무 16인은 그 뒤에 좌우로 나누어서고, 의물인 인인장·용선·봉선·작선·미선·정절은 각각 좌우로 늘어서고, 개 4인은 남쪽에 가지런히 선다. 〈포구락〉 무도에는 무용수들이 배열된 위치마다 번호가 기록되어 있는데 이 번호는 무용수들이 포구희를 하기 위해 차례로 나아가는 순서와 4대 좌우 대형에서 상대할 때의 위치를 표시한 것이다.

조선전기의 〈포구락〉 내용을 정리하면, 악사가 포구문을 전내에 설치한다. 절화삼대(折花三臺)를 연주하면 죽간자가 앞으로 나아가 구호를 부르고 물러난다. 협무 16인이 무진[절화무]하여 다 같이 외수를 들고 절화삼대사(折花三臺詞)를 부르고 뒤로 물러난다. 소포구락령(小抛毬樂令)을 연주하면 무용수 전체가 무진하여 구문을 마주 보고 춤[사수무]을 추고 환북향하여 외수를 들고 소포구락령의 사를 부르고 제자리로 물러난다. 악사가 나아가 포구문에 걸린 공을 풀어 왼쪽과 오른쪽 바닥에 내려놓고 나가면 좌대 1인이 나아가 꿇어앉아 공을 잡고 일어나 창사를 부르고, 구문을 향해 무퇴[농구무]·무진·무퇴·무진하다가 왼손은 머리에 대고 오른손으로 공을 던진다. 공이 들어가면 그 대의 무용수 전체가 무릎을 꿇어앉아 봉화(奉花)가[26] 건네주는 꽃을 받아들고 들어가지 않으면 봉필(奉筆)이[27] 얼굴에 먹물을 긋는다. 다음 대의 무용수도 위와 같은 춤을 반복하여 춤을 추는데 마지막 대까지 춘다. 모든 춤이 마치면 수룡음인자(水龍吟引子)에 죽간자가 나아가 구호를 부르고 물러나면 협무 16인이 무진[협수무]·무퇴[사수무]하고 춤이 마친다.

〈포구락〉의 무용수 구성 중에서 실제로 춤을 추는 무용수는 죽간자 2인과 협무 16인이다. 죽간자 2인은 춤의 도입부와 종결부에 무진하여 구호를 부르고 물러나는 춤을 춘다. 협무 16인이 무진하여 창사를 부르고, 이어 매 대 1인이 차례로 나아가 창사를 부르고 포구희 춤을 춘다. 〈포구락〉의 춤 대형은 4대 좌우대형과 전후대형으로 구성된다. 4대 좌우대형에는 〈그림 29-가〉처럼 협무 전체가 무진·무퇴를 하고, 〈그림 29-나〉처럼 마주 보고 춤을 추고, 전후대형에서는 〈그림 29-다〉처럼 매 대 1인이 차례로 나아가 구문 앞에서 포구희를 한다.

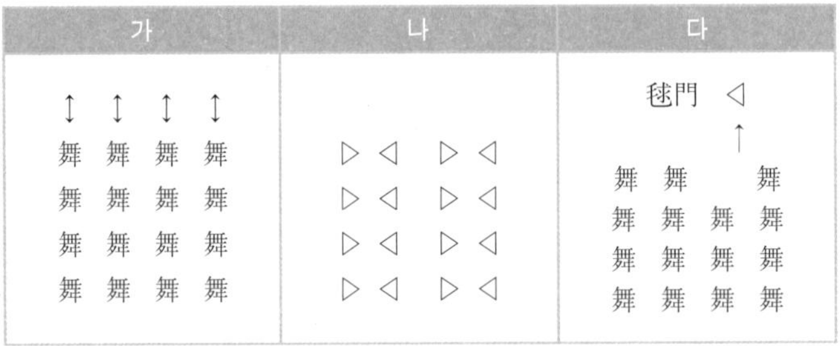

〈그림 29〉 조선전기 〈포구락〉의 대형 구성

〈포구락〉은 포구문 중심으로 춤이 진행된다. 무용수 전체가 무용수 중심으로 마주 보고 춤을 추기도 하고 매 대1인이 차례로 구문을 향해 포구희를

26 봉화(奉花): 꽃을 든 무용수를 말함.

27 봉필(奉筆): 붓을 든 무용수를 말함.

한다. 포구희를 할 때는 규칙이 있는데, 공을 던져 들어가면 상을 주고 들어가지 않으면 벌로 얼굴에 먹을 긋는다. 그리고 공을 던졌을 때에도 첫 번째 공이 들어가지 않고 튕겨 나오는 공을 무용수가 도로 받으면 농구무를 추고 다시 던지고, 두 번째에도 공이 들어가지 않으면 무퇴·무진하는 농구무를 추지 않고 바로 공을 던지고, 세 번째에도 들어가지 않으면 그대로 서서 벌점을 받는다. 즉 포구희는 공을 3번 던질 수 있는 기회가 주어지고, 만약 공이 포구문에 걸리면 춤을 추지 않고 무퇴하여 복위하는데 이때는 상벌이 없다. 〈포구락〉은 매 대의 춤을 반복하는 구조로 진행한다. 매 대의 춤은 "무진-양수집구-기립-창사-포구문향 농구무[무퇴·무진·무퇴·무진이립]-포구희-무퇴" 등의 순서로 진행한다.

〈포구락〉의 반주음악은 절화삼대·소포구락령·수룡음인자이다. 절화삼대에는 죽간자가 무진·무퇴하고 협무 16인이 무진·무퇴를 한다. 소포구락령에는 좌우협무 16인이 차례로 포구희를 한다. 수룡음인자에는 죽간자가 무진·무퇴를 하고 협무 16인이 무진·무퇴를 한다. 창사는 죽간자가 진구호·퇴구호를 부르고, 좌우협무 16인이 전체 부르는 사와 매 대 1인이 부르는 사로 구분되어 있다. 좌우협무 16인이 부르는 사는 절화삼대와 소포구락령사이고, 매 대 1인이 부르는 사는 양행화규사이다. 〈포구락〉에서 창사를 부를 때에는 좌우협무가 모두 바깥쪽 손을 든다.

〈포구락〉을 출 때에는 춤 진행마다 구체적인 춤사위를 제시하였는데, 사용된 춤사위는 농구무·염수·염수족도·사수무·절화무·협수무이다. 춤사위가 추어진 진행을 살펴보면 좌우협무가 무진할 때는 절화무로 추고, 구문 좌우에서 상대할 때는 사수무로 추고, 종결부에 좌우협무 16인이 무진·무퇴할 때는 협수무와 사수무로 춤을 춘다.

(5) 연화대(蓮花臺)

〈연화대〉는 고려시대부터 이어져 온 당악정재로[28] 동기 2인이 방울이 달린 합립(蛤笠)을 머리에 쓰고 춤을 춘다. 조선전기에 와서는 〈연화대〉가 독자적

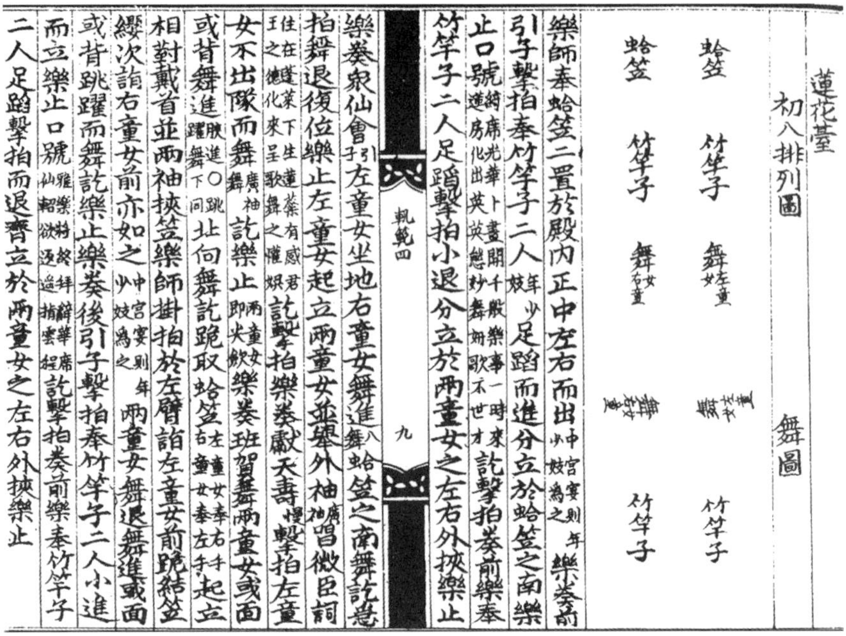

蓮花臺

初入排列圖　舞圖

蛤笠　竹竿子　舞妓左童　舞妓左童　竹竿子

蛤笠　竹竿子　舞妓右童　舞妓右童　竹竿子

樂師奉蛤笠二置於殿內正中左右而出(中宮宴則年少妓爲之)樂奏前引子擊拍奏竹竿子二人(年少妓)足蹈而進分立於蛤笠之南樂止口號(綺席光華卜晝開千般樂事一時來蓮房化出英英態妙舞姸歌不世才)訖擊拍奏前樂奏竹竿子二人足蹈擊拍小退分立於兩童女之左右外挾樂止

軌範四　九

樂奏衆仙會(引子)左童女坐地右童女舞進(八)舞蛤笠之南舞訖意拍舞退復位樂止左童女起立兩童女並舉外袖(廣袖)唱微臣詞(住在蓬萊下生蓮蕊有感君王之德化來呈歌舞之懽娛)訖擊拍樂奏獻天壽(慢)擊拍左童女不出隊而舞(廣袖舞)訖樂止(兩童女即尖歛)樂奏班賀舞兩童女或面或背舞進(䟢進○跳躍舞下同)北向舞訖跪取蛤笠(左童女奉右手右童女奉左手)起立相對戴首並兩袖挾笠樂師掛拍於左臂詣左童女前跪結笠纓次詣右童女前亦如之(中宮宴則年少妓爲之)兩童女舞退舞進或面或背跳躍而舞訖樂止樂奏後引子擊拍奏竹竿子二人小進而立樂止口號(雅樂將終拜辭華席仙韶欲返遄指雲程)訖擊拍奏前樂奏竹竿子二人足蹈擊拍而退齊立於兩童女之左右外挾樂止

으로 추기도 하고 〈학무〉·〈처용무〉와 함께 합설로 추기도 하였다. 조선전기 〈연화대〉 춤은 동기 2인으로 구성되어 춤을 추는데, 좌우 동녀가 각각 독자적으로 무진·무퇴하며 춤을 추다가 서로의 머리에 합립을 씌워주고 다시 상대·상배·도약무를 추며 춤춘다.

〈연화대〉의 무용수 구성과 대형은 고려시대부터 조선전기까지 변함없이 그대로 유지되었다. 〈연화대〉 춤은 합립을 쓰기 전과 후로 구분되어 추는데, 이 진행은 고려시대부터 조선전기까지 이어져왔으나 무용수들의 춤 진행은 변화되었다. 먼저 고려시대에 양동녀가 무진·무퇴한 것이 조선전기에는 우동녀가 하였고, 고려시대에 좌동녀가 먼저 춤을 추었던 것이 조선전기에는 우동녀가 먼저 춤을 추었다. 음악 반주곡에도 변화를 보이는데, 도입부·종결부에서 죽간자가 무진·무퇴하는 음악이 고려시대에는 오운개서조인자로 한 것이 조선전기에는 전인자(前引子)와 후인자(後引子)로 변화되었다. 고려시대에 연주되었던 백학자·최자령·하성조·오운개서조인자는 조선전기에 연주

28 〈연화대〉 춤 유래는 고려시대 편 참조.

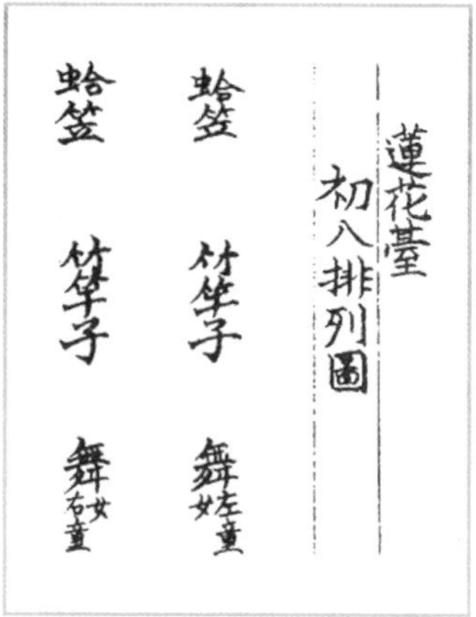

〈그림 30〉 조선전기 〈연화대〉의 초입배열

되지 않았고 대신 조선전기에 전인자와 후인자가 새로 추가되어 연주되었다.

조선전기의 〈연화대〉는 『악학궤범』 권4에 전하는데, 무용수는 죽간자 2인·동기 2인으로 구성된다. 〈연화대〉의 초열은 〈그림 30〉처럼 죽간자 2인이 북쪽에 서고, 동기 2인은 그 뒤 남쪽에 좌우로 나누어 선다.

조선전기의 〈연화대〉 내용을 정리하면, 악사가 합립을 전내에 설치하고 나가면 전인자에 죽간자가 무진하여 구호를 부르고 물러나 양동녀의 좌우 외협에 선다. 중선회인자(衆仙會引子)에 우동녀가 무진·무퇴하고 양동녀가 외수를 들고 미신사를 부른다. 헌천수만에 좌동녀가 춤[광수무(廣袖舞)]을 추고, 양동녀는 첨염한다. 반하무(班賀舞)에 양동녀가 상대·상배하고 무진[도약무]하여 북향무를 추고 서로의 머리에 합립을 씌워주면 악사가 합립 끈을 좌동녀와 우동녀 순서로 묶어준다. 이어 양동녀가 무진·무퇴하고 상대·상배하며 도약무(跳躍舞)를 춘다. 후인자에 죽간자가 구호를 부르고 물러나 양동녀 외협에 서면 춤이 마친다.

〈연화대〉의 무용수 구성 중에서 실제 춤을 추는 무용수는 죽간자 2인과 동녀 2인이다. 죽간자 2인은 춤의 도입부와 종결부에 무진하여 구호를 부르고 물러나는 춤을 춘다. 동녀 2인의 춤은 먼저 우동녀가 무진·무퇴하고, 좌동녀가 제자리에서 춤을 추고 양동녀가 함께 무진·무퇴하고 상대·상배를 하고 도약무를 춘다. 〈연화대〉는 좌우동녀가 개별적으로 춤을 추는데, 기록대로라면 우동녀가 먼저 무진하여 춤을 추고 일렬대형에서는 좌동녀 혼자 춤을 춘다. 그리고 악사가 합립 끈을 매어줄 때에도 좌무를 먼저하고 다음에 우무의 합립 끈을 매어준다. 〈연화대〉의 춤 대형은 일렬대형과 전후대형으로 구성된다. 일렬대형에서는 〈그림 31-가〉처럼 창사를 함께 부르거나 무진·무퇴·상대·상배·도약무를 춘다. 전후대형에서는 〈그림 31-나〉처럼 좌우 동녀가 차례로 무진·무퇴하며 춤을 춘다.

가	나
右童女　　左童女	右童女 ⇅ 左童女

〈그림 31〉 조선전기 〈연화대〉의 대형 구성

〈연화대〉의 반주음악은 전인자·중선회인자·헌천수만·반하무·후인자이다. 전인자·후인자에는 죽간자가 무진·무퇴를 한다. 중선회인자에는 우동녀가 무진·무퇴를 하고 양동녀가 미신사를 부른다. 헌천수만에는 좌동녀가 춤을 추고 양동녀가 첨염한다. 반하무에는 양동녀가 혹배·혹면·무진·무퇴·상대·상배·도약무를 춘다. 창사는 죽간자가 도입부와 종결부에 진구호·퇴구호를 부르고, 양동녀가 함께 외수를 들고 미신사를 부른다. 〈연화대〉를 출 때에는 춤 진행마다 구체적인 춤사위를 제시하였는데, 사용된 춤사위는 광수무·도약무이다. 일렬대형에서 좌동녀가 제자리에서 춤을 출 때 광수무로 추고, 북향하여 무진할 때 도약무로 춘다.

(6) 금척(金尺)

〈금척〉은[29] 조선전기 태종 대에 창제된 당악정재이다. 태조 이성계가 꿈속에서 신선이 건네 준 자[尺]를 받은 것은 앞으로 왕이 될 상서로운 징조로서, 이는 태조 이성계가 하늘의 뜻을 받들어 조선을 건국한 것이 당연한 것임을 무용화한 것이다. 이 춤은 정도전(鄭道傳)이[30] 악장을 지어 올렸는데, 조선 창업 후에 태조의 문덕(文德)을 찬양하고자 지어진 노래이다. 〈금척〉은 금으로 만든 자[尺]로서 머리에 해와 구름을 새기고 자 끝에 색실 매듭의 술을 늘어뜨려 화려하게 장식하였다. 〈금척〉은 1537년 중종(中宗) 30년 3월 초에 〈금척〉이

29 조선전기 무보인 『악학궤범』에는 〈금척〉, 조선후기 홀기인 『정재무도홀기』에는 〈몽금척〉으로 기록되어 있다.

30 정도전(鄭道傳, 1342년(충혜왕 복위 3)~1398년(태조 7)): 고려 말 조선 초의 문신이자 학자. 호는 삼봉(三峰). 신흥 사대부의 중심인물로 조선의 개국 공신. 참고사이트: 다음백과사전

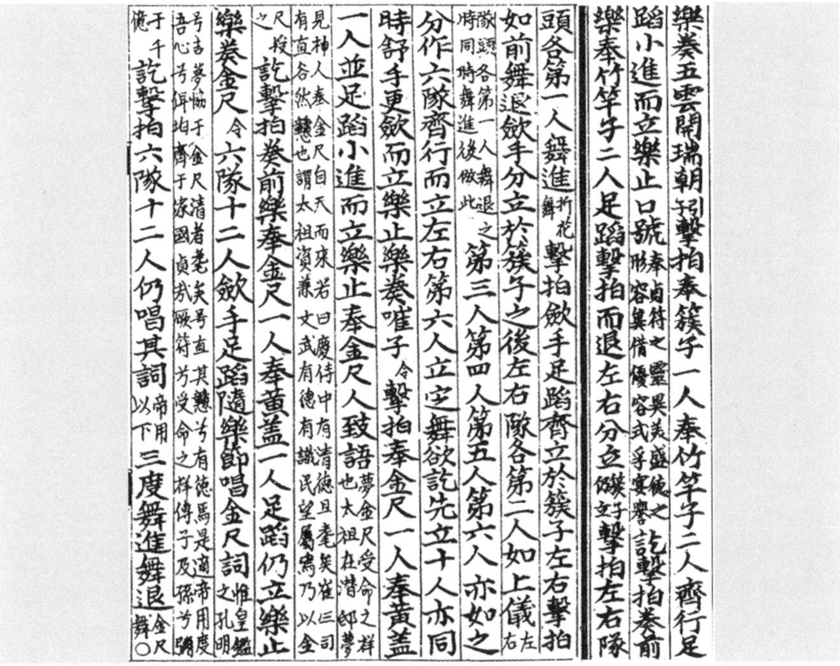
樂奏五雲開瑞朝引子擊拍奏簇子一人奉竹竿子二人齊行足
蹈小進而立樂止口號奉宸符之靈異美盛德之形容集備優容式孚宴譽訖擊拍奏前
樂奏竹竿子二人足蹈擊拍而退左右分立簇子隊之擊拍左右隊
頭各第一人舞進折花舞擊拍斂手足蹈齊立於簇子左右擊拍
如前舞退斂手分立於簇子之後左右隊各第二人如上儀左右
隊頭各第一人舞退之時同時舞進後倣此第三人第四人第五人第六人亦如之
分作六隊齊行而立左右第六人立定舞欲訖先立十人亦同
時舒手更斂而立樂止樂奏嗺子令擊拍奏金尺一人奉黃蓋
一人並足蹈小進而立樂止奉金尺人致語夢金尺受命之祥也太祖在潛邸夢
見神人奉金尺自天而來若曰慶侍中有清德且耄矣崔三司有直名然戇也謂太祖資兼文武有德有識民望屬焉乃以金
尺授之訖擊拍奏前樂奉金尺一人奉黃蓋一人足蹈仍立樂止
樂奏金尺令六隊十二人斂手足蹈隨樂節唱金尺詞惟皇鑑之孔明
兮吉夢協于金尺清者耄矣兮直其戇兮有德焉是適帝用度吾心兮俾均齊于家國貞哉厥符兮受命之祥傳子及孫兮彌
于千億訖擊拍六隊十二人仍唱其詞帝用以下三度舞進舞退舞金尺○

잡희(雜戲)에 가깝다고 하였으나 조선조 말기까지 전승되었고, 이때에는 〈몽금척〉으로 이름을 바꾸어 사용하였다.

『태조실록』 권4에 의하면 “태조 2년 관습도감(慣習都鑑) 정도전(鄭道傳)이 지었고, 그해 10월에는 전악서(典樂署) 무공방(武工房)을 거느리고 〈몽금척〉과 〈수보록(受寶籙)〉 등 신악(新樂)을 올렸다”고 전한다.

의궤 악장에[31] 의하면, “○태조께서 잠저에 계실 때에 꿈에 신인이 〈금척〉을 주었는데, 세종조에 이를 본떠서 춤을 만들었다”라고 하였다.

또한 “○영조 병술년(1766, 영조 42) 진연 때에 임금께서 유황사(維皇詞)와 성인사(聖人詞)를 지으셨다. 자에는 ‘천사금척수명지상(天賜金尺受命之祥 : 하늘이 〈금척〉을 내리니 천명을 받을 상서이다)’이라는 8자를 새겼다. 그리고 생초로 족자를 만들어서 유황사를 쓰고 위아래에 홍릉과 백릉으로 장식하고 유소를 드리워서 붉게 칠한 장대에 건다”라고 하였다.

31 한국예술종합학교 전통예술원, 『국역헌종무신진찬의궤』 卷一(서울: 민속원, 2004), 111쪽.

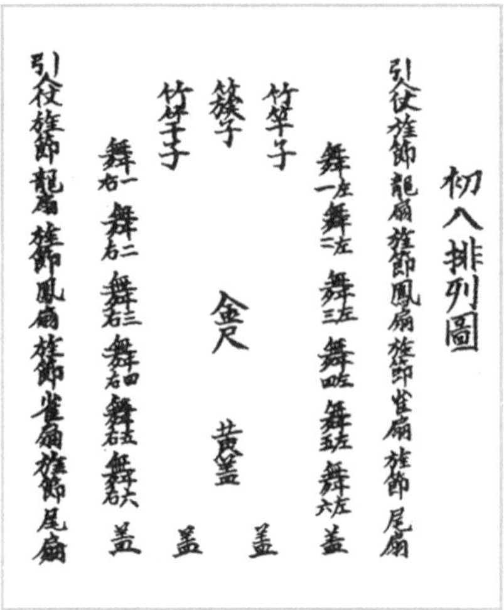

〈그림 32〉 조선전기 〈금척〉의 초입배열도

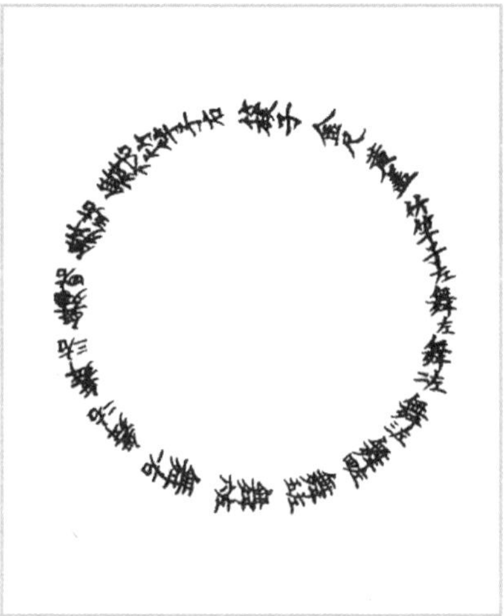

〈그림 33〉 조선전기 〈금척〉의 회무도

조선전기의 〈금척〉은 『악학궤범』 권4에 전하는데, 무용수 구성은 족자 1인·죽간자 2인·금척 1인·황개 1인·협무 12인·인인장 2인·용선 2인·봉선 2인·작선 2인·미선 2인·정절 8인·개 4인이다. 〈금척〉의 초열은 〈그림 32〉처럼 죽간자 2인이 북쪽에 서고, 족자 1인은 그 사이에 선다. 금척 1인과 황개 1인은 그 뒤 무대 가운데에 서고, 무용수인 협무 12인은 2대로 나뉘어 좌우로 갈라서고, 의물인 인인장·용선·봉선·작선·미선·정절은 각각 좌우로 늘어서고, 개 4인은 남쪽에 가지런히 선다. 〈금척〉 초입배열도에는 〈그림 32〉처럼 무용수 배열 위치마다 번호가 기록되어 있는데 이 번호는 무용수들이 차례로 나아가 족자 좌우에 서는 순서를 표시한 것이다. 그리고 『악학궤범』에 제시된 〈금척〉의 좌선회무도(左旋回舞圖)는 〈그림 33〉처럼 도는 방향이 서쪽으로 그려졌는데, 정재에서 좌선은 동쪽 방향이고 우선은 서쪽 방향으로 도는 것이다.[32] 그런데 〈금척〉 내용에는 좌선회무로 제시하고, 배열도에는 도는 방향을 우선으로 제시하고 있다.

---

32 정재에서 좌는 동쪽, 우는 서쪽을 말한다. 정재에서 좌와 우의 위치는 초입배열도에 좌와 우로 제시되어 있고, 특히 〈봉래의〉에서 우선환립의 방향에 대해 〈동대북립, 북대서립, 남대동립, 서대남립〉으로 제시하고 있다. 따라서 〈금척〉의 좌선회무는 동쪽으로 그려져야 하는데 『樂學軌範』에는 도는 방향이 서쪽으로 그려졌다.

조선전기의 〈금척〉 내용을 정리하면, 음악이 오운개서조인자를 연주하면 죽간자와 족자가 무진하여 구호를 부르고 죽간자는 물러나 좌우로 선다. 이어 협무 12인이 2대 좌우대형인 초열에서 각대의 1인이 차례로 나아가[절화무] 족자좌우에 섰다가 다시 물러나 족자 뒤에 6대 좌우대형으로 배열한다. 최자령을 연주하면 금척과 황개가 무진하고 금척인이 치어를 부른다. 금척령(金尺令)을 연주하면 6대 좌우대형에 선 무용수 전체가 창사[금척사]를 부르고, 좌우협무 12인이 무진·무퇴하며 춤[금척무]을 춘다. 소포구락령을 연주하면 우죽간자를 선두로 하여 무용수 전체가 창사를 부르며 좌선회무[사수무]를 돌아 초열로 선다. 죽간자가 구호를 부르고 오운개서조인자를 연주하면 죽간자 2인·족자 1인·금척 1인·황개 1인이 무퇴하고, 좌우협무 12인이 무진[협수무]·무퇴[퇴수무]하면 춤이 마친다.

〈금척〉 무용수 구성 중에서 실제 춤을 추는 무용수는 죽간자 2인·족자 1인·금척 1인·황개 1인·협무 12인이다. 죽간자 2인은 춤의 도입부와 종결부에 무진하여 구호를 부르고 물러나는 춤을 춘다. 족자 1인은 죽간자와 함께 무진하고, 금척 1인·황개 1인은 무진하여 금척인이 치어를 부른다. 좌우협무 12인은 2대 좌우대형에서 6대 좌우대형으로 서서 창사를 부르고, 무진·무퇴를 하고, 무용수 전체가 좌선회무를 돌며 춤을 춘다. 〈금척〉의 춤 대형은 2대 좌우대형과 6대 좌우대형으로 구성된다. 2대 좌우대형에서는 〈그림 34-가〉처럼 각대 1인이 나아가 족자좌우에 섰다가 다시 물러나 족자 뒤에 6대 좌우대형으로 배열한다. 6대 좌우대형에서는 〈그림 34-나〉처럼 금척과 황개가 무진

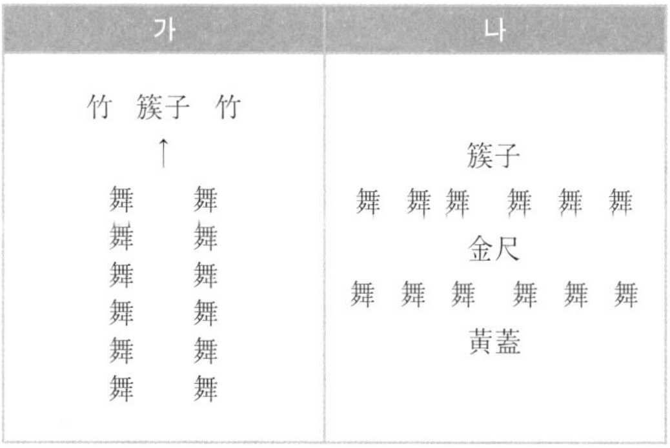

〈그림 34〉 조선전기 〈금척〉의 대형 구성

하여 치어를 부르고, 좌우협무 12인이 염수족도하고 창사를 부르고 무진·무퇴[金尺舞]한다.

〈금척〉의 반주음악은 오운개서조인자·최자령·금척령·소포구락령이다. 오운개서조인자에는 죽간자가 무진·무퇴하고, 좌우협무 12인이 무진·무퇴하여 6대 좌우대형으로 배열한다. 최자령에는 금척 1인과 황개 1인이 무진하고, 금척인이 치어를 부른다. 금척령에는 좌우협무 12인이 창사를 부르고 무진·무퇴를 한다. 소포구락령에는 무용수 전체가 좌선회무를 돈다. 창사는 죽간자가 도입부와 종결부에 진구호·퇴구호를 부르고, 금척인이 치어를 부르고 좌우협무가 염수족도와 무진·무퇴를 하며 금척사를 부른다.

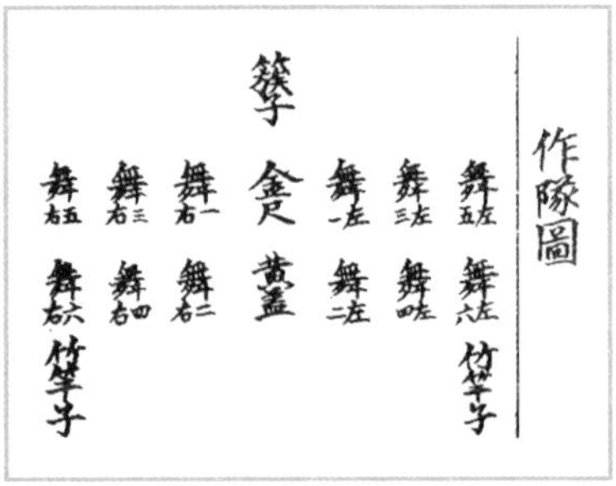

〈금척〉을 출 때에는 춤 진행마다 구체적인 춤사위를 제시하였는데, 사용된 춤사위는 사수무·족도·절화무·금척무·협수무·퇴수무이다. 2대 좌우대형에서 6대 좌우대형으로 변화하기 위하여 각 대 1인이 차례로 족자 뒤로 무진할 때에는 절화무로 추고, 6대 좌우대형으로 선 좌우협무 12인이 무진·무퇴할 때는 금척무로 추고, 무용수 전체가 좌선회무 돌 때에는 사수무로 추고, 종결부에 좌우협무 12인이 무진·무퇴할 때는 협수무와 퇴수무로 춘다.

(7) 수보록(受寶籙)

〈수보록〉은 태종 대에 창작된 당악정재로, 태조 이성계가 하늘의 뜻을 받들어 조선을 건국한 당위성을 무용화한 춤이다. 〈수보록〉은 의물 18인 전체가 대형[6대]을 짓고 회선하며 춤을 추는데, 의물이 대형을 이루며 춤추는 구조는 〈수보록〉이 유일하다. 일반적으로 의물 18인은 동쪽과 서쪽에 배열하는데, 〈수보록〉에서는 무대 가운데에 대형을 만들며 춤을 추는 협무와 같은 역할을 한다.

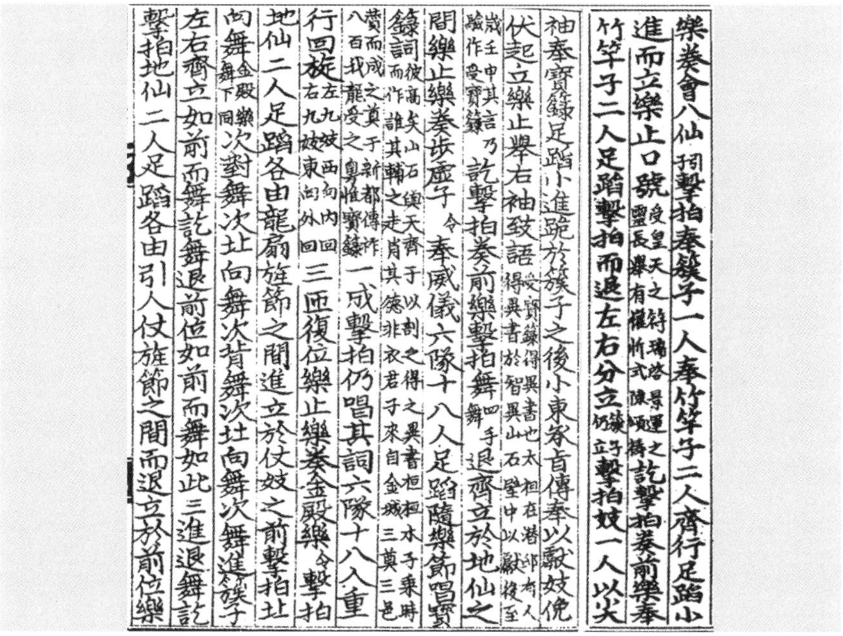
樂奏會八仙引擊拍奏簇子一人奉竹竿子二人齊行足蹈小
進而立樂止口號皇天之符瑞洛景運之靈長乘有權斯式陳頌禱訖擊拍奏前樂奏
竹竿子二人足蹈擊拍而退左右分立仍簇子立擊拍妓一人以尖
袖奉寶籙足蹈小進跪於簇子之後小東奇首傳奉以獻妓俛
伏起立樂止擧右袖致語受寶籙得異書也太祖在潛邸有人得異書於智異山石壁中以獻後至壬申其言乃驗作受寶籙訖擊拍奏前樂擊拍舞四手退齊立於地仙之
間樂止樂奏步虛子令奉威儀六隊十八人足蹈隨樂節唱寶
籙詞彼高矣山石與天齊于以剖之得之異書桓桓木子乘時而作誰其輔之走肖其德非衣君子來自金城三奠三邑八百我龍受之奧惟寶籙一成擊拍仍唱其詞六隊十八人重
行回旋左九妓西向內回右九妓東向外回三匝復位樂止樂奏金殿樂令擊拍
地仙二人足蹈各由龍扇旋節之間進立於仗妓之前擊拍北
向舞金殿樂舞下同次對舞次北向舞次背舞次北向舞次舞進簇子
左右齊立如前而舞訖舞退前位如前而舞如此三進退舞訖
擊拍地仙二人足蹈各由引人仗旌節之間而退立於前位樂

〈수보록〉은 태조 2년(1393)에 정도전이 악장을 지어 올렸는데, 조선 건국 후에 태조의 문덕(文德)을 찬양하고자 지어진 노래이다. 태조 이성계가 왕이 된 것은 조선을 개국하기 전 석벽 속에 있는 이상한 글[寶錄]을 신인으로부터 받아 왕이 되었고, 이는 천명을 받아 된 것임을 표방하고 있다. 〈수보록〉은 새해 첫날 조회에 사용될 목적으로 지어졌으며, 조선전기까지 추어졌으나 조선 후기에는 전해지지 않는다.

『태조실록』 권4에 의하면 태조 2년(1393) 관습도감(慣習都鑑) 정도전(鄭道傳)이 악장을 지었다. 태조가 잠저(潛邸)에 있을 때 지리산 석벽 속에서 장차 왕이 될 것이라는 글이 적힌 희귀한 책을 얻은 일을 내용으로 한 무악(舞樂)이다.

『악학궤범』의 〈수보록〉에 사용된 음악은 모두 당악이지만, 세종 때에는 동지(冬至)·정조(正朝)·8월과 9월의 양로연(養老宴)에는 아악으로 사용되었다. 선율은 주희(朱熹)의 『의례경전통해시악(儀禮經傳通解詩樂)』 중 녹명(鹿鳴) 제1장과 같은 곡이고 반복된다.

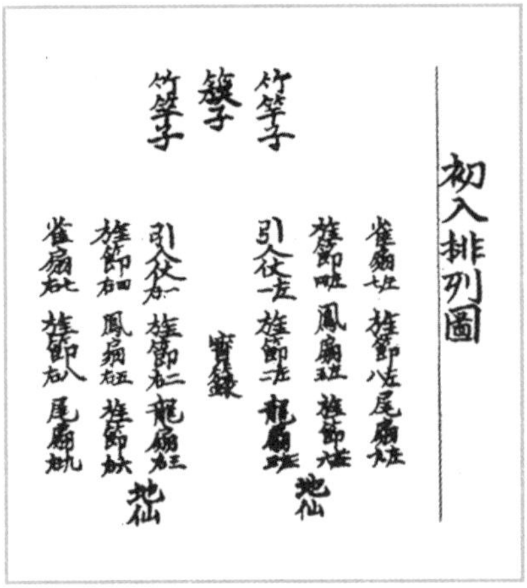

〈그림 35〉 조선전기 〈수보록〉의 초입배열도

조선전기의 〈수보록〉은 『악학궤범』 권4에 전하는데, 무용수 구성은 족자 1인·죽간자 2인·지선 2인·보록기 1인·인인장 2인·용선 2인·봉선 2인·작선 2인·미선 2인·정절 8인이다. 〈수보록〉의 초열은 〈그림 35〉처럼 죽간자 2인이 북쪽에 서고, 족자 1인은 그 사이에 선다. 보록기 1인은 무대 가운데에 서고, 의물 18인이 6대 좌우대형으로 배열하고, 지선 2인이 남쪽에 선다. 〈수보록〉의 초입배열도에는 무용수가 배열된 위치마다 번호가 기록되어 있는데 이 번호는 무용수들이 회무를 돌 때 차례로 나아가는 순서를 표시한 것이다.

조선전기의 〈수보록〉 내용을 정리하면, 음악이 회팔선인자를 연주하면 족자와 죽간자가 무진하여 구호를 부르고 죽간자만 물러난다. 보록기가 무진하여 승지(承旨)에게 전해주고 오른손을 들고 치어를 부르고 물러나[사수무] 지선 2인 사이에 선다. 보허자령을 연주하면 의물 18인이 보록사(寶籙詞) 일성을 부른다. 의물 18인이 보록사를 부르며 중행회선을 세 바퀴 돌고 복위한다. 금전악령(金殿樂令)을 연주하면 지선 2인이 용선과 정절 사이로 나아가 장기전에 서서 북향무[금전악무]를 추고, 다음에 대무·북향무·배무·북향무를 춘다. 이어 무진하여 족자좌우에 나란히 서서 앞에서와 같이 반복하여 추고, 물러나 전의 자리에 서서 앞에서와 같이 춤을 추는데 이와 같은 춤을 3차례 부신·무퇴하며 춘다. 회팔선인자를 연주하면 죽간자가 무진하고 구호를 부른 뒤 족자와 함께 물러나고, 의물 18인과 지선 2인이 모두 무퇴하면 춤이 마친다.

〈수보록〉은 정재 중에서 춤추는 무용수가 유일하게 의물로 구성된 정재이다. 무용수 구성 중에서 실제 춤을 추는 무용수는 죽간자 2인·족자 1인·의물 18인·지선 2인·보록기 1인이다. 죽간자 2인은 춤의 도입부와 종결부에 무진하여 구호를 부르고 물러나는 춤을 춘다. 족자 1인은 죽간자와 함께 무진하

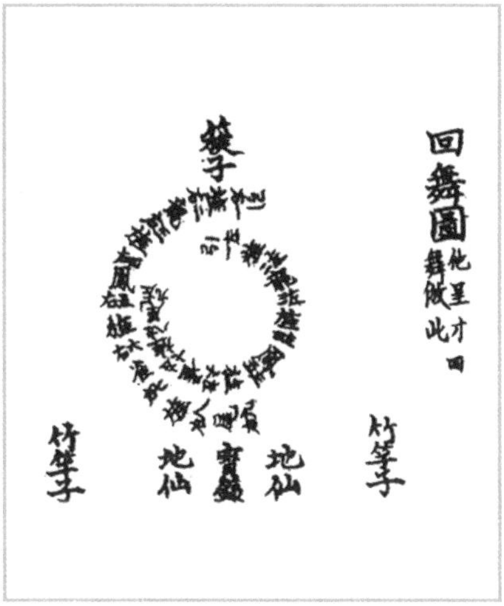

〈그림 36〉 조선전기 〈수보록〉의 회무도

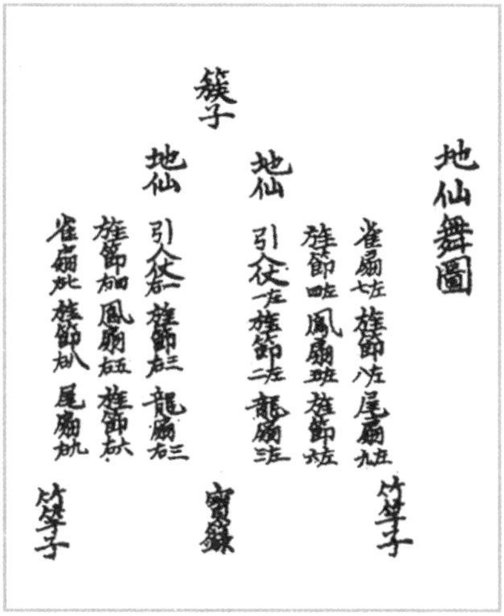

〈그림 37〉 조선전기 〈수보록〉의 지선무도

고 모든 춤이 마칠 때까지 그 자리에 머무른다. 의물 18인은 초입배열에서 창사를 부르고 〈그림 36〉처럼 회무를 세 바퀴 돌아 복위한다. 지선 2인은 〈그림 37〉처럼 족자 뒤와 족자 좌우에서 '북향무[금전악무]-대무·북향무·배무·북향무'를 추는데, 3번 무진·무퇴하며 춘다.

〈수보록〉의 춤 대형은 6대 좌우대형과 전후대형으로 구성된다. 6대 좌우대형에서는 〈그림 38-가〉처럼 의물 18인이 회무하여 초열로 서는 춤을 추고, 보록기가 무대 가운데에서 무진하여 창사를 부르고 난 다음 물러난다. 전후대형에서는 〈그림 38-나〉처럼 지선 2인이 족자 뒤[杖妓前: A]와 족자 좌우[B]

가	나
죽 족자 죽	〔B〕지선 족자 지선
작선 정절 인인장 인인장 정절 작선	〔A〕지선 지선
정절 봉선 정절 정절 봉선 정절	작선 정절 인인장 인인장 정절 작선
미선 정절 용선 용선 정절 미선	성설 봉선 성설 정절 봉선 정절
↑	미선 정절 ↑용선 용선 ↑정절 미선
지선 보록 지선	죽 보록 죽

〈그림 38〉 조선전기 〈수보록〉의 대형 구성

에 서서 '북향무[금전악무]-대무·북향무·배무·북향무'를 추는데, 이와 같은 춤을 3번 반복한다.

〈수보록〉의 반주음악은 회팔선인자·최자령·보허자령·금전악령이다. 회팔선인자에는 도입부와 종결부에 죽간자 2인과 족자 1인이 무진하여 구호를 부르고 물러나는 춤을 추고, 보록기가 나아가 치어를 부른다. 보허자령에는 의물 18인이 보록사를 부르고, 중행회선을 돈다. 금전악령에는 지선 2인이 무진하여 장기[족자] 전과 족자좌우에 서서 '북향무[금전악무]-대무·북향무·배무·북향무'를 추는데 무진·무퇴를 3번 반복하며 춘다. 창사는 죽간자가 도입부와 종결부에 진구호·퇴구호를 부르고, 보록기가 오른손을 들고 치어를 부르고, 의물 18인이 6대 좌우대형과 중행회선을 돌며 보록사를 부른다. 〈수보록〉을 출 때에는 춤 진행마다 구체적인 춤사위를 제시하였는데, 사용된 춤사위는 사수무·족도·면복·금전악무(金殿樂舞)이다. 보록기가 무퇴할 때에는 사수무로 하고, 지선 2인이 장기 전과 족자 좌우에서 북향하여 춤출 때에는 금전악무를 춘다.

(8) 근천정(覲天庭)

〈근천정〉은 태종 대에 창작된 당악정재이다. 태종이 왕위에 오르기 전 중국 황제의 권례(眷禮)를 받고 돌아온 것을 온 백성이 기뻐하는 내용을 무용화한 것이다. 〈근천정〉은 협무 2인이 각각 무진하여 선모 1인과 상대·상배하며 추는 춤으로, 좌우협무는 선모와 함께 추기도 하고 협무끼리 추기도 한다. 선모가 전대에 서고 후대에 선 협무가 앞으로 나아가 선모와 차례대로 상대·상배하는 춤은 조선전기에 새로 도입된 춤 구조이다. 〈근천정〉은 태종 2년(1402)에 하륜(河崙)이 악장을 지어 올려 회례연(會禮宴)과 양로연(養老宴) 등 연향악으로 연주하였으나, 조선후기에는 전하지 않는다.

> 태종 2년(1402) 6월에 영사평부사(領司平府事) 하륜(河崙)이 〈수명명〉과 함께 악장(樂章)을 지어 올렸는데, 이를 관현(管絃)에 올려 연향악으로 쓰도록 하였다.

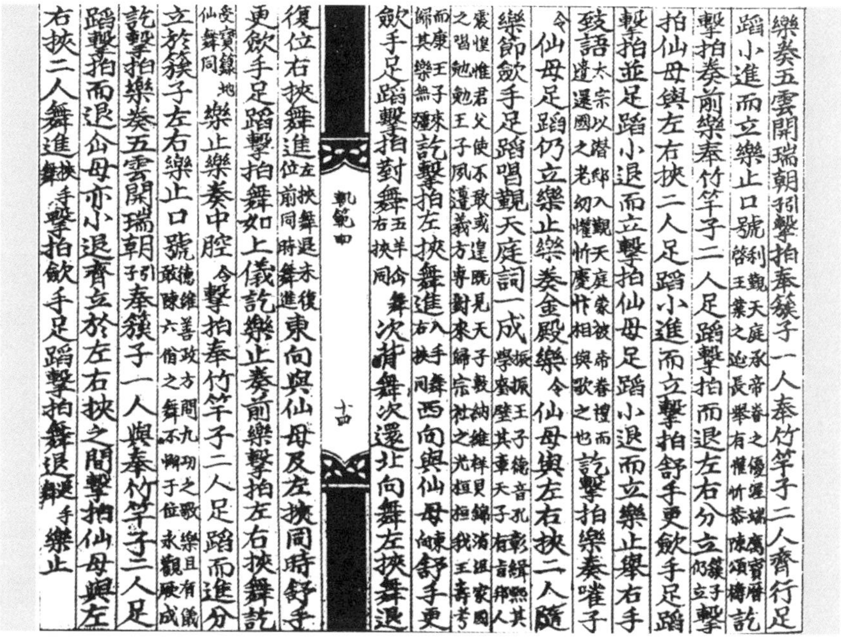
樂奏五雲開瑞朝引擊拍奉簇子一人奉竹竿子二人齊行足
蹈小進而立樂止口號利覲天庭承帝眷之優渥瑞膺寶曆啓王業之迪長舉有懽忭恭陳頌禱訖
擊拍奏前樂奉竹竿子二人足蹈擊拍而退左右分立簇子仍立擊
拍仙母與左右挾二人足蹈小進而立擊拍舒手更斂手足蹈
擊拍並足蹈小退而立擊拍仙母足蹈小退而立樂止舉右手
致語太宗以潛邸入覲天庭蒙被帝眷禮而遣還國之老幼懽忭慶忭相與歌之也訖擊拍樂奏嗺子
令仙母足蹈仍立樂止樂奏金殿樂令仙母與左右挾二人隨
樂節斂手足蹈唱覲天庭詞一成振振王子德音孔彰緝熙其學蠶壁其章天子有言邦人
震惶惟君父使不敢或遑既見天子毅納維祥貝錦消遏家國之唱勉勉王子夙遭義方專對來歸宗社之光桓桓我王壽考
而康王子來歸其樂無疆訖擊拍左挾舞進右挾同入手舞西向與仙母東向舒手更
斂手足蹈擊拍對舞五羊仙右挾同舞次背舞次還北向舞左挾舞退

軌範四 十四

復位右挾舞進左挾舞退未復位前同時舞進東向與仙母及左挾同時舒手
更斂手足蹈擊拍舞如上儀訖樂止奏前樂擊拍左右挾舞訖
受寶籙仙舞同地樂止樂奏中腔令擊拍奉竹竿子二人足蹈而進分
立於簇子左右樂止口號德維善政方闡九功之歌樂且有儀敢陳六佾之舞不惭子位永觀厥成
訖擊拍樂奏五雲開瑞朝引子奉簇子一人與奉竹竿子二人足
蹈擊拍而退仙母亦小退齊立於左右挾之間擊拍仙母與左
右挾二人舞進斂手擊拍斂手足蹈擊拍舞退斂手樂止

1402년(태종 2)에 하륜이 지은 악장을 관현에 올려 연향악으로 쓰였으며, 세종 때에는 〈수보록〉 등의 곡과 함께 회례연(會禮宴)·동지(冬至) 날에 연주하였으며, 정조 때에는 8월과 9월의 양로연(養老宴) 등에서 사용하였다. 그 곡조는 『의례경전통해시악(儀禮經傳通解詩樂)』 중 〈남산유대(南山有臺)〉의 곡과 같다.[33]

조선전기의 〈근천정〉은 『악학궤범』 권4에 전하는데, 무용수 구성은 족자 1인·죽간자 2인·선모 1인·협무 2인·인인장 2인·용선 2인·봉선 2인·작선 2인·미선 2인·정절 8인·개 3인이다. 〈근천정〉의 초열은 〈그림 39〉처럼 죽간자 2인이 북쪽에 서고, 족자 1인은 그 사이에 선다. 선모와 협무가 그 뒤에 나란히 서고, 의물인 인인장·용선·봉선·작선·미선·정절이 각각 좌우로 늘어서고, 개 3인은 남쪽에 가지런히 선다.

조선전기의 〈근천정〉 내용을 정리하면, 오운개서조인사에 족자와 죽간자가 나아가 구호를 부르고, 죽간자만 물러난다. 선모와 협무 2인이 무진·무퇴

33 『太宗實錄』 卷3, 31b, 同 2年 6月.

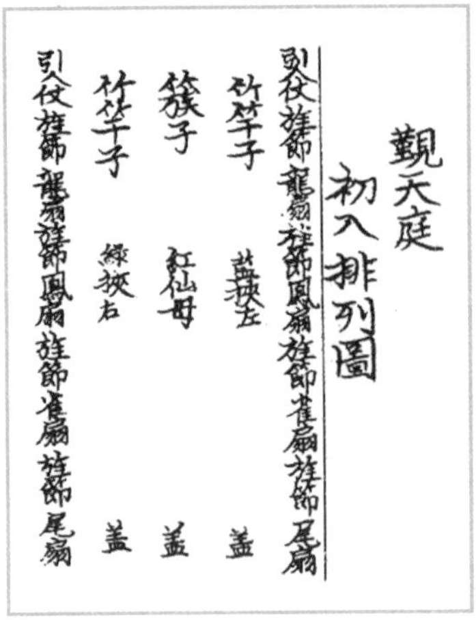

〈그림 39〉 조선전기 〈근천정〉의 초입배열도

하고, 선모가 무진하여 오른손을 들고 치어를 부른다. 최자령에 선모가 제자리에서 족도한다. 금전악령에 선모와 협무 2인이 악절에 따라 염수족도하면서 근천정사(覲天庭詞)를 한 차례 부른다. 좌무가 무진[팔수무]하여 선모와 대무[오양선무]·배무·환북향하고 무퇴한다. 이어 우무가 무진[팔수무]하여 선모와 대무[오양선무]·배무·환북향하고, 무퇴한다. 이어 좌무와 우무가 수보록무를 춘다. 중강령에 죽간자가 무진하여 구호를 부르고, 오운개서조인자에 족자 1인과 죽간자 2인이 무퇴하고, 선모 역시 물러나 좌우협무 사이에 나란히 선다. 선모 1인과 협무 2인이 무진[협수무]·무퇴[퇴수무]하면 춤이 마친다.

〈근천정〉의 무용수 구성 중에서 실제 춤을 추는 무용수는 죽간자 2인·족자 1인·선모 1인·협무 2인이다. 죽간자 2인은 춤의 도입부와 종결부에 무진하여 구호를 부르고 물러나는 춤을 춘다. 족자 1인은 죽간자와 함께 무진하고 춤이 마칠 때까지 그 자리에 머무른다. 선모 1인은 혼자 치어를 부르기도 하고 좌우협무 2인과 무진·무퇴를 하고, 좌무와 우무와 차례로 '대무[오양선무]-배무-환북향무'를 춘다. 좌우협무 2인은 선모와 무진·무퇴를 하고, 선모와 '대무[오양선무]-배무-환북향무'를 추고, 좌우협무끼리 수보록무를 춘다. 〈근천정〉의 춤 대형은 일렬대형과 전후대형으로 구성된다. 일렬대형에서는 〈그림 40-가〉처럼 무용수 전체가 무진·무퇴한다. 전후대형에서는 〈그림 40-나〉

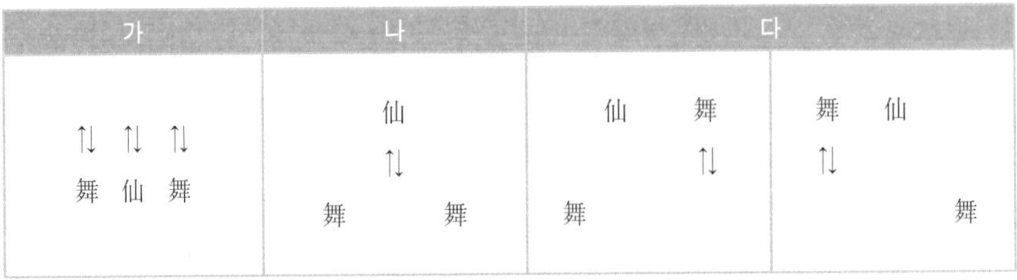

〈그림 40〉 조선전기 〈근천정〉의 대형 구성

처럼 선모가 나아가 전대에서 치어를 부르고, 좌우협무와 함께 염수족도하며 창사를 부르고, 후대의 좌우협무가 수보록무를 추고, 〈그림 40-다〉처럼 후대에 선 좌무와 우무가 차례로 무진하여 선모와 대무·배무 춤을 춘다.

〈근천정〉의 반주음악은 오운개서조인자·최자령·금전악령·중강령이다. 오운개서조인자에는 도입부와 종결부에 죽간자 2인과 족자 1인이 무진하여 구호를 부르고 물러나는 춤을 추고, 선모 1인과 좌우협무 2인이 무진·무퇴를 하고, 선모 1인이 무진하여 치어를 부른다. 최자령에는 선모가 제자리에서 춤을 추고, 금전악령에는 선모 1인과 좌우협무 2인이 근천정사를 부르고, 좌무와 우무가 차례로 나아가 선모와 '대무[오양선무]-배무-환북향'을 하고 무퇴하는 춤을 춘다. 중강령에는 종결부에 죽간자가 무진하여 구호를 부른다.

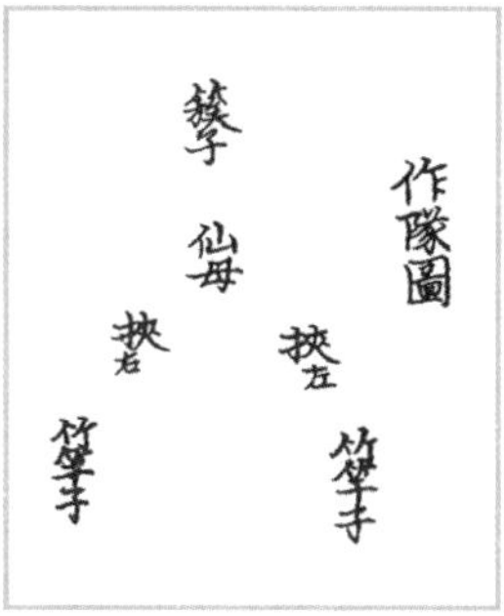

〈근천정〉에서는 무용수들이 창사를 부를 때에 팔을 드는 순서를 제시하고 있다. 무용수별로 구별되어 있는데, 선모는 오른손을 들고 창사를 부른다. 창사는 죽간자가 도입부와 종결부에 진구호·퇴구호를 부르고, 선모 1인이 치어를 부르고, 선모 1인과 좌우협무 2인은 근천정사를 부른다.

〈근천정〉을 출 때에는 춤 진행마다 구체적인 춤사위를 제시하였는데, 사용된 춤사위는 '족도·염수족도·팔수무·오양선무·수보록무·협수무·퇴수무'이다. 좌무와 우무가 각각 무진할 때 팔수무로 추고, 선모가 좌우협무와 각각 상대·상배할 때 오양선무로 추고, 좌우협무가 춤출 때에는 수보록무로 추고, 종결부에 선모 1인과 좌우협무 2인이 무진할 때는 협수무로 추고, 무퇴할 때는 퇴수무를 춘다.

(9) 수명명(受明命)

〈수명명〉은 태종 대에 창작된 당악정재이다. 태종이 명나라 천자로부터 왕의 인준을 받은 것을 무용화한 것이다. 〈수명명〉은 선모 1인이 무대 가운데에서 북향하고 협무 6인이 2대 좌우대형으로 서서 상대·상배하며 추는 춤으

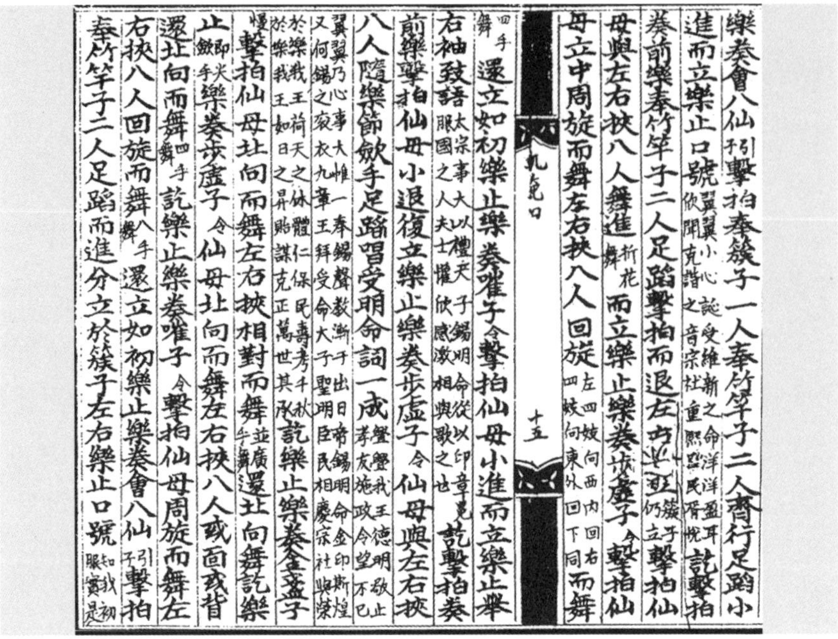
樂奏會八仙引子擊拍奏簇子一人奉竹竿子二人齊行足蹈小
進而立樂止口號翼翼小心誕受維新之命洋洋盈耳欣聞克諧之音宗社重熙臣民胥悅訖擊拍
奏前樂奉竹竿子二人足蹈擊拍而退左右立簇子仍立擊拍仙
母與左右挾八人舞進折花舞而立樂止樂奏步虛子令擊拍仙
母立中周旋而舞左右挾八人回旋左四妓向西內回右四妓向東外回下同而舞
十五
四手舞還立如初樂止樂奏唯子令擊拍仙母小進而立樂止樂
右袖致語太宗事大以禮天子錫明命從以印章冕服國之人大夫士懽欣感激相與歌之也訖擊拍奏
前樂擊拍仙母小退復立樂止樂奏步虛子令仙母與左右挾
八人隨樂節斂手足蹈唱受明命詞一成蠻蠻我王德明敬止孝友施政令望不已
翼翼乃心事大惟一奉錫聲教漸于出日帝錫明命金印斯煌又何錫之袞衣九章王拜受命天子聖明臣民相慶宗社興榮
於樂我王荷天之休體仁保民壽考千秋於樂我王如日之昇貽謀克正萬世其承訖樂止樂奏金盞子
慢擊拍仙母北向而舞左右挾相對而舞並廣手舞還北向舞訖樂
止即尖斂手樂奏步虛子令仙母北向而舞左右挾八人或面或背
還北向而舞四手舞訖樂止樂奏唯子令擊拍仙母周旋而舞左
右挾八人回旋而舞八手舞還立如初樂止樂奏會八仙引子擊拍
奉竹竿子二人足蹈而進分立於簇子左右樂止口號知我初服寔是

로, 춤추는 내내 초열 대형[2대 좌우대형]을 유지하고 '중행회선-대무-상대·상배-중행회선'을 춘다. 〈수명명〉은 태종 2년(1402) 6월에 하륜이 악장을 지어 올렸다. 천자의 밝은 명을 받고 인장(印章)과 면복(冕服)을 하사받은 것을 감격해 하는 내용을 담고 있다. 〈수명명〉은 조선전기까지 추어졌으나 조선후기에는 전해지지 않는다.

『세종실록』 권58의 1432년(세종 14) 10월 을유(乙酉) 조에 따르면, "사신연(使臣宴)에 향악(鄕樂)을 쓰지 말고 오로지 〈근천정〉·〈수명명〉·〈하황은〉만 쓰되 창기 공인(娼妓工人)은 모두 서서 연주한다"라고 전한다.

『악학궤범』에 따르면 〈근천정〉과 같이 회례연(會禮宴)·동지(冬至)·정조(正朝)·양로연(養老宴) 등에 연주되었고, 그 곡은 『의례경전통해시악(儀禮經傳通解詩樂)』의 남산유대(南山有臺) 황종궁(黃種宮) 25와 같다.

조선전기의 〈수명명〉은 『악학궤범』 권4에 전하는데, 무용수 구성은 족자 1인·죽간자 2인·선모 1인·협무 8인·인인장 2인·용선 2인·봉선 2인·작선 2

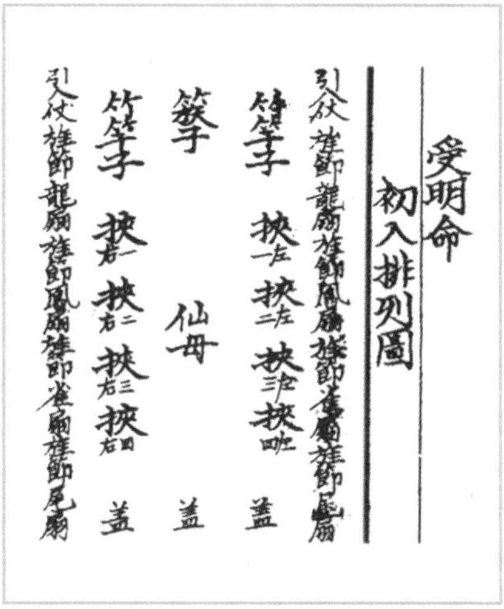

〈그림 41〉 조선전기 〈수명명〉의 초입배열도

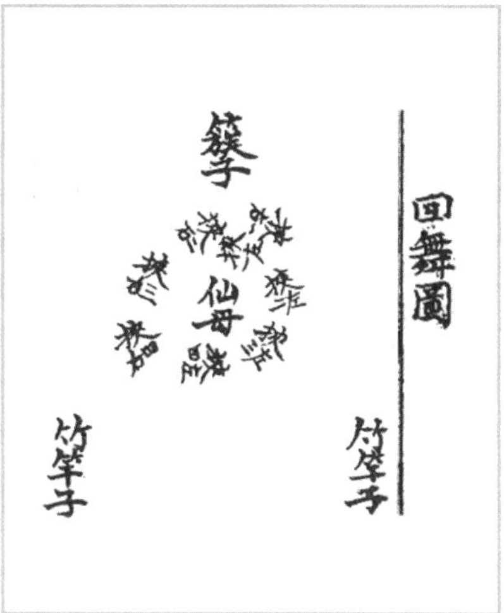

〈그림 42〉 조선전기 〈수명명〉의 회무도

인·미선 2인·정절 8인·개 3인이다. 〈수명명〉의 초열은 〈그림 41〉처럼 죽간자 2인이 북쪽에 서고, 족자 1인은 그 사이에 선다. 선모 1인은 무대 가운데에 서고, 협무 8인이 2대 좌우대형으로 배열하고, 의물인 인인장·용선·봉선·작선·미선·정절이 각각 좌우로 늘어서고, 개 3인은 남쪽에 가지런히 선다. 〈수명명〉 초입배열도에는 무용수가 배열한 위치마다 번호가 기록되어 있는데, 이 번호는 〈그림 42〉처럼 무용수들이 회무 돌 때 나아가는 순서를 표시한 것이다.

조선전기의 〈수명명〉 내용을 정리하면, 회팔선인자에 족자와 죽간자가 앞으로 나아가 구호를 부르고 물러나 서면 선모 1인과 협무 8인이 무진[절화무]한다. 보허자령에 선모는 주선하고 협무 8인이 중행회선[사수무]하여 초열로 선다. 최자령에 선모가 무진하여 오른손을 들고 치어를 부르고 물러나 서면, 선모와 협무 8인이 염수족도하며 수명명사를 부른다. 금잔자만에 선모가 북향하고 협무 8인이 대무[광수무]하고 환북향한다. 보허자령에 선모가 북향하고 협무 8인은 대무·배무·북향무[사수무]를 춘다. 보허자령에 선모는 주선하고 협무 8인은 중행회선[팔수무]하여 초열로 선다. 회팔선인자에 죽간자 2인이 무진하여 족자좌우에 서서 구호를 부르고, 족자 1인과 죽간자 2인은 무퇴한다. 선모 1인과 협무 8인이 무진[협수무]·무퇴[퇴수무]하면 춤이 마친다.

〈수명명〉의 춤 대형은 2대 좌우대형과 전후대형으로 구성된다. 2대 좌우대형에서는 〈그림 43-가〉처럼 선모와 좌우협무 8인이 창사를 부르고, 선모를 중심으로 상대·상배하며 춤춘다. 전후대형에서는 〈그림 43-나〉처럼 선모가 무진하여 치어를 부른다. 대부분 초열대형인 2대 좌우대형에서 무대 가운데 선모를 중심으로 춤이 진행되는데, 상대·상배를 춤을 추기 전과 후에는 〈그림 43-다〉처럼 중행회선으로 돈다.

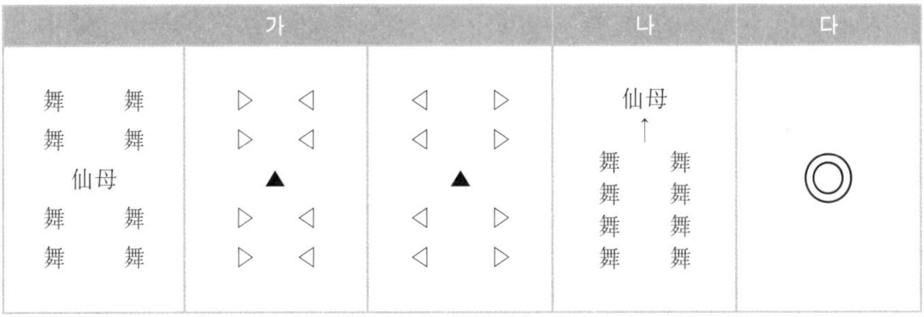

〈그림 43〉 조선전기 〈수명명〉의 대형 구성

〈수명명〉의 반주음악은 회팔선인자·보허자령·최자령·금잔자만·보허자영·최자령이다. 회팔선인자에는 도입부와 종결부에 죽간자 2인과 족자 1인이 무진하여 구호를 부르고 물러나는 춤을 추고, 선모 1인과 좌우협무 8인이 무진[절화무]을 한다. 보허자령에는 선모가 주선하고 좌우협무 8인이 중행회선하여 초열로 서서 수명명사를 부르고, 선모가 북향하고 좌우협무 8인이 대무·배무·북향무[팔수무]를 춘다. 최자령에는 선모 1인이 무진하여 치어를 부르고, 선모는 주선하고 좌우협무 8인이 중행회선하여 초열로 선다. 금잔자만에는 선모가 북향하고 좌우협무 8인이 대무[광수무]하고 환북향한다.

〈수명명〉에서는 무용수들이 창사를 부를 때에 팔을 드는 순서를 제시하였는데, 선모가 치어를 부를 때에는 오른손을 먼저 든다. 창사는 죽간자가 도입부와 종결부에 진구호·퇴구호를 부르고, 진행부에서는 선모가 치어를 부르고 선모와 좌우협무가 함께 수명명사[일성]를 부른다.

〈수명명〉을 출 때에는 춤 진행마다 구체적인 춤사위를 제시하였는데, 사용된 춤사위는 '족도·절화무·사수무·염수족도·광수무·팔수무'이다. 도입부에 선모 1인과 좌우협무 8인이 무진할 때는 절화무로 추고, 중행회선할 때는 사수무와 팔수무로 추고, 수명명사를 부를 때에 염수족도를 추고, 선모와 좌우협무 8인이 대무할 때는 광수무로 추고, 상대·상배할 때는 사수무로 추고, 종결부에 선모 1인과 좌우협무 8인이 무진할 때는 협수무로 추고, 무퇴할 때는 퇴수무를 춘다.

(10) 하황은(荷皇恩)

〈하황은〉은 세종 대에 창작된 당악정재로, 세종이 중국 명나라 황제에게 왕의 고명을 받은 것을 온 백성이 기뻐한다는 내용의 노래를 올리며 추는 춤이다. 또한 세종께서 부왕의 명을 받아 국사를 맡은 것은 하늘의 뜻이고, 이러한 마음으로 나라를 다스리게 된 기쁨을 표현하고 있다. 〈하황은〉은 삼대대형에서 무대 가운데 선모가 북대·동대·서대의 협무와 차례로 상대하며 춤춘다. 〈하황은〉은 1419년 세종의 명을 받아 변계량이 지은 악장으로, 궁중 사신

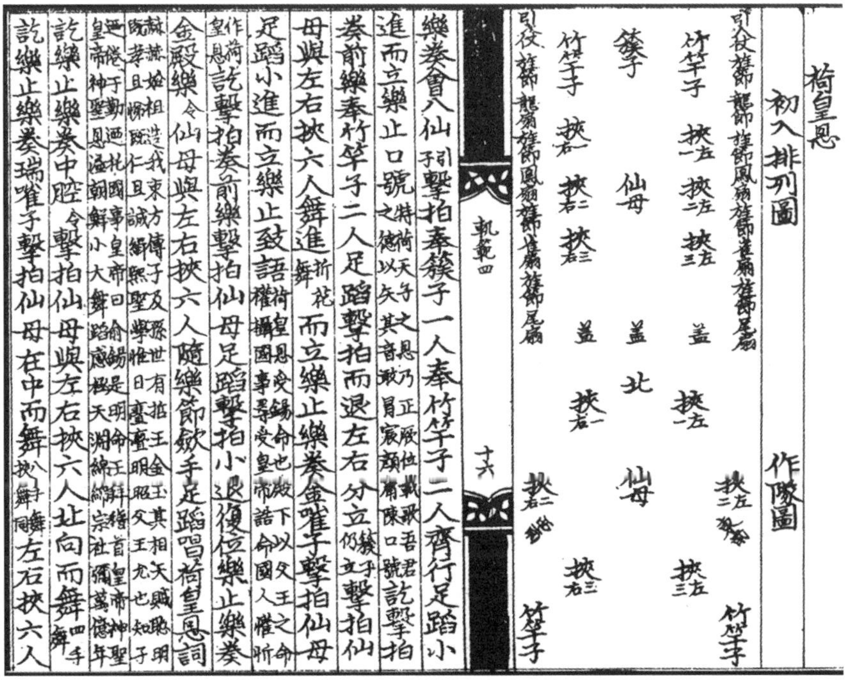

연에서 추었다.[34]

『세종실록』 권3에 의하면, 조선 세종 원년(元年)[35] 정월에 변계량(卞季良)에 명하여 하황은곡(荷皇恩曲)을 짓게 하였다. 이는 세종이 명(明)나라 황제에게 왕의 인준을 받아 온 백성이 기뻐함을 나타낸 것으로 사신연(使臣宴)에 쓰이던 무악의 하나이다.

『악학궤범』 권2 세종시대의 회례연의(會禮宴儀) 기록에 의하면 "넷째 잔(第四爵)을 올릴 때 등가가 〈하황은지악〉을 아뢰고 문무(文舞)가 들어와 춤을 춘다"고 되어 있다. 또한 "의례경전통해시악(儀禮經傳通解詩樂)의 남산유대(南山有臺)의 곡과 같다"라고 전한다.

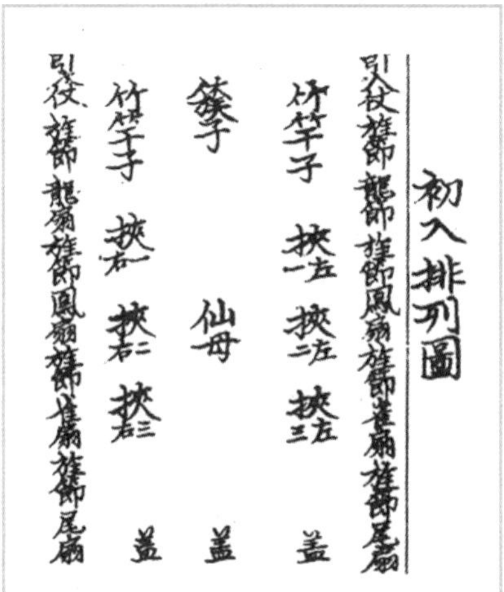

〈그림 44〉 조선전기 〈하황은〉의 초입배열도

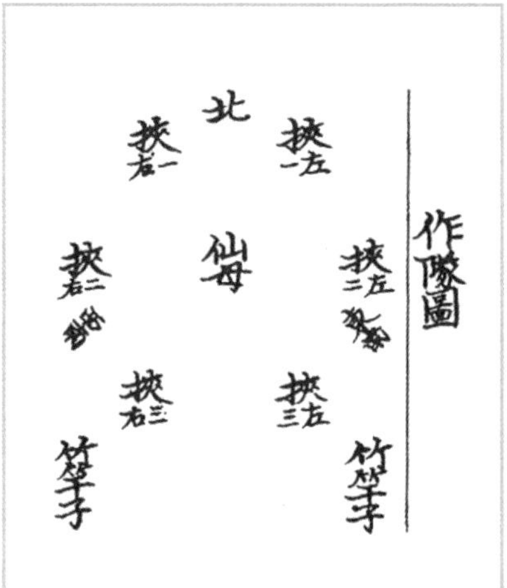

〈그림 45〉 조선전기 〈하황은〉의 작대도

조선전기의 〈하황은〉은 『악학궤범』 권4에 전하는데, 무용수 구성은 족자 1인·죽간자 2인·선모 1인·협무 6인·인인장 2인·용선 2인·봉선 2인·작선 2인·미선 2인·정절 8인·개 3인이다. 〈하황은〉의 초열은 〈그림 44〉처럼 죽간

34 정은혜, 『呈才研究 I』(서울: 대광문화사, 1993), 209쪽.

35 원년(元年): 연호(年號)를 정한 첫해, 국가를 세운 해, 임금이 즉위하고 맞는 첫해를 말함. 고려와 조선시대에는 일반적으로 왕이 즉위한 이듬해를 원년으로 삼았다.

자 2인이 북쪽에 서고, 족자 1인은 그 사이에 선다. 선모 1인은 무대 가운데에 서고, 협무 6인이 2대 좌우대형으로 배열하고, 의물인 인인장·용선·봉선·작선·미선·정절이 각각 좌우로 늘어서고, 개 3인은 남쪽에 가지런히 선다. 〈하황은〉의 초입배열도에는 무용수가 배열한 위치마다 번호가 기록되어 있는데, 이 번호는 무용수들이 〈그림 45〉처럼 삼대(三隊)로 설 때와 회무를 돌 때 나아가는 순서를 표시한 것이다.

조선전기의 〈하황은〉 내용을 정리하면, 회팔선인자에 족자 1인과 죽간자 2인이 나아가 구호를 부르고, 죽간자만 물러나 좌우로 선다. 선모와 협무 6인은 무진[折花舞]하여 치어를 부른다. 금최자에 선모가 앞으로 나아가 치어를 부르고 제자리로 돌아간다. 금전악령에 선모와 협무 6인이 염수족도하며 하황은사(荷皇恩詞)를 부른다. 중강영에 선모와 협무 6인이 북쪽을 향하여 춤을[四手舞] 춘다. 서최자에 선모는 무대 가운데에서 춤을 추고[八手舞] 협무 6인은 춤을 추면서 삼대를 만든다. 금전악령에 선모가 북향무[팔수무]를 추고 북대 2협과 대무[오양선무]를 추고, 이어 동쪽과 서쪽에 선 협무와도 각각 마주보고 춤을 춘다. 서최자에 선모와 협무 6인이 춤추면서[팔수무] 처음의 대열로 선다. 회팔선인자에 죽간자 2인이 무진하여 족자 좌우에 서서 구호를 부르고, 족자 1인과 죽간자 2인은 나란히 무퇴한다. 선모 1인과 협무 6인이 무진[협수무]·무퇴[퇴수무]하면 춤이 마친다.

〈하황은〉의 춤 대형은 2대 좌우대형·전후대형·삼대로 구성된다. 2대 좌우대형에서는 〈그림 46-가〉처럼 선모 1인과 좌우협무 6인이 무진·무퇴를 하고, 무용수 전체가 하황은사를 부른다. 전후대형에서는 〈그림 46-나〉처럼 선모가 무진하여 치어를 부른다. 삼대에서는 〈그림 46-다〉처럼 무대 가운데의

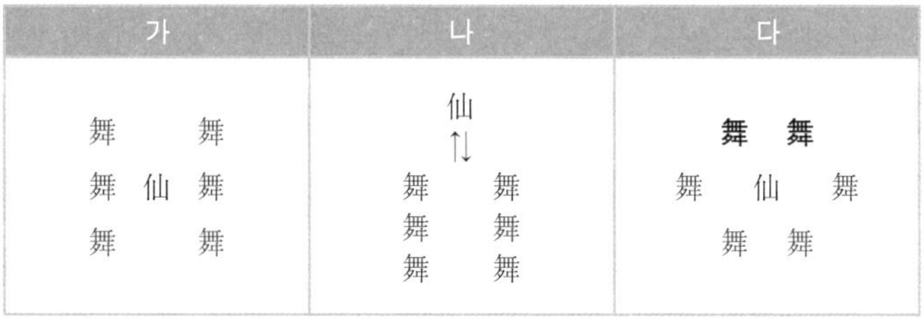

〈그림 46〉 조선전기 〈하황은〉의 대형 구성

선모가 북쪽·동쪽·서쪽에 선 협무 2인과 차례로 대무를 춘다.

〈하황은〉의 반주음악은 회팔선인자·금최자·금전악령·중강령·서최자·금전악령이다. 회팔선인자에는 도입부와 종결부에 족자 1인과 죽간자 2인이 무진하여 구호를 부르고 물러나는 춤을 추고, 선모와 좌우협무 6인이 무진·무퇴를 한다. 금최자에는 선모가 나아가 치어를 부르고 제자리로 돌아가는 춤을 춘다. 금전악령에는 선모와 좌우협무 6인이 하황은사를 부르고, 선모가 북쪽·동쪽·서쪽으로 방향을 돌리며 삼대의 협무와 대무를 춘다. 중강령에는 선모와 좌우협무 6인이 북향무를 추고, 서최자에는 좌우협무 6인이 삼대를 만들고, 처음의 대열로 선다.

〈하황은〉에서는 무용수들이 창사를 부를 때에 팔을 드는 순서를 제시하였는데, 선모는 오른손을 들고 창사를 부른다. 창사는 죽간자가 도입부와 종결부에 진구호·퇴구호를 부르고, 선모 혼자서 치어를 부르고, 선모와 좌우협무가 초열에서 하황은사를 부른다.

〈하황은〉을 출 때에는 춤 진행마다 구체적인 춤사위를 제시하였는데, 사용된 춤사위는 '족도·염수족도·사수무·팔수무·오양선무·협수무·퇴수무'이다. 2대 좌우대형에서 선모와 좌우협무 6인이 무진할 때는 절화무로 추고, 선모가 치어를 부를 때에는 우수를 들고, 북향하여 출 때는 사수무로 한다. 2대 좌우대형에서 삼대로 설 때와 삼대에서 다시 2대 좌우대형으로 설 때는 팔수무를 추고, 삼대에서 선모가 북향하여 출 때는 팔수무로 추고, 북대·동대·서대에 선 협무와 각각 마주 보고 출 때에는 오양선무로 춤을 춘다.

(11) 하성명(賀聖明)

〈하성명〉은 세종 대에 창제된 당악정재로, 협무 12인이 2대 좌우대형으로 서서 협무 4인이 짝을 지어 차례로 무진하여 족자 뒤에서 '배무-북향무-궤면복'하며 춤을 춘다. 명나라 황제가 등극한 이후 여러 상서(祥瑞)가 나타나 백성들이 기뻐한 것을 무용화한 춤으로, 변계량이 왕명을 받아 악장을 지어 올렸고 주로 사신들의 잔치 음악에 사용되었다. 〈하성명〉은 명나라 사신

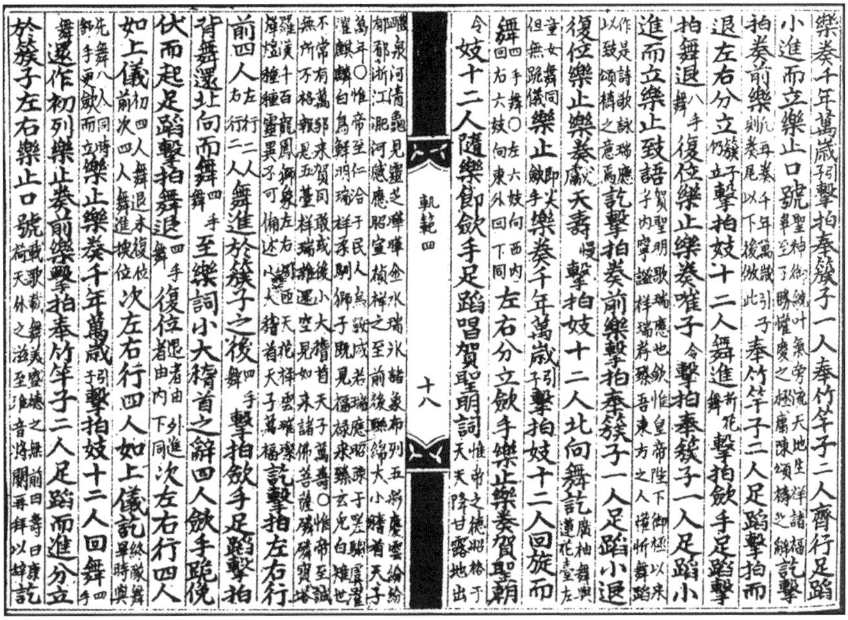
樂奏千年萬歲(引子)擊拍奉簇子一人奉竹竿子二人齊行足蹈
小進而立樂止口號(聖神御統叶氣旁流天地生祥諸福畢至了瞬矍瞬之極廣陳頌禱之辭)訖擊
拍奏前樂(凡奏則奏尾以下後倣此)(奏千年萬歲引子)奉竹竿子二人足蹈擊拍而
退左右分立(簇子仍立)擊拍妓十二人舞進(折花舞)擊拍斂手足蹈擊
拍舞退(八手舞)復位樂止樂奏嗺子(令)擊拍奉簇子一人足蹈小
進而立樂止致語(賀聖明歌瑞應也欽惟皇帝陛下御極以來天子內寧謐祥瑞荐臻吾東方之人懽忻舞蹈)
(作是詩歌詠瑞應以致頌禱之意焉)訖擊拍奏前樂擊拍奉簇子一人足蹈小退
復位樂止樂奏(歲天壽)(慢)擊拍妓十二人北向舞訖(廣袖舞與蓮花臺左)
(童女舞同但無跪儀)樂止(即以)斂手樂奏千年萬歲(引子)擊拍妓十二人回旋而
舞(四手舞○左六妓向西內回右六妓向東外回下同)左右分立斂手樂止樂奏賀聖朝
令 妓十二人隨樂節斂手足蹈唱賀聖明詞(惟帝之德昭格于天天降甘露地出)
軌範四　十八
(醴泉河清龜見靈芝嘩嘩金水瑞氷諸象布列五彩慶雲紛紛都郡浙江淝河感應昭宣禎祥之至前後駢綿大小稽首天子)
(萬年○惟帝至仁洽于民人烏鵲咸若瑞應昭晰于㫌騶虞翟翟麒麟白鳥鮮明瑞祥來馴獅子既見福祿來臻玄兔白雉世)
(不常有萬邦來賀同敢或後小大稽首天子萬壽○惟帝至誠無所不格報見五臺祥瑞雜還空見如來諸佛菩薩矯矯寶塔)
(羅漢千百龍鳳獅象左右西天花祥雲瑞燁煌幢幢靈異不可備述小大稽首天子萬福)訖擊拍左右行
前四人(左行二人右行二人)舞進於簇子之後(四手舞)擊拍斂手足蹈擊拍
背舞還北向而舞(四手舞)至樂詞小大稽首之辭四人斂手跪俛
伏而起足蹈擊拍舞退(四手舞)復位(退者由外進者由內下同)次左右行四人
如上儀(初四人舞退未復位前次四人舞進換位)次左右行四人如上儀訖(終隊舞畢時與)
(先舞八人同時斂手而立)樂止樂奏千年萬歲(引子)擊拍妓十二人回舞(四手)
舞還作初列樂止奏前樂擊拍奉竹竿子二人足蹈而進分立
於簇子左右樂止口號(載歌載舞美盛德之無前曰壽曰康荷天休之滋至音將闋再拜以辭)訖

이 태평관(太平館)에[36] 묵었을 때 벽에 걸린 족자에 하성명 가사가 기록된 것을 보고 이를 그대로 전사해 줄 것을 청하여 이를 조정에서 무악화한 것으로 추정하고 있다. 〈하성명〉은 조선전기까지 추어졌으나 조선후기에는 전해지지 않는다.

> 『세종실록』 권6에 의하면 1418년(세종 즉위년) 왕명에 의하여 변계량(卞季良)이 지어올린 악장이다.[37]

> 1420년 4월 태평관(太平館)에서 명나라 사신이 〈하성명가〉 족자를 보고 전사(轉寫)해 줄 것을 청하였다.[38]

---

36 태평관(太平館): 조선시대 중국에서 온 사신이 머무르던 숙소를 말한다.

37 세종 6권, 1년(1419 기해 / 명 영락(永樂) 17년) 12월 26일(병신) 7번째 기사, 변계량(卞季良)이 지어 올린 성명을 하례하는 노래 3장. "변계량이 상교에 의하여 성명(聖明)을 하례하는 노래[賀聖明歌] 3장을 지어 올렸는데, 말하기를, "삼가 생각건대 황제 폐하는 등극하신 뒤로 세상이 편하게 되고, 상서(祥瑞)도 거듭 이르게 되어, 우리 동방 사람으로서 기뻐하여 춤추며, 이 시를 지어 상서가 오게 된 것을 노래하여, 송도(頌禱)하는 뜻을 나타내나이다."【태백산사고본】 3책 6권 34장 A면;【영인본】 2책 360면. 참고사이트: 조선왕조실록

38 世宗 8卷, 2年(1420 庚子 / 명 영락(永樂) 18年) 4月 9日(丁未) 2번째 기사; 사신이 하성명가의

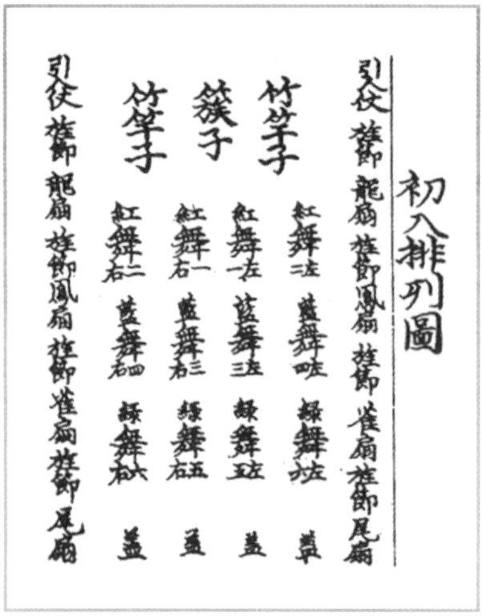

〈그림 47〉 조선전기 〈수명명〉의 초입배열도

조선전기의 〈하성명〉은 『악학궤범』 권4에 전하는데, 무용수 구성은 족자 1인·죽간자 2인·협무 12인·인인장 2인·용선 2인·봉선 2인·작선 2인·미선 2인·정절 8인·개 4인이다. 〈하성명〉의 초열은 〈그림 47〉처럼 죽간자 2인이 북쪽에 서고, 족자 1인은 그 사이에 선다. 협무 12인이 4대 좌우대형으로 배열하고, 의물인 인인장·용선·봉선·작선·미선·정절이 각각 좌우로 늘어서고, 개 4인은 남쪽에 가지런히 선다. 〈하성명〉 초입배열도에는 무용수들이 배열한 위치마다 번호가 기록되어있다. 이 배열번호는 무용수들이 4대 좌우대형에서 2대 좌우대형으로 설 때 이동하는 순서를 표시한 것이다.

조선전기의 〈하성명〉 내용을 정리하면, 천년만세인자에 족자 1인과 죽간자 2인이 무진하여 구호를 부르고 물러나 좌우에 서면, 협무 12인이 무진[절화무]·무퇴[팔수무]를 한다. 최자령에 족자 1인이 나아가 치어를 부르고 복위한다. 헌천수만에 협무 12인이 북쪽을 향해 춤을[광수무] 추고 첨염수한다. 천년만세인자에 협무 12인이 중행회선[사수무]하여 좌우로 갈라선다. 하성조령에 협무 12인이 악절에 따라 하성명사를 부르고, 이어 각 대 4인이 한 조를 이루어 차례로 무진[사수무]하여 족자 뒤에서 배무·북향무[사수무]·염수 부복하였다가 물러나[사수무] 복위하는데, 다음 대의 협무 4인이 차례로 반복한다. 천년만세인자에 협무 12인이 중행회선[사수무]하여 처음 대열로 선다. 죽간자 2인이 무진하여 구호를 부르고 물러나면 협무 12인이 무진[협수무]·무퇴[퇴수

족자를 좋아하니 승문원에 명하여 써주게 하다. ○上備儀衛, 幸太平館, 設翌日宴.樂奏, 使臣見《賀聖明歌》簇贊美, 仍請傳寫, 上命承文院寫與.【태백산사고본】 3책 8권 3장 A면;【영인본】 2책 379면. 참고사이트: 조선왕조실록

무]하고 춤을 마친다.

〈하성명〉의 춤 대형은 4대 좌우대형·2대 좌우대형·전후대형으로 구성된다. 4대 좌우대형에서는 〈그림 48-가〉처럼 무진·무퇴를 하고, 북향무를 춘다. 2대 좌우대형에서는 〈그림 48-다〉처럼 염수족도하여 하성명사를 부른다. 전후대형에서는 〈그림 48-라〉처럼 매 대의 좌우협무 4인이 차례로 나아가 족자 뒤에서 대무·배무를 춘다. 〈하성명〉의 춤 대형은 〈그림 48-가〉의 4대 좌우대형에서 〈그림 48-다〉의 2대 좌우대형으로 서고 다시 〈그림 48-가〉의 4대 좌우대형으로 진행하는데, 이때의 변화는 〈그림 48-나〉처럼 중행회선으로 한다. 여기서 각 대의 좌우협무 4인이 무진·무퇴하는 이동경로를 구체적으로 제시하였는데 〈그림 48-라〉처럼 뒤로 물러나는 사람은 밖으로[外], 앞으로 나가는 사람은 안쪽[內]으로 이동한다.

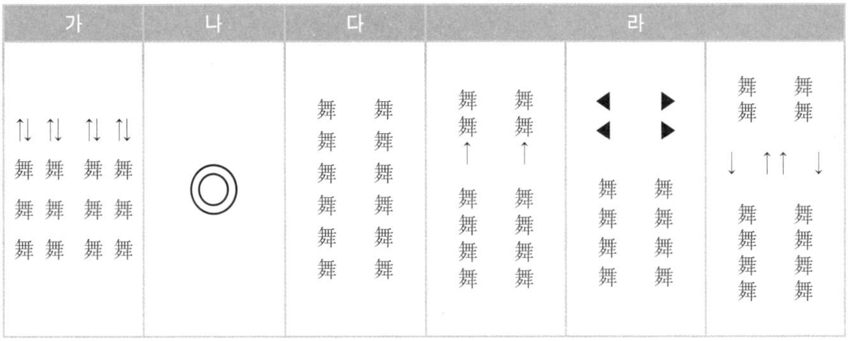

〈그림 48〉 조선전기 〈하성명〉의 대형 구성

〈하성명〉의 반주음악은 천년만세인자·최자령·헌천수만·하성조령이다. 천년만세인자에는 족자 1인과 죽간자 2인이 무진하여 구호를 부르고 물러나는 춤을 추고, 좌우협무 12인이 무진[절화무·협수무]·무퇴[팔수무·퇴수무]하는 춤을 춘다. 그리고 좌우협무 12인이 중행회선[사수무]하여 2대 좌우대형과 4대 좌우대형을 만들고, 죽간자 2인이 무진하여 구호를 부르고 물러난다. 최자령에는 족자 1인이 나아가 치어를 부르고 복위한다. 헌천수만에는 좌우협무 12인이 북향하여 춤을[광수무] 춘다. 하성조령에는 좌우협무 12인이 하성명사를 부르고, 이어 각 대 4인이 한 조가 되어 족자 뒤로 무진[사수무]하여 배무·

북향[사수무]·염수 부복·무퇴를 추는데, 세 차례 반복한다. 창사는 죽간자가 도입부와 종결부에 진구호·퇴구호를 부르고, 족자 1인이 치어를 부르고, 좌우협무 12인이 2대 좌우대형으로 서서 하성명사를 부른다. 〈하성명〉을 출 때에는 춤 진행마다 구체적인 춤사위를 제시하였는데, 사용된 춤사위는 '족도·염수족도·절화무·광수무·사수무·팔수무·첨염수·협수무·퇴수무'이다. 도입부에 좌우협무 12인이 무진·무퇴할 때는 절화무와 팔수무를 추고, 좌우협무 12인이 4대 좌우대형으로 서서 북향하여 춤출 때는 광수무로 하고, 좌우협무 12인이 중행회선할 때와 2대 좌우대형으로 서서 각 대 4인이 차례로 무진·무퇴할 때는 사수무로 추고, 종결부에 좌우협무 12인이 무진·무퇴할 때는 협수무와 퇴수무를 춘다.

(12) 성택(聖澤)

〈성택〉은 세종 대에 창제된 당악정재로, 선모 1인과 협무 8인이 팔괘(八卦) 대형으로 서서 무대 가운데에 선 선모가 감(坎)·진(震)·이(离)·태(兌)의 사방기와 간(艮)·손(巽)·곤(坤)·건(乾)의 사우기와 차례로 상대하며 춤을 춘다. 임금의 덕화가 사방·사우에 고루 광피(光被)한 것을 형상화한 춤으로 변계량(卞季良)이[39] 세종의 명을 받아 악장을 지어 올렸는데, 황제의 덕을 치하하고 태평성세를 송축하는 내용을 담고 있으며 주로 사신들을 위로하는 궁중잔치에 사용되었다. 〈성택〉의 무의는 『악학궤범』과 『세종실록』 권40에 전하는 내용이 같으나 반주 음악의 경우 『세종실록』의 황하청(黃河淸) 만(慢)이 헌천수(獻天壽) 만(慢)으로 바뀐 점이 다르다.[40] 〈성택〉은 조선전기까지 추어졌으나 조선후기에는 전해지지 않는다.

---

39 변계량(卞季良, 1369[공민왕 18]~1430[세종 12]): 고려 말 조선 초의 정치가. 자는 거경(巨卿), 호는 춘정(春亭), 본관은 밀양, 시호는 문숙(文肅). 이색·정몽주 밑에서 가르침을 받고, 고려 우왕 때인 1385년 문과에 급제하여 전교·주부(主簿)·진덕박사 등을 지냄. 정도전과 권근의 뒤를 이어 조선 초 관인문학을 좌우했던 인물이며 20년 동안이나 대제학을 맡고 성균관을 장악하면서 외교문서를 쓰거나 문학의 규범을 마련하였음. 참고사이트: 국사편찬위원회

40 張師勛, 『韓國傳統舞踊硏究』, 一志社, 1979, 165쪽.

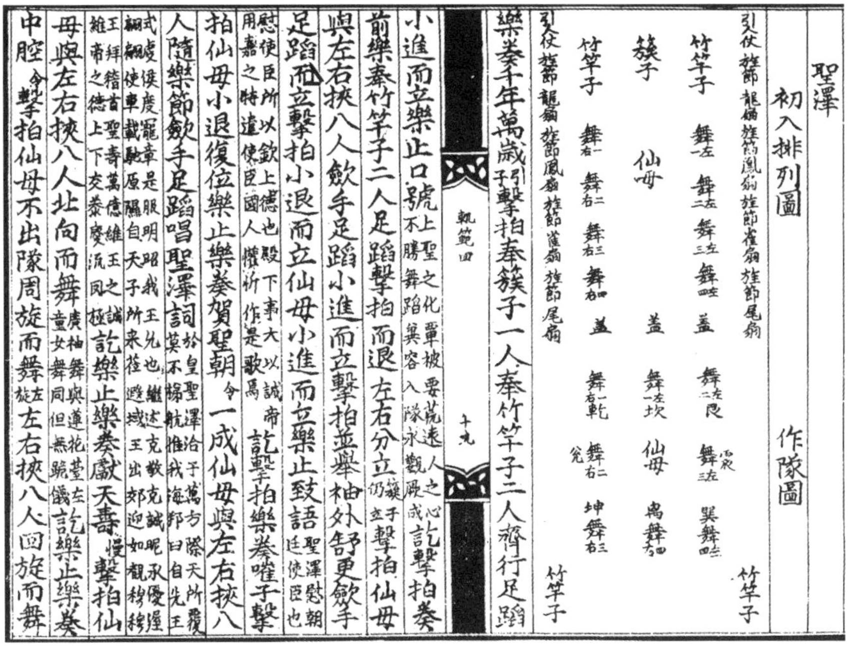

樂奏千年萬歲(引子) 擊拍 奏簇子一人 奉竹竿子二人齊行足蹈

小進而立 樂止 口號(上聖之化 覃被要荒 遠人之心 不勝舞蹈 巽容入隊 永觀厥成) 訖 擊拍 奏

前樂 奏竹竿子二人足蹈擊拍而退 左右分立(仍奏簇子) 擊拍 仙母

與左右挾八人斂手足蹈 小進而立 擊拍 並擧袖外舒 更斂手

足蹈而立 擊拍 小退而立 仙母小進而立 樂止 致語(聖澤 慰朝廷使臣也 慰使臣所以欽上德也 殿下事大以誠 帝用嘉之 特遣使臣 國人懽忻 作是歌焉) 訖 擊拍 樂奏嗺子 擊

拍 仙母小退復位 樂止 樂奏賀聖朝 令 一成 仙母與左右挾八

人 隨樂節斂手足蹈 唱聖澤詞(於皇聖澤 洽于萬方 際天所覆 莫不梯航 惟我海邦 曰自先王 式虔侯度 罷章是服 明明我王 允也繼述 克敬克誠 昵承優渥 綢繆使車 載馳原隰 自天子所 来荏遐域 王出郊迎 如覩穆穆 王拜稽首 聖壽萬億 維王之誠 維帝之德 上下交泰 慶流罔極) 訖 樂止 樂奏獻天壽 慢 擊拍 仙

母與左右挾八人 北向而舞(廣袖舞 與蓮花臺 童女舞同 但無號儀) 訖 樂止 樂奏

中腔 令 擊拍 仙母不出隊 周旋而舞(左旋) 左右挾八人回旋而舞

『세종실록』 40권, 세종 10년(1428) 5월 26일 정축 3번째 기사에 의하면[41] "예조에서 계하기를, 성택정재(聖澤呈才)의 의식(儀式)은 다음과 같습니다."

○ 치사(致詞)하여 말하기를, "성택정재(聖澤呈才)는 조정의 사신을 위로하기 위한 것입니다. 사신을 위로하는 것은 황제의 은덕(恩德)을 흠모(欽慕)하기 때문입니다. 전하께서 정성껏 사대하시니, 황제가 가상(嘉尙)히 여기어 특히 사신을 보냈기에 나라 사람들이 즐거워하여 이 노래를 지었습니다"라고 전한다.

조선전기의 〈성택〉은 『악학궤범』 권4에 전하는데, 무용수 구성은 족자 1인·죽간자 2인·선모 1인·협무 8인·인인장 2인·용선 2인·봉선 2인·작선 2인·미선 2인·정절 8인·개 3인이다. 〈성택〉의 초열은 〈그림 49〉처럼 죽간자 2인이 북쪽에 서고, 족자 1인은 그 사이에 선다. 선모 1인은 무대 가운데에 서고, 협무 8인이 2대 좌우대형으로 배열하고, 의물인 인인장·용선·봉선·작선·미선·정절이 각각 좌우로 늘어서고, 개 3인은 남쪽에 가지런히 선다. 〈성

41 【태백산사고본】 13책 40권 19장 B면 【국편영인본】 3책 132면. 참고사이트: 조선왕조실록

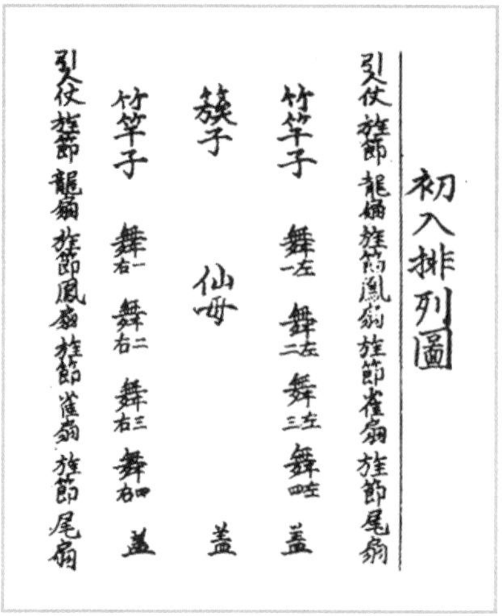

〈그림 49〉 조선전기 〈성택〉의 초입배열도

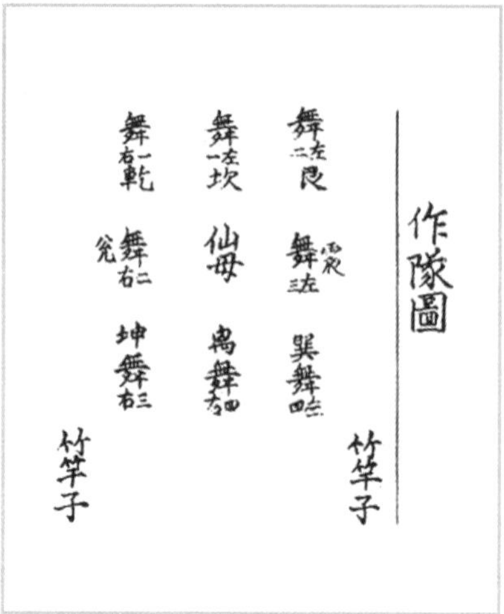

〈그림 50〉 조선전기 〈성택〉의 작대도[팔괘]

택〉의 초입배열도에는 무용수가 배열한 위치마다 번호가 기록되어 있는데, 이 번호는 무용수들이 〈그림 50〉처럼 팔괘(八卦) 대형으로 설 때 이동하는 위치를 표시한 것이다.

조선전기의 〈성택〉 내용을 정리하면, 천년만세인자에 족자 1인과 죽간자 2인이 앞으로 나아가 구호를 부르고 물러나면, 선모와 협무 8인이 무진·무퇴하고, 선모가 무진하여 치어를 부르고, 최자에 선모가 제자리로 돌아온다. 하성조령 일성에 선모와 협무 8인이 염수족도하며 성택사(聖澤詞)를 부른다. 헌천수만에 선모와 협무 8인이 북쪽을 향해 춤춘다[광수무]. 중강영에 선모는 주선이무[좌선]를 추고 협무 8인이 중행회선[사수무]하여 팔괘(八卦) 대형으로 선다. 하성조령에 선모가 감방(坎方)의 여기를 향해 왼쪽[오양선무]으로 돌며 감(坎:북)·진(震:동)·이(离:남)·태(兌:서)의 사방 여기와 대무하고, 이어 선모가 간방(艮方)의 여기를 향해 왼쪽[오양선무]으로 돌아 간(艮)·손(巽)·곤(坤)·건(乾) 네 귀퉁이의 여기 네 사람과 마주 보고 춤을 춘다. 중강령에 선모 1인과 협무 8인이 회선[사수무]하여 초열로 선다. 천년만세인자에 죽간자가 나아가 족자의 좌우에 서서 구호를 부르고 물러나면 족자 1인과 죽간자 2인이 무퇴하고, 이어 선모 1인과 협무 8인이 무진·무퇴[퇴수무]하면 춤이 마친다.

〈성택〉의 춤 대형은 2대 좌우대형·전후대형·팔괘대형으로 구성된다. 2

대 좌우대형에서는 〈그림 51-가〉처럼 선모 1인과 좌우협무 8인이 무진·무퇴한다. 전후대형에서는 〈그림 51-나〉처럼 선모 1인이 무진하여 치어를 부르고 무용수 전체가 창사를 부르고 북향무를 춘다. 팔괘대형에서는 〈그림 51-다〉처럼 무대 가운데 선모가 팔괘의 사방기·사우기와 차례로 대무를 한다. 그리고 2대 좌우대형에서 팔괘로 설 때와 팔괘대형에서 초열로 설 때에는 〈그림 51-라〉처럼 회무[중행회선]로 한다.

가	나	다		라
↑↓ ↑↓ 舞 舞 舞 仙 舞 舞 舞 舞 舞	仙 ↑↓ 舞 舞 舞 舞 舞 舞 舞 舞	舞 坎 舞 兌 ◎ 震 舞 离 舞	乾 舞 艮 舞 ◎ 舞 坤 舞 巽	◎

〈그림 51〉 조선전기 〈성택〉의 대형 구성

〈성택〉의 반주음악은 천년만세인자·하성조령·헌천수만·중강령·최자령이다. 천년만세인자에는 도입부와 종결부에 족자와 죽간자가 무진하여 구호를 부르고 물러나는 춤을 추고, 선모 1인이 무진하여 치어를 부르고, 선모 1인과 좌우협무 8인이 무진·무퇴를 한다. 최자에는 선모 1인이 치어를 부르고 무퇴 복위한다. 하성조령 일성에는 선모 1인과 좌우협무 8인이 염수족도하며 성택사를 부른다. 하성조령에는 선모 1인이 좌선하며 팔괘에 선 사방과 사우에 선 협무와 차례로 대무를 춘다. 헌천수만에는 선모 1인과 좌우협무 8인이 북향무를 추고, 중강령에는 선모 1인이 주선이무[좌선]를 추고 좌우협무 8인이 중행회선[사수무]하여 팔괘(八卦) 대형으로 선다. 중강령에는 선모 1인과 좌우협무 8인이 회선[사수무]하여 초열로 선다. 창사는 죽간자가 도입부와 종결부에 진구호·퇴구호를 부르고, 선모 1인이 치어를 부르고, 선모 1인과 좌우협무 8인이 함께 염수족도하며 성택사를 부른다.

〈성택〉을 출 때에는 춤 진행마다 구체적인 춤사위를 제시하였는데, 사용된 춤사위는 '족도·염수족도·오양선무·광수무·사수무·퇴수무·협수무'이다. 선모 1인과 좌우협무 8인이 2대 좌우대형으로 서서 북향하여 춤출 때에는 광수무로 추고, 선모 1인과 좌우협무 8인이 2대 좌우대형에서 팔괘로 설 때와 팔괘에서 2대 좌우대형으로 서기 위하여 회선할 때에는 사수무를 추고, 팔괘에서 선모가 사방과 사우에 선 협무들과 대무를 할 때에는 오양선무로 추고, 종결부에 선모 1인과 좌우협무 8인이 무진·무퇴할 때는 협수무와 퇴수무를 춘다.

(13) 육화대(六花隊)

〈육화대〉는 세종 대에 창제된 당악정재로, 군왕의 송축을 기원하는 내용을 노래 부르며 춤을 춘다. 꽃을 잡은 여섯 무희가 2대 좌우대형으로 서서 차례로 무진하며 일념시(一念詩)·이념시(二念詩)·삼념시(三念詩)를 부르고 춤을 추고, 이어 전후대형으로 서서 서로의 자리를 바꾸어 가며 상대·상배하며 춤을 춘다. 〈육화대〉가 시작된 연대는 정확히 알 수 없으나 중국 당(唐)·송(宋)

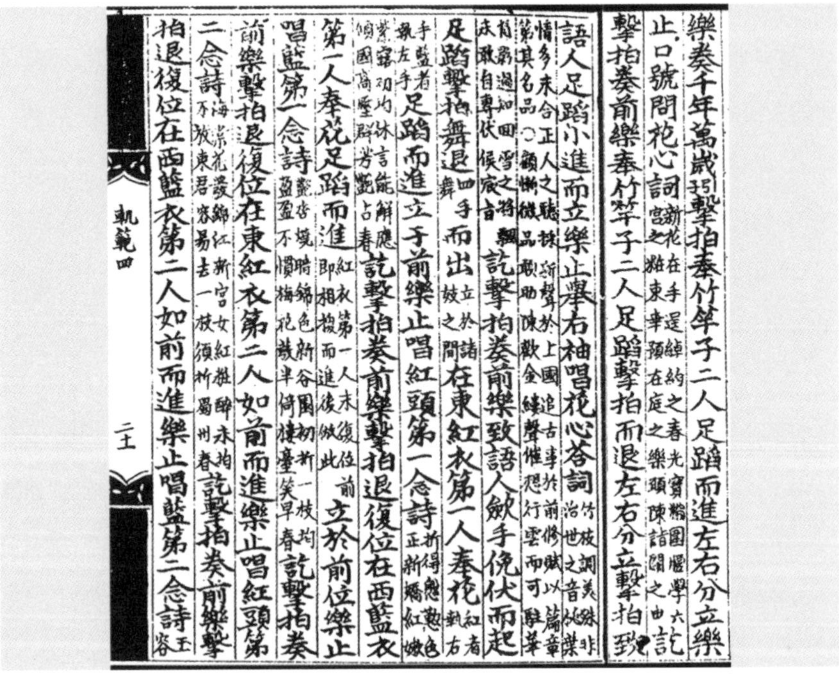
樂奏千年萬歲引 擊拍 奏竹竿子二人足蹈而進 左右分立 樂
止 口號問花心詞(新花在手 遲綽約之春光 寶籍圖曆 學六宮之粧 東韋預在庭之樂 頭陳詰問之曲) 訖 擊拍 致
擊拍 奏前樂 奏竹竿子二人足蹈 擊拍 而退 左右分立 擊拍 致
語人足蹈小進而立 樂止 擧右袖唱花心答詞(竹枝調美 非治世之音 桃葉
情多未合正人之聽 試新聲於上國 追古事於前修 賦以篇章 第其名品 〇顧慚微品 敢冀陳歡 金縷聲催 想行雲而可駐
舊霧過知田雪之將飄 末敢自專 伏候宸旨) 訖 擊拍 奏前樂 致語人斂手俛伏而起
足蹈擊拍 舞退(退舞) 四手而出(立於諸妓之間) 在東紅衣第一人奉花(紅者執右
手 藍者執左手) 足蹈而進 立于前 樂止 唱紅頭第一念詩(折得穠芳 正新嬌紅嫩色
紫霧初收 傾國高堅 言能解 應群芳豔占春) 訖 擊拍 奏前樂 擊拍 退復位在西藍衣
第一人奉花足蹈而進(紅衣第一人未復位 即相捩而進 後倣此) 立於前位 樂止
唱藍第一念詩(豔容境晴 錦色新谷 園初折一枝均 盈盈不慣 梅花裁半 倚樓臺 笑早春) 訖 擊拍 奏
前樂 擊拍 退復位在東紅衣第二人如前而進 樂止 唱紅頭第
二念詩(海棠花發錦紅新 宮女紅妝醉未均 不放東君容易去 一枝須折蜀州春) 訖 擊拍 奏前樂 擊
拍退復位在西藍衣第二人如前而進 樂止 唱藍第二念詩(玉容
軌範四 二十

에 추어졌던 화무(花舞)가 있었던 것으로 미루어 볼 때, 세종 이후에 이 춤을 본떠 꽃을 주제로 하는 춤으로 재구성되었다.

> 의궤 정재악장에[42] 의하면, "〈육화대〉는 『악학궤범』에 오자(誤字)가 많아 갑오년 내연(內宴) 때부터 고쳐서 바로잡았다"라고 하였다.
>
> 또한 "○여기(女妓) 2인이 죽간자를 받들고 앞으로 나아가 벌려 선다. 6인이 3대로 나뉘어 서는데, 1인은 중앙에 자리한다. 악절(樂節)에 맞추어 서로 바꿔가며 춤춘다. ○무동정재도 같다"라고 하였다.

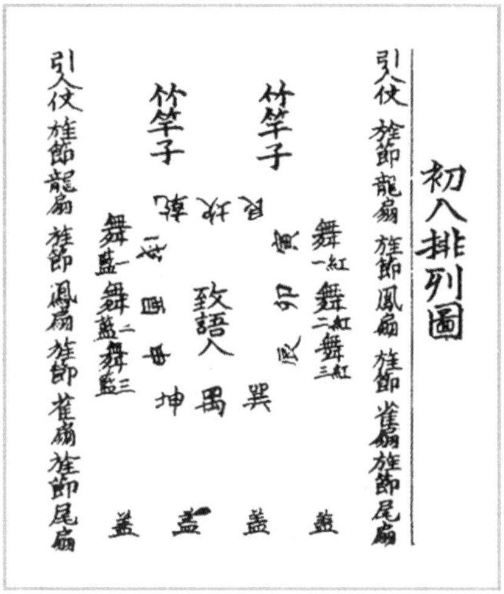

〈그림 52〉 조선전기 〈육화대〉의 초입배열도

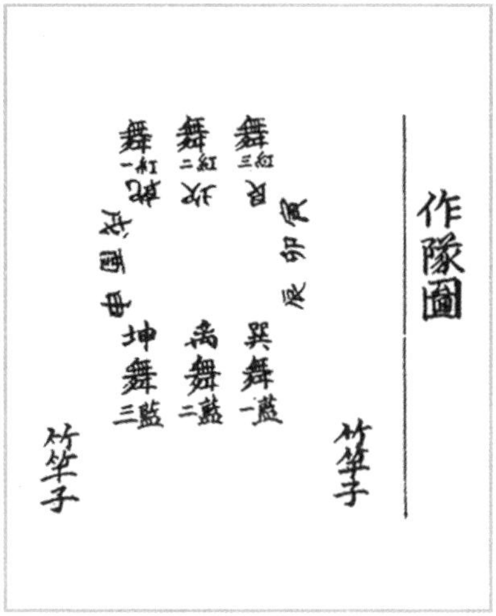

〈그림 53〉 조선전기 〈육화대〉의 작대도

조선전기의 〈육화대〉는 『악학궤범』 권4에 전한다. 무용수 구성은 족자 1인·죽간자 2인·치어인 1인·협무 6인·인인장 2인·용선 2인·봉선 2인·작선 2인·미선 2인·정절 8인·개 4인이다. 〈육화대〉의 초열은 〈그림 52〉처럼 죽간자 2인이 북쪽에 서고, 족자 1인은 그 사이에 선다. 치어인 1인은 무대 가운데에 서고, 협무 6인이 2대 좌우대형으로 배열한다. 〈육화대〉의 초입배열도에는 무용수 배열 위치마다 번호가 기록되어 있는데 이 번호는 무용수들이 회무를

42 한국예술종합학교 전통예술원, 『高宗辛丑進宴儀軌』 卷一(서울: 민속원, 2001), 164쪽.

돌아 〈그림 53〉처럼 전후대형으로 배열할 때 이동하는 위치를 표시한 것이다. 초열에서 전후대형으로 섰을 때 전대[북]에는 홍1·홍2·홍3이 서고 후대[남]에는 남3·남2·남1 순서로 배열한다.

조선전기의 〈육화대〉 내용을 정리하면, 천년만세인자를 연주하면 죽간자 2인이 무진하여 문화심사(問花心詞)를 부르고 물러난다. 치어인(致語人)이 무진하여 오른 소매를 들고 화심답사(花心答詞)를 부르고 소매를 여미고 부복했다 일어나 제기 사이로 물러나[사수무] 선다. 동쪽의 홍의(紅衣) 1인이 오른손에 꽃을 잡고 무진하여 전에[43] 서서 일념시를 부르고 복위한다. 이어 서쪽의 남의(藍衣) 1인이 왼손에 꽃을 잡고 무진하여 전에 서서 일념시를 부르고 복위한다. 이어 홍의와 남의 2·3인이 차례 나아가 이념시·삼념시를 부르고 복위한다. 화대 6인이 좌선회무[사수무]하여 전후대형으로[44] 선다. 최자령에 감홍의인은 무퇴[팔수무]하고 간남의인이 무진[팔수무]하여 서로의 자리를 바꾸어 선다. 중강령을 연주하면, 감의 위치에 선 남색 옷을 입은 사람을 중심으로 건(乾)·간(艮)의 홍의인이 동향과 서향하여 상대·상배하며 춤춘다. 이어 전대와 후대가 자리를 바꾸어 서고, 감의 위치에 있는 홍색 옷을 입은 사람을 중심으로 건(乾)·간(艮)의 남의인이 동향과 서향하여 상대·상배하며 춤춘다. 최자령을 연주하면 감(坎)의 홍의인과 이(離)의 남의인이 서로 자리를 바꾸어 서고, 이어 전대와 후대가 자리를 바꾸어[팔수무] 선다. 천년만세인자를 연주하면 화대 6인이 왼쪽으로 돌며 회무하여 맨 처음의 대열을 짓는다. 죽간자 2인이 무진하여 퇴구호를 부르고 뒤로 물러나고, 무용수 전체가 무진[협수무]·무퇴[퇴수무]하면 춤이 마친다.

〈육화대〉의 춤 대형은 2대 좌우대형과 전후대형으로 구성된다. 2대 좌우대형에서는 〈그림 54-가〉처럼 무진·무퇴를 한다. 전후대형에서는 〈그림 54-나〉처럼 치어인이 무진하여 치어를 부르고 난 다음 물러나 서고, 이어 화대 6

---

43 여기서의 앞[前]은 북쪽을 기준으로 볼 때 족자의 뒤를 말한다.

44 붉은 옷을 입은 사람은 전대의 건(乾)·감(坎)·간(艮)의 위치에 서고, 남색 옷을 입은 사람은 후대의 손(巽)·이(離)·곤(坤)의 위치에 선다.

인이 〈그림 54-다〉처럼 차례로 나아가 창사를 부르고 무퇴 복위하고, 〈그림 54-라〉처럼 전대 3인이 대무·배무를 추고, 전대와 후대에 선 무용수가 서로 자리를 바꾸며 춤춘다. 〈육화대〉에서 상대·상배는 전대에 선 무용수만 한다. 전대에 선 3인 중에서도 가운데에 선 감(坎)을 중심으로 추는데, 감이 동향·서향하며 좌우협무 2인과 상대·상배를 한다. 2대 좌우대형에서 전후대형으로 바꾸어 설 때는 〈그림 54-마〉처럼 회무로 한다.

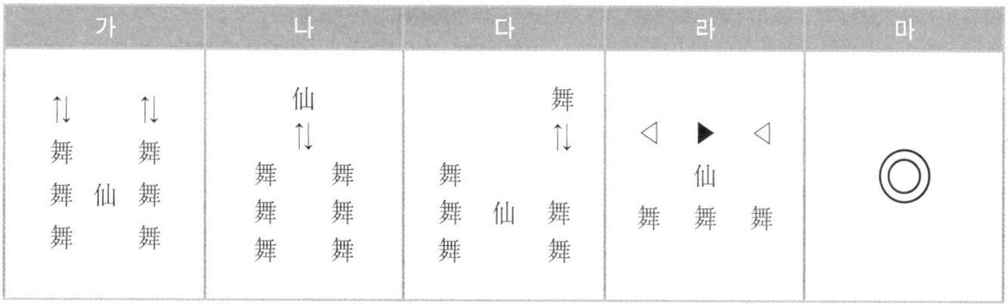

〈그림 54〉 조선전기 〈육화대〉의 대형 구성

〈육화대〉에 사용된 반주음악은 천년만세인자·최자령·중강영·최자령이다. 천년만세인자에는 도입부·종결부에 죽간자가 무진·무퇴를 하고, 선모 1인과 협무 6인이 함께 혹은 각 대가 차례로 무진·무퇴하고, 협무 6인이 회무를 돌아 전후대형과 초열로 선다. 최자령에는 감홍의인과 간남의인이 무진·무퇴하며 환대를 하고, 전대 3인과 후대 3인이 환대를 한다. 중강영에는 전대에 선 감홍의인과 간남의인을 중심으로 건(乾)·간(艮)이 상대·상배를 하고, 전대 3인과 후대 3인이 환대를 한다.

창사는 죽간자가 도입부에 문화심사를 부르고 종결부에는 퇴구호를 부른다. 치어인은 화심답사를 부르고, 좌우협무 6인은 차례로 일념시·이념시·삼념시를 부른다. 〈육화대〉에서는 무용수들이 창사를 부를 때에 팔을 드는 순서를 제시하였는데, 치어인이 치어를 부를 때에 오른손을 들고 부른다.

〈육화대〉를 출 때에는 춤 진행마다 구체적인 춤사위를 제시하였는데, 사용된 춤사위는 '족도·염수족도·사수무·팔수무·협수무·퇴수무'이다. 2대 좌우대형에서 각 대가 차례로 창사를 부르기 위해 무진할 때와 6대 좌우대형에서 북향하여 춤출 때에는 사수무로 추고, 전후대형에서 감과 간에 선 무용수가 환대할 때와 전대 3인과 후대 3인이 환대할 때에는 팔수무로 추고, 종결부에 좌우협무[花隊] 6인이 무진·무퇴할 때에는 협수무와 퇴수무를 추면서 한다.

(14) 곡파(曲破)

〈곡파〉는 고려시대부터 이어져 온 당악정재로, 협무 2인이 일렬대형에서 무진·무퇴·상대·상배하며 춤춘다. 송나라 대곡의 하나인 석노교곡파(惜奴嬌曲破)를 부르며 추는데, 『고려사』「악지」에 가사가 전한다. 고려시대에는 춤의 기록은 없고 가사만 전해지는데, 『고려사』「악지」와 『악학궤범』의 〈곡파〉에서 약간 넘나드는 점이 있고, 〈포구락〉의 진구호와 퇴구호를 그대로 가져다 썼다는 점에서도 후대에 재편성되었음을 알 수 있다.[45] 〈곡파〉는 오랫동안 사용하지 않아 단절되었다가 세종 7년 10월에 다시 복원하여 연주되었는데, 춤의 절주(節奏)를 기억하는 늙은 기생에 의해 복원된 당시의 춤과 노래가 『악학궤범』에 기록되어 지금에 전한다. 조선전기의 〈곡파〉는 춤의 대부분이 무진·무퇴를 반복하며 추는데, 협무 2인이 석노교(惜奴嬌)·전편(攧遍)·입파(入破)·

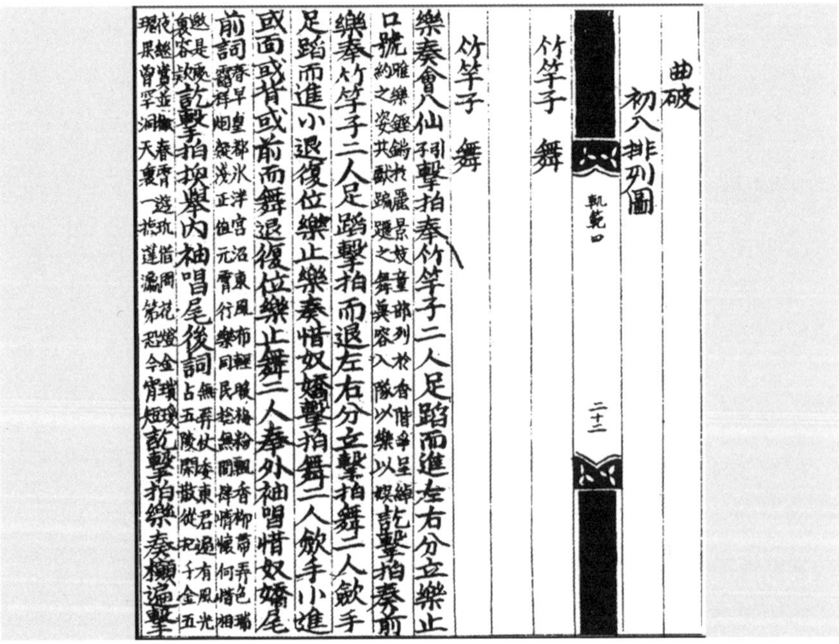
曲破

初入排列圖

軌範四

二十三

竹竿子

舞

竹竿子

舞

樂奏會八仙引子擊拍奏竹竿子二人足蹈而進左右分立樂止

口號 雅樂鏗鏘於麗景 妓童部列於香階 爭呈綽約之姿 共獻蹁躚之舞 冀容入隊 以樂以娛 訖擊拍奏前

樂奏竹竿子二人足蹈擊拍而退左右分立擊拍舞二人斂手

足蹈而進小退復位樂止樂奏惜奴嬌擊拍舞二人斂手小進

或面或背或前而舞退復位樂止舞二人奉外袖唱惜奴嬌尾

前詞 春早皇都冰泮宮沼東風布輕暖梅粉飄香柳帶弄色瑞靄祥烟凝淺正值元宵行樂同民總無間歡情懷何惜相

邀是處裏容歡 訖擊拍換舉內袖唱尾後詞 [illegible]

依然盛賞並春宵遊玩借問花燈金璞現果曾罕洞天裏一撚蓬瀛第恐今宵短 訖擊拍樂奏攧遍擊

허최(虛催)·최곤(催袞)·최박(催拍)·중곤(中袞)·헐박(歇拍)·쇄곤(煞袞)의 음악에 맞추어 춤을 춘다.

> 『세종실록』 29권에 의하면,[46] "임금이 악차(幄次)에 거둥하여 곡파무(曲破舞)로 정재(呈才)하는 것을 구경하고, 늙은 기생 봉이(鳳伊)에게 채견(綵絹) 2필과 쌀 5섬을, 종가(終加)에게 채견 2필, 쌀 10섬, 콩 5섬을 주었다. 이 무악(舞樂)은 오랫동안 사용하지 않아서 기억하는 자가 없었는데, 두 기생이 그 악곡(樂曲)을 잊지 않았으므로 특히 상을 준 것이었다"라고 전한다.

조선전기의 〈곡파〉는 『악학궤범』 권4에 전하는데, 무용수 구성은 죽간자 2인·협무 2인이다. 〈곡파〉의 초열은 〈그림 55〉처럼 죽간자 2인이 북쪽에 서고, 협무 2인은 그뒤 남쪽에 좌우로 나란히 선다.[47]

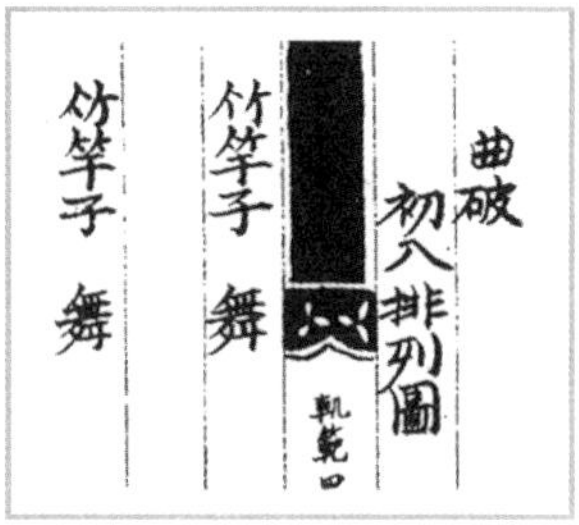

〈그림 55〉 조선전기 〈곡파〉의 초입배열도

조선전기의 〈곡파〉 내용을 정리하면, 회팔선인자에 죽간자 2인이 무진하여 구호를 부르고 물러나 좌우에 선다. 협무 2인이 염수족도하며 무진·무퇴한다. 석노교(惜奴嬌)에 협무 2인이 무진하여 상대·상배하고 물러나 제자리로 돌아가 바깥 소매를 들고 석노교의 미전사를 부르고 이어 안쪽 소매를 치켜들고 미후사를 부른다. 전편(纏遍)에 협무 2인이 무진하여 상대·상배하고 물러나 복위한다. 입파(入破)에 협무 2인이 무진하여 상대·상배하고 동과 서의 위치를 바꾸어 춤추다가 복위한다. 허최(虛催)·최곤(催袞)·최박(催拍)·중곤(中袞)·헐박(歇拍)·살곤(煞袞)에 협무 2인이 무진·무퇴한다. 회팔선인자에 죽간자 2인이 무진하여 구호를 부르고 물러나면, 이어 무용수 전체가 무진·무퇴하고 춤이 마친다.

---

46 세종 7년 9월 17일 계축 1번째 기사 [1425년 명 홍희(洪熙) 1년] 【태백산사고본】 10책 29권 28장 A면【국편영인본】 2책 692면. 참고사이트: 조선왕조실록

47 『악학궤범』에는 의물이 배열되지 않았으나, 당악정재는 의물이 배열되므로 무보에 생략된 것을 알 수 있다.

〈곡파〉는 춤추는 내내 〈그림 56-가〉처럼 일렬대형을 유지하며 춤을 추는데 좌우협무 2인이 무진·무퇴와 상대·상배를 하고, 이어 〈그림 56-나〉처럼 교무[환대]를 한다. 〈곡파〉의 춤은 협무의 '무진·무퇴-무진·상대·상배·무퇴-무진·상대·상배·창사·무퇴' 등 3가지로 구분하여 진행되고 있다.

가	나	
↕ ↕ 舞 舞	▷ ⇆ ◁	◁ ⇆ ▷

〈그림 56〉 조선전기 〈곡파〉의 대형 구성

〈곡파〉의 반주음악은 회팔선인자·석노교·전편·입파·허최·최곤·최박·중곤·헐박·살곤이다. 회팔선인자에는 죽간자 2인이 도입부와 종결부에 무진하여 구호를 부르고 물러나는 춤을 추고, 좌우협무 2인이 무진·무퇴한다. 석노교와 전편에는 좌우협무 2인이 무진하여 상대·상배하고 무퇴하여 복위한다. 입파에는 좌우협무 2인이 무진하여 상대·상배하고 동서 교무하여 복위한다. 허최·최곤·최박·중곤·헐박·살곤에는 좌우협무 2인이 무진·무퇴한다. 창사는 죽간자가 도입부와 종결부에 진구호·퇴구호를 부르고, 좌우협무가 석노교의 미전사와 미후사를 부른다. 〈곡파〉를 출 때에는 춤 진행마다 구체적인 춤사위를 제시하였는데, 사용된 춤사위는 '외수·내수·염수'이다. 창사 부를 때 좌우협무가 드는 팔을 외수와 내수로 제시하였고, 도입부에 좌우협무 2인이 무진·무퇴할 때는 염수로 제시하였다.

2) 조선전기의 향악정재

(1) 보태평(保太平)

〈보태평〉은 세종대왕이 훈민정음 창제 직후 자신의 6대조 즉, 태조와 태종을 포함한 6대조의 문덕(文德)을 칭송한 노래이다. 이 노래들은 그 당시 널리 불려지고 있던 향악(鄕樂)과 고취악(鼓吹樂: 당악)을 바탕으로 하여 만들어졌고,

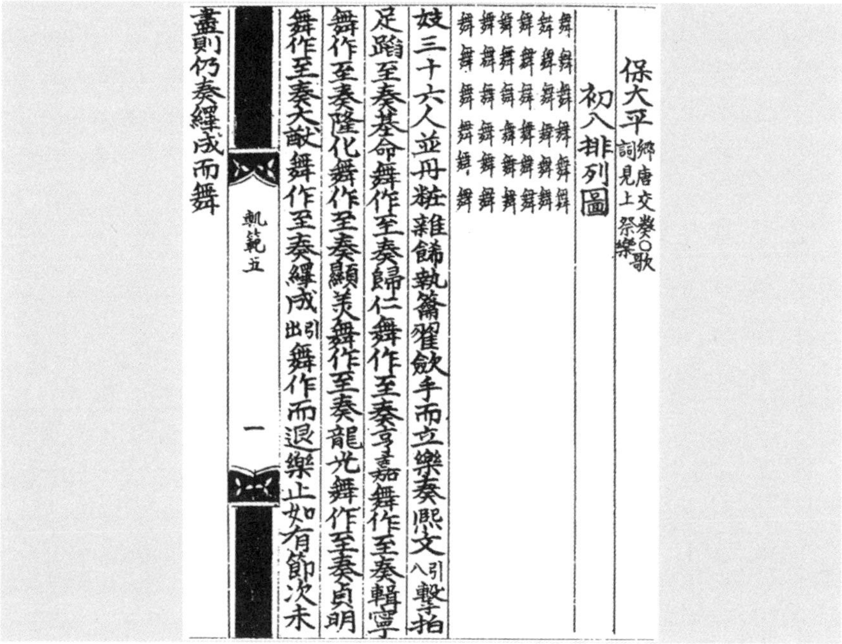

保太平 鄉唐交奏○歌詞見上祭樂

初八排列圖

舞舞舞舞舞舞
舞舞舞舞舞舞
舞舞舞舞舞舞
舞舞舞舞舞舞
舞舞舞舞舞舞
舞舞舞舞舞舞

妓三十六人並冊粧雜飾執籥翟斂手而立樂奏熙文引入擊拍足蹈至奏基命舞作至奏歸仁舞作至奏亨嘉舞作至奏輯寧舞作至奏隆化舞作至奏顯美舞作至奏龍光舞作至奏貞明舞作至奏大猷舞作至奏繹成引出舞作而退樂止如有節次未盡則仍奏繹成而舞

軌範五 一

향악정재 〈보태평지무(保太平之舞)〉의 반주곡으로 연주되었다. 희문·계우·익인·형광·보예·융화·승강·창휘·정명·대동·역성의 11곡으로 구성되어 있는 〈보태평〉의 악보는 『세종실록악보』에 전해지고 있다. 원래 회례연에서 회례악으로 연주되던 이 노래는 세조 9년(1463)에 종묘제례악으로 채택되었는데, 이 과정에 임종궁평조(林鐘宮平調)이던 악조는 청황종궁평조(淸黃鐘宮平調)로 바뀌었고[48] 악장의 노래 말은 일부 축소되었다. 세조 대에 재구성된 악곡명은 희문(熙文)·기명(基命)·귀인(歸仁)·형가(亨嘉)·집녕(輯寧)·융화(隆化)·현미(顯美)·용광(龍光)·정명(貞明)·대유(大猷)·역성(繹成)으로 바뀌었는데, 이 악곡들의 악보는 『세조실록악보』에 전해지고 있다. 악곡이 바뀌면서 악곡에 맞추어 추어지던 〈보태평지무〉의 내용 또한 바뀌어졌을 것으로 추측되나, 세종과 세조 대의 〈보태평지무〉에 대한 기록은 남아 있지 않고 단지 성종 대의 〈보태평지무〉의 모습만 『악학궤범』에 전해지고 있다. 그런데 『악학궤범』 〈보태

48 『세조실록』 권48에 의하면 악조도 줄이는 동시에 임종평조(林鐘平調)를 황종평조(黃鐘平調)로 바꾸어 세조 10년 정월에 친제(親祭) 때 종묘제례악으로 채택하였다.

평지무〉에 기록되어 있는 악곡명이 세조 대의 것과 같은 것으로 보아, 『악학궤범』 〈보태평지무〉의 모습은 세조 대의 〈보태평지무〉와 같을 것으로 추측된다. 『악학궤범』의 〈보태평〉은 여기(女妓) 36인이 종대와 횡대로 열을 지어 왼손에는 약(籥), 오른손에 적(翟)을 잡고 춤을 추는 것으로 되어 있다.

〈보태평〉 무보는 『악학궤범』 권5에 전하는데 무용수는 36인으로 구성되어 〈그림 57〉처럼 좌우 6대로 나누어 선다. 왼손과 오른손에 약·적을 들고 음악에 맞춰 춤을 추는데 내용을 정리하면, 여기 36인이 모두 단장(丹粧)하여 약과 적을 들고 손을 여미고 선다. 악관이 희문을 연주하면 족도하고, 기명·귀인·형가·집녕·융화·현미·용광·정명·대유에 각각 춤을 추고, 역성과 인출을 연주하면 춤을 추면서 물러난다.

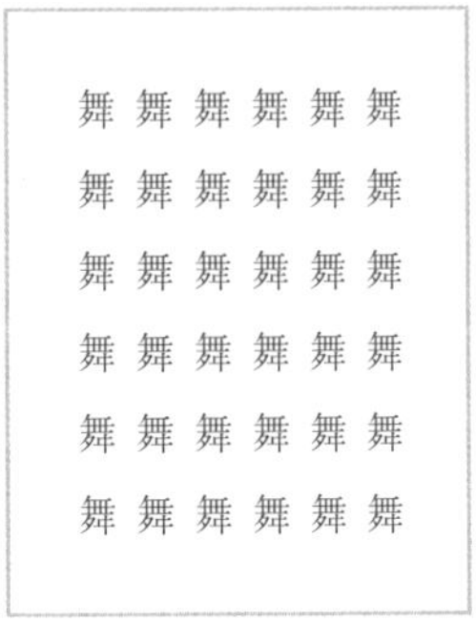

〈그림 57〉 〈보태평〉 초열

(2) 정대업(定大業)

〈정대업〉은 세종대왕이 〈보태평〉과 함께 자신의 6대조의 무공(武功)을[49] 칭송한 노래이다. 향악(鄕樂)과 고취악(鼓吹樂: 당악)을 바탕으로 하여 만들어진 이 노래 또한 향악정재 〈정대업지무(定大業之舞)〉의 반주곡으로 연주되었다. 소무·독경·선위·탁영·혁정·신정·개안·지덕·휴명·순응·정세·화태·진요·숙제·영관의 15곡으로 구성되어 있는 〈정대업〉의 악보는 『세종실록악보』에 전해지고 있다. 이 노래 또한 원래 회례악으로 연주되었으나, 〈보태평〉과 함께 세조 9년(1463)에 종묘제례악으로 채택되었다. 이 과정에 15곡이던 악곡은 11곡으로 줄었고, 남려궁계면조(南呂宮界面調)이던 악조는 청황종궁평조(淸黃

49 〈세종실록〉 악보에는 〈정대업지무악(定大業之舞樂)〉과 〈보태평지무악(保太平之舞樂)〉, 〈발상지무악(發祥之舞樂)〉이 권138~139까지 기록되어 있다. 이곡들을 창제하게 된 것에 대해 "우리나라에서 고취악(鼓吹樂)을 일러 〈수보록〉·〈몽금척〉·〈근천정〉·〈수명명〉이라 한다. 이들은 각각 임금의 일로 조종의 공덕을 성대하게 형용하는 데 미흡하여 어려움이 있었다. 때문에 세종이 고취악과 향악으로서 새로운 악을 창제하였으니, 〈정대업〉·〈보태평〉·〈발상〉·〈봉래의〉라 한다"라 기록하고 있다.

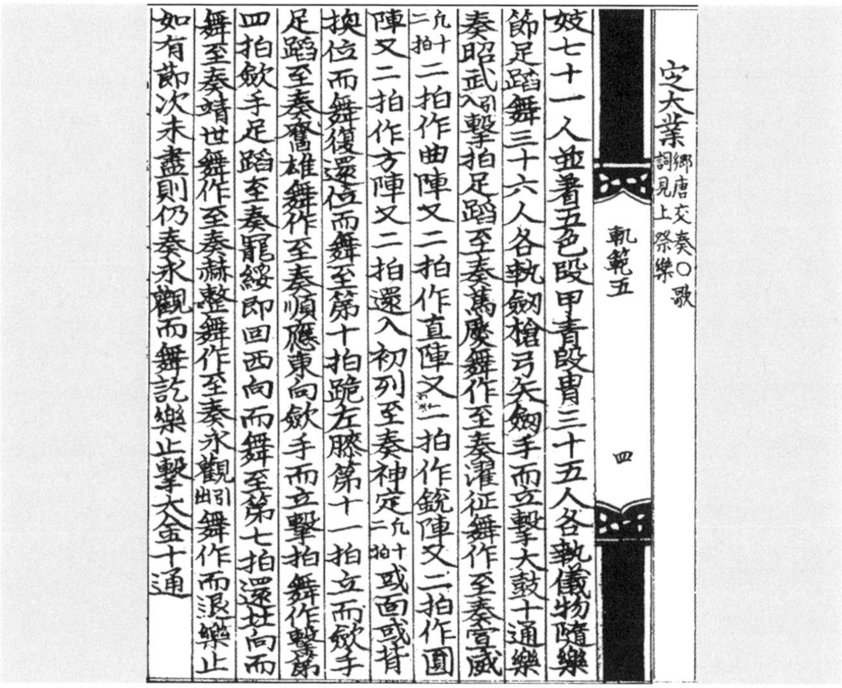
定大業(鄉唐交奏○歌詞見上祭樂)
軌範五 四
妓七十一人並着五色段甲青段冑三十五人各執儀物隨樂
節足蹈舞三十六人各執劍槍弓矢劍手而立擊大鼓十通樂
奏昭武(引入)擊拍足蹈至奏篤慶舞作至奏濯征舞作至奏宣威
(九十二拍)二拍作曲陣又二拍作直陣又二拍作銳陣又二拍作圓
陣又二拍作方陣又二拍還入初列至奏神定(九十二拍)或面或背
換位而舞復還位而舞至第十拍跪左膝第十一拍立而斂手
足蹈至奏奮雄舞作至奏順應東向斂手而立擊拍舞作擊鼓
四拍斂手足蹈至奏寵綏即回西向而舞至第七拍還北向而
舞至奏靖世舞作至奏赫整舞作至奏永觀(引出)舞作而退樂止
如有節次未盡則仍奏永觀而舞訖樂止擊大金十通

鐘宮界面調)로 바뀌었으며, 악장의 노래말은 일부 축소되었다. 세조 대에 재구성된 11곡의 악곡명은 소무(昭武)·독경(篤慶)·탁정(濯征)·선위(宣威)·신정(新定)·분웅(奮雄)·순응(順應)·총수(寵綏)·정세(靖世)·혁정(赫整)·영관(永觀)으로 바뀌었는데, 이 악곡들의 악보는 『세조실록악보』에 전해지고 있다. 성종 대의 〈정대업지무〉의 모습은 『악학궤범』에 전해지고 있는데, 이것 또한 세조 대의 것과 같을 것으로 추측된다. 『악학궤범』의 〈정대업지무〉는 여기(女妓) 71인이 오방색으로 단장한 갑옷을 입고 춤을 추고, 이 중 36인은 검(劍)·창(槍)·궁시(弓矢)를 잡고 '곡진-직진-예진-원진-방진' 등 5가지 대형으로 변화를 주며 춤을 추는 것으로 되어 있다.

조선전기의 〈정대업〉은 『악학궤범』 권5에 전하는데 무용수는 여기 36인·봉위의 35인으로 구성하여 여기 36인은 좌우 6대로 나누어 서고, 봉위의 20인은 그 좌우로 길게 늘어서고, 15인은 남쪽에 배열한다. 여기 36인이 각각 검(劍)·창(槍)·궁시(弓矢)를 잡고 춤을 추는데 내용을 정리하면, 여기 71인은 모두 오색단갑(五色段甲)을 입고 청단 투구[青段冑]를 쓴다. 여기 35인은 각각 의물을 잡고 악절에 따라 족도하고, 여기 36인은 각각 검(劍)·창(槍)·궁시(弓矢)를 잡고 염수하고 선다. 대고(大鼓)를 10통(通)치면 악관은 소무(昭武: 引入)를 연주한다. 박을 치면 족도하다가 독경(篤慶)에 이르러 춤을 추고, 탁정(濯征)에 이르러 춤을 춘다. 선위(宣威)를 연주하면 처음 2박에 곡진(曲陣)을 만들고, 또 2박에 직진(直陣)을 만들고, 또 2박에 예진(銳陣)을 만들고, 또 2박에 원진(圓陣)을 만들고, 또 2박에 방진(方陣)을 만들고, 2박에 처음 대열로 도로 돌아간다. 신정(新定)의 연주에 이르러 마주 보기도 하고 등지기도 하면서 자리를 바꾸어 춤을 추고, 다시 제자리로 돌아가서 춤을 추고, 제10박에 왼쪽 무릎을 꿇고, 제11박에 일어서서 염수하고 족도한다. 분웅(奮雄)의 연주에 이르러 춤을 시작하고, 순응(順應)의 연주에 이르러 동쪽을 향하여 염수하고 섰다가 박을 치면 춤을 시작하고, 제4박을 치면 염수하고 족도한다. 총수(寵綏)의 연주에 이르러 서쪽을 향해 춤을 추고, 제7박에 다시 북쪽을 향하여 춤을 추고, 정세(靖世)의 연주에 이르러 춤을 시작하고, 혁정(赫整)의 연주에 이르러 춤을 시작한다. 영관(永觀: 인출(引出))을 연주하면 춤을 추면서 물러가고 음악이 그친다. 절차가 다 끝나지 않았으면 계속해서 영관을 연주하고 춤을 춘다. 끝나면 음악이 그치고 대금(大金)을 10통 친다.

〈정대업〉의 초입 배열은 〈그림 58〉처럼 앞 두 줄 12인은 검을 잡고 중간 두 줄 12인은 창(槍)을 잡고, 뒤의 두 줄 12인은 활과 화살을 잡는다. 검·창·궁시 모두 12인으로 구성되었지만 배열 위치에 따라 의상의 색에 차이가 있다. 검을 든 무용수는 홍의 7인, 청의 1인, 황의 2인, 백의 2인이다. 창을 든 무용수는 청의 4인, 황의 4인, 백의 4인이다. 궁시를 든 무용수는 청의 2인, 황의

검홍6	검홍5	검홍4	검홍3	검홍2	검홍1
검홍7	검청1	검황2	검황1	검백1	검백2
창청2	창청3	창황4	창황3	창백3	창백4
창청4	창청5	창황6	창황5	창백5	창백6
궁청6	궁청7	궁황8	궁황7	궁백7	궁흑1
궁흑7	궁흑6	궁흑5	궁흑4	궁흑3	궁흑2

〈그림 58〉 〈정대업〉 초열

2인, 백의 1인, 흑의 7인이다. 그리고 색상별로 무용수의 구성에 차이가 있는데, 이것은 무구와는 상관없이 황의는 8인이고 나머지 청의·백의·흑의는 각각 7인으로 구성되었다. 무구에 따라 의상의 색깔에도 차이를 보이는데, 검을 든 무용수는 흑의를 입지 않았고, 창을 든 무용수는 흑의와 홍의를 입지 않았고, 궁시를 든 무용수는 홍의를 입지 않았다. 무엇보다도 〈정대업〉의 초입배열은 일반 다른 정재와는 다른 방위로 구성되었다. 일반적으로 정재는 북쪽을 기준으로 북쪽에 흑의, 동쪽에 청의, 남쪽에 홍의, 서쪽에 백의를 입는다. 그런데 〈정대업〉은 북쪽에 홍의, 동쪽에 백의, 서쪽에 청의, 남쪽에 흑의를 입어 정재와는 상이한 방위 색으로 구성하여 차이를 보인다.

〈정대업〉은 검·창·궁시를 잡은 무용수 36인이 〈그림 59〉처럼 초열에서

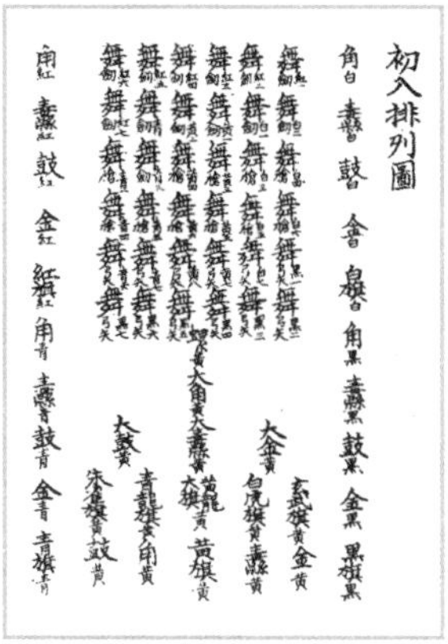

〈그림 59〉 〈보태평〉의 초열

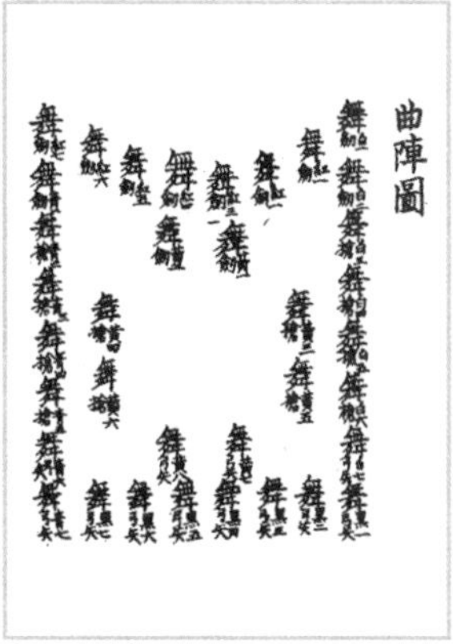

〈그림 60〉 곡진도

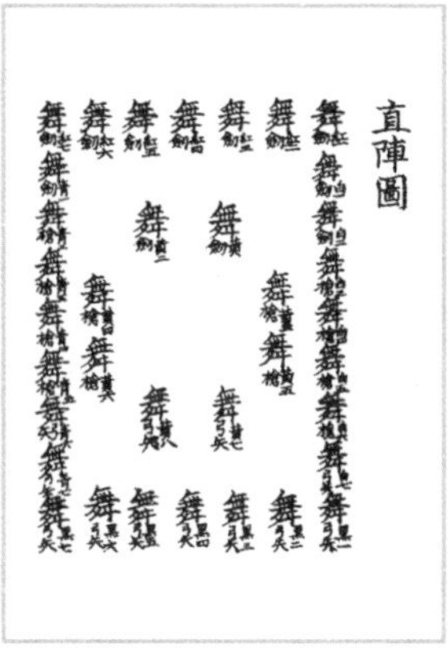

〈그림 61〉 직진도

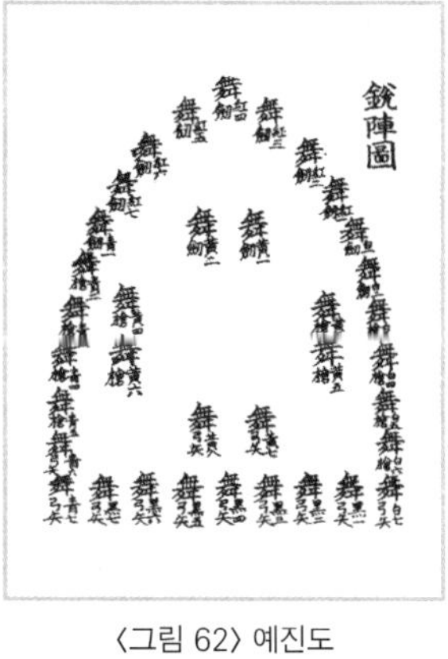

〈그림 62〉 예진도

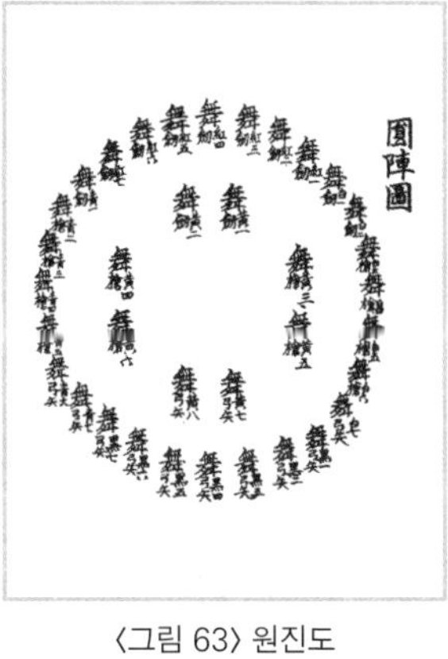

〈그림 63〉 원진도

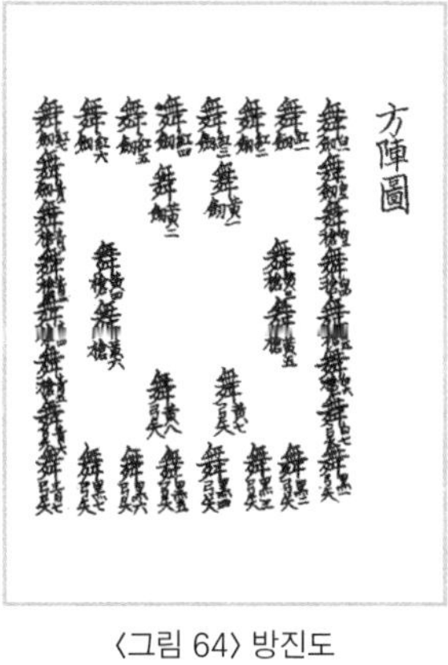

〈그림 64〉 방진도

〈그림 60〉의 곡진도·〈그림 61〉의 직진도·〈그림 62〉의 예진도·〈그림 63〉의 원진도·〈그림 64〉의 방진도 등 대형을 5가지로 변화시키며 춤을 춘다. 소무와 영관은 등장과 퇴장을 하는 춤으로, 처음 대열로 한다. 독경·탁정·분웅·혁정에는 춤을 추는데 춤에 대한 구체적인 기록이 없다. 선위에 '곡진-직진-예진-원진-방진' 등 5가지 춤 대형을 구성하여 춤을 추고, 신정에는 상대·상배와 환대를 하며 춤을 추고, 순응·총수·정세에는 동향·서향·북향하며 춤을 춘다.

(3) 봉래의(鳳來儀)

〈봉래의〉는 세종 대에 창제된 향악정재로, 〈용비어천가〉 노래를 부르며 춤을 춘다. 협무 8인이 4대 좌우대형 : 사방대형·2대 좌우대형으로 서서 북향무·상대·상배를 추는데, 춤의 처음부터 마칠 때까지 노래 가사에 맞추어 춤을 추고 노랫말 가사 구조에 따라 춤을 변화시키는 정재로는 유일하다. 〈봉래의〉는 좌우로 배열된 악공 및 의물 그리고 연향에 참여한 모든 기녀들이 〈용비어천가〉를 부르고, 춤추는 무용수들도 춤을[50] 추며 노래를 부른다. 〈봉래의〉는 '전인자·여민락·치화평·취풍형·후인자'로 구성된다. 춤의 진행은 크게 세 부분[도입 - 진행 - 종결]으로 나뉘는데, 도입은 전인자, 진행은 여민락·치화평·취풍형, 종결은 후인자이다. 전·후인자에는 죽간자가 무진하여 구호를 부르고 무퇴하는 춤과 협무 8인이 무진·무퇴하는 춤을 추고, 여민락 춤은 4대 좌우대형에서 춤을 추고, 치화평은 사방대형에서 무용수 2명이 차례로 돌아가며 북쪽에서 춤을 추고, 취풍형은 2대 좌우대형에서 춤을 춘다.[51] 여민락, 치화평, 취풍형 모두 각각의 대형에서 무용수들이 북향무·대무·배무 등의 춤을 공통적으로 추고, 각 대형으로의 전환은 모두 회무로[52] 한다.

---

50 민속무용인 〈강강술래〉처럼 출연한 무용수들이 노래를 부르며 그 노랫말 가사에 맞춰 춤을 변화하며 춤을 춘다.

51 조규익·문숙희·손선숙, 『세종대왕의 봉래의 그 복원과 해석』(서울: 민속원, 2015), 22~26쪽.

52 조규익·문숙희·손선숙, 『세종대왕의 봉래의 그 복원과 해석』, 2015, 124~125쪽.

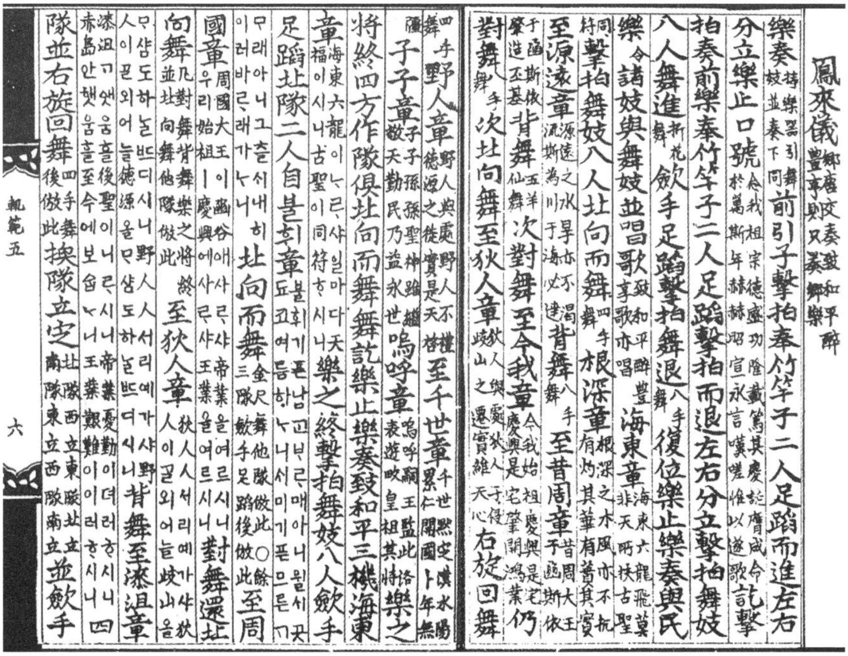
鳳來儀
樂奏 前引子擊拍奉竹竿子二人足蹈而進左右
分立樂止口號 訖擊
拍奏前樂奉竹竿子二人足蹈擊拍而退左右分立擊拍舞妓
八人舞進 斂手足蹈擊拍舞退 復位樂止樂奏與民
樂 諸妓與舞妓並唱歌 海東章
擊拍舞妓八人北向而舞 根深章
至源遠章 背舞 至昔周章
背舞 次對舞至今我章 仍
對舞 次北向舞至狄人章 右旋回舞
野人章 至千世章
子子章 嗚呼章 樂之
將終四方作隊俱北向而舞舞訖樂止樂奏致和平三機海東
章 樂之終擊拍舞妓八人斂手
足蹈北隊二人自불휘童 北向而舞 至周
國章 對舞還北
向舞 至狄人章 對舞還北
背舞至漆沮章
四
隊並右旋回舞 換隊立定 並斂手
軌範五 六

〈봉래의〉는 세종 27년(1445) 왕명으로 지어 올린 〈용비어천가〉의 일부 가시(歌詩)들을 관현에 올리고 무악으로 구성하여 조선조 후기까지 연행한 조선조 최대의 창작 무악이다. 세종대왕의 주도로 훈민정음이 창제되었고 그 첫 작품이 〈용비어천가〉였으며 그것을 노랫말로 올린 가·무·악 융합의 종합예술체가 〈봉래의〉이다. 〈봉래의〉는 조선 초기 세종대왕이 태조(太祖)의 창업 공덕을 칭송하기 위하여 가·무·악의 종합적인 형태로 창작한 향악정재로서, 〈용비어천가〉를 관현악에 맞추어 노래 부르며 춤추는데 〈용비어천가〉는 125장까지 구성되었다. 조선전기에는 〈용비어천가〉의 일부 가시들을 따다가 새로운 구조로 〈봉래의〉를 만들었는데, 세종 당시에는 여민락의 초장[1장]~4장 및 졸장[125장]·치화평 3기의 초장~16장 및 졸장·취풍형의 초장~8장 및 졸장 등이 연주되었으며, 춤 또한 이 악곡의 구성에 따라 추어진다.[53]

조선전기의 〈봉래의〉는 『악학궤범』 권5에 전하는데, 무용수 구성은 죽간

53 조규익·문숙희·손선숙, 『세종대왕의 봉래의, 그 복원과 해석』, 2015, 22~25쪽.

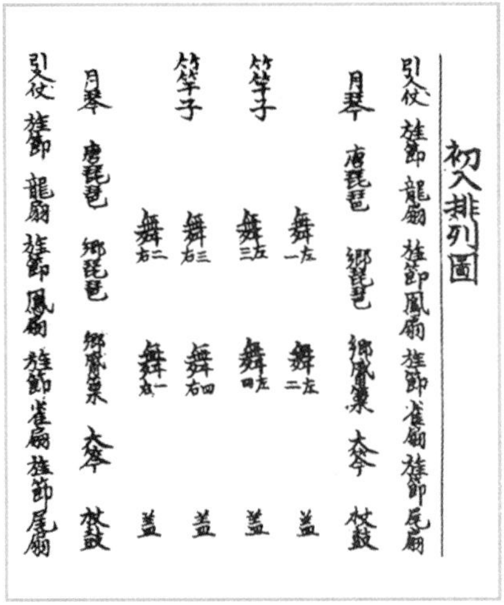

〈그림 65〉 조선전기 〈봉래의〉의 초입배열도

자 2인·협무 8인·인인장 2인·용선 2인·봉선 2인·작선 2인·미선 2인·정절 8인·개 4인·월금(月琴) 2인·당비파(唐琵琶) 2인·향비파(鄕琵琶) 2인·향피리 2인·대금(大笒) 2인·장고(杖鼓) 2인이다. 초열은 〈그림 65〉처럼 죽간자 2인은 북쪽에 서고, 협무 8인은 좌우 4대로 나누어 서고, 의물인 인인장·용선·봉선·작선·미선·정절이 각각 좌우로 늘어서고, 월금·당비파·향비파·향피리·대금·장고는 안쪽으로 서고, 개 4인은 남쪽에 가지런히 선다.

조선전기의 〈봉래의〉 내용을 정리하면, 전인자에 죽간자가 나아가 구호를 부르고 물러나면 무용수 8인이 무진·무퇴한다. 여민락령(與民樂令)에 제기와 무용수가 해동장(海東章)을 부르고, 근심장(根深章)에 북쪽을 향하여 춤추고[四手舞], 원원장(源遠章)에 이르러 배무[八手舞]하고, 석주장(昔周章)에 배무[五羊仙舞]한 다음에 대무하고, 금아장(今我章)에 대무[八手舞]한 다음 북향하고, 적인장(狄人章)에 이르러 오른쪽으로 돌아 회무하는데, 야인장(野人章)·천세장(千世章)·자자장(子子章)을 부르고 오호장(嗚呼章)이 끝나갈 때에 사방으로 대를 지어 북쪽을 향하여 선다. 치화평(致和平) 3기에 해동장을 부르고, 협무 8인이 염수족도한다. 북대 2인이 불휘장에 북향하여 춤추고, 주국장(周國章)에 대무하고 다시 북향하고, 적인장(狄人章)에 배무하고, 칠저장(漆沮章)에 모두 오른쪽으로 회무하여 자리[隊]를 바꾸어 서서 염수족도한다. 북대 2인이 상덕장(商德章)부터 북쪽을 향하여 춤추고 불근새장에 이르러 대무하고, 태자장(太子章)에 이르러 배무하고, 봉천장(奉天章)에 이르러 4대는 모두 회무하여 자리를 바꾸어 선다. 북대 2인이 일부장(一夫章)부터 북향하여 춤추고, 우예장(虞芮章)에 대무하고, 오년장(吾年章)에 배무하고, 말솜장에 4대는 모두 회무하여 자리를 바꾸어 선다. 북대 2인이 성손장(聖孫章)부터 북향하여 춤추고, 양자강장(揚子江

章)에 대무하고, 도망장(逃亡章)에 배무하고, 천세장에 협무 8인이 회무하여 5엽에 이르러 좌우로 갈라선다. 취풍형에 해동장을 부르고 마치면 협무 8인이 손을 여미고 족도한다. 불휘장·주국장부터 북향하여 춤추고, 적인장·칠저장에 대무하고 다시 북향하여 춤추고, 상덕장·불근새장에 배무하고 태자장에 북향하여 춤추고, 천세장에 협무 8인이 회무하여 5엽에 이르러 처음의 대열로 선다. 후인자에 죽간자 2인이 무진하여 구호를 부르고 물러나면, 이어 협무 8인이 무진·무퇴하고 춤이 마친다.

〈봉래의〉의 춤 대형은 4대 좌우대형·사방대형·2대 좌우대형으로 구성된다. 4대 좌우대형에서는 〈그림 66-가〉처럼 좌대와 우대가 북향무·상대·상배를 추고, 사방대형에서는 〈그림 66-나〉처럼 북대(北隊)의 협무 2인이 북향무·상대·상배를 추고, 2대 좌우대형에서는 〈그림 66-다〉처럼 협무 8인이 북향무·상대·상배를 춘다. 춤 대형이 4대 좌우대형에서 사방대형으로, 사방대형에서 2대 좌우대형으로, 2대 좌우대형에서 4대 좌우대형으로 변화할 때에는 모두 회무로 한다.

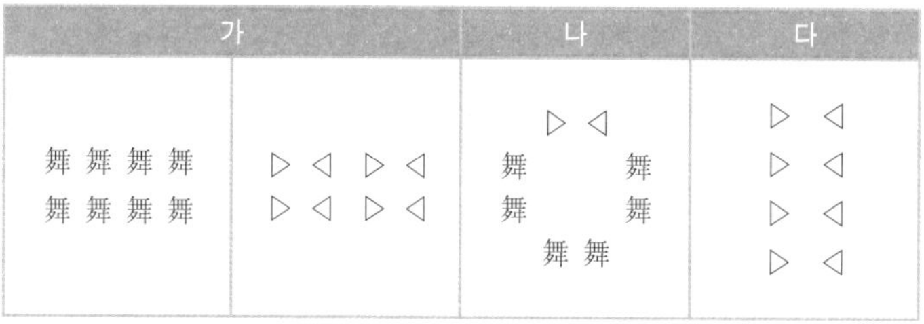

〈그림 66〉 조선전기 〈봉래의〉의 대형 구성

〈봉래의〉 춤은 음악과 악장의 구성에 따라 정재대형을 한 가지로 구성하여 춤을 춘다. 여민락은 〈그림 65〉처럼 4대 좌우대형에서, 치화평은 〈그림 67〉처럼 사방대형에서, 취풍형은 〈그림 68〉처럼 2대 좌우대형에서 모든 춤이 이루어진다. 이렇게 한 가지 대형을 중심으로 춤을 추다가 다음 대형으로 변화하기 위해서는 무용수들이 이동을 하는데, 이때 회무로 한다. 4대 좌우대형에서 사방대형으로, 사방대형에서 2대 좌우대형으로, 2대 좌우대형에서 4대 좌우대형으로 대형을 변화시키기 위해 무용수들이 이동하는 과정을 살펴보

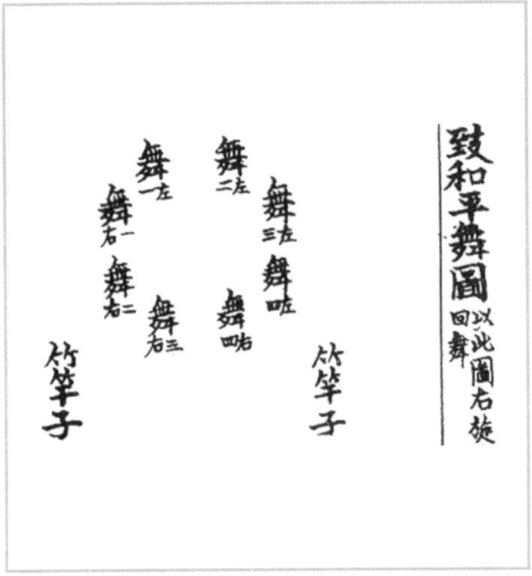

〈그림 67〉 조선전기 〈봉래의〉의 치화평 대형

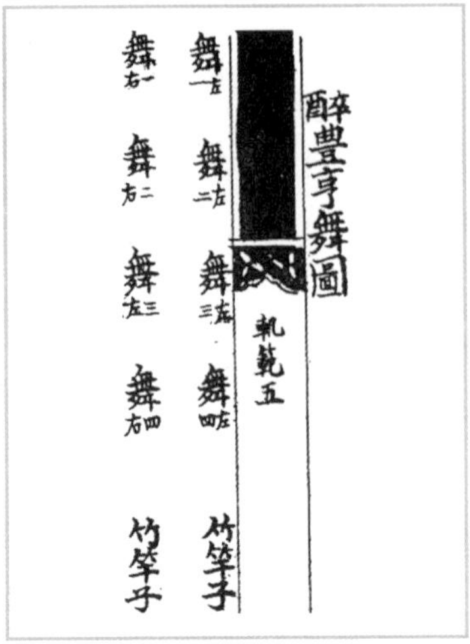

〈그림 68〉 조선전기 〈봉래의〉의 취풍형 대형

면, 먼저 여민락의 4대 좌우대형에서 치화평의 사방대형으로 설 때에는 〈그림 69-가〉처럼 '좌협1-좌협2-좌협3-좌협4-우협4-우협3-우협2-우협1'순으로 차례로 회무를[54] 돈다. 그리고 치화평의 사방대형에서 취풍형의 2대 좌우대형으로 설 때에는 〈그림 69-나〉처럼 '좌협1-좌협2-좌협3-좌협4'와 '우협1-우협2-우협3-우협4'가 서로 마주 보고 회무하여 2대 좌우대형으로 선다. 그리고 취풍형의 2대 좌우대형에서 초열인 4대 좌우대형으로 설 때에는 '좌협1-좌협2-좌협3-좌협4'와 '우협1-우협2-우협3-우협4'순으로 마주 보고 돌

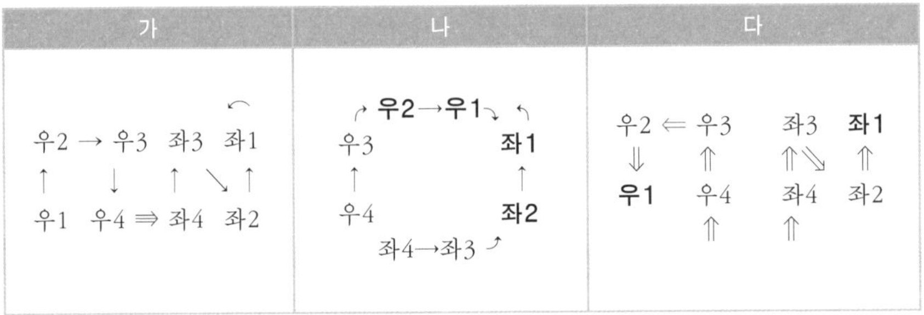

〈그림 69〉 〈봉래의〉의 이동구조

54 조규익·문숙희·손선숙, 『세종대왕의 봉래의, 그 복원과 해석』, 2015, 174~176쪽; 손선숙, "악학궤범 〈봉래의〉 여민락 무의 이동구조 탐색" 『한국무용기록학회지』 23집(서울: 한국무용기록학회, 2011), 19~44쪽.

아 좌협과 우협이 각각 〈그림 69-다〉처럼 '4-3-2-1'순으로 배열한다.

조선전기 〈봉래의〉에 사용된 반주음악은 전인자·여민락령·치화평[제3기]·취풍형·후인자이다. 전인자와 후인자에서는 죽간자가 무진하여 구호를 부르고 물러나고 좌우협무 8인이 무진·무퇴를 춘다. 여민락에서는 좌우협무 8인이 4대 좌우대형에서, 취풍형에서는 2대 좌우대형으로 서서 북향무·상대·상배를 추고, 치화평에서는 좌우협무 8인이 사방대형으로 서서 북대의 2인만 북향무·상대·상배를 추는데, 나머지 무용수가 차례로 돌아가며 반복하여 춘다.

〈봉래의〉를 출 때에는 춤 진행마다 구체적인 춤사위를 제시하였는데, 사용된 춤사위는 '족도·염수족도·절화무·팔수무·오양선무·사수무·금척무·협수무·퇴수무'이다. 도입부에서 좌우협무 8인이 무진할 때는 절화무, 여민락과 취풍형에서 북향과 우선회무할 때 그리고 치화평에서 우선환립할 때는 사수무, 도입부에서 좌우협무 8인이 무퇴할 때와 여민락에서 대무·배무할 때는 팔수무, 여민락에서 배무할 때는 오양선무, 치화평에서 북향하여 출 때는 금척무, 종결부에서 좌우협무 8인이 무진할 때는 협수무, 무퇴할 때는 퇴수무로 춘다.

(4) 아박(牙拍)

〈아박무〉는 고려시대부터 이어져오는 향악정재이다.[55] 협무 2인이 상아(象牙)로 만든 작은 박(拍)을 두 손으로 잡고 매월 가사에 따라 춤을 변화시키며 박을 치면서 춤을 춘다. 〈아박〉이라는 춤 제목은 상아로 만든 박을 잡고 치면서 춤춘 것에 의미를 두고 붙여진 것이다. 〈아박무〉는 고려시대에 〈동동〉으로 불렸던 것이 조선시대 성종 대에 와서 〈아박〉이라는 명칭으로 바뀌었고, 가사 노한 고려시대에는 아속하다 하여 부르지 않았던 것이 이때부터 불렸다.

〈아박무〉는 조선전기로 오면서 내용에 많은 변화가 있었는데, 먼저 음악

55 〈아박무〉의 춤 유래는 고려시대의 〈동동〉편 참조.

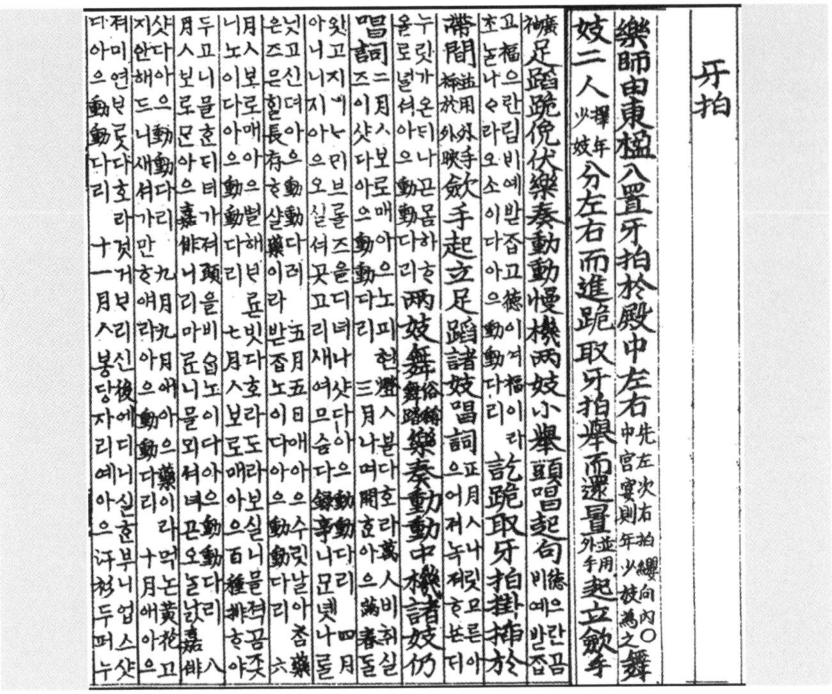
牙拍

樂師由東楹入置牙拍於殿中左右 先左次右拍纓向內○中宮宴則年少妓爲之

妓二人 擇年少妓 分左右而進跪取牙拍擧而還置 並用外手 起立斂手

반주곡을 살펴보면 고려시대에는 일강·이강·삼강에 맞추어 아박을 치면서 춤추었던 것이 조선전기에는 만기·중기·급기에 맞추어 춤을 춘다. 〈아박무〉는 무구인 아박이 바닥에 놓여져 있어 춤을 추기 전 궤면복(跪勉伏)하여 아박을 잡고 일어서는 것과 춤을 마친 다음 아박을 바닥에 다시 내려놓는 의례를 행한다. 그런데 바닥에 놓여진 아박을 잡을 때와 바닥에 다시 내려놓을 때의 진행이 시대별로 차이를 보인다. 먼저 고려시대에는 춤을 추기 전 아박을 잡고 일어설 때와 춤을 마친 다음 무구를 바닥에 내려놓는 과정을 한 번에 걸쳐 한다. 반면 조선전기에는 처음 궤하여 아박을 잡았다가 다시 바닥에 내려놓고 일어서고, 다시 궤하여 아박을 잡고 일어서서 춤을 춘다. 춤을 마친 다음에도 궤하여 아박을 바닥에 내려놓은 다음 다시 궤하여 부복하고 일어선다. 그리고 고려시대에는 무진·무퇴하고 상대·상배한 것이 조선전기에 와서는 상대·상배하고 무진·무퇴하는 것으로 춤 진행에도 변화를 보인다.

조선전기의 〈아박〉은 『악학궤범』 권5에 전하는데, 무용수 구성은 협무 2인이다. 무용수 배열은 〈그림 70〉처럼 아박을 북쪽 좌우에 내려놓고 그 뒤[南]

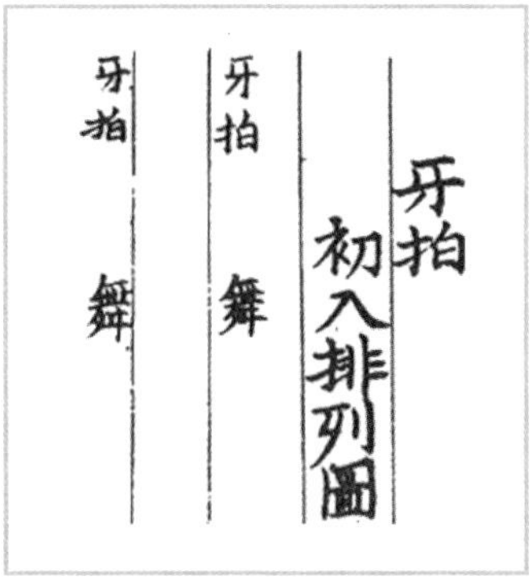

〈그림 70〉 조선전기 〈아박〉의 초입배열도

에 협무 2인이 선다. 〈아박〉 내용을 정리하면, 악사가 아박을 받들고 전중(殿中) 좌우에 놓고 나가면, 협무 2인이 꿇어 앉아 아박을 집어들었다가 도로 놓고 일어서서 염수족도하고 꿇어 엎드린다. 동동(動動) 만기(慢機)를 연주하면 협무 2인이 머리를 조금 들고 기구(起句: 動動詞)를 부르고, 꿇어 앉아 아박을 집어 허리띠 사이에 꽂고 손을 여미고 일어서서 족도하면 제기가 노래를 부르고 협무 2인은 춤을 춘다. 동동 중기(中機)를 연주하면 제기가 노래를 부르고 협무 2인이 꿇어 앉아 아박을 손에 쥐고 일어서서, 박 치는 소리에 따라 북향·대무·북향·배무·북향하며 춤춘다. 매월의 가사에 따라 춤을 바꾸어 추며 나아갔다 물러났다 하면서 춤춘다. 악사가 절차의 느리고 빠름에 따라 1강(腔)을 걸러 박을 치면 협무 2인이 염수하고 꿇어앉아 본디 있던 자리에 아박을 내려놓고 염수[광수]하고 일어서서 족도하고, 다시 꿇어앉아 부복하고 일어나 족도하며 물러가면 음악이 그치고, 악사가 동영을 거쳐 들어와 아박을 가지고 나간다.

〈아박무〉는 춤추는 내내 〈그림 71〉처럼 일렬대형을 유지하며 춤을 추는데 북향하여 상대·상배와 무진·무퇴를 하며 춤을 춘다. 〈아박무〉는 아박을 잡기 전과 잡은 후의 춤과 춤을 마친 다음 무구를 바닥에 내려놓는 것으로 진행된다. 〈아박무〉의 반주음악은 동동 만기·중기이다. 주로 동동 중기에 춤이 추어지는데, 북향무·상대·상배를 추고 무진·무퇴를 춘다.

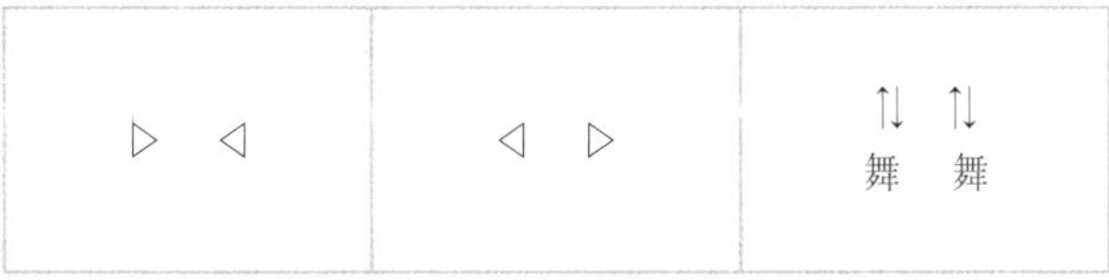

〈그림 71〉 조선전기 〈아박〉의 대형 구성

(5) 향발(響鈸)

〈향발무〉는 향악정재로, 놋쇠로 만든 작은 향발[제금]을 두 손의 모지(母指)와 장지(長指)에 끼고 장단에 맞춰 향발을 치면서 상대·상배하며 춘다. 〈향발무〉 창사 중에는 〈오양선〉 정재의 가사를 사용하고 있으며, 춤은 전장과 후장으로 나누어 궤무(跪舞)를 2번에 걸쳐 같은 춤을 반복하여 춘다. 〈향발무〉는 중국에서 추어진 춤을 모방하여 우리 조정에서 재구성하여 사용하였는데, 아래의 기록에서 확인된다.

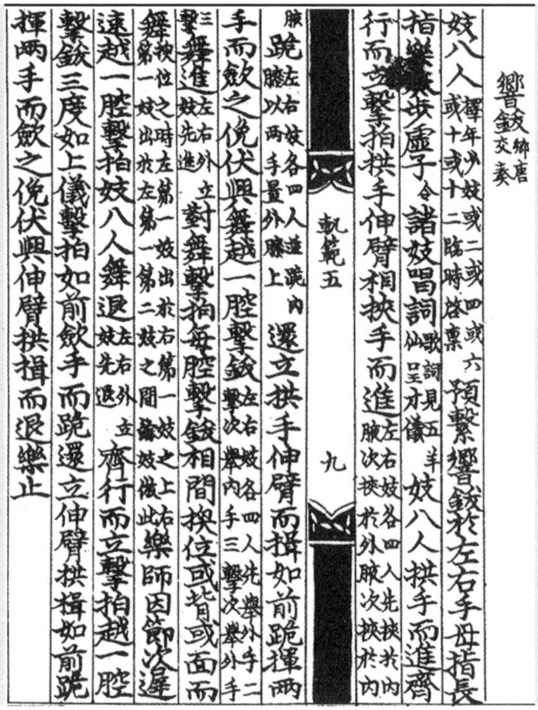
響鈸 鄉唐交奏
妓八人 擇年少妓或二或四或六或十或十二臨時啓稟 預繫響鈸於左右手母指長
指 樂奏步虛子 令 諸妓唱詞 歌詞見五羊仙呈才儀 妓八人拱手而進齊
行而立 擊拍 拱手伸臂相挾手而進 左右妓各四人先挾於內腋次挾於外腋次挾於內
軌範五 九
腋 跪 左右妓各四人並跪內膝以兩手量外膝上 還立拱手伸臂而揖如前跪揮兩
手而斂之俛伏興舞 越一腔擊鈸 左右妓各四人先擧外手二擊次擧內手三擊次擧外手
三擊 舞進 左右外立妓先進 對舞 擊拍每腔擊鈸相間換位或背或面而
舞 換位之時左第一妓出於右第一妓之上右第一妓出於左第一第二妓之間餘妓倣此 樂師因節次遲
速 越一腔擊拍 妓八人舞退 左右外立妓先退 齊行而立 擊拍 越一腔
擊鈸三度如上儀 擊拍 如前斂手而跪 還立伸臂拱揖如前跪
揮兩手而斂之俛伏興伸臂拱揖而退 樂止

의궤 악장에[56] 의하면, "○당나라 때의 연악(燕樂) 법곡(法曲)에 「동발상화지악(銅鈸相和之樂)」이 있었는데, 우리 조정에서는 향악(鄉樂)에서 모방해 사용해왔다"라고 하였다.

56 이의강, 『국역순조무자진작의궤』(서울: 보고사, 2006), 68쪽.

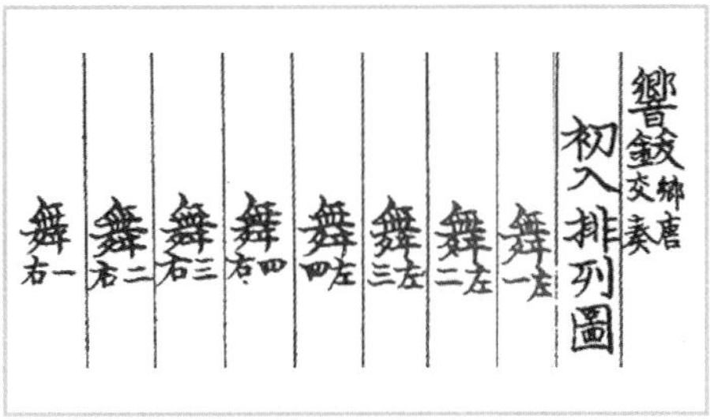

〈그림 72〉 조선전기 〈향발〉의 초입배열도

조선전기의 〈향발무〉는 『악학궤범』 권5에 전하는데, 무용수 구성은 협무 8인이며, 초열은 〈그림 72〉처럼 협무 8인이 좌대와 우대로 나누어 일렬로 가지런히 선다. 〈향발무〉 내용을 정리하면, 협무 8인이 향발을 왼손·오른손의 모지(母指)와 장지(長指)에 각각 맨다. 보허자령에 제기는 노래를 부르고, 협무 8인이 공수(拱手)하고 나아가 일렬로 선다. 공수하고 팔을 펴서 서로 안쪽과 바깥쪽 겨드랑이를 끼고 춤추며 나아가 꿇어앉아 엎드렸다가 일어서서 공수하고 팔을 펴서 읍(揖)하고, 다시 앞에서와 같이 꿇어앉아 두 손을 휘두르며 춤추고 소매를 여미고 엎드렸다가 일어나 춤춘다. 1강(腔)을 걸러 좌우협무는 바깥쪽 손의 향발을 3번씩 치면서 춤추고, 좌우의 바깥쪽 무용수부터 무진하여 2대 좌우대형으로 서서 대무한다. 매 강마다 향발을 치면서 상대무진·무퇴하는데 음악의 속도에 따라 춘다. 협무 8인이 무퇴하여 초열로 서서 앞에서와 같이 바깥쪽 손의 향발을 3번씩 치면서 춤추고, 앞에서와 같이 염수하고 꿇어앉았다가 다시 일어서서 팔을 펴고 공읍하고, 앞에서와 같이 꿇어앉아 두 손을 휘두르며 춤추고 손을 여미고 부복하였다가 일어나 팔을 펼쳤다가 공읍하고 물러가면 음악이 그친다.

〈향발무〉의 춤 대형은 일렬대형과 2대 좌우대형으로 구성된다. 보허자령 음악에 맞추어 처음부터 끝까지 춤을 추는데, 일렬대형에서는 〈그림 73-가〉처럼 좌우협무 8인이 무진·무퇴를 하고, 향발을 치면서 추기도 하고 엎드려

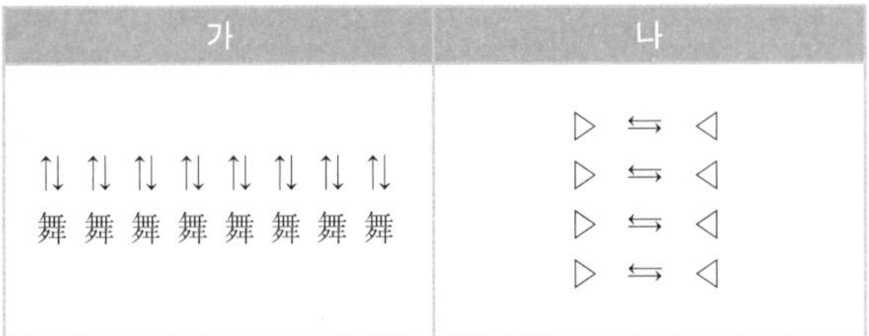

〈그림 73〉 조선전기 〈향발무〉의 대형 구성

추기도 하고 한다. 2대 좌우대형에서는 〈그림 73-나〉처럼 서서 상대·상배·환대하며 춤춘다. 〈향발무〉는 전장과 후장으로 나누어 궤무를 2번에 걸쳐 반복하여 춘다. 전장의 첫 번째 궤무는 '궤-환립-공수-신비-읍'하며 춤추고, 두 번째 궤무는 '궤-휘수-염수-면복-기립'하며 춤춘다. 후장의 첫 번째 궤무는 '염수-궤-기립-신비-공읍'하며 춤추고, 두 번째 궤무는 '궤-휘수-읍-부복-기립-신비-공읍'하며 춤춘다.

(6) 무고(舞鼓)

〈무고〉는 고려시대부터 이어져오는 향악정재로[57] 북[鼓]을 가운데에 두고 둥글게 서서 무용수들이 북을 두드리며 춤을 춘다. 〈무고〉는 북채를 잡고 북을 치기 전과 마친 후에 '궤면복'을 전장과 후장에 걸쳐 각각 반복하는데, 전

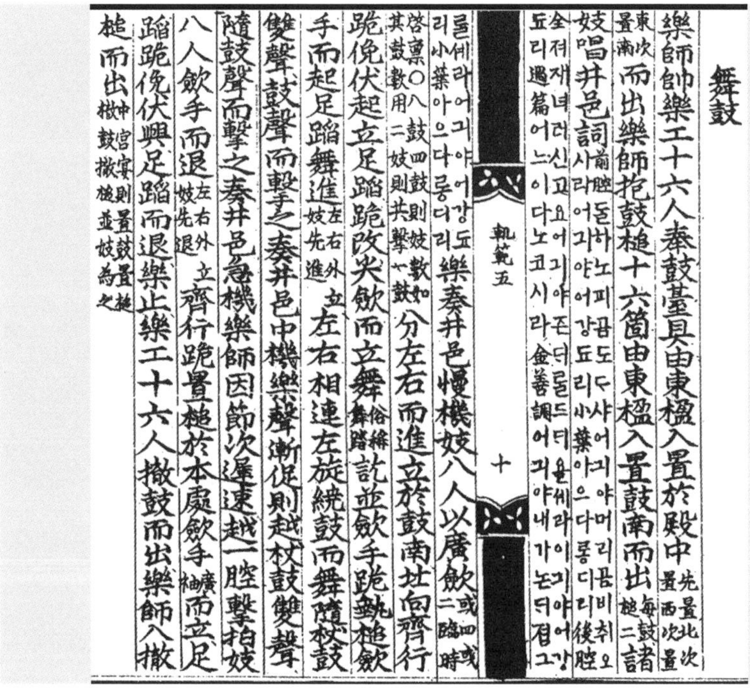
舞鼓

樂師帥樂工十六人奉鼓臺具由東楹入置於殿中 先置北次置西次置東次置南 而出樂師抱鼓槌十六箇由東楹入置鼓南而出 每鼓二槌 諸妓唱井邑詞 前腔 돌하노피곰도다샤어긔야머리곰비취오사라어긔야어강됴리 小葉 아으다롱디리 後腔 全져재녀러신고요어긔야즌데를드데욜세라어긔야어강됴리 過篇 어느이다노코시라 金善調 어긔야내가논데졈그를셰라어긔야어강됴리 小葉 아으다롱디리 樂奏井邑慢機妓八人以廣袖 或二或四臨時 啓稟○八鼓四鼓則妓數如其鼓數用二妓則共擊一鼓 分左右而進立於鼓南北向齊行跪俛伏起立足蹈跪改尖斂而立舞 俗稱舞踏 訖並斂手跪執槌斂手而起足蹈舞進 左右妓先進 外 立左右相連左旋繞鼓而舞隨杖鼓雙聲鼓聲而擊之奏井邑中機樂聲漸促則越杖鼓雙聲隨鼓聲而擊之奏井邑急機樂師因節次遲速越一腔擊拍妓八人斂手而退 左右妓先退 外 立齊行跪置槌於本處斂手 廣袖 而立足蹈跪俛伏興足蹈而退樂止樂工十六人撤鼓而出樂師八撤槌而出 中宮宴則置鼓置槌撤鼓撤槌並妓為之

軌範五 十

57 〈무고〉의 유래는 고려시대 편을 참조바람.

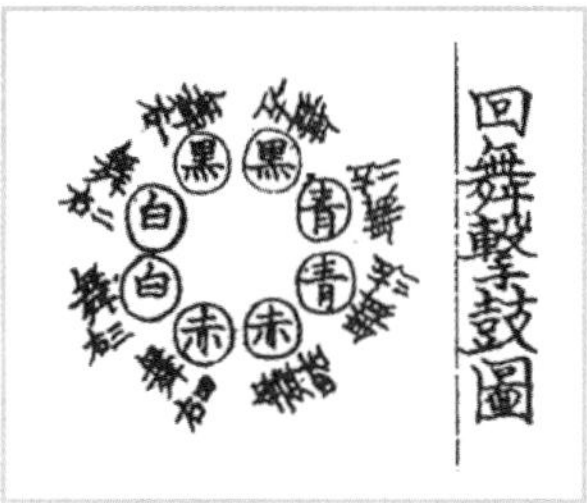

장에서는 '궤면복'을 3번에 걸쳐서 하고 후장에서는 2번에 걸쳐 한다. 시대별로 무용수와 무구[鼓]의 수에 차이를 보이는데, 고려시대에는 무구[북] 1개에 무용수 2인이 춤을 추었고, 조선전기에는 무용수 구성에 맞춰 북을 설치하였다. 조선전기에는 북 1개에 원무 1인이 배정되었으며, 각각 북을 끼고 돌면서 북을 치며 춤춘다. 북을 사방에 각각 2개씩 놓는데 방위 색에 맞춰 북쪽에는 흑색, 동쪽에는 청색, 서쪽에는 백색, 남쪽에는 홍색 천으로 장식하여 각각 설치한다.

조선전기의 〈무고〉는 『악학궤범』 권5에 전하는데, 무용수는 여기[원무] 8인으로 구성되고, 초열은 〈그림 74〉처럼 원무 8인이 나란히 선 일렬대형이다. 〈무고〉 내용을 정리하면, 악사가 악공 16인을 거느리고 북과 북틀을 들고 동쪽으로부터 들어가 전중에 놓고[58] 나가면 악사가 북채 16개를 들고 북 남쪽에 놓고 나가고 여러 기들이 정읍사를 부른다. 정읍 만기를 연주하면 여기 8인이 광렴(廣斂)하고 좌우로 나누어 앞으로 나아가 북 남쪽에 나란히 서서 궤하여 엎드렸다가 일어서고, 이어 궤하여 첨수로 일어나 춤춘다. 마치면 염수하고 꿇어앉아 북채를 잡고 일어서서 무진[좌우의 밖의 기가 먼저 나아간다]하여 왼쪽으로 돌아 북을 에워싸 춤추고, 장고의 쌍성(雙聲)과 고성(鼓聲)에 따라 북을 치며 춤추고, 정읍 중기와 급기 음악의 절차에 따라 북을 치면서 춤을 춘다. 춤이 마치면 여기 8인이 처음의 자리로 물러나 엎드려 북채를 내려놓고 물러나면, 악사가 북과 북채를 거두어 나간다.

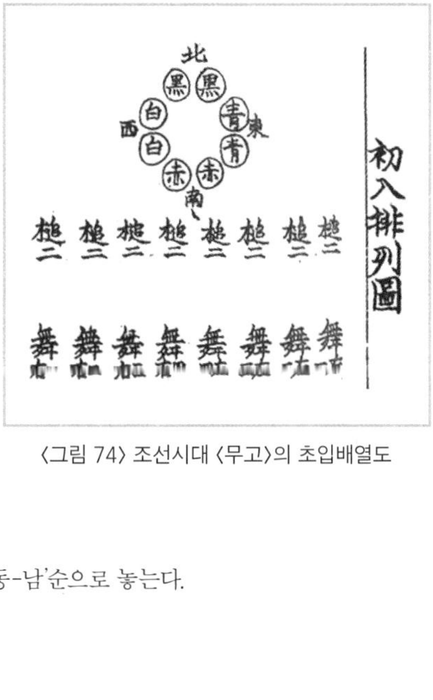

〈그림 74〉 조선시대 〈무고〉의 초입배열도

〈무고〉의 춤 대형은 일렬대형과

58 〈무고〉에 사용하는 북을 설치할 때에는 '북-서-동-남'순으로 놓는다.

사방대형[원]으로 구성된다. 일렬대형에서는 〈그림 75-가〉처럼 여기[원무] 8인이 무진하고, 바닥에 놓여진 북채를 집어들고, 북향하여 춤춘다. 사방대형[원]에서는 〈그림 75-다〉처럼 북을 에워싸 돌아가며[좌선] 북을 치면서 춤을 춘다. 〈무고〉는 북을 중심으로 춤이 진행된다. 북을 치기 위해서는 초열인 일렬대형으로 서서 앞으로 나아가 사방으로 서야 하는데, 이때 〈그림 75-나〉처럼 좌우 외무기(外舞妓)부터 나아간다. 이러한 이동과정은 두 번에 걸쳐서 하는데, 초열인 일렬대형에서 북을 중심으로 사방으로 설 때와 춤을 마친 뒤 처음의 자리인 일렬대형으로 서기 위해 물러날 때이다. 이 과정은 일렬대형에서 사방[원]으로, 사방[원]에서 다시 일렬대형으로 설 때 무용수들이 이동하는 실제의 경로를 구체적으로 제시한 것이다.

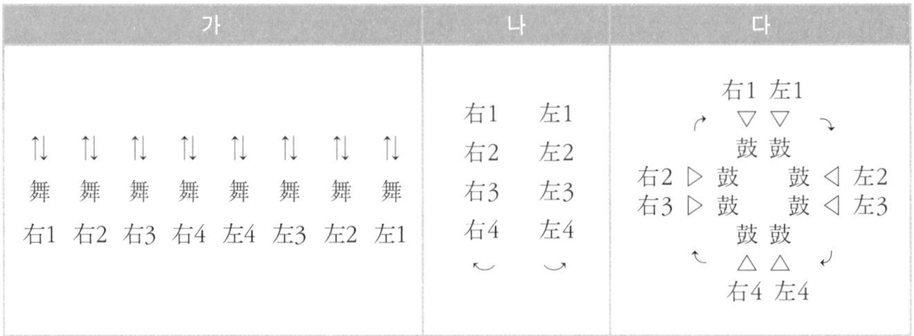

〈그림 75〉 조선전기 〈무고〉의 대형 구성

(7) 학무(鶴舞)

〈학무〉는 학이 연못[池塘板]에 핀 꽃을 귀히 여겨 그 주위를 맴돌고 날아다니는 형상을 짓는 춤으로, 향악정재이다. 무용수가 학을 모방한 탈을 쓰고 춤을 추는데, 청학(青鶴)·백학(白鶴)으로 구성된다. 〈학무〉는 학의 일상적인 행위를 표현하며 춤을 추는데, 학 두 마리가 지당 남쪽에서 북향과 지당판[연못]을 향하여 오고 가며 부리로 바닥을 쪼는 시늉과 부리를 딱딱 부딪치고 연통 좌우를 기웃거리며 춤을 춘다. 〈학무〉의 내용은 조선전기의 문헌에 전해지지만 고려시대 〈연화대〉에 연꽃에서 동녀가 나온다는 대목을 통해 그 이전부터 추어진 것을 알 수 있다.

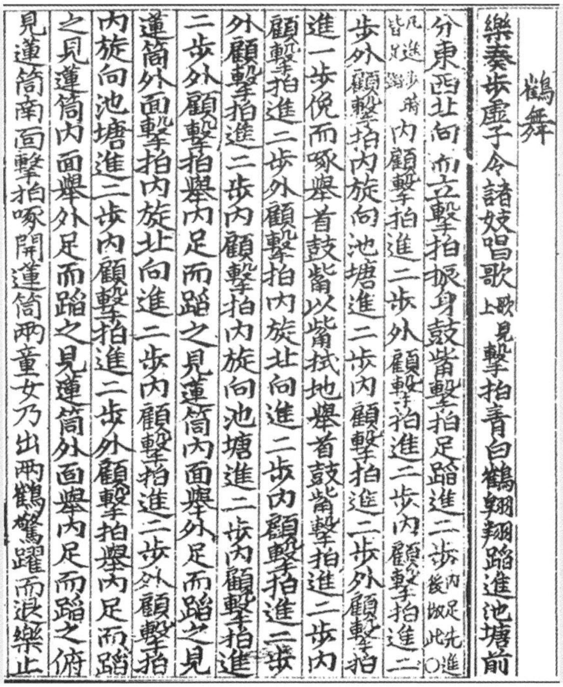
鶴舞
樂奏步虛子令諸妓唱歌 歌見上 擊拍青白鶴翱翔蹈進池塘前
分東西北向而立擊拍振身鼓觜擊拍足蹈進二步 內足先進後皆做此 ○
凡進步皆足蹈 內顧擊拍進二步外顧擊拍進二步內顧擊拍進二
步外顧擊拍內旋向池塘進二步內顧擊拍進二步外顧擊拍
進一步俛而啄擧首鼓觜以觜拭地擧首鼓觜擊拍進二步內
顧擊拍進二步外顧擊拍內旋北向進二步內顧擊拍進二步
外顧擊拍進二步內顧擊拍內旋向池塘進二步內顧擊拍進
二步外顧擊拍擧內足而蹈之見蓮筒內面擧外足而蹈之見
蓮筒外面擊拍內旋北向進二步內顧擊拍進二步外顧擊拍
內旋向池塘進二步內顧擊拍進二步外顧擊拍擧內足而蹈
之見蓮筒內面擧外足而蹈之見蓮筒外面擧內足而蹈之俯
見蓮筒南面擊拍啄開蓮筒兩童女乃出兩鶴驚躍而退樂止

의궤 악장에[59] 의하면, "○대나무로 두 마리 학을 만들고 청색과 황색의 깃옷을 두 무동(舞童)에게 입혀 그 속에 숨겨둔다. 돌아 날면서 춤추고 연통을 쪼아 통이 벌어지면 물러난다. 두 동기가 연꽃에서 나온 다음에 〈연화대무〉를 춘다"라고 하였다.

조선전기의 〈학무〉는 『악학궤범』 권5에 전하고, 무용수 구성은 협무[학] 2인이다. 〈학무〉 내용을 정리하면, 보허자령에 제기는 노래를 부르고, 청학과 백학이 날아와 지당판 앞에 동서로 나뉘어 북쪽을 향하여 선다. 두 마리 학이 북쪽과 지당을 각각 바라보고 나아가며 안쪽과 바깥쪽을 향해 고개를 돌리고, 부리로 땅을 쪼고 머리를 들어 부리

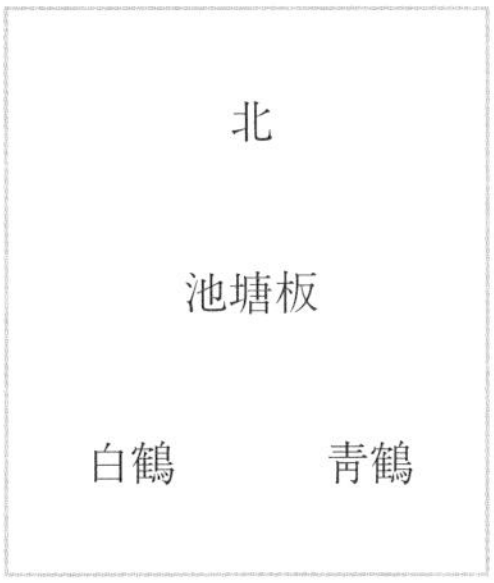

〈그림 76〉 조선전기 〈학무〉의 대형 구성

59 한국예술종합학교 전통예술원, 『高宗辛丑進宴儀軌』 卷一(서울: 민속원, 2001), 203쪽.

를 마주치며 춤추는데, 여러 회 반복하여 춘다. 이어 지당판으로 다가가 연통의 안쪽과 바깥쪽을 기웃거리다가 부리로 연통을 쪼고, 연통(蓮筒) 속에 들어 있는 두 동녀를 보고 학이 깜짝 놀라 뛰면서 물러가면 춤이 마친다.

〈학무〉는 춤추는 내내 〈그림 76〉처럼 일렬대형을 유지하며 춤을 춘다. 지당판은 북쪽에 설치하고 학은 지당판의 남쪽에 선다. 〈학무〉는 북향과 지당판을 향해 나아가며 '내고·외고·진신고취·고취·취식지'를 추는데, 학 2마리가 춤추는 공간은 지당판의 남쪽이고, 춤추는 내내 그 범위를 벗어나지 않는다.

(8) 학연화대처용무합설(鶴蓮花臺處容舞合設)

〈학연화대처용무합설〉은 〈학무〉·〈연화대〉·〈처용무〉가 합설로 추는 것을 말한다. 일반적으로 정재는 임금에게 술이나 탕을 올릴 때 정재 한 종목을 각각 추어올리는데, 〈학연화대처용무합설〉은 세 가지 춤을 연이어 추었다. 이 춤을 조선전기에는 전도(前渡)와 후도(後度)로 나누어 추었는데, 전도에는 〈처

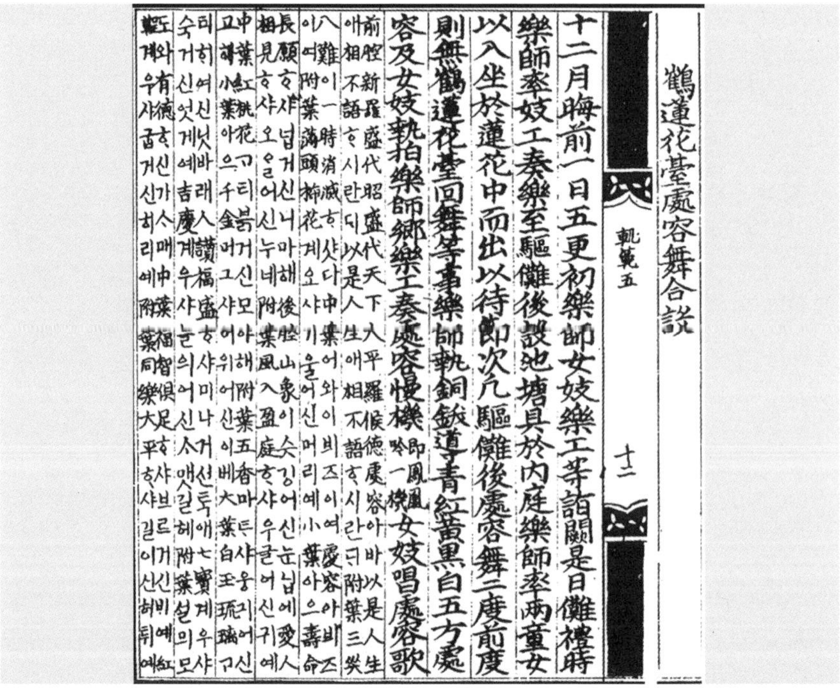
鶴蓮花臺處容舞合設

軌範五 十二

十二月晦前一日五更初樂師女妓樂工等詣闕是日儺禮時樂師率妓工奏樂至驅儺後設池塘具於內庭樂師率兩童女以入坐於蓮花中而出以待節次凡驅儺後處容舞二度前度則無鶴蓮花臺回舞等事樂師執銅鈸導青紅黃黑白五方處容及女妓執拍樂師鄕樂工奏處容慢機 即鳳凰吟一機 女妓唱處容歌

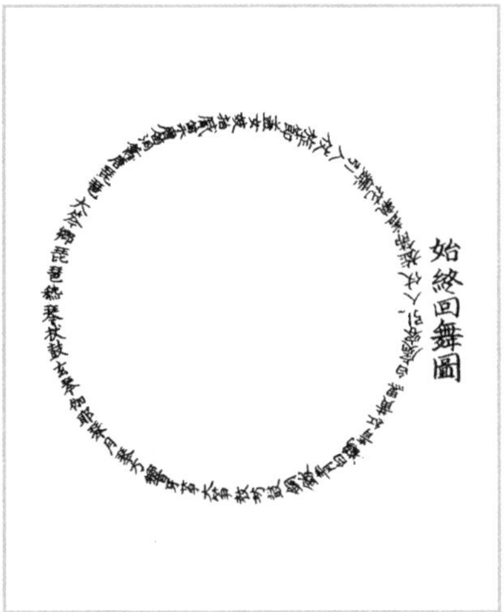

〈그림 77〉 조선전기 〈처용무〉의 회무도

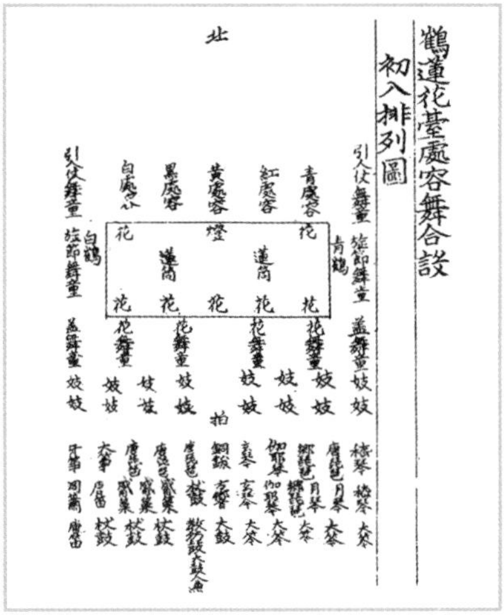

〈그림 78〉 조선전기 〈처용무〉의 초입배열도

용무〉만 추고 후도에 다시 〈학무〉·〈연화대〉·〈처용무〉순으로 춤을 추었다. 조선전기의 〈학연화대처용무합설〉은 『악학궤범』 권5에 전해지는데 여기에는 〈학무〉와 〈연화대〉 춤 내용은[60] 없고 〈처용무〉 내용만 상세하게 기록되어 있다. 이 기록으로 볼 때 조선시대에는 〈학무〉·〈연화대〉·〈처용무〉를 각각 독자적으로 추기도 하고 합설로도 추어진 것을 알 수 있다.

〈학연화대처용무합설〉은 전도와 후도로 나누어 진행하는데, 〈처용무〉는 전도와 후도에 각각 추었다. 먼저 전도에서는 춤을 추기 전 무구[지당판·연통]를 설치하고, 〈그림 77〉처럼 무용수 전체가 처용가를 부르며 회무[좌선]를 돌며 등장하여 자리를 배열하는데, 동발(銅鈸)을 든 악사, 청·홍·황·흑·백 처용, 인인장, 정절, 개, 집화무[무동], 인인장, 정절, 개, 여기, 박, 피리, 당적, 퉁소, 당비파, 대금, 향비파, 해금, 장고, 거문고, 가야금, 월금, 방향, 아쟁, 대쟁, 교방고 순서로 돈다. 이렇게 회무를 세 바퀴 돌아 〈그림 78〉처럼 처음의 자리로 배열하면 처용 5인이 일렬대형과 오방대형으로 서서 춤을 추고 다시 회무를 돌아 퇴장을 한다. 다음 후도에서는 지당판과 연통을 진설하고 앞에서와 같이 무용수 전체가 회무를 돌아 초열로 서서 〈학무〉·〈연화대〉·〈처용무〉순

60 후도에 추어지는 〈학무〉는 『악학궤범』 권5에, 〈연화대〉는 『악학궤범』 권4에 기록되어 있다.

으로 춤을 추고 또 앞에서와 같은 회무를 돌아 퇴장을 한다.

조선전기의 〈학연화대처용무합설〉 내용을 정리하면, 12월 그믐 하루 전날 5경(更) 초에 악사·여기·악공 등이 대궐에 나아간다. 이날 나례(儺禮) 때에 악사가 여기·악공을 거느리고 음악을 연주한다. 내정(內庭)에 지당구(池塘具)를 설치하고 악사는 두 동녀를 거느리고 들어가 연화(蓮花) 가운데 앉히고 내정에서 나와 절차를 기다린다. 전도에는 〈학무〉·〈연화대〉·회무 등이 없다. 악사는 동발을 잡고 청·홍·황·흑·백의 오방 처용 및 여기 집박악사·향악공을 인도한다. 처용만기[봉황음(鳳凰吟)의 일기(一機)]를 연주하면 여기 16인은 처용가(處容歌)를 부르고 일렬로 선다. 음악이 중엽(中葉)에 이르면 처용 5인은 모두 허리를 구부리고 양팔을 들었다가 내려 무릎 위에 놓는다. 황 처용이 동쪽과 서쪽을 향하면 청 처용·홍 처용과 흑 처용·백 처용이 서로 상대·상배하며 춤춘다. 일렬대형에서 황 처용은 오른손과 왼손을 끼고 청 처용·홍 처용과 흑 처용·백 처용은 안쪽의 손과 바깥쪽의 손을 끼고 춤춘다. 처용 5인이 무진하여 일렬로 서서 황 처용이 동쪽과 서쪽을 향하면 청·홍·흑·백 처용이 서쪽과 동쪽을 향하여 춤춘다. 황 처용은 무대 가운데에 서고 청·홍·흑·백 처용은 오방 위치로 가서 선다. 황 처용은 오른손을 먼저 들고 북쪽을 향하여 춤추고, 청·홍·흑·백 처용은 왼손을 먼저 들고 중앙을 향하여 대무하고 다시 손을 바꾸어 들며 배무한다. 봉황음 중기(中機)를 연주하면 황 처용이 북쪽의 흑 처용·동쪽의 청 처용·남쪽의 홍 처용·서쪽의 백 처용과 각각 마주보고 춤춘다. 황 처용은 제자리에서 춤추고 오방에 선 청·홍·흑·백 처용은 황 처용을 향하여[대무] 춤춘다. 5방 처용은 제자리에서 주선[左右轉]을 하고 5방 처용은 동시에 대무를 한다. 북쪽의 흑 처용을 시작으로 황·청·홍·백 처용이 차례로 나아가 회무를 3바퀴 돈다. 오방대형으로 서서 북향무를 추고, 일렬로 서서 춤을 춘다. 봉황음 급기를 연주하고, 이어 삼진작(三眞勺)을 연주하면 황 처용은 그대로 서고 나머지 4자 처용이 나란히 춤을 추며 뒤로 물러난다. 황 처용

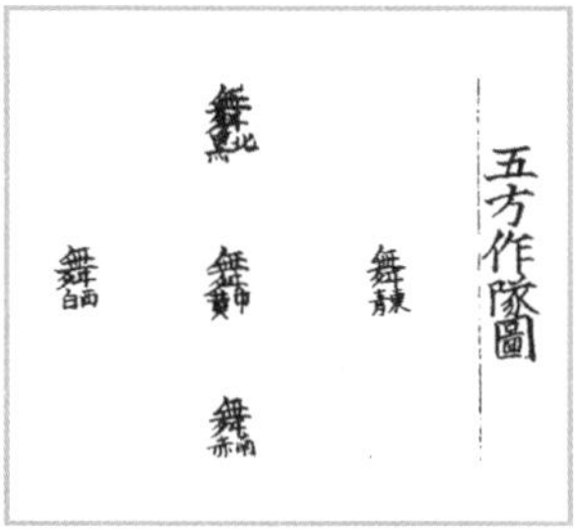

이 물러나고 청·백 처용과 홍·흑 처용이 차례로 무진·무퇴하며 춤추고, 처용 5인이 줄지어 회무하며 물러난다. 정읍(井邑) 급기(急機)에 처용 5인이 변무[정읍무]를 추고, 북전(北殿) 급기에 노래를 부르고 환장무(懽場舞)를 추며 퇴장하고, 여기·악사·악공도 차례로 물러난다. 후도에 〈학·연화대〉 의물과 기구를 설치하면 인인장·정절·개·봉화무동·집박악사·악공이 들어온다. 영산회상만(靈山會相慢)을 연주하면 불보살(佛菩薩)을 부르며 회무 3잡하여 초열로 선다. 영산회상령에 처용 5인이 환무하고 물러나 좌우로 선다. 보허자령에 청학과 백학이 무진·무퇴하며 춤추고 물러나면 연통에서 동기가 나와 〈연화대〉를 춘다. 처용 만기(慢機)를 연주하면 〈처용무〉를 추고, 미타찬(彌陀讚)을 연주하면 도창(導唱)과 화창(和唱)하면서 회무하며 각각 퇴장한다.

〈처용무〉의 춤 대형은 일렬대형·오방대형·전후대형으로 구성된다. 일렬대형에서는 〈그림 79-가〉처럼 5자 처용 전체가 무진하거나 황 처용을 중심으로 혹은 좌대와 우대의 무용수 중심으로 상대·상배하며 춤춘다. 오방대형에서는 〈그림 79-나〉처럼 무대 가운데 황 처용을 중심으로 상대·상배를 하고 주선이무를 춘다. 전후대형에서는 〈그림 79-다〉처럼 처용 5인이 각각 무진·무퇴를 한다.

가			나	다
↑ ↑ ↑ ↑ ↑ 白 黑 黃 紅 青	▷ ◁ ▶ ▷ ◁ ----------- ◁ ▷ ◀ ◁ ▷	◁ ◁ ▶ ◁ ◁ ----------- ▷ ▷ ◀ ▷ ▷	▽ ▷ 黃 ◁ △	黃 ↓ ↓ ↓ ↓ 白 黑 紅 青

〈그림 79〉 조선전기 〈처용무〉의 대형 구성

〈학연화대처용무합설〉의 반주음악은 봉황음 일기·봉황음 중기·봉황음 급기·삼진작·정읍급기·북전급기영상회상만·영산회상령·보허자령·처용만기·미타찬이다. 봉황음 일기에는 일렬대형으로 서서 황 처용을 중심으로 혹은 청·홍 처용과 흑·백 처용이 상대·상배하며 춤을 추고, 오방대형으로 선다. 봉황음 중기에는 오방대형에서 황 처용을 중심으로 다 같이 상대·상배하기도 하고 각각 하기도 한다. 삼진작에는 일렬대형과 전후대형으로 서서 춤을 춘다. 정읍 급기에는 처용 5인이 변무(變舞: 정읍무)를 추고, 북전급기에는 처용 5인이 환장무를 추며 퇴장하고, 여기·악사·악공도 퇴장한다. 영산회상만에는 무용수 전체가 회무하면서 다시 등장하고, 영산회상영에 처용 5인이 환무하고 좌우로 물러난다. 보허자령에 〈학무〉와 〈연화대〉를 추고, 처용만기에 〈처용무〉를 추고, 미타찬에 도기가 도창과 화창을 하면서 모든 기녀들이 회무하며 차례로 퇴장한다.

〈학연화대처용무합설〉에서 〈처용무〉를 출 때에 구체적인 춤 명칭을 제시하였는데, 제시된 춤사위는 '홍정도돔무·발바딧무·인무·발바딧작대무·수양수무릎디피무·수양수오방무·정읍무·환장무'이다. 일렬대형에서 황 처용을 중심으로 청·홍 처용과 흑·백 처용이 상대·상배할 때에는 무릎디피무로 추고, 일렬대형에서 황 처용을 중심으로 청·홍·흑·백 처용이 각각 상대·상배할 때에는 인무로 추고, 일렬대형에서 청·홍·흑·백 처용이 각각 내협(內挾)과 외협(外挾)할 때에는 홍정도돔무로 추고, 일렬대형에서 처용 5인이 나란히 무진할 때에는 발바딧무로 춘다. 오방대형으로 설 때에는 발바딧작대무로 추고, 오방대형에서 오방의 청·홍·흑·백 처용이 황 처용과 상대·상배할 때에는 수양수무릎디피무로 추고, 오방대형에서 황 처용이 좌우로 돌아 북·청·홍·백 처용 순서로 각각 상대할 때에는 수양수오방무로 춘다.

(9) 교방가요(敎坊歌謠)

〈교방가요〉는 궁중 춤[정재]의 종목이 아닌 연향의 형태를 말한다. 임금이 원행 혹은 능행을 갔다가 궁으로 환궁할 때 무사 귀환을 축하하고 이를 환영하기 위하여 궁궐 문 앞 행로에서 펼치는 유일한 연향이다. 노래와 춤을 추어 보이는데 춤이 없으면 노래 혹은 연주로만 하기도 한다. 대가(大駕)가 궁 문 앞에 도달하면 기녀가 내시를 통해 가요축(歌謠軸)을 임금에게 헌상하는 의례를 한다. 마치면 미리 준비한 노래와 정재를 차례로 추어 보이는데, 대가가 궁궐 문 가까이 도달할 때까지 여러 종류의 정재를 춘다. 이때 추어지는 정재는

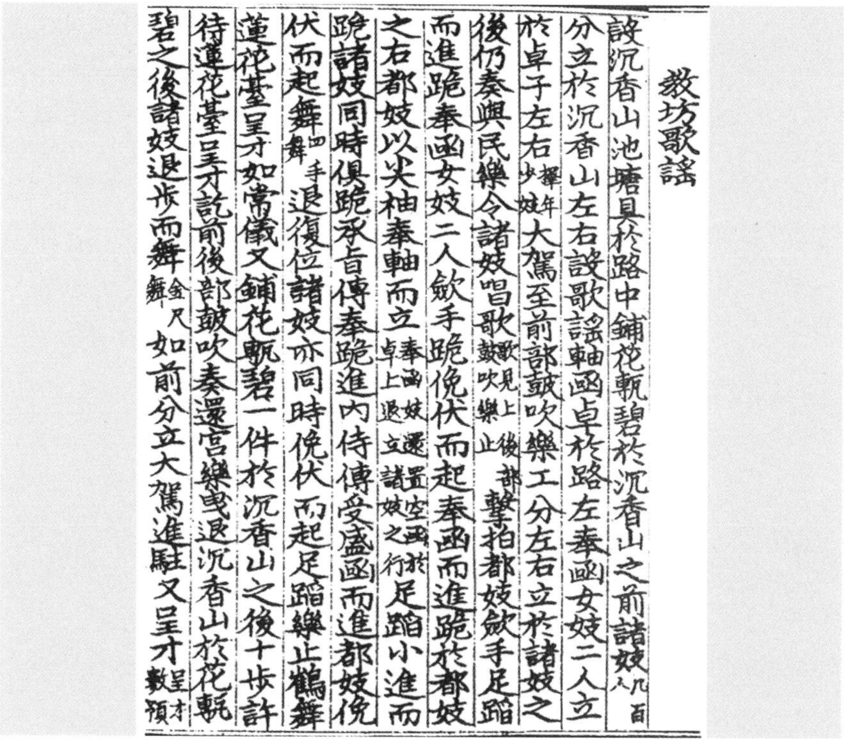
教坊歌謠

設沉香山池塘具於路中鋪花氈碧於沉香山之前諸妓凡百人
分立於沉香山左右設歌謠軸函卓於路左奉函女妓二人立
於卓子左右擇年少妓大駕至前部鼓吹樂工分左右立於諸妓之
後仍奏與民樂令諸妓唱歌謠歌見上後部鼓吹樂止擊拍都妓斂手足蹈
而進跪奉函女妓二人斂手跪俛伏而起奉函而進跪於都妓
之右都妓以尖袖奉軸而立奉函妓還置空函於卓上退立諸妓之行足蹈小進而
跪諸妓同時俱跪承旨傳奉跪進內侍內侍傳受盛函而進都妓俛
伏而起舞四手舞退復位諸妓亦同時俛伏而起足蹈樂止鶴舞
蓮花臺呈才如常儀又鋪花氈碧一件於沉香山之後十步許
待蓮花臺呈才訖前後部鼓吹奏還宮樂或退沉香山於花氈
碧之後諸妓退步而舞金尺舞如前分立大駕進駐又呈才呈才數預

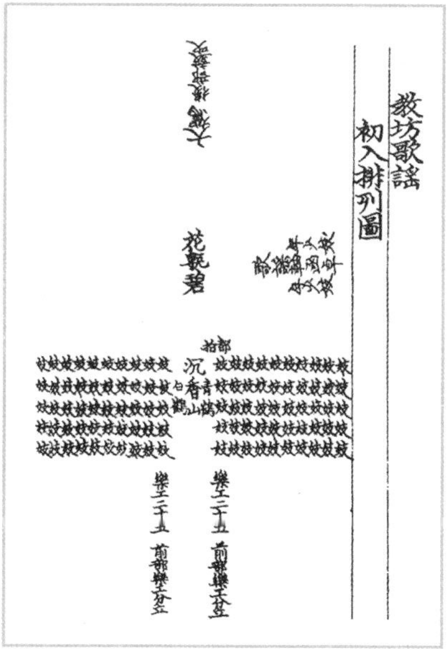

미리 품하여 정해 놓고 대가가 궁 앞에 도달하면 차례로 춤을 추는데, 조선전기 〈교방가요〉에서는 〈학무〉와 〈연화대〉 정재를 추었다.

조선전기의 〈교방가요〉는 『악학궤범』 권5에 전하는데 내용을 정리하면, 침향산(沈香山)과 지당(池塘)을 길 가운데에 설치하고, 침향산 앞에 화전벽(花甎碧)을 깔고 기녀 100인이 침향산 좌우로 선다. 길 왼쪽에 가요축(歌謠軸)을 담은 함(函)을 올려놓은 탁자(卓子)를 설치하고, 함을 든 기녀 2인이 탁자 좌우에 선다. 대가가 이르면 전부고취(前部鼓吹) 악공이 여러 기녀들[100인] 뒤에 좌우로 나누어 서고, 여민락령에 기녀들이 노래를 부른다. 도기(都妓) 1인이 무진하여 가요축을 받들고 나아가 앉으면 기녀 전체가 앉는다. 승지(承旨)가 전해 받아 내시에게 전해주면 내시는 함에 넣어 왕에게 바친다. 도기가 엎드렸다가 일어나 춤추고[四手舞] 제자리로 돌아가면 제기 전체가 엎드려 절하고 일어나면 음악이 그친다. 침향산 10보 뒤에 화전벽 1개를 깔고 〈연화대〉 정재가 끝나기를 기다렸다가 전부고취·후부고취·환궁악을 연주하고 침향산을 화전벽 뒤로 가져간다. 제기는 무퇴하여[금척무] 앞에서와 같이 좌우분립한다.

〈교방가요〉는 대가가 궐문에 이를 때까지 정재를 올리는데, 여러 정재가 춤을 출 때마다 앞의 의례를 반복하고 제자리로 물러가는 절차도 위와 같게 한다. 행악의 별곡은 번갈아가며 연주하고, 무퇴할 때는 사수무를 춘다. 〈교방가요〉에서는 〈그림 80〉처럼 대가가 궁을 향해 서고, 이를 맞이하는 100인의 제기와 무기들은 서로 마주 보고 배열한다. 대가가 도착하면 왕에게 함을 바치는 의식을 행하고 환영하는 춤을 추는데, 대가 앞에서 준비된 정재를 춘 다음에는 뒤로 물러나 제자리로 돌아가 선다. 대가가 궁문 가까이 도달할 때까지 조금씩 무진하고 잠시 쉴 때마다 준비된 정재를 추고, 대가가 궁 안으로

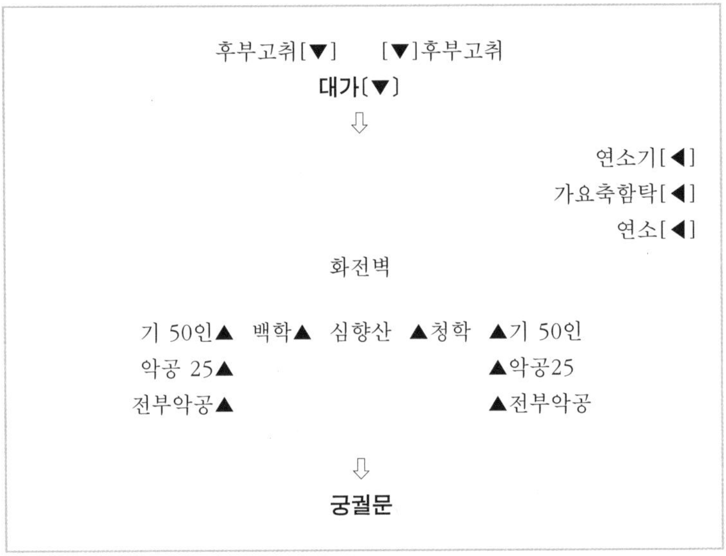

〈그림 80〉 조선전기 〈교방가요〉의 초입배열도

들어서면 모든 연향이 마친다.

(10) 문덕곡(文德曲)

〈문덕곡〉은 태종의[61] 치적을 치하하고 태평성세를 송축하는 내용을 담은 창사를 부르며 춤을 추는 향악정재이다. 선모 1인과 협무 12인으로 구성되어 전후대형으로 서서 무용수들이 창사를 부르고 무퇴하며 춤을 춘다. 〈문덕곡〉에서 부르는 창사는 개언로장(開言路章)·보공신장(保功臣章)·정경계장(正經界章)·정례악장(定禮樂章) 등 4장으로 구성되었는데, 조선 초 정도전이 태조(太祖)에게 새로이 지어 올린 악장가사이다. 〈문덕곡〉은 이러한 창사를 무용수별

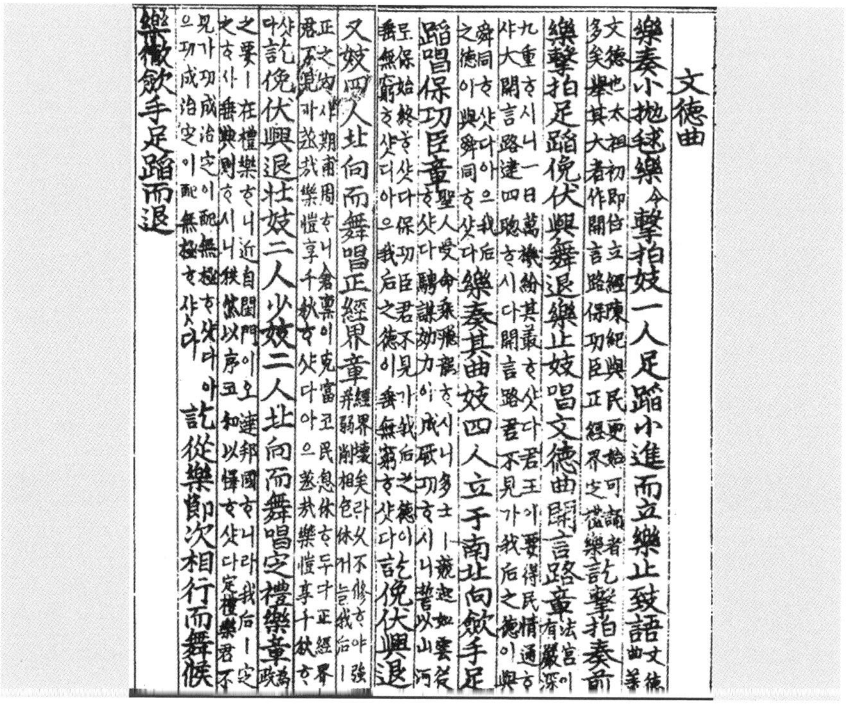
文德曲
樂奏小抛毬樂令 擊拍妓一人足蹈小進而立樂止致語 文德曲美
文德也太祖初即位立經陳紀與民更始可誦者多矣擧其大者作開言路保功臣正經界定禮樂 訖擊拍奏前
樂擊拍足蹈俛伏興舞退樂止妓唱文德曲開言路章 法宮有嚴深이
九重ᄒᆞ시니一日萬機紛其叢ᄒᆞ샷다君王이要得民情通ᄒᆞ샤大開言路達四聰ᄒᆞ시다開言路君不見가我后之德이與
舜同ᄒᆞ샷다아으我后之德이與舜同ᄒᆞ샷다 樂奏其曲妓四人立于南北向斂手足
蹈唱保功臣章 聖人受命乘飛龍ᄒᆞ시니多士ㅣ競起如雲從ᄒᆞ샷다驍謀効力이成歌功ᄒᆞ시니誓以山河
로保始終ᄒᆞ샷다保功臣君不見가我后之德이垂無窮ᄒᆞ샷다아으我后之德이垂無窮ᄒᆞ샷다 訖俛伏興退
又妓四人北向而舞唱正經界章 經界壞矣라久不修ᄒᆞ야強幷弱削相包休거늘我后ㅣ
正之爲ᄒᆞ샤期甫周ᄒᆞ니倉廩이充富코民息休ᄒᆞ두才正經界君不見가盛哉樂愷享千秋ᄒᆞ샷다아으盛哉樂愷享千秋ᄒᆞ
샷다 訖俛伏興退壯妓二人少妓二人北向而舞唱定禮樂章 爲政
之要ㅣ在禮樂ᄒᆞ니近自閨門이오達邦國ᄒᆞ니라我后ㅣ定之ᄒᆞ샤垂典則ᄒᆞ시니秩然以序코和以懌ᄒᆞ샷다定禮樂君不
見가功成治定이配無極ᄒᆞ샷다아으功成治定이配無極ᄒᆞ샷다 訖從樂節次相行而舞侯
樂徹斂手足蹈而退

61 태종(太宗)은 조선의 제3대 임금이다. 조선 태조 이성계와 신의왕후 한씨의 다섯 번째 아들이며, 성은 이(李), 휘는 방원(芳遠)이다. 재위기간은 1400년에서 1418년이며, 비는 민제의 딸 원경왕후(元敬王后)이다. 태종은 태조 이후 아직 왕권이 제대로 갖춰져 있지 않던 조선의 기틀을 다져서 사실상 조선의 창업 군주로 불린다. 참고사이트: 위키백과

로 구별하여 부르는데 선모는 개언로장을, 협무 12인은 보공신장·정경계장·정례악장을 부른다.

> 『태조실록』 권4에 의하면, "태조 2년(1393) 7월 을사(乙巳)에 정도전(鄭道傳)이 태조의 문덕(文德)과 무공(武功)의 치적(治績)을 찬미하여 무공곡(武功曲)과 더불어 지어 올렸다"라고 전한다.

조선전기의 〈문덕곡〉은 『악학궤범』 권5에 전하고, 무용수 구성은 선모 1인·협무 8인·노기 2인·소기 2인이다. 〈문덕곡〉 내용을 정리하면, 소포구락령에 기녀 1인이 무진하여 치어를 부르고, 엎드렸다가 물러나 〈문덕곡〉의 개언로장을 부른다. 기녀 4인이 남쪽에[62] 서서 북향하여 염수하여 보공신장을 부르고, 엎드렸다가 일어나 물러난다. 또 기녀 4인이 북향하여 춤추며 정경계장을 부르고 엎드렸다가 일어나 물러난다. 노기 2인과 소기 2인이 북향하며 정례악장을 부른다. 마치면 서로 춤추고[상행이무], 음악이 그치면 춤이 마친다.

〈문덕곡〉은 춤추는 내내 소포구락령에 맞추어 〈그림 81〉처럼 진행한다. 먼저 〈그림 81-가〉처럼 선모가 무진·무퇴를 하고 후대의 협무 4인이 차례로 북향하여 춤추는데, 〈그림 81-나·다·라〉처럼 협무 4인이 선모 뒤[南]에 서서 노래를 부르고 궤면복하고 무퇴하는데 2번에 걸쳐서 한다. 〈그림 81-마〉처럼 노기와 소기가 각각 북향하여 춤을 추고, 무용수 전체가 무진·무퇴하며 상행이무[초열]한다.

가	나	다	라	마
仙母	仙母	仙母	仙母	仙母
↕		↓ ↓ ↓ ↓	↓ ↓ ↓ ↓	
가-舞 舞 舞 舞	가-舞 舞 舞 舞	나-舞 舞 舞 舞	다-小 老 老 小	가-舞 舞 舞 舞
나-舞 舞 舞 舞	나-舞 舞 舞 舞	다-小 老 老 小	가-舞 舞 舞 舞	나-舞 舞 舞 舞
다-小 老 老 小	다-小 老 老 小	가-舞 舞 舞 舞	나-舞 舞 舞 舞	다-小 老 老 小
				↑ ↑ ↑ ↑

〈그림 81〉 조선전기 〈문덕곡〉의 대형 구성

62 여기서 '남쪽'은 선모 1인의 뒤를 말한다.

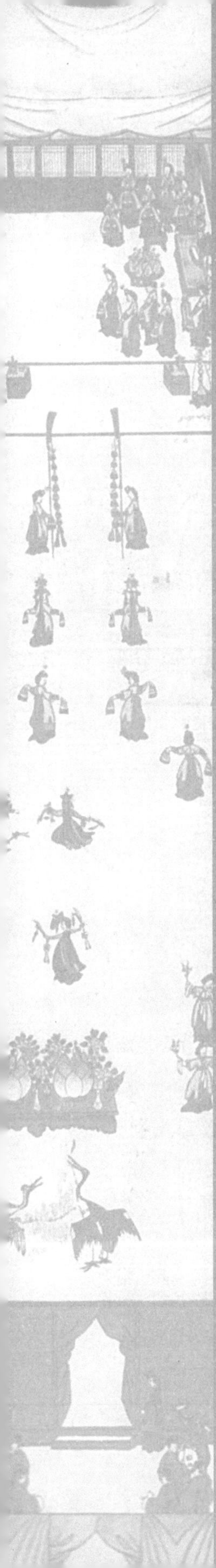

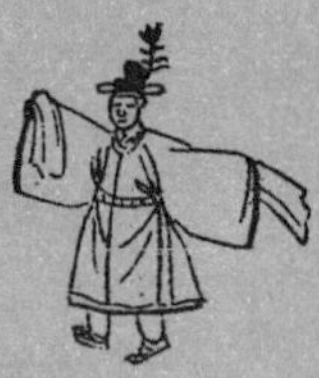

4장

조선후기 궁중정재

임진왜란 이후~경술국치 전

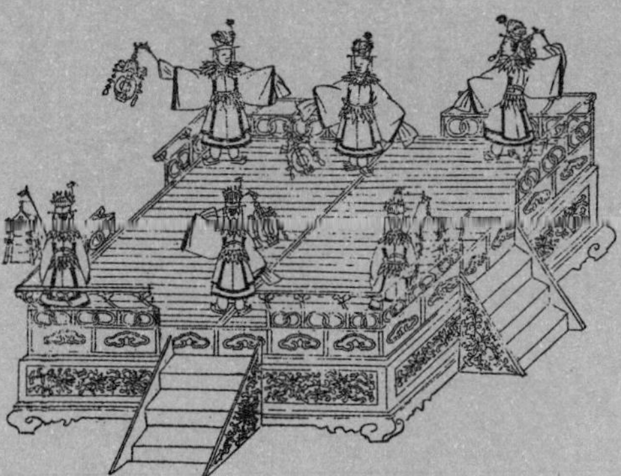

조선후기의 궁중정재는 임진왜란 이후 광해군 대부터 1910년 경술국치(庚戌國恥)[1]까지 그 명맥이 이어진다. 조선후기에는 임진왜란[2] · 정묘호란(丁卯胡亂)[3] · 병자호란(丙子胡亂)[4] 등 크고 작은 전란과 조정 관리들의 당파 싸움을 여러 차례 겪어오면서 국가 재정이 피폐해져 궁중에서 사용하던 대부분의 악기가 소실되었고 악공들 또한 흩어져 궁중무악이 단절되는 등 국가의 여러 의식에 수반되는 규모가 축소되었다. 조선후기는 새로운 정재의 창제로 인하여 정재의 르네상스로 불릴 만큼 황금기를 이루었지만 잦은 연향으로 인하여 춤의 진행과 내용이 간략화되는 경향을 보인다. 연향의 성격에 따라 죽간자가 등장하지 않거나 구호를 생략하는 등 춤 구성에 차이를 두었고 의례적 진행을 생략하기도 하였다. 여러 궁중잔치에 추어지던 정재의 창사가 순한문 가사로 바뀌고, 연향의 성격에 따라 무용수 구성에 차이를 두었는데 주로 내연(內宴)에서는 여기(女妓), 외연(外宴)에서는 무동(舞童)이 추는 것으로 의례적인 제도가 정착되었다. 조선후기에는 이전 시대의 정재 춤 구조를 따르면서도 〈춘앵전〉과 〈무산향〉과 같은 독무 정재와 협무 6인으로 구성된 정재가 대거 창제되었고, 특히 〈제수창〉과 같이 기존에는 없었던 독특한 춤 구조의 새로운 춤이 만들어졌다. 또한 춤의 내용은 같은데 연향에 따라 춤 이름을 다르게 붙여 사용하기도 하고, 춤 제목은 같은데 무용수 구성을 다르게 하여 춤의 성

---

1 경술국치(庚戌國恥): '경술년에 일어난 치욕스러운 일'이라는 뜻으로 일제병탄(日帝兵灘)이라고도 하며, 1910년(대한제국 융희 4) 일제에게 우리나라가 주권을 완전히 빼앗긴 '한일합병'사건을 말한다. 참고사이트: 다음백과사전

2 임진왜란(壬辰倭亂): 1592년(선조 25)부터 1598년까지 2차에 걸쳐서 우리나라에 침입한 일본과의 싸움. 1차 침입이 임진년에 일어났으므로 '임진왜란'이라 부르며, 2차 침입이 정유년에 있었으므로 '정유재란'이라 한다. 하지만 임진왜란하면 일반적으로 정유재란까지 포함시켜 말한다. 참고사이트: 다음백과사전

3 정묘호란(丁卯胡亂): 1627년(인조 5) 후금(後金 : 뒤의 淸)의 침입으로 일어난 조선과 후금 사이의 전쟁. 참고사이트: 다음백과사전

4 병자호란(丙子胡亂): 인조 14년(1636) 12월부터 이듬해 1월에 중국 청나라 태종이 2만 명의 대군을 이끌고 조선을 침략한 전쟁. 침략의 이유는 정묘호란의 약속을 지키지 않는다는 것이나 실제는 조선을 군사적으로 복종시켜 청나라가 중국을 지배하는 데 후환을 없애기 위해서이고, 이 전쟁으로 인하여 인조는 1637년 1월 30일 삼전도에서 청에 항복하는 의식을 치렀고 이후 조선은 청나라에 사대의 예를 지키는 나라가 되었다. 참고사이트: 다음백과사전

격이 전혀 다른 새로운 내용의 정재를 창제하기도 하였다.

조선후기의 정재는 인조·숙종·영조·정조·순조·고종 대를 거쳐 오면서 정재의 부흥기와 쇠퇴기를 맞이하게 된다. 인조 대에는 임진왜란 이후 10여 년간 악기와 악공 그리고 노래 부르는 가자(歌者)의 수가 현저히 줄어들었다. 종묘제례악의 음악적 구조와 양식이 변모되었고 이에 따라 춤 또한 변화되었다. 숙종 대에는 등가와 헌가의 악기 편성 및 악공 배열의 구분이 없어졌으며 이에 따라 음악 길이가 일정하지 않아 궁중무악의 면모를 제대로 갖추질 못하였다. 영조 대에는 국력과 문화수준이 높아지고 사회 경제적으로 안정되면서[5] 옛 제도의 음악 정책을 부활시켜 외진연에는 무동이, 내진연에는 여령이 추는 등 규율을 다시 재정비하였다. 조선 역사상 52년이라는 가장 긴 재위 기간을 통치해오면서 국가의 예제(禮制)를 재확립하였고 궁중의 모든 연향에서 일어났던 내용을 기록으로 남겼는데, 역대 임금 가운데 가장 많은 의궤(儀軌)를 제작하였다. 정조 대에는 영조 대를 이어 국가 재정이 튼튼해지면서 왕권이 강화되었고 이로 인하여 사회·경제·정치·문화면에서 부흥기를 이룬 시기이다. 특히 1776년(정조 즉위년) 3월에 규장각(奎章閣)을[6] 설치하여 조선 왕실 문화의 기초를 닦을 수 있는 제도를 마련하였다. 연향의 규모가 확대되면서 정재 또한 쌍정재로[7] 화려함을 더했고 내용 또한 다양한 구성을 주어 조화로움을 더했다. 헌종 대에는 조선조 제례 및 연향 등 여러 의식에 사용하는 악장을 모으고 불완전한 부분은 보완하는 노력을 하였다. 순조 대에는 효명세자가 대리청정을 하면서 외척세력을 척결하고 부왕의 왕권을 강화하기 위해 잦은 연향을 베풀면서 새로운 정재를 창제하여 조선후기 정재사에 큰 전환점을 갖게 된다. 고종 대에는 왕실 재정이 어려움에 처했음에도 불구하고 국

---

5 이희병, 『조선조 궁중무용사』(서울: 민속원, 2010), 59쪽.

6 규장각(奎章閣): 조선시대 왕실 도서관이면서 학술 및 정책을 연구한 관서. 조선 말기, 정조 원년인 1776년 설치하여 역대 임금의 글, 글씨, 보감(寶鑑) 등을 보관하고 관리하던 도서관. 조선 후기의 문운(文運)을 불러일으키는 중심 역할을 하다가 1894년 갑오개혁 때 없앴다. 참고사이트: 다음백과사전

7 쌍정재란 출연 무용수를 배로 늘여 규모를 크게 하여 추는 것으로, 예로 〈쌍포구락〉의 경우 포구문을 2개 설치하여 각각의 포구문을 중심으로 춤을 추는데, 춤의 내용은 같다.

권의 복귀를 위하여 잦은 연향을 베풀었다. 여러 연향 때마다 정재 내용을 다르게 하여 추었고, 죽간자의 구호나 무용수들의 창사를 생략하여 궁중연향의 위엄보다는 연희로서의 형식적인 면모를 보여주었다. 특히 정식 연향보다 익일회작(翌日會酌)과[8] 같은 소규모의 잔치를 베풀면서 정재의 의례적 형식이 간략화되는 양상을 보이고 있다. 순종(1907~1910) 대에는 고종 대와 마찬가지로 왕권의 회복을 위해 노력하였으나 일제의 적극적인 간섭으로 인하여 왕조의 명맥만 현실적으로 유지하기에 이른다.

조선전기부터 궁중에서 행해지는 정재를 관장하던 기관인 장악원은[9] 조선후기에 들어 이원(梨園)[10] · 연방원(聯芳院)[11] · 함방원(含芳院) · 뇌양원(蕾陽院) · 진향원(趁香院) · 장례원(掌禮院)[12] · 교방사(教坊司)[13] · 장악과(掌樂課)[14] 등 여러 명칭으로 불려지며 이어진다. 장악원은 영조 때 잠시 이원으로 불리다가 연산군 때에는 연방원 · 함방원 · 뇌양원 · 진향원이라는 이름으로 사용하였다. 고종 대에는 1895년 정부기구 개편에 의해 예조로부터 궁내부(宮內府)의 장례원으로 이속되었다가 1897년에 교방사로 명칭이 바뀌었고 1907년에 장악과로 귀속되었다. 이처럼 장악원의 명칭이 여러 차례 바뀌면서 기능과 역할 또한 변화를 겪게 되고, 당악기가 점점 향악기화되면서 조선조의 무악 또한 향악정재화되는 양상을 보이지만 조선왕조 정재의 정체성은 명목상으로나마 그 명맥이 이어지게 된다.

---

8 익일회작(翌日會酌): 임금을 모신 진연의 본 행사가 베풀어진 다음날에 다시 베푸는 잔치. 황태자가 중심이 되어 부가적으로 베푸는 잔치로, 주로 내외진연이 끝난 다음날 행하는 연회이다. 참고사이트: 한국콘텐츠진흥원

9 중종 때 다시 장악원으로 명칭이 바뀜.

10 영조 때 잠시 일부 사람들에 의해서 이원으로 불림.

11 연산군 때 연방원 · 함방원(含芳院) · 뇌양원(蕾陽院) · 진향원(趁香院)이라는 이름으로 사용함.

12 1895년(고종 32) 실시된 정부기구개편에 의해 예조로부터 궁내부(宮內府)의 장례원(掌禮院)으로 이속되었다.

13 1897년 명칭이 교방사로 바뀜.

14 1907년 장악과(掌樂課)로 명칭이 바뀜.

1. 조선후기 궁중정재의 무용형식과 구조

조선후기 정재의 가장 큰 변화는 새로운 정재의 창제로 인하여 새로운 무용 양식과 구조가 만들어진 점이다. 그리고 잦은 연향으로 인하여 춤의 구조와 의례적인 진행이 간략해졌다. 이전 시대에 비해 여러 내용에 다양한 변화가 일어났는데, 이것은 새로운 정재의 제작으로 인하여 새로운 춤 형식과 구조가 도입된 경우와 기존의 정재 양식을 토대로 새롭게 재구성하여 만들어졌다. 음악적 구성도 당악이 향악 화되는 양상으로 변화되었으나 음악 명칭만큼은 기존대로 당악과 향악으로 구분하여 사용하였다. 조선후기 정재에는 음악적 구성을 당악, 향악, 당악과 향악 등 3가지 구조로 구분하여 사용하였다. 이러한 음악적 구성에 따라 춤의 내용과 무용수 구성에 뚜렷한 차이를 보이는데, 특히 음악반주곡을 당악과 향악 이중적 구조로 구성하여 새로운 형식의 당악정재가 창제된 점에 주목한다. 그리고 순조 대에 창제된 정재에서는 대부분 향악 계열의 음악을 사용하였는데, 이러한 음악적 구성을 토대로 무용수 구성을 살폈을 때 향악 계열의 음악을 사용한 정재에서는 무용수를 모두 협무로 구성하였고, 당악과 향악의 이중적 음악적 구성을 사용한 정재에서는 협무 외 죽간자·족자·의물[황개]·선모·집당 등의 무용수로 구성되는 특징을 보인다.

조선후기의 무보인 『정재무도홀기』에는 『고려사』「악지」나 『악학궤범』처럼 정재를 당악과 향악으로 구분하여 기록하지 않았지만 무용수 구성에 차이를 두고 당악정재와 향악정재로 구분하였다. 조선후기의 당악정재와 향악정재의 구분을 무용수 관점으로 분류하는 데에는 다음과 같은 이유에 의해서이다. 정재에서 가장 중요한 역할을 하는 것은 무용수이다. 정재는 역할에 따라 무용수가 서는 위치가 정해져 있고 그 역할에 따라 춤의 구조도 구분되어 진행한다. 그리고 시대별로 이어져 온 정재를 살펴보았을 때에도 이전 시대 당악정재의 무용수 구성이 모두 족자·죽간자·의물·선모·협무로 된 점과 무엇보다 이들 정재가 모두 당악 계열의 음악을 사용한 점에 주목한다. 그리고 조선후기의 정재가 당악과 향악으로 구분된 것으로 보는 또 다른 이유는 음악과 무용수 구성을 각각 다르게 하여 2가지 정재로 제작한 〈최화무〉에 의해서이다. 먼저 음악을 당악인 보허자령과 향악인 향당교주의 이중적 구조로 구성한 〈최화무〉는 무용수를 '죽간자·중무·협무'로 구성하였고, 음악을 향악인 향당교주로 구성한 〈최화무〉는 무용수를 '협무'로 구성하였다. 조선후기의 음악은 이미 당악의 향악화로 변화된 시기인데도 굳이 음악과 무용수 구성을 다르게 하여 2가지 내용으로 제작한 〈최화무〉를 기준으로 비추어보면, 비록 음악적 구성에서 당악의 향악화는 피해갈 수 없었지만 무용에서만큼은 조선의 새로운 정재를 창제하고자 자구적인 노력을 한 것으로 보인다.

조선후기의 궁중정재는 고려시대부터 지속되어오기도 하고 변이를 거쳐 오면서 새로 창제되어 전해진다. 의례적인 진행에 있어 간소화된 점은 당악정재에 등장하는 의물의 배열이다. 고려시대와 조선전기의 당악정재에는 의물 18인이 춤추는 무용수들과 등장과 퇴장을 함께하였고, 무용수 좌우에 배열하여 춤추는 내내 서 있다가 함께 대형을 만들며 춤을 추기도 하였다. 그러나 조선후기에 와서는 이러한 연출이 생략되고 대신 연향이 베풀어지는 궁궐 좌우에 의물을 미리 설치하는 것으로 간소화 되었다. 창사의 진행 또한 동일 정재이면서도 연향에 따라 무동정재로 추어질 때는 죽간자의 구호나 무용수들이 창사를 생략하였다. 예로 〈포구락〉 같은 경우, 포구희를 하기 전 좌대와 우대 전체가 무진하여 창사를 부르는 진행이 조선후기에는 생략되

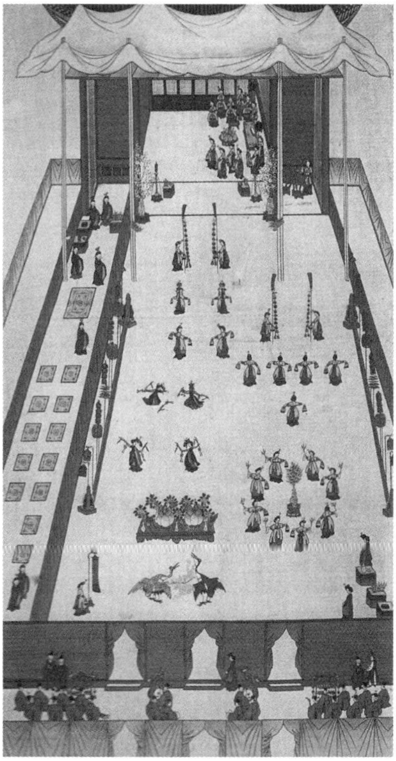

었다. 그리고 조선후기에 새로 창제된 정재의 경우는 춤이 변화될 때마다 창사를 부르는 등, 춤과 창사의 구조가 짜임새 있게 구성되는 양상을 보인다. 한편 이전 시대에 창사를 부르는 춤사위 구조가 무용수 역할에 따라 오른손과 왼손 그리고 바깥 손과 안쪽 손으로 구분하여 진행하던 것에서 조선후기에는 양손을 모으는 춤사위 구조가 새로 만들어졌다.

정재의 춤 구조는 3가지 유형으로 진행하였는데, 고려시대부터 이어진 춤 양식과 기존의 양식을 토대로 변이된 양식 그리고 새로 만들어진 춤 양식이다. 먼저 고려시대의 춤 양식을 그대로 이어받은 경우는 대부분 의례적인 부분은 그대로 유지되고 춤과 창사의 진행에 변화를 주었다. 대부분의 정재 모두 무용수의 구성과 창사의 진행 그리고 대형에 변화를 주었지만 그 춤의 주체적인 성격을 드러내는 내용은 유지되었다. 예로 〈연화대무〉는 합립을 쓰기 전과 후로 나누어 반복하여 추었던 춤을 조선후기에 와서는 간소화하였다. 〈포구락〉은 무용수의 수와 대형에 변화를 주었고 창사의 진행도 간략해졌지만 포구희 내용은 변함없이 이어졌다. 〈헌선도〉는 춤과 창사의 진행에 변화가 있지만 헌도(獻桃)하는 의례는 그대로 지속되었다. 반면 고려시대의 춤 양식을 조선후기까지 이어받아 지속시킨 당악정재는 〈몽금척〉이다. 〈몽금척〉은 무용수의 구성과 춤 대형이 변함없이 이어져온 케이스다.

그리고 이전 시대의 기존 양식을 토대로 새롭게 재구성한 정재가 창제되었는데, 이것은 시대별로 변이된 것도 있고 동시대에 새롭게 다양한 형태로 나타나기도 하였다. 먼저 시대별로 변이된 것으로는 고려시대의 〈헌선도〉 춤에서 선도반을 올리는 내용을 그대로 이어받아 조선후기에 〈만수무〉라는 정재로 새롭게 개작되었고, 그리고 이 춤이 〈헌천화〉에서는 화병을 탁자 위에 올리는 것으로 변화를 주었다. 고려시대의 〈포구락〉이 조선후기에 와서는 〈보상무〉라는 정재로 재구성되어 추어졌고, 조선전기의 〈수보록〉 정재의 양식을 재구성하여 조선후기에는 〈망선문〉 정재가 만들어졌다. 〈수보록〉은 의물 18인이 6대 좌우대형으로 서고 지선 2인이 그 의물 사이로 무진·무퇴하며 춤을 추는데, 〈망선문〉에서는 작선 4인이 문을 만들고 집당 2인이 그 문 사이를 지나가며 춤을 춘다. 고려시대의 〈연화대무〉가 조선후기에는 〈연화무〉로 개작되어 추어지면서 새로운 양식으로 변화를[15] 주어 추었다. 반면 동시대에 비슷한 양식의 구조로 추어진 것은 〈연화무〉와 〈침향춘〉이다. 이들 정재는 모두 화병에 꽂힌 꽃을 들고 춤을 추는데 〈연화무〉는 화병이 6개이고 〈침향춘〉은 화병이 2개이다.

다음으로 기존에는 없던 새로운 춤 양식이 나타난다. 새로운 정재의 창제로 인하여 무용수 구성, 정재대형, 상대·상배, 이동하는 방향이 이전 시대와는 전혀 다른 양상으로 진행되었다. 그리고 이전 시대의 것보다 훨씬 짜임새 있게 구성된 당악정재가 만들어졌으며 한 가지 정재가 당악과 향악 2가지 내용으로 제작되었다. 정재명과 내용을 서로 혼용하여 사용하였고, 한 정재에서 이중적 구조로 진행하는 춤 양식이 도입되기도 하고, 한 정재가 여러 내용으로 변화를 주어 추었는데, 내용을 정리하면 다음과 같다.

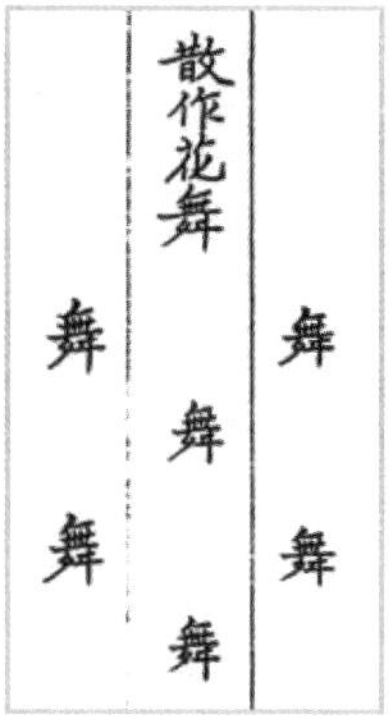

첫째, 조선후기에는 기존의 당악정재와 향악정재의 형식을 빌려 새로운 당악정재와 향악정재를 창제하였다. 대부분 기존의 당악정재 형식을 그대로 이어받으면서 무용수 구성에 차이를 두는 것으로 변화를 주었는데, 먼저 무용수 구성에 차이를 두는 것으로 새롭게 제작한 당악정재는 〈만수무〉이다. 〈만수무〉는 죽간자 2인·선모 1인·협무 2인으로 구성된 〈헌선도〉를 족자 1인·선모 1인·협무 4인으로 구성하여 새로운 내용으로 진행하였다. 그리고 동일정재를 새롭게 재구성한 당악정재는 〈연화대무〉이다. 〈연화대무〉는 기존에 죽간자 2인과 동기 2인으로 구성된 무용수를 죽간자 2인·동기 2인·협무 2인으로 구성하여 새로운 내용으로 진행하였다. 반면 향악정재는 무용수를 협무로 구성하였고, 그 수도 1인·2인·4인·6인 등으로 다양하게 구성하였다. 협무 1인으로 구성된 정재는 〈춘앵전〉과 〈무산향〉으로 대부분 군무로 추어지던 형식에서 무용수 1인이 춘 것은 조선후기에 나타난 새로운 변화이다. 특히 협무 6인으로 구성된 정재에서 다양한 대형이 새롭게 만들

15 이의강, 『국역순조무자진작의궤』 세계민족무용연구소 학술총서③(서울: 보고사, 2006), 298쪽.

어졌는데, 이들 정재에 나타난 공통된 특징은 기존에 없었던 '산작화무'·'전후좌우복합대형'·'품자 대형'과 같은 새로운 대형을[16] 구성하여 춘 점이다.

둘째, 한 가지 정재를 당악정재와 향악정재 2가지 양식으로 구분하여 창제하였고 연향의 성격에 따라 추게 하였다. 〈최화무〉는 선모 1인과 협무 4인의 당악정재와 협무 6인으로 구성된 향악정재로 제작하여 추어졌다. 음악 구성 또한 차이가 있는데 죽간자 2인·선모 1인·협무 4인 구성의 〈최화무〉는 보허자령·향당교주로, 협무 6인 구성의 〈최화무〉는 향당교주로 서로 다르다. 이들 정재는 무용수 구성의 차이로 인하여 정재대형의 구성에 차이가 있고 춤진행 또한 전혀 다른 내용으로 추어졌다. 이처럼 하나의 정재가 2가지 양식으로 추어진 것은 조선후기에 처음 나타난 양상이다.

셋째, 조선후기에는 연향에 따라 연주곡명을 여러 아명으로 사용하였고, 실제의 반주곡은 당악과 향악 그리고 당악과 향악의 이중적 구조로 구성하여 연주하였다. 예로 〈가인전목단〉의 반주곡은 향당교주이나 여러 연향에서 추어질 때마다 축유여지곡(祝有餘之曲)·장춘불로지곡(長春不老之曲)·오운개서조·탐춘영(探春令)으로 음악의 명칭을 다르게 붙여 사용하였다. 〈오양선〉의 반주곡은 보허자령과 향당교주이나 여러 연향에서 추어질 때마다 음악곡명을 청평악지곡(淸平樂之曲)·오운개서조·오운개서조지곡(五雲開瑞朝之曲)으로 사용하였다. 〈포구락〉의 반주곡은 향당교주이나 여러 연향에서 추어질 때마다 음악곡명을 화봉삼축지곡(華封三祝之曲)·구오강녕지곡(九五康寧之曲)·만년장환지곡(萬年長懽之曲)·천하태평지곡(天下太平之曲)·팔천춘추지곡(八千春秋之曲)으로 사용하였다. 〈만수무〉의 반주곡은 보허자령·세취작가곡편·향당교주이나 여러 연향에서 추어질 때마다 음악곡명을 만수장락지곡(萬壽長樂之曲)·요천순일지곡(堯天舜日之曲)·해옥첨주지곡(海屋添籌之曲)·만년장환지곡(萬年長懽之曲)으로 사용하였다.

넷째, 춤의 진행을 이중적 구조로 구성하여 추었다. 〈공막무〉와 〈첨수무〉

---

16 손선숙, "협무 6인 구성 정재의 정재도 연구," 『우리춤과 과학기술』 31집(서울: 우리춤연구소, 2015), 37~84쪽.

는 2가지 춤 내용이 연결되어 추어졌다. 정재에서 무구를 사용하는 정재에서는 가장 먼저 무구를 전중에 설치하는 의례를 행한 다음 무용수가 춤추는 것이 기본적인 진행이다. 그런데 〈공막무〉와 〈첨수무〉는 협무 2인이 먼저 상대·상배하며 춤을 추고, 춤이 진행되는 중간에 악사가 검을 설치하는 의례를 진행하고 이어서 무용수가 다시 검을 잡고 추었다. 이와 같이 춤 진행부에 무구를 설치하는 의례적인 양식이 추가된 것은 조선후기에[17] 처음 나타난 구조이다.

다섯째, 연향에 따라 정재 내용이 여러 형태로 변화를 주어 추어졌다. 〈헌선도〉는 무용수의 구성에는 변함이 없으나 3가지 내용으로[18] 추어졌는데, 춤 내용의 일부가 〈헌천화〉와 같다. 〈첨수무〉는 협무 2인이 상대·상배를 추다가 중간에 검을 들고[19] 추는 춤과 협무 4인이 소매를 말아 잡고[20] 추는 춤, 그리고 첨수라는 무구를[21] 들고 추는 춤 3가지로 추었다. 〈하황은〉은 연향에 따라 무용수들의 이동 순서에 차이를 주었다. 무용수 전체가 도는 회무를 여령정재로 출 때에는 족자가 먼저 나아가고 무동정재로 출 때에는 좌죽간자가 먼저 나아가는 것으로 진행에 차이를 두었다.

여섯째, 정재 제목을 서로 다르게 사용하면서도 같은 내용으로 추었다. 〈첨수무〉와 〈공막무〉 내용은 정재 제목만 다를 뿐 춤 내용은 모두 같다.[22] 그리고 〈첨수무〉의 내용 중에 검을 들고 추는 내용은 〈검기무〉와 같다. 따라서 〈첨수무〉·〈검기무〉·〈공막무〉 모두 검을 사용하여 출 때는 모두 〈검기무〉의 내용을 그대로 수용하여 추었다. 다음으로 〈향령무〉와 〈향발무〉는 연향에 따라 무

17 손선숙, "검기무·공막무·첨수무 정재도 연구," 『우리춤과 과학기술』 34집(서울: 우리춤연구소, 2016), 41~66쪽.

18 조선후기 〈헌선도〉 내용 참조.

19 〈尖袖舞〉, 『呈才舞圖笏記』, 1994, 67·476쪽; 1980, 118쪽.

20 〈尖袖舞〉, 『呈才舞圖笏記』, 1994, 133쪽.

21 純祖 己丑 『進饌儀軌』와 고종 정해 『진찬의궤』에 첨수라는 무구가 제시되어 있다. 純祖 己丑 『進饌儀軌』 卷首 도식 49b; 宋芳松·金鍾洙, 『國譯純祖己丑進饌儀軌』 卷一(서울: 민속원, 2007), 399쪽; 인남순, 『국역고종정해진찬의궤』(서울: 보고사, 2008), 798쪽.

22 손선숙, "검기무·공막무·첨수무 정재도 연구," 『우리춤과 과학기술』 34집(서울: 우리춤연구소, 2016), 41~66쪽.

용수의 구성을 다르게 하여 추었다.[23]

일곱 번째, 새로운 대형이 만들어졌다. 기존에 없던 새로운 대형이 만들어지기도 하고 기존에 사용하던 대형 2가지를 복합적으로 새롭게 재구성하여 만들었는데, 전후좌우복합대형·품자대형·산작화무이다. 먼저 2가지 대형을 복합적으로 구성한 정재는 〈제수창〉이다. 전대는 2대 좌우대형으로 서고 후대는 일렬대형으로 서서 전대와 후대가 각각 자리를 바꾸어 가며 추기도 하고 전대와 후대가 좌대와 우대로 서서 마주 보고 춤을 추기도 한다. 다음으로 협무 6인으로 구성된 정재에서는 〈그림 82〉처럼 기존에 없었던 새로운 형태의 대형이[24] 나타났다. 전후좌우복합대형은 〈박접무〉·〈춘광호〉·〈첩승무〉에서 사용하였다. 이들 정재의 무용수는 모두 6인으로 구성되었는데, 전대·후대·좌대·우대에 무용수들이 각각 배열하여 정재마다 형태가 다르다. 산작화무 대형은 〈장생보연지무〉와 〈연화무〉에서 사용하였는데, 이들 정재의 무용수 구성은 5인과 6인으로 차이가 있어 두 정재에 나타난 산작화무의 형태는 서로 다르다.[25] 〈춘대옥촉〉은 전대에 3인 후대에 1인이 서는 것으로 진행하여 기존의 전후대형에 해당되지만 전대와 후대에 서는 무용수의 수와 배열에 차이가 있다. 품자대형은 〈향령무〉에서 나타나는데 한자의 품(品)자 형태로 배열된다.

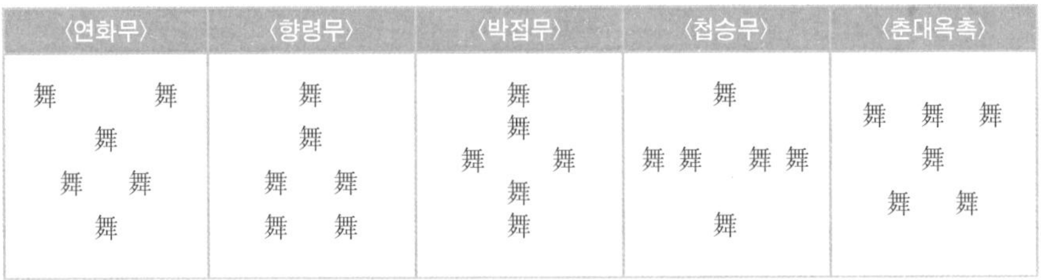

〈그림 82〉 협무 6인 구성 정재의 정재대형

23 손선숙, "의궤 정재도의 도상학적 연구(Ⅱ): 〈보상무〉·〈수연장〉·〈장생보연지무〉·〈향령무〉·〈헌선도〉를 중심으로," 『무용역사기록학』 37호(서울: 무용역사기록학회, 2015), 101~137쪽.

24 손선숙, "협무[무용수] 6인 구성 정재의 정재도 연구," 『우리춤과 과학기술』 31집(서울: 우리춤연구소, 2015), 37~84쪽.

25 손선숙, "현행 정재에 나타난 散作花舞 硏究," 『韓國音樂史學報』 제30집(서울: 韓國音樂史學會. 2003), 369~396쪽.

여덟 번째, 상대·상배의 구조가 다양하게 변화되었다. 기존의 상대·상배 구조는 대형의 형태와 무용수의 구성에 따라 진행되는 형태가 정해져 있는데, 일렬대형·2대 좌우대형·4대 좌우대형·사방대형·오방대형·사우대형에서의 상대·상배 구조는 변함없이 이어져 왔다. 반면 2대 좌우대형에서 무대 가운데 선모를 중심으로 한 상대·상배의 구조가 기존의 양식과는 다르게 진행되었다. 〈제수창〉에서 확인되는데, 〈제수창〉의 무용수 구성은 선모 1인·협무 4인·황개 1인·후대 4인이다. 전대의 협무 4인과 후대의 협무 4인이 무대 가운데 선모를 중심으로 좌대와 우대로 서서 선모와 상대·상배를 하는데, 전대와 후대가 각각 좌대와 우대로 나누어 서서 상대·상배하는 것은 조선후기에 처음 나타난 구조이다. 보여지는 대형의 형태는 2대 좌우대형으로 기존의 상대·상배 구조와 다를 바 없으나 중요한 것은 무용수의 구성이 다른 점이다. 〈제수창〉과 유사한 진행을 하는 정재로는 〈무애무〉가 있다. 그러나 〈무애무〉와 〈제수창〉의 상대·상배 진행이 다른 것은 무용수 구성의 차이에 의해서이다. 내용을 살펴보면 〈무애무〉는 호로 2인과 좌우협무 10인으로 구성된 전후대형이고, 〈제수창〉은 전대에 선모와 협무로 구성된 2대 좌우대형, 후대에 황개 1인과 협무 4인이 일렬대형으로 선 전후대형이다. 즉 〈제수창〉은 전대와 후대가 각각의 무용수로 구성되어 있고 또한 독자적인 대형으로 구성된 상태에서 이중적 구조의 대형을 구성한 것으로 기존의 전후대형과는 대형의 성격이 다르다.

아홉 번째, 무용수 구성과 명칭에 변화가 있다. 고려시대와 조선전기의 정재는 대부분 2인 이상의 군무로 추어졌는데, 조선후기에는 독무 구조의 춤이 새로 도입되었다. 그리고 무용수의 수와 구성이 지속적으로 이어져 온 경우와 무용수의 증감과 동일 정재에서 무용수 구성에 변화가 나타나는데, 내용을 살펴보면 다음과 같다.

먼저 무용수의 수와 구성이 지속된 정재는 〈헌선도〉·〈오양선〉·〈몽금척〉·〈하황은〉·〈처용무〉·〈학무〉이다. 그리고 무용수의 수에 변화가 있는 정재는 〈수연장〉·〈포구락〉·〈아박무〉이다. 〈수연장〉은 고려시대에 협무 16인으로 구성되었다가 조선전기에 협무 8인, 조선후기에 협무 4인·8인으로 가감되었고, 〈포구락〉은 고려시대에 협무 12인으로 구성된 것에서 조선전기에 협무 16인, 조선후기에 협무 4인·6인·8인·10인·12인으로 변화되었고, 〈아박무〉는 조선전기에 협무 2인으로 구성된 것에서 조선후기에 협무 2·4인으로 변화되었다. 그리고 동일 정재에서도 무용수 구성에 변화가 있었는데, 〈무애무〉는 조선전기에 호로 2인으로 구성된 것에서 조선후기에 와서 호로 2인과 협무 10인으로 변화되었고, 〈연화대무〉는 고려시대와 조선전기에 동기 2인으로 구성된 것에서 조선후기에 동기 2인과 협무 2인으로, 〈무고〉는 고려시대에 원무 2인으로 구성된 것에서 조선전기에 원무 8인으로 늘었다가 조선후기에 와서 원무 4인과 협무 4·6·8인으로 변화되었다.

다음으로 무용수 명칭에 변화가 나타났는데, 먼저 시대별로 변화된 것은 무대 가운데에서 추는 무용수의 이름이다. 고려시대에는 왕모로, 조선전기에는 왕모와 선모로, 조선후기에는 선모와 중무로 불려진다. 이것은 동일 정재에서 나타나기도 하고 새로운 정재의 등장으로 인하여 다르게 불려지기도 하는데, 정재의 성격에 맞게 치어인·중심무·황 처용 등으로 사용하였다. 〈무고〉 정재는 북을 치는 원무로만 구성되어오다가 조선후기에 들어와서는 원무와 협무로 구성에 변화를 주었다. 그리고 무용수를 의상 색으로 표현하기도 하였는데 〈육화대〉에서는 동쪽의 3인은 '옥색의·자적의·양람의,' 서쪽의 3인은 '초록의·진홍의·분홍의'로 불렀고, 〈학무〉에서는 청학과 황학으로 불렀다.

열 번째, 다양한 무구를 사용하는 정재가 많이 나타났으며, 무구를 사용하는 방법도 다양한 형태로 발전되어 왔다. 정재마다 배[船]·화병·첨수·검·집당·보등·꽃·대모반·화문석·향령 등을 무구로 사용하였는데, 무구는 무대 가운데에 설치하고 그 주위를 돌면서 추기도 하고 무구를 양손에 혹은 한 손에 잡고 추기도 하고 무구 위에서 춤을 추기도 하였다. 먼저 전(殿) 중앙에 무구를 설치하고 무용수들이 그 둘레에 서서 춤추는 정재는 〈무고〉·〈가인전목단〉·〈영지무〉·〈선유락〉이다. 〈무고〉는 북 주위에서, 〈가인전목단〉은 화준 주위에서, 〈영지무〉는 영지[연못] 주위에서, 〈선유락〉은 배 주위에서 춤을 춘다. 정재마다 무구의 사용법은 다르지만 무대 가운데 무구를 놓고 그 주위에서 춤을 추는 양식은 같다. 무구 좌우에서 추는 정재는 〈포구락〉·〈보상무〉이다. 〈포구락〉은 포구문 좌우에서, 〈보상무〉는 보상반[항아리] 좌우에서 춤을 춘다. 북쪽에 놓여진 무구를 중심으로 추는 정재는 〈연화무〉·〈침향춘〉이다. 이들 정재 모두 화병에 꽂힌 꽃을 집어들고 추는데, 〈연화무〉는 화병 6개, 〈침향춘〉은 화병 2개를 북쪽에 놓고 춤을 춘다. 양손에 무구를 잡고 추는 정재는 〈향령무〉·〈검기무〉·〈향발무〉이고, 처음부터 한손에 꽃을 잡고 추는 정재는 〈육화대〉·〈사선무〉[집연화 2인]이다. 의물을 들고 추는 정재는 〈망선문〉·〈춘대옥촉〉·〈헌천화〉로, 〈망선문〉은 집당과 작선을, 〈춘대옥촉〉은 집당과 보등을, 〈헌천화〉는 집당을 들고 춘다. 무구의 형태와 규모가 상당히 화려하고 웅장한 모습을 갖추었는데, 〈선유락〉의 배와 〈영지무〉의 영지[연못]는 이전보다는 색다른 규모를 자랑한다. 특히 무구 위에서 춤을 추는 새로운 정재가 선보이는데 〈무산향〉은 대모반 위에서, 〈춘앵전〉은 화문석[돗자리] 위에서, 〈춘대옥촉〉은 윤대(輪臺) 위에서 춤을 춘다.

열한 번째, 조선후기에는 무동정재와 여령정재로 구분하여 춤사위와 춤 진행에 차이를 두고 추었다. 먼저 춤 진행에 차이를 둔 정재는, 예로 〈하황은〉에서는 회무를 돌 때 무동정재에서는 '좌죽간자-족자-우죽간자-우대3인-좌대3인' 순으로 돌았고, 여령정재에서는 '족자-좌대3인-우대3인' 순으로 무용수의 이동과정에 차이를 두고 돌았다. 그리고 춤사위에 차이를 둔 정재는, 예로 〈첩승무〉와 〈수연장〉에서 무동정재로 출 때는 '이수고저이무', 여령정재로 출 때는 '팔수무'로 구분하여 추었다.

2. 조선후기 궁중정재의 종류와 내용

조선후기의 정재는 모두 46종으로 〈가인전목단〉·〈검기무〉·〈경풍도〉·〈고구려무〉·〈공막무〉·〈관동무〉[26] ·〈광수무〉·〈만수무〉·〈망선문〉·〈몽금척〉·〈무고〉·〈무산향〉·〈무애무〉·〈박접무〉·〈보상무〉·〈봉래의〉·〈사선무〉·〈사자무〉·

〈선유락〉·〈수연장〉·〈아박무〉·〈연백복지무〉·〈연화대무〉·〈연화무〉·〈영지무〉·〈오양선〉·〈육화대〉·〈장생보연지무〉·〈제수창〉·〈처용무〉·〈첨수무〉·〈첩승무〉·〈초무〉·〈최화무〉·〈춘광호〉·〈춘대옥촉〉·〈춘앵전〉·〈침향춘〉·〈포구락〉·〈하황은〉·〈학무〉·〈항장무〉·〈향령무〉·〈향발무〉·〈헌선도〉·〈헌천화〉이다. 이 중 순조 대에 만들어진 정재는 23종이며,[27] 효명세자가 직접 악장을 지어 올려 만들기도 하였다.

조선후기의 정재는 『정재무도홀기』에 기록되어 전한다. 2본이 전하는데, 국립국악원과 한국정신문화연구원에서[28] 간행되었다. 국립국악원 간행의 『정재무도홀기』에는 38종, 한국정신문화연구원에서 간행한 『정재무도홀기』에는

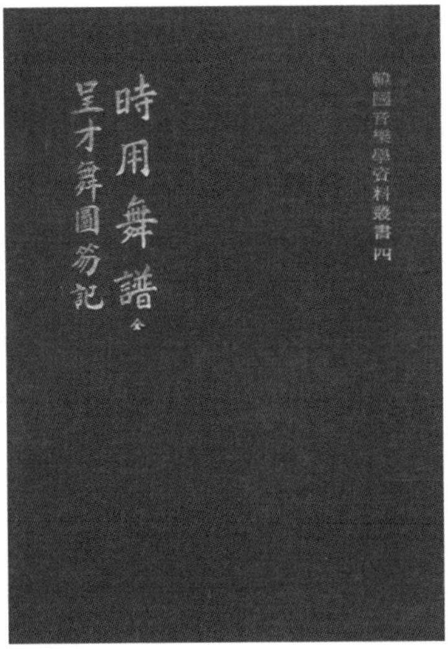

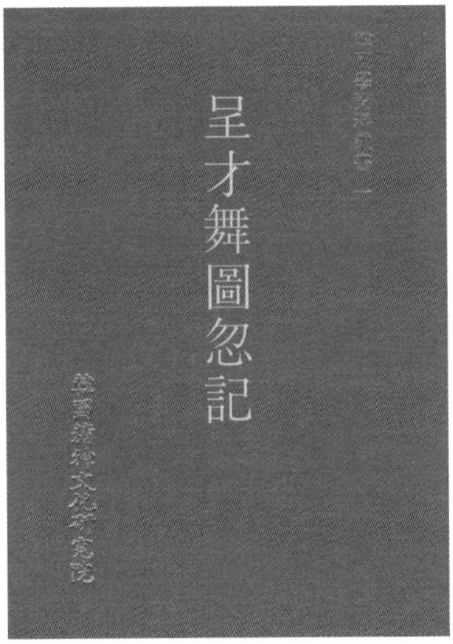

26 〈관동무〉는 정재홀기에 수록되지 않았지만 의궤 기록을 통해 포함시킨다.

27 순조 대에 만들어진 정재는 23종으로 〈가인전목단〉·〈경풍도〉·〈고구려무〉·〈공막무〉·〈만수무〉·〈망선문〉·〈무산향〉·〈박접무〉·〈보상무〉·〈사선무〉·〈연백복지무〉·〈연화무〉·〈영지무〉·〈장생보연지무〉·〈제수창〉·〈첩승무〉·〈최화무〉·〈춘광호〉·〈춘대옥촉〉·〈춘앵전〉·〈침향춘〉·〈향령무〉·〈헌천화〉이다. 김영희 외 4인, 『한국춤통사』(서울: 보고사, 2015), 192~198쪽.

28 한국정신문화연구원(韓國精神文化研究院): 고유 우리 문화의 정수(精髓)를 깊이 연구하여 주체적 역사관(歷史觀)과 건전한 가치관을 정립하며, 국민정신 교육을 체계적으로 계발하고 진흥하여 민족 문화를 창달하는 데 이바지하기 위하여 설립된 문화 기관. 1978년 설립되었으며, 부속기관으로 한국학 대학원을 설치하였다. 2005년 한국학중앙연구원으로 명칭을 변경하였다. 참고사이트: 다음

44종의 정재가 수록되어 있다. 국립국악원 간행의 『정재무도홀기』에 수록된 〈가인전목단〉·〈헌천화〉는 내용의 일부가 누락[29]되어있고, 한국정신문화연구원에서 간행한 『정재무도홀기』에는 국립국악원에서 간행한 정재와 중복되며, 여러 연향에서 추어진 궁중정재의 내용을 무동정재와 여령정재로 구분하여 기록하고 있어 동일 정재이지만 변화된 내용을 살필 수 있다.

이들 『정재무도홀기』에는 정재의 내용을 문자[한자·한글]로 기록하고 춤 대형을 그림[배열도]으로 제시하고 있어 춤의 진행과정을 대형[그림]과 비교하면서 이해할 수 있도록 하였다. 특히 배열도에는 무용수들이 선 위치마다 춤을 춘 무용수들의 이름과 출신지를 표시하였는데 여령은 이름과 출신지를, 무동은 성과 함께 이름을 표기하여 여령과 무동에 따라 기록 방식을 다르게 함으로써 그 춤이 여령정재로 춘 것인지 아니면 무동정재로 춘 것인지를 알 수 있도록 구별해 놓았다.

조선후기의 궁중정재는 고려시대와 조선전기와는 달리 당악정재와 향악정재로 구분하지 않고 연향별로 구분하여 무동정재와 여령정재로 기록하고

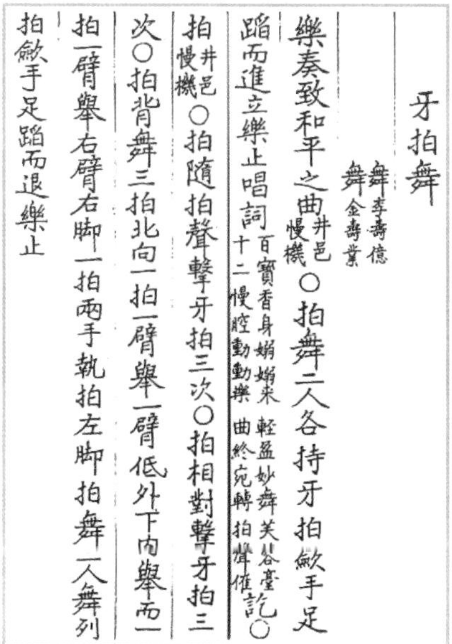
牙拍舞
舞 李壽億
舞 金壽業
樂奏致和平之曲 井邑慢機 ○拍舞二人各持牙拍斂手足
蹈而進立樂止唱詞 百寶香身娟娟來 輕盈妙舞芙蓉臺 十二慢腔動動樂 曲終宛轉拍聲催 ○
拍 井邑慢機 ○拍隨拍聲擊牙拍三次○拍相對擊牙拍三
次○拍背舞三拍北向一拍一臂擧一臂低外下內擧而一
拍一臂擧右臂右脚一拍兩手執拍左脚拍舞一人舞列
拍斂手足蹈而退樂止

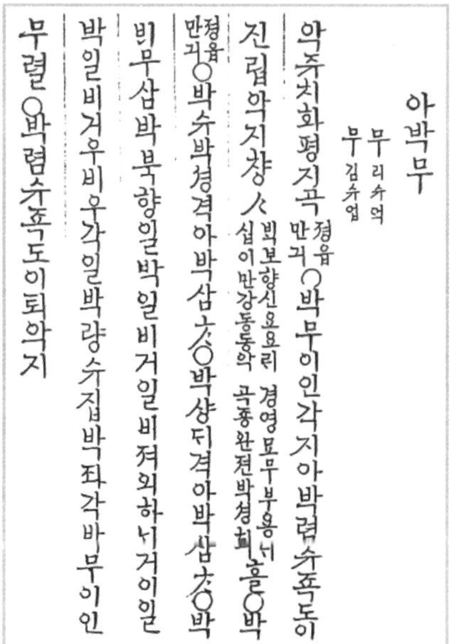
아박무
무 리슈억
무 김슈업
악쥬치화평지곡 졍읍만긔 ○박무이인각지아박렴슈족이
진립악지창ᄉᆞ 빅보향신요요릭 경영묘무부용ᄃᆡ 십이만강동동악 곡죵완젼박셩최 ○박
졍읍만긔 ○박슈박셩격아박삼ᄎᆞ○박샹ᄃᆡ격아박삼ᄎᆞ○박
빅무삼박북향일박일비거일비져외하ᄂᆡ거이일
박일비거우비우각일박량슈집박좌각바무이인
무렬○박렴슈족도이퇴악지

29 국립국악원, 『呈才舞圖笏記』 韓國音樂學資料叢書④(서울: 국립국악원, 1980), 119·134쪽.

있다. 기존처럼 문헌을 중심으로 당악과 향악으로 정재가 구분되지 못한 상태로 전해져 오고 있어 조선후기의 정재를 당악과 향악으로 구분하는 뚜렷한 기준을 찾지 못하였다. 그렇게 된 이유는 이전 시대의 당악곡이 향악화되면서 춤 또한 향악화된 것으로 보았고, 무엇보다도 당악정재와 향악정재의 춤 구성과 형식에 뚜렷한 차이가 없기 때문이다. 그러나 조선후기에는 연향에 따라 연주곡명을 여러 아명으로 사용하면서도 반주곡은 당악과 향악 그리고 당악 및 향악의 이중적 구조로 구성하여 연주하였다. 음악적 구성관점으로 정재를 비교하면 당악정재와 향악정재에 따라 무용수의 구성을 뚜렷하게 구분하여 추었다. 먼저 당악과 당악 및 향악의 이중적 구조로 구성된 음악을 사용한 정재는 죽간자·족자·황개[의물]·선모·협무로 구성되었고, 향악 계열의 음악을 사용한 정재에서는 모두 협무로 구성되는 공통점이 있다. 특히 당악과 향악 2가지를 이중적으로 구성한 정재에서는 새로운 형식의 당악정재가 창제되었다. 비록 음악적 구성에서 당악의 향악화는 피해갈 수 없었지만 조선후기의 새로운 당악정재를 창제하였는데, 〈최화무〉를 음악과 무용수 구성을 다르게 하여 성격이 전혀 다른 2가지 정재로 제작한 점이 주목된다.

조선후기 정재는 3가지 유형으로 구분되는데, 고려시대부터 조선후기까지 이어져 온 정재와 조선전기부터 조선후기까지 이어져 온 정재 그리고 조선후기에 새로 창제된 정재이다. 이를 정재홀기 중심으로 살펴보면 첫째, 고려시대부터 조선후기까지 이어져 온 정재는 〈헌선도〉·〈오양선〉·〈수연장〉·〈포구락〉·〈연화대무〉·〈무고〉·〈아박무[동동]〉·〈무애무〉이다. 둘째, 조선전기부터 전승되어 조선후기까지 이어져 온 정재는 〈금척〉·〈육화대〉·〈하황은〉·〈보태평〉·〈정대업〉·〈봉래의〉·〈향발무〉·〈학무〉·〈처용무〉이다. 셋째, 조선후기에 새로 나타난 정재는 〈가인전목단〉·〈검기무〉·〈경풍도〉·〈고구려무〉·〈공막무〉·〈관동무〉·〈광수무〉·〈만수무〉·〈망선문〉·〈무산향〉·〈박접무〉·〈보상무〉·〈사선무〉·〈사자무〉·〈선유락〉·〈연백복지무〉·〈연화무〉·〈영지무〉·〈장생보연지무〉·〈제수창〉·〈첨수무〉·〈첩승무〉·〈초무〉·〈최화무〉·〈춘광호〉·〈춘대옥촉〉·〈춘앵전〉·〈침향춘〉·〈항장무〉·〈향령무〉·〈헌천화〉이다.

(1) 가인전목단(佳人剪牧丹)

〈가인전목단〉은 화준(花罇)을[30] 중심으로 둥글게 서서 무용수들이 차례로 꽃[목단]을 집어들고 추는 춤이다. 붉은 옷을 입고 머리에는 금봉관에 목단 꽃을 꽂고 추는 〈가인전목단〉은 중국 송(宋)나라 태조(太祖) 때 도곡(陶穀)이라는 한림학사가 봉조(奉詔)하여 제작한 것을 조선후기 순조 29년(1829) 대에 효명세자가 그 내용과 명칭을 본떠 만든 것에서 유래되는데, 아래의 기록을 통해 확인된다.

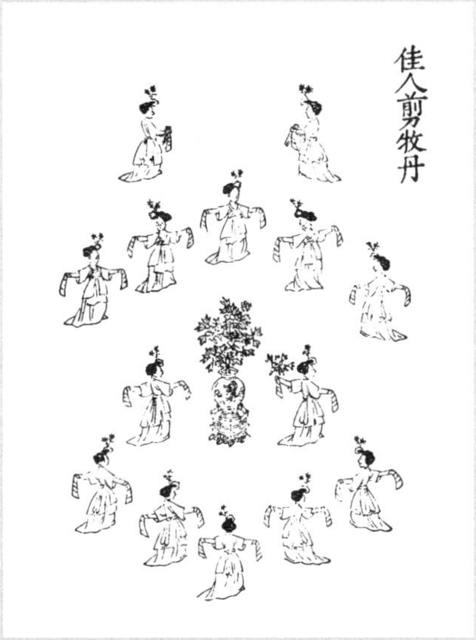

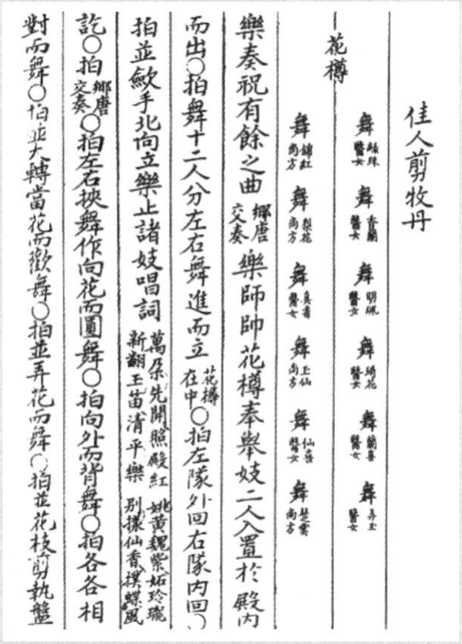
佳人剪牧丹

舞 舞 舞 舞 舞 舞

舞 舞 舞 舞 舞 舞

花樽

樂奏祝有餘之曲 鄕唐交奏 樂師帥花樽奉擧妓二人入置於殿內而出○拍舞十二人分左右舞進而立 花樽在中○拍左隊外回右隊內回○拍並斂手北向立樂止諸妓唱詞 萬朶先開照殿紅 姚黃魏紫妬玲瓏 新翻玉笛淸平樂 別撲仙香撲蝶風 訖○拍 鄕唐交奏○拍左右挾舞作向花而圓舞○拍向外而背舞○拍各各相對而舞○拍並大轉當花而歡舞○拍並弄花而舞○拍並花枝剪執盤

고종 신축 『진연의궤』에[31] 의하면 "기축년에 효명세자께서 지었다. 『연감유함(淵鑑類函)』에 송나라 악무(樂舞) 10대 중 네 번째를 〈가인전목단〉이라 하는데, 붉은 생사로 짠 의상을 입고, 금봉관(金鳳冠)을 쓰고 모란(牧丹)을 꺾는다"라고 하였다.

또한 "목난화준(牧丹花樽)에 반(盤)에 설치하고, 여기 10인이 화준 주변에

30 화준(花罇): 〈가인전목단〉에 사용하는 무구이다. 꽃무늬가 그려진 항아리로, 그 속에 꽃이 여러 개의 꽂혀 있다.

31 한국예술종합학교 전통예술원, 『高宗辛丑進宴儀軌』 卷一(서울: 민속원, 2001), 163쪽.

둘러서서 각각 병의 꽃〔樽花〕 한 가지(枝)를 취하여, 나아가고 물러서며 선전(旋轉)하며 춤춘다"라고 하였다.

또한 "○무동정재는 이와 같지만 8인이다"라고 하였다.

조선후기의 〈가인전목단〉은 『정재무도홀기』에 7편이 전한다.[32] 무동정재와 여령정재로 추어졌으며, 무용수는 협무 10·12인으로 구성되고 춤 내용과 진행은 모두 같다.

〈가인전목단〉 내용을 정리하면, 악사가 화준[꽃병]을 설치하면 초열인 2대 좌우대형에서 좌대(左隊)는 밖으로 돌고, 우대(右隊)는 안으로 돌아[33] 무대 가운데 화준을 중심으로 둥글게 서서 무용수 전체가 창사를 부른다. 이어 화준을 향해 바라보고 등을 지고 춤추고, 무용수들끼리 각각 마주 보고 춤추고, 꽃을 희롱하며 꽃을 꺾어 들고 마주 보고 춤추고, 등을 지고 춤추고 제자리에서 빙글빙글 돌며 춤추다가 처음의 자리로 돌아와서면 춤이 마친다. 〈가인전목단〉은 꽃을 잡기 전과 잡은 후의 춤으로 구분하여 진행된다. 〈가인전목단〉의 춤 대형은 2대 좌우대형과 원 대형으로 구성된다. 2대 좌우대형에서는 〈그림

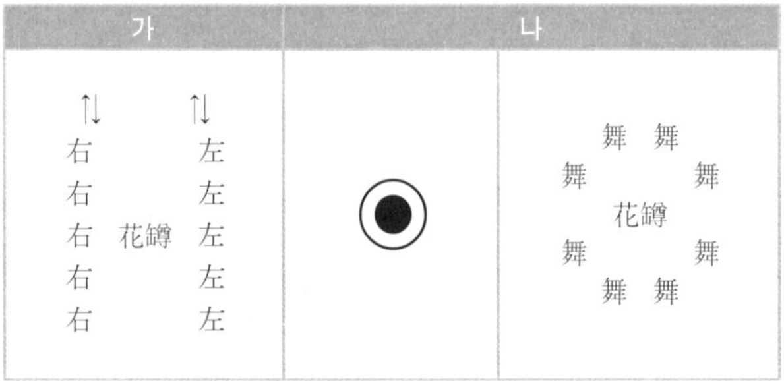

〈그림 83〉 조선후기 〈가인전목단〉의 대형 구성

32 한국학중앙연구원 간행의 『정재무도홀기』에 6편, 국립국악원 간행의 『정재무도홀기』에 1편이 수록되었으며, 국립국악원 간행의 『정재무도홀기』에는 〈가인전목단〉의 내용이 일부 낙정되었다. 〈佳人剪牧丹〉, 『呈才舞圖笏記』, 1994, 123·207·262·326·444·509쪽; 1980, 134쪽.

33 현행에서는 두 대가 서로 마주 보고 도는 회무를 교선무(交旋舞)라 부른다. 교선무는 홀기와 같은 원전사료에는 기록되지 않은 용어로서, 일제강점기 때 재현될 당시 새로 만들어져 사용된 것이다. 손선숙, 『궁중정재용어사전』(서울: 민속원, 2005), 49쪽.

83-가〉처럼 무용수 전체가 무진·무퇴하는 춤을 추고, 원 대형에서는 〈그림 83-나〉처럼 화준에 꽂힌 꽃을 집어들고 서로 상대·상배하며 춤을 춘다.

조선후기의 홀기 기록에 의하면, 〈가인전목단〉을 춘 정재여령은 녹주(綠珠)·유록(柳綠)·이화(梨花)·진옥(眞玉)·행화(杏花)·화봉(花鳳)·명옥(明玉)·부용(芙蓉)·봉희(鳳喜)·산홍(山紅)·월향(月香)·유색(柳色)·홍도(紅桃)·화연(花姸)·비연(飛鶱)·비취(翡翠)·산월(山月)·취련(翠蓮)·옥선(玉仙)이고, 정재무동은 권흥성(權興成)·김복동(金福同)·김암회(金巖回)·이구용(李龜龍)·이수명(李壽命)·이수산(李壽山)·이수억(李壽億)·이용진(李用振)·김억만(金億萬)·김윤성(金允成)·김황룡(金黃龍)·박봉남(朴鳳男)·오수산(嗚壽山)·이응근(李應根)·최덕만(崔德萬)·한기복(韓奇福)이다. 〈가인전목단〉을 추었던 정재여령 출신은 상방(尙方)과 의녀(醫女)로 구성되었는데, 금홍·이화·초운·옥선은 상방 소속이고, 기화·난희·녹주·농옥·명패·선희·진향·향란은 의녀 소속의 기녀이다. 〈가인전목단〉의 반주곡은 향당교주로 구성하였고 여러 연향에서 추어질 때마다 음악곡명을 축유여지곡(祝有餘之曲)·장춘불로지곡(長春不老之曲)·오운개서조(伍雲開瑞朝)·탐춘영(探春令)으로 사용하였는데, 이것은 연향의 성격에 따라 음악의 명칭을 다르게 붙여 아명으로 사용한 것이다.

(2) 검기무(劍器舞)

〈검무(劍舞)〉라고도 부르며, 양손에 검[칼]을 잡고 춤을 추는 향악정재이다. 신라의 황창랑(黃倡郞)이 백제의 왕을 죽이려 했다는 고사에 의하여 그 연원을 찾기도 하고 민간에서 추어졌던 춤을 궁중에 도입시킨 춤이기도 하다. 그러나 이와 같은 칼춤은 고구려의 팔청리 고분의 미천왕(美川王, 서기 300~331) 고분벽화 등에서 볼 수 있듯이 신라 기원으로 단정하기는 어렵다.[34] 〈검기무〉가 궁중에 추어진 것은 정조대로 추정되는데 아래의 기록을 통해 확인된다.

34 정은혜, 『呈才硏究 I』, 1993, 319쪽.

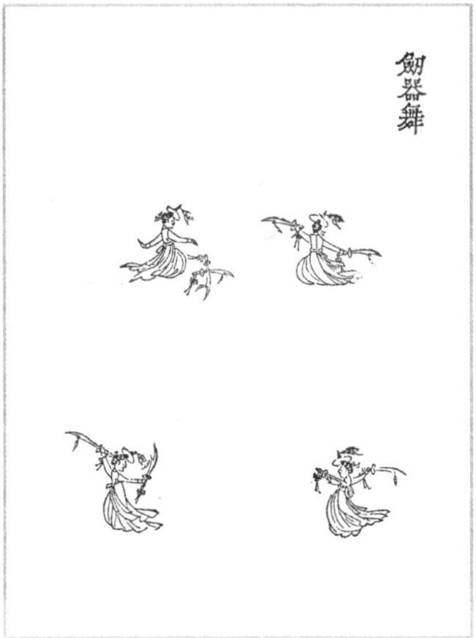

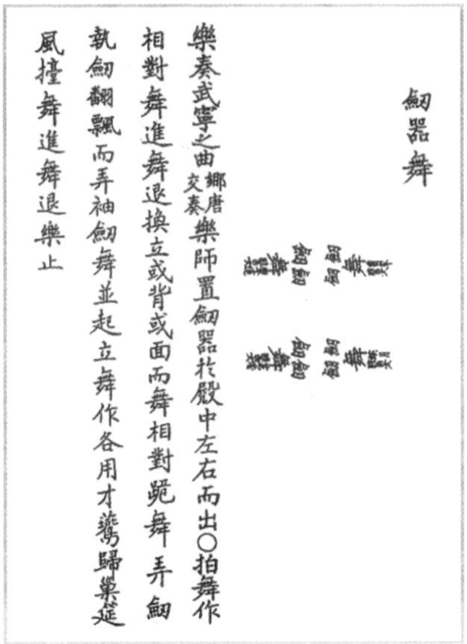

劍器舞

樂奏武寧之曲鄉唐交奏樂師置劍器於殿中左右而出○拍舞作
相對舞進舞退換立或背或面而舞相對蹲舞弄劍
執劍翻飄而弄袖劍舞並起立舞作各用才鷰歸巢莚
風撞舞進舞退樂止

정조 을묘 『정리의궤』에[35] 의하면, "○2명의 여기(女妓)가 군장(軍裝)을 하고, 각각 검 2개를 들고 서로 마주하며 춤춘다"라고 하였다.

고종 신축 『진연의궤』에[36] 의하면 "○〈잡무곡(雜舞曲)〉에 이르기를, 〈건무(巾舞)〉이니, 항장(項莊)이 검무(劍舞)를 추자, 항백(項伯)이 소매로 막으며 항장에게 말한 '공막'이라는 것과 같은데, 후에 〈검무〉가 되었다고 한다. 또 〈검기무〉라고도 하는데 향악(鄕樂)에서 이것을 사용했다"라고 전한다.

또한 "○여기 4인이 전립(戰笠)을 쓰고 전복(戰服)을 입고 각각 검(劍) 두 개를 쥐고 2대로 나뉘어 서로 마주 보고 춤춘다"라고 하였다.

조선후기의 〈검기무〉는 『정재무도홀기』에 7편이 전하는데,[37] 내용은 모두 같다. 무용수는 협무 4인으로 구성되었고, 모두 여령정재로 추었다. 〈검기무〉는 내용 일부가 〈첨수무〉·〈공막무〉와 같다.

35 正祖 乙卯 『正理儀軌』 卷一, 樂章61b.

36 한국예술종합학교 전통예술원, 『高宗辛丑進宴儀軌』 卷一(서울: 민속원, 2001), 202~203쪽.

37 〈劍器舞〉, 『呈才舞圖笏記』, 1994, 140·177·358·416·518쪽; 1980, 178쪽. 〈검기무〉 내용의 일부가 〈첨수무〉·〈공막무〉와 유사하다.

〈검기무〉 내용을 정리하면, 악사가 전중 좌우에 검 2개를 각각 설치하고 나가면 협무 4인이 2대 좌우대형으로 서서 서로 마주 보고[相對舞] 춤추다가 자리를 바꾸어[換立] 등을 지고[相背舞] 춤추고, 다시 마주 보고 등을 지고 춤추다 마주 앉아 칼을 희롱하다 집어들고 일어서서 여러 가지 재주를 부리며 춤을 춘다. 〈검기무〉는 검을 잡기 전과 후로 구분하여 춤이 진행된다. 〈검기무〉의 춤 대형은 2대 좌우대형과 원 대형으로 구성된다. 2대 좌우대형에서는 〈그림 84-가〉처럼 무용수 전체가 마주 보고 검을 잡는 춤과 검을 잡은 다음 일어서서 무진·무퇴하는 춤을 추고, 원 대형에서는 〈그림 84-나〉처럼 양손의 검을 휘두르며 둥글게 돌면서 춤을 춘다.

가		나
舞 舞 舞 舞	▷ ↔ ◁ ▷ ↔ ◁	○

〈그림 84〉 조선후기 〈검기무〉의 대형 구성

조선후기의 홀기 기록에 의하면 〈검기무〉를 춘 정재여령은 비취(翡翠)·영월(暎月)·취련(翠蓮)·화향(花香)·난희(蘭喜)·산옥(珊玉)·향란(香蘭)·홍매(紅梅)이다. 〈검기무〉를 춘 정재여령 출신은 상방과 의녀로 구성되었는데 난희·산옥·향란은 의녀 소속이고, 홍매는 상방 소속의 기녀이다. 〈검기무〉의 반주곡은 향당교주로 구성하였고 여러 연향에서 추어질 때마다 음악곡명을 무령지곡(武寧之曲)으로 사용하였는데, 이것은 연향의 성격에 따라 음악의 명칭을 다르게 붙여 아명으로 사용한 것이다.

(3) 경풍도(慶豐圖)

〈경풍도〉는 해마다 풍년들기를 기원하는 내용의 춤이다. 순조 대 효명세자에 의해 창제되었으며 선모가 경풍도를 받들고 나아가 풍년을 축원하는 노래를 아뢰며 춤을 춘다.

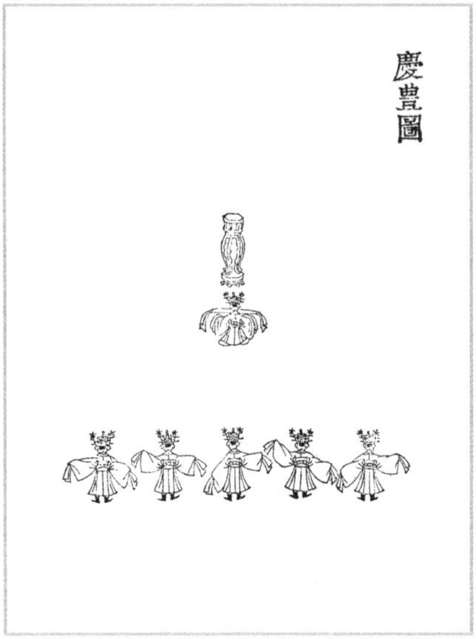

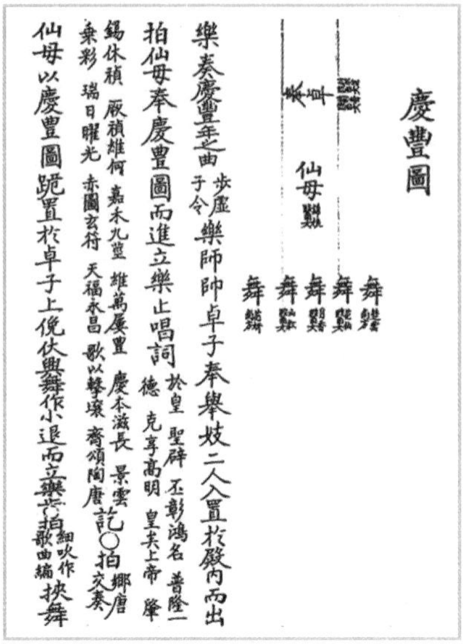

慶豐圖

卓子
仙母
舞 舞 舞 舞 舞

樂奏慶豐年之曲 步虛子令 樂師帥卓子奉擧妓二人入置於殿內而出
拍仙母奉慶豐圖而進立樂止唱詞 於皇 聖辟 丕彰鴻名 普隆一
德 克享高明 皇矣上帝 降
錫休禎 厥禎維何 嘉禾九莖 維萬慶豐 慶本滋長 景雲
彙彩 瑞日曜光 赤圖玄符 天福永昌 歌以擊壤 齊頌陶唐 訖○拍 鄕唐交奏
仙母以慶豐圖跪置於卓子上俛伏興舞作小退而立樂止○拍 細吹作 歌曲編 挾舞

고종 신축 『진연의궤』에[38] 의하면 "무자년에 효명세자가 지었다. 송나라 태종이 대곡(大曲)·소곡(小曲) 남려궁(南呂宮) 11곡을 친히 제작하여 연풍(年豐)을 경하했다"라고 하였다.

또한 "『고금도서집성』에는 명나라의 악장에 〈천명유덕지무(天命有德之舞)〉가 있고, 여섯 번째는 〈경풍년지곡(慶豊年之曲)〉을 연주한다"라고 하였다.

또한 "○헌도탁(獻圖卓)을 설치하여 여기(女妓) 1인이 〈경풍도(慶豊圖)〉를 받들고 나아가는데, 5인은 뒤에 자리하여 북향하여 춤춘다"

또한 "○각 대가 병창하는 창사는 한문과 한글이 서로 섞여 있는 까닭에 싣지 않았다"

또한 "○무동정재도 같은데, 선모가 〈경풍도〉를 받든다"고 전한다.

조선후기의 〈경풍도〉는 『정재무도홀기』에 5편이[39] 전하고, 무동정재와 여령정재로 추어졌다. 무용수 구성은 선모 1인·협무 5인·탁자를 받든 여기 2인

38 한국예술종합학교 전통예술원, 『高宗辛丑進宴儀軌』 卷一(서울: 민속원, 2001), 193~194쪽.

39 〈慶豐圖〉, 『呈才舞圖笏記』, 1994, 193·249·308·424쪽; 1980, 107쪽.

이다. 홀기에는 무대 가운데에 선 무용수를 선모 혹은 중무(中舞)로 기록하였는데, 모두 같은 역할을 하는 무용수이다. 〈경풍도〉는 연향에 따라 내용이 변화되었는데, 선모와 협무가 상대할 때 무진·무퇴가 생략된 것과 회선(回旋)한 다음 상대이무가 생략되었고 때로는 협무의 창사가 생략되었다.

〈경풍도〉 내용을 정리하면, 악사가 탁자를 설치하고 나가면 선모가 경풍도를 받들고 나아가 창사를 부르고, 이어 탁자 위에 내려놓고 물러나면 협무 5인이 가곡(歌曲) 편(編)에 맞추어 노래를 부른다. 초입배열은 선모가 전대에 서고 협무 5인은 후대에 선 전후대형인데 선모와 협무가 서로 마주 보고 무진·무퇴하고, 이어 선모는 무대 가운데에서 춤추고 협무가 회무를 돌아 무용수 전체가 처음 대형으로 서면 춤이 마친다. 〈경풍도〉는 춤 진행 내내 전후대형을 유지하며 춤을 춘다. 전후대형에서는 〈그림 85〉처럼 전대의 선모가 무진·무퇴하고, 좌우협무 5인이 무진하고, 선모가 후대의 협무와 각각 마주 보고 무진·무퇴하며 춤을 춘다.

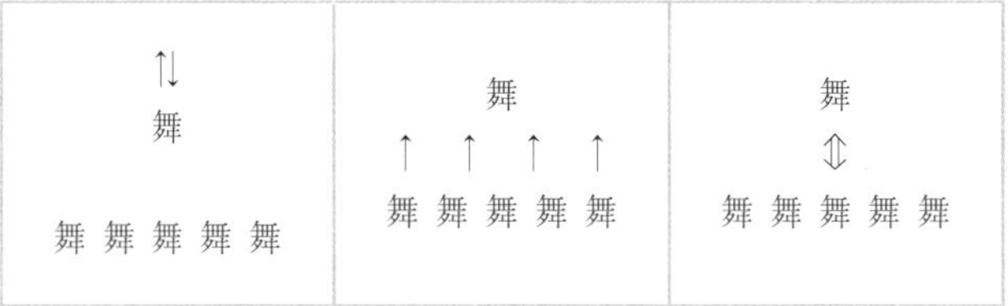

〈그림 85〉 조선후기 〈경풍도〉의 대형 구성

조선후기의 홀기 기록에 의하면 〈경풍도〉를 춘 정재여령은 국향(菊香)·금낭(錦娘)·산홍(山紅)·월향(月香)·이화(梨花)·초운(楚雲)·화선(花仙)·화연(花姸)·계월(桂月)·금홍(錦紅)·기화(琦花)·봉희(鳳喜)·부용(芙蓉)·옥진(玉眞)·월희(月喜)이고, 정재무동은 김두희(金斗喜)·김윤성(金允成)·김황룡(金黃龍)·박봉남(朴鳳男)·김수업(金壽業)·서재봉(徐在鳳)·이구용(李龜龍)·이수산(李壽山)·이용진(李用振)·이학돌(李學乭)·김억만(金億萬)·박창준(朴昌俊)·성인동(成仁童)·오수산(嗚壽山)·조한구(曺漢九)·이수명(李壽命)이다. 〈경풍도〉를 춘 정재여령 출신은 상방과 의녀로 구성되었는데, 봉탁은 의녀 소속인 부용과 상방 소속인 옥진이 맡았고, 선모는 의녀 소속인 월희가, 협무는 상방 소속인 금홍과 의녀 소속인 계월·기화·봉희·산홍이 각각 맡아 추었다. 〈경풍도〉의 반주곡은 보허자령·세취작가곡편·향당교주로, 당악과 향악 계열의 음악을 이중적 구조로 구성하여 연주하였다. 여러 연향에서 추어질 때마다 음악곡명을 경풍년지곡(慶豊年之曲)·길상지곡(吉祥之曲)으로 사용하였는데, 이것은 연향의 성격에 따라 음악의 명칭을 다르게 붙여 아명으로 사용한 것이다.

(4) 고구려무(高句麗舞)

〈고구려무〉는 고구려와 연관된 옛 시를 노래 부르며 과거의 고구려를 회상하는 내용의 춤이다. 당나라 시인 이백(李白)이 지은 시를 노래하며 춤을 추는데, 순조 대에 처음 나타난 향악정재이다.

> 순조 무자 『진작의궤』에[40] 의하면, "『도서집성(圖書集成)』에 번호(蕃胡)의 네 번째 곡이다. 수(隋) 양제(煬帝)가 요동을 정벌할 때 이 시를 지었다"라고 하였다. ○무동 6인이 세 대로 나누어 서로 마주 보고 춤춘다.

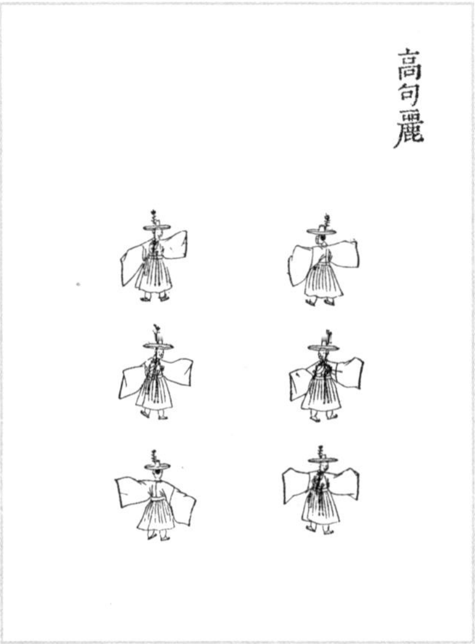

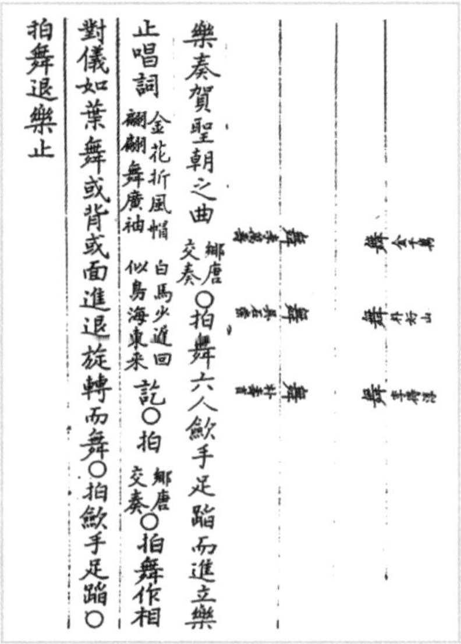
樂奏賀聖朝之曲 鄉唐交奏○拍舞六人斂手足蹈而進立樂止唱詞 金花折風帽 白馬小遲回 翩翩舞廣袖 似鳥海東來 訖○拍 鄉唐交奏○拍舞作相對儀如葉舞或背或面進退旋轉而舞○拍斂手足蹈○拍舞退樂止

40 이의강, 『국역순조무자진작의궤』(서울: 보고사, 2006), 307~308쪽; 純祖 戊子 『進爵儀軌』 부편 4b.

조선후기의 〈고구려무〉는 『정재무도홀기』에 3편이[41] 전하고, 무동정재와 여령정재로 추었으며 무용수는 협무 6인으로 구성된다. 〈고구려무〉는 연향에 따라 추어진 내용이 변함없지만 무동정재 시에는 창사가 생략되기도 하였다.[42] 〈고구려무〉 배열도에는 협무 6인이 서로 마주 보고 서 있다. 이는 초입배열이 아닌 진행부의 대형인데 다음과 같은 내용에 의해서 알 수 있다. 첫째 정재에서 창사를 부를 때에는 북쪽을 향해 선다. 둘째 협무 6인이 창사를 부르고 난 다음 "춤추며 상대하는 절차가 엽무와 같다"는 내용에 의해서이다. 즉 『정재무도홀기』의 배열도는 창사를 부르고 난 다음 마주 보고 춤추는 형태를 그림으로 제시한 것이다.

〈고구려무〉 내용을 정리하면, 좌우협무 6인이 2대 좌우대형으로 서서 무진하고 창사를 부른 다음 서로 마주 보고 등지고 춤을 추고, 나아갔다 물러나 빙글빙글 돌면서 춤을 춘다. 〈고구려무〉는 춤추는 내내 〈그림 86〉처럼 2대 좌우대형을 유지하며 춤을 추는데, 2대 좌우대형에서 좌우협무 6인이 무진·무퇴하고, 상대·상배하고 선전(旋轉)하며 춤춘다.

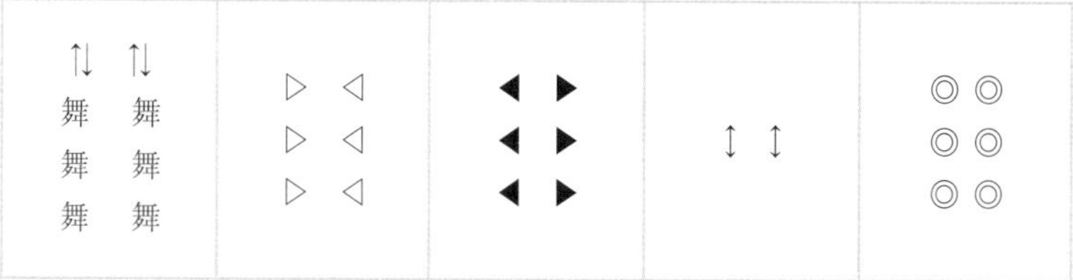

〈그림 86〉 조선후기 〈고구려무〉의 대형 구성

조선후기의 홀기 기록에 의하면 〈고구려무〉를 춘 정재여령은 금홍(錦紅)·이화(梨花)·죽엽(竹葉)·진옥(眞玉)·행화(杏花)·화선(花仙)이고, 정재무동은 김억만(金億萬)·최덕만(崔德萬)·한기복(韓奇福)·김윤성(金允成)·김황룡(金黃龍)·오수산(嗚壽山)·김천만(金千萬)·박수길(朴壽吉)·박호산(朴好山)·오석숭(嗚石崇)·이득순(李得淳)·이만수(李萬壽)이다. 〈고구려무〉를 춘 정재여령 출신은 상

41 〈高句麗舞〉, 『呈才舞圖笏記』, 1994, 44·465쪽; 1980, 117쪽.

42 〈高句麗舞〉, 1994, 465쪽.

방과 의녀들로 구성되었는데 상방 소속은 금홍·이화·행화이고, 의녀 소속은 죽엽·진옥·화선이다. 〈고구려무〉의 반주곡은 향당교주로 구성하였다. 여러 연향에서 추어질 때마다 음악곡명을 기라향(綺羅香)과 하성조지곡(賀聖朝之曲)으로 사용하였는데, 이것은 연향의 성격에 따라 음악의 명칭을 다르게 붙여 아명으로 사용한 것이다.

(5) 공막무(公莫舞)

〈공막무〉는 '그대여 한왕(漢王: 유방)을 해치지 마시오'라는 제목을 본떠 지은 향악정재로, 순조 대에 만들어졌다. 공막(公莫)은 항백(項伯)이 항장에게 한 고조를 해치지 말라고 한 데서 온 이름이다. 중국 진(秦)나라 말기 홍문(鴻門)에서 잔치가 열렸을 때, 항우(項羽)의 모신(謀臣) 범증이 항장(項蔣)으로 하여금 칼춤을 추게 하여 유방(劉邦)을 죽이려 하자 유방 측의 항백이 옷소매로 이를 막으며 한 말이 바로 공막이다.

> 순조 무자 『진작의궤』에[43] 의하면, "『잡무곡(雜舞曲)』에서는 〈건무(巾舞)〉라 하였다. 항장(項莊)이 칼춤을 추자 항백(項伯)이 소매로 막으며 항장에게 '그대는 그러지 마시오〔公莫〕'라고 말하는 것처럼 하였다. 뒤에는 〈검무〉가 되었는데, 향악을 사용하였다"라고 하였다.
>
> 또한 "○두 무동이 높은 운계(雲髻)를 쓰고 전복을 입고 각각 두 자루의 검을 들고 서로 마주 보고 춘다"라고 하였다.

조선후기의 〈공막무〉는 『정재무도홀기』에 2편이[44] 전하고, 내용은 모두 같다. 무용수는 협무 2인으로 구성되었고, 모두 무동정재로 추어졌다. 무구를 사용하는 정재에서는 도입부에 무구를 설치하는데, 〈공막무〉는 협무 2인이

43 이의강, 『국역순조무자진작의궤』(서울: 보고사, 2006), 309쪽.

44 〈公莫舞〉, 『呈才舞圖笏記』, 1994, 68·477쪽.

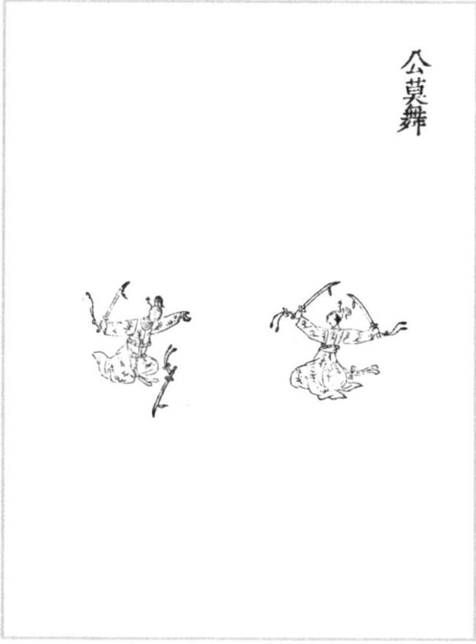

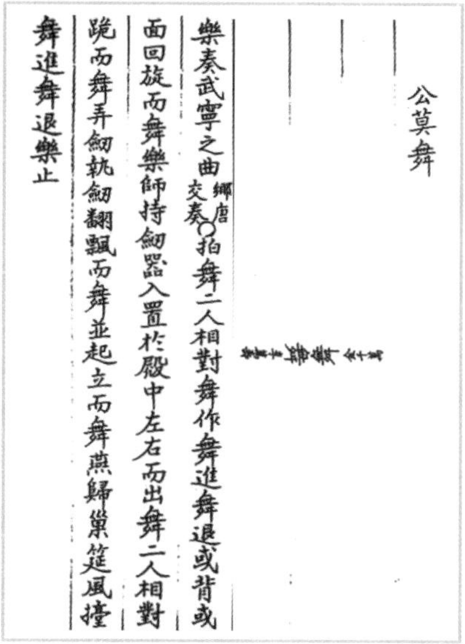
公莫舞

樂奏武寧之曲鄉唐交奏○拍舞二人相對舞作舞進舞退或背或面回旋而舞樂師持劍器入置於殿中左右而出舞二人相對跪而舞弄劍執劍翻飄而舞並起立而舞燕歸巢筵風擡舞進舞退樂止

춤을 추는 중간에 악사가 무구를 설치한 것이 다른 정재와 다르다.[45] 〈공막무〉는 〈검기무〉와 내용의 일부가 같고, 무구인 검을 잡고 추는 〈첨수무〉와는 내용 전체가 같다.[46]

〈공막무〉 내용을 정리하면, 협무 2인이 마주 보고 앞으로 나아갔다 뒤로 물러나며 춤을 춘다. 잠깐 등을 지고 잠깐 마주 보고 춤추다가 둥글게 돌며 춤을 춘다. 이어 악사가 검을 전중 좌우에 설치하고 나가면 협무 2인이 검을 잡고 일어서서 여러 가지 재주를 부리며 춤을 춘다. 〈공막무〉는 검을 잡기 전과 잡은 후의 춤, 두 가지로 구분되어 있다. 〈공막무〉는 협무 2인이 처음부터 일렬대형으로 서서 춤을 추는데 〈그림 87〉처럼 무진·무퇴하고 상대·상배하고 혹은 상대하여 무진·무퇴하고 둥글게 돌며 춤춘다.

⇅ ⇅ 舞 舞	▷ ◁	◀ ▶	⇔	○

〈그림 87〉 조선후기 〈공막무〉의 대형 구성

45 정재에서는 춤을 추기 전에 악사가 미리 무구를 전중 혹은 전내에 놓는다. 즉 춤을 추기 전에 무구배열을 먼저 하는데, 〈공막무〉에는 그 순서가 바뀌었다.

46 『呈才舞圖笏記』, 1994년의 〈첨수무〉의 476쪽과 〈공막무〉의 477쪽 내용이 같다.

조선후기의 홀기 기록에 의하면 〈공막무〉를 춘 정재무동은 김억만(金億萬)·김천만(金千萬)·이만수(李萬壽)·오수산(嗚壽山)이다. 〈공막무〉의 반주곡은 향당교주로 구성하였고 연향에서 추어질 때 음악곡명을 무령지곡(武寧之曲)으로 사용하였는데, 이것은 연향의 성격에 따라 음악의 명칭을 다르게 붙여 아명으로 사용한 것이다.

(6) 관동무(關東舞)

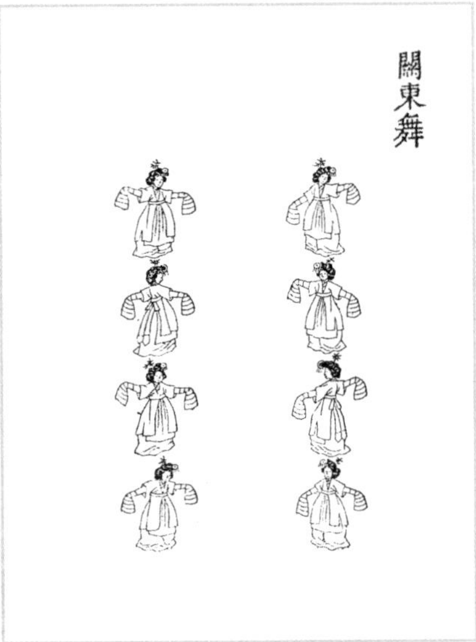

〈관동무〉는 정철(鄭澈, 1536~1593)이 지은 관동별곡(關東別曲)에 맞추어 노래를 부르며 춤추는 향악정재이다. 관동별곡은 송강 정철이 45세 되던 1580년(선조 13)에 강원도 관찰사(觀察使)로 부임하였을 때 관동절(關東節)에 관동(關東) 산수(山水)의 수려함을 읊은 장편 시이다. 이 노래는 원주로 부임한 뒤 한가한 틈을 얻어 금강산과 동해의 절경(絶景)을 읊은 것으로서 아래의 기록을 통해 확인된다.

> 헌종 무신 『진찬의궤』에[47] 의하면, "○옛 상신(相臣) 정철은 호가 송강인데, 관동(關東) 지방을 다스릴 때 관동별곡(關東別曲)을 지었다. 무기(舞妓)로 하여금 노래하고 춤추게 했는데, 구부렸다 폈다 하고 돌면서 구절에 맞춰 형상을 표현하였기 때문에 〈관동무〉라 이름하였다. 향악에 사용한다"라고 하였다.
>
> 또한 "○여기(女妓) 8인이 2대로 나누어 관동곡을 같이 부르고 진퇴하고 돌며 춤춘다"라고 하였다.

47 한국예술종합학교 전통예술원, 『국역헌종무신진찬의궤』 卷一(서울: 민속원, 2004), 146쪽; 憲宗戊申 『進饌儀軌』 卷1, 22a.

또한 "○가사는 한문과 한글이 섞여 있기 때문에 싣지 않는다"라고 하였다.

〈관동무〉의 무보는 현재 전하지 않는다. 의궤 정재도에서[48] 내용이 확인되는데, 여령정재로 추어졌고 무용수 구성은 협무 8인이며, 2대 좌우대형으로 서서 서로 마주 보고 춤을 춘다.

(7) 광수무(廣袖舞)

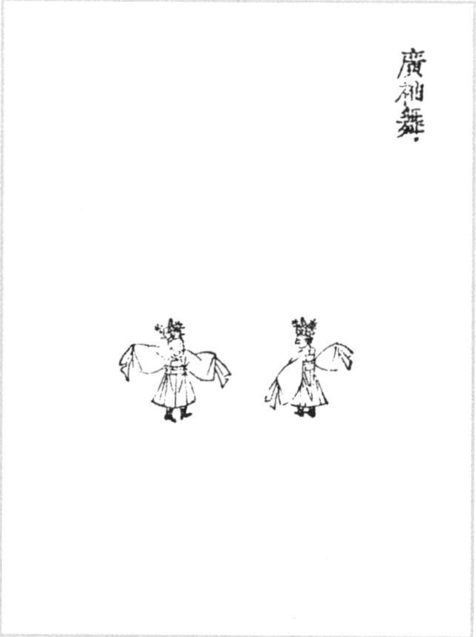

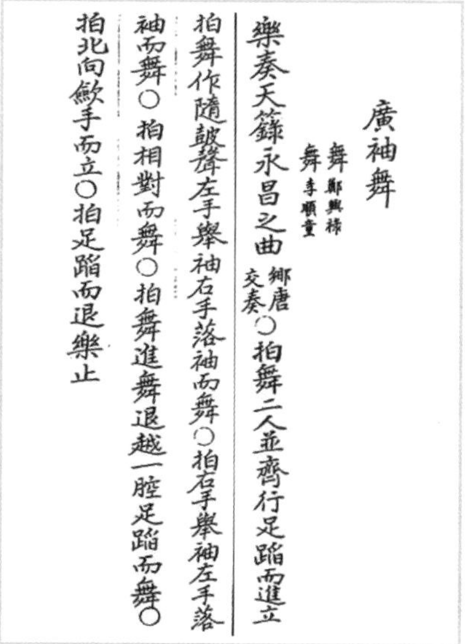
廣袖舞

舞 鄭興祿
舞 李順童

樂奏天籟永昌之曲 鄉唐交奏 ○拍舞二人並齊行足蹈而進立
拍舞作隨鼓聲左手擧袖右手落袖而舞○拍右手擧袖左手落
袖而舞○拍相對而舞○拍舞進舞退越一腔足蹈而舞○
拍北向斂手而立○拍足蹈而退樂止

〈광수무〉는 넓은 소매의 옷을 입고 마치 새가 날아오르는 형상을 하며 추는 향악정재이다. 숙종 대에 처음 기록이 보이는데, 경현당(景賢堂)에서 진연을 베풀 때 제7작에 〈광수무〉를 추었다[49]고 전한다.

순조 무자 『진작의궤』에[50] 의하면, "○양(梁)나라 간문제(簡文帝)의 시에 다시 일찍 손을 드리우고 넓은 소매로 홍진(紅塵)을 스치네"라고 하였다.

48 憲宗 戊申『進饌儀軌』, 韓國音樂學資料叢書六(서울: 국립국악원, 1989), 33쪽.
49 정은혜, 『呈才研究 I』, 1993, 324쪽.
50 이의강, 『국역순조무자진작의궤』(서울: 보고사, 2006), 69쪽.

또한 "○『패문운부』의 이백의 시에 "너울너울 넓은 소매로 춤추니, 흡사 해동에서 새가 날아오는 듯하다"고 하였다.

또한 "○두 무동(舞童)이 북향하여 서로 마주하고 춤춘다"라고 하였다.

조선후기의 〈광수무〉는 『정재무도홀기』에 1편[51] 전한다. 무용수 구성은 협무 2인이며 무동정재로 추어졌다. 〈광수무〉 내용을 정리하면, 협무 2인이 좌우로 서서 북[鼓聲]소리에 따라 춤을 추는데, 오른 소매와 왼 소매를 아래위로 흔들며 춤추고, 좌무와 우무가 마주 보고 무진·무퇴하며 춤추고, 족도하면서 북향하며 춤을 춘다. 〈광수무〉는 춤추는 내내 〈그림 88〉처럼 일렬대형을 유지하며 무진·무퇴하고 북향무·상대·상배하며 춤춘다.

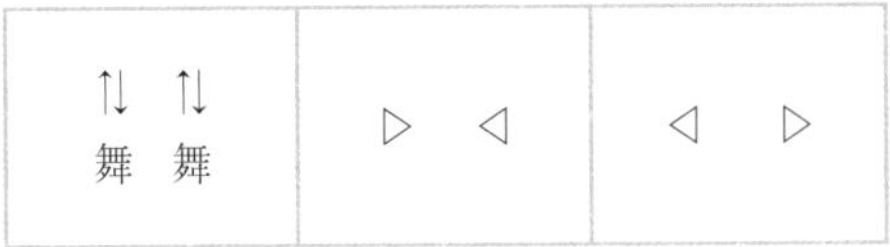

〈그림 88〉 조선후기 〈광수무〉의 대형 구성

조선후기의 홀기 기록에 의하면 〈광수무〉를 춘 정재무동은 이순동(李順童)·정흥록(鄭興祿)이다. 〈광수무〉의 반주곡은 향당교주로 구성하였고, 연향에서 추어질 때는 음악곡명을 천록영창지곡(天籙永昌之曲)이라는 아명을 붙여 사용하였다.

(8) 만수무(萬壽舞)

〈만수무〉는 임금의 만수무강을 기원하는 내용을 담은 춤으로, 순조 대 효명세자에 의해 창제되었다. 당악정재인 〈헌선도〉를 개작한 것으로 선모 1인이 선도를 올리는 춤 절차가 〈헌선도〉와 같다. 다만 무용수 구성에 차이를 보이는데 〈헌선도〉는 죽간자 2인·선모 1인·협무 2인이고, 〈만수무〉는 족자 1

51 〈廣袖舞〉, 『呈才舞圖笏記』, 1994, 428쪽.

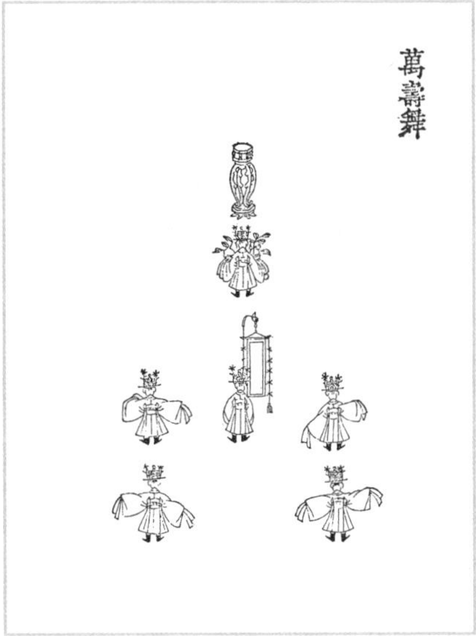

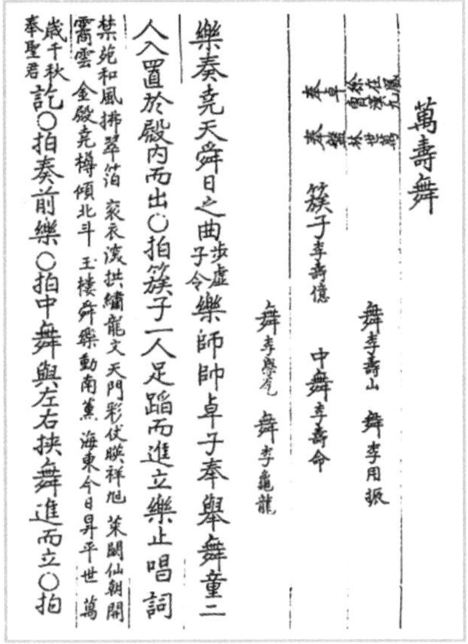
萬壽舞
奉卓 舞李壽山 舞李用振
奉盤 簇子李壽億 中舞李壽命
舞 舞李龜龍
樂奏堯天舜日之曲步虛子令樂師帥卓子奉擧舞童二
人入置於殿內而出○拍簇子一人足蹈而進立樂止唱詞
禁苑和風拂翠箔 袞衣淺拱繡龍文 天門彩仗映祥旭 萊閬仙朝開
靄雲 金殿堯樽傾北斗 玉樓舜樂動南薰 海東今日昇平世 萬
歲千秋奉聖君 訖○拍奏前樂○拍中舞與左右挾舞進而立○拍

인·선모 1인·협무 4인이다.

> 순조 무자 『진작의궤』에[52] 의하면, "○송나라 주밀(周密)의 『천악(天樂)』「차제부(次諸部)」에서 만수무강(萬壽無疆)과 박미곡파(薄媚曲破)를 합주한다"고 하였다.
>
> 또한 "○『고금도서집성』에는 명나라 영락제(永樂帝, 1403~1424) 때의 유식악장(侑食樂章)의 첫 번째로 만수지곡(萬壽之曲)으로 연주한다"고 하였다.
>
> 또한 "○헌도탁(獻桃卓)을 설치하고 무동 1인이 도반(桃盤)을 받들고 나아가고, 1인은 족자를 받들고 뒤를 따른다. 4인이 2줄로 나뉘어 북향하여 춤추는데, 마치 〈헌선도(獻仙桃)〉의 의례와 같이 한다"라고 하였다.

조선후기의 〈만수무〉는 『정재무도홀기』에 5편이[53] 전한다. 무용수 구성은 족자 1인·선모 1인·협무 4인이며, 여령정재와 무동정재로 추어졌다. 홀기마

52 이의강, 『국역순조무자진작의궤』(서울: 보고사, 2006), 288~289쪽.

53 〈萬壽舞〉, 『呈才舞圖笏記』, 1994, 198·253·313·432쪽; 1980, 121쪽.

다 선모 및 중무로 기록되었으나 그 역할은 같다. 조선후기의 홀기 기록에 의하면 〈만수무〉의 진행절차는 변함이 없으나 무동정재와 여령정재에 따라 춤 내용을 구분하여[54] 추었는데, 무동정재에서는 "중무와 좌우협무는 소매를 높였다 낮추며[以袖高低] 춤을"[55] 추고, 여령정재에서는 선모와 좌우협무가 손춤[手舞]을 추며 가랑비가 내리듯 나아갔다 물러나는[56] 춤을 추었다. 그리고 무동정재에서는 창사를 생략하기도[57] 하였다.

〈만수무〉 내용을 정리하면, 악사가 탁자를 전내에 설치하고 물러나면 족자가 나아가 창사를 부른다. 이어 중무가 나아가 악사에게서 선도반을 건네받아 창사를 부르고, 탁자 위에 올려놓고 물러난다. 중무와 좌우협무가 서로 마주 보고 등지고 춤추고, 대[자리]를 바꾸어 다시 중무와 좌우협무가 서로 마주 보고 등지고 춤추고, 다시 중무가 좌우협무와 차례로 각각 마주 보고 춤추다가 회선하여 일렬로 서고, 후대는 무퇴하고 전대는 무진하여 초열로 서서 마주 보고 춤추고, 다시 제자리로 돌아와 북향하면 춤이 마친다.

〈만수무〉의 춤 대형은 2대 좌우대형 · 일렬대형 · 사우대형 · 전후대형으로 구성된다. 2대 좌우대형에서는 〈그림 89-가〉처럼 무진 · 무퇴와 상대 · 상배를 추고, 전후대형에서는 〈그림 89-나〉처럼 선모가 나아가 선도를 바치고, 사

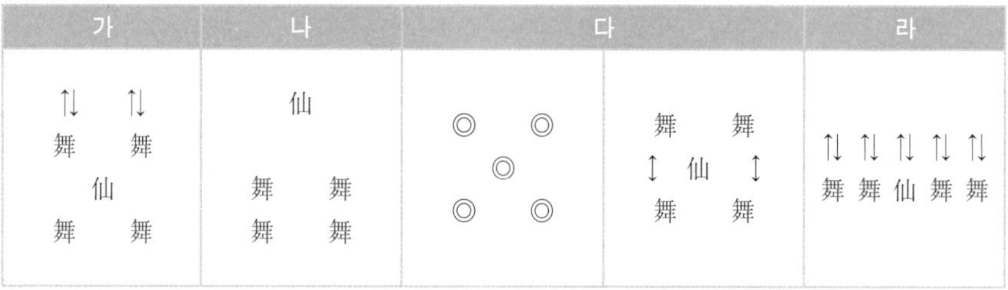

〈그림 89〉 조선후기 〈만수무〉의 대형 구성

---

54 정재마다 무동정재와 여령정재로 구분하여 서로 다른 춤을 추었다. 예로 〈수연장〉의 춤 진행은 모두 같으나 무동정재에서는 '이수고저이무'를 추고 여령정재에서는 '팔수무'를 추었다. 〈수연장〉, 『정재무도홀기』, 1994, 203 · 320쪽.

55 "中舞與左右挾以袖高低而舞" 『呈才舞圖笏記』, 1994, 198쪽.

56 "仙母與左右挾手舞霎步進退而舞" 『呈才舞圖笏記』, 1994, 313쪽.

57 『呈才舞圖笏記』, 1994, 432쪽.

우대형에서는 〈그림 89-다〉처럼 무대 가운데 선모가 사우의 협무와 각각 마주 보고 춤추고, 전대와 후대가 서로 환대하며 춤추고, 일렬대형에서는 〈그림 89-라〉처럼 무진·무퇴하며 춤춘다.

조선후기의 홀기 기록에 의하면 〈만수무〉를 춘 정재여령은 금낭(錦娘)·금희(錦喜)·녹주(綠珠)·도홍(桃紅)·매화(梅花)·산월(山月)·연화(蓮花)·영월(暎月)·채희(彩喜)·난희(蘭喜)·산옥(珊玉)·산홍(山紅)·진향(眞香)·소옥(笑玉)·유앵(柳鶯)·연심(蓮心)·월섬(月蟾)·홍매(紅梅)이고, 정재무동은 김억만(金億萬)·김윤성(金允成)·김황룡(金黃龍)·박봉남(朴鳳男)·박창준(朴昌俊)·박호길(朴好吉)·성인동(成仁童)·최덕만(崔德萬)·한기복(韓奇福)·서재봉(徐在鳳)·이구용(李龜龍)·이수명(李壽命)·이수산(李壽山)·이수억(李壽億)·이용진(李用振)·이학돌(李學乭)·임세만(林世萬)·조한구(曺漢九)이다. 〈만수무〉를 춘 정재여령 출신은 의녀와 상방 그리고 선천기(宣川妓)로 구성되었는데, 봉탁은 산천기 소속인 소옥·유앵이 맡았고, 족자는 의녀 소속인 연심이 맡았고, 봉반은 선천기 소속인 월섬이 맡았고, 선모는 상방 소속인 홍매가 맡았고, 협무는 의녀 소속인 난희·산옥·산홍·진향이 각각 맡았다. 〈만수무〉의 반주곡은 보허자령·세취작가곡편·향당교주로, 당악과 향악 계열의 음악을 이중적 구조로 구성하여 연주하였다. 여러 연향에서 추어질 때마다 음악곡명을 만수장락지곡(萬壽長樂之曲)·요천순일지곡(堯天舜日之曲)·해옥첨주지곡(海屋添籌之曲)·만년장환지곡(萬年長懽之曲)으로 사용하였는데, 이것은 연향의 성격에 따라 음악의 명칭을 다르게 붙여 아명으로 사용한 것이다.

(9) 망선문(望仙門)

〈망선문〉은 순조 대에 효명세자가 악장을 직접 지어 만든 향악정재로, 1828년 순조 무자 『진작의궤』에 처음 기록이 등장한다. 〈망선문〉은 옛날 궁궐을 중심으로 동서남북에 문이 있는데 일정한 시간이 되면 문을 열고 닫았다는 내용을 인용하여 순조 대에 재구성하여 만들었다. 작선(雀扇)을 든 협무 4인과 당(幢)을 든 협무 2인이 춤을 추는데, 춤은 작선 4인이 문 형상을 만들고

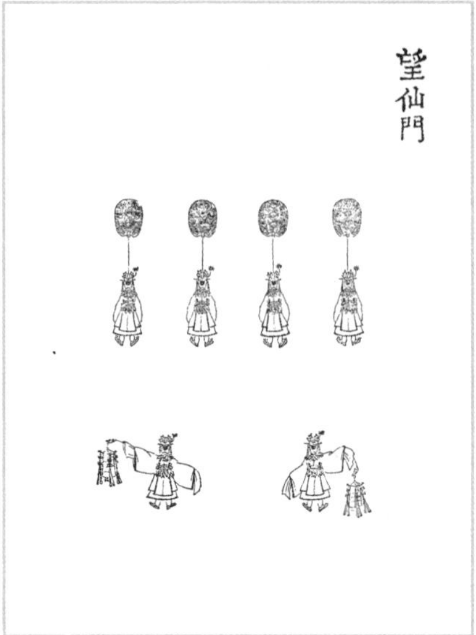

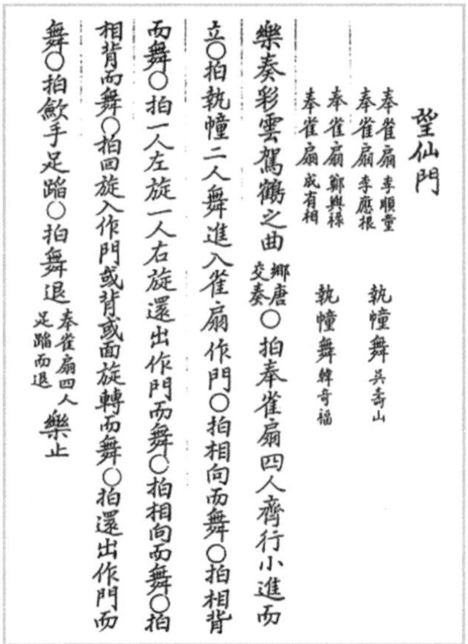
望仙門
奉雀扇 李順豐　執幢舞 吳壽山
奉雀扇 李應根　執幢舞 韓奇福
奉雀扇 鄭興祿
奉雀扇 成有相
樂奏彩雲駕鶴之曲 鄉唐交奏 ○拍奉雀扇四人齊行小進而
立○拍執幢二人舞進入雀扇作門○拍相向而舞○拍相背
而舞○拍一人左旋一人右旋還出作門而舞○拍相向而舞○拍
相背而舞○拍回旋入作門或背或面旋轉而舞○拍還出作門而
舞○拍斂手足蹈○拍舞退 奉雀扇四人足蹈而退 樂止

집당 2인은 이를 넘나들며 춤을 춘다. 작선과 같은 의물은 당악정재를 출 때 무용수 좌우에 나란히 줄지어 서는 역할을 하는데, 정재에서 작선이라는 의물을 들고 대형을 만들어가며 추는 춤으로는 〈망선문〉이 유일하다.

> 순조 무자 『진작의궤』에[58] 의하면, "○당회요(唐會要)에 〈망선문(望仙門)〉 등은 날이 저물면 닫고 오경(五更, 5~7시)이 되면 문을 연다"고 하였다.
>
> 또한 ○『패문운부(佩文韻府)』에 "안수(晏殊)의 사(詞)에 '군왕의 은택을 입어 일제히 〈망선문〉을 노래하였다'는 구절이 있다"라고 하였다.
>
> 또한 "○무동 4인이 작선(雀扇)을 받들고 앞에서 작문하여 서고 무동 2인이 집당하여 뒤에 있다가 작문을 출입하며 춤춘다"라고 하였다.

조선후기의 〈망선문〉은 『정재무도홀기』에 1편이[59] 전한다. 〈망선문〉의 무용수 구성은 작선 4인과 집당 2인이며, 무동정재로 추어졌다. 〈망선문〉에서는

58 이의강, 『국역순조무자진작의궤』(서울: 보고사, 2006), 286쪽; 純祖 戊子 『進爵儀軌』 부편1b.
59 〈望仙門〉, 『呈才舞圖笏記』, 1994, 451쪽.

당과 작선을 무구로 사용하고, 무용수와 함께 정재대형을 이루며 춤을 춘다.

〈망선문〉 내용을 정리하면, 무동 4인이 작선을 들고 앞에서 문을 만들고, 무동 2인은 당을 들고 마주 보고 등지고 춤을 추다가 문으로 들어갔다 나왔다 하면서 춤을 춘다. 〈망선문〉은 춤추는 내내 전후대형을 유지하며 춤을 춘다. 전후대형에서는 〈그림 90-가〉처럼 무진·무퇴를 추고, 〈그림 90-나〉처럼 집당 2인이 작선[문] 사이로 나아가 〈그림 90-다〉처럼 전대에서 상대·상배·선전이무를 추고, 다시 〈그림 90-라〉처럼 각각 좌선과 우선하여[60] 다시 〈그림 90-나〉처럼 나아가 〈그림 90-다〉에서와 같은 춤을 반복하여 춘다.

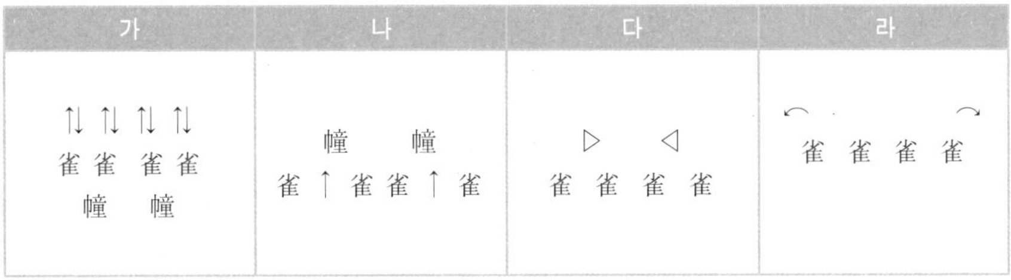

〈그림 90〉 조선후기 〈망선문〉의 대형 구성

조선후기의 홀기기록에 의하면 정재 무동은 성유상(成有相)·오수산(嗚壽山)·이순동(李順童)·이응근(李應根)·정흥록(鄭興祿)·한기복(韓奇福)이다. 〈망선문〉의 반주곡은 향당교주로 구성하였고, 연향에서 추어질 때는 음악곡명을 채운가학지곡(彩雲駕鶴之曲)이라는 아명을 붙여 사용하였다.

60 〈망선문〉의 "一人左旋, 一人右旋, 還出作門而舞"의 진행을 현실적인 관점에 비추어볼 때, 2가지가 가능하다. 첫째는 서로 마주 보고 도는 교선이고, 둘째는 각각 도는 外旋이다. 그러나 '1인'이 좌무인지 아니면 우무인지가 확인되지 않는다. 홀기 기록 관점으로 볼 때 좌무가 먼저하고 다음에 우무가 하는 것이 원칙으로 되어 있는데, 조선후기 〈최화무〉에 "左隊左旋, 右隊右旋而舞"로 기록된 것에서 확인된다. 그리고 고려 및 조선전기 〈포구락〉에서 각 대가 차례로 포구희를 한 다음 뒤로 물러날 때 外旋한 것과 죽간자가 물러날 때에도 外旋한 것, 그리고 〈포구락〉처럼 여러 대가 같은 춤을 반복하여 출 때에도 외선하였다. 따라서 〈망선문〉의 "一人左旋一人右旋"은 '左舞左旋, 右舞右旋'으로 해석되며, 이로 볼 때 도는 방향은 각각 '外旋'으로 진행된다.

(10) 몽금척(夢金尺)

〈몽금척〉은 태조 이성계가 하늘의 뜻을 받들어 나라를 건국했다는 것을 무용화한 춤[61]으로, 〈금척〉이라고도 불린다. 조선전기를 시작으로 조선후기로 이어오면서 내용은 변화 없이 그대로 전승되어 왔지만, 무동정재와 여령정재 구분 없이 도입부에 죽간자가 구호를 부른 다음 무퇴하는 내용에 차이가 있다. 그리고 『정재무도홀기』에 기록된 내용으로 볼 때는 좌우협무 12인이 족자 좌우에 배열된 것으로 보여지지만 의궤 정재도와 비교하면 족자 뒤에 6대 좌우대형으로 배열된 것을 알 수 있다.[62]

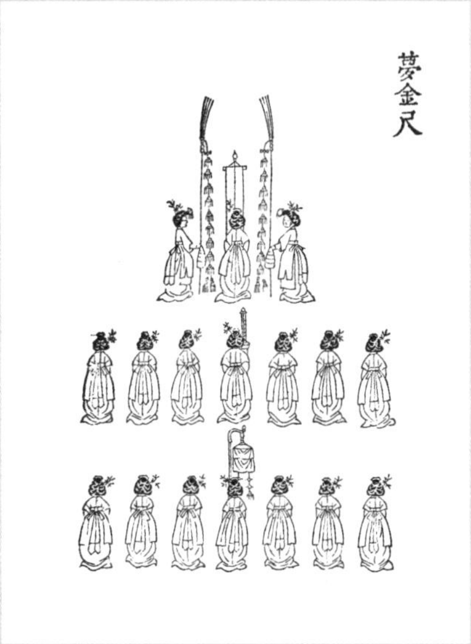

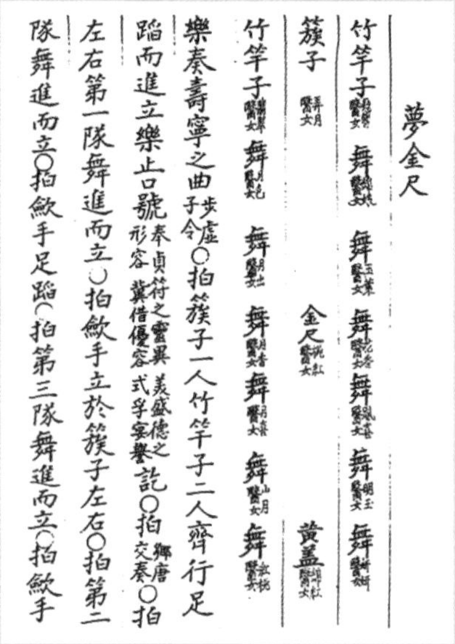

夢金尺

竹竿子 舞 舞 舞 舞 舞 舞

簇子 金尺 黃蓋

竹竿子 舞 舞 舞 舞 舞 舞

樂奏壽寧之曲(步虛子令)○拍簇子一人竹竿子二人齊行足蹈而進立樂止口號(奏貞符之靈異 美盛德之形容 冀借優容 式孚宴譽)訖○拍(鄕唐交奏)○拍

左右第一隊舞進而立○拍斂手立於簇子左右○拍第二隊舞進而立○拍斂手足蹈○拍第三隊舞進而立○拍斂手

고종 신축 『진연의궤』에[63] 의하면, "○태조가 잠저(潛邸)에 계실 때, 꿈에 한 신인(神人)이 금척(金尺)을 주었다. 세종 때에 그 형상을 모방하여 춤을 만들었다"라고 하였다.

---

61 〈몽금척〉의 유래는 조선전기의 내용을 참조바람.

62 손선숙, "정재 무보체계의 보완과 방안마련연구(1): 몽금척의 정재대형을 중심으로," 『무용예술학연구』 제20집(서울: 한국무용예술학회, 2007), 101~125쪽.

63 한국예술종합학교 전통예술원, 『高宗辛丑進宴儀軌』 卷一(서울: 민속원, 2001), 150쪽.

또한 "○영조 병술년 진연 때에 임금께서 '유황사(維皇詞)', '성인사(聖人詞)'를 짓고 '천사김척수명지상(天賜金尺受命之祥)'라는 여덟 글자를 자〔尺〕에 새겼다. 또 생사로 족자를 만들어서 '유황사(維皇詞)'를 쓰고, 위아래에 홍백(紅白)의 능라로 단장하여 유소(流蘇)를 드리우고 붉게 칠한 장대에 걸었다"라고 하였다.

또한 "○여기(女妓) 2인이 죽간자를 받든다. 1인은 족자(簇子)를 받들고 앞으로 나아가 벌려 선다. 1인은 금척을 받들고, 1인은 황개(黃蓋)를 받들고 뒤에 위치하여 차례로 선다. 12인이 좌우로 나뉘어 두 줄을 지어, 나아가고 물러서고 돌면서 춤춘다"라고 하였다.

또한 "○무동정재도 같은데, 죽간자를 든 이가 구호를 하지 않고 선모가 금척을 받든다"라고 하였다.

조선후기의 〈몽금척〉은 『정재무도홀기』에 7편이[64] 전하고, 여령정재와 무동정재로 추어졌으며, 무용수 구성은 족자 1인·죽간자 2인·금척 1인·황개 1인·협무 12인이다. 조선후기의 〈몽금척〉은 연향에 따라 내용은 변화되지 않았지만, 무동정재 시에는 죽간자의 구호가 생략되기도[65] 한다.

〈몽금척〉 내용을 정리하면, 족자 1인과 죽간자 2인이 나란히 앞으로 나아가 구호를 부르고, 마치면 족자는 그대로 서고 죽간자만 물러난다. 좌우 제1대부터 차례로 춤을 추며 앞으로 나아가 족자 좌우에 선다. 이어 금척인(金尺人)과 황개인(黃蓋人)이 앞으로 나아가 금척인이 치어를 부르고, 금척과 황개는 족도하며 제자리에 서고, 6대 12인은 손을 여미고 족도하며 음악의 절차에 따라 창사를 부른다. 6대 12인이 창사를 부르고 무진·무퇴하며 춤을 추는데, 3회 반복한다. 이어 우죽간자·족자·금척·황개·좌죽간자·좌대 6인·우대 6인이 차례로 족도하며 나아가 왼쪽으로 세 바퀴 둥글게 돌면서 음악의 절차에 따라 창사를 부른다. 우죽간자가 남쪽에 이르러 무용수 전체가 다 같이 처

64 〈夢金尺〉, 『呈才舞圖笏記』, 1994, 92·160·189·245·305·421쪽; 1980, 104쪽.

65 〈夢金尺〉, 『呈才舞圖笏記』, 1994, 421쪽.

음의 자리로 서면, 죽간자 2인이 앞으로 나아가 구호를 부르고 무용수 전체가 물러나면 춤이 마친다.

〈몽금척〉의 춤 대형은 2대 좌우대형과 6대 좌우대형으로 구성된다. 2대 좌우대형에서는 〈그림 91-가〉처럼 무진·무퇴를 추고, 무용수가 차례로 나아가 6대 좌우대형으로 서고, 6대 좌우대형에서는 〈그림 91-나〉처럼 제자리에서 노래를 부르며 춤을 추다가 무진·무퇴하며 춤춘다.

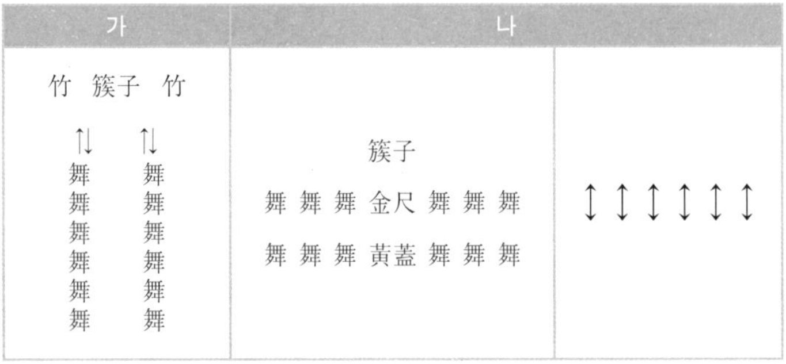

〈그림 91〉 조선후기 〈몽금척〉의 대형 구성

조선후기의 홀기 기록에 의하면 〈몽금척〉을 춘 정재여령은 금낭(錦娘)·농월(弄月)·도홍(桃紅)·명옥(明玉)·봉희(鳳喜)·비연(飛鷰)·비취(翡翠)·연연(姸姸)·옥엽(玉葉)·월색(月色)·월희(月喜)·홍도(紅桃)·화향(花香)·월출(月出)·산월(山月)·월향(月香)·월산(月山)·죽심(竹心)·죽엽(竹葉)·경옥(瓊玉)·계월(桂月)·금홍(錦紅)·금화(錦花)·기화(琦花)·녹주(綠珠)·도화(桃花)·옥선(玉仙)·이화(梨花)·향란(香蘭)·화봉(花鳳)·봉선(鳳仙)·학희(鶴喜)·농주(弄珠)이고, 정재무동은 고용이(高龍伊)·권만길(權萬吉)·권흥성(權興成)·김복동(金福同)·김수만(金壽萬)·김수업(金壽業)·서수남(徐壽男)·이구용(李龜龍)·이봉학(李鳳鶴)·이수명(李壽命)·이수산(李壽山)·이수억(李壽億)·이용진(李用振)·최무길(崔茂吉)·최봉철(崔鳳哲)·한정철(韓正哲)·김두희(金斗喜)·김억만(金億萬)·김윤성(金允成)·김황룡(金黃龍)·박봉남(朴鳳男)·박송길(朴松吉)·서완근(徐完根)·성유상(成有相)·성인동(成仁童)·오수산(鳴壽山)·이수형(李壽亨)·이순동(李順童)·이응근(李應根)·최덕만(崔德萬)·한기복(韓奇福)·함점동(咸点童)·홍경길(洪慶吉)이다. 〈몽금척〉을 춘 정재여령 출신은 의녀와 상방으로 구성되었다. 금척인은 의녀 소속인 죽엽이 맡았고, 족자는 의녀 소속인 화봉이 맡았고, 죽간자는 의녀 소속인 봉선과 상방 소속인 학희가 맡았고, 황개는 의녀 소속인 농주가 맡았고, 협무는 의녀 소속인 경옥·계월·금화·기화·녹주·도화·연연·월희·향란과 상방소속인 금홍·옥선·이화가 각각 맡았다. 〈몽금척〉의 반주곡은 보허자령과 향당교주로, 당악과 향악 계열의 음악을 이중적 구조로 구성하여 연주하였다. 여러 연향에서 추어질 때마다 음악곡명을 만수장락지곡(萬壽長樂之曲)·수녕지곡(壽寧之曲)·풍운경회지악(風雲慶會之樂)·태평만년지곡(太平萬年之曲)·해옥첨주지곡(海屋添籌之曲)으로 사용하였는데, 이것은 연향의 성격에 따라 음악의 명칭을 다르게 붙여 아명으로 사용한 것이다.

(11) 무고(舞鼓)

〈무고〉는 고려시대를 시작으로 조선전기를 거쳐 조선후기로 이어져온[66] 향악정재이다. 북을 가운데에 두고 여러 명의 무용수들이 북을 두드리며 춤을 춘다. 순조 대에 효명세자가 다시 가사를 지었는데, 조선전기의 『악학궤

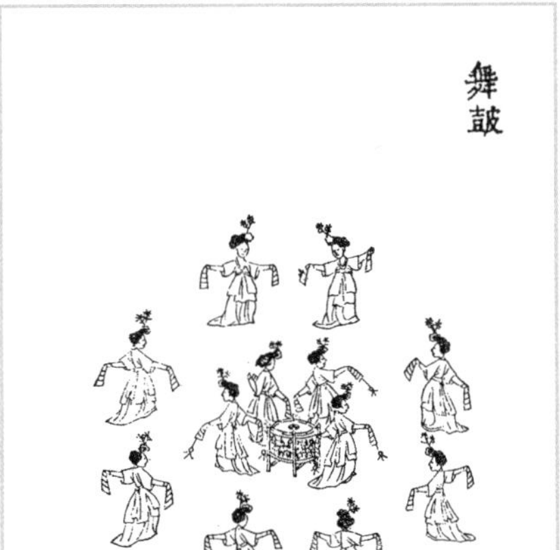

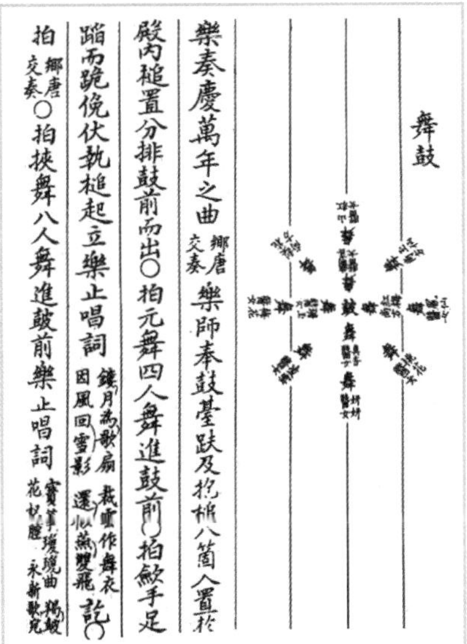

66 〈무고〉의 유래에 대해서는 고려시대와 조선전기의 내용을 참조바람.

범』에 한글로 기록된 정읍사를 조선후기에는 한문으로 바꾸어 불렀다. 시대를 거쳐 오면서 무용수의 구성에 변화가 있었고, 무구의 수에도 변화가 있다. 먼저 고려시대에는 북 1개에 무용수 2인이 추었고, 조선전기에는 무용수 인원에 따라 북의 수를 갖추었는데 무용수 8인에 8개의 북을 설치하였다. 반면 조선후기에 와서는 북 1개에 북을 치는 원무 4인과 그 주위에 서는 협무가 4인·8인·10인으로[67] 구성하였는데, 왕조별 혹은 연향에 따라 차이를 두었다. 고려시대와 조선전기에는 북을 치며 춤추는 원무로만 구성되었고, 조선후기에 와서 협무가 함께 구성되어 원무 주위에서 춤추는 것으로 변화되었다.

> 고종 신축 『진연의궤』에[68] 의하면, "○한나라 때 〈비무(鞞舞)〉가 있었는데, 비는 소고(小鼓)이다. 대개 북 장단으로 춤을 춘다"라고 하였다.
>
> 또한 "○고려 때에 시중(侍中) 이혼(李混)이 바다 위에 떠 있는 뗏목을 주워 〈무고〉를 만들었다. 인하여 향악(鄕樂)으로 삼았다"라고 하였다.
>
> 또한 "○여기(女妓) 4인이 각각 북채를 잡고서 악절에 맞추어 북을 치면서 춤춘다. 4인은 그 바깥에 둘러서서, 나뉘어 협무대(挾舞隊)를 이룬다"라고 하였다.
>
> 순조 무자 『진작의궤』에[69] 의하면, "○무동 4인이 각각 북채를 들고 음악의 절차에 맞추어 북을 치면서 춤을 춘다"라고 하였다.

조선후기의 〈무고〉는 『정재무도홀기』에 모두 10편이[70] 전하고, 여령정재와 무동정재로 추어졌다. 무용수 구성은 원무 4인과 협무 4인·8인으로[71] 구

67 의궤 정재도에 수록된 〈무고〉를 살펴보면 협무의 구성이 4인·8인·10인으로 다양하였다.

68 한국예술종합학교 전통예술원, 『高宗辛丑進宴儀軌』 卷一(서울: 민속원, 2001), 179쪽.

69 이의강, 『국역순조무자진작의궤』(서울: 보고사, 2006), 69쪽.

70 〈舞鼓〉, 『呈才舞圖笏記』, 1994, 118·156·205·261·322·383·407·441·507쪽; 1980, 130쪽.

71 조선후기에는 협무는 4인과 8인으로 구성하여 추었는데, 협무 4인으로 구성된 〈무고〉는 1994, 118·156·205·261·322·383·407·441·507쪽에 수록되었고, 협무 8인으로 구성된 〈무고〉는 1980, 130쪽에 수록되었다.

성하였고, 원무는 북채를 잡고 실제 북을 치는 무용수이고 협무는 원무 주위에서 춤을 추는 무용수로 그 역할이 구분되어 있다. 〈무고〉의 내용은 변화되지 않았지만 무동정재 시에는 창사가 생략되기도[72] 한다. 홀기에 제시된 무도는 초입배열이 아닌 회무격고도(回舞擊鼓圖)이다. 이것은 사방으로 서는 내용과 북채를 잡는다는 내용에 의해 초입대형이 일렬인 것을 알 수 있는데, 이것은 『악학궤범』의 〈무고〉 정재의 초입배열도에서도 확인된다. 따라서 『정재무도홀기』의 배열도는 초입배열도가 아닌 사방으로 선 진행부의 내용이다.

〈무고〉 내용을 정리하면, 악사가 북[鼓]·북틀·북채[槌]를 안고 들어가 전내에 놓고 나가면, 원무 4인이 춤을 추며 북 앞으로 나아가 엎드려 북채를 잡고 일어서서 창사를 부른다. 이어 협무 4인이 춤을 추며 북 앞으로 나아가 창사를 부른다. 원무와 협무가 함께 북소리에 따라 족도하며 사방으로 서서 북소리에 맞춰 일제히 북을 치고, 북을 등지고, 둥글게 돌며 춤춘다. 이어 춤을 마치고 원무와 협무가 초열로 서서 원무가 엎드려 북채를 처음 놓았던 자리에 놓고 물러나면 악사가 북과 북채를 거두어 나간다. 〈무고〉의 춤 대형은 전후대형과 원[사방·사우] 대형으로 구성된다. 전후대형에서는 〈그림 92-가〉처럼 전대에 원무가 서고 후대에는 좌우협무가 나란히 서서 무진·무퇴하며 창사를 부르고, 원 대형에서는 〈그림 92-나〉처럼 원무는 사방에 서서 북을 치며 춤추고 좌우협무는 그 주위[사우]에 서서 춤을 춘다.

가	나
鼓 槌 槌 槌 槌 ↑↓ ↑↓ ↑↓ ↑↓ 元 元 元 元 挾 挾 挾 挾	挾 元 挾 元 鼓 元 挾 元 挾

〈그림 92〉 조선후기 〈무고〉의 대형 구성

조선후기의 홀기 기록에 의하면 〈무고〉를 춘 정재여령은 금화(錦花)·행화

72 『呈才舞圖笏記』, 1994, 441쪽.

(杏花)·도홍(桃紅)·봉심(鳳心)·옥엽(玉葉)·초운(楚雲)·화연(花姸)·명옥(明玉)·유록(柳綠)·화선(花仙)·산홍(山紅)·옥선(玉仙)·월향(月香)·홍도(紅桃)·난희(蘭喜)·능운(凌雲)·도화(桃花)·매화(梅花)·봉선(鳳仙)·산옥(珊玉)·연연(姸姸)·이화(梨花)·진향(眞香)·홍매(紅梅)이고, 정재무동은 권만길(權萬吉)·권흥성(權興成)·김수업(金壽業)·이구용(李龜龍)·이수명(李壽命)·이수산(李壽山)·이수억(李壽億)·이학돌(李學乭)·김두희(金斗喜)·김억만(金億萬)·김윤성(金允成)·김황룡(金黃龍)·박봉남(朴鳳男)·오수산(嗚壽山)·최덕만(崔德萬)·한기복(韓奇福)이다. 〈무고〉를 춘 정재여령 출신은 의녀와 상방인데, 원무는 상방 소속인 홍매와 의녀 소속인 난희·산옥·진향이 맡았고, 협무는 의녀 소속인 능운·도화·매화·봉선·산홍·연연과 상방소속인 옥선·이화가 맡았다. 〈무고〉의 반주곡은 향당교주로 구성하였고 여러 연향에서 추어질 때마다 음악곡명을 경만년지곡(慶萬年之曲)·축유여지곡(祝有餘之曲)·상운요일지곡(祥雲曜日之曲)·수성휘지곡(壽星輝之曲)·수용음(水龍吟)·오운개서조(五雲開瑞朝)·장춘불로지곡(長春不老之曲)으로 사용하였는데, 이것은 연향의 성격에 따라 음악의 명칭을 다르게 붙여 아명으로 사용한 것이다.

(12) 무산향(舞山香)

〈무산향〉은 침상 모양과 같은 대모반(玳瑁盤) 위에 무용수 1인이 올라가 무진·무퇴 혹은 좌우로 돌며 춤을 춘다. 효명세자가 부왕인 순조를 기쁘게 해드리기 위하여 창사를 지어 올린 향악정재이다.

> 고종 신축 『진연의궤』에[73] 의하면, "○당나라의 여남왕(汝南王) 진(璡)은 항상 아견모(砑絹帽)를 쓰고 곡을 탔다. 머리 위에서 절로 붉은 근화(槿花)가 떨어졌는데, 모자 위에 그대로 둔 채 이 한 곡을 연주하였다"라고 하였다.

---

73 한국예술종합학교 전통예술원, 『高宗辛丑進宴儀軌』 卷一(서울: 민속원, 2001), 196쪽.

舞山香

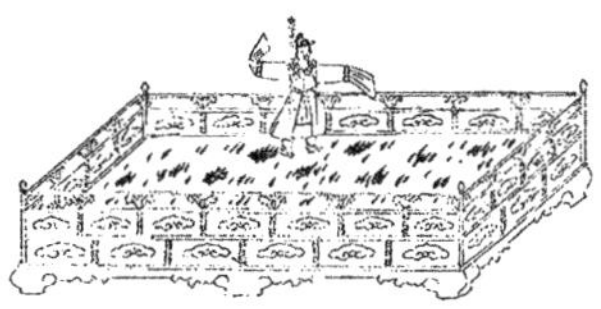

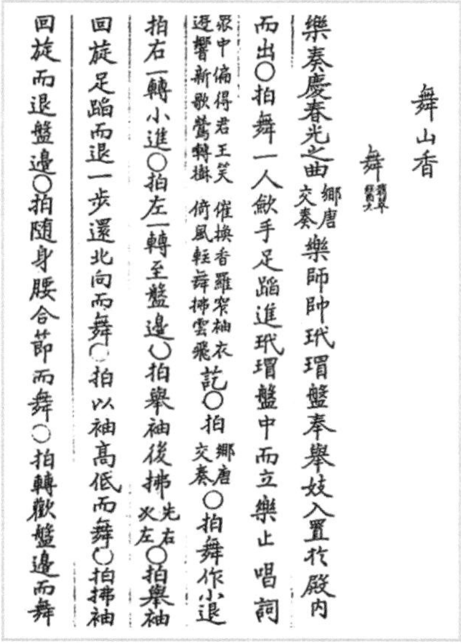

舞山香

舞

樂奏慶春光之曲鄉唐交奏樂師帥玳瑁盤奉擧妓入置於殿內而出○拍舞一人斂手足蹈進玳瑁盤中而立樂止唱詞衆中偏得君王笑 偎換香羅窄袖衣 遥響新歌鶯轉樹 倚風軽舞拂雲飛訖○拍鄉唐交奏○拍舞作小退拍右一轉小進○拍左一轉至盤邊○拍擧袖後拂先右次左○拍擧袖回旋足蹈而退一步還北向而舞○拍以袖高低而舞○拍拂袖回旋而退盤邊○拍隨身腰合節而舞○拍轉歡盤邊而舞

또한 『고금도서집성』에는 "○소동파(蘇東坡)의 이도자(李陶子)의 시(詩)에 '뉘와 함께 아광모를 쓰고, 〈무산향〉 한 곡을 탈거나'라는 구절이 있다"라고 하였다.

또한 "○대모반을 설하여 침상과 같이 만들고 무기 1인이 반에 올라가 춤춘다"라고 하였다.

조선후기의 〈무산향〉은 『정재무도홀기』에 3편이[74] 전한다. 무동정재와 여령정재로 추어졌으며 무용수 구성은 1인이다. 내용은 모두 같으나 기록에 차이가 있는데, 창사를 부르고 난 다음 오른 소매를 먼저 든 다음에 왼 소매를 드는[先擧右袖 次擧左袖] 내용이 생략되었고, 무동정재에서는 창사가 생략[75]되기도 한다.

〈무산향〉 내용을 정리하면, 악사가 대모반을 전내에 놓고 나가면, 여기 1인이 손을 여미고 족도하며 나아가 대모반 가운데에 서서 창사를 부른다. 이

74 〈舞山香〉, 『呈才舞圖笏記』, 1994, 316·435쪽; 1980, 115쪽.

75 『呈才舞圖笏記』, 1994, 435~436쪽 참조.

어 물러나 오른쪽과 왼쪽으로 한 번 돌며 반(盤) 가장자리로 나아가고, 소매를 들어 뒤로 떨쳐 뿌리며 춤을 추고, 둥글게 돌면서 족도하며 한 걸음 뒤로 물러나 다시 북쪽을 향하여 춤을 춘다. 소매를 높였다 낮추며 춤을 추고, 소매를 떨치며 둥글게 돌면서 춤을 춘다. 대모반 가장자리를 둥글게 돌며 즐겁게 춤을 추고, 좌우로 무진·무퇴하며 춤춘다. 소매를 떨쳐 뿌리며 좌우로 돌고, 좌우 대수(擡袖)하며 각각 한 바퀴씩 돌며 춤추고, 이어 무진·무퇴하고 대모반 가장자리를 둥글게 돌며 춤추다 춤이 마치면 대모반 아래로 내려간다. 〈무산향〉은 대모반 위 한정된 장소에서 춤이 추어지는데, 대부분 무진·무퇴와 대모반 가장자리로 둥글게 돌며 춤추고, 소매를 높게 혹은 낮게 흔들며 춤추고, 양 소매를 떨쳐 뿌리며 춤추는 구조로 〈그림 93〉과 같이 진행한다.

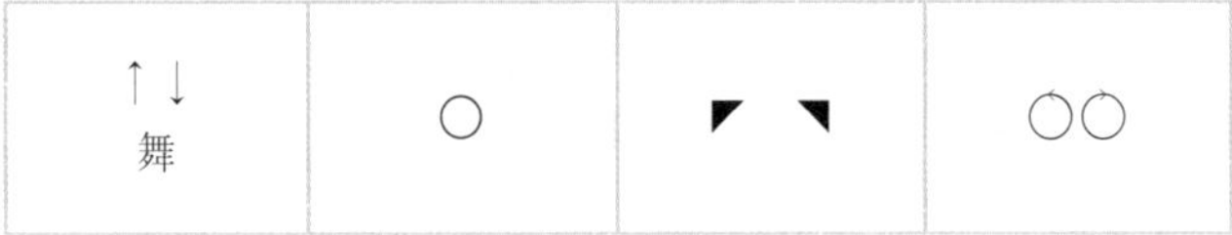

〈그림 93〉 조선후기 〈무산향〉의 대형 구성

조선후기의 홀기 기록에 의하면 〈무산향〉을 춘 정재여령은 의녀 소속인 난희(蘭喜)·비취(翡翠)이고, 정재무동은 오수산(嗚壽山)이다. 〈무산향〉의 반주곡은 향당교주로 구성하였고, 여러 연향에서 추어질 때마다 음악곡명을 경춘광지곡(慶春光之曲)이라는 아명을 붙여 사용하였다.

(13) 무애무(無㝵舞)

〈무애무〉는 호리병을 든 원무 2인과 협무 10인이 2대 좌우대형과 전후대형을 구성하며 춤을 춘다. 〈무애무〉라는 춤 이름은 신라시대 원효대사의 가무를 본떠 만들었으며, 고려시대에는 추어졌으나 가사가 불가어로 방언이 섞여 있다 하여 조선전기에는 사용하지 않다가 조선후기에 와서 효명세자가 가사를 새로 개작하여 사용하였다. 고려시대를 시작으로 조선후기로 이어져 오면서 내용에 많은 변화가 있었는데, 가장 큰 요인은 무용수 구성의 변화이다. 고

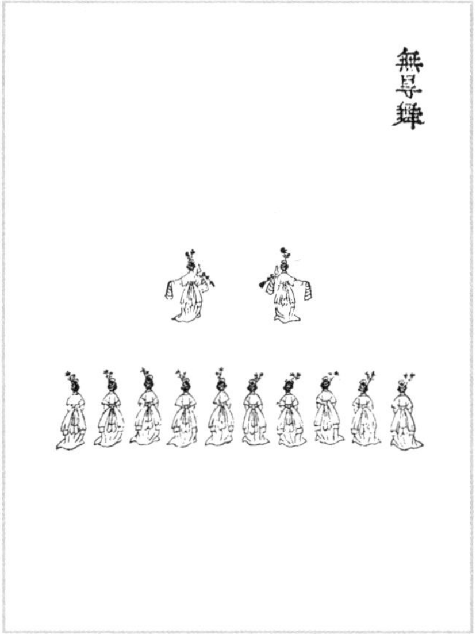

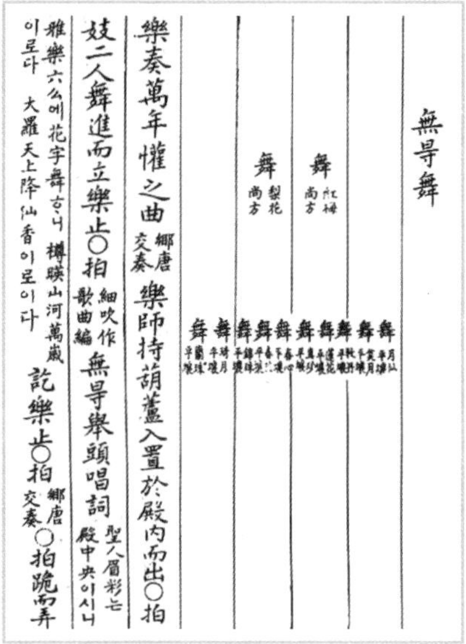

려시대에는 원무 2인이 추었고 조선후기에는 원무 2인과 협무 10으로 구성되었다. 무용수 구성의 차이로 인하여 고려시대에는 원무 2인이 호로를 잡기 전의 춤과 집어 든 후 무진·무퇴하는 춤으로 진행되었던 것이 조선후기에 와서는 원무 2인이 전대에 서고 후대 10인이 후대에 선 전후대형의 춤과 회선 후 2대 좌우대형으로 서서 상대·상배하고 북향하는 춤이 새로 도입되었다.

> 고종 신축 『진연의궤』에[76] 의하면, “여기(女妓) 2인이 호로(葫蘆)를 잡고서 서로 마주하거나 서로 등지면서 춤춘다. 후대(後隊) 10인은 악절(樂節)에 맞추어 서로 바꿔가며 춤춘다. 창사는 한문과 한글이 서로 섞여 있으므로 싣지 않는다”라고 하였다.

조선후기의 〈무애무〉는 『정재무도홀기』에 6편[77] 전한다. 무용수 구성은 원무 2인과 협무 10인이고, 여령정재와 무동정재로 추어졌다. 〈무애무〉는 연향에 따라 춤사위를 ‘팔수이무(八手而舞)’와 ‘이수고저이무(以袖高低而舞)’로 추었

76 한국예술종합학교 전통예술원, 『高宗辛丑進宴儀軌』 卷一(서울: 민속원, 2001), 200쪽.
77 〈無㝵舞〉, 『呈才舞圖笏記』, 1994, 52·227·283쪽, 348·471쪽; 1980, 173쪽.

는데, 이는 여령정재와 무동정재에 따라 구분하여[78] 추었다. 〈무애무〉에서는 창사를 모두 3번 부르는데, 무애 2인이 호로를 잡기 전과 잡은 후, 그리고 무용수 전체가 부른다. 무동정재에서는 창사가 생략[79]되기도 한다.

〈무애무〉 내용을 정리하면, 악사가 호로를 전내에 놓고 물러나면 원무 2인이 창사를 부르고, 이어 호로를 어르고 집어들어 상대·상배하며 춤추고, 북향하여 창사를 부른다. 이어 전대의 무애[원무] 2인과 후대 10인이 회선하여 2대 좌우대형으로 서서 상대·상배하고 북향하여 춤추고, 다시 회선하여 초열로 서면 춤이 마친다. 〈무애무〉의 춤 대형은 전후대형과 2대 좌우대형으로 구성된다. 전후대형에서는 〈그림 94-가〉처럼 원무[무애] 2인이 전대에서 창사를 부르고, 상대·상배하며 춤추고, 후대 10인과 무진·무퇴를 한다. 2대 좌우대형에서는 〈그림 94-나〉처럼 후대 10인이 2대 좌우대형으로 나누어 서서 상대·상배하며 춤추고, 회선하며 춤을 춘다. 〈무애무〉에서는 이동을 〈그림 94-다〉처럼 후대 10인이 무대 가운데의 무애 2인을 중심으로 둥글게 돈다.

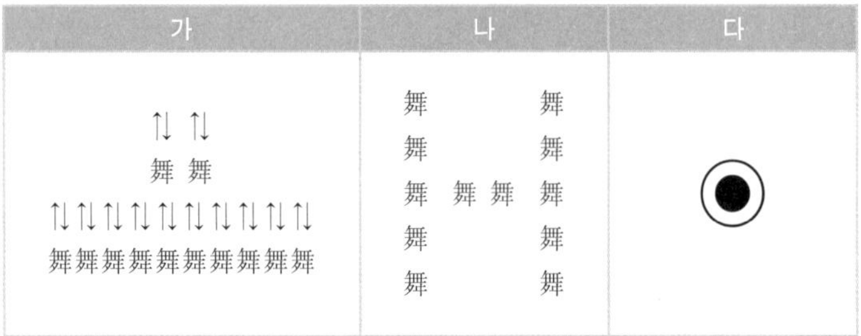

〈그림 94〉 조선후기 〈무애무〉의 대형 구성

조선후기의 홀기 기록에 의하면 〈무애무〉를 춘 정재여령은 금주(錦珠)·기월(琦月)·난주(蘭珠)·목단(牧丹)·소월(笑月)·연화(蓮花)·월선(月仙)·이화(梨花)·진진(眞珍)·춘심(春心)·춘화(春花)·홍매(紅梅)·경옥(瓊玉)·금화(錦花)·봉심(鳳心)·옥엽(玉葉)·월출(月出)·월향(月香)·죽심(竹心)·행화(杏花)·홍도(紅

78 여령은 '팔수이무', 무동은 '이수고저이무'로 추었다. '팔수이무'를 춘 〈무애무〉는 1980, 173쪽; 1994, 350쪽; '이수고저이무'를 춘 〈무애무〉는 1994, 54·229·284·472쪽.

79 『呈才舞圖笏記』, 1994, 471쪽.

桃)·화봉(花鳳)·화연(花姸)·화향(花香)이고, 정재무동은 고용이(高龍伊)·권만길(權萬吉)·권흥성(權興成)·김수업(金壽業)·서수남(徐壽男)·이구용(李龜龍)·이봉학(李鳳鶴)·이수산(李壽山)·이수억(李壽億)·이용진(李用振)·이학돌(李學乭)·최봉철(崔鳳哲)·김구일(金九日)·김만록(金萬祿)·김성인(金聖仁)·김윤학(金允鶴)·김천만(金千萬)·김태산(金泰山)·박수길(朴壽吉)·박호산(朴好山)·오석숭(嗚石崇)·이만수(李萬壽)·황용운(黃龍雲)·김두희(金斗喜)·김윤성(金允成)·박봉남(朴鳳男)·성유상(成有相)·성인동(成仁童)·정흥록(鄭興祿)·최덕만(崔德萬)·홍경길(洪慶吉)·김억만(金億萬)·김황룡(金黃龍) 등이다. 〈무애무〉를 춘 정재여령 출신은 평양기(平壤妓)·의녀·상방으로 구성되었는데, 무애기는 상방 소속인 이화와 홍매가 맡았고, 후대는 평양기 소속인 금주·기월·난주·목단·소월·연화·월선·진진·춘심·춘화가 맡았다. 〈무애무〉의 반주곡은 향당교주와 세취작가곡편으로 구성하였다. 여러 연향에서 추어질 때마다 음악곡명을 만년환지곡(萬年懽之曲)·만방녕지곡(萬方寧之曲)으로 사용하였는데, 이것은 연향의 성격에 따라 음악의 명칭을 다르게 붙여 아명으로 사용한 것이다.

(14) 박접무(撲蝶舞)

〈박접무〉는 나비가 날아오르는 형상을 표현한 춤으로, 순조 대 창제된 향악정재이다. 협무 6인이 전대·중대·후대로 선 전후좌우복합대형에서, 각 대의 협무 2인이 서로 짝을 지어 마주 보고 등을 지며 춤을 춘다. 의상은 나비의 형상을 보여주듯 넓은 소매를 비롯한 의복 전체에 범나비가 수놓아져 있으며, 두 팔을 펴 들고 춤출 때마다 여러 나비가 날아오르는 형상으로 비추어진다. 이 춤은 중국에 전하는 세시풍속의 하나인 '화조박접회(花朝撲蝶會)'라는 놀이를 본떠 만들어졌다. 우리나라에서는 1828년 순조 무자 『진작의궤』에 처음으로 기록이 보이고, 효명세자가 직접 창사를 지어 만든 〈박접무〉의 유래는 아래에서 확인된다.

순조 무자 『진작의궤』에[80] 의하면, "○『연감유함(淵鑑類函)』에 「성재시화(誠齋

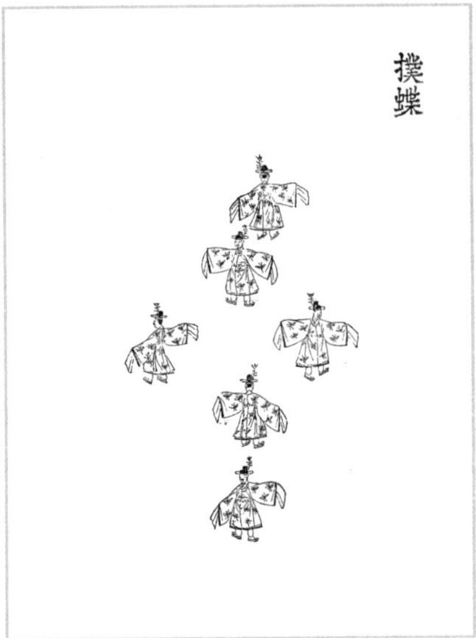

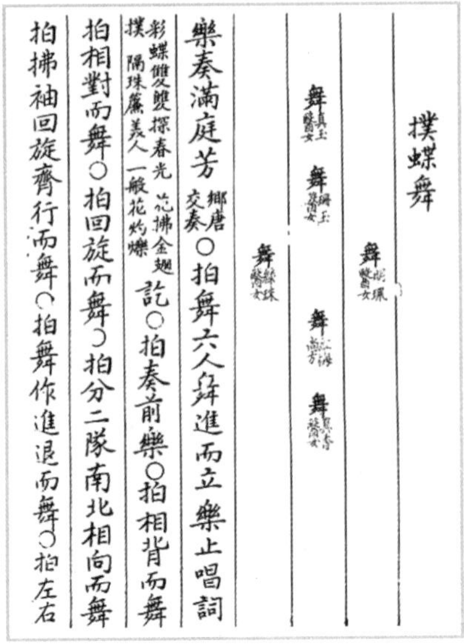
撲蝶舞

舞 舞 舞 舞 舞 舞

樂奏滿庭芳 鄉唐交奏 ○拍舞六人舞進而立樂止唱詞 彩蝶雙雙探春光 花拂金翅 撲 隔珠簾美人一般花灼蠂 訖○拍奏前樂○拍相背而舞 拍相對而舞○拍回旋而舞○拍分二隊南北相向而舞 拍拂袖回旋齊行而舞○拍舞作進退而舞○拍左右

詩話)」에 당(唐)나라에서는 2월 15일을 화조일(花朝日)이라고 하는데, 나비를 잡는 모임을 갖는다"라고 하였다.

또한 "○무동 1인은 앞에, 1인은 뒤에 있어 전대(前隊)를 만들고, 1인은 왼쪽에, 1인은 오른쪽에 있어 중대(中隊)를 만든다. 1인은 앞에, 1인은 뒤에 있어 후대(後隊)가 된다. 모두 서로 등지고 춤을 춘다"라고 하였다.

조선후기의 〈박접무〉는 『정재무도홀기』에 3편이[81] 전한다. 무용수 구성은 협무 6인이고 여령정재와 무동정재로 추어졌다. 내용은 변화되지 않았지만 무동정재 시에는 창사가 생략되기도[82] 하였다.

〈박접무〉 내용을 정리하면, 협무 6인이 춤을 추며 앞으로 나아가 창사를 부른다. 서로 등을 지고 서로 마주 보고 춤을 춘다. 둥글게 돌면서 춤을 추다가 두 대(隊)로 나누어 남과 북이 서로 향하여 춤을 춘다. 손을 떨쳐 뿌리며 둥

80 純祖 戊子『進爵儀軌』附編 3a; 이의강, 『국역순조무자진작의궤』(서울: 보고사, 2006), 296~297쪽.

81 〈撲蝶舞〉, 『呈才舞圖笏記』, 1994, 54·473쪽; 1980, 144쪽.

82 『呈才舞圖笏記』, 1994, 473쪽.

글게 돌아 가지런히 서서 춤을 추고, 앞으로 나아갔다 뒤로 물러나며 춤을 춘다. 좌우 제1인부터 차례로 대를 벗어나 2대 좌우대형으로 서서 서로 향하여 춤을 춘다. 남쪽과 북쪽으로 나누어 밖을 향하여 등을 지고 춤을 춘다. 손을 떨쳐 뿌리며 즐겁게 돌아 가지런히 서서 춤추고, 소매를 빠르게 번뜩이며 춤을 춘다[翻袖而舞]. 맨 처음 대형으로 되돌아와 안쪽을 향하여 추고, 소매를 들어 춤을 춘다. 각 대를 바꾸어 안쪽을 향하고 소매를 들어 춤을 춤추고 초열로 서면 춤이 마친다.

〈박접무〉의 춤 대형은 전후대형·일렬대형·2대 좌우대형·전후좌우복합대형으로 구성된다. 전후좌우복합대형에서는 〈그림 95-가〉처럼 무진·무퇴, 회선, 상대·상배, 환대하며 춤추고, 2대 좌우대형에서는 〈그림 95-나〉처럼 상대를 추고, 일렬대형에서는 〈그림 95-다〉처럼 무진·무퇴를 추고, 전후대형에서는 〈그림 95-라〉처럼 상대·상배와 불수환전하며 춤을 춘다.

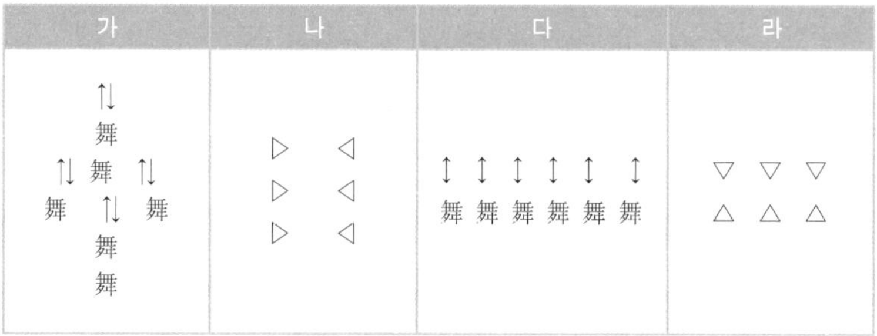

〈그림 95〉 조선후기 〈박접무〉의 대형 구성

조선후기의 홀기 기록에 의하면 〈박접무〉를 춘 정재여령은 녹주(綠珠)·명패(明珮)·산옥(珊玉)·진옥(眞玉)·진향(眞香)·홍매(紅梅)이고, 정재무동은 김억만(金億萬)·김윤성(金允成)·김황룡(金黃龍)·박봉남(朴鳳男)·오수산(嗚壽山)·한기복(韓奇福)·김천만(金千萬)·박수길(朴壽吉)·박호산(朴好山)·성유상(成有相)·오석숭(嗚石崇)·이만수(李萬壽)이다. 〈박접무〉를 춘 정재여령 출신은 상방과 의녀로 구성되었는데, 의녀 소속은 녹주·명패·산옥·진옥·진향이고, 상방 소속은 홍매이다. 〈박접무〉의 반주곡은 향당교주로 구성되었고 여러 연향에서 추어질 때마다 음악곡명을 강구연월지곡(康衢烟月之曲)·만정방(滿庭芳)으로 사용하였는데, 이것은 연향의 성격에 따라 음악의 명칭을 다르게 붙여 아명으로 사용한 것이다.

(15) 보상무(寶相舞)

〈보상무〉는 보상반(寶相盤)이라는 둥근 반[항아리]을 가운데 두고 좌대와 우대의 협무가 각각 항아리에 공을 던져 넣으며 추는 일종의 경기형식의 춤이다. 항아리에 공이 들어가면 상으로 꽃을 주고 들어가지 않으면 볼에 먹물을 긋는데, 이 춤은 고려시대부터 전해져오는 〈포구락〉을 조선후기에 재구성하여 만든 향악정재이다. 춤 내용은 〈포구락〉과 같지만 무용수 구성과 사용되는 무구에는 차이가 있다. 〈포구락〉이 죽간자와 협무로 구성하고 포구문을 사용한 반면 〈보상무〉는 협무로 구성하고 보상반을 사용한다. 이 춤은 조선후기 순조 대에 효명세자가 직접 노랫말을 지어 만들었고, 1828년(순조 28) 무자 『진작의궤』에 처음 기록되어 전해진다.

> 순조 무자 『진작의궤』에[83] 의하면, "법원주림(法苑珠林)에 긴다라왕 둔륜마〔緊陀羅王屯崙摩〕가 금(琴)을 타고 노래를 부르면서 우주의 모든 사물〔諸法〕로 불상을〔寶相〕으로 찬불하니 대가섭(大迦葉) 등이 모두 춤을 추었다"고 하였다.
>
> 또한 『고금도서집성』 「당·악지(唐·樂志)」에 이르기를, "한(漢)나라에 반무(槃舞)가 있었는데, 진(晉)나라 때는 배반무(杯盤舞)라 하였다"라고 하였다.
>
> 또한 "○보상반(寶相盤)을 설치하고 반(盤) 가운데에 연꽃 항아리를 놓는다. 무동 6인이 3대로 나뉘어 전대(前隊) 2인이 각기 채구(彩毬)를 잡고 춤추면서 몸을 굽혀 항아리에 던지는데 마치, 〈포구락〉과 비슷하다. 중대(中隊)와 후대(後隊)는 전대(前隊)를 따라 춤추며 물러났다가 차례차례 나아가 춤춘다"라고 하였다.

83 이의강, 『국역순조무자진작의궤』(서울: 보고사, 2006), 293~294쪽.

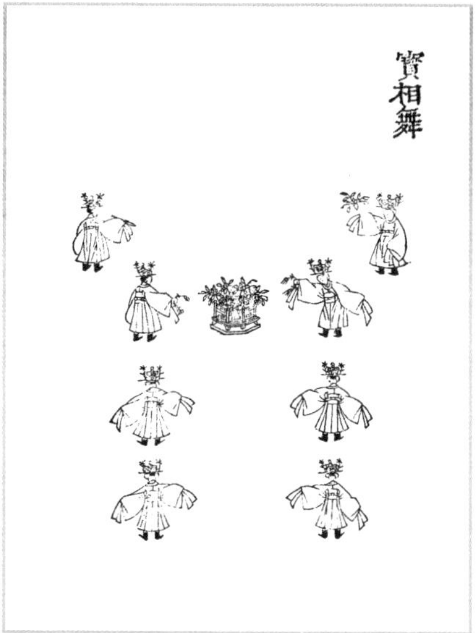

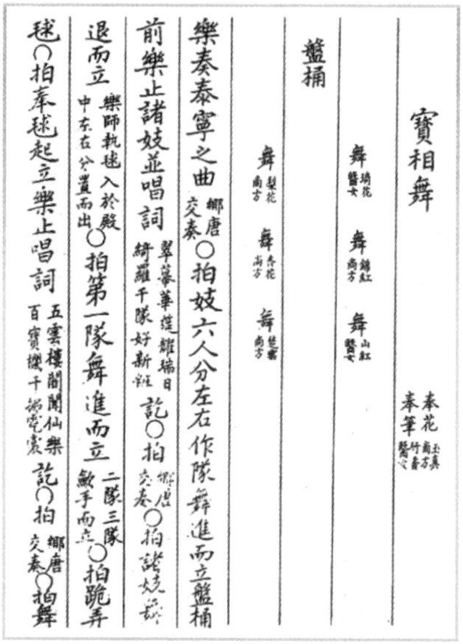
寶相舞
奉花 奉筆
舞 舞 舞
盤桶
舞 舞 舞
樂奏泰寧之曲(鄉唐交奏)○拍妓六人分左右作隊舞進而立盤桶
前樂止諸妓並唱詞(翠幕華筵耀瑞日 綺羅千隊好新粧)訖○拍(鄉唐交奏)○拍諸妓斂
退而立(樂師執毬入於殿中分左右置而出)○拍第一隊舞進而立(二隊三隊斂手而立)○拍跪弄
毬○拍奉毬起立樂止唱詞(五雲樓閣閒仙樂 百寶欄干擁絳霞)訖○拍(鄉唐交奏)○拍舞

조선후기의 〈보상무〉는 『정재무도홀기』에 5편이[84] 전한다. 여령정재와 무동정재로 추어졌고, 무용수 구성은 협무 6인으로 같다. 조선후기의 홀기 기록에 의하면 〈보상무〉의 진행절차는 변함없으나 채구를 잡기 전 어르는 동작이 생략되기도 하고, 무동정재 시에는 창사가 생략되기도[85] 하였다.

〈보상무〉 내용을 정리하면, 악사가 반통(盤桶)을 든 기(妓) 2인을 거느리고 들어와 전내에 놓고 나간다. 기(妓) 6인이 좌우로 대를 나누어 춤을 추며 앞으로 나아가 반통 앞에 서서 창사를 부른다. 다 같이 뒤로 조금 물러나 서면 악사가 공[채구]을 잡고 들어와 전중 좌우에 놓고 나간다. 좌우 제1대가 춤을 추며 앞으로 나아가 꿇어앉아[2대·3대는 손을 여미고 선다] 공을 어르다가 공을 잡고 일어나 창사를 부른다. 서로 마주 보고 춤을 추며 나아갔다 뒤로 물러나며 춤춘다. 왼손은 등에 대고, 공을 잡은 오른손으로 가운데에 놓여진 반을 향해 어른다. 좌대가 먼저 공을 던져 들어가면 그 대는 다 같이 구부려 엎드렸다가 일어서서 춤을 추고, 악사가 상으로 꽃을 받들고 앞으로 나아가 무기의 머리

84 〈寶相舞〉, 『呈才舞圖笏記』, 1994, 131·324·442·510쪽; 1980, 132쪽.
85 『呈才舞圖笏記』, 1994, 443쪽.

에 꽂아준다. 만약 공이 가운데로 들어가지 않으면 손을 여미고 서고 악사가 붓을 들고 나아가 볼에 먹물을 긋는데, 우대는 왼쪽, 좌대는 오른쪽 뺨에 먹물을 찍고 나간다.[86] 제1대가 춤을 추며 뒤로 물러나 서면 나머지 대도 차례로 앞으로 나아가 앞에서와 같은 내용을 반복하여 춘다.

〈보상무〉는 좌우 제1대부터 차례로 나아가 채구(彩毬)를 어르고 집어들어 포구희를 하고 물러나는 춤을 추는데, 매 대의 춤 진행은 모두 같고 다만 공이 들어가고 들어가지 않는 것에 따라 상벌에 차이가 있다. 〈보상무〉의 춤 대형은 2대 좌우대형과 전후대형으로 구성된다. 2대 좌우대형에서는 〈그림 96-가〉처럼 무용수 전체가 무진·무퇴를 추고, 전후대형에서는 〈그림 96-나〉처럼 좌대의 협무 1인부터 차례로 나아가 포구문 좌우에서 포구희를 하며 춤춘다.

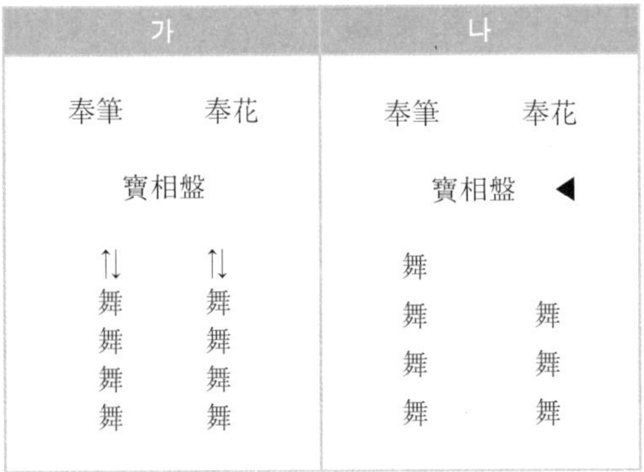

〈그림 96〉 조선후기 〈보상무〉의 대형 구성

조선후기의 홀기 기록에 의하면 〈보상무〉를 춘 정재여령은 계화(桂花)·초선(楚仙)·금낭(錦娘)·도홍(桃紅)·옥엽(玉葉)·월희(月喜)·채희(彩喜)·초운(楚雲)·매홍(梅紅)·명주(明珠)·산옥(山玉)·연연(姸姸)·죽심(竹心)·춘향(春香)·금홍(錦紅)·기화(琦花)·산홍(山紅)·이화(梨花)·행화(杏花)·옥진(玉眞)·죽향(竹香)이고, 정재무동은 김두희(金斗喜)·김윤성(金允成)·이순동(李順童)·김황룡(金黃龍)·박호길(朴好吉)·이응근(李應根)·정흥록(鄭興祿)·한기복(韓奇福)이다. 〈보

86 좌대와 우대는 각각 얼굴 바깥쪽에 먹물을 긋는다.

상무〉를 춘 정재여령 출신은 상방과 의녀로 구성되었는데, 봉화는 상방 소속인 옥진이 맡았고, 봉필은 의녀 소속인 죽향이 맡았고, 협무는 의녀 소속인 기화·산홍과 상방 소속인 금홍·이화·초운·행화가 각각 맡았다. 〈보상무〉의 반주곡은 향당교주로 구성되었고 여러 연향에서 추어질 때마다 음악곡명을 영남산지곡(永南山之曲)·치화평지곡(致和平之曲)·태녕지곡(泰寧之曲)으로 사용하였는데, 이것은 연향의 성격에 따라 음악의 명칭을 다르게 붙여 아명으로 사용한 것이다.

(16) 봉래의(鳳來儀)

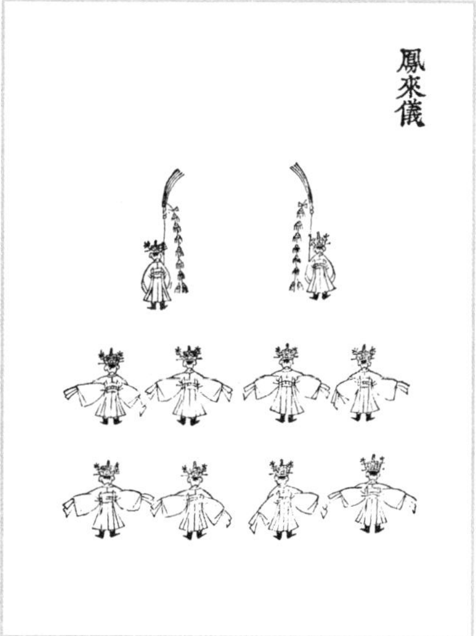

〈봉래의〉는 조선전기에 세종대왕이 태조 창업의 공덕을 경송(敬頌)하기 위하여 만든 춤으로, 〈용비어천가〉를 무악(舞樂)으로 구성하였다. 세종 27년 1445년에 권제(權踶)·정인지(鄭麟趾)·안지(安止) 등에 명하여 만들어진 〈용비어천가〉의 가사에 음악을 붙이고 이에 춤을 지어 올린 〈봉래의〉는 음악뿐만 아니라 춤 모두를 지칭하는 제목을 말한다. 〈용비어천가〉 가사는 『세종실록악보』에 음악과 함께 수록되어 전해지고, 조선전기의 〈봉래의〉 춤은 『악학궤범』에, 조선후기의 〈봉래의〉 춤은 『정재무도홀기』에 전한다. 〈용비어천가〉는 모두 1장에서 125장으로 구성되었지만, 〈봉래의〉에 사용된 음악과 무용은 이 중의 일부만 취하여[87] 만들었다. 〈봉래의〉 음악과 춤의 구성은 전인자(前引

87 조규익·문숙희·손선숙, 『세종대왕의 〈봉래의〉, 그 복원과 해석』(서울: 민속원, 2015), 117쪽. 〈용비어천가〉는 모두 125장으로 되어있다. 세종조 당시 〈봉래의〉 정재의 반주음악으로 〈여민락〉은 제1~4장과 제125장을, 〈치화평〉은 1기·2기·3기 가운데 3기의 제1~16장과 제125장을, 〈취풍형〉은 제1~8장과 제125장을 연주했다.

子)·여민락(與民樂)·치화평(致和平)·취풍형(醉豊亨)·후인자(後引子)로 구성된다. 전인자는 전주곡(前奏曲)이고 후인자는 후주곡(後奏曲)에 해당하며, 진구호와 퇴구호는 춤의 앞뒤에서 죽간자가 부르는 구호이고, 여민락·치화평·취풍형은 무용수들이 부른다. 〈봉래의〉는 춤의 처음부터 마칠 때까지 〈용비어천가〉 노래 말에 따라 춤을 추는 춤으로, 정재에서는 유일하다.

조선후기에 추어진 〈봉래의〉는 조선전기 세종 대에 만들어진 〈봉래의〉를 근간으로 하고 있으나 춤은 변화되어 전해지고 있다. 그 이유로는 음악과 창사의 변화에 의해서인데, 조선전기에는 '전인자-여민락-치화평-취풍형-후인자'로 구성된 것이 조선후기에 와서는 '응천개운지곡(膺天開運之曲)-오운개서조인자-치화평지곡-취풍형지곡-계락-향당교주'로[88] 변화되었다. 전술하였듯이 조선전기의 〈봉래의〉는 여민락의 적인장 창사에 협무 8인이 우선회무를 돌고 치화평에 사방대형으로 서서 춤을 추고 취풍형에 2대 좌우대형에서 춤을 추는데, 조선후기에는 치화평 음악에 죽간자를 포함한 협무 8인이 우선회무를 돌고 취풍형에 사방대형으로 서서 춤을 추었다. 조선전기의 〈봉래의〉는 노래 말에 따라 춤을 추는데 조선후기에는 창사와 춤의 구조가 분리되어 진행하였다.

> 고종 신축 『진연의궤』에[89] 따르면 "○계사년 양로연(養老宴) 때 내지제교(內知製敎)로부터 지어내린 것이다"라고 하였다.
>
> 또한 "○여기 2인이 죽간자를 받들고 앞으로 나아가 벌려서며 8인이 4대로 나뉘어 마주 보고 춤춘다. 무동정재도 이와 같다"라고 하였다.

조선후기의 〈봉래의〉는 『정재무도홀기』에 8편이[90] 전한다. 무용수 구성은 죽간자 2인과 협무 8인이며, 여령정재와 무동정재로 추어졌다.

---

88 조선후기 연향에서 추어진 〈봉래의〉는 각 연향에 따라 음악의 명칭을 다르게 사용하고 있어, 본문에서는 그 예로써 음악의 명칭을 거론한 것임을 밝힌다.

89 한국예술종합학교 전통예술원, 『高宗辛丑進宴儀軌』 卷一(서울: 민속원, 2001), 136쪽.

90 〈鳳來儀〉, 『呈才舞圖笏記』, 1994, 86·151·184·240·300·375·486쪽; 1980, 98쪽.

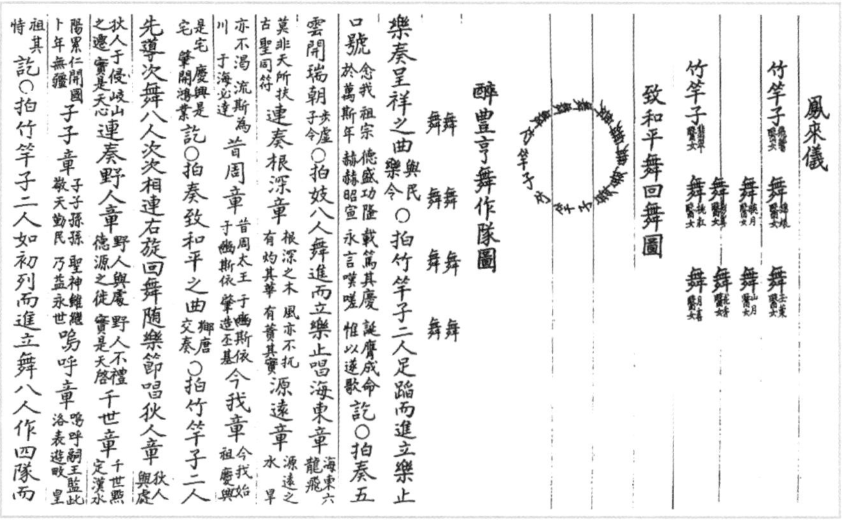

〈봉래의〉 내용을 정리하면, 죽간자 2인이 족도하며 앞으로 나아가 구호를 부른다. 오운개서조인자를 연주하면 협무 8인이 춤을 추며 앞으로 나아가 해동장(海東章)·근심장(根深章)·원원장(源遠章)·석주장(昔周章)·금아장(今我章)을 부른다. 치화평지곡(致和平之曲)에 죽간자 2인과 협무 8인이 오른쪽으로 둥글게 돌면서 적인장(狄人章)·야인장(野人章)·천세장(千世章)·자자장(子子章)을 부르고 오호장(嗚呼章)이 끝나려 할 때 죽간자 2인이 처음 대열을 지어 앞으로 나아가 서고, 협무 8인이 사대(四隊)를 만들어 앞으로 나아가 선다. 취풍형지곡(醉豐亨之曲)에 협무 8인이 다 같이 가곡의 농에 맞추어 해동장과 근심장·원원장을 부르고 이어 사방(四方)으로 대를 만들어 손을 아래로 드리우고 서로 향하여 춤추고 자리를 바꾸며 춤추고 서로 마주 보고 춤추다가 다시 제자리로 되돌아 다 같이 북쪽을 향하여 춤을 춘다. 계락(界樂)에 주국장(周國章)·적인장과 야인장을 부르고, 협무 8인이 각각 좌우로 빙글빙글 돌면서 춤추고, 손을 아래로 드리우고 춤추고, 서로 등을 지고 춤추고, 서로 마주 보고 소매를 들어 펄럭이며 춤을 춘다. 편조(編調)에 상덕장(商德章)·적조장(赤鳥章)·태자장(太子章)·봉천장(奉天章)·일부장(一夫章)·성손장(聖孫章)·천세장을 부르고, 협무 8인이 팔수무를 추고, 둥글게 돌아 처음 제자리로 되돌아 춤추고, 다 같이 안쪽을 향하여 춤추고, 서로 자리를 바꾸어 서로 등을 지고 춤추고, 북쪽을 향하여 춤춘다. 다시 전대는 남쪽을 향하여 다시 제자리로 되돌아가 서로 등을 지고 춤을 추고,[91] 북쪽을 향하여 춤을 추며 무퇴·무진한다. 죽간자 2인이 구호를 부르고[92] 뒤로 물러나면 협무 8인이 무진·무퇴하고 춤을 마친다.

〈봉래의〉의 춤 대형은 4대 좌우대형·사방대형·전후대형으로 구성된다. 4대 좌우대형에서는 〈그림 97-가〉처럼 무진·무퇴를 추고, 창사를 부르고 무용수 전체가 우선회무를 돈다. 사방대형에서는 〈그림 97-나〉처럼 내향(內向)하여 '수수무·환대이무·좌우선전이무·상대대수이무·번수이무·이수고저'를 추고, 이어 회선한다. 전후대형에서는 〈그림 97-다〉처럼 전대와 후대가 서로 환대이무·환복기대이무를 추고 북향하며 춤을 춘다.

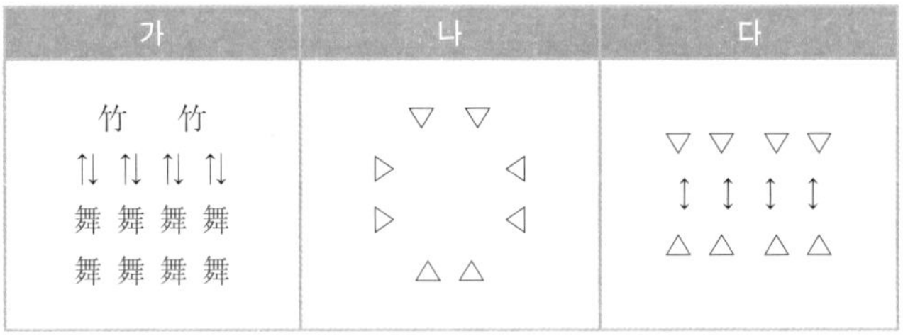

〈그림 97〉 조선후기 〈봉래의〉의 대형 구성

조선후기의 홀기 기록에 의하면 〈봉래의〉를 추었던 정재여령은 금낭(錦娘)·도홍(桃紅)·비취(翡翠)·산월(山月)·영월(暎月)·옥엽(玉葉)·채희(彩喜)·화향(花香)·비연(飛鷰)·취련(翠蓮)·금홍(錦紅)·난희(蘭喜)·도화(桃花)·산옥(珊玉)·산홍(山紅)·월희(月喜)·이화(梨花)·홍매(紅梅)·봉선(鳳仙)·봉심(鳳心)이고, 정재무동은 권흥성(權興成)·김수업(金壽業)·김암회(金巖回)·이구용(李龜龍)·이봉학(李鳳鶴)·이수명(李壽命)·이수산(李壽山)·이용진(李用振)·이학돌(李學乭)이다. 〈봉래의〉를 춘 정재여령 출신은 상방과 의녀로 구성되었는데 죽간자는 의녀

91 '還復其隊'는 換隊而舞와 같은 뜻이지만 진행되는 내용은 다르다. '환대'는 자리를 바꾸어 서는 것이지만 '환복'은 전대와 후대가 자리를 바꾼 뒤 자시 제자리로 되돌아가서 서는 뜻으로서, 정재진행상 '還復其隊'로 기록한 것이다. 손선숙, 『궁중정재용어사전』, 2005, 380·389쪽.

92 죽간자가 구호를 부르기 위해서는 죽간자가 앞으로 나아간다는 용어가 제시되어야 하는데 생략되었다. 조선후기 〈봉래의〉는 죽간자가 무용수 전체와 회무를 돈 다음 초열로 선 위치이므로 죽간자의 무진 없이 바로 구호를 부른 것이다.

소속인 봉선·봉심이 맡았고, 협무는 상방 소속인 금홍·이화·홍매와 의녀 소속인 난희·도화·산옥·산홍·월희가 각각 맡았다. 〈봉래의〉의 반주곡은 여민락령·보허자령·향당교주·가곡농락·계락·가곡편조로, 당악과 향악 계열의 음악을 이중적 구조로 구성하여 연주하였다. 여러 연향에서 추어질 때마다 음악곡명을 구오강녕지곡(九五康寧之曲)·성수무강지곡(聖壽無疆之曲)·오운개서조(五雲開瑞朝)·응천개운지곡(膺天開運之曲)·정상지곡(呈祥之曲)·천년만세지곡(千年萬歲之曲)·취풍형지악(醉豊亨之樂)·치화평지곡(致和平之曲)·하승평지곡(賀昇平之曲)으로 사용하였는데, 이것은 연향의 성격에 따라 음악의 명칭을 다르게 붙여 아명으로 사용한 것이다.

(17) 사선무(四仙舞)

〈사선무〉는 신선이 내려와 놀 만큼 부왕의 성심으로 나라가 태평성대를 이루었다는 의미를 담은 춤으로, 집연화 2인과 원무 4인이 좌대와 우대 혹은 전대와 후대로 서서 북향무·상대·상배하며 춤을 춘다. 효명세자가 부왕인 순조의 장수를 기원하기 위해 악장을 지었고, 순조 기축년에 처음 기록이 보인다.

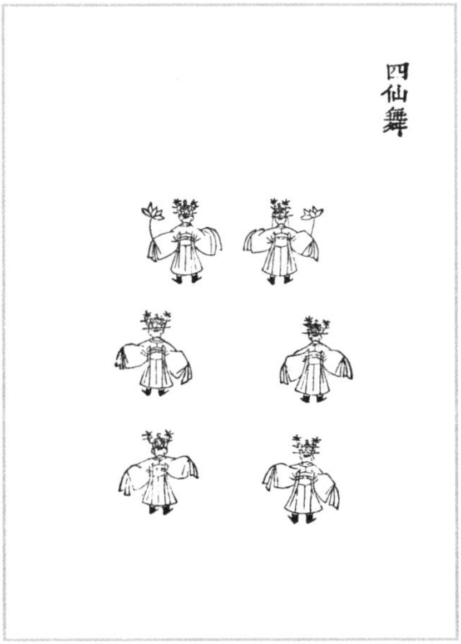

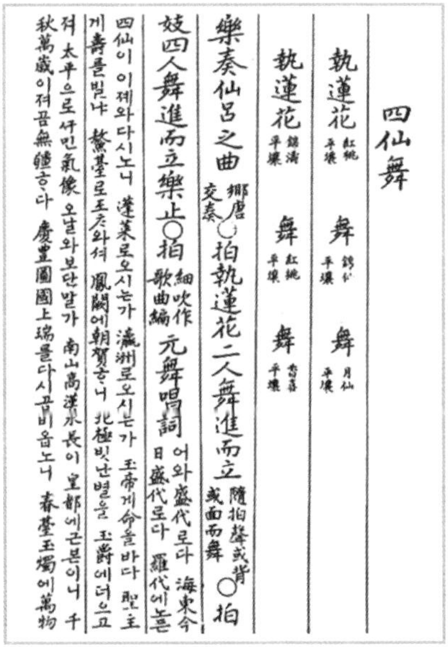
四仙舞
執蓮花 紅桃 平壤 舞 錦仙 平壤 舞 月仙 平壤
執蓮花 錦淸 平壤 舞 紅桃 平壤 舞 平壤
樂奏仙呂之曲 鄕唐交奏 ○拍 執蓮花二人舞進而立 隨拍聲或背或面而舞 ○拍
妓四人舞進而立 樂止 ○拍 細吹作 歌曲編 元舞唱詞 어와 盛代로다 海東今日 盛代로다 羅代에 놉
四仙이 이제와 다시노니 蓬萊로오시는가 瀛洲로오시는가 玉帝게 命을바다 聖主게 壽를빌냐 鰲臺로 王太와셔 鳳闕에朝賀ᄒᆞ니 北極빗난별을 玉爵에더으고
져 太平으로 서민氣像 오날와보단말가 南山高漢水長이 皇都에근본이니 千秋萬歲이져픔無疆ᄒᆞ다 慶豊圖國上瑞를다시픔비옵노니 春臺玉燭에萬物

순조 기축 『진찬의궤』에[93] 의하면, "○신라 때에 영랑(永郞)·술랑(述郞)·안상(安祥)·남석행(南石行)이라는 네 명의 화랑이 있었는데, 네 명의 화랑이 함께 산수(山水)를 노닐었다 해서 사선(四仙)이라 불렸다. 금강산에 무선대(舞仙臺)가 있는데, 네 사람이 여기서 취해 춤추었다"고 하였다.

또한 "○무동(舞童) 2인이 각각 연꽃 한 가지를 잡고 앞에 자리하여 1대를 만들고, 4인은 뒤에 자리하여 2대를 만들어, 모두 북향하여 춤춘다"라고 하였다.

조선후기의 〈사선무〉는 『정재무도홀기』에 6편이[94] 전한다. 여령정재와 무동정재로 추어졌으며 무용수 구성은 집연화 2인과 원무 4인이다. 〈사선무〉의 내용은 변화되지 않았지만 연향에 따라 무동정재 시에는 창사가 생략[95]되기도 한다.

〈사선무〉 내용을 정리하면, 집연화 2인이 춤을 추며 앞으로 나아가 서서 박 소리에 따라 등을 지고, 혹은 마주 보고 춤을 춘다. 원무 4인이 춤을 추며 앞으로 나아가 세악(細樂) 가곡(歌曲) 편(編)과 중강사(中腔詞)에 창사를 부른다. 원무 4인이 서로 향하여 춤추고 서로 등을 지고 춤추고 남쪽과 북쪽이 서로 향하여 춤추고 서로 등을 지고 춤추고 둥글게 돌아 나란히 서서 춤춘다. 이어 후대와 전대를 만들어 좌우로 한 번 돌고 손을 여미고 족도하며 춤춘다. 동쪽과 서쪽이 자리를 바꾸어 춤추고 다시 제자리로 되돌아와 춤추고 둥글게 돌아 나란히 줄을 지어 팔수무를 춘다. 처음 제자리로 되돌아가며 춤추고 좌우로 한 번 떨쳐 뿌리고 한 번 돌며 춤을 춘다. 소매를 들어 춤추고 염수족도하고 물러나면 춤이 마친다.

〈사선무〉의 춤 대형은 전후대형·2대 좌우대형·일렬대형으로 구성된다. 전후대형에서는 〈그림 98-가〉처럼 무용수 전체가 무진·무퇴를 추고, 전대의 집연화가 무진하여 상대·상배를 추고, 원무 4인이 무진하여 창사를 부르고,

93 純祖 己丑『進饌儀軌』附編 5b; 한국예술종합학교 전통예술원, 『高宗辛丑進宴儀軌』 卷一(서울: 민속원, 2001), 199쪽.

94 〈四仙舞〉, 『呈才舞圖笏記』, 1994, 116·215·271·334·450쪽; 1980, 153쪽.

95 『呈才舞圖笏記』, 1994, 450쪽.

상대·상배하며 춤춘다. 2대 좌우대형에서는 〈그림 98-나〉처럼 원무 4인이 상대·상배하고 환대와 환복기대이무를 추고 좌우일전이무하며 춤춘다. 일렬대형에서는 〈그림 98-다〉처럼 원무 4인이 좌우일불일전·팔수무·대수무를 춘다.

가				나		다
↑↓ ↑↓ 執花 執花 ↑↓ ↑↓ 舞 舞 舞 舞	▷ ◁ 舞 舞 舞 舞	執花 執花 ▽ ▽ △ △	執花 執花 △ △ ▽ ▽	執花 執花 ▷ ⇄ ◁ ▷ ⇄ ◁	執花 執花 ◁ ⇄ ▷ ◁ ⇄ ▷	執花 執花 ◎ ◎ ◎ ◎

〈그림 98〉 조선후기 〈사선무〉의 대형 구성

조선후기의 홀기 기록에 의하면 〈사선무〉를 추었던 정재여령은 금낭(錦娘)·명옥(明玉)·산월(山月)·영월(暎月)·채희(彩喜)·홍도(紅桃)·금선(錦仙)·월선(月仙)·향희(香喜)·금도(錦濤)이고, 정재무동은 김두희(金斗喜)·김황룡(金黃龍)·박봉남(朴鳳男)·박호길(朴好吉)·유석범(劉錫範)·최덕만(崔德萬)·김수만(金壽萬)·이구용(李龜龍)·이수명(李壽命)·이수범(李壽範)·이수산(李壽山)·이학돌(李學乭)이다. 〈사선무〉를 춘 정재여령 출신은 의녀와 평양기(平壤妓)로 구성되었는데, 집연화(執蓮花)는 평양기인 금도·홍도가 맡았고, 원무는 평양기인 금선·홍도가 맡았고, 협무는 월선·향희가 각각 맡았다. 〈사선무〉의 반주곡은 향당교주와 세취작가곡편으로 구성하였고, 여러 연향에서 추어질 때마다 음악곡명을 선려곡(仙呂曲)·응천향지곡(凝天香之曲)·천보구여지곡(天保九如之曲)이라는 아명을 사용하였는데, 이것은 연향의 성격에 따라 음악의 명칭을 다르게 붙여 사용한 것이다.

(18) 사자무(獅子舞)

〈사자무〉는 사자탈을 쓰고 사자의 용태를 표현하며 추는 춤이다. 삼국시대 서역에서 들어온 춤으로, 춤의 기원을 신라로 보고 있다. 〈사자무〉는 성천

지방의 잡극으로 추어졌던 것이 고종 대에 처음 궁중으로 유입되어 추어지게 되었다.[96] 조선후기에는 청(青) 사자와 황(黃) 사자로 구성되어 사자의 여러 가지 동작을 구사하며 추는데, 이에 대한 유래는 아래의 기록에서 확인된다.

> 최치원(崔致遠)의 『향악잡영(鄕樂雜詠)』 5수 중 등장하는 산예(狻猊) 시에 〈사자무〉에 대해 읊은 기록이 있다.
>
> 진흥왕(서기 540~575) 시대 우륵(于勒)의 12곡 중에 사자기(獅子伎)의 이름이 보이는 점으로 〈사자무〉는 이미 삼국시대에 서역(西域)에서 들어왔음을[97] 알 수 있다.
>
> 윤용구(尹用求)의 『국연정재창사초록』에 의하면 "〈사자무〉는 본래 성천(成川) 지방의 잡극(雜劇)이었는데, 고종 정해(丁亥, 서기 1887)년에 비로소 사용하게 되었다"고 한다.

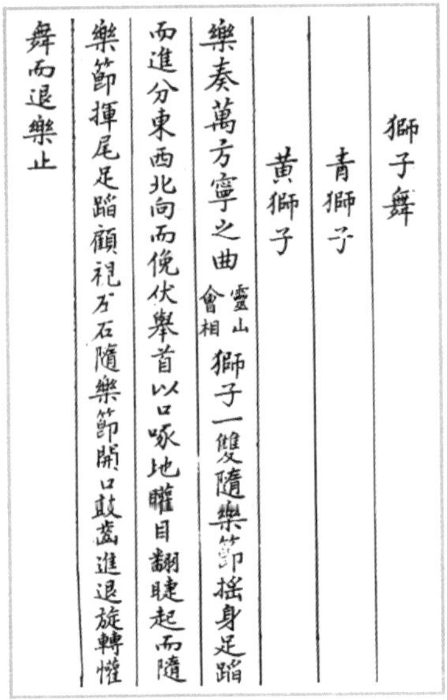
獅子舞
青獅子
黃獅子
樂奏萬方寧之曲 靈山會相 獅子一雙隨樂節搖身足蹈
而進分東西北向而俛伏擧首以口啄地矐目翻睫起而隨
樂節揮尾足蹈顧視左右隨樂節開口鼓齒進退旋轉惟
舞而退樂止

조선후기의 〈사자무〉는 『정재무도홀기』에 5편이[98] 전한다. 내용은 모두 같으며 무용수 구성은 청 사자와 황 사자이다.

〈사자무〉 내용을 정리하면, 사자 한 쌍이 음악에 맞춰 요신족도(搖身足蹈)하며 앞으로 나아가 동서로 나누어 서서 북쪽을 향하여 엎드려 머리를 들어 입으로 땅을 쪼고 눈을 부릅뜨고 눈썹을 번득이며 춤추고, 일어나 꼬리를 흔들며 춤추다가 좌우로 돌아보고 입을 벌려 이빨을 딱딱 부딪치며 무진·무퇴하고, 이어 빙글빙글 돌며 춤을 추다가 물러나면 춤이 마친다. 〈사자

96 張師勛, 『韓國傳統舞踊研究』(서울: 一志社, 1979), 330쪽.
97 『三國史記』 卷32 雜志第一(樂志) 11b.
98 〈獅子舞〉, 『呈才舞圖笏記』, 19994, 32·146·365·519쪽; 1980, 193쪽.

무〉는 사자 2마리가 추므로 춤추는 내내 〈그림 99〉처럼 일렬대형을 유지하며 사자흉내를 내면서 춤을 춘다.

黃獅子　青獅子	↑↓　↑↓	▷　◁	◁　▷

〈그림 99〉 조선후기 〈사자무〉의 대형 구성

〈사자무〉의 반주곡은 영산회상(靈山會相)으로 구성하였고, 여러 연향에서 추어질 때마다 음악곡명을 만방녕지곡(萬方寧之曲)·보살만(菩薩慢)·태평가(太平歌)로 사용하였는데, 이것은 연향의 성격에 따라 음악의 명칭을 다르게 붙여 아명으로 사용한 것이다.

(19) 선유락(船遊樂)

〈선유락〉은 멀리 수로만리(水路萬里) 위험한 뱃길을 떠나는 이를 전송할 때의 모습을 형상화한 춤이다. 무용수 전체가 화려하게 채색한 배[彩船]를 중심으로 둥글게 서서 배에 달린 줄을 당겨 마치 물 위에 배가 떠내려가듯이 좌우

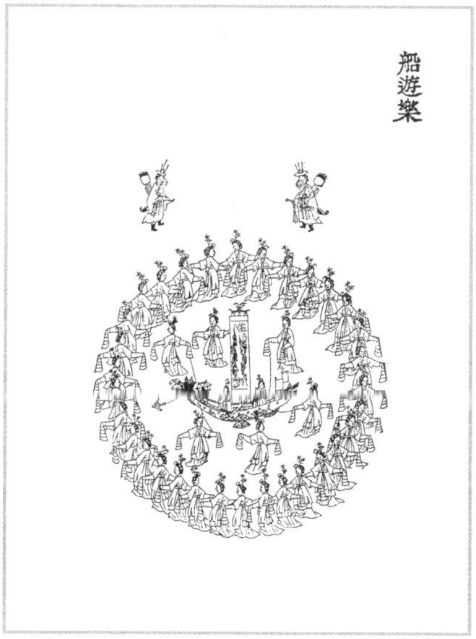

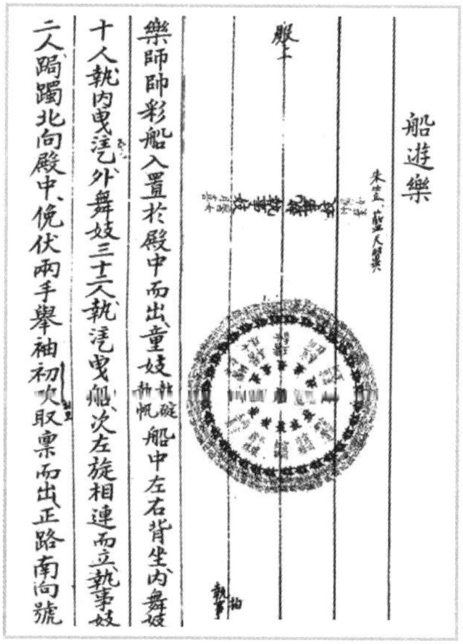
船遊樂

樂師帥彩船入置於殿中而出童妓執碇執帆船中左右背坐內舞妓

十人執內曳纜外舞妓三十二人執纜曳船次左旋相連而立執事妓

二人跼躅北向殿中俛伏兩手擧袖初次取稟而出正路南向號

로 움직여 어부사(漁父詞)를 부르며 춤을 춘다. 여러 지방에서 추어졌던 〈선유락〉은 지방마다 〈선악〉·〈발도가〉·〈이선곡〉·〈배따라기〉로 불렀고, 이 춤이 궁중으로 유입되면서 〈선유락〉으로 불려지게 된다. 〈선유락〉은 정재 종목 중에서 유일하게 배가 등장하는 춤으로 뱃놀이 형식을 본뜨고 있고, 다른 정재에 비해 가장 규모가 크고 화려하다.

문헌에 〈선유락〉의 기록이 처음 등장하는 시기는 1795년(정조 19)으로 『원행을묘정리의궤(園幸乙卯整理儀軌)』이지만 박지원의 『열하일기(熱河日記)』 중 막북행정록(漠北行程錄)에 전해져 오는 글에 의해 궁중연향에서 연행되기 이전 지방에서 추어졌던 춤인 것을 알 수 있다. 그리고 순조 29년(1829) 『진찬의궤』 이후 고종 광무 5년 『진연의궤』까지 궁중에 큰 잔치가 있을 때마다 빠짐없이 공연된 춤이다.[99]

> 고종 신축 『진연의궤』에[100] 의하면, "○채선(彩船)을 설하여 여러 기녀들이 나누어 서서 배를 띄우는 모양을 만들고, 닻줄을 당기고 배에 둘러서서 춤춘다. 전하는 말에는 신라 때부터 있었다"고 하였다.
>
> 또한 "○두 동기(童妓)는 배에 올라 돛의 앞뒤에 나눠 서고, 여기 2인은 새깃을 꽂은 주립(朱笠)을 쓰고, 천익(天翼)을 입고, 검·활·화살을 차고, 배 앞에 벌려 서서 호령(號令)하는 집사(執事)의 역할을 한다. 무기(舞妓) 6인은 배 주위 좌우에 나눠 서며 각각 배의 새끼줄을 잡고서 내무대를 이룬다. 34인이 빙 둘러서서 외무(外舞)를 이룬다. '배 띄워라〔行船〕'라는 호령이 들리면 어부사(漁父詞)를 병창하고 돌면서 춤춘다"라고 하였다.
>
> 또한 "○가사는 한문과 한글이 서로 섞여 있기 때문에 싣지 않는다"라고 하였다.

조선후기의 〈선유락〉은 『정재무도홀기』에 9편이[101] 전하고, 춤의 내용은

99 정은혜, 『呈才研究 I』, 1993, 335쪽.
100 한국예술종합학교 전통예술원, 『高宗辛丑進宴儀軌』 卷一(서울: 민속원, 2001), 199쪽.
101 〈船遊樂〉, 『呈才舞圖笏記』, 1994, 73·138·178·359·393·417·482·525쪽; 1980, 185쪽.

같다. 무용수 구성은 정수(鉦手)·나수(螺手)·동기(童妓)·집사기(執事妓)·내무기(內舞妓)·외무기(外舞妓)이며, 내무기와 외무기의 수는 연향에 따라 차이가 있다.

〈선유락〉 내용을 정리하면, 악사가 채선을 이끌고 들어가 전중에 놓고 나가면 곱게 단장한 채선 둘레에 여러 여기가 외무기와 내무기로 패를 나누어 선다. 징소리에 맞추어 줄을 잡아당겨 배를 빙빙 끌어 돌리면서 〈어부사〉를 부르며 뱃놀이 흉내를 내다가 징소리가 다시 세 번 울리면 춤을 멈춘다. 춤추는 내내 집사기의 호령에 따라 〈어부사〉를 부르고 배 주위를 돌며 춤을 추는데, 배 위에 앉은 무기는 떠나는 이를 상징하고, 배에 달린 줄을 잡은 내무기는 배가 떠나는 모습을 형상화하고, 그 주위에 둥글게 선 외무기는 떠나는 이를 안타깝게 바라보며 환송하는 모습을 상징하고 있다.

조선후기의 홀기 기록에 의하면 〈선유락〉을 추었던 정재여령은 경옥(瓊玉)·계월(桂月)·금도(錦濤)·금련(錦蓮)·금선(錦仙)·금주(錦珠)·금홍(錦紅)·금화(錦花)·기월(琦月)·기화(琦花)·난주(蘭珠)·난희(蘭喜)·녹주(綠珠)·농주(弄珠)·도홍(桃紅)·도화(桃花)·매화(梅花)·명금(鳴金)·명패(明珮)·목단(牧丹)·봉희(鳳喜)·산옥(珊玉)·산홍(山紅)·선희(仙喜)·설도(雪濤)·소옥(笑玉)·소월(笑月)·연화(蓮花)·옥진(玉眞)·옥향(玉香)·월선(月仙)·월섬(月蟾)·월희(月喜)·유앵(柳鶯)·이화(梨花)·죽엽(竹葉)·진향(眞香)·초운(楚雲)·춘홍(春紅)·행화(杏花)·향란(香蘭)·향희(香喜)·홍도(紅桃)·홍매(紅梅)·화향(花香)이고, 정재무동은 김구일(金九日)·김남산(金南山)·김만록(金萬祿)·김성인(金聖仁)·김윤학(金允鶴)·김천만(金千萬)·김태산(金泰山)·박수길(朴壽吉)·박점순(朴点淳)·박호산(朴好山)·성유상(成有相)·오석숭(嗚石崇)·이득순(李得淳)·이만수(李萬壽)·이성운(李聖雲)·이수철(李壽喆)·황용운(黃龍雲)·김두희(金斗喜)·김수만(金壽萬)·김억만(金億萬)·김윤성(金允成)·김황룡(金黃龍)·박봉남(朴鳳男)·박송길(朴松吉)·박창준(朴昌俊)·박호길(朴好吉)·서완근(徐完根)·성인동(成仁童)·오수산(嗚壽山)·유석범(劉錫範)·이수형(李壽亨)·이순동(李順童)·이응근(李應根)·정흥록(鄭興祿)·최덕만(崔德萬)·최삼룡(崔三龍)·한기복(韓奇福)·함점동(咸点童)·홍경길(洪慶吉)이다. 〈선유락〉을 춘 정재여령 출신은 의녀·상방·평양기·선천기(宣川妓)로 구성되었는데, 상방기 소속은 금홍·옥진·이화·초운·행화·홍매이고, 선천기 소속은 소옥·월섬·유앵·춘홍·홍도이다.

(20) 수연장(壽延長)

〈수연장〉은 군왕의 축수를 기원하는 춤이다. 고려시대부터 전해져 조선전기를 거쳐 조선후기까지 이어진다. 시대별로 이어져 오면서 내용에 많은 변화를 가져왔는데 이 중 지속된 것도 있고 변이되어 새롭게 재구성된 것도 있다. 가장 큰 변화는 무용수 인원 차이에 의한 대형의 변화인데, 먼저 고려시대에는 협무 16인으로 구성된 것이 조선전기에는 협무 8인으로, 그리고 조선후기에는 협무 4인과[102] 협무 8인으로 구성되었다. 고려시대에는 무용수가 협무 16인으로 구성되어 4대 좌우대형에서 매 대 4인이 차례로 앞으로 나아가 대를 나누어 서서 상대·상배하며 추었던 춤이 조선전기와 조선후기에는 없어졌다. 그리고 무용수 전체가 회무를 돌아 사방대형으로 서서 북대 2인이 상

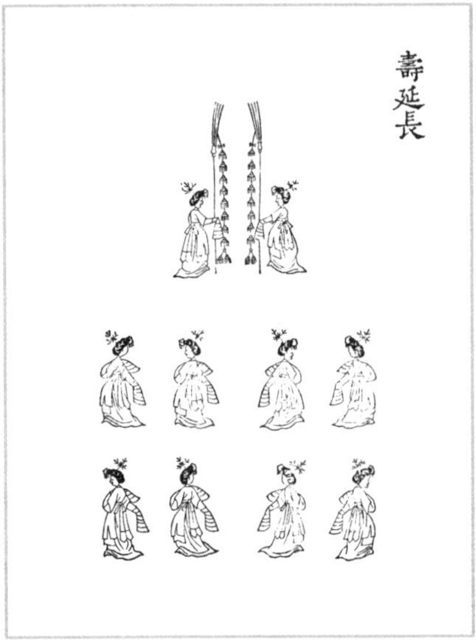

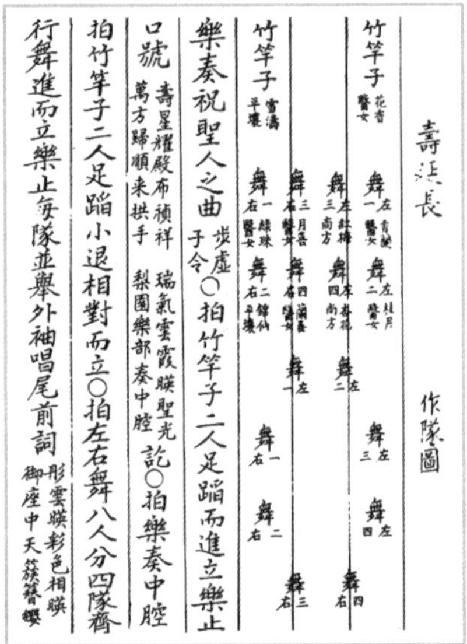

102 순조 대에는 협무 4인으로 구성하여 추었는데, 이 내용은 순조 무자 『진작의궤』 정재도에서 확인된다. 순조 무자 『진작의궤』[무동]14b.

대·상배하는 춤과 회무를 돌아 초열로 서는 춤은 조선전기에 새로 도입되었다. 조선후기에는 사방대형에서 북대 2인이 상대·상배하는 조선전기의 춤이 없어졌고, 초열대형으로 서서 전대와 후대가 자리[대]를 바꾸며 추는 춤은 새로 도입되었다. 조선후기에는 연향에 따라 〈수연장〉을 추는 무용수의 수에 증감이 있었고 순조 대에서는 악장을 새로 개작하여 추었다.

> 고종 신축 『진연의궤』에[103] 의하면, "○여기(女妓) 2인이 죽간자를 받들고 앞으로 나아가 서로 마주하고, 8인은 2줄로 나눠어 4대를 만들어서 서로 마주하여 춤춘다"라고 전한다.
>
> 또한 "○무동정재도 이와 같지만, 죽간자를 든 이가 구호를 하지 않는다"라고 전한다.

조선후기의 〈수연장〉은 『정재무도홀기』에 8편이[104] 전하고, 여령정재와 무동정재로 추어졌다. 무용수 구성은 죽간자 2인과 협무 8인이며, 내용은 변함없으나 무동정재 시에는 죽간자의 구호가 생략[105]되기도 한다.

〈수연장〉 내용을 정리하면, 죽간자 2인이 앞으로 나아가 구호를 부르고 물러나 서로 마주 보고 선다. 협무 8인이 사대(四隊)로 나란히 줄을 지어 춤을 추며 앞으로 나아가 매 대가 다 같이 바깥쪽 손을 들고 미전사(尾前詞)를 부르고 안쪽 손으로 바꿔 들고 미후사(尾後詞)를 부르고, 춤을 추며 뒤로 물러난다. 4대가 다 같이 둥글게 돌아[三匝] 사방으로 서서 북쪽을 향하여 춤추고, 손을 아래로 드리우고 춤추고 소매를 들어 서로 마주 보고 등을 지고 북쪽을 향해 춤을 춘다. 이어 북대는 남대, 남대는 북대, 동대는 서대, 서대는 동대로 자리를 바꾸어 춤추다가 둥글게 돌아 처음 제자리로 되돌아와 춤을 춘다. 초열대형에서 팔수무를 추고 전대와 후대가 자리를 바꾸고 다시 제자리로 돌아와

103 한국예술종합학교 전통예술원, 『高宗辛丑進宴儀軌』 卷一(서울: 민속원, 2001), 154쪽.

104 〈壽延長〉, 『呈才舞圖笏記』, 1994, 97·203·258·320·405·439·501쪽; 1980, 127쪽.

105 『呈才舞圖笏記』, 1994, 439쪽.

북쪽을 향하여 춤을 추며 물러난다. 이어 협무 8인이 각각 바깥쪽 손을 들고 청춘사(青春詞)를 부르고, 마치면 죽간자 2인이 나아가 구호를 부른 후 물러나고 협무 8인이 무진·무퇴하면 춤이 마친다.

〈수연장〉의 춤 대형은 4대 좌우대형·사방대형·전후대형으로 구성된다. 4대 좌우대형에서는 〈그림 100-가〉처럼 협무 8인이 상대·상배를 추고, 사방대형에서는 〈그림 100-나〉처럼 북향무·수수무·상대·상배를 추고 동대·서대와 북대·남대가 환대를 하고, 전후대형에서는 〈그림 100-다〉처럼 전대와 후대가 각각 자리를 바꾸어가며 춤을 춘다.

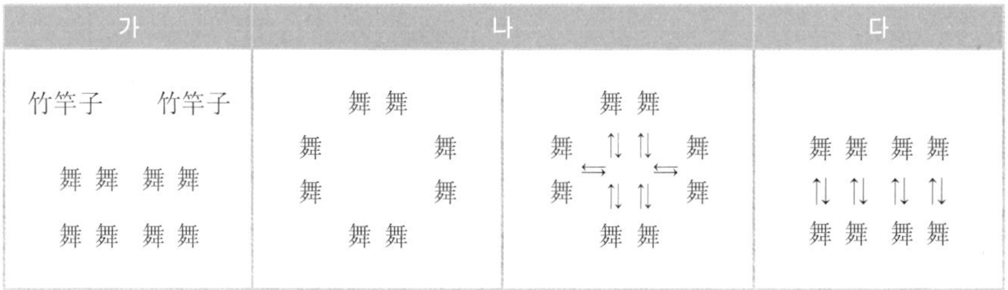

〈그림 100〉 조선후기 〈수연장〉의 대형 구성

조선후기의 홀기 기록에 의하면 〈수연장〉을 추었던 정재여령은 금낭(錦娘)·도홍(桃紅)·봉희(鳳喜)·산월(山月)·연연(姸姸)·영월(暎月)·월색(月色)·월출(月出)·채희(彩喜)·취련(翠蓮)·계월(桂月)·난희(蘭喜)·녹주(綠珠)·월희(月喜)·향란(香蘭)·화향(花香)·금선(錦仙)·설도(雪濤)·행화(杏花)·홍매(紅梅)이고, 정재무동은 권흥성(權興成)·김복동(金福同)·서수남(徐壽男)·이구용(李龜龍)·이수명(李壽命)·이수산(李壽山)·이용진(李用振)·이학돌(李學乭)·최봉철(崔鳳哲)·한정철(韓正哲)·김두희(金斗喜)·김억만(金億萬)·김윤성(金允成)·김황룡(金黃龍)·박봉남(朴鳳男)·오수산(鳴壽山)·유석범(劉錫範)·이순동(李順童)·최덕만(崔德萬)·한기복(韓奇福)이다. 〈수연장〉을 춘 정재여령 출신은 평양기·의녀·상방으로 구성되었는데, 죽간자는 의녀인 화향과 평양기인 설도가 맡았고, 협무는 상방인 계월·난희·녹주·월희·향란·금선·행화·홍매가 맡았다. 〈수연장〉의 반주곡은 보허자령·중강·향당교주로, 당악과 향악 계열의 음악을 이중적 구조로 구성하여 연주하였다. 여러 연향에서 추어질 때마다 음악곡명을 중강(中

腔)·축성인지곡(祝聖人之曲)·수요남극지곡(壽曜南極之曲)·어만사년지곡(於萬斯年之曲)·인지육경지곡(麟趾毓慶之曲)·천향봉소지곡(天香鳳韶之曲)으로 사용하였는데, 이것은 연향의 성격에 따라 음악의 명칭을 다르게 붙여 아명으로 사용한 것이다.

(21) 아박무(牙拍舞)

〈아박무〉는 아박[무구]을 잡고 음악의 절주에 따라 박을 치며 추는 춤으로, 고려시대부터 전해져 조선전기를 거쳐 조선후기까지 이어진다. 고려시대에는 〈동동〉으로 불렸으며, 조선전기와 조선후기에 와서 〈아박무〉로[106] 바꾸어 사용하였다. 〈아박무〉 가사는 이속하여 고려시대에는 사용하지 않다가 성종대부터 불렸고, 이후 1829년 순조 기축년에 효명세자가 다시 가사를 개작하여 사용하였다.

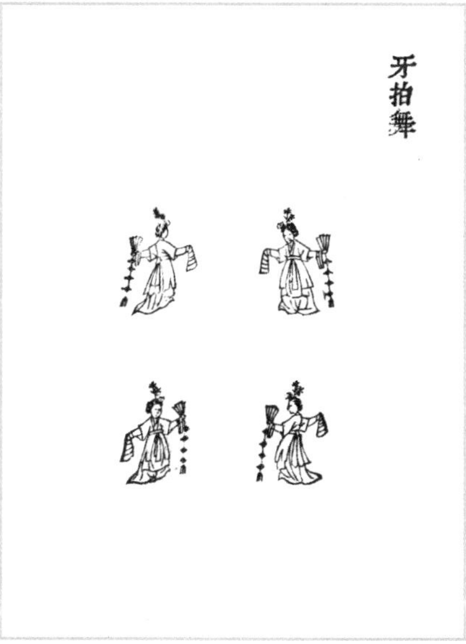

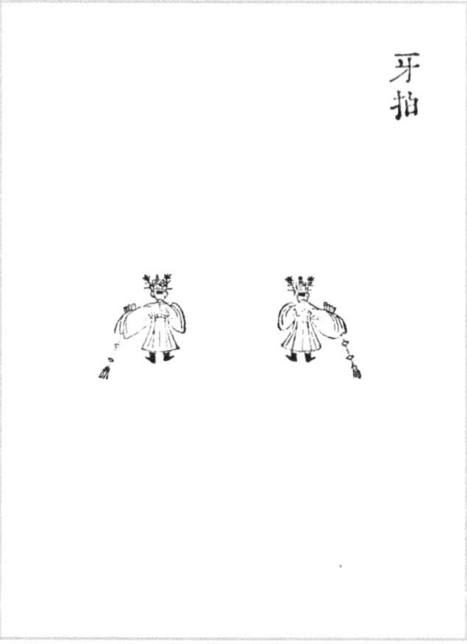

106 『世宗實錄』 卷126, 31년(1449)에 의하면 "1449년 10월까지도 〈동동〉 정재로 소개되어 있는데, 성종(1469~1494) 때 〈아박(牙拍)〉으로 그 이름이 바뀌었다"라고 전한다.

헌종 무신『진찬의궤』에[107] 의하면, "○기축년에 효명세자가 지었다. ○세자의 주(註)에 원래 창사가 있었으나 모두 저속한 방언으로 되어 있어 알아듣기 어렵기 때문에 이 가사를 지어 노래하게 한다"라고 했다.

또한 "○박(拍)은 육판(六板)을 쓰며, 그것을 쳐서 춤의 절주로 삼는다"라고 전한다.

또한 "○열두 달의 가사를 노래하되 매월 가사에 따라 춤을 변화시키며 나아가고 물러난다"라고 전한다.

또한 "○여기 2인이 각각 아박을 잡고, 박 소리에 맞추어 아박을 치면서 춤춘다"라고 전한다.

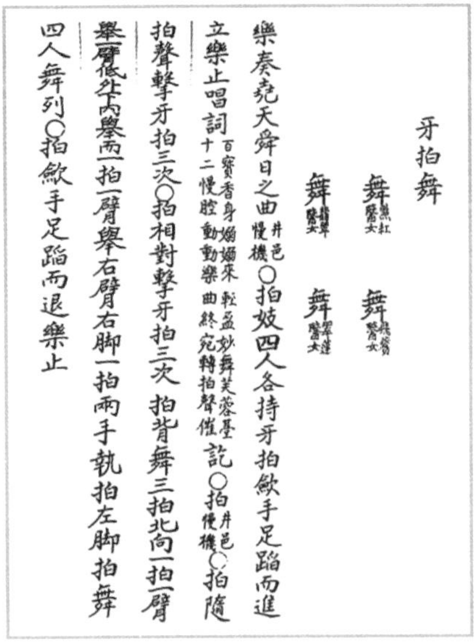
牙拍舞

舞 舞

舞 舞

樂奏堯天舜日之曲(井邑慢機)○拍妓四人各持牙拍斂手足蹈而進

立樂止唱詞(百寶香身婿婿來 軟盈妙舞芙蓉臺 十二慢腔動動樂 曲終宛轉拍聲催)訖○拍(井邑慢機)○拍隨

拍聲擊牙拍三次○拍相對擊牙拍三次 拍背舞三拍北向一拍一臂

擧一臂低外內擧而一拍一臂擧右臂右脚一拍兩手執拍左脚拍舞

四人舞列○拍斂手足蹈而退樂止

조선후기의 〈아박무〉는『정재무도홀기』에 6편이[108] 전하며, 여령정재와 무동정재로 추어졌다. 무용수는 협무 2인·4인으로 구성되며 연향에 따라 창사를 생략하기도[109] 한다. 〈아박무〉 내용을 정리하면, 협무 2인이 박 소리에 맞추어 박을 치며 북향무·상대무·상배무를 추고, 한 팔은 위로 한 팔은 아래로 내리고 혹은 오른쪽과 왼쪽 다리에 번갈아 박을 치며 춤을 춘다.

〈아박무〉는 무용수 구성에 따라 춤 대형이 일렬대형과 2대 좌우대형으로 구성되는데, 무용수 구성에 따라 박이 놓여진 위치가 다르다. 2인 구성일 경우에는 〈그림 101〉처럼 아박[무구]이 나란히 놓여져 있어 무구를 잡는 이동경로가 순조롭지만, 4인 구성일 경우에는 〈그림 102〉처럼 무구[아박]가 종대로 놓여

107 한국예술종합학교 전통예술원,『국역헌종무신진찬의궤』卷一(서울: 민속원, 2004), 136~137쪽.

108 〈牙拍舞〉,『呈才舞圖笏記』, 1994, 130·169·192·248·423쪽; 1980, 113쪽.

109『呈才舞圖笏記』, 1994, 423쪽.

져 무구를 잡기 위해 앞으로 나아가는 이동경로가 2인과는 차이가 있다. 그러나 춤은 무용수 구성과는 상관없이 모두 같은데, 먼저 협무 2인 구성의 〈아박무〉는 춤추는 내내 〈그림 101〉처럼 일렬대형을 유지하며 무진·무퇴와 상대·상배하며 춤을 춘다. 협무 4인 구성의 〈아박무〉는 2대 좌우대형으로 서서 〈그림 102〉처럼 무진·무퇴와 상대·상배하며 춤을 춘다. 결국 〈아박무〉는 무용수 구성의 차이에 따라 구성되는 대형의 형태는 다르지만 춤 내용은 모두 같다.

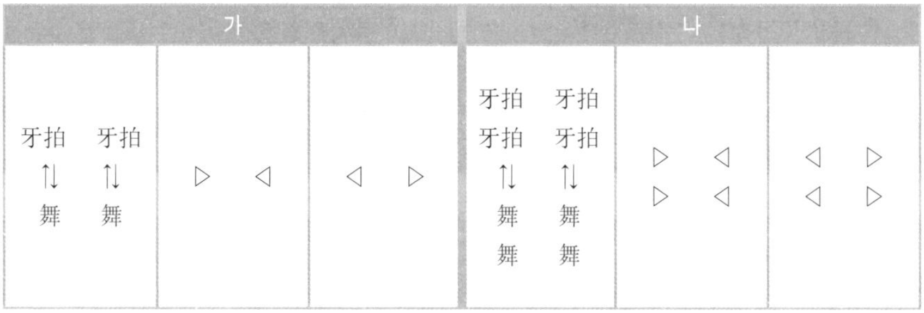

〈그림 101〉 협무 2인 〈아박무〉의 대형 구성 〈그림 102〉 협무 4인 〈아박무〉의 대형 구성

조선후기의 홀기 기록에 의하면 〈아박무〉를 추었던 정재여령은 국화(菊花)·금강월(錦江月)·농옥(弄玉)·보업(寶業)·비연(飛鷰)·비취(翡翠)·점홍(點紅)·취련(翠蓮)이고, 정재무동은 김수업(金壽業)·이수억(李壽億)·유석범(劉錫範)·박호길(朴好吉)이다. 〈아박무〉를 춘 정재여령 출신은 상방·의녀·평양기로 구성되었는데, 의녀 소속은 국화이고 평양기 소속은 금강월이고 상방 소속은 농옥·보업이다. 〈아박무〉의 반주곡은 정읍만기로 구성하였고, 여러 연향에서 추어질 때마다 음악곡명을 정읍만기(井邑慢機)·요천순일지곡(堯天舜日之曲)·치화평지곡(致和平之曲)으로 사용하였는데, 이것은 연향의 성격에 따라 음악의 명칭을 다르게 붙여 아명으로 사용한 것이다.

(22) 연백복지무(演百福之舞)

〈연백복지무〉는 군왕의 만복과 온 나라의 태평성세를 기원하는 춤이다. 죽간자가 등장하여 구호를 부르는 등 당악형식을 빌어 만든 정재이며, 창사

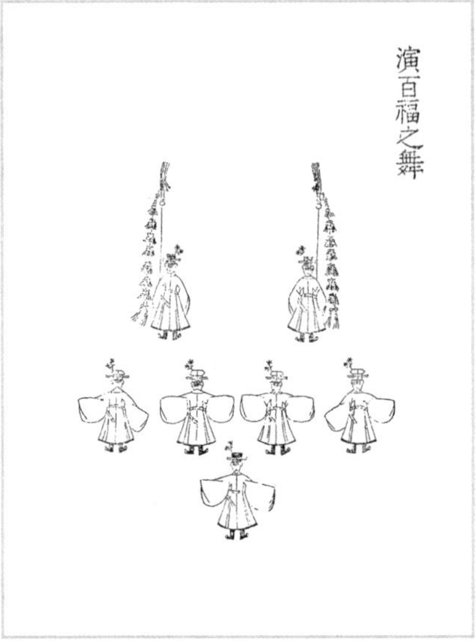

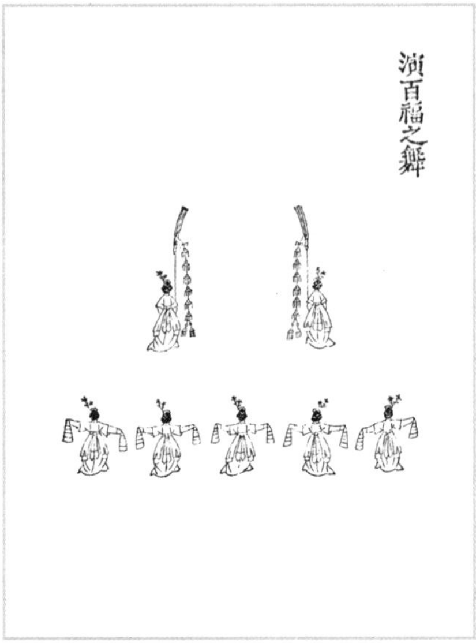

를 무려 7번이나 부르는데 선모와 좌우협무가 각각 부르기도 하고 함께 부르기도 한다. 1829년 순조 대에 효명세자가 부왕을 위해 악장을 직접 지어 올렸고, 정해(丁亥) 년에 악장을 다시 개작하였다.

고종 신축 『진연의궤』에[110] 의하면, "○기축년에 효명세자께서 지었는데, 선모가 전단과 후단에서 치어를 한다. 정해년에 고쳤다"라고 하였다.

또한 "○여기 2인은 죽간자를 받들고 동서로 나눠서고, 4인은 뒤에 자리하여 한 줄로 서며, 1인은 그 뒤를 따르는데, 모두 북향하여 서로 바꿔가며 춤춘다"라고 하였다.

또한 "○무동정재도 이와 같지만, 죽간자를 든 이가 구호를 하지 않고 선모가 중무를 맡는다"라고 하였다.

조선후기의 〈연백복지무〉는 『정재무도홀기』에 6편이[111] 전하고 여령정재

110 한국예술종합학교 전통예술원, 『高宗辛丑進宴儀軌』 卷一(서울: 민속원, 2001), 172쪽.

111 〈演百福之舞〉, 『呈才舞圖笏記』, 1994, 212·267·331·448·498쪽; 1980, 139쪽.

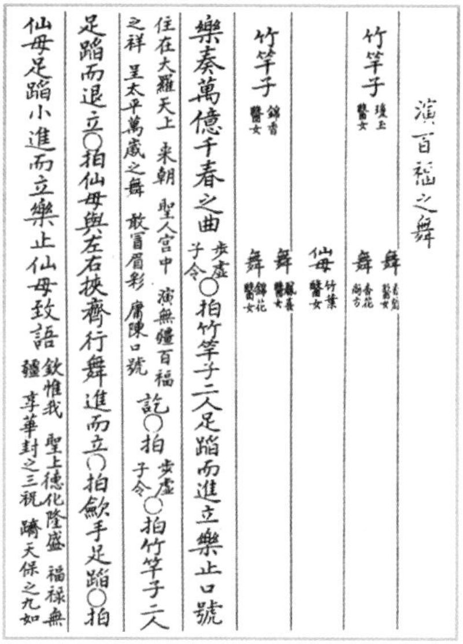
演百福之舞
竹竿子 瓊玉醫女　舞 玉劍醫女　舞 香花尙方
仙母 竹葉醫女
竹竿子 錦香醫女　舞 鳳喜醫女　舞 錦花醫女
樂奏萬億千春之曲 步虛子令 ○拍 竹竿子二人足蹈而進立樂止口號
佇在大羅天上 來朝 聖人宮中 演無疆百福之祥 呈太平萬歲之舞 敢冒眉彩 庸陳口號 訖○拍 步虛子令 ○拍 竹竿子二人
足蹈而退立○拍 仙母與左右挾齊行舞進而立○拍 斂手足蹈○拍
仙母足蹈小進而立樂止 仙母致語 欽惟我 聖上德化隆盛 福祿無疆 享華封之三祝 蹐天保之九如

와 무동정재로 추어졌으며, 무용수 구성은 죽간자 2인·중무 1인·협무 4인이다.

〈연백복지무〉 내용을 정리하면, 죽간자 2인이 나아가 구호를 부르고 물러나면, 중무와 협무 4인이 나란히 나아가 서고, 중무가 무진하여 치어를 부르고 물러나 협무와 함께 전단(前段)과 후단(後段)을 부른다. 중무는 가운데 제자리에 서고 협무가 네 귀퉁이로 나누어 서서 각각 서로 마주 보고 등을 지고 춤을 춘다. 사우대형에서 성수무강사(聖壽無疆詞)를 부르고 다 같이 무진·무퇴하고 다 같이 소매를 떨쳐 뿌리며 돌아 나란히 줄을 지어 춤을 춘다. 이어 오방(五方)으로 서서[112] 무대 가운데 중무가 북협무(北挾舞)·동협무(東挾舞)·남협무(南挾舞)·서협무(西挾舞)와 차례로 소매를 높였다 낮추며 춤을 춘다. 다 같이 좌우로 한 번씩 돌며 춤을 추고 음악이 그치면 다 같이 해동금일사(海東今日詞)를 부른다. 우죽간자(右竹竿子)를 선두로 해서 북협무·중무·좌죽간자(左竹竿子)·동협무·남협무·서협무가 응천장지사(應天長之詞)를 부르며 차례로 나아가 왼쪽으로 둥글게 돌면서 처음 대열로 되돌아가서 서고, 협무가 파자사(破子詞)를 부르고 무진·무퇴하고 팔수무를 춘다. 사우대형으로 서서 다 같이 한 번 떨쳐 뿌리고 돌면서 춤을 춘다. 전대와 후대가 각각 대를 바꾸어 춤추고, 소매를 펄럭이며 춤을 춘다. 둥글게 돌아 처음 대열로 되돌아가면, 죽간자 2인이 나아가 구호를 부르고 물러나면 춤이 마친다.

〈연백복지무〉의 춤 대형은 일렬대형·전후대형·사우대형·오방대형으로 구성된다. 일렬대형에서는 〈그림 103-가〉처럼 무용수 전체가 무진·무퇴하고, 중무와 좌우협무가 나란히 서서 창사를 부른다. 전후대형에서는 〈그림

112 分五方而舞는 사정방(四正方) 위치에 선 대형으로, 東·西·南·北 정방위를 말한다. 손선숙, 『궁중정재용어사전』, 2005, 254쪽.

103-나〉처럼 무대 가운데 중무가 무진하여 치어를 부르고, 〈그림 103-다〉처럼 전대와 후대가 자리를 바꾸어 추기도 한다. 사우대형에서는 〈그림 103-다〉처럼 무대 가운데 중무가 사우의 협무 4인과 차례로 각각 상대·상배·북향무·무진·무퇴와 제자리에서 좌우로 돌며 춤추고, 오방대형에서는 〈그림 103-라〉처럼 무대 가운데 중무가 오방의 협무 4인과 차례로 마주 보고 팔수무를 춘다.

가	나	다	라
⇅ ⇅ ⇅ ⇅ ⇅ 舞 舞 仙 舞 舞	仙 舞 舞　舞 舞	舞　舞 仙 舞　舞	舞 舞　仙　舞 舞

〈그림 103〉 조선후기 〈연백복지무〉의 대형 구성

조선후기의 홀기 기록에 의하면 〈연백복지무〉를 추었던 정재여령은 금낭(錦娘)·비연(飛鷰)·비취(翡翠)·영월(暎月)·점홍(點紅)·채희(彩喜)·취련(翠蓮)·산월(山月)·경옥(瓊玉)·금향(錦香)·금화(錦花)·봉희(鳳喜)·향란(香蘭)·죽엽(竹葉)·행화(杏花)이고, 정재무동은 김복동(金福同)·이구용(李龜龍)·이수명(李壽命)·이수산(李壽山)·이용진(李用振)·이학돌(李學乭)·한정철(韓正哲)·김윤성(金允成)·김황룡(金黃龍)·박봉남(朴鳳男)·박호길(朴好吉)·오수산(嗚壽山)·유석범(劉錫範)·한기복(韓奇福)이다. 〈연백복지무〉를 춘 정재여령 출신은 상방과 의녀로 구성되었는데, 죽간자는 의녀 소속인 경옥·금향이 맡았고, 중무는 의녀 소속인 죽엽이 맡았고, 협무는 상방 소속인 행화와 의녀 소속인 금화·봉희·향란이 맡았다. 〈연백복지무〉의 반주곡은 보허자령과 향당교주로, 당악과 향악 계열의 음악을 이중적 구조로 구성하여 연주하였다. 여러 연향에서 추어질 때마다 음악곡명을 만억천춘지곡(萬億千春之曲)·낙만년지곡(樂萬年之曲)·만수장락지곡(萬壽長樂之曲)·연백복지곡(演百福之曲)으로 사용하였는데, 이것은 연향의 성격에 따라 음악의 명칭을 다르게 붙여 아명으로 사용한 것이다.

(23) 연화대무(蓮花臺舞)

〈연화대무〉는[113] 고려시대부터 조선전기를 거쳐 조선후기까지 이어져 온 춤이다. 고려시대와 조선전기에는 동기 2인, 조선후기에는 동기 2인과 협무 2인으로 구성되어 추어졌다. 정재 이름을 〈연화대〉·〈연화대무〉로 사용하였으나 모두 같은 정재이며 머리에 쓰는 관도 고려시대와 조선전기에는 합립, 조선후기에는 연화관(蓮花冠)으로 불렀다. 〈연화대무〉는 〈학무〉와 함께 추어지기도 하였는데, 연통 안에서 동기가 나와서 춤을 춘다는 대목에 의해서 확인된다. 연통은 학이 부리로 쪼아 열게 하는데, 이로 인하여 〈학무〉와 〈연화대무〉는 각각 독립된 형태로 추어지기도 하지만 합설로 추어졌고, 조선전기에는 〈학연화대처용무합설〉로 추기도 하였다.

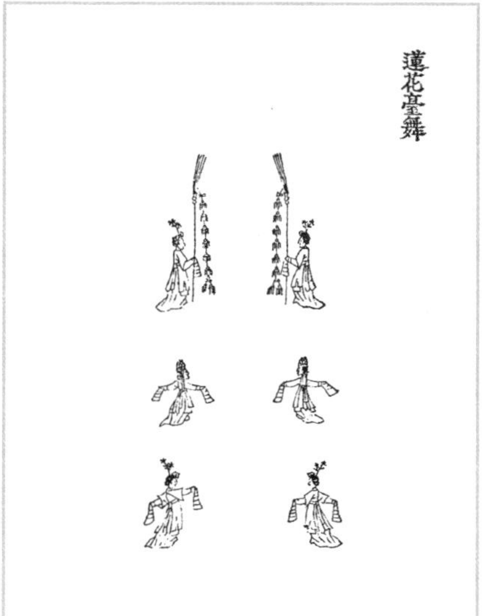

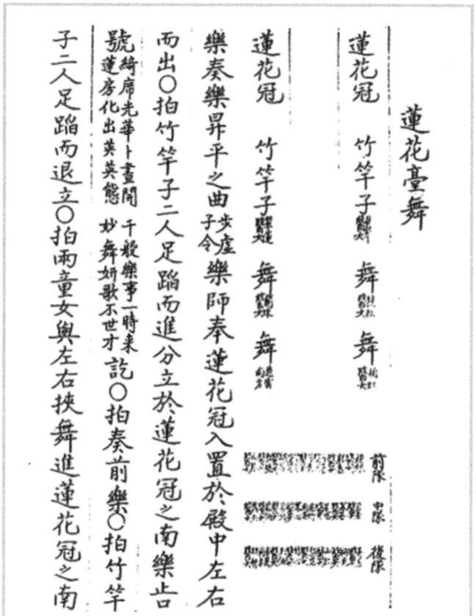
蓮花臺舞
蓮花冠 竹竿子 舞 舞
蓮花冠 竹竿子 舞 舞
前隊
中隊
後隊
樂奏樂昇平之曲步虛子令樂師奉蓮花冠入置於殿中左右
而出○拍竹竿子二人足蹈而進分立於蓮花冠之南樂止
號綺席光華卜晝閒 蓮房化出英英態 千般樂事一時來 妙舞妍歌不世才 訖○拍奏前樂○拍竹竿
子二人足蹈而退立○拍兩童女與左右挾舞進蓮花冠之南

고종 신축 『진연의궤』에[114] 따르면, "○고려 때에 〈연화대무(蓮花臺舞)〉가 있었는데, 두 여자아이에게 고운 옷과 모자로 치장시켜 두 송이 연꽃 속에 숨겼

113 〈연화대무〉의 유래는 고려시대와 조선전기 내용을 참조바람.

114 한국예술종합학교 전통예술원, 『高宗辛丑進宴儀軌』 卷一(서울: 민속원, 2001), 192쪽.

다가 꽃이 터진 뒤에 나타나게 한다. 합립(蛤笠)을 쓰고 붉은 옷을 입고, 양쪽으로 대를 나누어 번갈아가며 춤춘다. 우리 조정의 연례(宴禮)에서도 모방하여 사용했다"라고 하였다.

또한 "○여기(女妓) 2인이 죽간자를 받들고 앞으로 나아가 서로 향한다. 두 동기(童妓)는 앞에 자리하고 두 여기(女妓)는 뒤에 자리하여, 각기 서로 마주하여 춤춘다"라고 하였다.

조선후기의 〈연화대무〉는 『정재무도홀기』에 6편이[115] 전한다. 여령정재와 무동정재로 추어졌고, 무용수 구성은 죽간자 2인·동기 2인·협무 2인이며, 무동정재 시에는 죽간자의 구호가 생략[116]되기도 하였다.

〈연화대무〉 내용을 정리하면, 악사가 연화관을 전중 좌우에 놓고 나가면, 죽간자 2인이 연화관 남쪽에 서서 구호를 부르고 물러난다. 동기 2인과 협무 2인이 춤을 추며 앞으로 나아가 연화관 남쪽에 서서 다 같이 바깥쪽 손을 들고 미신사(微臣詞)를 부른다. 동기 2인과 협무 2인은 무퇴·무진하며 춤추고, 협무 2인은 제자리에 서서 북향무를 춘다. 동기 2인이 바닥에 놓인 연화관을 집어들어 서로 마주 보고 머리에 얹어 관(冠) 끈을 끼워주면 악사가 '좌 동기-우 동기'순으로 끈을 메어준다. 동기 2인과 협무 2인이 무퇴하여 상대무·상배무·도약무를 추고, 이어 죽간자 2인이 무진하여 구호를 부르고 물러나면 춤이 마친다. 〈연화대무〉의 춤 대형은 전후대형과 2대 좌우대형으로 구성된다. 전후대형에서는 〈그림 104-가〉처럼 무용수 전체가 무진·무퇴를 추고, 동

가		나	
蓮花冠 蓮花冠 ⇅ ⇅ 童妓 童妓 挾舞 挾舞	△ △ △ △	▷ ◁ ▷ ◁	◁ ▷ ◁ ▷

〈그림 104〉 조선후기 〈연화대무〉의 대형 구성

115 〈蓮花臺舞〉, 『呈才舞圖笏記』, 1994, 71·136·363·480·516쪽; 1980, 167쪽.

116 〈蓮花臺舞〉, 『呈才舞圖笏記』, 1994, 480쪽.

기 2인이 전대에서 연화관을 씌워 주고, 북향하며 춤춘다. 2대 좌우대형에서는 〈그림 104-나〉처럼 상대·상배하며 춤춘다.

조선후기의 홀기 기록에 의하면 〈연화대무〉를 추었던 정재여령은 계월(桂月)·계화(桂花)·금낭(錦娘)·금도(錦濤)·금련(錦蓮)·금선(錦仙)·금월(錦月)·기월(琦月)·난옥(蘭玉)·난주(蘭珠)·녹주(綠珠)·농월(弄月)·도홍(桃紅)·도화(桃花)·매홍(梅紅)·목단(牧丹)·봉심(鳳心)·봉희(鳳喜)·부용(芙蓉)·비취(翡翠)·산월(山月)·산홍(山紅)·설도(雪濤)·소옥(笑玉)·소월(笑月)·연심(蓮心)·연연(姸姸)·연홍(蓮紅)·연화(蓮花)·영월(暎月)·옥선(玉仙)·옥향(玉香)·월색(月色)·월선(月仙)·월섬(月蟾)·월출(月出)·월향(月香)·월희(月喜)·유색(柳色)·유앵(柳鶯)·이화(梨花)·점홍(點紅)·죽심(竹心)·죽엽(竹葉)·진옥(眞玉)·진진(眞珍)·채희(彩喜)·초운(楚雲)·춘심(春心)·춘화(春花)·취련(翠蓮)·행화(杏花)·향란(香蘭)·향희(香喜)·홍도(紅桃)·홍매(紅梅)·화선(花仙)·화연(花姸)이고, 정재무동은 박수길(朴壽吉)·김상신(金相信)·김천만(金千萬)·김태산(金泰山)·이득순(李得淳)·이만수(李萬壽)·김억만(金億萬)·서완근(徐完根)·오수산(嗚壽山)·이응근(李應根)·함점동(咸点童)이다. 〈연화대무〉를 춘 정재여령 출신은 평양기·선천기·의녀·상방으로 구성되었는데, 죽간자는 평양기 소속인 진진·춘심이 맡았고, 동기는 평양기인 금도·홍도가 맡았고, 협무는 의녀소속인 죽엽·향란이 맡았다. 〈연화대무〉의 반주곡은 2가지로 구분되는데, 하나는 보허자령이고, 또 다른 하나는 보허자령과 향당교주로 구성된다. 여러 연향에서 추어질 때마다 음악곡명을 낙승평지곡(樂昇平之曲)·봉생지곡(鳳笙之曲)으로 사용하였는데, 이것은 연향의 성격에 따라 음악의 명칭을 다르게 붙여 아명으로 사용한 것이다.

(24) 연화무(蓮花舞)

〈연화무〉는 협무 6인이 화병에 꽂힌 꽃을 집어들고 산작화무[117] 대형을 지

117 산작화무는 〈연화무〉와 〈장생보연지무〉에 나오는 용어로 대형을 의미한다. 그러나 〈연화무〉는 협무 6인, 〈장생보연지무〉는 선모 1인과 협무 4인으로 구성되어 이들 정재에서 나타난 산작화무 대형의 형태는 서로 다르다. 이것은 산작화무가 정해진 형태의 대형이 아니라 '꽃잎이 펼쳐진

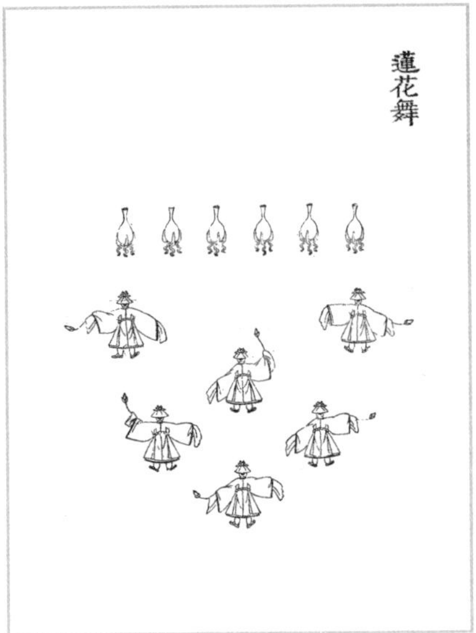

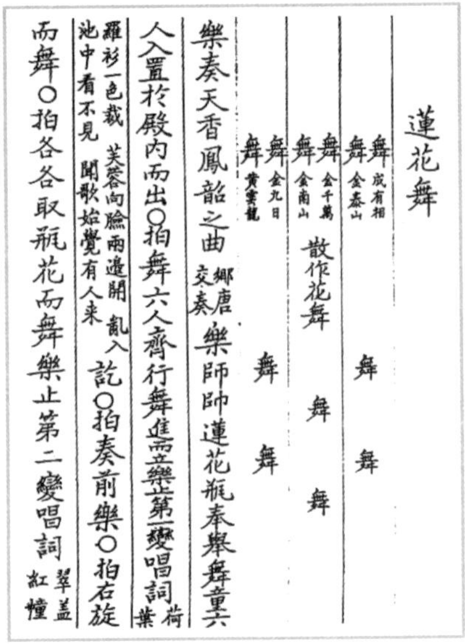

蓮花舞

舞 成有相 舞 舞
舞 金泰山
舞 金千萬 散作花舞 舞 舞
舞 金南山
舞 金九日 舞 舞
舞 黃雲龍

樂奏天香鳳韶之曲 鄉唐交奏 樂師帥蓮花瓶奉擧舞童六人置於殿内而出○拍舞六人齊行舞進而立樂止第一變唱詞 荷葉羅衫一色裁 芙蓉向臉兩邊開 亂入池中看不見 聞歌始覺有人来 訖○拍奏前樂○拍右旋而舞○拍各各取瓶花而舞樂止第二變唱詞 翠盖紅幢

으며 춤추는 향악정재이다. 문헌에 〈연화무〉 기록이 처음 등장하는 시기는 1828년 순조 무자 『진작의궤』인데, 〈연화무〉의 유래에 대해 동기가 연꽃 안에서 나온 것에서 기원을 두고 있다. 또한 같은 기록에서 "연꽃에서 나온 동기는 2명인데 춤추는 무용수는 6인이고 화병에 꽂힌 꽃을 들고 춘다"라고 되어 있다. 그러나 정재홀기에 기록된 〈연화무〉는 6명으로 구성되고 무구인 화병 6개가 설치되어 있다. 정재홀기 기록과 비교할 때 의궤 악장 기록의 〈연화무〉는 〈연화대무〉를 말하는데, 이 기록으로 볼 때 〈연화무〉 춤의 시원은 〈연화대무〉이며 이 춤을 바탕으로 조선후기에 재구성된 춤으로 보여진다.

> 순조 무자 『진작의궤』에[118] 의하면, "○『도서집성(圖書集成)』 악원(樂苑)에 이르기를 우조(羽調)에 자지곡(柘枝曲)이 있는데, 두 여동(女童)이 고운 옷과 모자를 쓰고 금방울을 달았으며 손뼉을 치면서 돌리면 소리가 난다. 그들이 등장할 때에 두 연꽃 안에 숨어 있기 때문에 이름을 〈연화무〉라 한다"라고 하였다.

모양으로 서는 것'을 의미하는 비유적인 용어이다. 손선숙, 『궁중정재용어사전』, 191쪽.

118 이의강, 『국역순조무자진작의궤』(서울: 보고사, 2006), 298쪽.

또한 ○"연화병(蓮花甁) 6개를 설치하여 앞에 앉힌다. 무동 6인이 각각 병의 꽃 한 가지를 취하여 좌우전후로 나누어 북향하여 춤춘다"라고 하였다.

조선후기의 〈연화무〉는 『정재무도홀기』에 2편이[119] 전한다. 무동정재로 추어졌으며 내용은 같으나 연향에 따라 창사가 생략[120]되기도 한다. 조선후기의 홀기 기록에 의하면 〈연화무〉의 무용수 구성은 협무 6인이다.

〈연화무〉 내용을 정리하면, 악사가 연화병(蓮花甁)을[121] 든 무동 6인을 거느리고 들어와 전내에 놓고 나간다. 협무 6인이 가지런히 서서 춤을 추며 앞으로 나아가 서고, 음악이 그치면 제일변창사(第一變唱詞)를 부른다. 오른쪽으로 둥글게 돌아 화병에서 각각의 꽃을 집어들고 춤을 추고, 음악이 그치면 제이변창사(第二變唱詞)를 부른다. 산작화무(散作花舞)를 추고 서로 마주 보고 즐겁게 돌면서 소매를 떨쳐 뿌리며 춘다. 가지런히 서서 춤을 추며 앞으로 나아가 서면 음악이 그치고 제삼변창사(第三變唱詞)를 부르고 물러나면 음악이 그친다. 〈연화무〉의 춤 대형은 일렬대형과 산작화무대형으로 구성된다. 일렬대형에서는 〈그림 105-가〉처럼 무용수 전체가 무진·무퇴 혹은 무진하여 일변·삼변 창사를 부르고, 화병의 꽃을 집어들고 이변 창사를 부른다. 산작화무대형에서는 좌우협무 6인이 〈그림 105-나〉처럼 벌려 서서 상대·환전·불수무를 춘다.

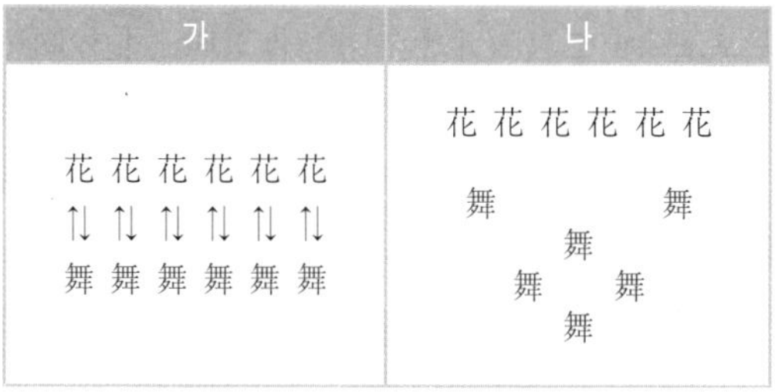

〈그림 105〉 조선후기 〈연화무〉의 대형 구성

조선후기의 홀기 기록에 의하면 〈연화무〉를 춘 정재무동은 김구일(金九日)

119 〈蓮花舞〉, 『呈才舞圖笏記』, 1994, 46·466쪽.

120 『呈才舞圖笏記』, 1994, 466쪽.

121 '蓮花甁'은 〈연화무〉에 사용되는 화병이다.

· 김남산(金南山) · 김천만(金千萬) · 김태산(金泰山) · 성유상(成有相) · 황운용(黃雲龍) · 김두희(金斗喜) · 성유상(成有相) · 유석범(劉錫範) · 정흥록(鄭興祿) · 박호길(朴好吉) · 최덕만(崔德萬)이다. 〈연화무〉의 반주곡은 향당교주로 구성하였고, 여러 연향에서 추어질 때는 음악곡명을 천향봉소지곡(天香鳳韶之曲)이라는 아명을 붙여 사용하였다.

(25) 영지무(影池舞)

〈영지무〉는 연못을 상징하는 영지(影池)라는 무구를 중심으로 춤을 춘다. 순조 대 효명세자가 처음으로 악장[창사]을 지어 만든 향악정재로, 연못에 비춰진 달그림자를 보고 이름을 지었다는 고사를 본떠 만들었다. 무대 가운데의 영지를 중심으로 춤이 이루어지는데, 정재대형은 연못인 영지를 둥글게 에워싼 것이나 영지를 중심으로 동쪽과 서쪽 혹은 남쪽과 북쪽에 서서 춤을 춘다.

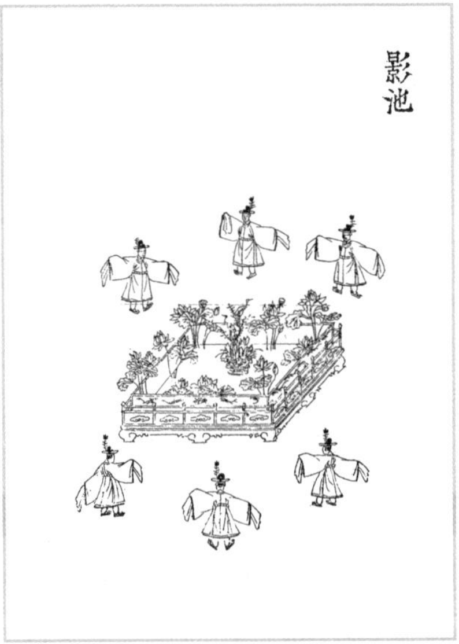

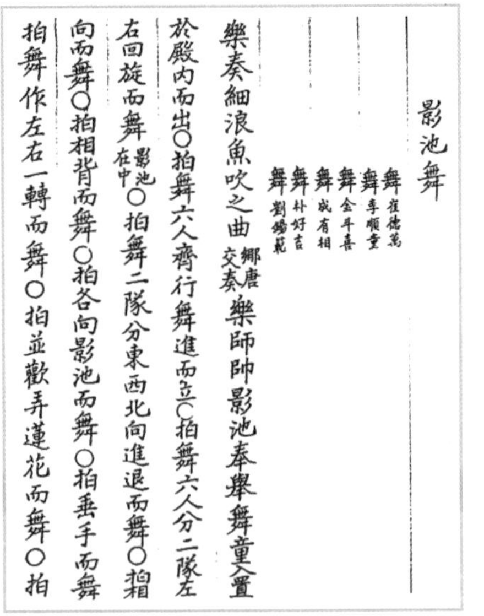
影池舞
舞崔德萬 舞李順童 舞金斗喜 舞成有相 舞朴好吉 舞劉錫範
樂奏細浪魚吹之曲鄕唐交奏 樂師帥影池奉擧舞童入置
於殿內而出○拍舞六人齊行舞進而立○拍舞六人分二隊左
右回旋而舞影池在中○拍舞二隊分東西北向進退而舞○拍
向而舞○拍相背而舞○拍各向影池而舞○拍垂手而舞
拍舞作左右一轉而舞○拍並歡弄蓮花而舞○拍

순조 무자 『진작의궤』에[122] 의하면, "○영지를 설치하는데, 모양은 네모난 연

122 이의강, 『국역순조무자진작의궤』(서울: 보고사, 2006), 295~296쪽.

못 같다. 무동 3인이 영지의 앞에 있고, 3인은 영지의 뒤에 있어서 함께 상대하며 춤춘다"라고 하였다.

또한 "○『패문운부』에 한(漢)나라 무제(武帝)가 학대(鶴臺)를 바라보고, 달 그림자가 연못 가운데 비추는 것을 조망하고서 영아지(影娥池)라 이름하였다"고 하였다.

또한 "○『도서집성』 원씨액정기에 황제가 대궐 연못에 배를 띄웠는데, 그 사(詞)에 '밝은 달빛이여, 수면은 거울 같고, 일렁이는 달빛이여, 항아의 그림자 잡네'라 하였다"라고 하였다.

조선후기의 〈영지무〉는 『정재무도홀기』에 1편이[123] 전하고, 무동정재로 추어졌으며 무용수 구성은 협무 6인이다.

〈영지무〉 내용을 정리하면, 악사가 무구[영지]를 전내에 놓고 나가면, 협무 6인이 나란히 줄을 지어 무진하고, 이어 이대(二隊)로 나누어 영지를 중심으로 좌우로 둥글게 돌아 동서로 나누어 서서 북향하여 무진·무퇴하고 상대·상배한다. 영지를 향하여 수수무·좌우일전·환롱연화무·이수고저이무를 춘다. 이어 남북으로 대를 나누어 서서 영지를 향하여 마주 보고 춤추고 좌우로 둥글게 돌아 처음 대열로 돌아와 서서 물러나면, 음악이 그친다. 〈영지무〉의 춤 대형은 일렬대형·좌우대형·전후대형으로 구성된다. 일렬대형에서는 〈그림 106-가〉처럼 무진과 무진·무퇴를 하고, 〈그림 106-나〉의 좌우대형과 〈그림 106-다〉의 전후대형에서는 무대 가운데 영지를 중심으로 상대·상배를 추는데, 이러한 여러 대형의 변화는 회무로 한다.

가	나	다
影池 ⇅ ⇅ ⇅ ⇅ ⇅ ⇅ 舞 舞 舞 舞 舞 舞	舞 　 舞 舞 影池 舞 舞 　 舞	舞 舞 舞 影池 舞 舞 舞

〈그림 106〉 조선후기 〈영지무〉의 대형 구성

123 〈影池舞〉, 『呈才舞圖笏記』, 1994, 453쪽.

조선후기의 홀기 기록에 의하면 〈영지무〉를 춘 정재무동은 김두희(金斗喜)·박호길(朴好吉)·성유상(成有相)·유석범(劉錫範)·이순동(李順童)·최덕만(崔德萬)이다. 〈영지무〉의 반주곡은 향당교주로 구성하였고, 연향에서 추어질 때는 음악곡명을 세랑어취지곡(細浪魚吹之曲)이라는 아명을 붙여 사용하였다.

(26) 오양선(五羊仙)

〈오양선〉은[124] 고려시대부터 조선전기를 거쳐 조선후기까지 이어져 온 춤이다. 다섯 명의 신선이 양을 타고 인간 세상에 내려와 효성이 지극한 백성에게 한 줄기에 여섯 개의 이삭을 가진 육수거(六穗秬)를 주었다는 고사를 본떠 만든 당악정재이다. 고려시대부터 이어져 온 〈오양선〉 정재가 조선후기에 와서 변화되었는데, 변화된 내용은 먼저 고려시대와 조선전기에 추어졌던 일렬대형에서 선모를 중심으로 좌우협무 4인이 상대·상배하는 춤[인무]이 생략되었고, 정재대형이 사우에서 사방으로 변화되었다. 그러나 조선후기 의궤 정재도를 확인한 결과 대형의 형태가 같은 것으로 보아 『정재무도홀기』 〈오양

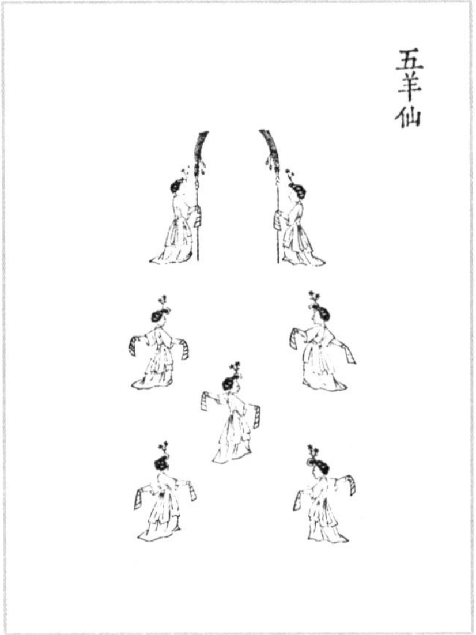

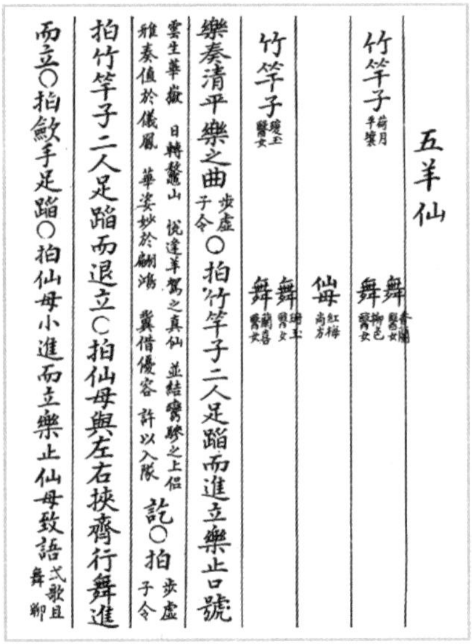
五羊仙

竹竿子 荷月 手樂

舞 香蘭 醫女 舞 柳色 醫女

仙母 紅梅 尙方

竹竿子 瓊玉 醫女

舞 瑞玉 醫女 舞 蘭喜 醫女

樂奏清平樂之曲 步虛子令 ○拍竹竿子二人足蹈而進立樂止口號

雲生華嶽 日轉鰲山 悅逢羊駕之眞仙 並結鸞驂之上侶 雅奏値於儀鳳 華姿妙於翩鴻 冀借優容 許以入隊 訖○拍 步虛子令

拍竹竿子二人足蹈而退立○拍仙母與左右挾齊行舞進

而立○拍斂手足蹈○拍仙母小進而立樂止仙母致語 式歌且舞 卿

---

124 〈오양선〉의 유래에 대해서는 고려시대와 조선전기의 내용을 참조바람.

선〉의 사방은 사우의 오기(誤記)이다. 반면 일렬대형에서 좌우협무 제1인과 제2인이 차례로 무진·무퇴하는 춤은 새로 도입되었다.

> 고종 정해 『진찬의궤』에[125] 의하면, "○『문헌비고』에 보면 당나라 때 이군옥이 '창포간'라는 시에서 다섯 명의 신선이 다섯 마리의 양을 타고, 어느 시대에 이 마을로 내려올까라는 대목이 있었던 데서 춤의 이름이 나왔다"라고 하였다.
>
> 또한 "○여기 2명이 죽간자를 받들고 앞으로 나아가 서로 마주 본다. 4명이 2대로 나뉘어 사방으로 서고, 명은 그 가운데에 자리 잡고 서로 자리를 바꿔가며 춤을 춘다"라고 하였다.

조선후기의 〈오양선〉은 『정재무도홀기』에 3편이[126] 전한다. 여령정재와 무동정재로 추어졌으며, 무용수 구성은 죽간자 2인·선모 1인·협무 4인이다.

〈오양선〉 내용을 정리하면, 죽간자 2인이 무진하여 구호를 부르고 물러나면, 선모와 협무 4인이 앞으로 나아가 선다. 선모가 나아가 치어를 부르고 물러나면 선모는 오른손과 왼손, 협무 4인은 외수(外袖)와 내수(內袖)를 들고 창사를 부른다. 선모는 무대 가운데 그대로 서고, 협무 4인이 사방(四方)으로[127] 서서 선모를 향하여 마주 보고 춤추고 각각 돌면서 춤추고, 등을 지고 춤추고 소매를 들어 떨쳐 뿌리며 춤춘다. 이어 선모를 중심으로 협무가 둥글게 돌아 다 같이 가지런히 서서 뒤로 물러나며 춤을 춘다. 좌우 제1인과 제2인이 각각 무진하여 상대하며 춤추고 물러나고, 선모가 대를 벗어나고 협무 4인은 서로 마주 보고 춤을 춘다. 다 같이 가지런히 서서 춤을 추며 앞으로 나아가 선모는 오른손을 협무는 외수를 들고 창사를 부른다. 죽간자 2인이 무진하여 구호를 부르고 물러나면 모든 춤이 마친다.

〈오양선〉의 춤 대형은 일렬대형·사우대형·전후대형으로 구성된다. 일렬

125 인남순, 『국역고종정해진찬의궤』(서울: 보고사, 2008), 150쪽.

126 〈五羊仙〉, 『呈才舞圖笏記』, 1994, 49·469쪽; 1980, 146쪽.

127 〈오양선〉의 사방은 『정재무도홀기』에 기록된 그대로 번역한 것이며, 이하 춤 대형 설명에 있어서는 오기를 바로잡아 '사우'로 한다.

대형에서는 〈그림 107-가〉처럼 무용수 전체가 무진 혹은 무진·무퇴하는 춤을 추고, 사우대형에서는 〈그림 107-나〉처럼 선모와 사우의 협무가 상대·상배를 추고, 전후대형에서는 〈그림 107-다〉처럼 좌우협무의 제1인과 제2인이 각각 차례로 나아가 상대하며 춤춘다.

가	나	다	
⇅ ⇅ ⇅ ⇅ ⇅ 舞 舞 仙 舞 舞	舞 舞 仙 舞 舞	舞 舞 ⇅ ⇅ 舞 仙 舞	舞 舞 ⇅ ⇅ 舞 仙 舞

〈그림 107〉 조선후기 〈오양선〉의 대형 구성

조선후기의 홀기 기록에 의하면 〈오양선〉을 추었던 정재여령은 경옥(瓊玉)·하월(荷月)·난희(蘭喜)·산옥(珊玉)·유색(柳色)·향란(香蘭)·홍매(紅梅)이고, 정재무동은 김억만(金億萬)·김윤성(金允成)·김황룡(金黃龍)·박호길(朴好吉)·오수산(嗚壽山)·유석범(劉錫範)·한기복(韓奇福)·김천만(金千萬)·박수길(朴壽吉)·박호산(朴好山)·오석숭(嗚石崇)·이득순(李得淳)·이만수(李萬壽)·이수철(李壽喆)이다. 〈오양선〉을 춘 정재여령 출신은 평양기·상방·의녀로 구성되었는데, 죽간자는 의녀 소속인 경옥과 평양기 소속인 하월이가 맡았고, 선모는 상방 소속인 홍매가 맡았고, 협무는 의녀 소속인 난희·산옥·유색·향란이 각각 맡았다. 〈오양선〉의 반주곡은 보허자령과 향당교주로, 당악과 향악 계열의 음악을 이중적 구조로 구성하여 연주하였다. 여러 연향에서 추어질 때마다 음악곡명을 청평악지곡(淸平樂之曲)·오운개서조(五雲開瑞朝)·오운개서조지곡(五雲開瑞朝之曲)으로 사용하였는데, 이것은 연향의 성격에 따라 음악의 명칭을 다르게 붙여 아명으로 사용한 것이다.

(27) 육화대(六花隊)

〈육화대〉[128]는 조선전기부터 전래되어 조선후기에 새로 재구성되어진 당악정재이다. 무용수 구성은 죽간자 2인·선모[치어인] 1인·협무 6인으로 변함

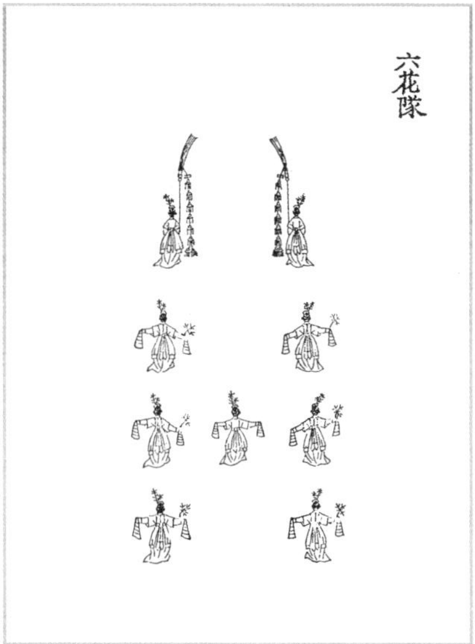

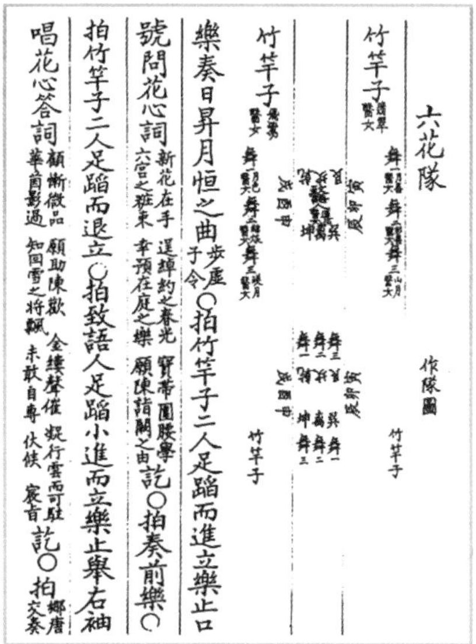
六花隊 作隊圖

竹竿子 舞一 舞二 舞三 竹竿子

竹竿子 舞一 舞二 舞三 竹竿子

樂奏日昇月恒之曲 步虛子令 ○拍 竹竿子二人足蹈而進立 樂止 口號問花心詞 新花在手 運綽約之春光 寶帶圍腰 六宮之雅束 幸預在庭之樂 願陳詣闕之由 訖○拍 奏前樂○拍 竹竿子二人足蹈而退立○拍 致語人足蹈小進而立 樂止 擧右袖 唱花心答詞 顧惭微品 願助陳歡 金縷聲催 娖行雲而可駐 華筵影過 知回雪之將飄 未敢自專 伏候 宸旨 訖○拍 鄕唐交奏

없으며, 무대 가운데에 서는 치어인(致語人)을 조선후기에 중심무(中心舞)로 명칭을 바꾸어 사용하였으나 무용수의 역할은 시대별로 변함이 없다. 조선후기에 나타난 가장 큰 변화는 대형과 의상의 색상이다. 조선전기에는 2대 좌우대형과 전후대형으로 구성된 것에서 조선후기에 2대좌우대형·일렬대형·전후대형으로 구성되었다. 그리고 의상은 〈그림 108-가〉처럼 동쪽[좌대]에 홍의(紅衣) 3인, 서쪽[우대]에 남의(藍衣) 3인으로 구성되었다가 조선후기에 와서 〈그림 108-나〉처럼 동쪽 3인은 옥색의(玉色衣)·자적의(紫的衣)·양람의(洋藍衣), 서쪽 3인은 초록의(草綠衣)·진홍의(眞紅衣)·분홍의(粉紅衣)로[129] 변화되

가		나	
靑衣	紅衣	草綠衣	玉色衣
靑衣	紅衣	眞紅衣	紫的衣
靑衣	紅衣	粉紅衣	洋藍衣

〈그림 108〉 조선후기 〈육화대〉의 무용수 배열

128 〈六花隊〉의 유래에 대해서는 조선전기의 내용을 참조바람.

129 〈육화대〉의 초입배열도와 홀기 내용 속의 좌무와 우무에 대한 명칭을 다르게 사용하였다.

었다. 이러한 무용수의 이름은 정재 진행에 따라 다르게 불렸는데, 좌무인 홍의인은 춤 중간부에 옥색의·자적의·양람의로, 우무인 남의인은 초록의·진홍의·분홍의로 불렸다.

조선후기의 〈육화대〉는 『정재무도홀기』에 7편이[130] 전하고, 내용은 모두 같다. 무용수 구성은 죽간자 2인·중심무[선모] 1인·협무 6인이며, 여령정재와 무동정재로 추어졌다.

〈육화대〉 내용을 정리하면, 죽간자가 무진하여 문화심사(問花心詞) 구호를 부르고 마치면 물러난다. 중심무가 무진하여 오른 소매를 들고 화심답사(花心答詞)를 부르고, 손을 여미고 구부려 엎드렸다가 일어서 뒤로 물러나 선다. 동쪽과 서쪽의 무용수들이 차례로 무진하여 일념시(一念詩)·이념시(二念詩)·삼념시(三念詩)를 부르고 물러난다. 이어 화대(花隊: 협무) 6인이 좌우로 둥글게 돌며 춤을 추고, 3대를 만들어 좌우로 나누어 선다. 무용수들이 차례로 무진하여 일렬대형으로 서면서 일념가(一念歌)·이념가(二念歌)·삼념가(三念歌)를 부르고, 회무하여 대를 양쪽으로 나누는데 좌무는 건감간(乾坎艮)에 서고, 우무는 손리곤(巽离坤)에 선다.[131] 북쪽을 향하여 가지런히 줄을 지어 춤을 추고, 감(坎)과 리(离)의 무용수가 서로 향하여 춤을 추고, 서로 자리를 바꾸어 춘다. 감(坎)괘의 무용수를 중심으로 간과 건이 상대·상배하며 춘다. 전대와 후대가 마주 보고 춤추고, 자리를 바꾸어 춤추고, 감과 리가 자리를 바꾸어 서고, 화대 6인이 왼쪽으로 둥글게 돌아 처음자리로 되돌아오면 죽간자가 무진하여 구호를 부르고 무용수 전체가 물러나면 춤이 마친다.

〈육화대〉의 춤 대형은 2대 좌우대형·일렬대형·전후대형으로 구성된다. 2대 좌우대형에서는 〈그림 109-가〉처럼 무용수 전체가 무진·무퇴하고, 일렬대형에서는 〈그림 109-나〉처럼 좌우협무가 무진·무퇴를 추고, 전후대형에서는 〈그림 109-다〉처럼 중심무 혹은 매 대가 차례로 나아가 창사를 부르고 제

130 〈六花隊〉, 『呈才舞圖笏記』, 1994, 61·100·163·229·285·351쪽; 1980, 194쪽.

131 '乾坎艮'과 '巽离坤'은 괘 자리를 말한다. 〈육화대〉에서 '乾坎艮'은 전대, '巽离坤'은 후대에 선 위치이다.

자리로 돌아와 서는 춤을 추고, 전대와 후대가 서로 자리를 바꾸며 춤추고, 감과 리가 자리를 바꾸며 춤추고, 전대의 감을 중심으로 간과 건괘의 무용수와 상대·상배를 춘다.

가	나	다			
↑↓ ↑↓ 舞 舞 舞 仙 舞 舞 舞	舞舞舞舞舞舞 ↑↓↑↓↑↓↑↓↑↓↑↓	仙 舞 舞 舞 舞 舞 舞	舞 舞 ↑↓ 舞 仙 舞 舞 舞	乾 坎 艮 ↑↓ ↓仙↑ ↑↓ 坤 离 巽	◁ ▶ ◁ 仙 舞 舞 舞

〈그림 109〉 조선후기 〈육화대〉의 대형 구성

조선후기의 홀기 기록에 의하면 〈육화대〉를 추었던 정재여령은 금낭(錦娘)·비연(飛鷰)·비취(翡翠)·산월(山月)·연화(蓮花)·영월(暎月)·월색(月色)·월희(月喜)·채희(彩喜)·금홍(錦紅)·난홍(蘭紅)·산홍(山紅)·죽엽(竹葉)·향란(香蘭)·홍매(紅梅)이고, 정재무동은 권흥성(權興成)·김수업(金壽業)·김암회(金巖回)·신효길(辛孝吉)·이수명(李壽命)·이수산(李壽山)·이수억(李壽億)·이학돌(李學乭)·한정철(韓正哲)·김구일(金九日)·김상신(金相信)·김성인(金聖仁)·김태산(金泰山)·박수길(朴壽吉)·박점순(朴点淳)·박호산(朴好山)·이수철(李壽喆)·황운용(黃雲龍)이다. 〈육화대〉를 춘 정재여령 출신은 평양기와 상방과 의녀로 구성되었는데, 죽간자는 평양기 소속인 금홍과 난홍이 맡았고, 중심무는 의녀 소속인 봉희가 맡았고, 협무는 의녀 소속인 산홍·연화·월희·죽엽·향란과 상방 소속인 홍매가 맡았다. 〈육화대〉의 반주곡은 보허자령·향당교주·세취작가곡농락·세취작가곡계락·세취작가곡편으로, 당악과 향악 계열의 음악을 이중적 구조로 구성하여 연주하였다. 여러 연향에서 추어질 때마다 음악곡명을 천년만세지곡(千年萬歲之曲)·만년장춘지곡(萬年長春之曲)·일승월항지곡(日升月恒之曲)·축유여지곡(祝有餘之曲)으로 사용하였는데, 이것은 연향의 성격에 따라 음악의 명칭을 다르게 붙여 아명으로 사용한 것이다.

(28) 장생보연지무(長生寶宴之舞)

〈장생보연지무〉는 군왕의 만수무강을 축원하는 내용의 정재이다. 이 정재의 특징은 제1변(第一變)에서 제9변까지 춤에 변화를 주면서 추는데, 이에 따라 정재대형 또한 여러 형태로 변화를 준다. 춤은 제1변 상대무(相對舞), 제2변 수수무(垂手舞), 제3변 상대무(相對舞), 제4변 산작화무(散作花舞), 제5변 수수무(垂手舞), 제6변 오방무(五方舞), 제7변 염수무(斂手舞), 제8변 사선무(四仙舞), 제9변 염수무(斂手舞)로 구성하여 진행한다. 〈장생보연지무〉는 정재 중에서 유일하게 내용마다 진행된 정재대형을 무도로 제시하였다. 문자로 기록된 정재 내용을 시각적으로 확인할 수 있게 하였는데, 춤의 진행과정을 구체적으로 이해하는 데 실질적인 도움이 된다. 대부분의 정재의 내용은 생략 혹은 함축적으로 기록되어있어 문자 해석으로는 춤의 진행이 쉽게 이해되질 않는다. 이런 점에서 〈장생보연지무〉의 무도는 무용학적 그리고 공연학적 측면에서 실리적인 효과를 얻을 수 있다. 그리고 사우대형에서 일렬대형으로 환대이무할 때의 이동경로를 구체적으로 제시하고 있고, 이수고저의 동작에 시선을 함께 제시하고 있어 춤의 실제 형태와 진행을 확인할 수 있다.

〈장생보연지무〉는 순조 대(1829)에 효명세자가 부왕인 순조의 장수를 기원

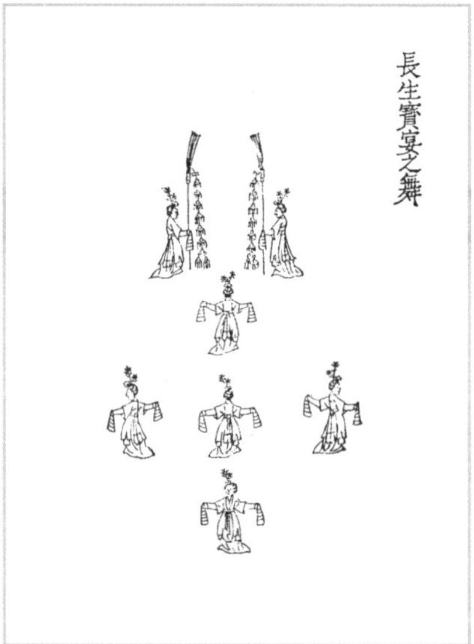

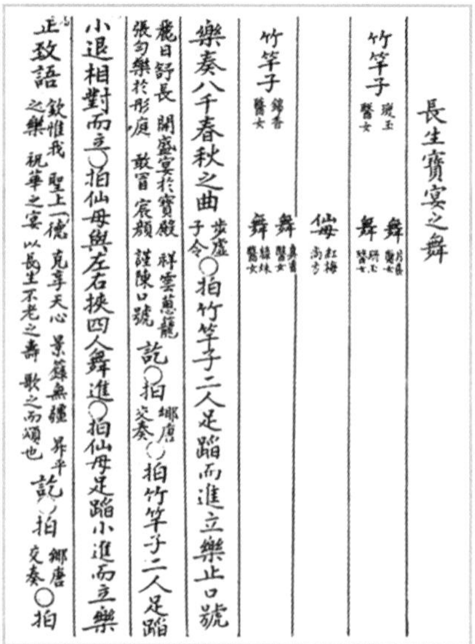
長生寶宴之舞

竹竿子 瓊玉 醫女　舞 月姮 醫女　舞 妍玉 醫女

僊 紅梅 尙方

竹竿子 錦香 醫女　舞 眞香 醫女　舞 綠珠 醫女

樂奏八千春秋之曲 步虛子令 ○拍竹竿子二人足蹈而進立樂止口號

飛日舒長 開盛宴於寶殿 祥雲蔥蘢 張勻樂於彤庭 敢冒宸顔 謹陳口號 訖○拍 鄉唐交奏 ○拍竹竿子二人足蹈

小退相對而立○拍仙母與左右挾四人舞進○拍仙母足蹈小進而立樂

止致語 欽惟我 聖上殿下 德 克享天心 景籙無疆 昇平之樂 祝華之宴 以長生不老之壽 歌之而頌也 訖○拍 鄉唐交奏 ○拍

하며 악장을 직접 지어 올렸는데, 이 춤은 중국 송나라의 장생보연악(長生寶宴樂)이라는 악곡명을 본떠 재구성한 춤이다. 순조 기축 진찬 때 처음 〈장생보연지무〉로 사용하였다가 헌종 14년(1848)에 장춘보연지무(長春寶宴之舞)라 고쳤고, 이어 고종 14년(1877)에 다시 〈장생보연지무〉로 이름을 바꾸었다.

> 헌종 무신 『진찬의궤』[131]에 의하면, "○기축년 순조 29년에 효명세자가 지었다. 〈장생보연지무〉는 이번 진찬에서 하교로 인해 '생(生)'자를 '춘(春)'자로 고쳤다"라고 하였다.

> 고종 신축 『진연의궤』에[133] 의하면, 『고금도서집성』에 "송나라 기성절(基聖節)에 악(樂)의 차서(次序)를 배열할 때 제5잔은 생(笙)만 쓰는데, 소석각(小石角)으로 장생보연악(長生寶宴樂)을 연주한다고 했다"라고 하였다.

> 또한 "○여기(女妓) 2인이 죽간자를 받들고 좌우에 나눠 서고, 1인은 앞에, 1인은 중앙에, 1인은 뒤에, 1인은 좌측에, 1인은 우측에 자리하여, 서로 바꿔가며 춤춘다"라고 하였다.

> 또한 "○무동정재도 이와 같지만, 죽간자를 든 이가 구호를 하지 않고, 선모가 중무를 맡는다"라고 하였다.

조선후기의 〈장생보연지무〉는 『정재무도홀기』에 8편이[134] 전하고, 무용수는 죽간자 2인·선모 1인·협무 4인으로 구성된다. 여령정재와 무동정재로 추어졌으며, 내용은 변함이 없으나 무동정재 시 죽간자의 창사가 생략[135]되기도 한다.

〈장생보연지무〉 내용을 정리하면, 죽간자가 무진하여 구호를 부르고 물러나 마주 보고 서면, 선모와 협무 4인이 무진하여 족도하고, 선모가 무진하여

132 한국예술종합학교 전통예술원, 『국역헌종무신진찬의궤』 卷一(서울: 민속원, 2004), 119쪽.

133 한국예술종합학교 전통예술원, 『高宗辛丑進宴儀軌』 卷一(서울: 민속원, 2001), 184쪽.

134 〈長生寶宴之舞〉, 『呈才舞圖笏記』, 1994, 107·170·217·273·336·457·491쪽; 1980, 155쪽.

135 『呈才舞圖笏記』, 1994, 457쪽.

치어를 부르고 물러난다. 선모와 협무 4인이 창사 전단(前段)과 후단(後段)을 부른다. 선모와 협무 4인이 북향하여 춤추고, 이어 선모는 북향하고 좌우협무가 마주 보는 일변상대무(一變相對舞)를 추고, 선모는 물러나고 협무가 상배하는 삼변상배무(三變相背舞)를 추고, 선모는 대를 벗어나고 협무가 각 향하는 사변산작화무(四變散作花舞)를 추고, 선모는 무퇴하고 협무가 돌면서 들어와 일렬로 서서 북향하는 오변수수무(五變垂手舞)를 추고, 선모와 협무가 오방대형에서 춤을 추는 육변오방무(六變五方舞)를 추고, 선모와 협무가 돌면서 들어와 일렬로 서서 북향하는 칠변염수무(七變斂手舞)를 추고, 선모와 협무가 사우대형에서 추는 팔변사선무(八變四仙舞)를 추고, 전후대의 협무가 서로의 자리를 바꾸어 추는 구변염수무(九變斂手舞)를 추고, 둥글게 돌아[回旋] 초열로 서서 손을 모으면 모든 춤이 마치고 죽간자가 무진하여 구호를 부르고 물러나면 춤이 마친다.

〈장생보연지무〉의 춤 대형은 일렬대형·전후대형·2대 좌우대형·산작화무대형·오방대형으로 구성된다. 일렬대형에서는 〈그림 110-가〉처럼 무용수 전체가 무진·무퇴하고, 창사를 부른다. 전후대형에서는 〈그림 110-나〉처럼 선모가 무진하여 치어를 부르거나 선모가 좌우협무 앞 혹은 뒤로 이동하여 춤추고, 좌우협무가 상대·상배하며 춤춘다. 2대 좌우대형에서는 〈그림 110-다〉처럼 전대와 후대가 일렬로 섰다가 다시 제자리로 돌아가며 춤추고 좌우협무가 상배를 춘다. 산작화무대형에서는 〈그림 110-라〉처럼 서서 춤을 추고, 오방대형에서는 〈그림 110-마〉처럼 상배를 춘다.

가	나			다	라	마
舞舞舞舞舞	舞 舞舞 舞舞	舞 舞 舞 舞 舞	舞舞 舞舞 舞	舞 舞 舞 舞 舞	舞 舞 舞 舞 舞	舞 舞 舞 舞 舞

〈그림 110〉 조선후기 〈장생보연지무〉의 대형 구성

조선후기의 홀기 기록에 의하면 〈장생보연지무〉를 춘 정재여령은 금낭(錦娘)·비연(飛鷰)·비취(翡翠)·산월(山月)·영월(暎月)·채희(彩喜)·취련(翠蓮)·화향(花香)·경옥(瓊玉)·금향(錦香)·녹주(綠珠)·산옥(珊玉)·월희(月喜)·진향(眞香)·홍매(紅梅)이고, 정재무동은 김복동(金福同)·이구용(李龜龍)·이수명(李壽命)·이수산(李壽山)·이용진(李用振)·이학돌(李學乭)·한정철(韓正哲)·김윤성(金允成)·김황룡(金黃龍)·박봉남(朴鳳男)·박호길(朴好吉)·오수산(嗚壽山)·유석범(劉錫範)·한기복(韓奇福)이다. 〈장생보연지무〉를 춘 정재여령 출신은 상방과 의녀로 구성되었는데, 죽간자는 의녀 소속여기인 경옥·금향이 맡았고, 선모는 상방 소속인 홍매가 맡았고, 좌우협무는 의녀 소속인 녹주·산옥·월희·진향이가 맡았다. 〈장생보연지무〉의 반주곡은 보허자령과 향당교주로, 당악과 향악 계열의 음악을 이중적 구조로 구성하여 연주하였다. 여러 연향에서 추어질 때마다 음악곡명을 장생보연지악(長生寶宴之樂)·성인무우지곡(聖人無憂之曲)·금전만년환지곡(金殿萬年懽之曲)·팔천춘추지곡(八千春秋之曲)으로 사용하였는데, 당시 연향의 성격에 따라 음악의 명칭을 다르게 붙여 아명으로 사용한 것이다.

(29) 제수창(帝壽昌)

〈제수창〉은 임금이 덕이 높아 상제께서 장수(長壽)로 보답하여 창성하게 한다는 내용의 정재이다. 1829년 순조 대에 효명세자가 부왕인 순조를 위해 직접 악장을 지어 올렸는데 이는 중국 송나라 기성절(基聖節)에 사용되었던 악곡명을 본떠 재구성하여 만든 춤이다. 〈제수창〉은 조선후기에 들어 보기 드문 정재대형을 구성하고 있다. 전대와 후대가 독자적인 형태를 구성하여 추는데, 전대는 선모 1인과 협무 4인이 2대 좌우대형으로 서고 그 뒤 후대는 황개와 협무 4인이 일렬로 선다. 즉 2대 좌우대형과 일렬대형의 두 가지 대형을 복합적 구조로 구성하여 전대와 후대가 각각 자리를 바꾸어 선모를 중심으로 상대·상배하며 춤을 춘다.

고종 신축 『진연의궤』에[136] 의하면, "기축년에 효명세자께서 지었다. 『고금도

136 한국예술종합학교 전통예술원, 『高宗辛丑進宴儀軌』 卷一(서울: 민속원, 2001), 145~146쪽.

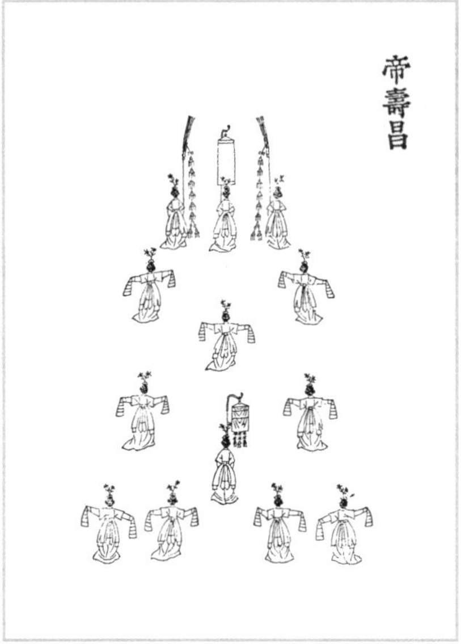

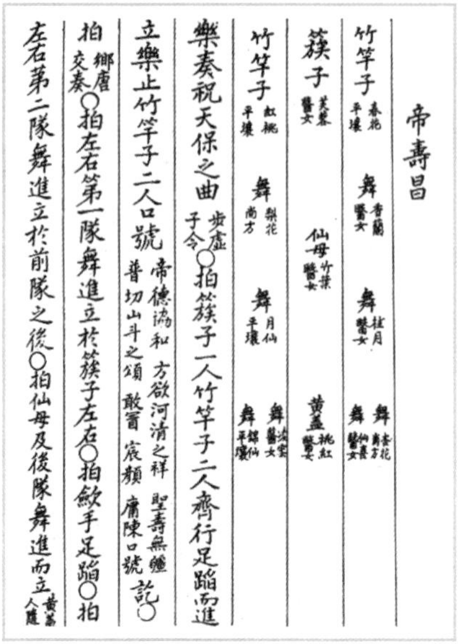
帝壽昌
竹竿子春花平壤 舞香蘭醫女 舞桂月醫女 舞香花尙方 舞仙景醫女
簇子芙蓉醫女 仙母竹葉醫女 黃蓋桃紅醫女
竹竿子紅桃平壤 舞梨花尙方 舞月仙平壤 舞淩雲醫女 舞錦仙平壤
樂奏祝天保之曲步虛子令○拍簇子一人竹竿子二人齊行足蹈而進
立樂止竹竿子二人口號 帝德渝和 方欲河淸之祥 聖壽無疆 普切山斗之頌 敢冒宸顔 庸陳口號 訖○
拍鄕唐交奏○拍左右第一隊舞進立於簇子左右○拍斂手足蹈○拍
左右第二隊舞進立於前隊之後○拍仙母及後隊舞進而立黃蓋人隨

서집성』(古今圖書集成)에 의하면 송나라 기성절(基聖節)에 악곡의 차례를 배열할 때, 협종(夾鍾)으로 연주하고, 제2잔을 올릴 때 적(笛)으로 제수창만(帝壽昌慢)을 시작한다"라고 하였다.

또한 "○여기 2인은 죽간자를 받들고, 1인은 족자(簇子)를 받들고 앞으로 나아가 벌려 선다. 4인은 두 줄로 나뉘어 사방에 서며, 1인은 중앙에 자리한다. 1인은 황개(黃蓋)를 받들고 뒤따른다. 또 4인은 그 뒤에 위치하여 벌려 선다. 모두 북향하여 춤춘다"라고 하였다.

또한 "○무동정재도 이와 같지만 죽간자를 든 이가 구호를 하지 않고, 선모가 중무를 맡는다"라고 하였다.

조선후기의 〈제수창〉은 『정재무도홀기』에 5편이[137] 전하고, 무용수는 족자 1인·죽간자 2인·황개 1인·선모 1인·협무 4인·후대 4인으로 구성된다. 여령정재와 무동정재로 추어졌으며 무동정재 시에는 죽간자가 구호를 생략[138]하

137 〈帝壽昌〉, 『呈才舞圖笏記』, 1994, 200·256·317·437쪽; 1980, 124쪽.
138 『呈才舞圖笏記』, 1994, 437쪽.

기도 한다.

〈제수창〉 내용을 정리하면, 족자 1인과 죽간자 2인이 무진하여 구호를 부르고 물러나 마주 보고 선다. 좌우 제1대와 제2대가 춤을 추며 나아가 족자 좌우에 배열하고, 선모와 후대가 춤을 추며 나아가 선다. 선모가 치어를 부르고 협무와 각각 상대·상배하며 춤추고, 전대가 창사를 부른다. 이어 후대와 협무가 각각 그 대(隊)를 바꾸어 서서 선모와 후대가 상대·상배하며 춤추고, 다 같이 창사를 부른다. 협무와 후대가 동쪽과 서쪽으로 나누어 서서 선모가 협무와 후대와 각각 마주 보고 춤을 춘다. 선모는 제자리에서 춤추고 협무와 후대가 둥글게 원을 그리며 춤을 추다가 처음 대열로 되돌아가면 음악이 그친다. 죽간자 2인이 구호를 부르고 족자 1인과 죽간자 2인 그리고 황개 1인이 족도하며 물러나면 춤이 마친다.

〈제수창〉의 춤 대형은 전후좌우복합대형·2대 좌우대형으로 구성된다. 전후좌우복합대형에서는 〈그림 111-가〉처럼 무용수 전체가 무진·무퇴를 추고, 전대의 춤과 후대의 춤이 각각 추어지고 서로 자리를 바꾸어 춤을 춘다. 2대 좌우대형에서는 〈그림 111-나〉처럼 선모를 중심으로 전대의 협무 4인과 후대의 협무 4인이 각각 좌대와 우대로 나누어 서서 선모와 상대·상배하며 춤춘다.

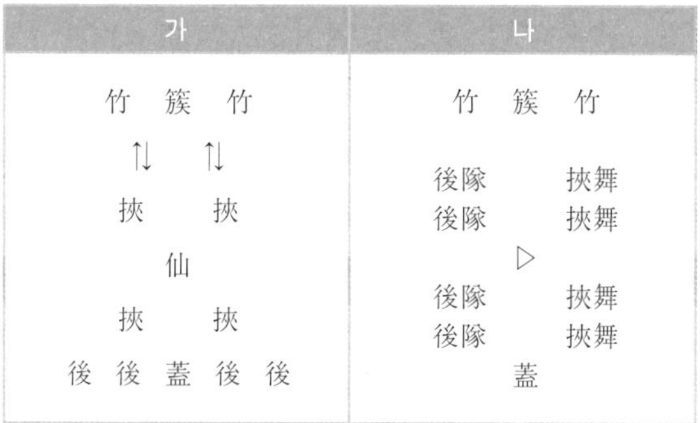

〈그림 111〉 조선후기 〈제수창〉의 대형 구성

조선후기의 홀기 기록에 의하면 〈제수창〉을 추었던 정재여령은 금낭(錦娘)·금화(錦花)·금희(錦喜)·난주(蘭珠)·도홍(桃紅)·명옥(明玉)·봉심(鳳心)·산옥(山玉)·옥엽(玉葉)·옥희(玉喜)·월출(月出)·초운(楚雲)·화선(花仙)·계월(桂月)·금선(錦仙)·능운(凌雲)·선희(仙喜)·월선(月仙)·이화(梨花)·행화(杏花)·향란(香蘭)·부용(芙蓉)·죽엽(竹葉)·춘화(春花)·홍도(紅桃)이고, 정재무동은 강노미(姜老味)·고용이(高龍伊)·김복동(金福同)·김수업(金壽業)·서수남(徐壽男)·이봉학(李鳳鶴)·이수명(李壽命)·이수산(李壽山)·이수억(李壽億)·이용진(李用振)·이학돌(李學乭)·최무길(崔茂吉)·한정철(韓正哲)·김두희(金斗喜)·김억만(金億萬)·김윤성(金允成)·김황룡(金黃龍)·박봉남(朴鳳男)·오석숭(嗚石崇)·오수산(嗚壽山)·이수형(李壽亨)·이응근(李應根)·최덕만(崔德萬)·최삼룡(崔三龍)·한기복(韓奇福)·홍경길(洪慶吉)이다. 〈제수창〉을 춘 정재여령 출신은 상방·의녀·평양기로 구성되었는데, 황개는 의녀 소속인 도홍이 맡았고, 죽간자는 평양기 소속인 춘화·홍도가 맡았고, 족자는 의녀 소속인 부용이 맡았고, 선모는 의녀 소속인 죽엽이 맡았고, 협무는 의녀 소속 여기인 계월·능운·선희·향란과 평양기 소속 여기인 금선·월선, 그리고 상방 소속 여기인 이화·행화가 각각 맡았다. 〈제수창〉의 반주곡은 보허자령과 향당교주로, 당악과 향악 계열의 음악을 이중적 구조로 구성하여 연주하였다. 여러 연향에서 추어질 때마다 음악곡명을 축천보지곡(祝天保之曲)·서운요일지곡(瑞雲曜日之曲)·순천개운지곡(順天開運之曲)·제수창지곡(帝壽昌之曲)으로 사용하였는데, 이것은 연향의 성격에 따라 음악의 명칭을 다르게 붙여 아명으로 사용한 것이다.

(30) 처용무(處容舞)

〈처용무〉는 처용 가면을 쓴 5인이 각 방위[동서남북중앙]를 상징하는 옷을 입고 일렬대형·전후대형·오방대형을 구성하며 춤을 추는 향악정재이다. 신라시대부터 전해지는 가면무용으로, 신라시대에는 처용 1인이 추었으나 조선전기로 오면서 5인으로 바뀌어 조선후기까지 이어진다. 통일신라 헌강왕(재위 875~886) 때 살던 처용이 아내를 범하려던 역신(疫神) 앞에서 자신이 지은 노래를 부르며 춤을 춰서 귀신을 물리쳤다는 설화에[139] 유래를 두고 만들어졌으

139 정은혜, 『呈才研究 I』, 315쪽.

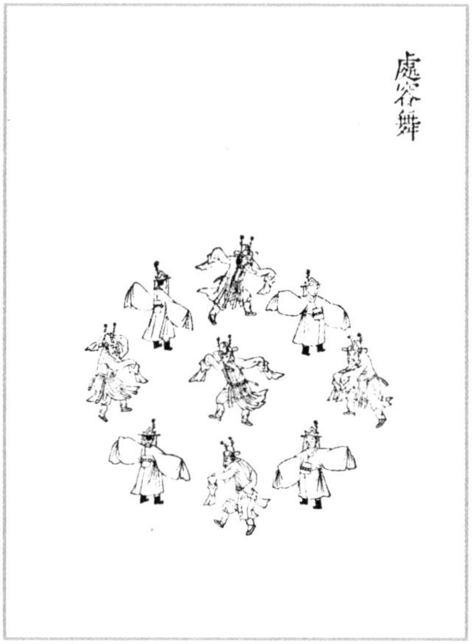

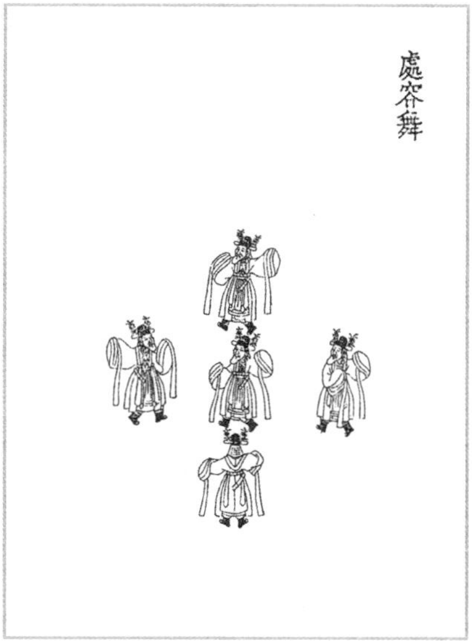

며, 궁중에서는 중국 사신을 맞이할 때나 혹은 나례(儺禮)에 추어졌다. 시대별로 변화되어 추어진 〈처용무〉는 독자적으로 추기도 하였지만 조선전기에는 〈학연화대처용무합설〉로 추어졌고 이때에는 전도와 후도로 나뉘어 〈처용무〉를 2번 추었다. 〈처용무〉는 숙종·영조·순조 대에 이르기까지 진연에 주로 추어졌고, 시대별로 혹은 연향에 따라 처용 5인이 추기도 하고 혹은 협무와 함께 추는 등 무용수 구성에 차이를 보인다.

『삼국유사』 권2 〈처용무〉 망해사조(望海寺條)에 의하면, "〈처용무(處容舞)〉는 신라 헌강왕(憲康王, 875~885) 때의 처용설화(處容說話)에서 비롯한다"라고 하였다.

고려사(高麗史)에 따르면 "충혜왕(忠惠王) 조와 신우(辛禑) 조 등 처용희(處容戱)를 즐겼다"는 기록이 많이 나타난다.

『세종실록』 권99에 의하면, "1443년(세종 25) 정월에는 금후로 〈처용무〉는 여기(女妓) 대신 남부(男夫)를 쓰도록 했다"라고 전한다.

성현(成俔)의 『용재총화』 권1에 따르면, "〈처용무〉는 처음에 한 사람이 흑포사모(黑布紗帽)를 하고 춤추었는데, 뒤에 오방처용(五方處容)으로 변했다"고

하였다.

순조 무자 『진작의궤』에[140] 의하면, "○신라 때에 〈처용가〉가 있었다. 세상에 전해지기를, 신인이 처용이라 스스로 부르면서 시장에서 노래하며 춤추었다"라고 하였다.

또한 "○위 조정의 속악(俗樂)도 또한 모방하여 춤을 추었다. 춤은 5인이 사용하는데, 의복은 다섯 방위의 색을 따른다"라고 하였다.

또한 "○무동 5인이 처용 가면과 사모를 갖추고 다섯 방위로 나뉘어 서서 춤추고, 4인이 협무가 된다"라고 하였다.

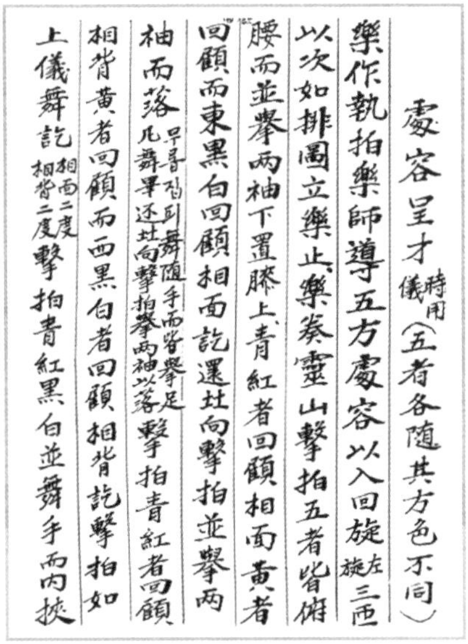
處容呈才儀(時用)(五者各隨其方色不同)
樂作執拍樂師導五方處容以入回旋(左旋)三匝
以次如排圖立樂止樂奏靈山擊拍五者皆俯
腰而並擧兩袖下置膝上青紅者回顧相面黃者
回顧而東黑白回顧相面訖還北向擊拍並擧兩
袖而落(무릎 집피 舞隨手而皆擧足 凡舞畢還北向擊拍擧兩袖以落)擊拍青紅者回顧
相背黃者回顧而西黑白者回顧相背訖擊拍如
上儀舞訖(相面二度 相背二度)擊拍青紅黑白並舞手兩挾

조선후기의 〈처용무〉는 『정재무도홀기』에 1편이 전한다.[141] 무용수는 황 처용·청 처용·홍 처용·백 처용·흑 처용으로 구성되며, 무동정재와 여령정재로 추어졌다.

〈처용무〉 내용을 정리하면,[142] 음악이 연주되면 집박악사가 오방 처용을 인도하여 들어가 세 바퀴 돌아[왼쪽] 초열로 선다. 일렬대형에서 처용 5인이 허리를 구부려 두 손을 들어 무릎위에 내려놓으며 황 처용이 동향하면 청 처용·홍 처용과 백 처용·흑 처용이 서로 마주 보고, 황 처용이 서향하면 청 처용·홍 처용과 백 처용·흑 처용이 서로 등을 지고 춤을[무릎디피무: 2번 반복한다] 춘다. 이어 황 처용은 우협·좌협하고, 청·홍·흑·백 처용은 내협·외협하며 손춤을[홍정도돔무] 춘다. 이어 처용 5인이 북향하여 무진하고[발바딧

140 이의강, 『국역순조무자진작의궤』(서울: 보고사, 2006), 70쪽.

141 최근 철종 대의 〈처용무〉 무보가 발견되어 이의 연구가 진행되었으나 미간행본이어서 무보에는 포함시키지 않았다. 김은자, "철종대 처용무 연구, 『한국무용사학』(서울: 한국무용사학회, 2013), 14호, 119~148쪽.

142 〈處容舞〉, 『呈才舞圖笏記』, 1980, 181쪽.

무], 황 처용이 오른손·왼손을 차례로 들고 동향·서향하면 청·홍·흑·백 처용이 왼손·오른손을 차례로 들고 서향·동향[인무]하며 춤춘다. 처용 5인이 오방작대하고, 청·홍·흑·백 처용이 황 처용을 향해 상대·상배하며 춤추고, 황 처용이 흑·청·홍·백 처용과 차례로 대무를 춘다. 흑 처용을 선두로 하여 회무[왼쪽]하여 제자리[오방]에 서서 북쪽을 향하여 춤추고, 일렬로 선다. 음악이 점점 빨라지고, 황 처용과 청·홍·흑·백 처용이 차례로 무진·무퇴하며 춤추고 나란히 서서 변무하다가 환무하며 처음 대열로 선다. 이어 무용수 전체가 본사찬·관음찬에 맞춰 노래 부르며 회무하여 퇴장한다.

〈처용무〉의 춤 대형은 일렬대형·전후대형·오방대형으로 구성된다. 일렬대형에서는 〈그림 112-가〉처럼 무용수 전체가 무진·무퇴하거나 4자 처용이 황 처용을 중심으로 혹은 좌대와 우대의 무용수 중심으로 상대·상배하며 춤춘다. 오방대형에서는 〈그림 112-나〉처럼 무대 가운데 황 처용을 중심으로 처용 4자가 상대·상배를 하고 주선이무를 춘다. 전후대형에서는 〈그림 112-다〉처럼 처용 5인이 무용수 별로 각각 무진·무퇴하며 춤춘다.

가			나	다
⇅ ⇅ ⇅ ⇅ ⇅ 白 黑 黃 紅 青	▷ ◁ ▶ ▷ ◁ - - - - - - - - - - - ◁ ▷ ◀ ◁ ▷	◁ ◁ ▶ ◁ ◁ - - - - - - - - - - - ▷ ▷ ◀ ▷ ▷	黑 白 黃 青 紅	黃 ⇅ ⇅ ⇅ ⇅ 白 黑 紅 青

〈그림 112〉 조선후기 〈처용무〉의 대형 구성

(31) 첨수무(尖袖舞)

〈첨수무〉는 소매를 뾰쪽하게 말아 잡고 손바닥을 번복하며 추는 향악정재로, 시대별 혹은 연향별로 변화를 주어 추었다. 원래는 손에 아무것도 들지 않고 손바닥만 번복하여 추었기 때문에 엽무(葉舞)라고 불렸는데, 영조 때 장악원(掌樂院)에 명하여 〈첨수무〉로 고쳐 부르게[143] 하였다. 〈첨수무〉는 순조 무자

143 정은혜, 『呈才硏究 I』, 339쪽.

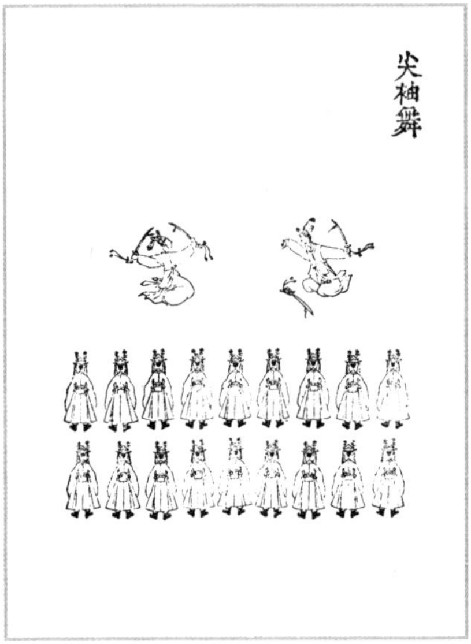

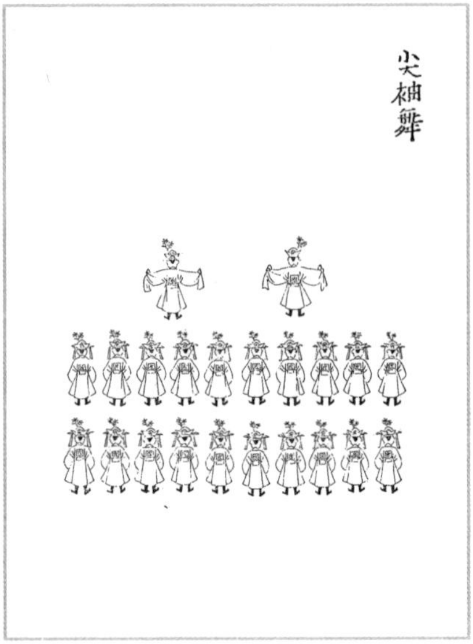

년(1828)에는 양손에 검을 잡고 추었고, 순조 기축년(1829)과 고종 정해년에는 '첨수'라는 무구를 잡고 추었다. 『정재무도홀기』 기록에 의하면 검을 잡고 추는 〈첨수무〉는 춤의 진행이 이중적 구조로 되어 있고 〈공막무〉의 춤 내용과 진행절차가 같다.

> 순조 무자 『진작의궤』에[144] 의하면, "○두 무동이 피변(皮弁)을 쓰고 첨수의(尖袖衣)를 입고 각각 두 자루의 검(劒)을 들고 서로 마주 보고 춤춘다"라고 하였다.
>
> 고종 정해 『진찬의궤』에[145] 의하면, "○춤추는 사람은 손에 아무것도 들지 않고 있고, 그 손을 뒤집는 동자만으로 춤을 추는데, 속칭 엽무라고 하였다. 영종 조에 장악원에 명하여 〈첨수무〉로 개칭하였다"라고 하였다.
>
> 또한 "○여기 4명이 첨수를 오색 한삼에 매달고, 2대로 나뉘어 서로 상대하며 춤을 춘다"라고 하였다.

---

144 이의강, 『국역순조무자진작의궤』(서울: 보고사, 2006), 68쪽.
145 인남순, 『국역고종정해진찬의궤』(서울: 보고사, 2008), 162쪽.

조선후기의 〈첨수무〉는 『정재무도홀기』에 4편이[146] 전하고, 여령정재와 무동정재로 추어졌다. 무용수는 협무 2인·4인으로 구성되었으며 무구인 검을 잡기도 하고 혹은 소매를 말아 잡고 추는 등, 내용에 변화를 주어 추었다.

가) 첨수무

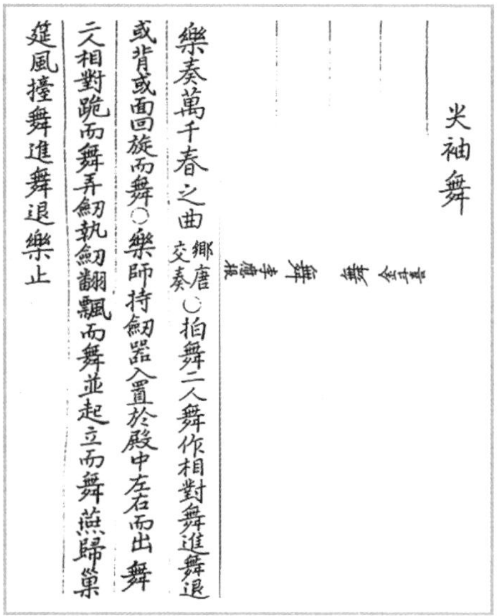
尖袖舞

樂奏萬千春之曲 鄕唐交奏 ○ 拍 舞二人舞作相對舞進舞退或背或面回旋而舞 ○ 樂師持劒器入置於殿中左右而出 舞二人相對跪而舞弄劒執劒翻飄而舞並起立而舞燕歸巢筵風擡舞進舞退樂止

검을 잡고 추는 〈첨수무: 가〉[147] 내용을 정리하면, 무동 2인이 서로 마주 보고 춤추며 나아가고 물러나며 춤추고, 혹은 등지고 마주 보고 춤추고 이어 회선(回旋)하며 춤춘다. 이어 악사가 검을 가지고 들어와 뜰 가운데 좌우에 놓고 나가면, 무동 2인이 마주 보고 무릎을 꿇어 앉아 검을 어르다가 집어들고 번뜩이면서 춤추다가 일어서서 연귀소(燕歸巢)와 연풍대(筵風擡)로 춤춘다.

〈첨수무: 가〉는 춤 진행 구조가 3가지로 구분되어 있다. 협무 2인이 춤을 춘 다음 무구를 배열하고, 이어 그 무구를 잡고 다시 춤을 춘다. 일반적으로 정재에서 무구를 사용할 경우에는 춤을 추기 전 가장 먼저 무구를 설치하는데 〈첨수무: 가〉의 경우는 이 의례에서 벗어난 케이스이다. 〈첨수무: 가〉는 2인 구성의 춤으로 춤추는 내내 〈그림 113〉처럼 일렬대형을 유지하며 춤을 춘다. 일렬대형에서 상대 무진·무퇴하고, 검을 잡은 후에는 검을 휘두르며 둥글게 돌면서 춤을 춘다.

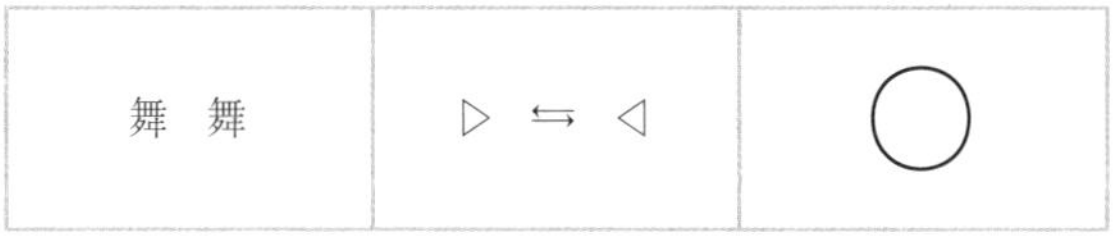

〈그림 113〉 조선후기 〈첨수무-가〉의 대형 구성

146 〈尖袖舞〉, 『呈才舞圖笏記』, 1994, 67·133·476쪽; 1980, 118쪽.

147 〈尖袖舞〉, 『呈才舞圖笏記』, 1994, 476쪽.

나) 첨수무

〈첨수무: 나〉[148] 내용을 정리하면, 협무 4인이 2대로 나누어 앞으로 나아간다. 서로 마주 보고 춤을[엽무(葉舞)] 추고, 잠깐 등을 지고 마주 본다. 손을 빠르게 뒤집으며 무진·무퇴하고 이어 빙글빙글 돌며 춤춘다. 서로 자리를 바꾸어 등을 지고 춤추고, 남과 북이 서로 향하여 춤추고, 다시 자리를 바꾸어 등을 지고 춤추고, 동과 서가 서로 향하여 춤추고, 자리를 바꾸어 등을 지고 춤추고, 다시 남과 북이 서로 향하여 춤추고, 다시 자리를 바꾸어 등을 지고 춤춘다. 다시 동과 서가 서로 향하여 춤추고 이어 좌우로 한 번씩 돌며 춤추다가 둥글게 돌아 무진·무퇴하면 춤이 마친다.

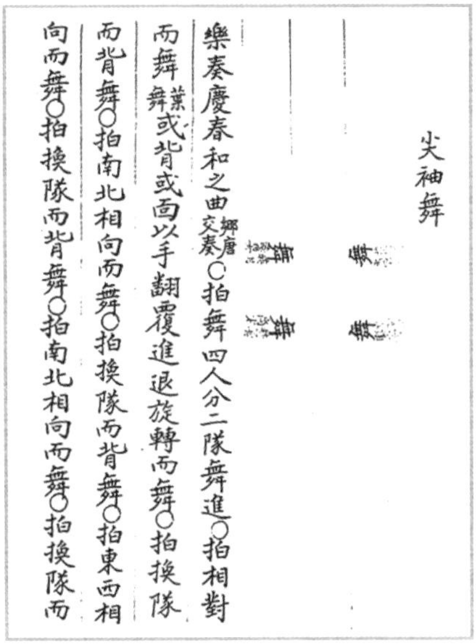
尖袖舞
樂奏慶春和之曲(鄉唐交奏)○拍舞四人分二隊舞進○拍相對
而舞(葉舞)或背或面以手翻覆進退旋轉而舞○拍換隊
而背舞○拍南北相向而舞○拍換隊而背舞○拍東西相
向而舞○拍換隊而背舞○拍南北相向而舞○拍換隊而

〈첨수무: 나〉에는 무구를 설치하는 내용이 기록되지 않았다. 기록 내용으로 볼 때 〈첨수무: 나〉는 소매를 뾰쪽하게 말아 잡고 소매를 빠르게 흔들며 추는 춤인 것을 알 수 있다. 〈첨수무: 나〉는 2대 좌우대형과 전후대형으로 구성되어 추어진다. 2대 좌우대형에서는 〈그림 114-가〉처럼 상대·상배와 무진·무퇴 그리고 환대와 선전하며 춤추고, 전후대형에서는 〈그림 114-나〉처럼 남대와 북대가 서로 환대하여 상배하며 춤을 춘다.

가			나
⇅ ⇅ 舞 舞 舞 舞	▷ ⇆ ◁ ▷ ⇆ ◁	◎ ◎ ◎ ◎	▽ ▽ ⇅ ⇅ △ △

〈그림 114〉 조선후기 〈첨수무-나〉의 대형 구성

148 〈尖袖舞〉, 『呈才舞圖笏記』, 1994, 133쪽.

조선후기의 홀기 기록에 의하면 〈첨수무〉를 춘 정재여령은 비연(飛鷰)·영월(暎月)·초운(楚雲)·화연(花姸)·금홍(錦紅)·옥진(玉眞)이고, 정재무동은 김두희(金斗喜)·이응근(李應根)이다. 〈첨수무〉를 춘 정재여령 출신은 상방과 의녀로 구성되었는데, 의녀 소속의 여기는 금홍·옥진이고, 상방 소속의 여기는 비연·영월·초운·화연이다. 〈첨수무〉의 반주곡은 향당교주로 구성하였고, 여러 연향에서 추어질 때마다 음악곡명을 만천춘지곡(萬千春之曲)·경춘화지곡(慶春和之曲)으로 사용하였는데, 이것은 연향의 성격에 따라 음악의 명칭을 다르게 붙여 아명으로 사용한 것이다.

(32) 첩승무(疊勝舞)

〈첩승무〉는 순조 대에 효명세자가 직접 악장을 지어 만든 춤으로 제1첩부터 제10첩까지 창사를 부르며 춤을 추는데 이때마다 대형에 변화를 춘다. 여러 연향에 따라 진행에 변화를 주는데, 창사를 부르지 않고 춤만 추기도 한다. 무동정재와 여령정재에 따라 춤사위가 구분되어 추어졌는데, 무동정재에서는 '이수고저이무', 여령정재에서는 '팔수무'로 추었다.

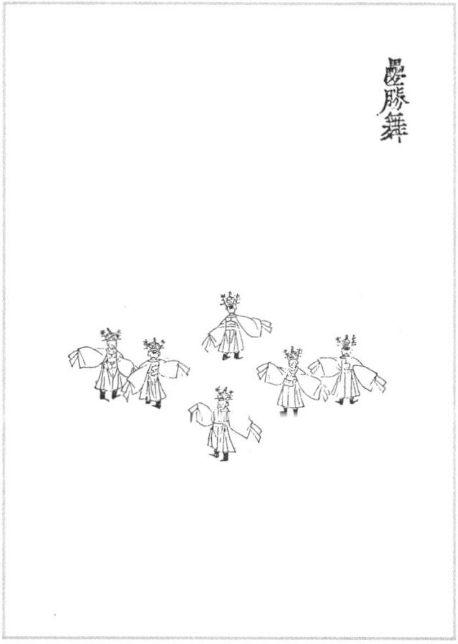

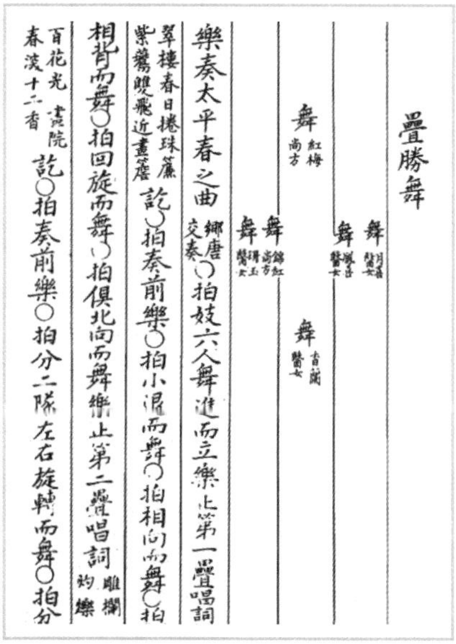
疊勝舞

舞 紅梅 尙方

舞 錦紅 尙方

舞 香蘭 醫女

樂奏太平春之曲 鄕唐交奏○拍妓六人舞進而立樂止第一疊唱詞

翠樓春日捲珠簾 紫鸞雙飛近畫簷 訖○拍奏前樂○拍小退而舞○拍相向而舞○拍

相背而舞○拍回旋而舞○拍俱北向而舞樂止第二疊唱詞 雕欄 約樂

百花光 畫院 春淺十二香 訖○拍奏前樂○拍分二隊左右旋轉而舞○拍分

고종 신축 『진연의궤』에[149] 의하면, "무자년에 효명세자께서 지었다. ○여기 1인은 앞에 자리하고 1인은 뒤에, 2인은 좌측에 2인은 우측에 자리하여 서로 바꿔가며 춤춘다"라고 하였다.

순조 무자 『진작의궤』에[150] 의하면, "○무동 1인은 앞에 자리하고, 1인은 뒤에, 2인은 좌측에, 2인은 우측에 자리하여, 서로 변화하면서 춤춘다"라고 하였다.

조선후기의 〈첩승무〉는 『정재무도홀기』에 4편이[151] 전하고, 여령정재와 무동정재로 추어졌다. 무용수 구성은 협무 6인으로 같고, 무동정재 시에는 창사가 생략[152]되기도 한다.

〈첩승무〉 내용을 정리하면, 협무 6인이 무진하여 제1첩창사(第一疊唱詞)를 부른다. 상대·상배하고 둥글게 돌아 북향하여 제2첩창사(第二疊唱詞)를 부른다. 좌우로 돌아 두 대로 나누어 춤을 추고, 남대와 북대가 등을 지고 춤을 추고 북향하여 제3첩창사(第三疊唱詞)를 부른다. 동쪽과 서쪽으로 나누어 상대·상배하고 대를 바꾸어 제자리로 되돌아가 북향하여 제4첩창사(第四疊唱詞)를 부른다. 소매를 번뜩이며[153] 춤추고 나란히 서서 무진·무퇴하고 소매를 높였다 낮추며 춤을 추고 제5첩창사(第五疊唱詞)를 부른다. 좌우 제1인이 무진하여 제6첩창사(第六疊唱詞)를 부른다. 좌우 제2인이 무진하여 제7첩창사(第七疊唱詞)를 부른다. 좌우 제3인이 무진하여 제8첩창사(第八疊唱詞)를 부른다. 북쪽을 향해 손을 여미고 춤을 추고 둥글게 돌아 북쪽을 향해 제9첩창사(第九疊唱詞)를 부른다. 가지런히[齊行] 서서 무진·무퇴하고 처음 대열로 서서 앞으로 나아가 제10첩창사(第十疊唱詞)를 부른다.

149 한국예술종합학교 전통예술원, 『高宗辛丑進宴儀軌』 卷一(서울: 민속원, 2001), 181쪽.

150 이의강, 『국역순조무자진작의궤』(서울: 보고사, 2006), 301쪽.

151 〈疊勝舞〉, 『呈才舞圖笏記』, 1994, 41·343·463쪽; 1980, 162쪽.

152 『呈才舞圖笏記』, 1994, 463쪽. 무동정재에서는 창사를 부르지 않고 춤만 춘 기록이 전한다.

153 현행 정재에서 '翻袖而舞'는 '以袖高低' 동작과 같으며, '번수이무'는 '이수고저' 동작을 빠르게 한다. '以袖高低'와 '翻袖而舞'가 서로 같은 동작으로 춘 것은 김영제의 〈春鶯囀〉 풀이에 의해 확인된다. 손선숙, 『궁중정재용어사전』, 2005, 146·126쪽.

〈첩승무〉의 춤 대형은 전후좌우복합대형·전후대형·일렬대형·2대 좌우대형으로 구성된다. 초열인 전후좌우복합대형에서는 〈그림 115-가〉처럼 무진·무퇴와 상대·상배를 추고, 전후대형에서는 〈그림 115-나〉처럼 상배와 북향하며 춤추고, 2대 좌우대형에서는 〈그림 115-다〉처럼 상대·상배와 환대이무를 추고, 일렬대형에서는 〈그림 115-라〉처럼 무진·무퇴와 좌우 제1·2·3대가 차례로 무진하며 춤춘다.

가	나	다	라
舞 舞 舞 　 舞 舞 舞	舞 舞 舞 舞 舞 舞	舞 　 舞 舞 　 舞 舞 　 舞	⇅ ⇅ ⇅ ⇅ ⇅ ⇅ 舞 舞 舞 舞 舞 舞

〈그림 115〉 조선후기 〈첩승무〉의 대형 구성

조선후기의 홀기 기록에 의하면 〈첩승무〉를 춘 정재여령은 금낭(錦娘)·비연(飛鷰)·비취(翡翠)·영월(暎月)·옥엽(玉葉)·채희(彩喜)·금홍(錦紅)·홍매(紅梅)·봉희(鳳喜)·산옥(珊玉)·월희(月喜)·향란(香蘭)이고, 정재무동은 김구일(金九日)·김천만(金千萬)·성유상(成有相)·오석숭(鳴石崇)·황운용(黃雲龍)·김억만(金億萬)·김윤성(金允成)·김황룡(金黃龍)·오수산(鳴壽山)·최덕만(崔德萬)·한기복(韓奇福)이다. 〈첩승무〉를 춘 정재여령 출신은 상방과 의녀로 구성되었는데, 의녀 소속은 봉희·산옥·월희·향란이고, 상방 소속은 금홍·홍매이다. 〈첩승무〉의 반주곡은 향당교주로 구성하였고, 여러 연향에서 추어질 때마다 음악곡명을 경춘화지곡(慶春和之曲)·응상지곡(凝祥之曲)·태평춘지곡(太平春之曲)으로 사용하였는데, 이것은 연향의 성격에 따라 음악의 명칭을 다르게 붙여 아명으로 사용한 것이다.

(33) 초무(初舞)

〈초무〉는 협무 2인이 북소리에 맞춰 좌우 발을 힘차게 내딛고 이에 따라 좌우 손을 위아래로 번갈아 이마에 대면서 추는 춤이다. 중국의 소무(小舞) 종

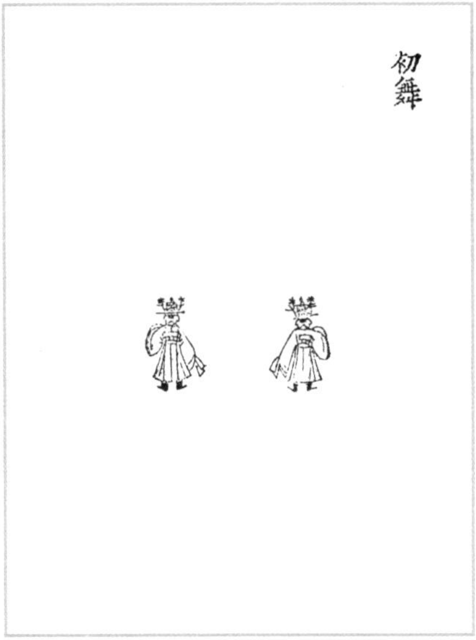

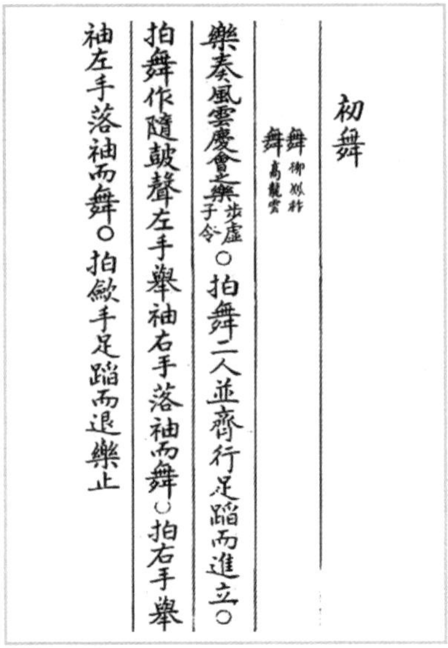

목에 포함되어 추어지던 것이 숙종 대에 처음 추어진 기록이 전해지고, 조선 후기 연향에서는 〈초무〉를 제일 처음 순서로 추어지기도 하였다.[154]

> 숙종 기해 『진연의궤』에 의하면, "칠작(七爵) 중 제3작부터 춤이 상연되는데, 제3작을 올릴 때, 보허자령의 연주에 따라 무동 2인이 〈초무〉를 추는데 창사는 부르지 않는다"라고 하였다.
>
> 고종 신축 『진연의궤』에[155] 의하면, "○주례(周禮)에 의하면 악사(樂師)가 〈소무(小舞)〉를 맡아 가르쳤는데 유렴(劉濂)이 〈초학무(初學舞)〉라고 이른 것으로 〈이일무(二佾舞)〉가 가(可)하다 하였다"라고 하였다.
>
> 또한 『악기(樂記)』에는 "발양(發揚)하여 맹렬하게 밟기를 매우 빨리 하는 것은 왜 그런가. 처음 춤출 때, 곧 손발을 발양하며 땅을 밟아서 맹렬하게 분기하기 때문이다"라고 하였다.

154 정은혜, 『정재연구Ⅰ』, 1993, 343쪽; 한국예술종합학교 전통예술원, 『高宗辛丑進宴儀軌』 卷一, 2001, 201쪽.

155 한국예술종합학교 전통예술원, 『高宗辛丑進宴儀軌』 卷一(서울 : 민속원, 2001), 200~201쪽.

또한 『고금도서집성』에는 "명나라 주재육(朱載堉)의 무보(舞譜) 「용독도(舂牘圖)」에 구르는 초세(初勢)의 춤동작은 오(敖) 글자를 밟는 것이고, 측은지인(惻隱之仁)을 형상한 것으로 이는 제일춘(第一春)이 된다"라고 하였다.

또한 "○두 무동이 북향하여 손을 바꿔가며 이마에 손을 올리면서 춤춘다"라고 하였다.

조선후기의 〈초무〉는 『정재무도홀기』에 4편이[156] 전하고, 모두 무동정재로 추어졌으며 무용수는 협무 2인으로 구성되었다. 〈초무〉 내용을 정리하면, 협무 2인이 다 같이 나란히 줄을 지어 족도하며 북소리에 맞춰 오른손과 왼손을 번갈아가며 위아래로 각각 떨어뜨리며 춤을 춘다. 〈초무〉는 춤추는 내내 일렬대형을 유지하며 추는데, 북향하여 좌우 손을 위와 아래로 흔들며 춤을 춘다. 의궤 정재도에 제시된 〈초무〉는 무대 가운데를 중심으로 외수를 들고 내수는 아래로 내리고 춤을 춘다.

조선후기의 홀기 기록에 의하면 〈초무〉를 춘 정재무동은 오석숭(嗚石崇)·최삼룡(崔三龍)·고용운(高龍雲)·유봉조(柳鳳祚)이다. 〈초무〉의 반주곡은 보허자령으로 구성하였고, 여러 연향에서 추어질 때마다 음악곡명을 풍운경회지악(風雲慶會之樂)·천하태평지곡(天下太平之曲)으로 사용하였는데, 이것은 연향의 성격에 따라 음악의 명칭을 다르게 붙여 아명으로 사용한 것이다.

(34) 최화무(催花舞)

〈최화무〉는 이른 봄날 봄꽃이 만개하기를 기원하고 따뜻한 봄이 빨리 오기를 고대하는 내용의 춤이다. 〈최화무〉는 순조 대에 창제되었는데 무용수 구성에 차이를 두어 2가지 구조로 제작하였다. 특이한 점은 무용수 구성에 따라 음악 구성에도 차이를 두었는데, 향악곡으로 구성된 〈최화무〉는 협무 6인이 춤을 추었고, 당악곡과 향악곡 2가지 음악을 사용한 〈최화무〉는 죽간자 2

156 〈初舞〉, 『呈才舞圖笏記』, 1994, 183·239·421쪽; 1980, 143쪽.

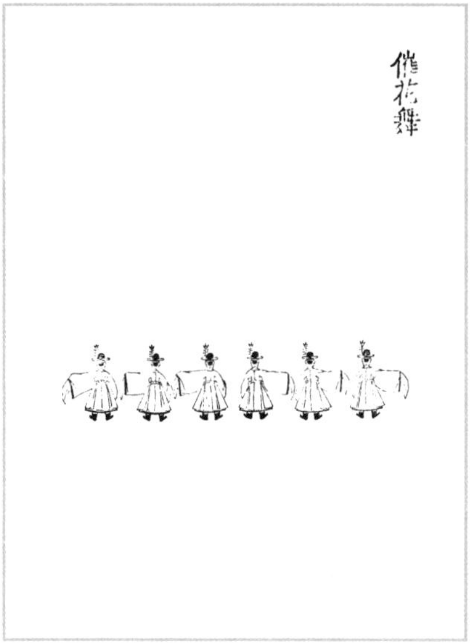

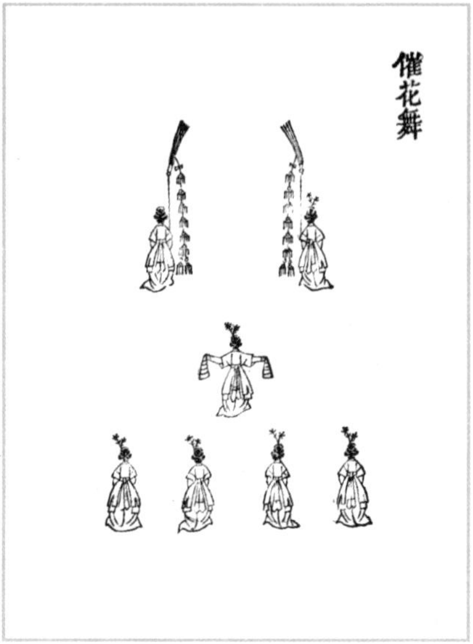

인·선모 1인·협무 4인으로 구성하였다. 이전 시대부터 죽간자는 당악정재에 나오는 무용수로[157] 구분하고 있다. 이로 볼 때 〈최화무〉는 동일정재이면서 내용을 다르게 구성하여 당악정재와 향악정재 2가지 춤으로 창제한 것을 알 수 있다. 1828년 순조 무자년에는 협무 6인으로 구성된 향악정재로,[158] 1829년 순조 기축년에는 죽간자 2인·선모 1인·협무 4인으로 구성된 당악정재로[159] 추었다. 동일 정재에서 당악정재와 향악정재 2가지로 추어진 정재로는 〈최화무〉가 유일하다. 연향에 따라 당악정재와 향악정재로 구성하여 춘 〈최화무〉는 무용수 구성의 차이로 인해 당악과 향악의 춤 진행이 상이하게 전개된다. 그리고 당악정재로 추어진 〈최화무〉에서도 내용에 차이를 보이는데, 협무 4인이 무진하여 부르는 창사와 중무와 협무 4인이 마주 보고 진퇴하는 내용이 생략되었고, 중무와 협무가 상대·진퇴하는 것이 협무 4인끼리 상대·진퇴하는 것으로 연향에 따라 다르게 추어진 것을 알 수 있다. 〈최화무〉에 사용된 협무 창사 중 '금도초전사(金刀初剪詞)'는 〈육화대〉의 이념시와 같고, 당악정재로

157 張師勛, 『韓國傳統舞踊硏究』, 一志社, 1979, 46~47쪽.
158 純祖 戊子 『進爵儀軌』, 韓國音樂學資料叢書 三(서울: 국립국악원, 1989), 42쪽.
159 純祖 己丑 『進饌儀軌』, 韓國音樂學資料叢書 三(서울: 국립국악원, 1989), 143쪽.

추어진 죽간자의 후구호도 〈육화대〉의 후구호와 같다.[160]

> 순조 기축 『진찬의궤』에 의하면, "『고금도서집성』에 송나라 태종(太宗)이 친히 창제한 소석조(小石調)를 지었는데, 아홉 번째가 최화발(催花發)이다"라고 하였다.
>
> 또한 "○무동 2인이 죽간자를 받들고 나아가 배열하면, 1인이 그 뒤에서 북향하며 춤춘다"라고 하였다.
>
> 순조 무자 『진작의궤』에[161] 의하면, "○무동 6인이 줄지어 북향무를 춘다"라고 하였다.

〈최화무〉의 무보는 조선후기의 『정재무도홀기』에 4편이[162] 전한다. 무용수 구성이 죽간자 2인·선모 1인·협무 4인과 협무 6인으로 차이가 있고 정재대형의 구성 또한 다르다. 그리고 협무 6인으로 추어진 〈최화무〉에서는 창사를 생략하기도[163] 하였다.

가) 향악정재 최화무

향악정재 〈최화무〉는 『정재무도홀기』에 1편이[164] 전하고 무동정재로 추어졌으며, 협무 6인으로 구성되었다.

향악정재 〈최화무〉 내용을 정리하면, 협무 6인이 다 같이 가지런히 서서 무진·무퇴하며 춤추고, 좌우 제1인부터 차례로 무진하여 2대 좌우대형으로 서서 다 같이 상대·상배하며 춤추고 북향한다. 좌우대가 각각 외선(外旋)하여 가지런히 서서 무진·무퇴하며 춤을 춘다. 손을 높였다 낮추며 춤추고, 전대와 후대로 서서 남과 북이 상대·상배하며 춤추고 북향한다. 이어 전대와 후대가

160 정은혜, 『呈才研究Ⅰ』, 1993, 295쪽.

161 이의강, 『국역순조무자진작의궤』(서울: 보고사, 2006), 304쪽.

162 〈催花舞〉, 『呈才舞圖笏記』, 1994, 57·125·455쪽; 1980, 174쪽.

163 『呈才舞圖笏記』, 1994, 455쪽.

164 〈催花舞〉, 『呈才舞圖笏記』, 1994, 455쪽.

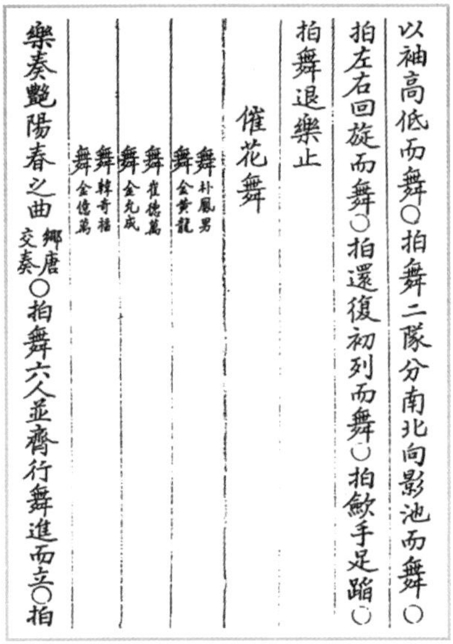
以袖高低而舞○拍舞二隊分南北向影池而舞○
拍左右回旋而舞○拍還復初列而舞○拍斂手足蹈○
拍舞退樂止
催花舞
舞朴鳳男
舞金黃龍
舞崔德萬
舞金允成
舞韓奇福
舞金德萬
樂奏艷陽春之曲 鄕唐交奏○拍舞六人並齊行舞進而立○拍

서로 자리를 바꾸어 춤추고 다시 제자리로 돌아와 북향하여 춤추다가 처음 대형으로 되돌아 무진·무퇴하면 춤이 마친다.

향악정재로 추어진 〈최화무〉의 춤 대형은 일렬대형·2대 좌우대형·전후대형으로 구성된다. 일렬대형에서는 〈그림 116-가〉처럼 좌우협무 6인이 무진·무퇴·이수고저이무를 추고, 좌우 제1·2·3대가 차례로 무진하여 2대 좌우대형으로 선다. 2대 좌우대형에서는 〈그림 116-나〉처럼 상대·상배·북향무를 추고, 좌대는 좌선 우대는 우선하여 일렬로 서서 무진·무퇴하며 춘다. 전후대형에서는 〈그림 116-다〉처럼 상대·상배·북향무·환대이무를 춘다.

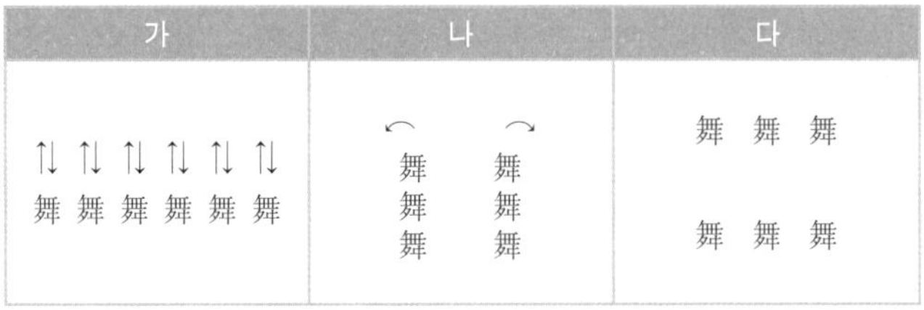

〈그림 116〉 조선후기 향악정재 〈최화무〉의 대형 구성

나) 당악정재 최화무

당악정재로 추어진 〈최화무〉는 조선후기의 『정재무도홀기』에 3편이[165] 전하고, 여령정재와 무동정재로 추어졌으며, 무용수는 죽간자 2인·중무 1인·협무 4인으로 구성되었다.

당악정재 〈최화무〉[166] 내용을 정리하면, 죽간자 2인이 무진하여 구호를 부

165 〈催花舞〉, 『呈才舞圖笏記』, 1994, 57·125쪽; 1980, 174쪽.

166 〈催花舞〉, 『呈才舞圖笏記』, 1994, 57쪽.

르고 물러나면, 중무와 협무가 무진하고, 중무가 치어를 부르고 물러난다. 협무가 무진하여 중무 뒤에 서서 창사를 부른다. 중무는 앞으로 조금 나아가고, 협무는 뒤로 조금 물러나며 춤을 춘다. 중무와 협무는 상대하여 무진·무퇴하며 춤추고,[167] 중무는 가운데 제자리에 서고, 협무는 사우대형으로 서서 중무와 협무가 상대·상배하며 춤춘다. 협무는 북향하여 무진하여 창사를 부르고, 중무와 협무는 소매를 떨어뜨리고 빙글빙글 돌며 가지런히 서서 춤을 춘다. 오방대형으로

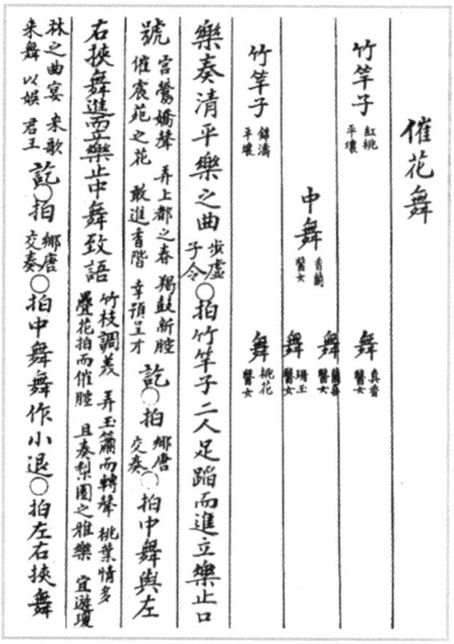
催花舞
竹竿子 紅桃平壤 舞 眞香醫女
中舞 香蘭醫女 舞 醫女 舞 瑞玉醫女
竹竿子 錦濤平壤 舞 桃花醫女
樂奏清平樂之曲 步虛子令○拍竹竿子二人足蹈而進立樂止口
號 宮鶯嬌囀 弄上都之春 羯鼓新腔 催裒苑之花 敢進香階 幸預呈才 訖○拍 鄉唐交奏○拍中舞與左
右挾舞進而立樂止中舞致語 竹枝調美 弄玉簫而轉聲 桃葉情多 疊花拍而催腔 且奏梨園之雅樂 宜遊瓊
林之曲宴 來歌來舞 以娛君王 訖○拍 鄉唐交奏○拍中舞舞作小退○拍左右挾舞

서서 북향하여 춤추고 협무는 창사를 부르고 다 같이 무퇴·무진하며 춤추고, 다 같이 소매를 떨쳐 뿌리며 둥글게 돌아 가지런히 서서 춤을 춘다. 다 같이 손춤을 추면서 무진·무퇴하며 춤추고, 협무는 창사를 부른다. 다 같이 손춤을 추면서 뒤로 조금 물러나고, 중무는 대를 벗어나 중무와 협무가 서로 마주 보고 춤을 춘다. 다 같이 한 번 떨쳐 뿌리고 한 번 돌면서 가지런히 서서 춤추고, 좌우로 크게 한 번 돌면서 춤추고, 다 같이 손춤을 추면서 무진·무퇴하며 춤추고, 중무는 대를 벗어나 오른쪽으로 돌고 협무는 차례대로 오른쪽으로 둥글게 돌며 즐겁게 춤을 춘다. 다 같이 북향하여 춤추다가 맨 처음 대형으로 되돌아가 무퇴·무진한다. 죽간자 2인이 구호를 부르고 물러나면 중무가 무진하여 치어를 부르고 물러나면 다 같이 무진·무퇴하고 물러난다.

당악정재로 추어진 〈최화무〉의 춤 대형은 전후대형·일렬대형·사우대형·오방대형으로 구성된다. 전후대형에서는 〈그림 117-가〉처럼 중무와 좌우협무 4인이 무진하고 이어 중무가 치어를 부르고, 전대의 중무와 후대의 협무 4

167 계사년『정재무도홀기』에 수록된 〈최화무〉에는 협무 4인이 무진하여 중무 뒤에 서서 창사 부르는 내용, 중무가 나아가고 협무가 물러나는 내용, 중무와 협무가 상대하여 무진·무퇴하는 내용이 모두 생략되었다. 1980, 174쪽.

인이 각각 마주 보고 진퇴이무를 춘다. 일렬대형에서는 〈그림 117-나〉처럼 무용수 전체가 무진·무퇴를 추고, 사우대형에서는 〈그림 117-다〉처럼 중무와 사우의 협무 4인과 각각 상대·상배를 추고, 협무 4인이 무진하여 창사를 부른다. 오방대형에서는 〈그림 117-라〉처럼 북향무·소진·소퇴이무를 춘다.

가	나	다	라
中舞 舞 舞 舞 舞	舞 舞 中 舞 舞	舞 舞 中舞 舞 舞	舞 舞 中 舞 舞

〈그림 117〉 조선후기 당악정재 〈최화무〉의 대형 구성

조선후기의 홀기 기록에 의하면 〈최화무〉를 춘 정재여령은 금낭(錦娘)·산월(山月)·영월(暎月)·옥희(玉喜)·점홍(點紅)·채희(彩喜)·화향(花香)·금도(錦濤)·홍도(紅桃)·난희(蘭喜)·도화(桃花)·산옥(珊玉)·진향(眞香)·향란(香蘭)이고, 정재무동은 김구일(金九日)·김상신(金相信)·김천만(金千萬)·박수길(朴壽吉)·박점순(朴点淳)·오석숭(嗚石崇)·이만수(李萬壽)·김억만(金億萬)·김윤성(金允成)·김황룡(金黃龍)·박봉남(朴鳳男)·최덕만(崔德萬)·한기복(韓奇福)이다. 〈최화무〉를 춘 정재여령 출신은 평양기와 의녀로 구성되었는데, 죽간자는 평양기인 금도·홍도가 맡았고, 중무는 의녀 소속인 향란이 맡았고, 협무는 의녀 소속인 난희·도화·산옥·진향이 맡았다. 〈최화무〉의 반주곡은 2가지로 구분되는데, 하나는 향당교주이고, 또 다른 하나는 보허자령과 향당교주로 구성된다. 협무 6인으로 출 때는 향당교주로 연주하고, 선모 1인과 협무 4인이 출 때는 보허자령과 향당교주로 연주하는데 이것은 당악과 향악 계열의 음악을 이중적 구조로 구성한 것이다. 여러 연향에서 추어질 때마다 음악곡명을 청평악지곡(清平樂之曲)·염양춘지곡(艶陽春之曲)·장춘불로지곡(長春不老之曲)으로 사용하였는데, 이것은 연향의 성격에 따라 음악의 명칭을 다르게 붙여 아명으로 사용한 것이다.

(35) 춘광호(春光好)

〈춘광호〉는 궁궐에 내리쬐는 따스한 봄의 햇살에 즐거운 마음을 담아 노래와 춤으로 만들었다. 순조 대 효명세자가 직접 창사를 지어 올렸는데 이는 중국 당나라 현종 대에 연주되던 곡명을 본떠 만들었다.

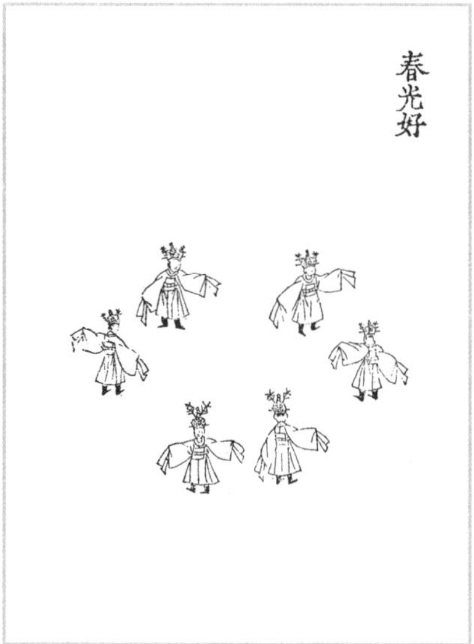

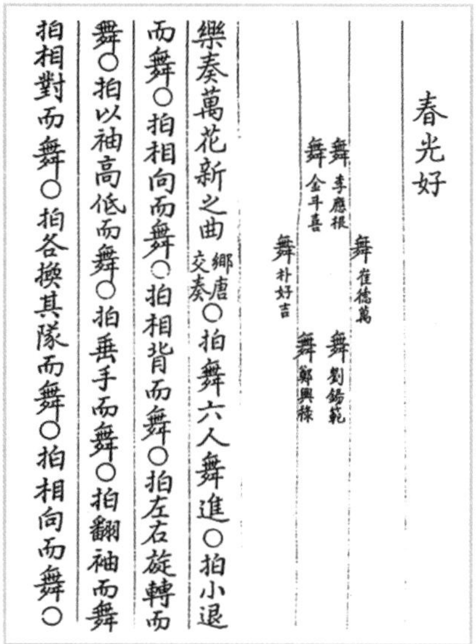

春光好

舞 李應根　舞 崔德萬
舞 金千喜　舞 劉錫範
舞 朴好吉　舞 鄭興祿

樂奏萬花新之曲 鄉唐交奏○拍舞六人舞進○拍小退
而舞○拍相向而舞○拍相背而舞○拍左右旋轉而
舞○拍以袖高低而舞○拍垂手而舞○拍翻袖而舞
拍相對而舞○拍各換其隊而舞○拍相向而舞○

> 순조 무자 『진작의궤』에[168] 의하면, "○『연감유함』에 따르면 당 현종(玄宗)이 지은 것이다. 일찍이 2월에 복사꽃과 살구꽃이 꽃망울을 터뜨리려 할 때 이 곡을 연주하고 나서 문득 생각이 들어 뒤돌아보니 꽃망울이 터진 후였다"라고 하였다.
>
> 또한 "○무동 2인이 북쪽에, 2인은 남쪽에, 1인은 동쪽에, 1인은 서쪽에서 다 함께 상대하여 춤춘다"라고 하였다.

조선후기의 〈춘광호〉는 『정재무도홀기』에 2편이[169] 전하고, 협무 6인으로 구성되었으며 무동정재로 추어졌다. 〈춘광호〉는 연향에 따라 내용은 변화되

168 이의강, 『국역순조무자진작의궤』(서울: 보고사, 2006), 301쪽.
169 〈春光好〉, 『呈才舞圖笏記』, 1994, 56·475쪽.

지 않았지만 무동정재 시에는 창사가 생략[170]되기도 한다.

〈춘광호〉 내용을 정리하면, 협무 6인이 춤을 추며 앞으로 나아가 창사를 부른다. 뒤로 조금 물러나며 춤을 추고, 상대·상배하며 춤추고, 좌우로 빙글빙글 돌면서 춤을 춘다. 소매를 높였다 낮추며[以袖高低] 춤추고, 손을 아래로 드리워[垂手而舞] 춤추고, 소매를 빠르게 번뜩이며[翻袖而舞] 춤춘다. 서로의 대를 바꾸며 춤추고, 서로 향하여 춤추고, 한 번 떨치고 한 번 돌면서 춤춘다. 음악의 절주에 맞추어 몸을 움직이며 춤추고,[171] 다시 제자리로 되돌아 북쪽을 향하여 무퇴·무진하고 이어 춤을 추며 뒤로 물러난다. 〈춘광호〉는 춤추는 내내 〈그림 118〉처럼 전후좌우복합대형을 유지하며 춤추는데, 무진·무퇴·상대·상배·좌우선전·이수고저·수수무·번수무를 추다가 환대와 환복기대무를 하며 춤춘다.

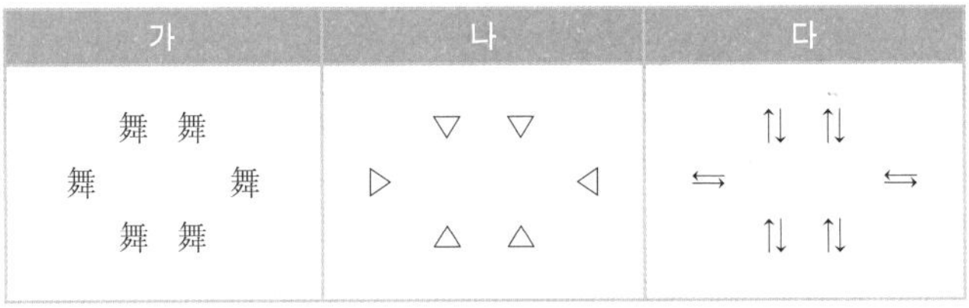

〈그림 118〉 조선후기 〈춘광호〉의 대형 구성

조선후기의 홀기 기록에 의하면 〈춘광호〉를 춘 정재무동은 김구일(金九日)·김남산(金南山)·김천만(金千萬)·박수길(朴壽吉)·오석숭(嗚石崇)·황용운(黃龍雲)·김두희(金斗喜)·박호길(朴好吉)·유석범(劉錫範)·이응근(李應根)·정흥록(鄭興祿)·최덕만(崔德萬)이다. 〈춘광호〉의 반주곡은 향당교주로 구성하였고, 연향에서 추어질 때는 음악곡명을 만화신지곡(萬花新之曲)이라는 아명을 붙여 사용하였다.

170 〈春光好〉, 『呈才舞圖笏記』, 1994, 475쪽.

171 현행 정재에서 '수신요합절이무'는 손을 아래로 드리우고 무릎을 굽혔다 펴면서 춤을 춘다. 이와 같은 동작을 垂手舞, 垂手而舞, 隨樂節舞, 折腰而腰로 부르기도 한다. 손선숙, 『궁중정재용어사전』, 2005, 227~231쪽.

(36) 춘대옥촉(春臺玉燭)

〈춘대옥촉〉은 윤대(輪臺)라는 무대 위에서 보등(寶燈)과 당(幢)을 잡은 무용수들이 차례로 자리를 바꾸어 가며 추는 춤이다. 순조 대 효명세자에 의해 창제되었으며, 중국 송나라 태종 때 추어진 춤을 재구성하여 만든 춤이다. 〈춘대옥촉〉은 춤을 추기 전과 후의 공간이 다르다. 춤을 추기 전에는 윤대 아래에 서 있다가 윤대 위로 올라가 춤을 추고, 춤을 마친 다음 내려와 다시 처음의 자리로 돌아가 선다. 『정재무도홀기』에 집당을 든 무용수는 소개하였으나 보등을 잡은 무용수는 소개하지 않고 '무4인(舞四人)'으로 가록하였다. 이로 볼 때 협무 4인이 무구를 잡지 않고 춤춘 것으로 생각되기 쉬우나 정재악장과 의궤 정재도의 비교를 통해 『정재무도홀기』에 소개된 '무4인'이 보등을 잡고 춤춘 것을 알 수 있다. 집당 2인과 보등 4인이 춤추는 공간은 구별되어 있는데, 집당 2인은 동과 서에, 보등 4인은 그 뒤 가운데에서 춤을 춘다.

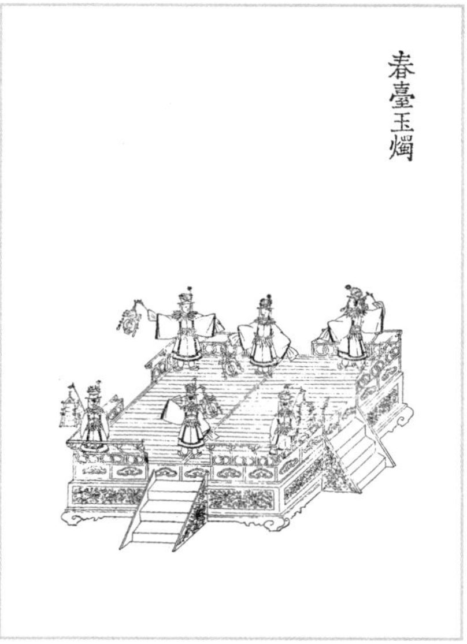

春臺玉燭

舞 金德萬　執幢 李應根
舞 韓奇福
舞 金黃龍　執幢 鄭興祿
舞 吳壽山

樂奏玉燭春之曲 鄉唐交奏 樂師帥輪臺奉擧舞童入置於殿內而出○拍舞四人舞進執幢二人足蹈而進○拍舞四各進輪臺之四方 執幢二人進於輪臺之東西隨鼓聲足蹈 ○拍舞四人舞作相對儀如葉舞或背或面旋轉換隊而舞○拍執幢二人舞四人足蹈而退臺下○拍還復初列而舞退樂止

순조 무자 『진작의궤』에[172] 따르면, "○송나라 태종(太宗)이 친히 창제한 소석조(小石調)가 등춘대(登春臺)이다"라고 하였다.

172 이의강, 『국역순조무자진작의궤』(서울: 보고사, 2006), 291~300쪽.

또한 『도서집성』에 "○『수서·율력지』에 송나라 전악지(錢樂之)가 경방(京房)의 방법을 썼다. 동지의 소리는 황종(黃鐘)이 궁(宮)이 된다. 일부삼십사율(一部三十四律)에 옥촉(玉燭)이란 이름이 있다"라고 하였다.

또한 "○윤대(輪臺)를 설치하고 윤대 위에 무동 4인이 보등(寶燈)을 잡고 있는데, 3인은 앞에 1인은 뒤에 있어 서로 돌면서〔旋轉〕 춤춘다. 2인은 당을 잡고 그 뒤에 있는데, 좌우로 나뉘어 북향하여 선다"라고 하였다.

조선후기의 〈춘대옥촉〉은 『정재무도홀기』에 1편이[173] 전하고 무동정재로 추어졌으며, 무용수는 집당 2인·협무 4인으로 구성되었다.

〈춘대옥촉〉 내용을 정리하면, 악사가 윤대를 받든 무동을 거느리고 들어가 전내에 놓고 나간다. 무동 4인과 집당 2인이 윤대 위로 올라가 무동 4인은 사방으로 서고, 집당 2인은 동서로 나누어 선다. 무동 4인이 마주 보고 나뭇잎이 춤추듯 춤추고, 혹은 등을 지고 혹은 마주 보며 춤추고, 빙글빙글 돌면서 대를 바꾸며 춤을 춘다. 집당 2인과 무동 4인이 윤대를 내려와 처음 대열로 되돌아가서면 춤이 마친다. 〈춘대옥촉〉은 〈그림 119〉처럼 전후대형으로 구성되어 춤을 춘다. 〈그림 119-가〉는 집당 2인과 보등 4인이 춤을 추기 전 처음과 춤을 마친 다음의 전후대형으로 윤대 아래에 배열한다. 그리고 윤대 위에서는 〈그림 119-나〉처럼 전대에는 보등 3인이 서고 후대에는 보등 1인이 서서 상대·상배·선전·환대이무를 춘다.

가	나
舞 舞 舞 舞 執幢 執幢	舞 舞 舞 舞 執幢 執幢

〈그림 119〉 조선후기 〈춘대옥촉〉의 대형 구성

173 〈春臺玉燭〉, 『呈才舞圖笏記』, 1994, 452쪽.

조선후기의 홀기 기록에 의하면 〈춘대옥촉〉을 춘 정재무동은 김황룡(金黃龍) · 오수산(嗚壽山) · 이응근(李應根) · 정흥록(鄭興祿) · 한기복(韓奇福)이다. 〈춘대옥촉〉의 반주곡은 향당교주로 구성하였고, 연향에서 추어질 때는 음악곡명을 옥촉춘지곡(玉燭春之曲)이라는 아명을 붙여 사용하였다.

(37) 춘앵전(春鶯囀)

〈춘앵전〉은 무용수 1인이 돗자리[화문석(花紋席)] 위에서 추는 춤으로, 향악정재이다. 순조 대에 효명세자가 순원왕후의 보령 40세를 경축하기 위하여 직접 악장을 지어 올렸고, 어느 봄날 버드나무 가지에서 꾀꼬리가 지저귀는 소리를 듣고 춤을 만든 것으로 전해진다. 정재 가운데 가장 많은 춤사위[동작] 용어를 사용하였는데, 정재 내용을 강조하여 표현한 비유적인 용어와 실제 추어지는 정재용어를 함께 기록하고 있다. 춤의 구성에서 춤사위와 이동 위치를 구체적으로 명기하고 있는데, 춤동작의 진행은 신체를 중심으로 한 무용수 중심의 오른손과 오른발을 먼저 사용하고 다음에 왼발을 사용하는 것으로 기록되어 있다. 그리고 이동할 때에는 동쪽으로 먼저 가거나 돌고 그 다음

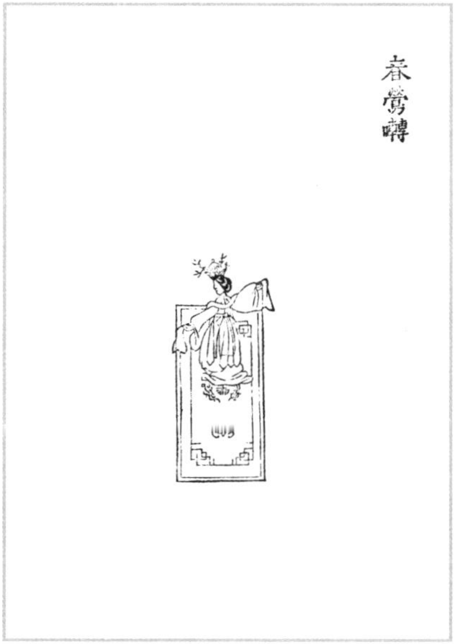

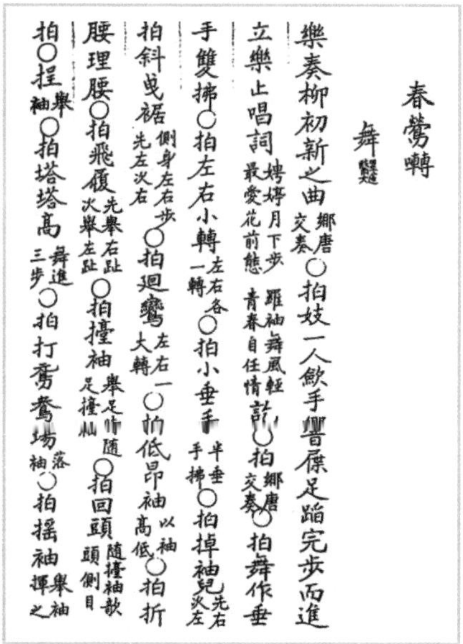
春鶯囀

舞[illegible]

樂奏柳初新之曲 鄕唐交奏 ○拍妓一人斂手響屧足蹈完步而進

立樂止唱詞 娉婷月下步 羅袖舞風輕 最愛花前態 青春自任情 訖 ○拍 鄕唐交奏 ○拍舞作垂

手雙拂 ○拍左右小轉 左右各一轉 ○拍小垂手 半垂手拂 ○拍掉袖兒 先右次左

拍斜曳裾 側身左右步先左次右 ○拍迴鸞 左右一大轉 ○拍低昂袖 以袖高低 ○拍折

腰理腰 ○拍飛履 先擧右趾次擧左趾 ○拍擡袖 擧足而隨足擡仙 ○拍回頭 隨擡袖款頭側目

拍 ○提袖 擧袖 ○拍塔塔高 舞進三步 ○拍打鶯鶯場 落袖 ○拍搖袖 擧袖揮之

에 서쪽 방향으로 가거나 도는 것으로, 이동 위치를 구체적으로 제시하고 있다. 일반적으로 정재에서 사용되는 무구가 있을 때에는 악사가 무구를 설치하는 내용을 기록한다. 그러나 『정재무도홀기』에는 다른 정재와는 달리 악사가 화문석을 설치한다는 내용이 기록되지 않았다. 〈춘앵전〉에 화문석을 무구로 사용하는 것은 의궤 정재도의 기록을 통해 알 수 있다. 조선후기에 추어진 〈춘앵전〉 내용은 변화되지 않았지만 연향에 따라 창사의 가사와 음악의 반주곡에 차이가 있다. 무의(舞衣) 또한 성별에 따라 차이를 보이는데, 무동이 출 때는 복건(幅巾)에 앵삼(鶯衫)을 입고, 여령이 출 때에는 화관(花冠)에 앵삼을 입었다. 〈춘앵전〉을 출 때 입는 의상을 앵삼(鶯衫)으로 부르는데, 이것은 노란색의 앵삼이 꾀꼬리를 상징한 것에 연원을 둔 것이다.

> 순조 무자 『진작의궤』에[174] 의하면, "○『연감유함(淵鑑類函)』에 중국 당대(唐代)에 당나라 고종(高宗)이 꾀꼬리 소리를 듣고, 악공(樂工) 백명달(白明達)에게 명하여 그것을 모사하게 했다"라고 하였다.

> 또한 "○돗자리를 펴고 무동 1인이 자리 위에 선다. 나아갔다가 물러나고 선전(旋轉)하며 자리 위를 벗어나지 않고 춤춘다"라고 하였다.

조선후기의 〈춘앵전〉은 『정재무도홀기』에 9편이[175] 전하고, 여령정재와 무동정재로 추어졌으며 무용수 구성은 1인이고, 내용은 변함없이 추어졌다.

〈춘앵전〉 내용을 정리하면, 무 1인이 손을 여미고 무진하여[斂袂足蹈] 창사를 부르고, 마치면 손을 드리웠다가 떨쳐 뿌리며 춤추고[垂手雙拂], 좌우로 조금 돌며 춤추고[左右小轉], 손을 조금 드리워 춤추고[小垂手], 소매를 흔들며 춤추고[掉袖兒], 옷자락이 끌리듯 비껴 걸으며 춤추고[斜曳裾], 방울소리가 울려 퍼지듯이 빙빙 돌며 춤추고[廻鸞], 소매를 높였다 낮추며 춤추고[低昻袖], 허리를 굽혔다 폈다 하며 춤추고[折腰理腰], 날아가듯이 발을 가볍게 딛으며 춤추

---

174 이의강, 『국역순조무자진작의궤』(서울: 보고사, 2006), 300쪽.

175 〈春鶯囀〉, 『呈才舞圖笏記』, 1994, 47·128·225·281·347·387·411·467쪽; 1980, 165쪽.

고[飛履], 소매를 들어 춤추고[擡袖], 고개를 돌리며 춤추고[回頭], 팔을 들어 높은 곳으로 올라가듯이 춤추고[擧袖/塔塔高], 원앙이 마당에서 노는 것처럼 춤추고[打鴛鴦場], 소매를 흔들며 춤추고[搖袖], 꽃 앞에 섰을 때의 모습처럼 춤추고[花前態], 꽃잎이 돌듯이 빙글빙글 돌며 춤추고[轉花持], 뒤로 물러나[當退立] 번쩍이듯 소매를 작게 휘두르며 춤추고[小閃袖], 꽃이 떨어져 물 위로 흘러내려가듯 좌우로 한 번 떨쳐 뿌리며 돌면서 춤추고[落花流水], 번쩍이듯 소매를 크게 휘두르며 춤추고[大閃袖], 바람에 흔들리듯 걸으며 춤추고[傞傞步如意風], 소매를 뒤로 던지듯 춤추고[後抛袖], 나뭇가지가 바람에 흔들리듯 춤추고[風流枝], 금빛 모래가 바람에 날리듯 춤추고[飛金沙], 꽃잎의 발이 흔들리듯이 춤추고[拂花簾], 물결이 일듯이 몸을 돌리며 춤추고[回波身], 신선이 다리를 넘어가듯 좌우로 크게 한 번씩 돌며 춤추고[過橋仙], 소매를 뾰쪽하게 여미며 춤추고[尖袖], 제비가 제 집으로 돌아가듯이 춤추며[燕歸巢] 물러나면 춤이 마친다.

〈춘앵전〉은 독무로 춘다. 〈그림 120〉처럼 북쪽 혹은 좌우로 무진·무퇴하는 춤과 좌우로 돌면서 추는 춤을 반복하여 추지만 춤사위는 내용에 따라 변화를 준다. 〈춘앵전〉에 나타난 춤의 구조는 일정한 형식을 갖추고 있는데, 춤사위는 무용수의 신체를 중심으로 오른손과 오른발을 먼저 사용하고 다음에 왼손과 왼발을 사용한다. 반면 이동과 관련된 내용은 방위관점으로 하는데, 동쪽으로 먼저 돌고 다음에 서쪽 방향으로 도는 것이 정해져 있다.

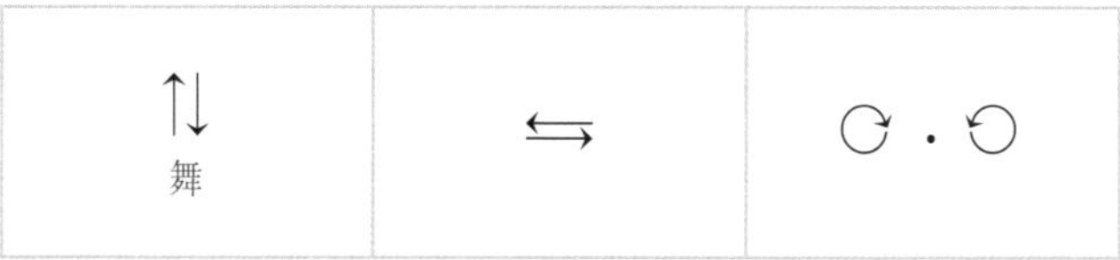

〈그림 120〉 조선후기 〈춘앵전〉 이동구조

조선후기의 홀기 기록에 의하면 〈춘앵전〉을 춘 정재여령은 취련(翠蓮)·금도(錦濤)이고, 정재무동은 박수길(朴壽吉)·이구용(李龜龍)·이응근(李應根)이다. 〈춘앵전〉을 춘 정재여령 출신은 의녀와 평양기로 구성되었는데, 평양기 소속은 금도이고, 취련은 의녀 소속의 여기이다. 〈춘앵전〉의 반주곡은 향당교주로 구성하였고, 여러 연향에서 추어질 때마다 음악곡명을 경신가회지곡(慶辰嘉會

之曲)·유초신지곡(柳初新之曲)으로 사용하였는데, 이것은 연향의 성격에 따라 음악의 명칭을 다르게 붙여 아명으로 사용한 것이다.

(38) 침향춘(沈香春)

〈침향춘〉은 화병에 꽂힌 꽃을 집어들고 추는 춤으로, 봄에 활짝 핀 꽃을 바라보다 꽃향기에 취해 기뻐하는 내용을 묘사하고 있다. 순조 대 창제된 향악정재로, 중국 당나라 현종이 침향정(沈香亭)에 심은 모란을 보고 지은 시를 본떠 재구성하여 만든 춤이다. 정재에서 꽃을 들고 추는 춤은 〈가인전목단〉·〈사선무〉·〈육화대〉·〈연화무〉·〈침향춘〉이 전하는데, 〈가인전목단〉은 여러 개의 꽃이 담긴 화준에 꽂힌 꽃을 잡고 추고, 〈연화무〉는 6개의 화병에 꽂힌 꽃을 잡고 추고, 〈침향춘〉은 2개의 화병에 꽂힌 꽃을 잡고 추고, 〈사선무〉와 〈육화대〉는 처음부터 꽃을 잡고 춤을 춘다.

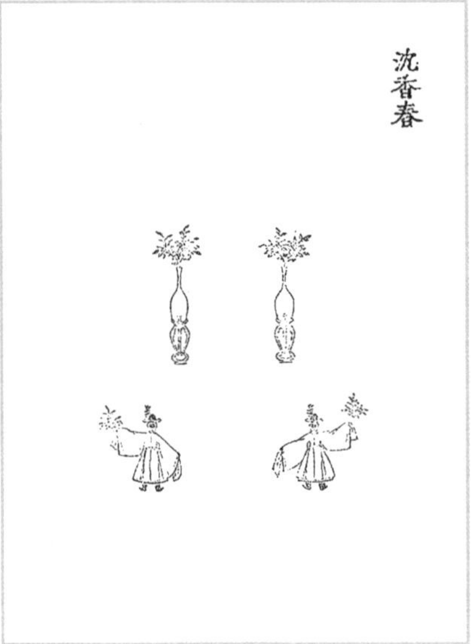

沈香春

舞 金德萬 韓奇福

樂奏喜新春之曲 鄕唐交奏 樂師帥花瓶奉擧舞童二人置於殿內而出○拍舞二人齊行舞進而立○拍各各回旋而舞○拍相向而舞○拍相背而舞○拍換隊而舞○拍還復其隊而舞拍左右旋轉而舞○拍弄花而舞○拍取花而舞○拍或背或面歡轉而舞○拍斂手足蹈○拍舞退樂止

순조 무자 『진작의궤』에[176] 의하면, "○『연감유함』에 당나라 현종(玄宗)이 모

176 이의강, 『국역순조무자진작의궤』(서울: 보고사, 2006), 297쪽.

> 란을 침향정(沈香亭)에 심고, 꽃이 활짝 피었을 때, 이구년(李龜年)에게 명하여 금화전(金花箋)을 이백(李白)에게 하사하여 청평사를 지어 올리도록 하였다"라고 하였다.
>
> 또한 "○모란 화병 2개를 앞에 설치하여 무동 2인이 각기 화병의 꽃 한 가지를 취하여 서로 마주 보고 춘다"라고 하였다.

조선후기의 〈침향춘〉은 『정재무도홀기』에 2편이[177] 전하고, 무용수는 협무 2인으로 구성된다. 무동정재와 여령정재로 추었으며 무동정재 시에는 창사를 생략하였다.[178]

〈침향춘〉 내용을 정리하면, 악사가 화병을 받든 무동 2인을 거느리고 들어가 전내에 놓고 나간다. 협무 2인이 나란히 줄을 지어 춤을 추며 나아가고, 각각 둥글게 돌면서 춤춘다. 상대·상배하며 춤추고, 대를 바꾸어 춤추고, 다시 그 대로 되돌아오며 춤추고, 좌우로 빙글빙글 돌면서 춤춘다. 꽃을 어르며 춤추고, 꽃을 집어들고 춤추다가 혹은 등을 지고 혹은 마주 보고 즐겁게 돌면서 춤추고, 손을 여미고 족도하며 춤추고 물러나면 춤이 마친다. 〈침향춘〉은 화병에 꽂힌 꽃을 집어들기 전과 잡은 후의 춤으로 구분하여 진행하는데, 춤추는 내내 일렬대형을 유지하며 〈그림 121〉과 같이 좌우협무 2인이 무진·무퇴와 상대·상배 그리고 환대와 환복기대무를 추고, 좌우로 선전하며 춤춘다.

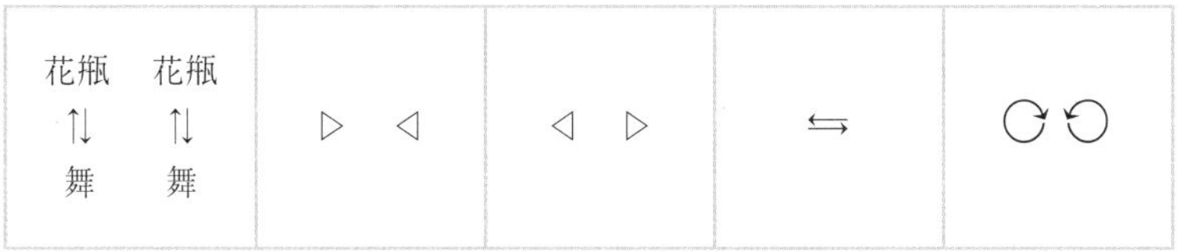

〈그림 121〉 조선후기 〈침향춘〉의 대형 구성

조선후기의 정재홀기 기록에 의하면 〈침향춘〉을 춘 정재여령은 난희(蘭喜)·홍도(紅桃)이고, 정재무동은 김억만(金億萬)·한기복(韓奇福)이다. 〈침향춘〉의

177 〈沈香春〉, 『呈才舞圖笏記』, 1994, 435쪽; 1980, 120쪽.

178 『呈才舞圖笏記』, 1994, 435쪽.

반주곡은 향당교주로 구성하였고, 여러 연향에서 추어질 때마다 음악곡명을 천보구여지곡(天保九如之曲)·희신춘지곡(喜新春之曲)으로 사용하였는데, 이것은 연향의 성격에 따라 음악의 명칭을 다르게 붙여 아명으로 사용한 것이다.

(39) 포구락(抛毬樂)

〈포구락〉은 포구문 좌우에서 공을 던지며 추는 경기형식의 놀이 춤으로, 고려시대부터 조선전기를 거쳐 조선후기까지 이어져 온 당악정재이다.[179] 무용수들이 서는 위치가 정해져 있는데 죽간자는 북쪽, 봉화는 동쪽, 봉필은 서쪽, 그 뒤 남쪽에 협무가 좌대와 우대로 나누어 배열한다. 매 대의 공 던지는 포구희 춤은 같으나 공이 들어가고 들어가지 않음에 따라 춤 진행에 차이를 보이는데, 공이 들어가면 그 대의 협무 전체가 무릎을 꿇어 엎드리는 춤을 추고 들어가지 않으면 그대로 서서 벌점을 받는다. 〈쌍포구락〉으로도 추어졌는데, 이런 경우에는 포구문도 2개 설치하고 무용수의 수도 2배로 늘렸으나 죽

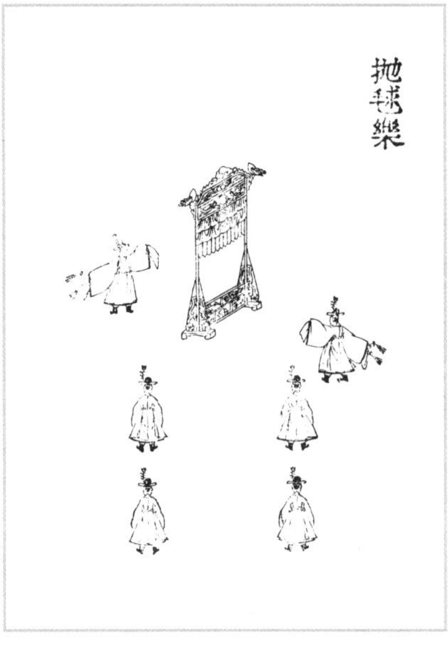

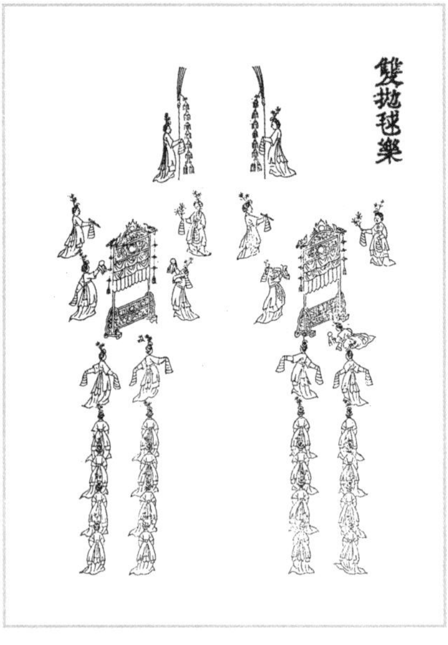

179 〈포구락〉 춤 유래에 대해서는 고려시대와 조선전기의 내용을 참조바람.

간자는 2인으로 구성되고, 춤은 각 포구문을 중심으로 각각 추었다. 시대별로 볼 때 포구희 춤은 변함없이 이어져왔으나 무용수 구성에 따라 춤추는 대형에 차이를 보인다. 고려시대와 조선전기에서는 4대 좌우대형으로 서서 포구희를 하였고 조선후기에는 2대 좌우대형으로 서서 춤을 추었다. 시대별로 혹은 연향에 따라 내용에 변화를 주어 추어졌는데, 무용수의 수는 물론이거니와 대형의 형태에 따라 무진·무퇴하는 이동 경로가 다르고, 죽간자가 등장하지 않기도 하고, 죽간자가 등장하지만 구호를 부르지 않기도 하였다.

순조 무자 『진작의궤』에[180] 의하면, "○이번에는 무동 6인이 세 대로 나뉘어, 전대 2인이 각각 수구를 들고 춤추다 우러러 던진다. 중대와 후대는 전대를 따라 춤추면서 물러났다가 차례차례 나아가 춤춘다"라고 하였다.

헌종 무신 『진찬의궤』에[181] 의하면, "○여기 2인이 죽간자를 받들고 앞으로 나아가 서로 향한다. 1인이 꽃을 받들고 구문 동쪽에 서고, 1인이 붓을 받들고 구문 서쪽에 선다. 6인이 3대로 나뉘는데, 전대 2인이 각기 채구(彩毬)를 잡고 춤추면서 던져 올린다. 중대와 후대는 전대가 춤추며 물러가면 차례차례 나와 춤춘다"라고 하였다.

고종 신축 『진연의궤』에[182] 의하면, "○여기(女妓) 2인이 죽간자를 받들고 앞으로 나아가 향한다. 1인은 꽃을 받들고 구문(毬門) 동쪽에서 서고, 1인은 붓을 받들고 구문 서쪽에 선다. 12인이 6대로 나뉘는데, 전대 2인은 각기 채구를 잡고 춤추면서 던져 올린다. 나머지 대(隊)도 전대(前隊)에 따라 춤추면서 물러나며 차례차례 춤을 바친다"라고 하였다.

또한 "○무동정재도 이와 같지만 10인이 5대로 나뉘며 죽간자를 든 이가 구호를 부르지 않고 각 대의 창사도 외연에 부합하지 않는 것이 많음으로 또한 올리지 아니한다"라고 하였다.

---

180 이의강, 『국역순조무자진작의궤』(서울: 보고사, 2006), 308~309쪽.

181 한국예술종합학교 전통예술원, 『국역헌종무신진찬의궤』 卷一(서울: 민속원, 2004), 131~132쪽.

182 한국예술종합학교 전통예술원, 『高宗辛丑進宴儀軌』 卷一(서울: 민속원, 2001), 187~188쪽.

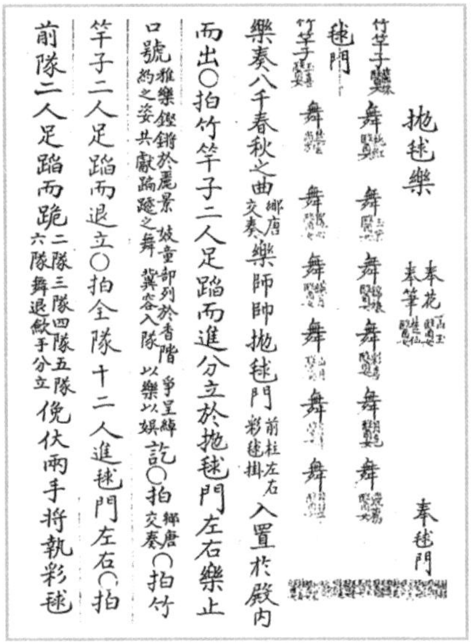
拋毬樂

奉花 奉筆

竹竿子 舞 舞 舞 舞 舞

毬門 舞 舞 舞 舞 舞

竹竿子 舞 舞 舞 舞 舞

奉毬門

樂奏八千春秋之曲(鄕唐交奏) 樂師帥拋毬門(前桂左右彩毬掛) 入置於殿內

而出○拍 竹竿子二人足蹈而進分立於拋毬門左右 樂止

口號(雅樂鏗鏘於麗景 妓童部列於香階 爭呈綽約之姿 共獻蹁躚之舞 冀容入隊 以樂以娛) 訖○拍(鄕唐交奏)○拍 竹

竿子二人足蹈而退立○拍 全隊十二人進毬門左右○拍

前隊二人足蹈而跪(二隊三隊四隊五隊六隊舞退斂手分立) 俛伏兩手將執彩毬

조선후기의 〈포구락〉은 『정재무도홀기』에 9편이[183] 전하고, 여령정재와 무동정재로 추어졌으며 무용수는 죽간자 2인·봉화 1인·봉필 1인·협무 12인으로 구성되었다.

〈포구락〉 내용을 정리하면, 악사가 포구문(抛毬門)을 전내에 놓고 나가면, 죽간자 2인이 무진하여 포구문 좌우에 서서 구호를 부르고 물러난다. 무용수 12인이 무진하여 구문 좌우로 섰다가 좌우 제1대의 2인만 족도하고 꿇어앉아 엎드려 채구를 잡고 일어서서 창사를 부르는데, 이때 나머지 대는 뒤로 물러나 염수한다. 좌우 제1대가 각각 오른손으로 채구(彩毬)를 잡고 무퇴·무진을 반복하여 춤추고, 왼손은 머리 위로 들고 공을 잡은 오른손으로 포구문을 어르다가 풍류안(風流眼)에 공을 던져 들어가면 북쪽을 향해 손을 여미고 엎드리고, 들어가지 않으면 그대로 선다. 이와 같은 절차를 매 대가 반복하여 추는데 공이 들어가면 포상으로 꽃이나 천을 받고, 들어가지 않으면 좌대는 오른쪽, 우대는 왼쪽 빰에 먹 점을 긋는 벌을 받는다. 매 대의 춤이 마치면 죽간자가 무진하여 구호를 부르고 물러나면 춤이 마친다.

〈포구락〉은 〈그림 122〉처럼 2대 좌우대형으로 서서 좌우의 각 대가 차례로 나아가 구문 좌우에서 포구희를 한다. 공이 들어가고 들어가지 않음에 따라 춤 진행에 차이를 보이는데, 공이 들어가면 그 대의 협무 전체가 무릎을 꿇어 엎드리는 춤을 추고 들어가지 않으면 그대로 선다. 춤은 매 대의 무용수가 마칠 때가지 진행되는데, 춤 내용과 진행은 모두 같고 다만 공이 들어가는 유무에 따라 상벌에 차이가 있다.

조선후기의 홀기 기록에 의하면, 〈포구락〉을 춘 정재여령은 경옥(瓊玉)·계월(桂月)·계화(桂花)·금낭(錦娘)·금도(錦濤)·금향(錦香)·기화(琦花)·난주(蘭

183 〈抛毬樂〉, 『呈才舞圖笏記』, 1994, 120·208·264·327·389·413·445·504쪽; 1980, 135쪽.

竹 竹 奉筆 奉花 毬門 舞 舞 舞 舞 舞 舞	竹 竹 奉筆 奉花 毬門 ◁ 舞 舞 舞 舞 舞

〈그림 122〉 조선후기의 〈포구락〉 대형 구성

珠)·난희(蘭喜)·녹주(綠珠)·도홍(桃紅)·도화(桃花)·매홍(梅紅)·매화(梅花)·명주(明珠)·봉심(鳳心)·봉희(鳳喜)·부용(芙蓉)·비연(飛鷰)·비취(翡翠)·산옥(山玉)·산옥(珊玉)·산월(山月)·연연(姸姸)·영월(暎月)·옥엽(玉葉)·옥진(玉眞)·옥희(玉喜)·월색(月色)·월희(月喜)·이화(梨花)·점홍(點紅)·죽심(竹心)·죽엽(竹葉)·진향(眞香)·채련(彩蓮)·채희(彩喜)·초선(楚仙)·초운(楚雲)·춘향(春香)·취란(翠蘭)·취련(翠蓮)·행화(杏花)·향란(香蘭)·홍도(紅桃)·홍매(紅梅)·화선(花仙)·화연(花姸)·화용(花容)·화향(花香)이고, 정재무동은 권만길(權萬吉)·권흥성(權興成)·김세창(金世昌)·김수업(金壽業)·김암회(金巖回)·신효길(辛孝吉)·이구용(李龜龍)·이봉학(李鳳鶴)·이수명(李壽命)·이수범(李壽範)·이수산(李壽山)·이용진(李用振)·이학돌(李學乭)·이수억(李壽億)·김두희(金斗喜)·김수만(金壽萬)·김억만(金億萬)·김윤성(金允成)·김황룡(金黃龍)·박봉남(朴鳳男)·박호길(朴好吉)·유석범(劉錫範)·이응근(李應根)·정흥록(鄭興祿)·최덕만(崔德萬)·한기복(韓奇福)이다. 〈포구락〉을 춘 정재여령 출신은 상방·의녀·평양기로 구성되었는데, 죽간자는 평양기인 금도와 홍도가 맡았고, 봉필은 상방 소속인 옥진이 맡았고, 봉화는 의녀 소속인 금향이 맡았고, 협무는 의녀 소속인 경옥·기화·난희·녹주·산옥·월희·죽엽·진향·향란·화향과 의녀 소속인 이화·홍매가 맡아 추었다. 〈포구락〉의 반주곡은 향당교주으로 구성하였고, 여러 연향에 추어질 때마다 음악곡명을 화봉삼축지곡(華封三祝之曲)·구오강녕지곡(九五康寧之曲)·만년장환지곡(萬年長懽之曲)·천하태평지곡(天下太平之曲)·팔천춘추지곡(八千春秋之曲)으로 사용하였는데, 이것은 연향의 성격에 따라 음악의 명칭을 다르게 붙여 아명으로 사용한 것이다.

(40) 하황은(荷皇恩)

〈하황은〉은 조선전기부터 시작하여 조선후기로 이어져 온 당악정재이다.[184] 시대별 혹은 연향별로 내용이 변화되었는데, 먼저 시대별로 변화된 내용은 무용수 전체가 도는 회무이다. 조선전기에는 무용수 전체가 도는 회무가 없었는데, 이러한 내용은 조선후기로 오면서 새로 추가된 것이다. 그리고 회무할 때 무용수들이 이동하는 순서가 연향에 따라 다르게 추어졌는데, 무동정재와 여령정재별로 차이를 보인다. 먼저 여령정재에서는 '족자'를 시작으로 좌대 3인과 우대 3인 순서로 우선회무를 하였고, 무동정재에서는 '좌죽간자'를 시작으로 족자·우죽간자·우대 3인·좌대 3인 순서로 우선회무를 하였다. 즉 조선전기 〈하황은〉에서는 회무를 돌지 않았는데 조선후기로 오면서 우선회무가 추가되었고, 이마저도 연향에 따라 무동정재과 여령정재로 구분하여 우선회무의 진행에 차이를 보인다.

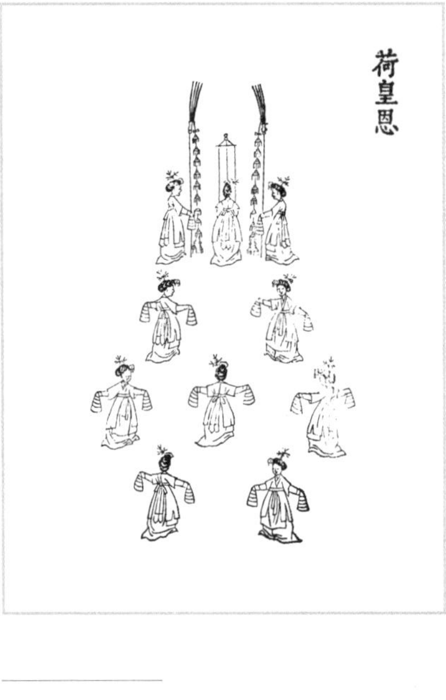

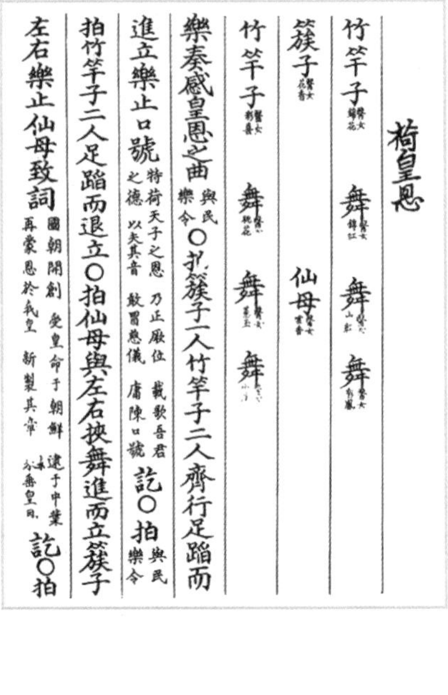
荷皇恩
竹竿子 舞 舞 舞
簇子 仙母
竹竿子 舞 舞 舞
樂奏感皇恩之曲 與民樂令 ○扒簇子一人竹竿子二人齊行足蹈而
進立樂止口號 特荷天子之恩 乃正厥位 載歌吾君之德 以矢其音 敢冒宸儀 庸陳口號 訖○拍 與民樂令
拍竹竿子二人足蹈而退立○拍仙母與左右挾舞進而立簇子
左右樂止仙母致詞 國朝開創 受皇命于朝鮮 逮于中葉 再蒙恩於我皇 新製其章 永壽皇明 訖○拍

184 〈하황은〉 춤 유래에 대해서는 조선전기의 내용을 참조하길 바람.

헌종 무신 『진찬의궤』에[185] 의하면, "○태종(太宗)께서 황제의 고명(誥命)을 받게 되어 백성들이 뛸 듯이 기뻐하니 하황은사(荷皇恩詞)를 지었다"라고 하였다.

또한 "○영조(英祖) 계해년(1743, 영조 19) 진연 때에 조선이라는 국호를 받고, 번방을 다시 세워준 2가지 일로 인해 임금께서 치어와 창사를 고쳤다. 족자를 쓰는 것은 〈몽금척〉과 같다"라고 하였다.

또한 "○여기 2인이 죽간자를 받들고 1인이 족자를 받들어 앞으로 나아가 나란히 선다. 2인이 앞에, 1인이 좌측에, 1인이 우측에, 1인이 가운데에, 2인이 뒤에 서서 서로 변화를 추며 춤춘다"라고 하였다.

조선후기의 〈하황은〉은 『정재무도홀기』에 2편이[186] 전하고, 여령정재와 무동정재로 추어졌다. 무용수 구성은 족자 1인·죽간자 1인·선모 1인·협무 6인으로 같으며 무동정재 시에는 죽간자의 구호가 생략[187]되기도 한다. 무동과 여령정재의 내용에 차이가 있는데, 무동정재에서는 죽간자가 구호를 부르지 않았고 무퇴도 하지 않았다. 그리고 회무도 '좌죽간자-족자-우죽간자-우대 3인-좌대 3인'순으로 돌았고, 반면 여령정재에서는 죽간자가 구호를 부른 뒤 무퇴를 하였고, 회무는 '족자-좌대 3인-우대 3인'순으로 돌았다.

무동정재로 추어진 〈하황은〉 내용을 정리하면,[188] 족자 1인과 죽간자 2인이 나란히 줄을 지어 나아가 선다. 선모와 협무가 춤을 추며 나아가 선모가 치어를 부르고 이어 선모와 협무가 염수족도하며 수악절창사를 부른다. 선모와 협무가 북향하여 춤추고, 선모는 가운데 서고 좌우 제2대가 밖으로 나아가 삼대로 선다. 선모는 북·동남·서남쪽에 있는 두 협무와 차례로 마주 보고 춤을 춘다. 선모는 가운데에서 춤을 추고, 좌죽간자를 선두로 서향하며 나아가 족자·우죽간자·우대 3인·좌대 3인이 차례로 둥글게 돌면서 춤을 추고, 다

185 한국예술종합학교 전통예술원, 『국역헌종무신진찬의궤』 卷一(서울: 민속원, 2004), 115~116쪽.
186 〈荷皇恩〉, 『呈才舞圖笏記』, 1994, 430쪽; 1980, 150쪽.
187 〈荷皇恩〉, 『呈才舞圖笏記』, 1994, 430쪽.
188 〈荷皇恩〉, 『呈才舞圖笏記』, 1994, 430쪽.

같이 처음 대열로 서서 북향하고 선다. 족자와 죽간자가 다 같이 물러나면 춤이 마친다. 〈하황은〉의 춤 대형은 2대 좌우대형과 삼대대형으로 구성된다. 2대 좌우대형에서는 〈그림 123-가〉처럼 무용수 전체가 무진·무퇴를 하고 북향무를 추고, 삼대대형에서는 〈그림 123-나〉처럼 무대 가운데 선모가 북대 2인, 동남 2인, 서남 2인과 차례로 마주 보고 춤을 춘다.

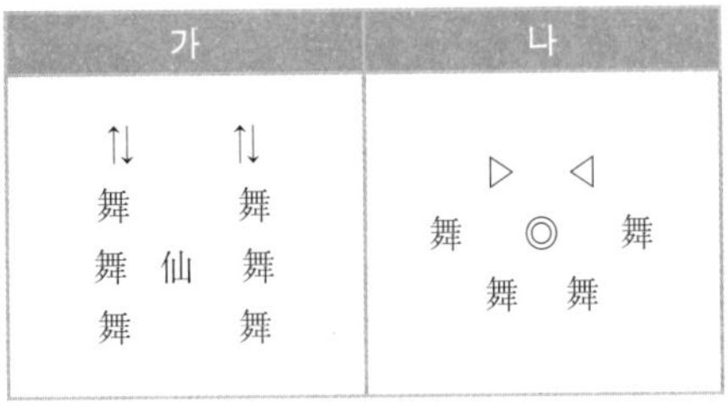

〈그림 123〉 조선후기 〈하황은〉의 대형 구성

조선후기의 홀기 기록에 의하면 〈하황은〉을 춘 정재여령은 금홍(錦紅)·도화(桃花)·산홍(山紅)·소월(小月)·채봉(彩鳳)·혜옥(蕙玉)·금화(錦花)·채희(彩喜)·운향(雲香)·화향(花香)이고, 정재무동은 김억만(金億萬)·김윤성(金允成)·김황룡(金黃龍)·박봉남(朴鳳男)·오석숭(嗚石崇)·오수산(嗚壽山)·이수형(李壽亨)·최덕만(崔德萬)·최삼룡(崔三龍)·한기복(韓奇福)이다. 〈하황은〉을 춘 정재여령 출신은 의녀로 구성되었는데, 족자는 화향이 맡았고, 죽간자는 금화·채희가 맡았고, 선모는 운향이 맡았고, 협무는 금홍·도화·산홍·소월·채봉·혜옥이 맡아 추었다. 〈하황은〉의 반주곡은 여민락령·보허자령·향당교주로, 당악과 향악 계열의 음악을 이중적 구조로 구성하여 연주하였다. 여러 연향에서 추어질 때 음악곡명을 감황은지곡(感皇恩之曲)으로 사용하였는데, 이것은 연향의 성격에 따라 음악의 명칭을 아명으로 사용한 것이다.

(41) 학무(鶴舞)

〈학무〉는[188] 학을 모방한 탈을 입고 추는 춤으로, 조선전기부터 시작하여 조선후기로 이어져 온 향악정재이다. 조선전기에 추어진 〈학무〉는 백학(白鶴)·

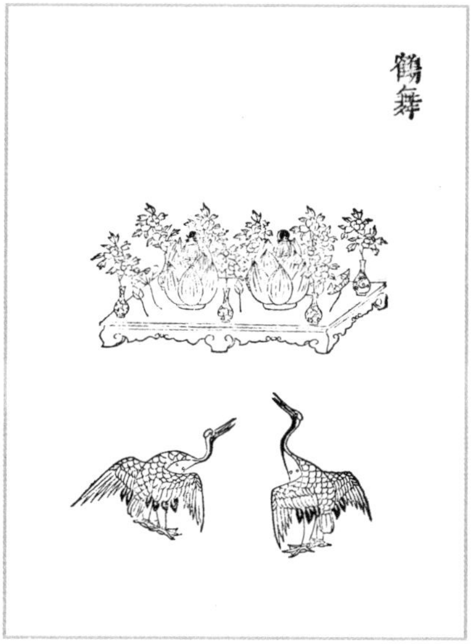

鶴舞
蓮筒 靑鶴
池塘板
蓮筒 黃鶴
樂奏彩雲仙鶴之曲(鄉唐交奏)○拍靑鶴黃鶴翺翔蹈進池塘前
分東西北向而立○拍振身鼓喙○拍足蹈進二步(進步時內足先進皆足蹈)
內顧○拍進二步外顧○拍進二步內顧○拍進二步外顧○拍內旋而
池塘進二步內顧○拍進二步外顧○拍進一步俛而啄擧首鼓喙

청학(靑鶴) 2마리가 추었고, 조선후기에는 황학(黃鶴)·청학 2마리가 추어 시대별로 의상의 색상에 차이를 보인다. 〈학무〉는 진주 교방에서도 추었는데 이때는 백학 2마리가 추었다. 〈학무〉에서 사용하는 지당판은 연못을 상징하는데, 이 지당판은 북쪽에 설치하고 학은 남쪽에서 춘다.

조선후기의 〈학무〉는 『정재무도홀기』에 6편이[190] 전한다. 무용수 구성은 2인이며, 〈학무〉 의상 또한 청학·황학으로 모두 같다.

〈학무〉 내용을 정리하면, 청학과 황학이 날아 지당(池塘) 앞에 동과 서로 나누어 서서 북쪽을 향하여 몸을 흔들며 부리를 부딪치며 춤춘다. 북쪽과 지당을 향해 앞으로 두 걸음 나아가 안쪽과 바깥쪽을 돌아보며 춤추고, 구부려 쪼고, 머리를 들어 부리를 부딪치고, 땅에 부비고, 머리를 들어 부리를 부딪치며 추는 춤을 반복하여 춘다. 춤의 방향은 북쪽과 지당판인데, 내선을 2차례 하여 북쪽을 향해 앞에서와 같은 춤을 추고, 내선을 3차례 하여 지당판을 향해 앞에서와 같은 춤을 춘다. 마지막 3번째 회선한 다음에는 지당판 남쪽에

189 〈학무〉의 유래에 대한 내용은 조선전기 〈학무〉를 참조바람.

190 〈鶴舞〉, 『呈才舞圖笏記』, 1994, 69·134·361·478·514쪽; 1980, 179쪽.

서서 안쪽 발을 들었다 놓으며 연통 안쪽을 보고 바깥쪽 발을 들었다 놓으며 연통 바깥쪽을 보고, 안쪽 발을 들었다 놓으며 구부려 연통 남쪽[南]을 바라본다. 부리로 연통을 쪼아 두 동자(童子)가 그 속에서 나오면 학이 깜짝 놀라 물러나면 춤이 마친다.

〈학무〉는 2인으로 구성되어 춤추는 내내 〈그림 124〉처럼 일렬대형을 유지하며 춤추는데, 지당판이 북쪽에 위치하였으므로 학이 춤추는 공간은 지당의 남쪽이다. 2마리 학이 일렬대형으로 서서 무진·무퇴하고 상대·상배하면서 내선하여 모이를 쪼고 부리를 부비는 동작을 묘사하며 춤을 춘다.

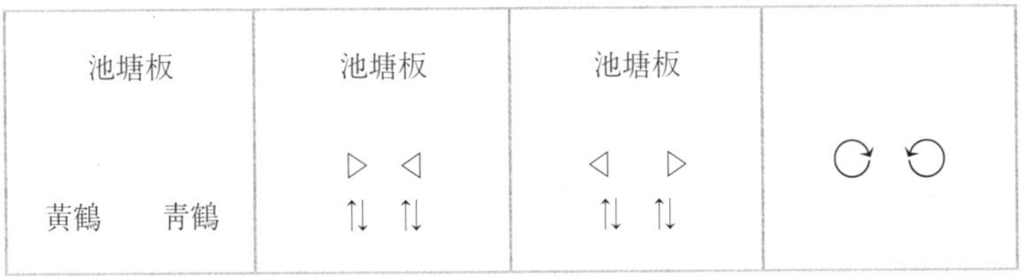

〈그림 124〉 조선후기 〈학무〉의 대형 구성

조선후기의 홀기 기록에 의하면 〈학무〉의 반주곡은 보허자령과 향당교주 2가지로 구분하여 사용하였다. 여러 연향에서 추어질 때마다 음악곡명을 채운선학지곡(彩雲仙鶴之曲)·채운선학인(彩雲仙鶴引)·채운선학인지곡(彩雲仙鶴引之曲)으로 사용하였는데, 이것은 연향의 성격에 따라 음악의 명칭을 다르게 붙여 아명으로 사용한 것이다.

(42) 항장무(項莊舞)

〈항장무〉는 중국 진(秦)나라 말기에 항우의 조카 항장(項莊)이 유방을 죽이려고 칼춤을 추던 일을 무극화한 춤이다. 이 춤은 고종 계유년(癸酉, 1873)에 평안도 선천(宣川) 지방에서 유행하던 무극(舞劇)을 처음으로 궁중에 들여왔다.[190] 항장이 춤을 춘 데서 이름 붙여진 〈항장무〉는 당시 전장에 있었던 상황을 대사로 만들고 이에 따른 동작을 묘사하고 칼춤을 추는 것으로 진행하였고, 〈항장무〉가 궁중에서 추어질 때는 보다 더 의식적인 군례의 모습을 갖추어 추었다.

조선후기의 〈항장무〉는 『정재무도홀기』에 5편이[192] 전하고, 모두 여령정재로 추었다. 춤 내용 보다는 대부분 군례를 행하는 대사로 되어 있고, 등장하는 무용수는 당시 전장의 사실적인 인물을 묘사한 항우·우미인(虞美人)·범증·진평(陣平)·패공(沛公)·장양·번증·항장·항백과 그 밖에 여령(女伶)·취고수(吹鼓手) 등과 같은 많은 인원이 동원되었다.

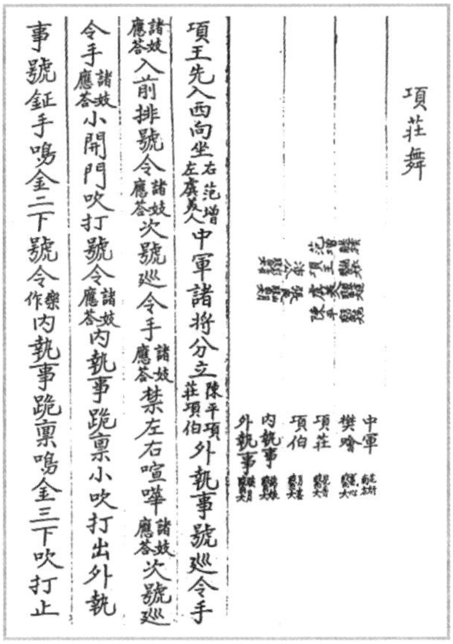
項莊舞

中軍 樊噲 項莊 項伯 內執事 外執事

項王先入西向坐 右范增 左虞美人 中軍諸將分立 陳平項莊項伯 外執事號巡令手 諸妓應答 入前排號令 諸妓應答 次號巡令手 諸妓應答 禁左右喧嘩 諸妓應答 次號巡令手 諸妓應答 小開門吹打號令 諸妓應答 內執事跪稟小吹打出外執事號鉦手鳴金二下號令 作樂 內執事跪稟鳴金三下吹打止

조선후기의 홀기 기록에 의하면 〈항장무〉를 춘 정재여령은 금낭(錦娘)·도홍(桃紅)·명옥(明玉)·봉심(鳳心)·산월(山月)·영월(暎月)·월색(月色)·월희(月喜)·채희(彩喜)·초운(楚雲)·화연(花姸)·화향(花香)·금운(錦雲)·금화(錦花)·금희(錦喜)·부용(芙蓉)·소도(小濤)·소월(小月)·연홍(姸紅)·정희(貞喜)·행화(杏花)·혜옥(蕙玉)·가패(佳珮)·난옥(蘭玉)·벽도(碧桃)·월섬(月蟾)·소옥(笑玉)·연홍(蓮紅)·유앵(柳鶯)·진옥(眞玉)·춘홍(春紅)·홍도(紅桃)이다. 〈항장무〉를 춘 정재여령 출신은 의녀·상방·평양기·선천기로 구성되었는데, 외집사는 가패, 범증은 난옥, 진평은 벽도, 패공은 월섬, 외집사와 항장은 소옥, 중군과 번쾌는 연홍, 장랑은 유앵, 항우는 진옥, 내집사와 항백은 춘홍, 우미인은 홍도가 각각 역할을 맡아 추었다.

(43) 향령무(響鈴舞)

〈향령무〉는 여러 개의 방울[金鈴]을 묶어 만든 무구[향령]를 음악의 박자에 따라 흔들고 떨쳐 뿌리며 춤을 춘다. 순조 무자년에 처음 기록이 전하는데 중

191 정은혜, 『呈才研究Ⅰ』, 1993, 352쪽.

192 〈項莊舞〉, 『呈才舞圖笏記』, 1994, 33·141·366·520쪽; 1980, 187쪽.

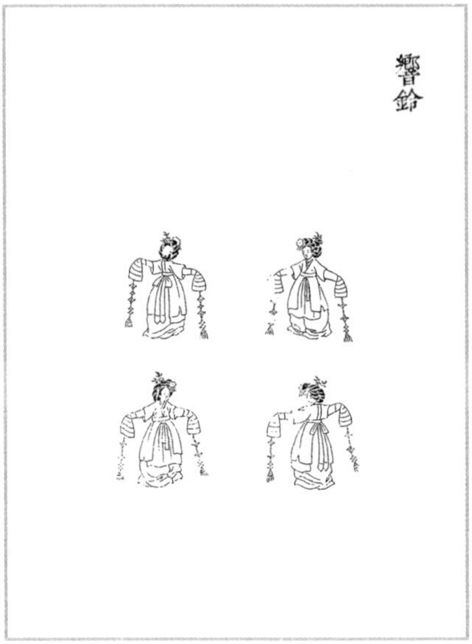

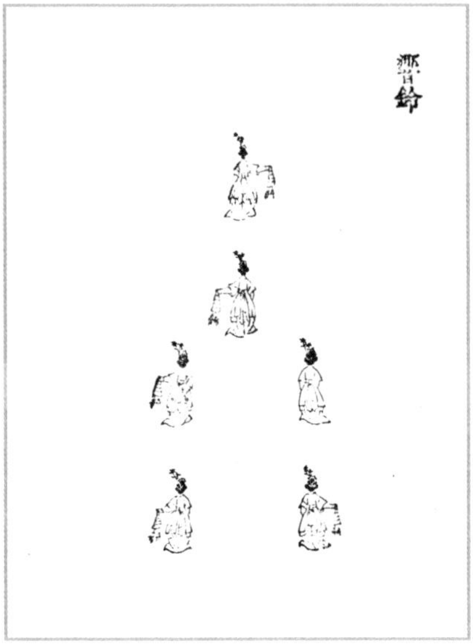

국 당나라에 추어진 춤을 본떠 만들었으며, 우리 조정에서는 시대별로 혹은 연향에 따라 무용수의 수를 가감하여 추었고 이에 맞추어 정재대형도 다르게 구성하여 추었다. 예로 협무 4인[193] 구성은 2대 좌우대형으로 서고, 협무 6인 구성은 품자대형으로 서서 춤을 추었다. 조선후기의 『정재무도홀기』에는 협무 6인 구성의 〈향령무〉가 전하는데, 헌종 무신 진찬 때에는 협무 4인 구성의 〈향령무〉가 추어졌고 이때의 악장은 헌종이 지은 것으로[194] 전해진다.

> 순조 무자 『진작의궤』에[195] 따르면, "○당나라 때 연악(燕樂) 법곡(法曲) 중에 동발상화지악(銅鈸相和之樂)이 있었다. 우리 조정의 향악에서 모방하여 사용했다"라고 하였다.

---

193 "…(前略) ○女妓四人, 各繫鈴於左右手指, 並北向, 隨樂節搖響而舞 …(전략) ○여기 4인이 각기 방울을 좌우 손가락에 매달고 모두 북향하여 악절에 따라 방울을 울리며 춤춘다." 憲宗 戊申 『進饌儀軌』에 제시된 〈響鈴舞〉는 실제 무용수 4인으로 구성되어 추어진 사실을 儀軌의 呈才樂章 기록에서 확인되었다. 憲宗 戊申 『進饌儀軌』 卷六, 57쪽; 한국예술종합학교 전통예술원, 『국역헌종무신진찬의궤』 卷一(서울: 민속원, 2004), 137~138쪽.

194 한국예술종합학교 전통예술원, 『국역헌종무신진찬의궤』 卷一(서울: 민속원, 2004), 22쪽.

195 이의강, 『국역순조무자진작의궤』(서울: 보고사, 2006), 308쪽.

또한 "○금령(金鈴) 10개를 좌우 손에 나누어 묶고, 박(拍)에 맞추어 손뼉을 치고 돌면 소리가 나는데, 이름을 향령(響鈴)이라 한다"라고 하였다.

또한 "○무동 1인이 앞에 서고 1인은 뒤에 있고 또 4인은 두 대가 되어 그 뒤에 있다. 각각 방울을 좌우의 손가락에 매달고 모두 북향하여 악절에 따라 향령을 흔들면서 춤을 춘다"라고 하였다.

헌종 무신 『진찬의궤』에[196] 의하면, "○여기 4인이 각기 방울을 좌우 손가락에 매달고 모두 북향하여 악절에 따라 방울을 울리며 춤춘다"라고 하였다.

조선후기의 〈향령무〉는 『정재무도홀기』에 8편이[197] 전하고, 여령정재와 무동정재로 추어졌으며, 무용수 구성은 협무 6인이다.

〈향령무〉 내용을 정리하면, 협무 6인이 품(品)자 대형으로 서서 손을 여미고 족도하며 앞으로 나아가 향령을 흔들고 창사를 부르며 춤을 춘다. 다 같이 좌우 손을 떨쳐 뿌려 아래로 드리워 향령을 치며 향령창(響鈴唱) 무두사(務頭詞)를 부르고, 왼쪽[左小轉]과 오른쪽[右小轉]으로 돌고 합선(合蟬)하여 향령창(響鈴唱) 중박사(中拍詞)를 부른다. 왼손[左打場]과 오른손[右打場]을 치고, 왼손[左呈手], 오른손[右呈手], 양손을 들어[合呈手] 향령창 미후사(尾後詞)를 부른다. 손을 여미고 족도하며 뒤로 물러나면 춤이 마친다. 〈향령무〉는 춤추는 내내 〈그림 125〉와 같이 품자대형으로 서서 춤을 춘다. 몸을 북향 혹은 좌와 우로 돌리며 오른손·왼손 혹은 양손의 향령을 흔들고 창사를

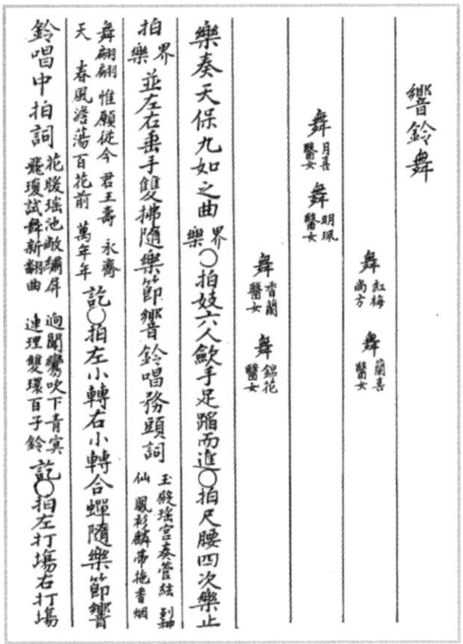
響鈴舞
舞 紅梅 尙方 舞 蘭喜 醫女
舞 月喜 醫女 舞 明珮 醫女
舞 香蘭 醫女 舞 錦花 醫女
樂奏天保九如之曲 界樂 ○拍 妓六人斂手足蹈而進 ○拍 尺腰四次 樂止
拍 界樂 並左右垂手雙拂 隨樂節 響鈴唱務頭詞 玉殿瑤宮奏管絃 列仙 鳳衫麟帶拖香烟
舞翩翩 惟願從今 君王壽 永壽天 春風澹蕩百花前 萬年年 訖 ○拍 左小轉右小轉合蟬 隨樂節 響
鈴唱中拍詞 花媛瑤池斂繡屛 飛瓊試舞新翻曲 迴闌鸞吹下青冥 連理雙環百子鈴 訖 ○拍 左打場右打場

196 한국예술종합학교 전통예술원, 『국역헌종무신진찬의궤』 卷一(서울: 민속원, 2004), 137~138쪽; 憲宗 戊申 『進饌儀軌』 卷六, 57쪽.

197 〈響鈴舞〉, 『呈才舞圖笏記』, 1994, 43·115·224·280·345·464·512쪽; 1980, 169쪽.

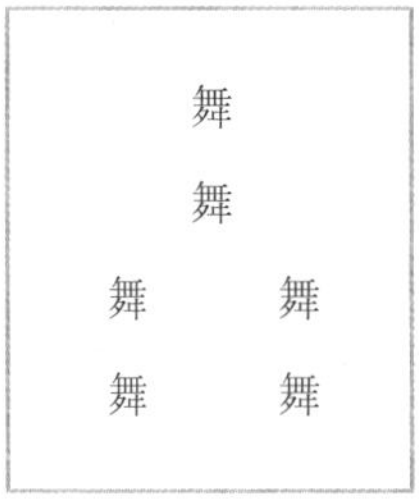

〈그림 125〉 조선후기 〈향령무〉의 대형 구성

부르면서 춤을 춘다.

조선후기의 홀기 기록에 의하면 〈향령무〉를 춘 정재여령은 금낭(錦娘)·도홍(桃紅)·봉심(鳳心)·옥엽(玉葉)·월색(月色)·월출(月出)·금화(錦花)·난희(蘭喜)·명패(明珮)·월희(月喜)·향란(香蘭)·홍매(紅梅)이고, 정재무동은 김구일(金九日)·김천만(金千萬)·박호산(朴好山)·성유상(成有相)·오석숭(嗚石崇)·이만수(李萬壽)·김억만(金億萬)·김윤성(金允成)·김황룡(金黃龍)·박봉남(朴鳳男)·오수산(嗚壽山)·한기복(韓奇福)·이구용(李龜龍)·이수명(李壽命)·이수산(李壽山)·이수억(李壽億)·이용진(李用振)·이학돌(李學乭)이다. 〈향령무〉를 춘 정재여령 출신은 상방과 의녀로 구성되었는데, 상방 소속 출신의 홍매를 제외한 나머지 여령은 모두 의녀소속들이다. 〈향령무〉의 반주곡은 계락으로 구성하였고, 여러 연향에서 추어질 때마다 음악곡명을 천보구여지곡(天保九如之曲)·낙천추지곡(樂千秋之曲)·축성인지곡(祝聖人之曲)·해옥첨주지곡(海屋添籌之曲)·옥연환(玉連環)으로 사용하였는데, 이것은 연향의 성격에 따라 음악의 명칭을 다르게 붙여 아명으로 사용한 것이다.

(44) 향발무(響鈸舞)

〈향발무〉는 양손의 엄지와 모지에 향발(響鈸)을 끼고 음악의 절차에 따라 쨍그랑하고 소리를 내면서 춤을 춘다. 〈향발무〉는 시대별로 무용수 구성에 차이를 두고 추었는데, 조선전기에는 협무 8인이 추었고, 조선후기에는 연향의 성격에 따라 2인·4인·8인 등 무용수의 수를 다양하게 구성하여 추었다. 조선후기의 『정재무도홀기』에는 협무 2인 구성의 〈향발무〉만 전하지만, 의궤 정재도와 악장 기록을 통해 연향에 따라 협무 2인·4인[198]·8인 구성의 〈향발무〉가 추어진 것을 알 수 있다. 무용수 구성에는 차이가 있지만 춤 내용은 각각의

198 순조 기축년에는 무동은 2인, 여령은 4인으로 구성하여 〈향발무〉를 추었다. 宋芳松·金鍾洙, 『國譯純祖己丑進饌儀軌』 卷一(서울: 민속원, 2007), 455·462쪽.

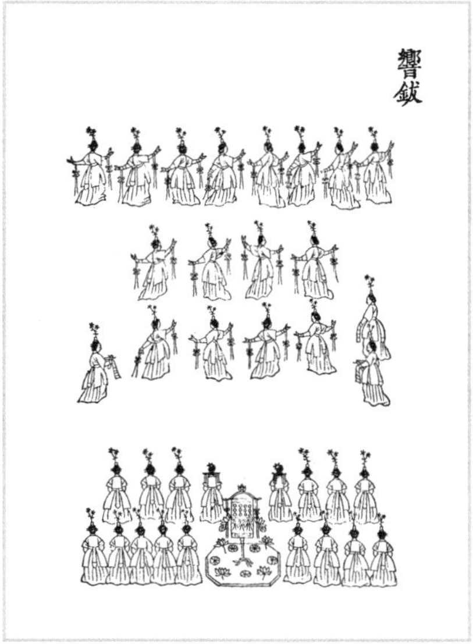

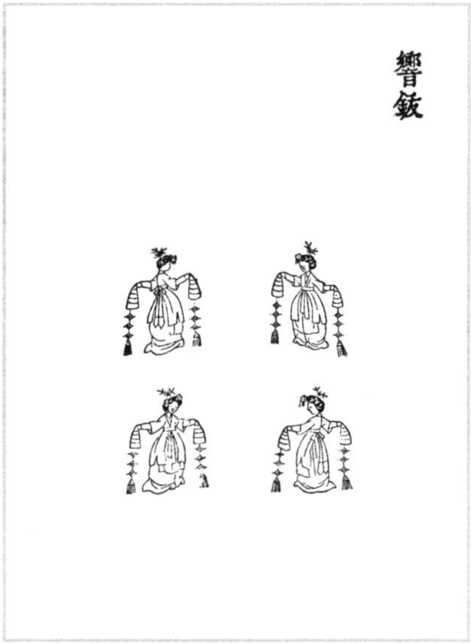

대형에서 마주보기도 하고, 두 팔을 펴 들고 북향하여 춤추고, 내수(內袖)를 뒤로 여미기도 하고 혹은 앞으로 구부려 드는 등 다양한 춤사위를 구사하며 추었다.

> 순조 무자 『진작의궤』에[199] 의하면, "○유철을 사용하여 만들고, 좌우의 손에 묶어 서로 두드려 춤추는 박자로 삼는다"라고 하였다.
>
> 또한 "○두 무동이 각각 좌우의 손에 묶어 음악 박자에 따라 향발을 치며 춤춘다"라고 하였다.

조선후기의 〈향발무〉는 『정재무도홀기』에 2편이[200] 전하고, 여령정재와 무동정재로 추어졌으며 무용수 구성은 협무 2인이다.

〈향발무〉 내용을 정리하면, 협무 2인이 향발을 좌우 손에 미리 끼고 양손을 미간(眉間)에서 마주잡고 나아가 팔을 펼치고 향발을 세 번 치고, 서로 마

199 이의강, 『국역순조무자진작의궤』(서울: 보고사, 2006), 68쪽.

200 〈響鈸舞〉, 『呈才舞圖笏記』, 1994, 426쪽; 1980, 112쪽.

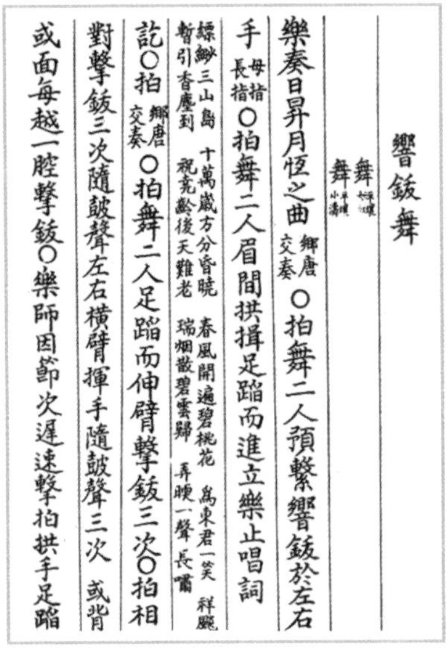
響鈸舞

舞 平壤妍紅
舞 平壤小濤

樂奏日昇月恒之曲 鄕唐交奏 ○拍舞二人預繫響鈸於左右
手 母指長指 ○拍舞二人眉間拱揖足蹈而進立樂止唱詞
縹緲三山島 十萬歲方分昏曉 春風開遍碧桃花 爲東君一笑 祥飇暫引香塵到 祝堯齡後天難老 瑞烟散碧雲歸 弄晩一聲長嘯
訖○拍 鄕唐交奏 ○拍舞二人足蹈而伸臂擊鈸三次○拍相
對擊鈸三次隨鼓聲左右橫臂揮手隨鼓聲三次 或背
或面每越一腔擊鈸○樂師因節次遲速擊拍拱手足蹈

주 보고 향발을 세 번 치고, 북소리에 따라 좌우로 팔을 펼치고 손을 휘두르며 북소리에 따라 세 번 치고, 혹은 등을 지고 혹은 마주 보고 매 장단이 지날 때마다 향발을 치며 춤을 춘다. 음악의 속도에 따라 치는 박 소리에 맞춰 춤추다가 손을 모아 족도하며 물러나면 음악이 그친다. 〈향발무〉는 〈그림 126〉과 같이 일렬대형에서 북향무·상대·상배하며 향발을 치면서 춤을 춘다.

조선후기의 홀기 기록에 의하면 〈향발무〉를 춘 정재여령은 평양기 소속인 소도(小濤)·연홍(姸紅)이고, 정재무동은 박창준(朴昌俊)·성인동(成仁童)이다. 〈향발무〉의 반주곡은 향당교주로 구성하였고, 연향에서 추어질 때는 음악곡명을 일승월항지곡(日升月恒之曲)이라는 아명을 붙여 사용하였다.

舞 舞 ⇅ ⇅	▷ ◁	◁ ▷

〈그림 126〉 조선후기 〈향발무〉의 대형 구성

(45) 헌선도(獻仙桃)

〈헌선도〉는 고려시대부터 시작하여 조선전기를 거쳐 조선후기까지 이어져 온 당악정재이다.[201] 군왕의 송수를 기리기 위하여 선모[왕모]가 선계에서 내려와 선도를 바친다는 내용의 춤이다. 〈헌선도〉는 조선후기로 오면서 연향에 따라 내용이 변화되어 추어졌는데, 선모와 죽간자가 구호 및 치어를 생략하거나 다른 정재의 내용을 일부 차용하여 추기도 하였다. 〈헌선도〉는 1537년(중종 30) 3월 초 잡희(雜戲)에 가깝다고 했으나 조선후기까지 전승되었다.

201 〈헌선도〉의 유래는 고려시대와 조선전기의 내용을 참조하기 바람.

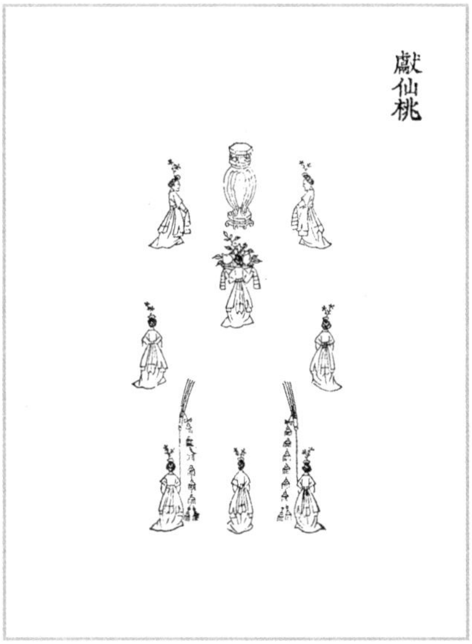

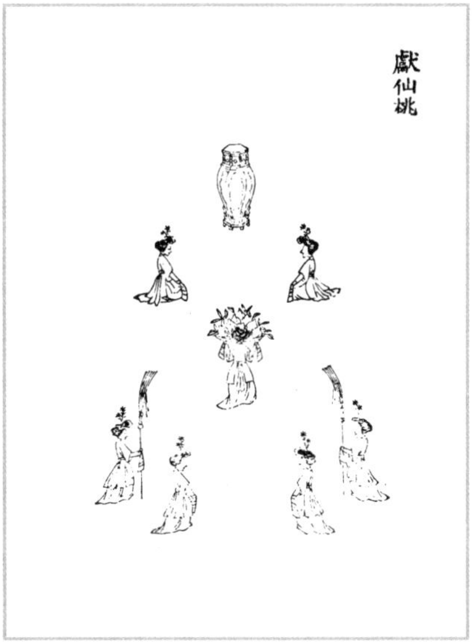

고종 신축 『진연의궤』에[202] 의하면, "○송(宋)나라 때 사곡(詞曲) 중에 선려궁왕모도(仙呂宮王母桃)라는 이름이 있었다"라고 하였다.

또한 "○고려조에서 이것을 모방하여 헌선도곡(獻仙桃曲)을 지어서 송축(頌祝)의 음악으로 사용했는데, 우리 조정에서도 이것을 사용했다"라고 하였다.

또한 "○복숭아〔桃〕는 모두 3개로 나무를 다듬어서 만들고, 가지와 잎은 구리와 철사로 만들어서 은반(銀盤)에 담는다"라고 하였다.

또한 "○헌도탁(獻桃卓)을 앞에 설하고, 탁(卓)의 좌우에 여기(女妓) 2인이 나뉘어 서로 향하여 서면, 1인이 도반(桃盤)을 받들고 나아간다. 1인은 동쪽에, 1인은 서쪽에, 1인은 뒤에 자리하고 있다가, 모두 북향하여 춤춘다. 또 2인은 죽간자를 받들고 그 뒤에 나뉘어 선다. 무동정재도 이와 같지만, 죽간자를 든 이는 구호를 하지 않고 선모라 칭하는 이가 선도반(仙桃盤)을 받든다"라고 하였다.

조선후기의 〈헌선도〉는 『정재무도홀기』에 9편이[203] 전하고, 여령정재와 무

202 한국예술종합학교 전통예술원, 『高宗辛丑進宴儀軌』 卷一(서울: 민속원, 2001), 140~141쪽.

동정재로 추어졌다. 무용수는 죽간자 2인·선모 1인·협무 2인으로 구성되었으며 무동정재에서는 죽간자의 구호와 선모 및 협무가 부르는 창사를 생략하기도 하였다. 정재홀기에는 〈헌선도〉를 3가지 내용으로 추었는데, 살펴보면 다음과 같다.

가) 헌선도

〈헌선도: 가〉[204] 내용을 정리하면, 악사가 탁자를 전내에 놓고 나간다. 죽간자가 나아가 구호를 부르고, 여민락령을 연주하면 뒤로 물러나 선다. 선모와 협무는 춤을 추며 앞으로 나아가 손을 여미고 족도하고, 선모는 족도하며 앞으로 조금 나아가 선도반을 받들고 치어를 부르고 탁자 위에 올려놓고 엎드려 절하고 일어서서 족도하며 뒤로 물러나 서면, 음악이 그친다. 선모는 오른손을 들고 협무는 다 같이 바깥쪽 손을 들고 음악의 절차에 따라 미전사를 부른다. 선모는 대를 벗어나지 않고 빙글빙글 돌며 춤을 추다가 다시 북쪽을 향

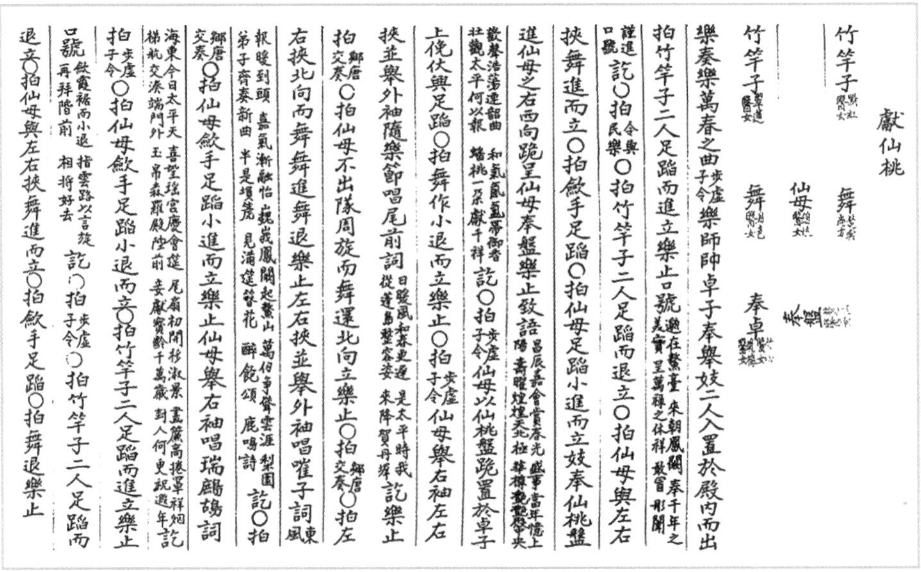
獻仙桃
竹竿子　舞
仙母　奉盤
竹竿子　舞　奉卓
樂奏樂萬春之曲 步虛子令 樂師帥卓子奉擧妓二人入置於殿內而出
拍竹竿子二人足蹈而進立樂止口號 邀在鰲臺 來朝鳳闕 奉千年之美實 呈萬福之休祥 敢冒彤闈
謹進口號 訖○拍 令與民樂○拍竹竿子二人足蹈而退立○拍仙母與左右
挾舞進而立○拍斂手足蹈○拍仙母足蹈小進而立妓奉仙桃盤
進仙母之右西向跪呈仙母奉盤樂止致語 昌辰嘉會賞春光 盛事當年憶上陽 壽曜煌煌天北極 華樽灩灩瑞中央
歡聲浩蕩連韶曲 和氣氤氳帶御香 壯觀太平何以報 蟠桃一朶獻千祥 訖○拍 步虛子令 仙母以仙桃盤跪置於卓子
上俛伏興足蹈○拍舞作小退而立樂止○拍 步虛子令 仙母擧右袖左右
挾並擧外袖隨樂節唱尾前詞 日暖風和春更遲 是太平時 我從蓬島整容姿 來降賀丹墀 訖樂止
拍 鄕唐交奏○拍仙母不出隊周旋而舞還北向立樂止○拍 鄕唐交奏○拍左
右挾北向而舞舞進舞退樂止左右挾並擧外袖唱嗺子詞 東風
報暖到頭 嘉氣漸融怡 巍峨鳳闕起鰲山 萬仞爭聳雲涯 梨園弟子齊奏新曲 半是塤篪 見滿筵簪花 醉飽頌鹿鳴詩 訖○拍
鄕唐交奏○拍仙母斂手足蹈小進而立樂止仙母擧右袖唱瑞鷓鴣詞
海東今日太平天 喜望瑤宮慶會筵 尾扇初開彤淑景 畫簾高捲罩祥烟 梯航交湊端門外 玉帛森羅殿陛前 妾獻寶齡千萬歲 封人何更祝遐年 訖
拍 步虛子令○拍仙母斂手足蹈小退而立○拍竹竿子二人足蹈而進立樂止
口號 歛霞裾而小退 指雲路以言旋 再拜階前 相將好去 訖○拍 步虛子令○拍竹竿子二人足蹈而
退立○拍仙母與左右挾舞進而立○拍斂手足蹈○拍舞退樂止

203 〈獻仙桃〉, 『呈才舞圖笏記』, 1994, 95·158·195·250·309·385·409·427쪽; 1980, 109쪽.

204 〈獻仙桃〉, 『呈才舞圖笏記』, 1994, 95·158·309·385·409쪽; 1980, 109쪽.

하여 돌아선다. 협무는 북쪽을 향하여 춤을 추고 무진·무퇴하면 음악이 그치고 바깥쪽 손을 들고 최자사(嗺子詞)를 부른다. 선모는 손을 여미고 족도하며 앞으로 조금 나아가 오른손을 들고 서자고사(瑞鷓鴣詞)를 부르고 뒤로 조금 물러나 선다. 죽간자 2인이 나아가 구호를 부르고 뒤로 조금 물러나고, 선모와 협무가 무진·무퇴하면 춤이 그친다.

〈헌선도: 가〉는 일렬대형과 전후대형을 구성하며 춤을 춘다. 일렬대형에서는 〈그림 127-가〉처럼 무용수 전체가 무진·무퇴와 주선이무하며 춤추고, 전후대형에서는 〈그림 127-나〉처럼 선모 또는 협무가 무진·무퇴하며 춤추고, 창사를 부른다.

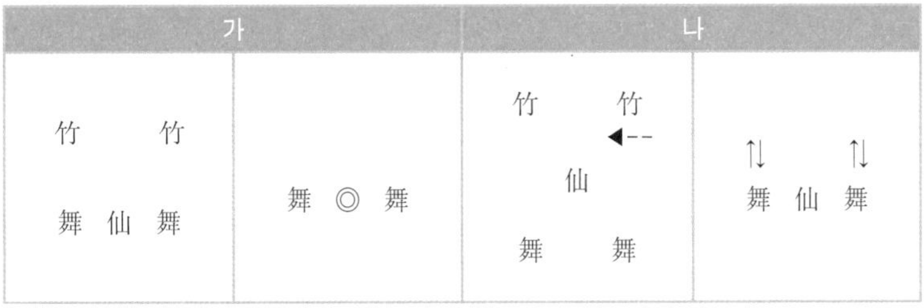

〈그림 127〉 조선후기 〈헌선도: 가〉의 대형 구성

나) 헌선도

〈헌선도: 나〉[205] 내용을 정리하면, 악사가 탁자를 전내에 놓고 나간다. 죽간자 2인이 나아가 구호를 부르고 뒤로 물러나 선다. 선모와 협무는 춤을 추며 앞으로 나아가 손을 여미고 족도한다. 선모가 앞으로 조금 나아가 선도반을 받들고 치어를 부르고, 탁자 위에 올려놓고 엎드렸다가 일어나 춤을 추며 뒤로 조금 물러나면 음악이 그친다. 선모는 오른손을 들고 협무는 다 같이 바깥쪽 손을 들고 음악의 절차에 따라 미전사를 부른다. 선모와 협무는 각각 서로 마주 보고 춤추고, 서로 등을 지고 춤추고, 협무는 다 같이 바깥쪽 손을 들고 최자사(嗺子詞)를 부른다. 선모와 협무는 둥글게 돌아 처음의 자리로 되돌아오

205 〈獻仙桃〉, 『呈才舞圖笏記』, 1994, 195·250쪽.

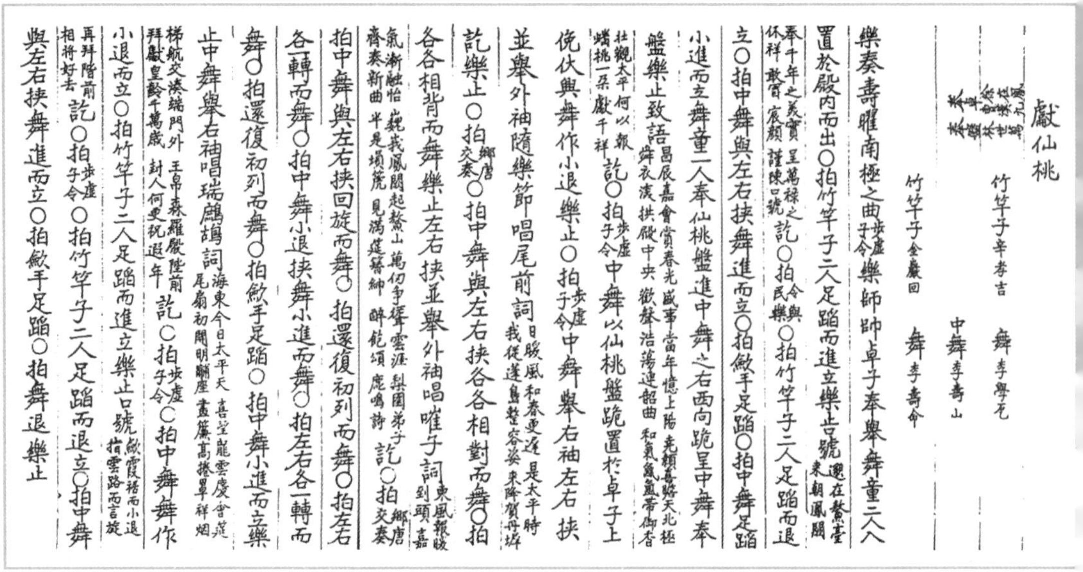
獻仙桃

竹竿子 辛孝吉　舞 李學乭
中舞 李壽山
竹竿子 金巖回　舞 李壽命

樂奏壽曤南極之曲(步虛子令)樂師帥卓子奉擧舞童二人
置於殿內而出○拍竹竿子二人足蹈而進立樂止口號(還在蓬臺 來朝鳳闕
奉千年之美實 呈萬祿之休祥 敢冒宸顔 謹陳口號)訖○拍(與民樂令)○拍竹竿子二人足蹈而退
立○拍中舞與左右挾舞進而立○拍斂手足蹈○拍中舞足蹈
小進而立舞童一人奉仙桃盤進中舞之右西向跪呈中舞奉
盤樂止致語(昌辰嘉會賞春光 盛事當年憶上陽 克頼嘉賠天北極 舞衣淺拱殿中央 歡聲浩蕩連韶曲 和氣氤氳帶御香
壯觀太平何以報 蟠桃一朶獻千祥)訖○拍(步虛子令)中舞以仙桃盤跪置於卓子上
俛伏興舞作小退樂止○拍(步虛子令)中舞擧右袖左右挾
並擧外袖隨樂節唱尾前詞(日暖風和春更遲 是太平時 我從蓬島整容姿 來降賀丹墀)
訖樂止○拍(鄕唐交奏)○拍中舞與左右挾各各相對而舞○拍
各各相背而舞樂止左右挾並擧外袖唱嗺子詞(東風報暖到頭嘉
氣漸融怡 巍峩鳳闕起鰲山 萬仞爭聳雲涯 梨園弟子齊奏新曲 半是塤篪 見滿筵簪紳醉飽頌 鹿鳴詩)訖○拍(鄕唐交奏)
拍中舞與左右挾回旋而舞○拍還復初列而舞○拍左右
各轉而舞○拍中舞小退挾舞小進而舞○拍左右各一轉而
舞○拍還復初列而舞○拍斂手足蹈○拍中舞小進而立樂
止中舞擧右袖唱瑞鷓鴣詞(海東今日太平天 喜望龍雲慶會筵 尾扇初開明黼座 畫簾高捲罩祥烟
梯航交湊端門外 玉帛森羅殿陛前 拜獻皇齡千萬歲 封人何更祝遐年)訖○拍(步虛子令)○拍中舞舞作
小退而立○拍竹竿子二人足蹈而進立樂止口號(斂霞裾而小退 指雲路而言旋
再拜階前 相將好去)訖○拍(步虛子令)○拍竹竿子二人足蹈而退立○拍中舞
與左右挾舞進而立○拍斂手足蹈○拍舞退樂止

며 춤을 춘다. 좌우로 각각 한 번씩 돌며 춤추고, 선모는 뒤로 조금 물러나고 협무는 앞으로 조금 나아가며 춤추고, 좌우로 각각 한 번씩 돌며 춤추고 처음의 자리로 되돌아와 손을 여미고 족도한다. 선모는 조금 나아가 오른손을 들고 서자고사를 부르고 뒤로 물러나 선다. 죽간자가 나아가 구호를 부르고 뒤로 조금 물러나 서면 선모와 협무가 무진·무퇴하고 춤이 그친다.

〈헌선도: 나〉는 일렬대형과 전후대형을 구성하며 춤을 춘다. 일렬대형에서는 〈그림 128-가〉처럼 선모와 협무가 무진·무퇴와 상대·상배를 추고, 좌우일전을 춘다. 전후대형에서는 〈그림 128-나〉처럼 선모가 나아가 창사를 부르고, 선모와 좌우협무가 각각 무퇴·무진하며 춘다.

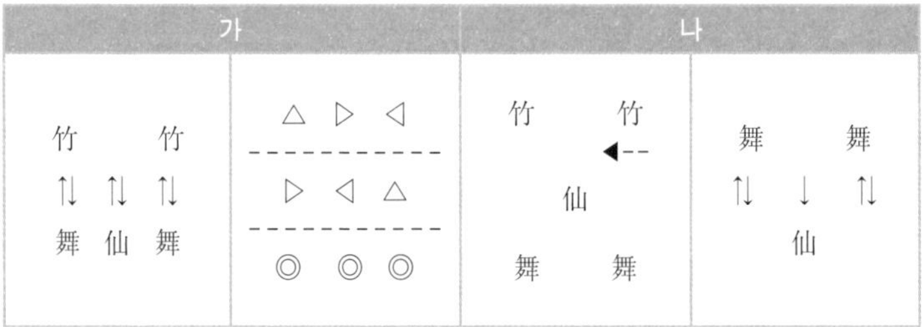

〈그림 128〉 조선후기 〈헌선도: 나〉의 대형 구성

다) 헌선도

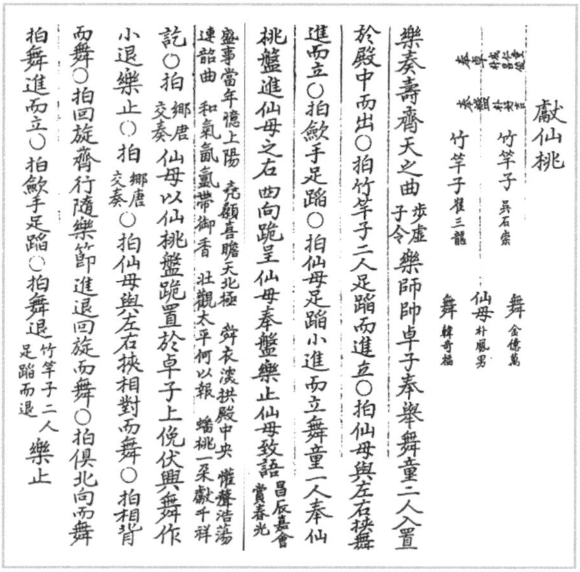
獻仙桃
竹竿子 吳石宗 舞 金德萬
仙母 朴鳳男
竹竿子 崔三龍 舞 韓奇福
樂奏壽齊天之曲 步虛子令 樂師帥卓子奉擧舞童二人入置
於殿中而出○拍竹竿子二人足蹈而進立○拍仙母與左右挾舞
進而立○拍斂手足蹈○拍仙母足蹈小進而立舞童一人奉仙
桃盤進仙母之右 西向跪呈仙母奉盤樂止仙母致語 呂辰嘉會 賞春光
盛事當年憶上陽 堯顏喜瞻天北極 舜衣濃拱殿中央 懽聲浩蕩
連韶曲 和氣氤氳帶御香 壯觀太平何以報 蟠桃一朶獻千祥
訖○拍 鄕唐交奏 仙母以仙桃盤跪置於卓子上俛伏興舞作
小退樂止○拍 鄕唐交奏○拍仙母與左右挾相對而舞○拍相背
而舞○拍回旋齊行隨樂節進退回旋而舞○拍俱北向而舞
拍舞進而立○拍斂手足蹈○拍舞退 竹竿子二人足蹈而退 樂止

〈헌선도: 다〉[206] 내용을 정리하면, 악사가 탁자를 전내에 놓고 나가면, 죽간자 2인이 나아가 선다. 선모와 협무는 앞으로 나아가 손을 여미고 족도한다. 선모는 조금 나아가 선도반을 받들고 치어를 부르고 탁자 위에 올려놓고 엎드렸다가 일어서서 뒤로 조금 물러나 선다. 선모와 협무는 각각 상대·상배하고, 둥글게 돌아 나란히 줄을 지어 무진·무퇴하고 둥글게 돌며 춤을 춘다. 북쪽을 향하여 춤을 추며 앞으로 나아가 손을 여미고 족도하고, 뒤로 물러나면 죽간자 2인이 족도하며 뒤로 물러나고, 음악이 그친다.

〈헌선도: 다〉는 일렬대형과 전후대형을 구성하며 춤을 춘다. 일렬대형에서는 〈그림 129-가〉처럼 무용수 전체가 무진·무퇴와 상대·상배하며 춤춘다. 전후대형에서는 〈그림 129-나〉처럼 선모가 나아가 창사를 부른다.

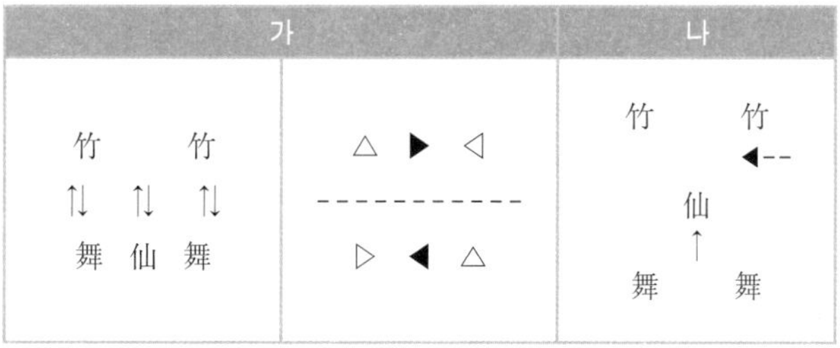

〈그림 129〉 조선후기 〈헌선도-다〉의 대형 구성

이상 3가지로 추어진 〈헌선도〉는 선모가 선도를 바치는 내용은 모두 같

206 〈獻仙桃〉, 『呈才舞圖笏記』, 1994, 427쪽. 이 내용의 일부가 〈헌천화〉와 같다.

다. 다만 선모와 협무의 춤 내용에 다음과 같은 차이를 보인다. 먼저 〈헌선도-가〉에서는 선모가 주선이무를 추고 협무가 북향하여 무진·무퇴를 춘다. 그리고 〈헌선도-나〉에서는 선모와 협무가 회선하여 초열로 서서 좌우일전을 추고, 선모는 무퇴 협무는 무진하고, 좌우일전하여 초열로 선다. 〈헌선도-다〉에서는 선모와 협무가 각각 상대·상배를 추고, 회선하여 나란히 서서 무진·무퇴를 추고 제자리로 돌아온다.

조선후기의 홀기 기록에 의하면 〈헌선도〉를 춘 정재여령은 경매(瓊梅)·경옥(瓊玉)·금낭(錦娘)·월색(月色)·점홍(點紅)·죽심(竹心)·초선(楚仙)·초운(楚雲)·취련(翠蓮)·홍매(紅梅)·난옥(蘭玉)·죽향(竹香)·보패(寶貝)·옥진(玉眞)·부용(芙蓉)·산홍(山紅)·학희(鶴喜)·화향(花香)이고, 정재무동은 김억만(金億萬)·박봉남(朴鳳男)·박창준(朴昌俊)·박호길(朴好吉)·오석숭(嗚石崇)·최삼룡(崔三龍)·한기복(韓奇福)·김암회(金巖回)·서재봉(徐在鳳)·신효길(辛孝吉)·이수명(李壽命)·이수산(李壽山)·이학돌(李學乭)·임세만(林世萬)·조한구(曺漢九)이다. 〈헌선도〉를 춘 정재여령 출신은 선천기·의녀·상방 소속으로 구성되었는데, 봉탁은 선천기 소속인 난옥과 의녀 소속인 죽향이 맡았고, 죽간자는 의녀 소속인 보패와 상방 소속인 옥진이 맡았고, 봉반은 의녀 소속인 부용이 맡았고, 선모는 산홍, 협무는 상방 소속인 학희와 의녀 소속인 화향이 맡아 추었다. 〈헌선도〉의 반주곡은 보허자령·여민락령·향당교주로, 당악과 향악 계열의 음악을 이중적 구조로 구성하여 연주하였다. 여러 연향에서 추어질 때마다 음악곡명을 낙만춘지곡(樂萬春之曲)·수요남극지곡(壽曜南極之曲)·수제천지곡(壽齊天之曲)·천보구여지곡(天保九如之曲)·해옥첨주지곡(海屋添籌之曲)으로 사용하였는데, 이것은 연향의 성격에 따라 음악의 명칭을 다르게 붙여 아명으로 사용한 것이다.

(46) 헌천화(獻天花)

〈헌천화〉는 순조 대에 효명세자가 직접 악장을 지어 올려 만든 정재로, 중국 송나라 때 천녀가 하늘에서 꽃을 뿌렸다는 고사를 본떠 만들었다. 춤의 절차와 진행되는 내용의 일부가 〈헌선도〉와 같은데, 〈헌천화〉에서는 화병을 헌

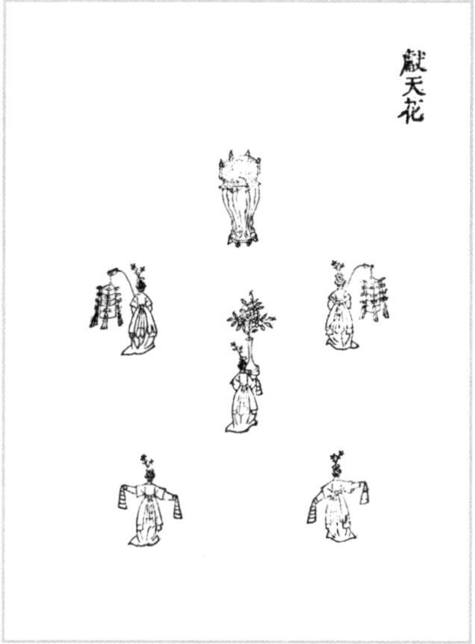

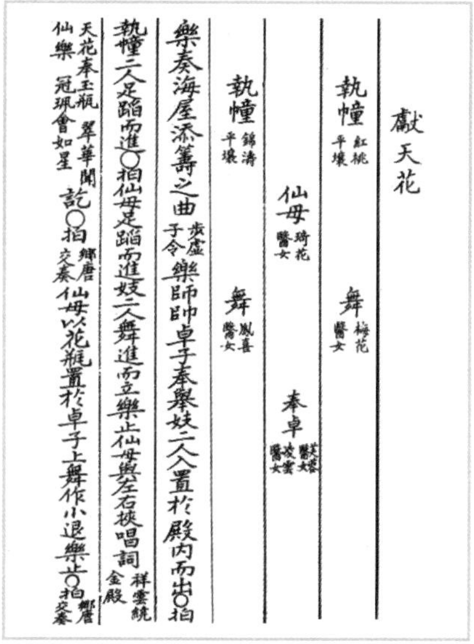
獻天花

執幢 紅桃 平壤　舞 梅花 醫女

仙母 琦花 醫女　奉卓 芙蓉 醫女 彩雲 醫女

執幢 錦濤 平壤　舞 鳳喜 醫女

樂奏海屋添籌之曲 步虛子令 樂師帥卓子奉舉妓二人入置於殿內而出○拍

執幢二人足蹈而進○拍仙母足蹈而進妓二人舞進而立樂止仙母與左右挾唱詞 祥雲繞金殿

天花奉玉瓶 翠華開仙樂 冠珮會如星 訖○拍 鄉唐交奏 仙母以花瓶置於卓子上舞作小退樂止○拍 鄉唐交奏

도하며 추는 춤으로, 연향에 따라 〈헌선도〉 정재의 내용을 일부 수용 혹은 차용하여 추어지기도 하였다.

> 순조 무자 『진작의궤』에[207] 의하면, "○헌화탁(獻花卓)을 설(設)하여 무동 2인이 당(幢)을 잡고 동서로 나눠 선다. 1인이 화병(花甁)을 받들고 나아가고, 2인은 뒤에 자리하여 북향하여 춤춘다"라고 하였다.
>
> 또한 "○『고금도서집성』에는 송나라 악무(樂舞)에 소아대(小兒隊)의 10대 중 8대를 보살헌향화(菩薩獻香花)"라 하였다.
>
> 또한 "○패문운부(佩文韻府)에는 유마힐(維摩詰)의 방에 한 천녀(天女)가 천화(天花)를 뿌렸다"라고 하였다.

조선후기의 〈헌천화〉는 『정재무도홀기』에 4편이[208] 전하고, 여령정재와 무동정재로 추어졌으며, 무용수는 집당 2인·선모 1인·협무 2인으로 구성된다.

207 이의강, 『국역순조무자진작의궤』(서울: 보고사, 2006), 290~291쪽.

208 〈獻天花〉, 『呈才舞圖笏記』, 1994, 113·312·429쪽; 1980, 119쪽.

〈헌천화〉 내용을 정리하면, 악사가 탁자를 전내에 놓고 나가면, 선모가 나아가 창사를 부르고 화병(花甁)을 탁자 위에 놓고, 선모와 협무는 서로 마주보고 등을 지고 춤을 춘다. 둥글게 돌아 나란히 줄을 지어 음악의 절차에 따라 앞으로 나아갔다 뒤로 물러나고, 다시 둥글게 돌아 다 같이 북쪽을 향하여 춤을 춘다. 〈헌천화〉의 춤 대형은 전후대형과 일렬대형으로 구성된다. 전후대형에서는 〈그림 130-가〉처럼 선모와 좌우협무가 무진하여 창사를 부르고, 선모와 좌우협무가 각각 상대·상배를 춘다. 일렬대형에서는 〈그림 130-나〉처럼 무용수 전체가 무진·무퇴를 춘다.

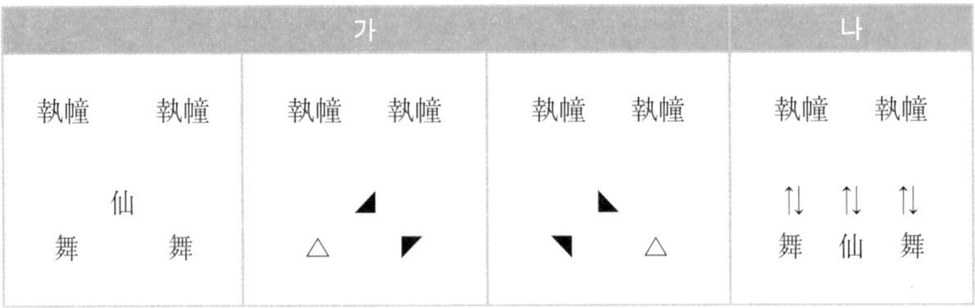

〈그림 130〉 조선후기 〈헌천화〉의 대형 구성

조선후기의 홀기 기록에 의하면 〈헌천화〉를 춘 정재여령은 금낭(錦娘)·도화(桃花)·명옥(明玉)·월색(月色)·점홍(點紅)·취련(翠蓮)·취향(翠香)·산옥(山玉)·금도(錦濤)·홍도(紅桃)·기화(琦花)·능운(凌雲)·부용(芙蓉)·매화(梅花)·봉희(鳳喜)이고, 정재무동은 김억만(金億萬)·박봉남(朴鳳男)·박창준(朴昌俊)·성인동(成仁童)·유석범(劉錫範)·이응근(李應根)·한기복(韓奇福)이다. 〈헌천화〉를 춘 정재여령 출신은 평양기와 의녀 소속으로 구성되었는데, 집당은 평양기 소속인 금도와 홍도가 맡았고, 선모는 의녀 소속인 기화가 맡았고, 봉탁은 의녀 소속인 능운과 부용이 맡았고, 협무는 의녀 소속인 매화와 봉희가 각각 맡았다. 〈헌천화〉의 반주곡은 보허자령과 향당교주로, 당악과 향악 계열의 음악을 이중적 구조로 구성하여 연주하였다. 여러 연향에서 추어질 때마다 음악곡명을 해옥첨주지곡(海屋添籌之曲)·경만년지곡(慶萬年之曲)·경방춘지곡(慶芳春之曲)으로, 이것은 연향의 성격에 따라 음악의 명칭을 다르게 붙여 아명으로 사용한 것이다.

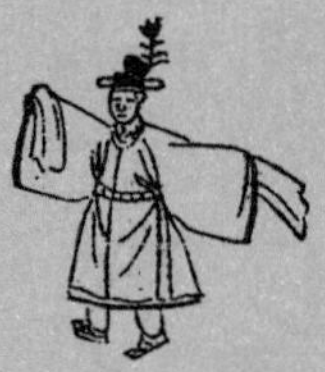

5장
일제강점기 궁중정재

1910~1945

궁중정재는 1910년 경술국치를 기점으로 새로운 국면을 맞는다. 왕조를 중심으로 추어지던 정재는 1894년 갑오경장부터 일기 시작한 근대화 물결 속에서도 그리고 1897년 고종이 대한제국 시절[1] 황제로 등극하고 조선의 마지막 황제인 순종이 승하하고 영친왕이 그 뒤를 이어 1945년 해방이 될 때까지 명목상 지속된다. 국권 상실과 서구 문물의 유입으로 인하여 모든 국민의 삶뿐만 아니라 다양한 예술분야에서 변화를 겪은 일제강점기는 무용문화의 공백기이면서도 근대와 현대를 이어주는 중간매개체로서 주요한 시점이기도 하다.

경술국치 이후 악원제도와 여악제도가 폐지되자 왕실에 예속되어 무용을 맡았던 여령과 무동들은 해산되었고, 이들은 민간조직과 단체에 흡수되어 후진을 양성하며[2] 활동하였다. 궁내에서 춤을 추던 정재여령들은 궁 해체와 함께 궁 밖으로 나가 외부에서 무용 활동을 하면서 정재를 추게 된다. 예로 1915년 가을 경복궁에서 개최된 공진회(共進會)에서는[3] 여러 조합의 기생들이 〈봉래의〉·〈수연장〉·〈오양선〉·〈헌천화〉·〈성택무〉를 공연하였고, 광교 다동 시곡권번에서는 〈춘광호〉·〈사선무〉·〈아박무〉·〈공막무〉·〈첨수무〉·〈쌍승무〉·〈산향무〉를 공연하였다. 특히 공진회를 기념하는 자리에서 펼친 기생들의 정재공연에서는 새로운 정재인 〈성택무〉를 추었는데, 기생 13인이 각기 다른 복식을 입고 13도를 상징하는 춤을 추었다.[4] 〈성택무〉는 조선전기의 〈성택〉 정재를[5] 모방한 춤으로, 당시 정재여령 및 기생들에 의해 추어진 정재는 대부분 기존에 추어왔던 것과 기존의 정재를 새로 각색하여 추었다. 이렇게

1 대한제국(大韓帝國, Korean Empire/Empire of Korea)은 1897년 10월 12일부터 1910년 8월 29일까지의 조선의 국호이다. 대한제국은 자주성과 독립성을 한층 강하게 표방하기 위해 사용된 의례상·의전상 국호이다. 참고사이트: 다음백과사전

2 김천흥, 『심소 김천흥 선생님의 우리춤 이야기』(서울: 민속원, 2005), 217쪽.

3 공진회(共進會): 1904년 서울에서 조직되었던 사회운동단체. 보부상단(褓負商團)을 모체로 하여 발족한 혁신적인 단체로, 상민회(商民會)의 후신인 진명회(進明會)를 개칭한 것이다. 참고사이트: 한국민족문화대백과사전

4 김천흥, 『심소 김천흥 선생님의 우리춤 이야기』(서울: 민속원, 2005), 226쪽.

5 조선전기의 당악정재인 〈성택〉의 무용수는 족자 1인·죽간자 2인·선모 1인·협무 8인으로 구성하여 2대 좌우대형과 8괘 대형으로 서서 춤을 춘다.

궁내에서 추어지던 정재가 궁 외부 기생들에 의해 본격적으로 활동할 수 있었던 것은 당시 조선정악전습소(朝鮮正樂傳習所)의 학감이던 하규일(河圭一)이[6] 다동조합을 만들어 노래와 춤을 가르치기[7] 시작하면서이다. 기생조합의 활동이 본격화되면서 대부분의 기생들은 조합을 통해서만 활동이 자유로울 수 있었고 여기에 가입한 기생들에 의해 명분상으로나마 정재가[8] 지속될 수 있게 된다. 반면 정재 무동인은 1900년대 초까지 궁내에서 활동하다가 경술국치 이후 장악원이 해산되면서 궁내에서의 활동이 금지되었으나 1923년 순종황제의 50세 탄신일을 기점으로 재현의 기회를 얻게 된다. 이왕직아악부에 소속되면서부터 궁중을 떠나 외부에 나가 춤을 출 수 없었고, 이런 제약 때문에

6 하규일(河圭一, 1867~1937): 근세 조선과 일제강점기의 가곡 명창. 서울 출생. 본관은 진주, 자는 성소(聖韶), 호는 금하(琴下), 당시 가객으로 이름 높은 작은아버지 하중곤(河仲鯤)·하준권(河俊權)으로부터 가곡을 배움. 19세에 하중곤의 제자인 최수보(崔守甫)에게 배움. 명창 하순일(河順一)과 사촌. 1901년 한성 소윤 겸 한성재판소 판사를 지냈고, 1909년 내장원(內藏院) 문부정리위원(文部整理委員)·전남독쇄관(全南督刷官)을 역임함. 1905년에는 진안 군수로 임명되었으나 국권 상실 후 관직을 그만둠. 이후 음악에 전념하여 1911년 조선정악전습소(朝鮮正樂傳習所) 학감(學監)과 1912년 조선정악전습소 상다동(上茶洞) 여악분교실장(女樂分教室長)을 겸함. 1912년에 대정권번(大正券番)을 만들고, 1924년에 조선권번을 설립함. 1926년부터 이왕직아악부(李王職雅樂部)의 촉탁으로 임명되어 가곡·가사·시조를 전수함. 1928년 빅터레코드사에서 가곡을 취입하였고, 1931년 가곡집 『가인필휴(歌人必携)』를 출간함. 참고사이트: 디지털진안대전

7 김운미, 『한국교육무용사』(서울: 한학문화, 1998), 30~33쪽.

8 매일신보 기사를 통해 일제강점기 시절 기생조합에서 정재가 추어진 것이 확인된다. 중부 단성사 강선루 공연. 〈배무〉·〈무고〉·〈가인전목단〉·〈앵접무〉·〈전기무〉·〈팔선무〉·〈승무〉·〈검무〉·〈박춘재〉·〈평양날탕패〉·〈활동사진〉【매일신보 1911.5.25】; 降仙樓(강선루)의 선악 단성사에서 흥행하는 강선루 일행-박춘재와 유영갑 등의 개량하여 서민안락부·〈향장무〉·〈헌반도〉【매일신보 1912.4.29】; 천장절 기사(일장기) 일본 예기들의 춤기생 60여 명의 육각소리에 〈가인전목단〉·〈수연장〉·〈승무〉·〈항장무〉·〈검무〉 등【매일신보 1913.11.2】; 의수예기연극회 13~19명 기수십명흥행하니 왕림광고, 가곡, 〈검무〉·〈포구락〉·〈승무〉, 입부, 잡가, 笑劇, 의주예기조합【매일신보 1913.11.13】; 단성사, 기생연주회 〈포구락〉·〈검무〉·〈승무〉·〈가인전목단〉, 기타연예【매일신보 1914.1.29】; 시곡 신창기생일동도 앵도참재 의연연주회 〈항장무〉·〈선유락〉·〈가인전목단〉·〈장생보연지무〉·〈포구락〉·〈무고〉, 성진무, 줄풍류, 판소리, 리동백태란【매일신보 1914.2.11】; 금일연예관 〈춘광호〉 이진홍, 〈사선무〉 최추월, 〈아박무〉 이란향, 밤에는 〈공막무〉·〈첨유무〉·〈쌍승무〉·〈무산향〉 등과 기생【매일신보 1915.9.24】; 시곡 신창기생조합 25명이 공진회 개회하는 50일 동안 공진회 장내에 있는 조선연극장에서 매일 흥행, 오후 8시~11시, 각항 정재와 좌창입창, 채선의 〈승무〉【매일신보 1915.9.24】; 10.30 금상 천황폐하 등극 후 5회째 천장절축일 일등배우의 줄타기와 명창 박춘재의 소리도기생의 가무로는 일천년 〈헌수무〉와 〈사고무〉·〈검무〉·〈항장무〉【매일신보 1917.10.30】

1945년 해방되기 전까지 창덕궁을 제외한 외부에서 무용을 공개한 적이 없었다.[9] 정재무동들에 의해 추어진 대부분의 정재공연은 주로 궁내에서만 추었고 이들 행사에서는 왕족 중심의 일가들이 참석하였고 외빈으로는 총독부 측 고급관리와 일본 군대의 장성 및 외국공관의 대사급들이 참석하였다.[10] 정재여령들의 가무활동이 궁외에서 자유로웠던[11] 점과는 달리 정재무동들의 활동무대가 궁내로 제한된 당시 상황으로 볼 때 정재여령보다는 정재무동에 의해 추어진 정재가 궁중왕실에서 추어진 진면모를 확인할 수 있는 점에 무게감이 실린다.[12]

일제강점기 제국주의의 열강과 침략으로 인하여 정치적으로 혼란하였던 시기에도 조선의 악무를 담당하였던 장악원은 장악과(掌樂課)·이왕직아악대로 개칭하여 지속적인 활동을 하였다. 형식적으로나마 종묘제례악을 연주하며 활동하였고 이후 조선총독부에 의해 이왕직아악부(李王職雅樂部)로[13] 명칭을 바꾸어 1945년 8·15 해방 이전까지 조선왕조의 궁중무악은 명문상으로나마 명맥이 유지되었다. 이왕직아악대는 1919년에 1기생을, 1923년 순종황제의 탄신기념공연을 위해 1922년에 제2기생을 뽑아 정재를 다시 추게 된다. 1923년부터 1945년까지 이왕직아악부 아악생들이 학습한 정재를 살펴보면, 먼저 1923년에 학습된 정재는 〈처용무〉·〈춘앵전〉·〈봉래의〉·〈보상무〉·〈포구락〉·〈향령무〉·〈수연장〉·〈만수무〉·〈무고〉·〈장생보연지무〉·〈연백복지무〉·〈가인전목단〉이고, 1926년에 학습한 정재는 〈처용무〉·〈향령무〉·〈춘앵전〉·〈수연장〉·〈만수무〉·〈봉래의〉·〈무고〉·〈장생보연지무〉·〈보상무〉·〈가인전목

9 김천흥, 『심소 김천흥 선생님의 우리춤 이야기』, 2005, 59~60쪽.

10 김천흥, 『심소 김천흥 선생님의 우리춤 이야기』, 2005, 61쪽.

11 김천흥, 『심소 김천흥 선생님의 우리춤 이야기』, 2005, 223쪽.

12 한국문화예술위원회 아르코예술정보관, 『2003년도 한국 근현대예술사 구술채록시리즈05 김천흥』 채록자 김영희, 2003, 3쪽; 이순림, 『심소 김천흥의 춘앵전』(서울 : 민속원, 2008), 66쪽.

13 조선시대의 궁중무악을 관장하였던 장악원은 조선 초기 장악서와 악학도감의 전통을 전승한 1470년(성종 1) 이후 1897년 교방사로 개칭될 때까지 427년 동안 공식적으로 사용된 국립음악기관의 명칭이었다. 1987에 교방사로, 1907에 장악과로, 1910년에 아악대로, 1925년에 아악부로 개칭되었다. 참고사이트: 한국민족문화대백과사전

단〉이고, 1929년에 학습한 정재는 〈봉래의〉·〈무고〉·〈처용무〉·〈춘앵전〉·〈향령무〉·〈가인전목단〉·〈수연장〉·〈만수무〉·〈보상무〉·〈장생보연지무〉이고, 1936년에 학습한 정재는 〈처용무〉·〈향령무〉·〈장생보연지무〉이다.[14] 당시 무용을 지도한 사람은 조선조 장악원 소속의 아악사인 김영제(金寧濟)·함화진(咸和鎭)·이수경(李壽卿)으로, 경술국치 이후 10여 년이 지난 후 궁중에서 추어졌던 정재가 궁중아악사인 선생들에 의해 다시 재현되게 된다. 이때 제2기 무용전수생은 김천흥 외 12명이었다. 그리고 1931년에는 조선총독부에서 조선의 정재를 영상기록으로 남기는데 이때 인정전과 대조전 궁궐을 배경으로 〈무고〉·〈포구락〉·〈보상무〉·〈장생보연지무〉·〈봉래의〉·〈처용무〉·〈향령무〉가 추어졌다. 1920년대 이왕직아악부에서 학습된 정재종목과 1931년도 영상물인 정재 종목을 비교하였을 때 〈봉래의〉·〈보상무〉·〈무고〉·〈장생보연지무〉·〈포구락〉·〈향령무〉·〈처용무〉 종목은 꾸준히 추어진 것을 알 수 있다.

1. 일제강점기 궁중정재의 무용형식과 구조

궁중정재는 왕실재정의 어려움과 이의 폐지를 요구하는 일본의 강력한 저지에도 불구하고 기생조합들 간의 경합이나 연주회 등에서 정재무동들과 기생들에 의해 조선왕조의 음악과 무용이 이어지게 된다. 극장식 무대로 옮겨오면서 일반 대중을 위한 문화로 변화되었고 기생조합에서의 정재 활동 또한 다소 변형된 모습으로 추어졌다. 일제강점기 이 시기의 정재가 민간에서 활발하게 공연되었던 것을 무용기사를 통해 알 수 있지만[15] 정재의 실제 모습을 살

14 김천흥, 『심소 김천흥 선생님의 우리춤 이야기』, 2005, 217~223쪽.

15 1910년부터 1930년대의 매일신보 기사를 살펴보았을 때 공연된 정재의 실제 내용을 파악하기에는 한계가 있었다. 예로 1913.11.8일자 매일신보 5권(3면)의 서산공진회와 기생단이라는 제목

피기에는 현실적인 어려움이 있다. 그리고 1923년 3월 25일 순종의 생신축하연을[16] 기점으로 1923년 5월 14일 신문기자대회, 1924년 1월 15일부터 25일까지 일본 교토 가무극장 공연, 1924년과 1925년 순종탄신축하연, 1930년 7월 영친왕환국근친연 등에서[17] 조선왕조의 일면을 보여준 정재가 추어졌지만 정재 종목만 알 수 있을 뿐 이 또한 실제 모습을 확인하기 어렵다. 형식적이나마 그 일면을 지키려한 흔적은 읽을 수 있으나 이 또한 내용을 확인하기는 어렵다.

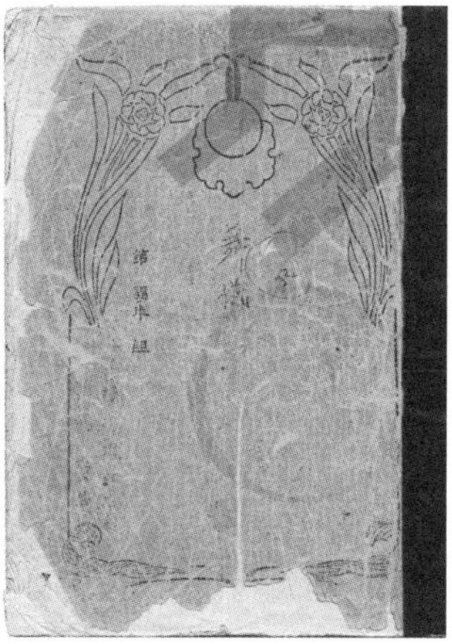

일제강점기 정재의 실제 내용을 확인할 수 있는 자료는 소화 4년(1929) 『무의(舞儀)』[18]·소화 6년(1931) 이병성(李丙星)의 『정재』·성경린 노트·1931년도 정재영상물과 그 외 이주환(李珠煥)·김기수(金琪洙)의 개별 노트가 전한다.[19] 이들 자료는 모두 일제강점기에 공연되었던 혹은 이왕직아악부에서 교육되었던 내용을 기록하고 있다. 먼저 소화 4년 『무의』에는 정확한 연대에 관한 정보가 없다. 다만 이 자료를 소장한 이흥구에 의하면 1929년 일제강점기 이왕직아악부 시절 아악생들에게 이론 강의를 위해 제작된 교육자료로 밝히고 있다.[20] 인쇄본으로 제작되었고 〈봉래의〉·〈무고〉·〈처용무〉·

에 "…(전략)… 〈승무〉와 〈검무〉이며 〈포구락〉 시조 잡가 등을 보기에나 듣기에나 유쾌하게 잘 하므로 입장자가 수천여 인에 달하였고"라는 내용으로 되어 있어 실제의 춤 내용을 살피기에는 어렵다.

16 김천흥, 『심소김천흥 무악칠십년』(서울: 민속원, 1997), 34쪽.

17 김영희, "이왕직아악부의 궁중무 전승," 『무용역사기록학』 제42호(서울: 무용역사기록학회, 2016), 9~35쪽.

18 『무의』에는 정확한 연대에 관한 정보가 없다. 이 자료를 소장한 이흥구가 소화 4년으로 밝히고 있고 자료 안쪽 면에 성경린 소장 소화 4년으로 별도 표기하고 있어 이 자료의 연대를 소화 4년 『무의』로 명기한다. 이흥구 선생님 면담. 중요무형문화재전수회관 7층 대악회 〈학연화대무〉 사무실(2016.12.8)

19 필자는 2016년 12월 8일 〈학연화대무〉 보존회 사무실에서 이흥구 선생님께 일제강점기 자료 전체를 받았고, 자료의 성격에 대해 설명을 들었다.

20 이흥구 선생님 면담. 중요무형문화재전수회관 7층 대악회 〈학연화대무〉 사무실(2016.12.8)

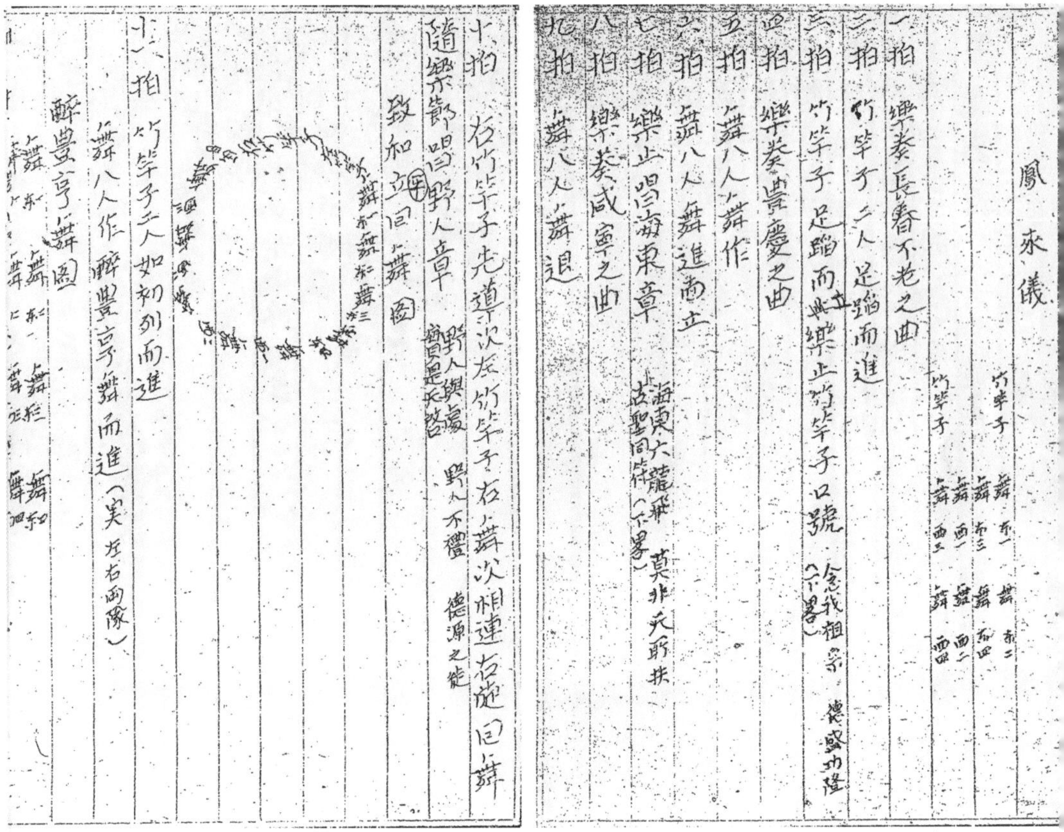

성경린 노트

〈춘앵전〉·〈향령무〉·〈가인전목단〉·〈수연장〉·〈만수무〉·〈보상무〉·〈장생보연지무〉순으로[21] 기록되어 있다. 소화 6년 이병성이 개인적으로 기록한 『정재』의 목차에는 〈처용무〉·〈향령무〉·〈무고〉·〈보상무〉·〈춘앵전〉·〈가인전목단〉·〈수연장〉·〈만수무〉·〈봉래의〉·〈장생보연지무〉 등 10종의 정재기록이 전해지고, 그 외 소화 14년의 〈선유락〉·〈무산향〉·〈고구려무〉가 별도로 합본되어 있다.[22] 성경린 노트에는 정확한 연대에 관한 정보가 없다. 다만 이 자료

21 소화 4년 『무의』의 편집을 살펴보면, 계사년 『정재무도홀기』와 같이 여러 본이 합본되어 있다. 대략 5본으로 합본되었는데 페이지를 살폈을 때, 먼저 1쪽부터 13쪽까지는 〈봉래의〉, 〈무고〉, 〈처용무〉, 〈춘앵전〉, 〈향령무〉, 〈가인전목단〉이 수록되었고, 〈수연장〉과 〈보상무〉는 각각 1쪽에서 2쪽으로 표기되어 있고, 〈장생보연지무〉는 9쪽에서 11쪽으로 표기되어있다. 반면 〈보상무〉는 페이지가 표시되지 않았다.

22 이종숙, "이왕직아작부의 정재 음악 연구," 2016년 한국공연문화학회 추계학술대회, '한국공연

를 소장한 이흥구에 의해 이왕직아악부에서 추었던 정재를 기록한 무보이며 이왕직아악부시절 성경린 개인이 소장한 노트로 추정할 뿐이다. 성경린 노트의 목차에는 〈봉래의〉·〈장생보연지무〉·〈춘앵전〉·〈처용무〉·〈향령무〉·〈보상무〉·〈가인전목단〉·〈수연장지곡〉·〈만수무〉로 기록되어 있지만 실제 자료를 확인하였을 때에는 〈봉래의〉·〈장생보연지무〉·〈춘앵전〉·〈처용무〉·〈향령무〉·〈무고〉·〈보상무〉·〈가인전목단〉·〈수연장〉·〈만수무〉·〈항장무〉순으로 엮어져 있어 차이가 있다. 1931년도 영상자료는[23] 일제강점기 조선총독부에서 촬영한 무성영화로, 궁궐에서 추어진 당시의 정재를 영상으로 담고 있다.

이상의 자료들을 살펴보았을 때 소화 6년 이병성의 『정재』·성경린 노트 그 외 이주환(李珠煥)·김기수(金琪洙)는 개인이 작성한 노트로 보다 더 면밀한 분석이 요구되어진다. 특히 성경린 노트에는 목차와 실린 정재가 서로 달라 이의 확인이 필요하다. 따라서 일제강점기 궁중정재는 이왕직아악부에서 교육되었던 소화 4년 『무의』 교본과 1931년도 조선총독부에서 촬영한 영상물[무성영화]을 통해서 한다.

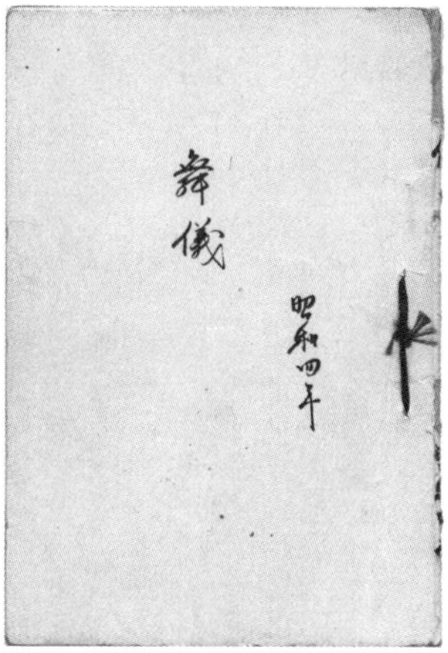

먼저 소화 4년 『무의』는 이왕직아악부에서 정재를 교육하던 교본으로 국악사양성소 시절 성경린 선생이 소장한 것을 이흥구 선생이 전해 받아 지금까지 보관한 자료이다. 소화 4년 『무의』에 소개된 정재는 〈봉래의〉·

예술의 전통음악 활용 양상Ⅱ' 학술발표문, 2016, 9~32쪽.

23 한국문화예술위원회 전)아르코예술정보관에 소장된 〈무동정재(舞童呈才)〉와 〈조선무악(朝鮮舞樂)〉은 조선총독부에서 3편의 무성영화 필름으로 제작되었다고 한다. 일본 관동 지방의 한 소장자의 자손이 일본 내 한국문화원에 이 필름을 제공하였고, 1979년 7월 동아일보를 통해 그 사실이 한국에 소개되었다. 이 자료는 1981년 세계민속음악학회에서 상연되었는데, 이 총회 직후 현 국립국악원 무용단 안무자 하루미 선생에 의해 구입되었고, 김천흥 선생님에게 복사본 1부를 전해드린 것을 발표 당일 질의를 맡은 이종숙 선생에 의해 알려졌음을 밝힌다. 본 1931 정재 영상은 2010년 5월 1일 제12회 한국무용사학회 국제학술심포지움 때 한양대학교 백남학술정보관 6층 국제회의실에서 내용을 발표한 적이 있다. 1931년도 영상물 기록은 잦은 편집으로 인하여 정확한 순서를 확인하기는 어렵다. 다만 화면이 바뀌지 않고 필름이 연속적으로 진행되는 과정을 통해 정재 순서를 확인 수 있었다.

〈무고〉·〈처용무〉·〈춘앵전〉·〈향령무〉·〈가인전목단〉·〈수연장〉·〈만수무〉·〈보상무〉·〈장생보연지무〉이며, 당시 이론 강의를 위해 인쇄본으로 제작된 교육 자료로 내용은 간략하게 기록되었다. 소화 4년 『무의』의 기록체제를 살펴보면, 우선 제목과 함께 배열도를 제시하고 창사와 춤을 순서대로 나열하고 있다. 『정재무도홀기』와 비교하였을 때 소화 4년 『무의』는 정재홀기를 바탕으로 기록한 것이나, 내용이 매우 소략하고 춤의 내용을 함축적으로 기록하고 있다. 춤의 기록을 대부분 '무작'이란 용어로 제시하고 있어 어떤 춤을 추었는지는 알 수 없다. 예로 〈만수무〉와 〈수연장〉은 대형 변화 없이 춤의 설명을 대부분 '무작'으로 기록하였다. 그리고 춤의 기록보다는 연주되었던 음악 곡명을 상세하게 기록하였고, 무용수들이 부르는 창사를 정재홀기와는 달리 '아뢴다[伴奏]'로 기록하였다. 『정재무도홀기』는 춤을 완성도 있게 기록한 반면 소화 4년 『무의』는 춤의 내용보다는 진행하는 순서를 간략하게 메모한 것으로서 기록 양상에[24] 차이가 있다.

당시 상황으로 볼 때 비록 일본의 간섭을 받는 시대이지만 왕실무용을 관장하던 이왕직아악부가 지속된 상태에서 간간히 궁중정재가 추어졌고, 성경린이 당시 실무자로서 궁중의 춤을 기억하고 교육받았던 시절로 소화 4년 『무의』에 세세하게 기록하지 않고 춤의 절차만 간략하게 기록하였어도 춤을 교육하고 지도하는 데는 무리가 없었을 것이다. 즉 실기는 경험을 통해 전승되어지므로 소화 4년 『무의』는 춤의 순서만 기록하고 춤의 실제는 현장에서 가르치면서 완성시킨 것으로 보여진다. 소화 4년 『무의』 기록을 통해 나타난 궁중정재의 특징을 살펴보면 다음과 같다.

첫째, 정재 내용은 『정재무도홀기』를 바탕으로 한 것이나 대부분 춤의 순서를 다르게 하여 진행하였다. 예로 정재홀기 〈장생보연지무〉에는 제1변 상대무, 제2변 수수무, 제3변 상배무, 제4변 산작화무, 제5변 수수무, 제6변 오방무, 제7변 염수무, 제8변 사선무, 제9변 염수무로 진행하였는데 소화 4년 『무

24 〈가인전목단〉에는 "仍以舞作如左儀"로 기록하였는데, 이것은 왼쪽에 기록된 순서대로 춤을 춘다는 내용이다. 소화 4년 『舞儀』, 〈佳人剪牧丹〉, 1929, 13쪽.

의』의 〈장생보연지무〉에는 〈표 1〉과 같이 제1변 상대무, 제2변 수수무, 제3변 산작화무, 제4변 삼전신, 제5변 오방무, 제6변 대전무, 제7변 사선무, 제8변 회선무, 제9변 복열무로 진행하여 차이가 있다.

〈표 1〉 〈장생보연지무〉 진행 비교

	정재무도홀기	소화 4년 『무의』
제1변	상대무	상대무
제2변	수수무	수수무
제3변	상배무	산작화무
제4변	산작화무	삼전신
제5변	수수무	오방무
제6변	오방무	대전무
제7변	염수무	사선무
제8변	사선무	회선무
제9변	염수무	복열무

둘째, 정재 음악명이 조선후기의 정재홀기와는 다른 곡명을 사용하였다. 예로 조선후기 『정재무도홀기』에 기록된 〈봉래의〉 음악은 '가곡[농락·편·편조·계락]·구오강녕지곡[여민락령]·성수무강지곡[여민락령]·오운개서조[보허자령]·응천개운지곡[여민락령]·정상지곡[여민락령]·천년만세지곡[여민락령]·치화평지곡[향당교주]·하승평지곡[향당교주]·오운개서조[보허자령]'이다. 반면 소화 4년 『무의』에 제시된 〈봉래의〉 음악은 '장춘불로지곡·풍경지곡·함령지곡·옥연환지곡·수룡음지곡'으로 차이가 있다.

셋째, 이전 시대에 사용한 음악을 사용하였다. 수룡음은 고려시대 〈포구락〉에[25] 사용한 음악으로, 전대 12인이 동천경색사(洞天景色詞)를 부르며 회선할 때 연주된 음악이다. 또한 수룡음지곡은 〈봉래의〉·〈무고〉·〈춘앵전〉·〈수연장〉·〈만수무〉·〈보상무〉·〈장생보연지무〉에 사용된 음악명이다. 그리고 옥연환지곡은 조선후기 〈향령무〉에[26] 사용한 음악으로 소화 4년 『무의』

25 『樂學軌範』, 〈抛毬樂〉 卷3, 6a3.

26 "樂奏玉連環[界樂]," 〈響鈴舞〉, 『呈才舞圖笏記』, 1994, 465쪽.

의 〈무고〉·〈춘앵전〉·〈수연장〉·〈만수무〉·〈보상무〉·〈장생보연지무〉에도 사용되었다.

넷째, 춤 진행과정마다 음악의 변화가 연속적으로 진행되었다. 음악이 변할 때마다 '잉변(仍變)'·'악변(樂變)'·'갱변(更變)' 등을 사용하였는데, 내용을 살펴보면 〈봉래의〉는 〈표 2〉처럼 풍경지곡에 죽간자와 협무 8인이 회무를 돌고 난 뒤 좌우대에서 춤을 출 때 '함령지곡'을 연주한 다음 이내 '옥연환지곡'과 '수룡음지곡'을 연이어 연주하였다.[27] 〈무고〉에서는 원무가 북을 치며 춤추는 내용에서 '옥연환지곡'을 연주한 다음 이내 '수룡음지곡'을 연주하였다.[28] 〈춘앵전〉에서는 전화지(轉花持)를 추며 제자리로 돌아와 선 다음 '옥연환지곡'을 연주하였고 이내 '수룡음지곡'을 연주하였다.[29] 〈가인전목단〉에서는 제2변 원화무를 출 때 '옥연환지곡'을 연주한 다음 이내 '수룡음지곡'을 연주하였다.[30] 〈수연장〉에서는 협무 8인이 무진하여 미전사와 미후사를 부른 다음 '함녕지곡'을 연주하고 이내 '옥연환지곡'과 '수룡음지곡'을 연주하였

〈표 2〉 소화 4년 『무의』의 〈봉래의〉 진행

樂奏長春不老之曲	竹竿子進而立 樂止 竹竿子奏先口號 唱詞
樂奏豊慶之曲	舞作進而立 樂止 舞奏海東章 唱詞 …(省略)…
樂奏豊慶之曲	竹竿子先導回舞 舞奏野人章 唱詞 …(省略)… 舞作左右隊進而立 樂止 伴奏弄歌 弄歌 …(省略)…
樂奏咸寧之曲	舞作 樂止 伴奏界樂 界樂 …(省略)…
樂奏咸寧之曲	舞作
樂變玉連環之曲	-
變水龍吟之曲	樂止 伴奏編歌 編歌 …(省略)…
樂奏水龍吟之曲	舞作 樂止 竹竿子後口號 唱詞 …(省略)…
樂奏水龍吟之曲	舞進而退 樂止 舞退

27 〈鳳來儀〉, "樂奏咸寧之曲 舞作 樂變玉連環之曲 仍變水龍吟之曲 樂止 伴奏編歌"

28 〈舞鼓〉, "元舞鳴鼓 樂變玉連環之曲 更變水龍吟之曲 元舞又鳴鼓 數回"

29 〈春鶯囀〉, "樂變玉連環之曲, 樂變水龍吟之曲"

30 〈佳人剪牧丹〉, "圓花舞[樂變玉連環之曲 更變水龍吟之曲]"

다.[31] 〈만수무〉에서는 중무가 치어를 부른 다음 '옥연환지곡'을 연주하고 이내 '수룡음지곡'을 연주하였다.[32] 〈보상무〉에서는 좌우 제1대의 춤이 마친 후 '옥연환지곡'을 연주하고 이내 '수룡음지곡'을 연주하였다.[33] 〈장생보연지무〉에서는 제3변 산작화무를 마친 다음 '옥연환지곡'을 연주하고 제4변 삼전신을 마친 다음 '수룡음지곡'을 연주하였다.[34]

다음으로 1931년 영상을 통해 확인된 일제강점기 정재는 궁내에서 연향된 정재의 일 모습을 보여주고 있다. 인정전과 대조전 중심으로 추어진 정재는 조선후기 『정재무도홀기』의 내용을 토대로 재현한 것이다. 춤 내용은 대부분 그대로 전승되었지만 일부는 변이되고 혹은 새로운 내용이 추가되어 추어졌다. 춤의 순서와 진행은 지켜졌으나 정재의 기본 구조는 따르지 않았다. 또한 춤의 의례적인 진행은 궁중 예법에 맞게 하고자 하였으나 촬영을 위한 형식적인 공연으로 치러져 대부분 지켜지지 않고 간략화하거나 생략되었는데, 정리하면 다음과 같다.

첫째, 조선후기의 『정재무도홀기』에 기록된 내용대로 춘 것은 정재 내용을 구성하는 대형, 이동, 방향, 위치이다. 정재대형은 조선후기의 대형 구성을 그대로 전승하였는데, 〈봉래의〉는 4대 좌우대형·사방대형, 〈보상무〉와 〈포구락〉은 2대 좌우대형·전후대형, 〈무고〉는 사방대형, 〈장생보연지무〉는 일렬대형과 산작화무, 〈향령무〉는 품자 대형, 〈처용무〉는 일렬대형·오방대형이 그대로 지속되었다. 이동구조는 홀기 기록대로 〈봉래의〉는 우선회무, 〈처용무〉는 좌선회무하였다. 무용수의 역할에 따라 무용수들이 서는 위치가 구분되어 있다. 〈무고〉에서 원무(元舞)는 사방에 서고 협무는 사우에서 추었는데, 원무는 북 주위에서 북을 치며 추었고 협무는 원무 주위 사우 위치에서 춤을 추었다. 그리고 죽간자가 무용수들이 춤추는 내내 무용수 앞, 즉 북쪽의 좌우에서 마주 보고 선 것은 조선후기 정재의 진행을 그대로 수용하여 따른

31 〈壽延長〉, "樂奏咸寧之曲 舞作 樂變玉連環之曲 仍變水龍吟之曲"
32 〈萬壽舞〉, "樂變玉連環之曲 仍變水龍吟之曲"
33 〈寶相舞〉, "樂變玉連環之曲 仍變水龍吟之曲"
34 〈長生寶宴之舞〉, "樂變玉連環之曲, 樂變水龍吟之曲"

것이다. 춤의 진행은 무용수의 역할에 따라 차이가 있는데 이 또한 조선후기를 토대로 추어졌다. 예로 〈포구락〉과 〈보상무〉에서는 포구문과 보상반을 중심으로 포구희를 하는데, 좌무가 먼저 추고 다음에 우무가 추었다.

둘째, 홀기 기록대로 추어지지 않았다. 예로, 〈처용무〉에서는 처음 등장을 좌선회무로 해야 하는데 우선으로 한 것과 처용 5인이 사우대형으로 서서 상대·상배하는 산작화무춤이다. 그리고 〈무고〉에는 북채를 잡은 원무와 협무로 구성되는데, 일제강점기에 협무가 꽃을 잡고 추었다.

셋째, 기존에는 없던 새로운 춤 양식이 나타났다. 예로, 〈포구락〉에서 좌무와 우무가 서로 포구문을 끼고 돌며 춤추는 내용은 홀기에는 없는 내용이다.

넷째, 기존 다른 정재의 춤 내용을 수용하여 새로운 구성을 만들어 추었다.

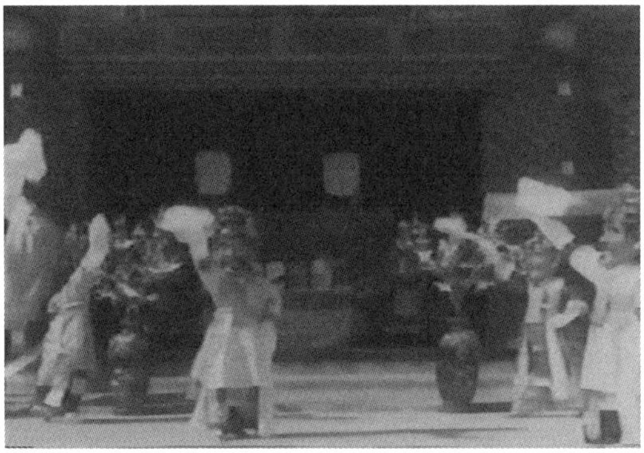

춤 내용이 조선전기와 조선후기까지 그대로 이어진 〈처용무〉는 춤 대형이 일렬과 오방대형으로 구성되는데, 일제강점기 때 사우대형으로 서서 추는 산작화무춤이 새로 도입되었다.

그리고 일제강점기 정재의 춤 구조는 궁궐 중심에서 무대 공연 형식에 맞춰 재구성된 것이다. 정재대형을 배열하는 과정과 등·퇴장 그리고 춤의 진행구조가 그러한데, 내용을 정리하면 다음과 같다.

첫째, 무대배열은 궁궐에서 춤을 추기 위해 무용수가 등·퇴장하는 것과 초열로 서는 배열과정을 무용수 역할별로 구분하여 2가지로 진행하였다. 먼저 궁궐에서 춤을 추기 위한 등장과 배열은 남쪽에서 걸어 들어와 북쪽을 향해 하였고 춤은 이내 남쪽으로 방향을 돌려 궁을 등지고 추었다. 즉 춤을 추기 위한 배열은 궁을 바라보고 서는 것으로 보여주고 춤추는 모습은 궁을 뒷배경으로 하여 촬영한 것이다. 그리고 궁을 끼고 동쪽에서 걸어 들어와 배열하고 춤을 마친 다음에는 등장하였던 그 장소로 퇴장하였다. 다음으로 초입배열은 무용수의 역할에 따라 순차적으로 진행하였다. 무용수 구성이 모두

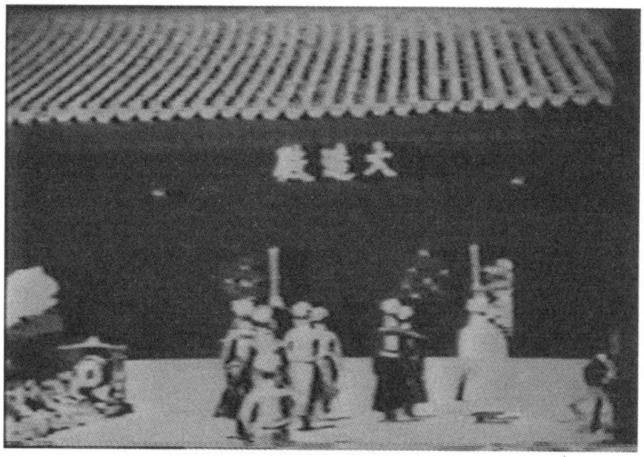

협무일 때는 '좌대의 좌무–우대의 우무'순으로 배열하였고, 전후좌우복합대형으로 구성되었을 때는 등장과 퇴장을 모두 '중앙[前隊]–좌대–우대'순으로 하였다.

둘째, 의례적인 진행이 간략화되거나 지켜지지 않았다. 〈포구락〉과 〈보상무〉는 포구문과 보상반을 중심으로 공을 던져 넣으며 추는 포구희 춤을 춘다. 이때 악사가 좌대와 우대 순서로 공을 바닥에 내려놓는데, 당시에는 악사 대신 봉화와 봉필이 그 역할을 맡았고, 공을 바닥에 내려놓을 때에도 예를 갖추지 않고 공을 던지듯 바닥에 내려놓았다.

셋째, 춤사위의 내외구조가 지켜지지 않았다. 정재의 내외구조는 창사 부를 때, 무진·무퇴할 때의 보법, 춤사위의 수족 위치, 환대할 때 돌아서는 방향, 무구를 집어 드는 손 위치 등 춤의 모든 진행에 적용된다. 정재는 궁중의 례에 따라 사용하는 수족의 위치가 무용수 역할별로 정해져 있다. 나아가고 물러나는 것과 춤추는 손의 위치 그리고 무구를 잡는 수족의 위치가 이에 적용되는데 좌무는 왼발과 오른손, 우무는 오른발과 왼손을 사용한다. 그러나 일제강점기에는 춤추는 무용수의 좌대와 우대 구분 없이 춤사위의 방향이 모두 같은 방향으로 수족을 움직이고 있어 정재의 내외 구조가 적용되지 않았다. 예로 〈봉래의〉와 〈처용무〉에서 북향하여 춤출 때 좌대와 우대의 무용수가 모두 같은 방향으로 수족을 움직이며 추었다. 그리고 〈봉래의〉에서는 4대좌우대형에서 전대와 후대가 서로 자리를 바꿀 때 무용수가 모두 같은 방향으로 몸을 돌렸다.

2. 일제강점기 궁중정재의 종류와 내용

소화 4년 『무의』와 1931년도 정재 영상이 일제강점기의 정재자료이긴 하지만 성격은 다르다. 전술하였듯이 소화 4년 『무의』는 춤의 순서만 기록되고 구체적인 내용은 생략되었지만 개인이 작성한 것이 아닌 인쇄물로 제작되었고 이왕직아악부 때 사용하였던 교본인 점이 의미가 있다. 반면 1931년도 정재 영상자료는 무성으로 제작되어 음악 장르 및 속도를 가늠할 수 없고 창사를 부르지만 내용은 확인되지 않는다. 춤 또한 빠른 속도로 보여지고 잦은 편집으로 인하여 춤의 연결이 확실하지 않지만 이것은 『정재무도홀기』와 비교를 통해 일제강점기 궁중정재의 실제와 변화된 내용을 확인할 수 있다. 따라서 공식적인 기관에서 교육용 교재로 사용한 소화 4년 『무의』와 국가 행사 때 추었던 춤을 1년 뒤에 다시 재현하여 공식기관에서 촬영하였다는 점에 2가지 자료의 신빙성이 있다.

소화 4년 『무의』의 〈봉래의〉

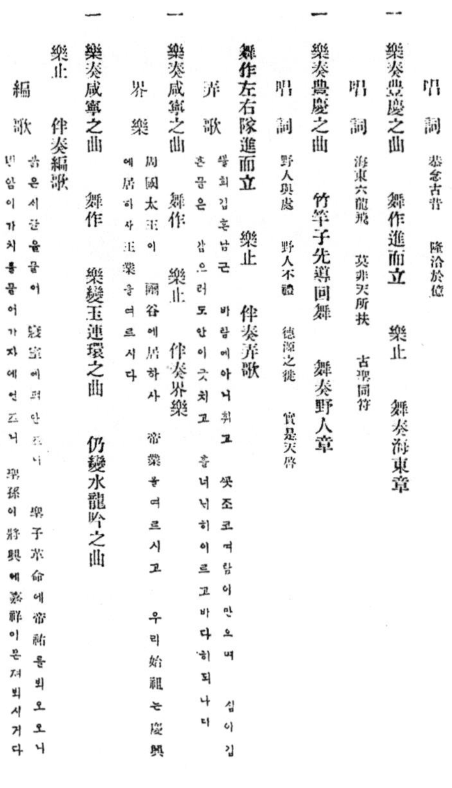
唱詞 恭念古昔 隆洽於億
一 樂奏豊慶之曲 舞作進而立 樂止 舞奏海東章
唱詞 海東六龍飛 莫非天所扶 古聖同符
一 樂奏豊慶之曲 竹竿子先導回舞 舞奏野人章
唱詞 野人與處 野人不譏 德源之徙 實是天啓
舞作左右隊進而立 樂止 伴奏弄歌
弄歌 불휘깁흔남근 바람에아니뮈고 곳조코여름이만오며 심이깁
흔믈은 감으러도안이긋치고 흘너너히이르고바다히되나니
一 樂奏咸寧之曲 舞作 樂止 伴奏界樂
界樂 周國太王이 豳谷에居하사 帝業을여르시고 우리始祖는慶興
에居하사王業을여르시다
一 樂奏咸寧之曲 舞作 樂變玉連環之曲 仍變水龍吟之曲
樂止 伴奏編歌
編歌 슯은시절을믈어 寢室에편안하니 聖子革命에帝祐를뵈오오니
번일이가치를믈어가자에언즈니 聖孫이將興에嘉祥이몬져뵈시거다

먼저 소화 4년 『무의』는 1929년 이왕직아악부에서 교본으로 삼았던 자료이다. 당시 교육을 받았던 성경린이 이를 보관해 오다 이후 국악사양성소시절 이홍구에게 전해져 지금에 이른다. 여기에는 〈봉래의〉·〈무고〉·〈처용무〉·〈춘앵전〉·〈향령무〉·〈가인전목단〉·〈수연장〉·〈만수무〉·〈보상무〉·〈장생보연지무〉가 기록되어 있으며, 내용이 매우 간결하고

춤의 구체적인 설명이 제시되지 않았다.

반면 1931년도 정재 영상자료는 1930년 조선의 마지막 황태자인 영친왕이 한국에 돌아온 것을 축하하기 위해 연향을 베풀었는데, 이 내용을 영상으로 남기기 위하여 1931년에 조선총독부에서 촬영한 무성영상본이다. 조선무악이왕가고전(朝鮮舞樂李王家古傳)과 무동정재(舞童呈才)로 제작된 이 자료는 일제강점기 당시 추어졌던 정재의 실제를 확인할 수 있는 유일한 자료이다. 조선무악이왕가고전에는 〈무고〉·〈포구락〉·〈보상무〉·〈장생보연지무〉·〈봉래의〉가 수록되었고, 무동정재에는 〈처용무〉와 〈향령무〉가 수록되어 있다. 인정전과 대조전 궁궐에서 연희된 정재를 보여주는데,[35] 인정전 앞에서는 〈처용무〉와 〈향령무〉를 추었고, 대조전 앞에서는 〈무고〉·〈포구락〉·〈보상무〉·〈장생보연지무〉·〈봉래의〉를 추었다.

인정전에서는 궁 앞에 보계를 설치하였는데, 흰 천을 씌워 궁을 등지고 남쪽을 바라보게 하였다. 무대 안쪽 전면에 상궁 2인이 좌우로 서 있고, 그 앞에는 화병이 각각 배열되어 있으며 왼쪽 화병 옆에 개(蓋)가 꽂혀 있다. 보계 좌우에는 악대가 배열하여 앉아 있는데, 동쪽에는 집박 악사가 서고 서쪽에는 악사가 염수하고[36] 마주 보고 선다. 의물은 장기 틀에 꽂혀 악대 뒤에 미리 설치되어 의물을 잡은 무용수는 배열하지 않았다. 인정전에서 〈처용무〉와 〈향령무〉를 춘 무용수들은 등장과 퇴장을 같은 장소로[동쪽] 하였다. 그리고 대조전에서는 섬돌 위에서 추었는데, 초열로 배열하는 등장 장면과 춤추는 장면 2가지를 보여준다. 먼저 초열로 서기 위한 무대 배열은 대조전을 향해 하였다. 그러나 춤은 이내 방향을 돌려 궁을 등지고 추었는데, 즉 등장과 배열은 궁을 바라보고 하였지만 실제의 춤은 궁을 등지고 추었다. 이 진행으로 볼 때 궁에서 추었던 정재임을 나타내기 위하여 무용수들이 궁을 향해 배열하는 장면을 연출하였고, 이내 촬영을 위해 무용수들이 방향을 남쪽으로 돌린 것을 알 수 있다.

35 잦은 편집으로 인하여 춤의 순서와 춤이 추어진 연희 장소가 일치하는 것인지는 확실하지 않으나 영상에 비춰진 궁궐의 형태로 비추어보아 인정전과 대조전에서 추어진 것을 알 수 있다.

36 객석, 즉 촬영하는 곳을 북으로 기준한 것이다.

1) 소화 4년(1929) 『무의』

(1) 봉래의(鳳來儀)

● 舞儀

樂奏長春不老之曲 竹竿子進而立 樂止 竹竿子奏先口號 唱詞 …(省略)… 樂奏豊慶之曲 舞作進而立 樂止 舞奏海東章 唱詞 …(省略)… 樂奏豊慶之曲 竹竿子先導回舞 舞奏野人章 唱詞 …(省略)… 舞作左右隊進而立 樂止 伴奏弄歌 弄歌 …(省略)… 樂奏咸寧之曲 舞作 樂止 伴奏界樂 界樂 …(省略)… 樂奏咸寧之曲 舞作 樂變王連環之曲 仍變水龍吟之曲 樂止 伴奏編歌 編歌 …(省略)… 樂奏水龍吟之曲 舞作 樂止 竹竿子後口號 唱詞 …(省略)… 樂奏水龍吟之曲 舞進而退 樂止 舞退

장춘불로지곡을 연주하면, 죽간자가 나아가 선다. 음악이 그치면 죽간자가 선구호를 부른다. 창사 …(생략)… 경풍지곡을 연주하면, 춤을 추며 나아가 선다. 음악이 그치면 무용수는 해동장을 아뢴다. 창사 …(생략)… 경풍지곡을 연주하면, 죽간자가 먼저 나아가 회무를 돈다. 무용수는 야인장을 아뢴다. 창사 …(생략)… 좌우대가 무진하는 춤을 추고, 음악이 그치면 농가를 아뢴다. 농가 …(생략)… 함녕지곡을 연주하면 춤을 춘다. 음악이 그치면 계락를 아뢴다. 계락 …(생략)… 함녕지곡을 연주하면 춤을 춘다. 음악이 옥연환지곡으로 바뀌고 이내 수룡음지곡으로 바뀐다. 음악이 그치면 편가를 아뢴다. 편가 …(생략)… 수룡음지곡을 연주하면 춤을 춘다. 음악이 그치면 죽간자가 후구호를 부른다. 창사 …(생략)… 수룡음지곡을 연주하면 무진하고 무퇴한다. 음악이 그치면 무퇴한다.

소화 4년 〈봉래의〉 내용을 정리하면, 죽간자가 무진하여 구호를 부르고, 무용수 전체가 무진하여 해동장을 부른다. 죽간자를 선두로 무용수 전체가 회무를 돌며 야인장을 부른다. 좌우대로 무진하여 농가·계락·편가를 부르며 춤을 춘다. 죽간자가 무진하여 구호를 부르고 물러나면 춤이 마친다. 소화 4년 〈봉래의〉의 무용수는 죽간자 2인·협무 8인으로 구성된다. 초열은 4대 좌우대형이며, 음악은 '장춘불로지곡·풍경지곡·함녕지곡·옥연환지곡·수룡음지곡'으로 구성되었다. 〈봉래의〉는 협무 8인이 4대 좌우대형으로 서서 무진한 이후의 춤 내용은 없고 창사만 기록되어 있다. 실제 연주곡은 알 수 없지만 음악명이 홀기와는 다른데, 당시의 연향에 맞춰 음악곡명을 사용한 것으로 이해된다.

(2) 무고(舞鼓)

● 舞儀

樂奏咸寧之曲 舞作而進 元舞執槌 樂止 元舞奏唱詞 唱詞 …(省略)… 樂奏咸寧之曲 元舞退後 挾舞進前執花 樂止 挾舞奏唱詞 唱詞 …(省略)… 樂奏咸寧之曲 挾舞退後 元舞復進前 具舞作回旋進退 元舞鳴鼓 樂變玉連環之曲 更變水龍吟之曲 元舞又鳴鼓 數回 樂止 舞退

함녕지곡을 연주하면 원무는 춤을 추며 나아가 북채를 집어 든다. 음악이 그치면 원무가 창사를 아뢴다. …(생략)… 함녕지곡을 연주하면, 원무는 뒤로 물러나고 협무는 앞으로 나아가 꽃을 집어 든다. 음악이 그치고 협무는 창사를 아뢴다. …(생략)… 함녕지곡을 연주하면, 협무는 뒤로 물러나고 원무는 앞으로 나아가 제자리에 선다. 다 같이 춤을 추는데 회선하여 무진무퇴한다. 원무는 북을 치고 옥연환지곡으로 음악이 바뀌고, 다시 수룡음지곡으로 바뀐다. 원무는 또 북을 치며 북 주위를 수차례 둥글게 돈다. 음악이 그치면 무퇴한다.

소화 4년 〈무고〉 내용을 정리하면, 전후대형에서 원무가 무진하여 북채를 집어들고[37] 창사를 부르고, 이어 협무가 무진하여 꽃을 들고 창사를 부르고 복위한다. 이어 회선하여 무진·무퇴하고 원무가 북을 치며 수차례 돌면서 춤을 추고 마치면 무퇴한다. 소화 4년 〈무고〉의 무용수는 원무 4인·협무 4인으로 구성된다. 초열은 전후대형이고, 음악은 '함녕지곡·옥연환지곡·수룡음지곡'으로 구성되었다. 원무와 협무가 차례로 자리를 바꾸어 가며 창사를 부르

37 〈무고〉의 집퇴와 집화의 해석은 나아가서 무구를 집어 드는 것과 처음부터 무구를 들고 나아가는 2가지 해석이 가능하다. 그러나 원무가 나아간 다음 북채를 잡은 것으로 기록되어있어 무용수가 무진한 다음 북채와 꽃을 잡는 것으로 해석하였다.

고 춤을 추는데, 전후대형과 원[사방·사우] 대형을 구성하여 춘다.

(3) 처용무(處容舞)

● 舞儀

樂奏鳳凰音一機 舞作回舞 具一列北向 樂止 舞伴奏處容歌 歌曰 …(省略)… 樂奏鳳凰音中機 舞作散作花舞 (相揖舞退 ○相面相背) 回旋數週 具一列北向 舞又作五方舞 (中央對四方[38] ○揮拂轉旋) 回旋數週 具一列北向 樂止 舞又伴奏一曲 歌曰 …(省略)… 樂奏鳳凰音急機 舞作 (落花流水) 樂止 舞退

봉황음 일기를 연주하면, 춤을 추며 회무한다. 다 같이 일렬로 서서 북향한다. 음악이 그치면 무용수는 처용가를 아뢴다. …(생략)… 봉황음 중기를 연주하면, 산작화무를 춘다.(서로 읍하고 무퇴한다. ○서로 마주 보고 서로 등을 진다) 회선하고 수차례 주선한다. 다 같이 일렬로 서서 북향한다. 춤을 추며 또 오방무를 춘다. (중앙과 사방이 마주 본다. ○휘두르고 뿌리고 돌며 선전한다) 둥글게 돌고 수차례 주선한다. 다 같이 일렬로 서서 북향한다. 음악이 그치고 무용수는 또 일곡을 아뢴다. …(생략)… 봉황음 급기를 연주하면, 낙화유수를 춘다. 음악이 그치면 무퇴한다.

소화 4년 〈처용무〉 내용을 정리하면, 처용 5인이 회무하며 등장하여 일렬로 배열하고 창사를 부른다. 이어 산작화무대형으로 서서 상대·상배하고 회선과 주선하여 일렬로 서서 북향한다. 오방으로 서서 상대하고 회선과 주선하여 일렬로 서서 북향하고 낙화유수를 추면 춤이 마친다. 소화 4년 〈처용무〉의 무용수는 처용 5인으로 구성되었고, 음악은 '봉황음[일기·중기·급기]'으로 구성되었다. 초열[배열]의 무도는 제시되지 않았고, 대신 제1변과 3변까지의 배열도를 기록하고 있다. 〈처용무〉는 일렬대형·산작화무·오방대형을 구성하여 추는데, 일렬대형에서는 무진·무퇴·북향·낙화유수하며 춤추고, 산작화무에서는 상대·상배를 추고, 오방대형에서는 황 처용과 상대하며 춤추고 회선하며 춤춘다.

---

38 오방무를 사방으로 설명하고 있다. 이로 볼 때 오방과 사방의 형태가 같은 것을 알 수 있다.

(4) 춘앵전(春鶯囀)

● 舞儀

樂奏柳初新之曲 舞進 樂止 舞奏唱詞 唱詞 …(省略)… 樂奏柳初新之曲 舞作 垂手雙佛 ○左右小轉[左右半轉] ○小垂手[半垂半拂] ○掉袖兒 ○斜曳裾[側身左右步] ○廻鸞[左右一大轉] ○低昂袖[以袖高低] ○折腰理腰 ○飛履 ○擡袖[擧袖後擡] ○回頭[左右擧袖欹頭側目] ○捏[擧袖] ○塔塔高[舞進三步] ○打鴛鴦場[落袖] ○搖袖[以袖高低] ○花前態[媚弄作態] 樂變王連環之曲 轉花枝[三轉身] ○當退立 樂變水龍吟之曲 小閃袖 ○落花流水[一拂一轉] ○大閃袖[飜袖] ○傞傞步如意風[飜袖進退] ○後拋袖[後拂] ○風流枝[隨身腰合節] ○飛金沙[進退] ○拂花簾[左右擡袖] ○回波身[左右一轉] ○과교선[右三大轉] ○尖袖[斂手] ○鶯歸巢[舞作而退] 樂止 舞退

유초신지곡을 연주하면, 춤을 추며 나아간다. 음악이 그치고 무용수는 창사를 아뢴다. …(생략)… 유초신지곡을 연주하면 손을 드리웠다가 떨쳐 뿌리며 춤추고, ○좌우로 조금 돌며 춤추고〔左右半轉〕, ○손을 조금 드리워 춤추고〔半垂半拂〕, ○소매를 흔들며 춤추고, ○옷자락이 끌리듯 비껴 걸으며 춤추고〔側身左右步〕, ○방울소리가 울려 퍼지듯이 빙빙 돌며 춤추고〔左右一大轉〕, ○소매를 높였다 낮추며 춤추고〔以袖高低〕, ○허리를 굽혔다 폈다 하며 춤추고, ○날아가듯이 발을 가볍게 딛으며 춤추고, ○소매를 들어 춤추고〔擧袖後擡〕, ○고개를 돌리며 춤추고〔左右擧袖欹頭側目〕, ○팔을 들어〔擧袖〕, ○높은 곳으로 올라가듯이 춤추고〔舞進三步〕, ○원앙이 마당에서 노는 것처럼 춤추고〔落袖〕, ○소매를 흔들며 춤추고〔以袖高低〕, ○꽃 앞에 섰을 때의 모습처럼 춤추고〔媚弄作態〕, 옥연환지곡으로 음악을 바꾸어 연주하면 꽃잎이 돌듯이 빙글빙글 돌며 춤추고〔三轉身〕, ○뒤로 물러난다. 수룡음지곡으로 음악을 바꾸어 연주하면 번쩍이듯 소매를 작게 휘두르며 춤추고, ○꽃이 떨어져 물 위로 흘러내려가듯 좌우로 한 번 떨쳐 뿌리며 돌면서 춤추고〔一拂一轉〕, ○번쩍이듯 소매를 크게 휘두르며 춤추고〔飜袖〕, ○바람에 흔들리듯 걸으며 춤추고〔飜袖進退〕, ○소매를 뒤로 던지듯 춤추고〔後拂〕, ○나뭇가지가 바람에 흔들리듯 춤추고〔隨身腰合節〕, ○금빛 모래가 바람에 날리듯 춤추고〔進退〕, ○꽃잎의 발이 흔들리듯이 춤추고〔左右擡袖〕, ○물결이 일듯이 몸을 돌리며 춤추고〔左右一轉〕, ○신선이 다리를 넘어가듯 춤추고〔右三大轉〕, ○소매를 뾰쪽하게 여미며 춤추고〔斂手〕, ○제비가 제 집으로 돌아가듯이 춤추며〔뒤로 물러난다〕 음악이 그치면 물러난다.

소화 4년 〈춘앵전〉의 무용수는 1인으로 구성된다. 『정재무도홀기』에는 음악곡명이 '유초신지곡·경춘가회지곡'으로 기록되었는데, 소화 4년에는 '유초신지곡·옥연환지곡·수룡음지곡'으로 구성되었다. 『정재무도홀기』와 비교하였을 때 춤의 순서는 같고, 춤 내용은 당시 추어진 현실적인 용어로 기록하였다. 예로 『정재무도홀기』에는 〈춘앵전〉의 좌우소전(左右小轉)이 '좌우각일전'으로 기록되었는데 소화 4년 〈춘앵전〉에는 '좌우반전'으로 기록하였다. 여기서 '소전'과 '반전'은 몸을 45도 각도로 반만 돌리는 것으로, 무용수가 몸을 돌리는 각도를 구체적으로 기록한 것이다. 요수(搖袖)는 정재홀기에 '거수휘지'로 기록되었는데, 소화 4년 〈춘앵전〉에는 "이수고저로 춘다"고 기록하였다. 화전태(花前態)는 정재홀기에 '미롱'으로 기록되었는데 소화 4년 〈춘앵전〉에는 '미롱작태'로, 작태가 추가로 기록되었다. 사사보여의풍(傞傞步如意風)은 정재홀기에 '수악절무'로 기록되었는데, 소화 4년 〈춘앵전〉에는 '번수진퇴'로 기록하였다. 과교선은 정재홀기에 '좌우일대전'으로 기록하였는데 소화 4년 〈춘앵전〉에는 '우삼대전'[39]으로 기록하였다. 과교선은 현재 2가지로 추어지는데, 남과 북으로 180도 각도로 몸을 돌리며 추는 것과 '우3대전'으로[40] 돌기도 한다.

(5) 향령무(響鈴舞)

● 舞儀

樂奏萬年長歡之曲(大餘音) 舞作 (斂手足蹈而進 尺腰) 樂止 樂奏萬年長歡之曲(元音) 舞作 (垂手雙拂 左小轉 右小轉 合蟬) 仲奏務頭詞 唱詞 …(省略)… 舞作 (左打場 右打場 右呈手 合呈手) 仲奏中拍詞 唱詞 …(省略)… 斂手足蹈而退 樂止 舞退

만년장환지곡을 연주하면[대여음], 춤을 춘다.(손을 여미고 나아가 허리를 굽

---

39 현행 〈춘앵전〉에서는 과교선을 2가지로 춘다. 하나는 제자리에서 우[서쪽]로 세 바퀴 돌고, 두 번째는 남과 북으로 몸을 돌려 180도 각도로 돈다. 이로 볼 때 〈춘앵전〉의 과교선을 우삼대전(右三大轉)으로 춘 것은 일제강점기 때부터 지속된 것을 알 수 있다.

40 손선숙, 『궁중정재용어사전』, 2005, 45쪽.

힌다) 음악이 그친다. 만년장환지곡을 연주하면[원음], 춤을 춘다.(수수쌍불하고, 좌우로 조금 돌고 합선한다) 무두사를 아뢴다. …(생략)… 춤을 춘다(좌타장·우타장하고, 좌정수·우정수·합정수한다) 중박사를 아뢴다. …(생략)… 염수족도하고 물러난다. 음악이 그치면 무퇴한다.

소화 4년 〈향령무〉 내용을 정리하면, 협무 6인이 무진하여 척요하며 춤추고, 수수쌍불하고 좌우로 조금 돌고 합선하며 무두사를 아뢰고, 좌타장·우타장·좌정수·우정수·합정수하며 중박사를 아뢰며 춤추고, 마치면 물러난다. 소화 4년 〈향령무〉의 무용수는 협무 6인으로 구성된다. 초열은 품자대형이고 춤추는 내내 품자대형을 유지하며 춤추는데, 음악은 '만년장환지곡[大餘音·元音]'으로 구성되었다.

(6) 가인전목단(佳人剪牧丹)

● 舞儀

樂奏咸寧之曲 舞進而立 樂止 舞奏唱詞 唱詞 …(省略)… 樂奏咸寧之曲 仍以舞作如左儀 舞第一變 交旋舞 舞第二變 圓花舞(樂變玉連環之曲 更變水龍吟之曲) 舞第三變 回旋舞 舞第四變 復列舞 樂止 舞退

함녕지곡을 연주하면, 춤을 추며 나아가 선다. 음악이 그치고 무용수는 창사를 아뢴다. …(생략)… 함녕지곡을 연주하면, 이내 왼쪽의 순서대로 춤을 춘다. 무용수는 제1변에 교선무를 춘다. 무용수는 제2변에 원화무를 춘다.(음악이 옥연환지곡을 연주하고 다시 수룡음지곡을 연주한다) 무용수는 제3변에 회선무를 춘다. 무용수는 제4변에 복열무를 춘다. 음악이 그치면 무퇴한다.

소화 4년 〈가인전목단〉 내용을 정리하면, 2대 좌우대형에서 무진하여 창사를 부르고 이어 화준을 중심으로 '교선무·원화무·회선무'하며 춤추고, 마치면 물러나 복위한다. 소화 4년 〈가인전목단〉의 무용수는 협무 10인으로 구성되었다. 춤 구성을 제1변부터 제4변까지 구분하여 제시하였는데, 내용이 매우 소략하게 기록되었다. 초열은 2대 좌우대형이고, 음악은 '함녕지곡·옥연환지곡·수룡음지곡'으로 구성되었다.

(7) 수연장(壽延長)

● 舞儀

樂奏長春不老之曲 竹竿子而進立 樂止 竹竿子奏先口號, 唱詞 …(省略)… 樂奏豊慶之曲 舞進而立 樂止 舞擧外袖奏尾前詞 舞擧內袖奏尾後詞 尾前詞 …(省略)… 尾後詞 …(省略)… 樂奏咸寧之曲 舞作 樂變玉連環之曲 仍變水龍吟之曲 舞進而立 樂止 舞擧外袖奏青春詞 青春詞 …(省略)… 樂奏水龍吟之曲 樂止 竹竿子奏後口號 唱詞 …(省略)… 樂奏水龍吟之曲 舞進而退 樂止 舞退

장춘불로지곡을 연주하면 죽간자는 나아가 선다. 음악이 그치고 죽간자는 선구호를 아뢴다. …(생략)… 풍경지곡을 연주하면, 춤을 추며 나아가 선다. 음악이 그치고 무용수는 외수를 들고 미전사를 아뢰고, …(생략)… 무용수는 내수를 들어 미후사를 아뢴다. …(생략)… 함녕지곡을 연주하면, 춤을 춘다. 음악이 옥연환지곡으로 바뀌고 이내 수룡음지곡으로 바뀌고 춤을 추며 나아가 선다. 음악이 그치고 무용수는 외수를 들고 청춘사를 아뢴다. …(생략)… 수룡음지곡을 연주하면 음악이 그치고 죽간자가 후구호를 아뢴다. …(생략)… 수룡음지곡을 연주하면 춤을 추며 나아갔다가 물러나고 음악이 그치면 무퇴한다.

소화 4년 〈수연장〉 내용을 정리하면, 죽간자가 무진하여 구호를 부르고 무용수 전체가 무진하여 외수와 내수를 들고 미전사와 미후사를 부른다. 춤을 추며 나아가 서서 외수를 들고 청춘사를 부른다. 죽간자가 구호를 부른 다음 무용수 전체가 무진·무퇴하고 음악이 그치면 무퇴한다. 소화 4년 〈수연장〉의 무용수는 죽간자 2인·협무 8인으로 구성되었다. 기록으로 볼 때 4대 좌우대형만 제시되었는데, 초열은 4대 좌우대형이고, 음악은 '장춘불로지곡·풍경지곡·함녕지곡·옥연환지곡·수룡음지곡'으로 구성되었다.

(8) 만수무(萬壽舞)

● 舞儀

樂奏豊慶之曲 舞進而立 樂止 中舞小進 奏唱詞 唱詞 …(省略)… 樂奏豊慶

之曲 中舞退而立 樂止 伴奏編歌, 編詞 …(省略)… 樂奏咸寧之曲 舞作 樂奏咸寧之曲 舞作 樂變玉連環之曲 仍變水龍吟之曲 樂止 舞退

풍경지곡을 연주하면 춤을 추며 나아가 선다. 음악이 그치면 중무가 조금 나아가 창사를 아뢴다. …(생략)… 풍경지곡을 연주하면 중무는 물러나 선다. 음악이 그치고 편가를 아뢴다. …(생략)… 함녕지곡을 연주하면 춤을 춘다. 함녕지곡을 연주하면 춤을 춘다. 음악이 옥연환지곡으로 바뀌고 이내 수룡음지곡으로 바뀌면 음악이 그치고 무퇴한다.

소화 4년 〈만수무〉 내용을 정리하면, 무용수 전체가 무진하고 이어 중무가 나아가 치어를 부르고 물러나면, 풍경지곡·옥연환지곡·함녕지곡·수룡음지곡에 춤을 추고 음악이 그치면 무퇴한다. 소화 4년 〈만수무〉의 무용수는 중무 1인·협무 4인으로 구성되었다. 기록상으로 볼 때 대형의 변화 없이 창사만 부르는 것으로 진행하는데 초열은 2대 좌우대형이고, 음악은 '풍경지곡·함녕지곡·옥연환지곡·수룡음지곡'으로 구성되었다.

(9) 보상무(寶相舞)

● 舞儀

樂奏咸寧之曲 舞作而進 樂止 舞奏唱詞 唱詞 …(省略)… 樂奏咸寧之曲 舞作 舞退而立 仍又舞作如左儀 ○舞第一隊進 弄毬執毬 樂止 奏唱詞 唱詞 …(省略)… 樂作 舞弄毬投毬于桶(入則奉花進賞花而賞之 不則奉筆進點黑而罰之) 訖退立於隊之後 樂變玉連環之曲 仍變水龍吟之曲 ○舞第二隊進 弄毬執毬 樂止 奏唱詞 唱詞 …(省略)… 樂作 舞弄毬投毬退立如上儀 ○舞第三隊進 弄毬執毬 樂止 奏唱詞 唱詞 …(省略)… 樂奏咸寧之曲 舞作 樂止 舞退

함녕지곡을 연주하면 춤을 추며 나아간다. 음악이 그치면 무용수는 창사를 아뢴다. …(생략)… 함녕지곡을 연주하면 춤을 추고, 무퇴하여 선다. 이내 또 춤을 추는데 앞에서와 같은 의례로 한다. 무용수 제1대가 나아가 농구·집구 한다. 음악이 그치면 창사를 아뢴다. …(생략)… 음악을 시작하면 무용수는 농구하고 공을 던져 통에 들어가면(들어가면 봉화가 나아가 상으로 꽃을 주고 들어가지 않으면 봉필이 나아가 흑점을 벌로 준다) 춤을 마치고 그 대의 뒤로 물러나 선다. 음악이 옥연환지곡으로 바뀌면 이내 수룡음지곡을 연주한다. 무용수 제2대가 나아가 농구·집구한다. 음악이 그치면 창사를 아뢴다. …(생략)… 음악을 시작하면 무용수는 농구하고 공을 던지고 물러나 선다. 앞에서와 같은 의례를 한다. 무용수 제3대가 나아가 농구·집구한다. 음악이 그치면 창사를 아뢴다. …(생략)… 함녕지곡을 연주하면, 춤을 추고 음악이 그치면 무퇴한다.

소화 4년 〈보상무〉 내용을 정리하면, 무용수 전체가 무진하여 창사를 부르고 춤을 추며 무퇴하면 제1대부터 차례로 농구·집구하고 창사를 부르고 포구희를 한다. 이어 제2대·3대가 차례로 나아가 앞에서와 같은 내용을 반복하여 춘다. 소화 4년 〈보상무〉의 무용수는 봉화 1인·봉필 1인·협무 6인으로 구성되었다. 보상반 좌우에서 포구희하며 춤을 추는데, 초열은 2대 좌우대형이고, 음악은 '함녕지곡·왕연환지곡·수룡음지곡'으로 구성되었다.

(10) 장생보연지무(長生寶宴之舞)

● 舞儀

樂奏長春不老之曲 竹竿子而進立 樂止 竹竿子奏先口號 唱詞 …(省略)… 樂奏豊慶之曲 舞進而立 中舞又小進 樂止 中舞奏致語 致語 …(省略)… 樂奏豊慶之曲 中舞小退復列 樂止 舞隨樂節唱奏兩度 前度 …(省略)… 後度 …(省略)… 樂奏咸寧之曲 仍以舞作如左儀 舞第一變 相對舞 舞第二變 垂手舞 舞第三變 散作花舞 樂變王連環之曲 舞第四變 三轉身 樂變水龍吟之曲 舞第五變 五方舞 舞第六變 大轉舞 舞第七變 四仙舞 舞第八變 回旋舞 舞第九變 復列舞 樂止 竹竿子奏後口號 唱詞 …(省略)… 樂奏水龍吟之曲 樂止 舞退

장춘불로지곡을 연주하면, 죽간자는 나아가 선다. 음악이 그치면 죽간자가 선구호를 아뢴다. …(생략)… 풍경지곡을 연주하면, 춤을 추며 나아가 선다. 중무는 또 앞으로 조금 나아가고 음악이 그치면 중무는 치어를 아뢴다. …(생략)… 풍경지곡을 연주하면, 중무는 소퇴하여 제자리에 선다. 음악이 그치면 무용수는 음악의 절차에 따라 양도(兩度)를 아뢴다. …(생략)… 함녕지곡을 연주하면, 이내 좌와 같은 의례와 같이 춤을 춘다. 제1변 상대무를 춘다. 제2변 수수무를 춘다. 제3변 산작화무를 춘다. 음악이 옥연환지곡으로 바뀌고 제4변 삼전신을 춘다. 음악이 수룡음지곡을 연주하면, 제5변 오방무를 춘다. 제6변 대전무를 춘다. 제7변 사선무를 춘다. 제8변 회선무를 춘다. 제9변 복열무를 춘다. 음악이 그치고 죽간자는 후구호를 아뢴다. …(생략)… 수룡음지곡을 연주하면 음악이 그치고 무퇴한다.

소화 4년 〈장생보연지무〉 내용을 정리하면, 죽간자가 무진하여 구호를 부르고 이어 전대가 무진한다. 중무가 무진하여 치어를 부르고 제자리로 물러난다. 이어 제1변 상대무·제2변 수수무·제3변 산작화무·제4변 삼전신·제5변 오방무·제6변 대전무(大轉舞)·제7변 사선무·제8변 회선무·제9변 복열무(復列舞)를 추고, 죽간자가 무진하여 구호를 부르고 물러나면 춤이 마친다. 소화 4년 〈장생보연지무〉의 무용수는 죽간자 2인·선모 1인·협무 4인으로 구성된다. 초열은 일렬대형이며, 음악은 '장춘불로지곡·풍경지곡·함녕지곡·옥연환지곡·수룡음지곡'으로 구성되었다. 『정재무도홀기』에는 제1변 상대무·제2변 수수무·제3변 상배무·제4변 산작화무·제5변 수수무·제6변 오방무·제7변 염수무·제8변 사선무·제9변 염수무로 춤을 추고, 진행하는 내내 무도를 제시하여 대형의 변화를 확인할 수 있게 하였다. 반면 소화 4년 〈장생보연지무〉에는 제1변에서 9변까지 춤추는 동안 정재대형과 관련된 무도는 제시되지 않고 중무가 나아가 치어를 부르는 전후대형과 치어를 부르고 제자리로 돌아와 선 일렬대형을 제시하고, 더 이상의 대형과 관련된 설명 없이 춤의 절차만 나열하고 있다.

2) 1931년 조선총독부 정재영상

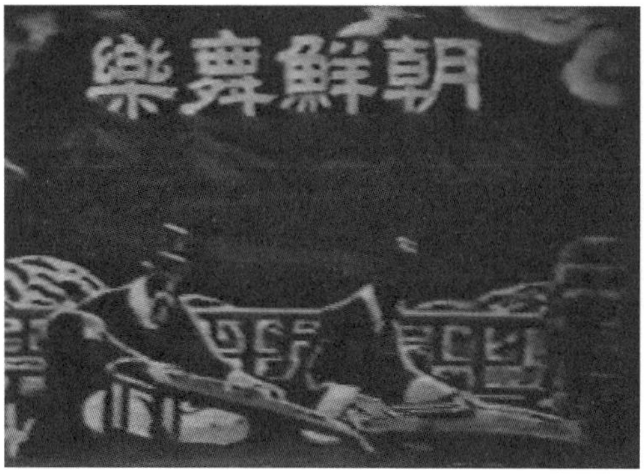

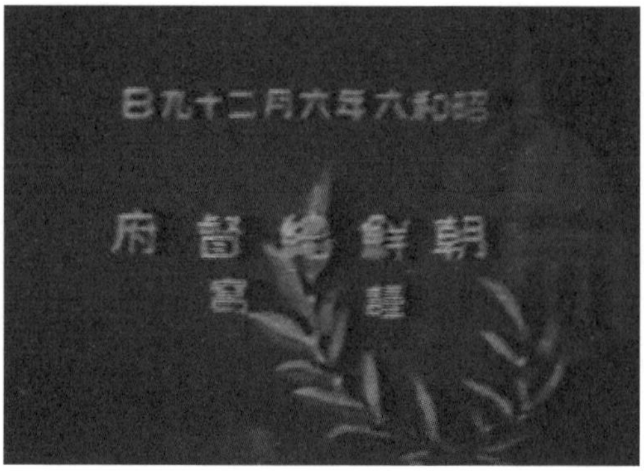

(1) 향령무(響鈴舞)

1931 〈향령무〉 영상 내용을 정리하면, 무용수 6인이 염수하고 무구인 향령을 처음부터 들고 등장하는데, 인정전 동쪽 궁 벽면을 끼고 들어와 궁을 등지고 '전대[中央] 2인-좌대[東] 2인-우대[西] 2인'순으로 배열한다. 협무 6인이 북향 염수하고 5보 무진하여 북향·서향·동향하며 양손을 아래로 늘어뜨리고 '오른손-왼손-양손'순으로 차례로 흔들며 향령을 친다. 합선하고 '오른손-왼손-양손'순으로 차례로 흔들며 향령을 친다. 북향·서향·동향하며 양손을 아래로 늘어뜨리고 양손을 흔들며 향령을 친다. 합선하고 굴신하며 '오른손-왼손-양손'순으로 차례로 흔들며 향령을 친다. 한 손씩 아래로 내려들고 이어 양수평거하여 양손을 흔들며 향령을 친다. 춤이 마치면 북향 염수하여 5보 무퇴하고, 처음 배열한 순서대로[전대 2인-좌대 2인-우대 2인'순으로] 퇴장한다.

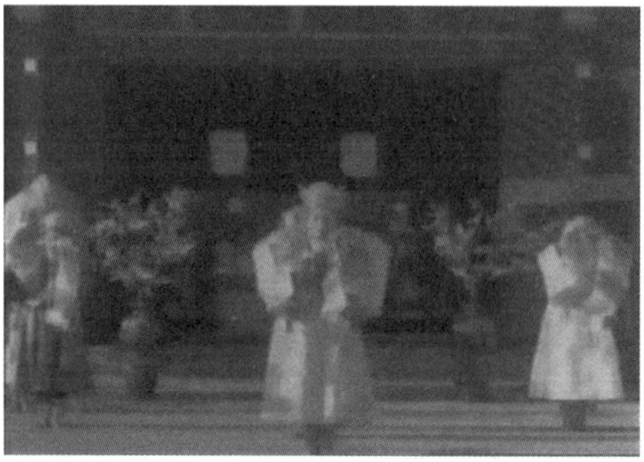

1931 〈향령무〉는 춤추는 내내 품자 대형을 유지하며 춤을 추는데 〈그림 131〉처럼 배열한다. 양손에 향령을 잡고 '북향-서향-동향' 하면서 '오른손-왼손-양손'순으로 흔들며 춤을 추는데, 무용수 6인은

춤추는 내내 모두 같은 방향으로 몸을 돌리며 춤을 추고 춤사위는 5가지로 변화를 주며 춘다.

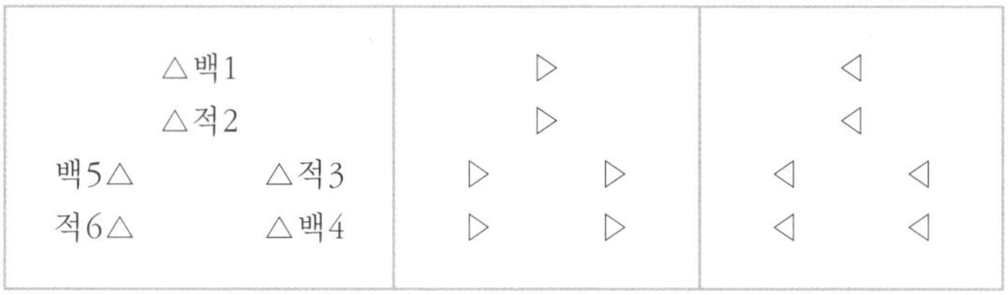

〈그림 131〉 1931년도 〈향령무〉의 대형 구성

(2) 처용무(處容舞)

1931 〈처용무〉 영상 내용을 정리하면, 처용 5인이 청·홍·황·흑·백 순서로 인정전 오른쪽 궁 벽면을 끼고 등장하여 인정전 동쪽[입구] 쪽에 줄지어 선다. 청 처용을 선두로 무진하는데 오른발·왼발을 앞으로 내딛으며 오른손[右手]·왼손[左手]을 각각 들어 허리에 차례로 댄다. 양손을 허리에 대고 오른쪽으로 회무[右旋]하여[41] 차례로 일렬로 서서 북향한다. 처용 5인이 일렬로 서서 황 처용을 중심으로 청·홍 처용과 흑·백 처용이 상대·상배한다. 처용 5인은 북향 무진하고 이어 사우(四隅) 대형으로 서서 춤추고[산작화무], 황 처용은 주선하고 처용 4인은 우선회무하여 일렬로 서고, 이어 처용 5인이 일렬로 서서 무퇴·무진한다. 오방대형으로 서서 무대 가운데 황 처용이 '흑 처용-청 처용-홍 처용-백 처용'순으로 오방상대무(1), 오방상대무(2)를 추며 좌선회무하여 오방대형으로 섰다가 이어 일렬로 선

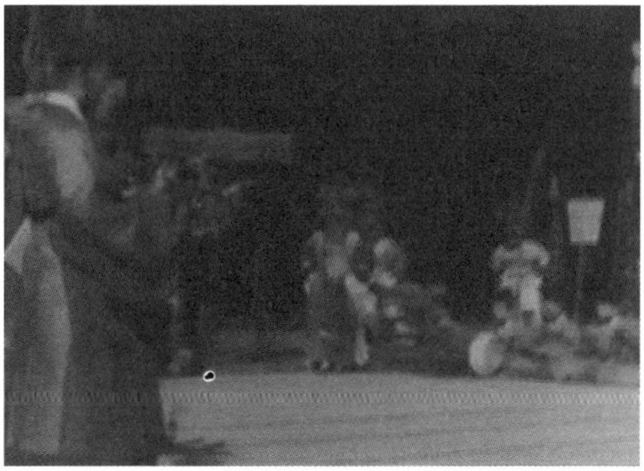

41 『정재무도홀기』 〈처용무〉에는 등장과 퇴장을 좌선[동쪽]으로 기록하였는데, 1931년 〈처용무〉에서는 무용수 중심의 왼쪽[서쪽]으로 돌았다. 『呈才舞圖笏記』, 1980, 181쪽.

다. 처용 5인이 일렬로 서서 양손을 뿌려 좌우 어깨 위로 걸쳐 메면서 무진·무퇴하고, 회무[우선]하며 처음 등장하였던 궁궐 동쪽을 끼고 퇴장한다.

1931 〈처용무〉의 춤 대형은 〈그림 132〉처럼 일렬대형·사우대형[산작화무]·오방대형으로 구성된다. 일렬대형에서는 무진·무퇴와 상대·상배를 추고, 사우대형에서는 상대·상배와 우선회무를 하고, 오방대형에서는 황 처용이 흑·청·홍·백 처용과 차례로 대무와 배무를 하고, 전체가 좌선회무를 하였다.

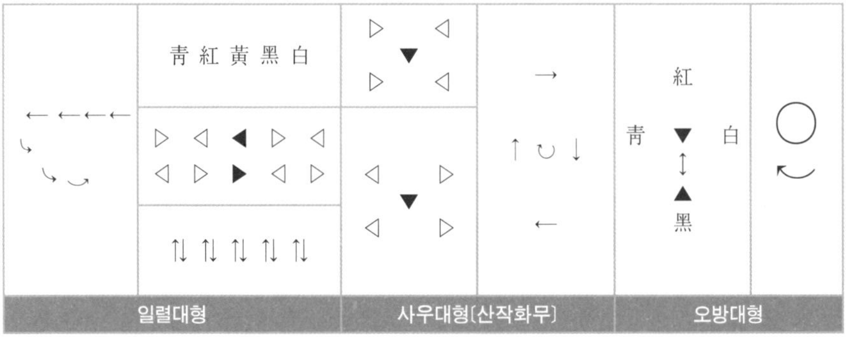

〈그림 132〉 1931년도 〈처용무〉의 대형 구성

(3) 봉래의(鳳來儀)

무용수들이 대조전 궁을 바라보고 올라서는데, '좌죽간자-좌대 4인-우대 4인-우죽간자'순으로[42] 계단으로 올라가 초열로 배열한다. 이때의 보법은 일반 걸음으로 들어가는데, 배열은 대조전을 향하여 서지만 춤은 궁을 등지고 춘다.

1931 〈봉래의〉 영상 내용을 정리하면, 죽간자는 무대 앞에서 서로 마주 보고 서고, 협무 8인은 4대 좌우대형에서 북향하여 춤추는 것에서부터 시작한다. 죽간자를 포함한 무용수 전체가 우선(右旋) 회무하여 초열로 선다. 사방대형에서 남대 2인을 제외한 나머지 무용수가 방향을 돌려 내향하여 양수평거

42 대조전에서 바라본 관점에서 보면 좌대가 먼저 배열하고 우대가 배열하였다. 일반적으로 죽간자가 무용수를 인솔하는 것으로 알고 있는데, 영상 〈봉래의〉에서는 우죽간자가 맨 나중에 서는 것으로 보아 좌대와 우대의 무용수를 앞과 뒤에서 인솔한 것을 알 수 있다.

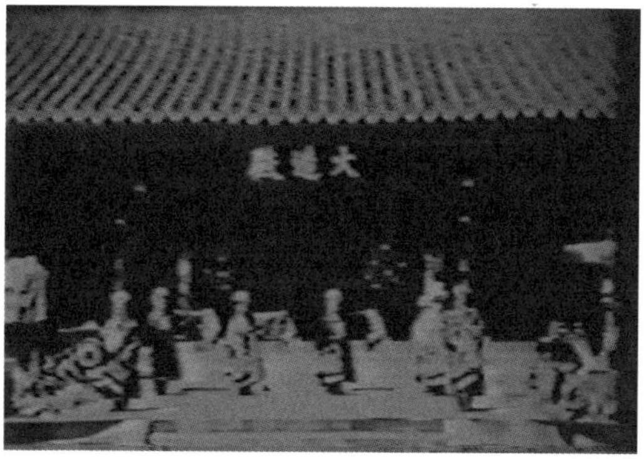

로 무진·무퇴하고 이어 이수고저 이무를 2번 반복하여 춘다. 전후 대형이 서로 환대이무와 환복기대이무를 추고, 무용수 전체가 북향하여 이수고저를 춘다. 협무 8인이 우선회무하여 초열로 서서 북향하여 이수고저를 추고, 양수평거로 무진한다.

1931 〈봉래의〉의 춤 대형은 〈그림 133〉처럼 4대 좌우대형·사방대형·전후대형으로 구성된다. 4대 좌우대형에서는 무진·무퇴하며 춤을 추고, 사방대형에서는 상대·상배하며 이수고저와 대수이무를 추고, 이어 전후대와 좌우대가 상대 무진·무퇴를 추고, 전후대형에서는 전대와 후대가 상대하고 환대하며 춤춘다. 이동은 우선회무로 하였는데 죽간자를 포함한 무용수 전체가 하기도 하고, 무용수 8인이 하기도 하였다.

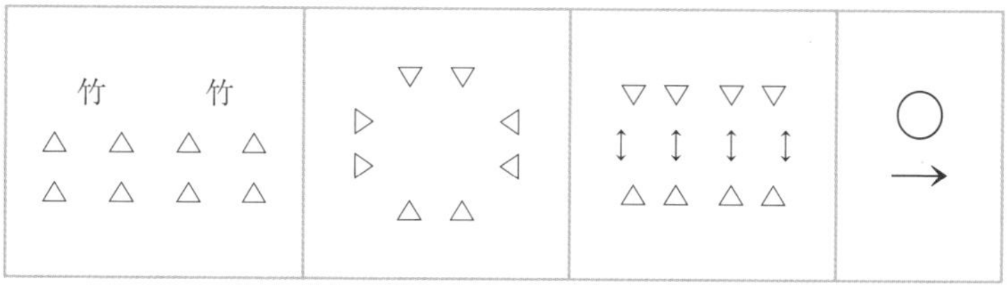

〈그림 133〉 1931년도 〈봉래의〉의 대형 구성

(4) 보상무(寶相舞)

대조전 섬돌 위에는 보상반이 미리 설치되어 있다. 대조전 궁을 바라보고 무용수들이 등장하는데, '좌무 3인-봉필-우무 3인-봉화'순으로 두 줄을 지어 나란히 들어와 배열한다. 이어 무용수들이 방향을 돌려 대조전을 등지고 〈보상무〉를 추는데, 좌무 3인과 봉필은 서쪽에, 우무 3인과 봉화는 동쪽에 선다. 〈보상무〉는 좌우대가 차례로 각각 무진하여 공 잡는 춤을 추고, 보상반을 마주 보고 농구무를 추고 이어 포구희를 하고, 공이 들어가면 무용수가 궤하여

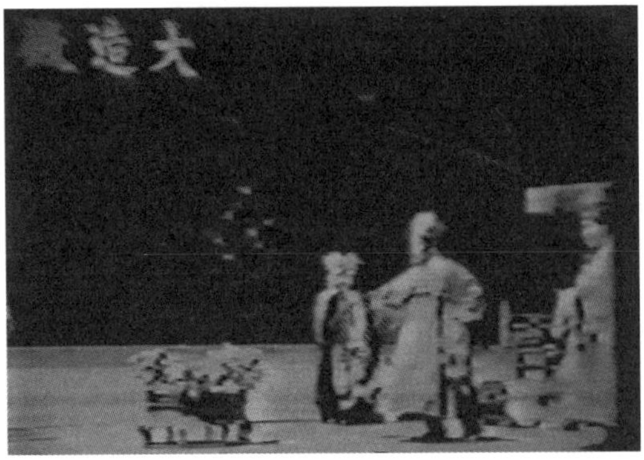

봉화에게 꽃을 받아들고, 공이 들어가지 않으면 무용수는 제자리에 서고 봉필이 붓으로 뺨에 먹물을 긋는다. 좌대가 먼저 포구희를 하였고 모든 춤이 마치면 좌우대가 양수평거하고 무퇴하였다.

1931 〈보상무〉 영상 내용을 정리하면, 먼저 좌우1대가 북향하여 궤부복하여 공을 집어들고 일어서서 공읍하고,[43] 좌우대가 모두 양수평거하여 무퇴한다. 이어 좌우1대가 상대하여 오른손에 공을 잡고 농구무를 추고, 좌대가 먼저 포구희를 하여 공이 들어가자 꽃을 받고, 양수평거로 무퇴·무진한다. 좌우2대가 집구하고 좌우상대하여 양수평거하며 춤추고, 농구무를 추고 좌대가 포구희하여 꽃을 받고, 양수평거로 무퇴한다. 우대 3인이 상대하여 농구무를 추고, 포구희하여 공이 들어가자 궤하고 꽃을 받아든다. 무용수 전체가 양수평거하여 무퇴·무진하고, 다시 양수평거로 무퇴하고 제자리로 물러나 반절한다.

1931 〈보상무〉의 춤 대형은 〈그림 134〉처럼 2대 좌우대형과 전후대형으로 구성된다. 2대 좌우대형에서는 무용수 전체가 무진·무퇴를 하고, 전후대형에서는 각 대의 2인이 차례로 나아가 보상반 좌우에서 춤을 추거나 포구희를 한다.

奉筆　　奉花 寶相盤 ⇅　　⇅ △　　△ △　　△ △　　△	奉筆　　奉花 ▷　盤　◁ ↑　　↑ △　　△ △　　△	奉筆　　奉花 2▷ 寶相盤 ◀1 △　　△ △　　△

〈그림 134〉 1931년도 〈보상무〉의 대형 구성

43 공읍 장면이 너무 빠르게 진행되어 창사 부르는 장면인지 염수 과정의 동작인지 분명하지 않으나 '궤집구'하여 기립한 다음의 동작으로 보아 본문에서는 공읍으로 보았다.

(5) 무고(舞鼓)

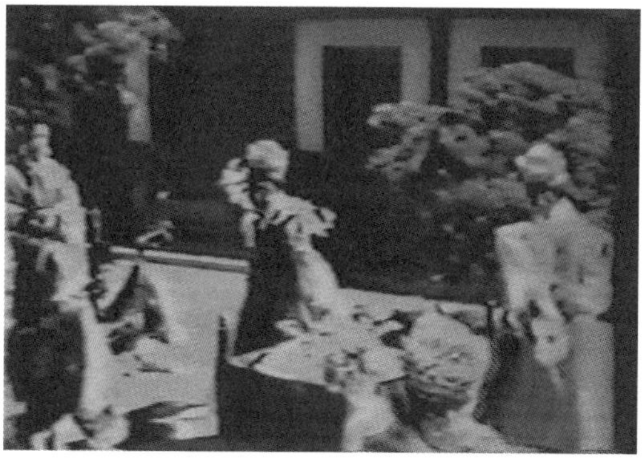

섬돌 위에 북[鼓]이 미리 설치되어 있고, 무용수 8인이 궁을 등지고 객석을 향해 춤추는 과정부터 시작[44]된다.

1931 〈무고〉 영상 내용을 정리하면, 초열은 전대에 원무가 북채를 들고 후대에 협무가 꽃을 잡고 선 전후대형이다. 전대와 후대가 환대이무를 하는데 무용수 8인이 양손에 무구를 잡고 양수평거하며 환대이무를 하고, 다시 환복초열이무(還復初列而舞)한다. 이어 궤(跪) 부복하여 북채를 잡는 춤을 추고, 기립하여 북채를 잡은 무용수만 창사를 부른다. 원무는 북[鼓]의 사방(四方)으로 서서 북을 치고 협무는 사우(四隅) 위치에서 춤을 춘다. 원무가 다시 북을 치고 협무는 사우에서 수수무를 추다가, 무용수 전체가 나란히 우선회무를 돌고, 다시 초열로 서서 무진하고 궤면복하여 북채를 바닥에 내려놓고 기립하여 무퇴하고 염수하면 춤이 마친다.

1931 〈무고〉의 춤 대형은 〈그림 135〉처럼 전후대형과 원[사방·사우] 대형으로 구성된다. 원무 4인과 협무 4인이 전후대형으로 서서 무진·무퇴를 하고, 원(圓) 대형에서는 원무는 사방에 협무는 사우에 서서 북을 치고 우선하며 춤을 춘다.

가		나	다
槌 槌 槌 槌 元 元 元 元 鼓 挾 挾 挾 挾	⥮ ⥮ 鼓 ⥮ ⥮	挾 元 挾 元 鼓 元 挾 元 挾	↺

〈그림 135〉 1931년도 〈무고〉의 대형 구성

44 〈무고〉의 첫 화면에 북채와 꽃을 잡은 무용수가 보이고, 그 뒤에 무구를 잡는 춤을 춘다. 이 내용으로 볼 때 영상 편집의 순서가 잘못된 것을 알 수 있다.

(6) 장생보연지무(長生寶宴之舞)

〈장생보연지무〉는 화면 처음부터 춤추는 모습을 보여주는데, 무용수들이 미리 배열된 상황부터 보여준다. 죽간자가 무대 앞쪽[객석]에서 마주 보고 서 있고, 무용수 5인이 춤추고 있는 장면부터 보인다. 집박악사로 보이는 무용수가 왼쪽[동쪽]에서 서쪽을 향해 서 있다. 무대는 협소하며, 무대 양옆으로 악대가 나란히 앉아 있다. 흑백이지만 의상의 농도로 보아 오방색으로 짐작되고, 염수 동작이 얼핏 보이는 것으로 보아 그 전에 춤이 미리 진행된 것으로 이해된다.

1931 〈장생보연지무〉 영상 내용을 정리하면, 일렬대형에서 선모가 염수하고 무진하는 모습이 보이다가 오버랩되면서 무용수 전체가 양수평거로 상대·상배한다. 산작화무 대형에 선 협무가 각 향하여 이수고저와 비리(飛履)를[45] 추고, 양손을 뒤로 여미고[後斂] 연속적으로 우전(右轉)하면서 일렬로 선다. 일렬에서 양수평거하며 사우대형을 만들고, 이어 선모는 무대 가운데에서 북향하고 협무 4인이 우선회무를 한다. 이어 양수평거로 무퇴하고, 무용수 전체가 일렬로 서서 양수평거로 무퇴하고 이내 염수하면 춤이 마친다.

1931 〈장생보연지무〉의 춤 대형은 〈그림 136〉처럼 일렬대형·전후대형·사우대형·산작화무대형으로 구성된다. 일렬대형에서는 무용수 전체가 무진·무퇴하고 혹은 빙글빙글 돌면서 일렬로 선다. 전후대형에서는 선모가 무진하고, 산작화무대형에서는 선모가 대열을 벗어나서고 협무는 각 향[산작화무]하여 이수고저와 비리를 춘다.

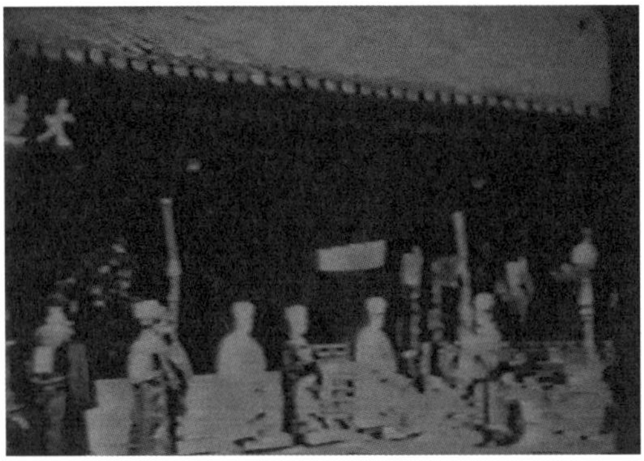

45 본문에서 사용하는 궁중정재 용어는 현행 용어를 기준으로 사용하였다. 원전사료에 춤사위 관련 용어가 기록되었어도 춤사위 형태를 정확히 알 수 없는바, 현행 정재에서 추어지는 춤사위 관점으로 용어를 사용하였다. 이때의 춤사위는 현행 정재에서의 이수고저와 비리 동작이었다.

사우대형에서는 선모가 북향하여 춤추고 사우 위치에 선 협무는 우선회무를 돈다.

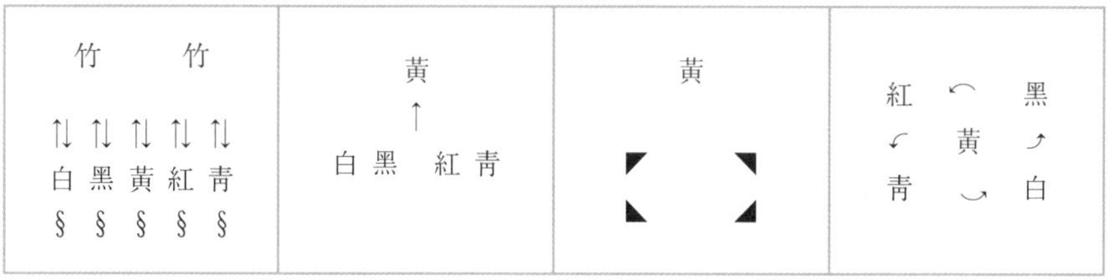

〈그림 136〉 1931년도 〈장생보연지무〉의 대형 구성

(7) 포구락(抛毬樂)

〈포구락〉에서 사용하는 포구문이 대조전 월대 위에 미리 설치되어 있고, 무용수들이 계단 위로 올라가는 모습을 측면으로 보여준다. 좌우죽간자와 무용수들이 두 줄로 나란히 서서 동시에 들어와 나란히 배열한다. 이어 무용수들이 방향을 돌려 궁을 등지고 〈포구락〉 춤을 춘다.

1931 〈포구락〉 영상 내용을 정리하면, 죽간자는 마주 보고 서 있고, 좌우대가 포구문 좌우에서 두 팔을 펴 들고 무퇴할 때 봉화와 봉필이 공을 바닥에 던지듯이 포구문 좌우 앞에 놓는다. 좌우1대가 서로 등을 지고 포구문을 좌우로 끼고 무퇴하여 서로의 자리를 바꾸었다가 다시 무진하여 제자리로 돌아간다. 무용수 전체가 양수평거로 무퇴하고 좌우2·3대가 염수할 때 1대는 다시 무진한다. 제1대가 우수 집구하여 포구문을 마주 보고 농구무를 추는데, 2번에 걸쳐 오른손으로 바닥에 놓인 공을 낚아채듯이 춤을 춘다. 농구무는 좌우대가 같이 하지만 포구희는 좌대가 먼저 던지고 다음에 우대가 한다. 좌대 1인이 던진 공이 들어가면 좌대 1인과 좌대 전체가 그대로 앉고, 이어 좌대 1인은 봉화가 건네주는 꽃을 받아들

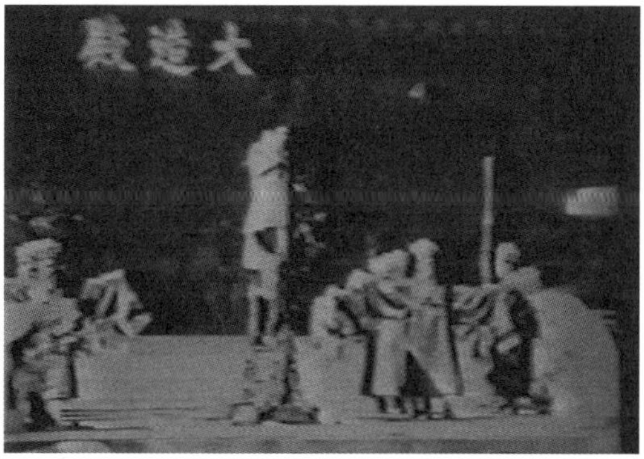

고 일어서서 염수하고 물러나 3대 뒤로 가서 선다. 공이 들어가지 않으면 춤을 춘 무용수는 제자리에 서고 악사가 나와 벌로 얼굴에 먹물을 찍는다. 좌우 3대까지 춤을 마치면 무용수 전체가 양수평거로 무진하여 죽간자 뒤로 서는데, 이때 죽간자는 북향을 하고 있다. 춤을 모두 마치면 무용수 전체가 허리를 숙여 반절한다.

1931 〈포구락〉의 춤 대형은 〈그림 137〉처럼 2대 좌우대형과 전후대형으로 구성된다. 2대 좌우대형에서는 무용수 전체가 무진·무퇴를 하고, 전후대형에서는 각 대2인이 차례로 나아가 포구문 좌우에서 춤을 추고 포구희를 한다.

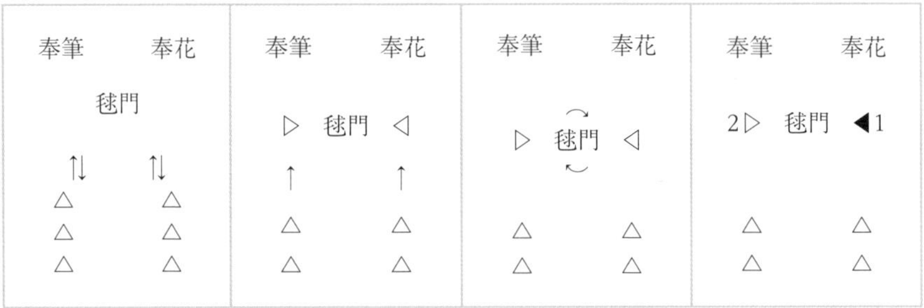

〈그림 137〉 1931년도 〈포구락〉의 대형 구성

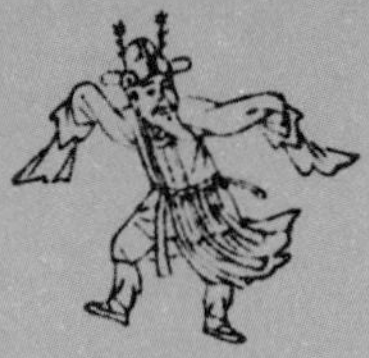

6장

현대기 궁중정재

1945~현재, 대한민국의 궁중정재

현대기의 궁중정재는 1945년 해방 이후부터 지금까지 이어진다. 8·15 해방 이후 신문화 물결 속에 문화의 정통성을 회복하고 안정적인 제도를 마련하기 위해 노력하지만 1948년 대한민국정부가 수립되자마자 한반도는 동족 간의 이념논쟁으로 빚어진 정계의 회오리바람 속에 문화정체기가 시작된다. 혼란스러운 해방공간과 뒤이은 한국전쟁의 화염 속에서도 궁중무악의 보존과 발전을 도모하고, 궁중정재를 국가의 춤으로 보전하기 위하여 안정적인 제도를 마련하는 등 공연예술로서의 새로운 면모를 갖추게 된다. 현대기는 한국의 근대화·산업화·도시화라는 시대적 변화 속에서 전통문화가 소멸되는 것에 대한 위기의식과 문제의식을 느끼고[1] 문화재보호법이 제정되는 시기와 맞물려 궁중정재를 전승하기 위해 제도를 정착시켜 시대적 예술사조에 부흥하기 위한 새로운 전환점을 맞이하고 천 년 시간의 기억을 되살려 옛 왕조의 정재 문화를 지금에 소통시키기 위한 새로운 궁정문화를 창출하고자 노력한 시기이다.

현대기의 궁중정재는 국립국악원이 주요 활동의 기점이 된다. 국가 차원에서 한국 궁정문화의 정통성 회복과 계승을 위해 보존정책이 마련되면서 국립국악원에서는 조선시대 장악원의 정악과 궁중정재를 전승하기 위한 재현 작업의 중추적인 역할을 한다. 『고려사』「악지」·『악학궤범』·『정재무도홀기』 등 세 권의 정재홀기에 기록된 내용을 중심으로 재현하고자 노력한 현대기의 정재는 일제강점기 이왕직아악부와 국립국악원 부설 국악사양성소 시절 정재 교육을 담당하고 무용 활동에 직접 참여하였던 전승자 중심으로 재현되었다. 이렇게 1960년대부터 시작된 재현 정재는 전승자와 국악원 무용단원들 중심으로 전국의 학교와 일반인을 대상으로 교육되고 있다.

해방 이후부터 지금까지 이어지는 현대기의 궁중정재는 재현, 기록, 복원 등 3가지로 변화를 거치며 지금에 이른다. 1960년대부터 시작된 정재의 재현은 시급성과 의무감에 의해 문헌 고증보다는 이왕직아악부와 국악사양성소 시절에 활동하였던 전승자 중심의 옛 기억을 바탕으로 된 것이다. 50여 종에

---

1 박진태, "한국 공연문화 정책사 序說," 『공연문화연구』 제15집(서울: 한국공연문화학회, 2007), 65~87쪽.

이르는 수많은 정재를 재현하는 것에 목적을 둔 것으로, 당시에는 정재이론을 바탕으로 고증하고 복원하는 연구방법이 모색되지 않은 상태였다. 비록 정재 이론과 실기의 간극을 설명하는 고증연구 없이 재현되었지만 당시에는 옛날 궁정시대 문화의 흔적을 찾는 것이 시급한 사안이었고, 재현 공간이 궁궐에서 무대로 옮겨오면서 자연스레 무대공연예술로서의 정재로 변모된 것은 당연하다 하겠다. 이렇게 60년대부터 무대 위에 올려진 재현 정재를 기록으로 남기기 위해 국립국악원에서는 1980년대부터 『궁중무용무보』를 만들기 시작한다. 국립국악원에서 재현한 현대기의 정재는 『정재무도홀기』의 내용을 토대로 재현하는 것에 의의를 두었으나 실제 내용은 일제강점기 이왕직아악부에서 추었던 내용을 그대로 수용한 것과 음악의 완전한 복원이 이루어 지지 않아 그리고 공연이라는 명목으로 정재 춤의 길이가 축소되어 발표되었다.[2] 이 무보들은 예전처럼 문자로 기록된 것에서 대형과 춤사위를 덧붙이고 이에 해설까지 덧붙여 만든 현대적 무보로서, 예전시대의 『악학궤범』과 『정재무도홀기』와 같이 대한민국정부 수립 이후에 추어진 궁중정재를 기록으로 남기는 것에 의의를 두었다. 그러나 2000년대부터는 기존에 재현된 정재 내용에 대해 여러 무용학자들이 문제를 제기하면서 정재 원형과 가·무·악 복원이라는 새로운 문화적 코드가 생겨난다. 예술학계뿐만 아니라 사회 전반에 걸쳐 문헌과 실기의 간극을 연결하는 학술적 고증이 요구되고, 가·무·악 총체적 복원이라는 대명제 아래 국가기관을 비롯한 대학교 연구소 혹은 소수 음악 및 무용단체를 중심으로 궁중무악의 전통의 맥을 잇기 위한 학술복원공연이 전개된다. 한편으로는 궁중정재의 일면을 색다른 모습으로 다가가기 위해 궁중 의물과 악기 그리고 궁중복식과 관련된 궁금증을 인문학 관점으로 풀어나가는 공연으로 대중들과 소통하고자 끊임없이 다양한 시도를 꾀하였다.

특히 개인과 기관 혹은 단체를 중심으로 정재 연구가 다양한 관점으로 대거 발표된 점이 주목된다. 연구 유형을 살펴보면, 궁중정재의 학문적 기초 작

2 당시 『궁중무용무보』 작업에 참여하였던 성경린 선생은 현대기의 정재 재현이 문헌대로 되지 못함을 안타까워하였고, 특히 미천한 악공에 의해 완전한 음악복원이 이루어지지 않은 상태에서 정재가 재현된 현실적인 어려움을 밝혔다. 〈춘앵전〉, 『궁중무용무보』 제2집, 1987, 12쪽.

업을 위한 새로운 번역서인 『신역악학궤범』과 『완역집성 정재무도홀기』가[3] 발표되었고, 해방 이후 잘못 전해지는 정재를 바로잡기 위해 3가지 정재홀기에 기록된 내용을 재해석한 『조선궁중무용 Ⅰ · Ⅱ』와 『한국궁중무용총서』 그리고 기존의 정재사를 왕조별로 살핀 연구서인 『조선왕조정재사연구』와 『조선조 궁중무용사』가[4] 발표되었다. 그리고 정재홀기에 기록된 정재용어의 뜻이 문헌과 실제에 차이가 있음을 밝히고

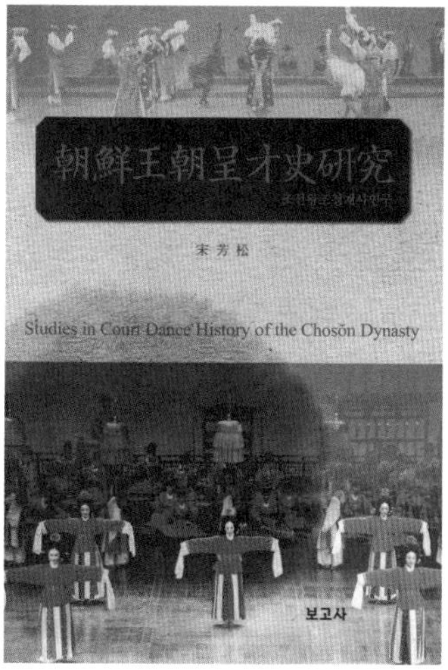

정재용어의 내용을 구분한 연구서인 『궁중정재용어연구』와[5] 세 권의 정재홀기에 기록된 정재용어의 뜻과 정재마다 해석이 달라지는 점을 밝힌 『궁중정재용어사전』이[6] 발표되었고, 정재 연구를 위한 의궤와 정재홀기의 주제색인집인 『의궤 속의 우리 춤과 음악을 찾아서』와 『궁중 홀기 속의 우리 춤과 음악 찾기』가 발표되었다.[7] 한국예술종합학교 전통예술원 송방송 교수를 중심으로 한국예술학(韓國藝術學)의 학문적 기초발전을 위한 한국공연예술사료번역총서(韓國公演藝術史料飜譯叢書) 사업이 추진되면서 개인연구자들도 이에 동참하여 궁중연향에서 추어진 모든 과정을 글과 그림으로 기록한 여러 의궤를 번역하였는데, 『국역순조기축진찬의궤』·『국역헌종무신진찬의궤』·『국역고종신축진연의궤』·『고종정해진찬의궤』 등의 번역서가[8] 출간되었다. 이러한

3 이혜구, 『신역악학궤범』(서울: 국립국악원, 2000), 1~1016쪽; 성무경 외, 『완역집성 정재무도홀기』(서울: 보고사, 2005), 1~942쪽.

4 송방송, 『조선왕조정재사연구』(서울: 보고사, 2013), 1~206쪽; 이희병, 『조선조 궁중무용사』(서울: 민속원, 2010), 1~786쪽.

5 손선숙, 『궁중정재용어연구』(서울: 민속원, 2008), 1~286쪽.

6 손선숙, 『궁중정재용어사전』(서울: 민속원, 2005), 1~488쪽.

7 송방송, 『의궤 속의 우리 춤과 음악을 찾아서: 조선의궤의 해제와 색인』(서울: 보고사, 2008); 송방송·손선숙, 『궁중홀기 속의 우리 춤과 음악찾기』(서울: 보고사, 2009).

8 한국예술종합학교 전통예술원, 『국역헌종무신진찬의궤』(서울: 민속원, 2004); 한국예술종합학교 전통예술원, 『高宗辛丑進宴儀軌』 卷一(서울: 민속원, 2001); 宋芳松·金鍾洙, 『國譯純祖己

의궤 번역은 기존에 정재홀기 중심으로 이루어진 정재연구에서 찾을 수 없었던 왕조별 혹은 연향별로 변화된 궁정공연예술의 현장성을[8] 확인할 수 있게 하였고, 조선후기에 추어진 궁중정재의 일 모습을 찾는 연구 토대를[9] 마련하였다.[10] 더욱이 개인 연구자들에 의한 정재 연구물이 대거 발표되어 괄목할 만한 성장을 이루었는데, 궁중정재의 정재 작품별 연구는 춤의 구조적 특징과 시대별 변천양상 그리고 정재 춤사위의 미적 의미를 살피는 등 다양한 관점으로[11] 발표되었다. 궁중정재와 밀접한 관계가 있는 정재악장에 대한 연구가

丑進饌儀軌』 卷一(서울: 민속원, 2007); 송방송 외 2인, 『국역 순조기축진찬의궤』 권2(서울: 민속원, 2007); 송방송 외 3인, 『국역 순조기축진찬의궤』 권3(서울: 민속원, 2007); 인남순, 『국역고종정해진찬의궤』(서울: 보고사, 2008).

9 성기숙, "조선후기 궁중정재의 극장공간성 연구: 純祖 己丑 慈慶殿 進饌儀를 中心으로," 『대한무용학회회논문집』 29집(서울: 대한무용학회, 2001), 109~145쪽; 이명성, "조선후기 궁중공연예술의 공연형태," 『동양문화연구』 18권(서울: 영산대학교 동양문화연구원, 2014), 239~278쪽; 사진실, "궁중 정재의 공연공간과 연출원리," 『한국음악연구』 38집(서울: 한국국악학회, 2005), 75~101쪽; 조경아, "조선후기 내연(內宴)과 외연(外宴)의 정재 구성 비교," 『무용역사기록학』 34집(서울: 한국무용역사기록학회, 2014), 251~278쪽; 안태욱, "朝鮮宮中宴享圖의 特徵과 性格," 『東岳美術史學』 13집(서울: 동양미술사학회, 2012), 201~240쪽; 서인화, "조선시대 궁중연향도에 나타난 공연양식:「신축진연도병(辛丑進宴圖屛)」(1901)을 중심으로," 『무용역사기록학』 9집(서울: 무용역사기록학회, 2005), 97~118쪽; 송혜진, "조선시대 왕실음악의 시공간과 향유의 특징: 조선전기 용악(用樂)의 차등(差等) 사례를 중심으로," 『동양예술』 18집(서울: 한국동양예술학회, 2012), 5~31쪽; 배성한, "고종 임진(壬辰) 근정전(勤政殿) 외진찬의 의례구성과 공간 연구," 『한국무용연구』 31집(서울: 한국무용연구회, 2013), 98~118쪽; 김종수, "19세기-20세기초 궁중연향의 악가무차비(樂歌舞差備) 고찰: 여령을 중심으로," 『한국음악연구』 32집(서울: 한국국악학회, 2002), 131~170쪽; 성기숙, "조선후기 궁중정재의 극장공간성 연구: 純組 己丑 慈慶殿 進饌儀를 中心으로," 『대한무용학회논문집』 29집(서울: 대한무용학회, 2001), 109~145쪽.

10 손선숙, "의궤 정재도의 도상학적 연구(Ⅰ)," 『무용역사기록학』 36집(서울: 무용역사기록학회, 2015), 183~221쪽; "의궤 정재도의 도상학적 연구(Ⅱ)," 『무용역사기록학』 37집(서울: 무용역사기록학회, 2015), 101~137쪽; "협무[무용수] 6인 구성 정재의 정재도 연구," 『우리춤과 과학기술』 31집(서울: 우리춤연구소, 2016), 37~84쪽; "의궤 정재도의 도상학적 연구(Ⅲ)" 『무용역사기록학』 40집(무용역사기록학회, 2016), 141~186쪽; "검기무·공막무·첨수무 정재도 연구," 『우리춤과 과학기술』 34집(서울: 우리춤연구소, 2016), 41~66쪽; 조경아, "조선후기 의궤의 정재도(呈才圖) 기록 현황," 『무용예술학연구』 37집(서울: 한국무용예술학회, 2012), 129~155쪽; 조경아, "조선후기 儀軌를 통해 본 呈才 연구," 韓國學中央硏究院 韓國學大學院, 박사학위논문, 2009.

11 한윤희, "궁중정재 춘앵전의 구조적 분석연구," 『한국무용연구』 27집(서울: 한국무용연구회, 2009), 137~154쪽; 임수정, "조선시대 궁중검무의 유형별 고찰(考察)," 『우리춤과 과학기술』 9집(서울: 한양대학교 우리춤연구소, 2009), 9~43쪽; 백현순, "당악정재(唐樂呈才) 포구악(抛毬樂)에 대한 고찰," 『한국체육학회지』 37집(1)(서울: 한국체육학회, 1998), 301~312쪽; 조경아, "무고(舞鼓) 정재의 가무악 요소에 담긴 의미와 그 역사성," 『한국무용사학』 13집(서울: 한국무용사학회, 2012), 35~73쪽; 박은영, "김천흥과 김진향의 〈춘앵전〉 춤사위 비교연구," 『대한무용학회논

기존에 국문학자들에 의해 다루어졌던 것에서 무용학자들에 의해 발표된 것이[12] 새로운 변화로 꼽을 수 있다. 고 문헌을 통한 궁중정재의 수용과 변이양상을 살피고 한·중·일 궁중악무의 문화를 비교한 연구가 발표되었다.[13] 무엇보다도 철학적 관점으로 풀어낸 궁중정재의 예악론적 함의와 상징적 미학을 다룬 연구가[14] 대거 발표된 점과 궁중정재를 문헌을 중심으로 복원할 수 있다

문집』 70집(5호)(서울: 대한무용학회, 2012), 77~97쪽; 박은영, "〈춘앵전〉 춤동작 이수고저의 미적 의미," 『움직임의철학 : 한국체육철학회지』 17집(3)(서울: 한국체육학회, 2009), 245~260쪽; 조경아, "일제강점기 기록을 통해 본 검무의 계승양상," 『韓國音樂史學報』 51집(서울: 한국음악사학회, 2013), 119~153쪽; 조경아, "純祖代 呈才 創作樣相: 중국 문헌의 수용을 중심으로," 『한국음악사학보』 31집(서울: 한국음악사학회, 2003), 273~304쪽; 김죽엽, "문헌별 홀기해석에 의한 포구락 진행절차 비교분석," 『한국무용연구』 28집(서울: 한국무용연구회, 2010), 61~85쪽; 김은자, "철종대 진찬례와 정재무도홀기 연구," 『국악원논문집』 25집(서울: 국립국악원, 2012), 51~85쪽; 손선숙, "조선후기 당악과 향악의 이중적 음악구성 정재연구," 『대한무용학회논문집』 제74권5호(서울: 대한무용학회, 2016), 75~94쪽.

12 성윤선, "조선조 정재악장에 표현된 봄의 상징성," 『한국무용사학』 8집(서울: 한국무용사학회, 2008), 53~93쪽; 성무경, "조선후기 呈才와 歌曲의 관계: 19세기 현상에 주목하여," 『韓國詩歌研究』 14집(서울: 한국시가학회, 2003), 195~227쪽; 조흥욱, "악장의 향유 방식에 대한 연구," 『語文學論叢』 19집(서울: 국민대학교 어문학연구소, 2000), 143~163쪽; 신경숙, "순조 조 외연의 한글 악장: 효명세자의 작품을 중심으로," 『韓國詩歌研究』 15집(서울: 한국시가학회, 2004), 287~313쪽; 조규익, "鮮初 樂章의 장르적 性格," 『崇實語文』(7)(서울: 崇實語文學會, 1990), 37~60쪽; "조선조 악장과 呈才의 문예미적 상관성 연구," 『韓國詩歌研究』 제10)호(서울: 한국시가학회, 2001), 91~118쪽; 조흥욱, "〈용비어천가〉의 음악적 쓰임에 대한 연구," 『어문학논총』 제22집(서울: 국민대학교 어문학연구소, 2003), 97~112쪽; "용비어천가의 창작 경위에 대한 연구: 국문가사와 한문가사 창작의 선후관계를 중심으로," 『어문학논총』(서울: 국민대학교 어문학연구소, 2001), 143~162쪽.

13 박태규, "일본의 궁중악무 「신소리코(進蘇理古)」 연구: 무구 스하에(白楚)와 춤동작을 중심으로," 『우리춤과 과학기술』 29집(서울: 한양대학교 우리춤연구소, 2015), 163~185쪽; 김은자·박태규·이정인, "악무를 통해 본 한·중·일의 문화 비교: 배(船)를 소재로 한 악무를 중심으로," 『韓國音樂史學報』 42집(서울: 한국음악사학회, 2009), 43~79쪽; 이종숙, "조선조(朝鮮朝) 궁중악무(宮中樂舞)의 대륙문화(大陸文化) 수용(受用) 범구(範購)," 『동양예술』 5집(서울: 한국동양예술학회, 2002), 75~125쪽; 이화진, "『시경(詩經)』에서 나타나는 민간악무(民間樂舞)와 궁중제례악무(宮中祭禮樂舞) 고찰: 「풍(風)」, 「송(頌)」을 중심으로," 『대한무용학회논문집』 72(6)(서울: 대한무용학회, 2014), 173~187쪽; 김학주, "『시경』을 중심으로 본 중국 고대의 예·악·무," 『한국무용사학』 13(서울: 한국무용사학회, 2012), 7~34쪽; 박태규·이도남, "일본의 궁중악무 부가쿠(舞樂)에 관한 연구: 다규라쿠(打毬樂)를 중심으로," 『일본문화연구』 42집(서울: 동아시아일본학회, 2012), 219~236쪽.

14 조규익, "궁중정재의 선계 이미지 그 지속과 변이의 양상," 『한국문학과 예술』 1집(서울: 숭실대학교 한국문예연구소, 2008), 1~41쪽; 김윤희·윤종대·정철규·윤필규, "효명세자의 정재 창작과 사상적 배경," 『움직임의철학 : 한국체육철학회지』 17(3)(서울: 한국체육철학회, 2009), 213~228쪽; 박자은, "朝鮮時代 宮中呈才와 禮樂思想: 정재의 역사적 변천을 중심으로," 『한국무용연구』

는 가능성과 교육방법을 제안한 연구가 발표된 점이 새로운 변화로 꼽는다.

먼저 해방 이후에는 이왕직아악부를 비롯한 조선정악전습소(朝鮮正樂傳習所)와[15] 조선창극단 등 여러 민간단체들이 조직을 새로 정비하여 민속·정악·창극·무용 등 다양한 장르의 예술을 잇기 위하여 순회공연을 하였다. 그리고 한국의 전통예술을 알리기 위하여 시조강습회와 연주회 등과 같은 다양한 활동을 하였다. 그 중 장악원의 후신이었던 이왕직아악부는 구왕궁아악부(舊王宮雅樂部)로[16] 이름을 고쳐 궁중아악을 보급하기 위해 활동하지만 분야의 특성상 시국의 문화 정서를 따라가지 못하였고, 더욱이 국가의 재정이 지원되지 않아 운영난에 어려움을 겪는다. 불완전한 상황에서 궁중 연주자들의 이탈이 심해져 더 이상 궁중무악의 전통을 유지하기 어렵게 되자 구왕궁아악부를 국가직영으로 운영하기 위하여 국립국악원으로[17] 이름을 바꾸어 1951년 1월에 대통령직제로 공포하였지만 한국동란이 발발하자 피난지인 부산에서 개원하기에

26(2)(서울: 한국무용연구회, 2008), 75~101쪽; 조경아, "정도전 악장 정재의 가무악 요소에 담긴 상징과 비유," 『무용역사기록학』 제33집(서울: 한국무용역사기록학회, 2014), 175~205쪽; 조경아, "정재의 가무악(歌舞樂) 요소에 담긴 상징과 비유(Ⅰ): 헌선도를 중심으로," 『무용예술학연구』 32집(서울: 한국무용예술학회, 2011), 149~177쪽; 이현정, "궁중무용에 나타난 음양오행사상에 관한 연구: 정대업·무고·처용무를 중심으로," 梨花女子大學校 大學院, 석사학위논문, 1993; 이종숙, "오행으로 본 처용무의 해석," 『선사와 고대』 10집(서울: 한국고대학회, 1998), 179~208쪽; 이종숙, "한국의 문화 : 조선 방위형 춤의 오행적 특징 -5인 정재무도(呈才舞圖)의 상변을 중심으로," 『한국사상과 문화』 35집(서울: 한국사상문화학회, 2006), 263~294쪽; 유정숙, "일무 구조에 관한 음양오행학적 연구," 『대한무용학회논문집』 제24(1)(서울: 대한무용학회, 1998), 259~275쪽; 이미영, "현행 일무의 예악사상에 관한 연구," 『대한무용학회논문집』 제26(1)(서울: 대한무용학회, 1999), 245~260쪽; 이민홍, "동아시아 일무의 예악론적 함의와 미학," 한국예술종합학교 세계민족연구소 학술심포지움, 『2016학술심포지움』, 2016, 6~23쪽.

15 조선정악전습소(朝鮮正樂傳習所)는 20세기 최초로 고급음악을 지향하여 조직한 단체이다. 전문적인 음악을 교육하는 기관으로 당시 내실 있는 공연을 펼쳐 사회에 큰 영향을 미쳤다. 이후 1947년에 사단법인 한국정악원(韓國正樂院)으로 문교부 인가를 받아 현재까지 한국 정악(正樂)의 보급·발전을 위하여 활동하고 있다.

16 김영희 외 4인, 『한국춤통사』(서울: 보고사, 2014), 363쪽.

17 구왕궁아악부(舊王宮雅樂部): 조선시대의 장악원이 1894년에는 교방사, 1895년에는 장례원으로 부르다가 1897년에 다시 교방사로 불렀으며, 1907년에 장악과(掌樂課)라고 하였다. 1910년 경술국치 직후에 장악과 소속의 음악인들은 아악대라는 명칭 아래 겨우 명맥만 유지하였으며, 아악대는 그 뒤 조선총독부에 의하여 이왕직아악부(李王職雅樂部)로 개칭되었다. 광복이 되면서 이왕직아악부는 구왕궁아악부(舊王宮雅樂部)로 개칭되어 장악원의 전통을 이어오다가, 대한민국 정부가 수립된 이후 국립국악원이라 하였다. 참고사이트: 문화콘텐츠닷컴

이른다. 부산 피난시절 전쟁의 화염 속에서도 국립국악원과[18] 개인 예술가들은 궁중무악을 보전계승하기 위해 강습과 공연활동을 지속하였고[19] 당시 서울 중앙방송국에서는 국악감상이라는 방송을 통하여 국악 보급에 진력하였다. 한편 조선정악전습소는 처음에 국악원이라는 이름으로 활동하다가 국립국악원이 공표되자 대한국악원(大韓國樂院)으로 이름을 바꾸었다. 이 단체는 궁중정악을 비롯한 국악의 전반적인 교육과 근대적 전문 음악가를 양성하기 위해 1948년 함화진(咸和鎭)을[20] 중심으로 국악발전과 보급을 위해 활동하였다.

1950년 1월에 국립국악원의 직제가 공포되었지만 6·25동란으로 인하여 1951년 피난지 부산에서 정식 발족한 국립국악원은[21] 열악한 환경 속에서도 민심을 수습하고 사기 진작을 위해 단기적으로나마 강습회를 개최하였다. 유엔군과 국군병원에서 장병위문연주회를 열고, 3·1절 경축 종합예술제와 경상남·북도 지역으로 순회공연을 다녔다. 진주개천예술제와 대구국립극장 창립기념공연 그리고 부산이화여대강당에서 미국 공보원 후원 국악연주회를 개최하는[22] 등 전통예술을 보급하고 전승하기 위해 자구적인 노력을[23] 아끼지

18 당시 국립국악원 가청사는 부산시 동광동 1가 20번지 구 시립도서관 목조건물 2층을 근거지로 두고 활동하였고, 부산피난시절에는 진주개천예술제, 대구극장창립기념공연, 자체국악연주회 등을 발표하였다. 國立國樂院, 『建元1400年 開院50年 國立國樂院史』(서울: 국립국악원, 2001), 51쪽.

19 김천흥은 부산 피난 시절 김동민 무용연구소를 거점으로 개인적으로 무용을 지도하며 활동하였다. 金千興, 『心韶 金千興 舞樂七十年』(서울: 民俗苑, 1997), 223쪽.

20 함화진(咸和鎭, 1884~1948): 한말·일제강점기의 음악인. 원명은 화진(華鎭). 호는 오당(梧堂). 본관은 양근(楊根). 고종 21년인 1884년에 대대로 왕실의 악사를 지낸 함재운의 장자로 태어남. 전공은 거문고임. 1901년 전악(典樂), 1913년 아악수장, 1932년에 아악사장을 지냄. 1912년부터 조선정악전습소의 가야금 교사로 재직함. 1931년부터 이화여자전문학교에서 국악이론과 거문고, 가야금, 양금 등 실기를 가르침. 1930년대에 편경과 편종을 제작하고 〈처용무〉를 재현하는 등 국악 전통의 복구와 보존에 많은 노력을 기울임. 일제 패망 후 새로운 민족음악의 수립을 목표로 대한국악원을 결성함. 주요 저서로는 『조선아악개요』(1915), 『조선악기편』(1933), 『이조악제원류』(1933), 『증보가곡원류』(1938), 『조선음악통론』(1948)이 있음.

21 당시 국립국악원은 문교부에 예속되어 있다가 1961년 10월 2일자 정부 조직법의 개정에 따라 문화공보부로 이관되었다. 張師勛, 『增補韓國音樂史』(서울: 世光音樂出版社, 1986), 496쪽.

22 제1부 1.관악[수제천; 김준현 외 10명, 2.관현악[정백혼; 김보남 외 10명], 3.가악[만년장환지곡; 노래 이병성, 반주 김상기 외 9명], 4.대금독주[유초신지고; 김성진], 5.합악[〈수연장〉지곡; 김천흥 외 15명], 6.관현악[송광복; 박영복 외 11명], 7.가야금산조[산조와 병창; 심상건, 장고 신은휴], 8.합악[만파정식지곡; 김영운 외 14명], 9.창악[수궁가 중; 창 강장원, 북 김윤덕], 10.무용[〈처용무〉; 김태섭 외 4명]. 金千興, 『心韶 金千興 舞樂七十年』(서울: 民俗苑, 1997), 237쪽.

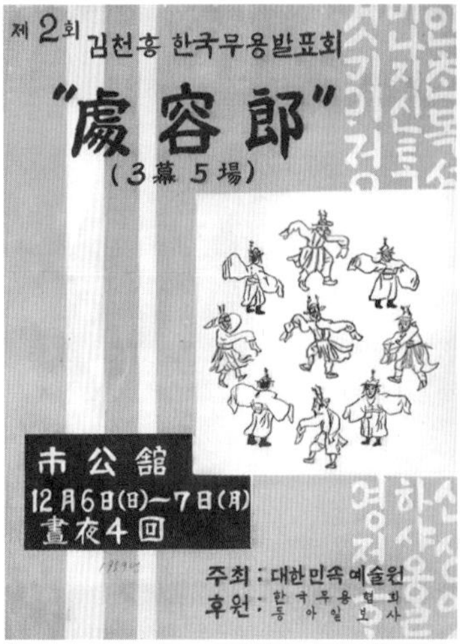

않았다. 1953년 서울로 올라온 이후에는 부족한 악사들을 충원하고 무대 위에서 공연형식의 국악강습회를 개최하였다. 정기연주회 성격을 띤 국악감상회는 월례 국악강습 수강생들을 위해 개최된 공연으로 민속무용을 포함한 정재 작품을 발표하였는데, 1956년부터 1977년까지[24] 지속되었다. 당시에는 국립국악원 내에 국악원무용단이 없던 시절이었기 때문에 춤추는 주체는 김천흥 문하생, 김보남 문하생과 정재를 훈련받은 KBS방송국악연구생 중 여악사(女樂士)였고 배화여고와 수도여고 학생들이었다.[25] 한편 김천흥은 개인적으로 무용학원을 운영하며 궁중정재의 진가를 알리기 위해 이왕직아악부 시절 배웠던 정재 내용에 근간을 두고 이를 새롭게 재구성하여 발표하였는데, 문헌으로 전해지는 궁중정재와 차별을 두기 위해 춤 제목을 〈무고〉는 〈대고무〉, 〈포구락〉은 〈채구희〉, 〈가인전목단〉은 〈모란만정〉으로 이름을 바꾸어[26] 발표하였다. 그리고 1954년에는 국악후계자를 양성하기 위해 국립국악원 부설 국악사양성소 설치령이 공포되고 1955년에 학과를 개설하고 신학생을 모집하기에 이른다. 처음 발족 당시에는 3년 단위로 모집하였다가 궁중무악을 보존 전승하는 전문적인 교육기관으로 체제를 구축하기 위해 1958년에 수업 연한을 6년으로 늘려 대학입학이 가능한 학력을 인정받는다. 당시 국악사양성소의 교육은 주로 거문고·가야금·피리·대금·해금과 같은 음악과목으로 진행되었다.[27] 당시 궁중정재는 이에 포함되지 않았다가 이후 학과 수업으로 포함되었고 당시 교

23 國立國樂院, 『建元1400年 開院50年 國立國樂院史』(서울: 국립국악원, 2001), 52~53쪽.

24 김채현, "국립국악원의 정재 전승양상: 정기공연을 중심으로," 『국악원논문집』 제27집(서울: 국립국악원, 2013), 62쪽.

25 김채현, "국립국악원의 정재 전승양상: 정기공연을 중심으로," 『국악원논문집』 제27집(서울: 국립국악원, 2013), 62쪽.

26 金千興, 『心韶 金千興 舞樂七十年』(서울: 民俗苑, 1997), 262~263쪽.

27 國立國樂院, 『建元1400年 開院50年 國立國樂院史』(서울: 국립국악원, 2001), 55쪽.

육은 김보남(金寶男)이[28] 담당하였다.

1960년대부터는 국가 기관을 비롯한 예술전문단체에서 전통문화에 대한 안정적인 제도를 마련하고자 발 빠르게 움직이기 시작한다. 〈종묘제례악〉과[29] 〈진주검무〉가[30] 중요무형문화재로 지정되면서 궁중정재를 비롯한 전통무용의 보전계승을 위한 제도가 본격적으로 시행된다. 종묘 및 문묘제례는 국가의식 경축행사에 매년 꾸준히 발표되었으며 국립국악원에서는 음악 장르를 중심으로 한 기획 공연에 간간히 정재도 포함시켜 발표하였다. 국악감상회를 통해 정악과 궁중무용이 발표되면서 궁중정재가 무대 위에서 본격적으로 재현되기 시작한다. 주목할 점은 1959년 서울대학교에 음악대학 국악과가 창설되고 이어 1961년도부터 국립국악원 부설 국악사양성소 출신이 대학에 진학하게[31] 됨으로써 궁중아악을 담당하는 전문국악인 양성을 배출하는 토대가 마련된다. 한편 전국의 대학에 무용과가 개설되면서부터 궁중정재의 교육이 시작되는데, 이화여대 체육과에서는 장사훈과 김천흥에 의해 〈검무〉·〈춘

28 김보남(金寶男, 1911~1964): 피리, 궁중정재 전공. 본관 김해(金海). 호 신곡(新谷). 서울 출생. 1926년 이왕직아악부원양성소(李王職雅樂部員養成所) 제3기생으로 입소하여 피리 전공을 하였으나 따로 궁중정재와 한성준에게 민속무용 사사함. 1931년에 졸업하고 아악수(雅樂手)에 임명되어 아악부 재건을 위해 노력하였고 후에 아악수장(雅樂手長)·아악사(雅樂士) 등을 역임하였다. 경기여고, 서울대학 등에서 한국무용을 가르쳤고, 국립국악원에서 한국무용을 전담하였다. 國立國樂院, 『建元1400年 開院50年 國立國樂院史』(서울: 국립국악원, 2001), 62쪽.

29 〈종묘제례악(宗廟祭禮樂)〉은 1964년에 중요무형문화재 제1호로 지정받았다. 조선시대 역대 왕과 왕비의 신위를 모신 사당[종묘]에서 제사[종묘제례]를 지낼 때 무용과 노래와 악기를 사용하여 연주하는 음악을 말한다. 종묘제례악은 본래 세종 29년(1447) 궁중회례연에 사용하기 위해 창작하였으며 세조 10년(1464) 제사에 적합하게 고친 후 지금까지 전승되고 있다. 1964년에 중요무형문화재 제1호로 지정받았고, 매년 5월 첫째 일요일에 봉행하는 종묘대제에서 보태평 11곡과 정대업 11곡이 연주되고 있고, 현재 유네스코 무형문화유산 대표목록으로 등재되어 있다. 참고사이트: 문화재청

30 〈진주검무(晋州劍舞)〉는 1967년에 중요무형문화재 제12호로 지정되었다. 〈진주검무〉는 진주지방에 전승되는 여성검무로서 〈검기무〉 또는 칼춤이라고도 하며 대궐 안 잔치 때 행하던 춤의 하나이다. 참고사이트: 문화재청

31 1959년 서울대에 음악대학 국악과가 창설되고 이어 1961년 신학기부터 서울대에 국립국악원 부설 국악사양성소 졸업자들이 입학하게 되는데 이것은 국악사양성소에서 6년 동안 국악을 전공한 졸업자들에게 대학입학 자격을 주어 전문국악인을 배출해야 한다는 방침에 의해 내려진 조치였다. 金千興, 『心韶 金千興 舞樂七十年』(서울: 民俗苑, 1997), 341쪽.

앵전〉·〈무고〉 등의 궁중정재가 학생들에게 교육되었다.[32] 이후 1980년대 송방송 교수가 국립국악원 원장 임기를 마치고 영남대학교 교수로 임용되면서 국악과를 개설하였는데, 국내 대학에서는 유일하게 정재과목이 학과과목으로 개설되었다.[33] 당시 김희숙이 궁중정재를 교육하였고 그의 제자들로 구성된 《심운회(心雲會)》를[34] 중심으로 정재 연구와 공연 활동이 활발히 전개되었다.

1970년대부터는 예술에 대한 안정적인 제도가 마련되고 지원이 본격화되면서 궁중정재뿐만 아니라 예술 전반에 걸쳐 공연 활동을 위한 공간과 교육기관이 마련되면서 춤 발전의 기반이 확대되고 이에 제도적 장치가 개편되기 시작한다. 궁중정재는 개인 및 기관을 중심으로 무대 위에서 본격적으로 재현되기 시작하는데, 국립국악원에서는 기존에 발표된 정재 외 『고려사』「악지」·『악학궤범』·『정재무도홀기』 등 문헌에 기록된 정재를 중심으로 발표하였다.[35] 이것은 기존에 여러 장르와 함께 발표된 공연에서 무용 레퍼토리만으로 구성한 독자적인 정재공연으로[36] 발전되었다. 궁중정재는 대부분 국립국악원과 김천흥 개인이 이끄는 《심무회》를[37] 중심으로 발표되었는데, 전통무용발표회를 통해 무대 위에서 꾸준히 재현되었다. 그리고 인남순은 궁중무용과 민속무용의 전승 공연에 목적을 두고 1978년 《한국전통무용단》을[38] 만들

---

32 金千興, 『心韶 金千興 舞樂七十年』(서울: 民俗苑, 1997), 272~274쪽.

33 송방송 교수는 영남대학교 국악과에 정재과목을 개설하여 무용전공자가 궁중정재연구를 시작하게 한 단초를 마련하였다. 당시 무용은 김희숙 교수가 담당하였다.

34 심운회(心雲會)는 영남대학교 김희숙 교수와 그의 제자들로 구성된 무용단체임.

35 당시 1977년 춘계정기연주회를 통해 발표된 정재는 〈수연장〉·〈헌천화〉·〈사선무〉이다. 국립국악원 편, 『국악연혁』(서울: 국립국악원, 1982), 257쪽.

36 김채현, "국립국악원의 정재 전승양상: 정기공연을 중심으로," 『국악원논문집』 제27집(서울: 국립국악원, 2013), 63쪽.

37 《심무회》는 1971년 12월 김천흥으로 부터 전통춤을 사사받은 제자들이 스승의 아호를 따서 결성한 무용단체이다. 김정완·하루미, 『김천흥의 해맑은 삶』(서울: 민속원, 2009), 96쪽.

38 인남순은 1979년 〈항장무극〉을 세종문화회관에서 최초로 재현한 것을 필두로 그의 조선왕조 궁중연회 재현은 2000년 11월 15일 문예회관대극장에서 순조조 자경전 내진찬을 재현하면서 시작되었다. 이후, 2001년 덕수궁 함녕전에서 '고종 황제 신축년 내진연', 2002년 세종문화회관 대극장에서 '세종조 회례연과 사신연', 2003년 경희궁 숭정전에서 '영조조 갑자 진연'을 공연하였다. 저서로는 『여령정재무도홀기』와 『국역고종정해진찬의궤』가 있다.

어 1979년 〈항장무극〉을 세종문화회관에서 최초로 재현하였다. 이후 이 단체는《한국전통문화연구원》으로 이름을 바꾸어 2000년대 들면서부터 『여령정재무도홀기』와 『국역고종정해진찬의궤』를 국역하였고, 2000년 제1회 순조 기축 '자경전 내진찬'을 시작으로 2001년 '함녕전 내진연,' 2002년 '회례연 사신연,' 2003년 '갑자 진연의,' 2004년 '인조조 진풍전의,' 2005년 '진표리진찬의,' 2006년 '통명전 진찬의,' 2007년 '만경전 진찬의,' 2008년 '경현당 진연의' 등 의궤를 바탕으로 한 정재를 재현하였다.

한편 국립국악원이 궁중아악만의 보존뿐만 아니라 한국의 국악을 이끌어 가는 기관으로 새롭게 변화를 꾀하면서 국립국악원 부설 국악사양성소를[39] 1972년 7월에 국립국악학교로[40] 개편하기에 이른다. 이에 국립국악학교는 전통음악 및 무용의 보존과 발전, 국악의 창조적 개발을 위한 유능한 국악인 양성을 목표로 일반 인문 고등학교의 교육과정에 국악 및 무용 이론과 실기를 더한 교육을 병행하여 실시한다. 한국의 정악을 전승하기 위해 국립국악원이 개설되었지만 시대적 요구에 의해 민속악과 창작을 함께 수용하면서 궁중정재는 재현 작업과 함께 창작 소재로도 활용되는데, 1976년에 음악적 요소를 구성한 창작 무용극 〈처용〉을 문일지가 안무하여 발표하였다.[41]

---

39 국악사양성소(國樂士養成所): 국악전문교육기관. 국립국악고등학교의 전신. 1954~72년까지 18년 동안 국악교육을 담당해옴. 지난날 왕립국악기관에서 교육하던 것과는 달리 정악 중심에서 각종 민속악까지 포괄하고 구시대 음악에서 현대 창작음악까지 총망라한다는 교육방침으로 설립됨. 당시 초대 소장은 국립국악원장인 이주환(李珠煥), 부소장은 성경린(成慶麟), 장악과장은 김기수(金琪洙)가 임명됨. 처음에는 교육기관이 3년이었으나 1958년 이후 고등부 3년을 더 두어 6년으로 연장됨. 교육뿐 아니라 종묘·문묘제례 의식주악에 참여했고 중·고등학교나 국립극장 등 연주회장에서 국악감상회나 연주회에 참여함. 1961년 대학입학 자격 학력을 인정받아 그해 서울대학교 음악대학 국악과에 7명이 진학하였음. 참고사이트: 다음백과사전

40 국립국악학교(國立國樂學校, Gukak National Middle School)는 서울특별시 강남구 개포동에 소재하는 국악 교육을 위한 국립학교이다. 최초의 국악교육기관인 중고등 6년제 "국립국악원 부설 국악사 양성소"가 전신이며, 1972년부터 국악고등학교로 불리게 되면서 중학교 과정을 폐지하였다가, 그 후 조기교육의 일환으로 다시 중학교 과정을 1991년 국립학교 설치령으로 인가를 받아 국악학교로 개교하였다. 개교시의 전공은 가야금, 거문고, 대금, 피리, 해금, 판소리, 무용의 7개의 전공으로 시작하였으나 2005학년부터는 정가와 민요를 추가하여 현재에는 9개의 전공이 되었고 일반교과는 국민공통 필수과목을 모두 이수하고 있다. 참고사이트: 네이버백과사전

41 김영희 외 4인, 『한국춤통사』(서울: 보고사, 2014), 418쪽.

1980년대부터는 문헌으로 전하는 무보를 토대로 재현된 정재가 김천흥에 의해 무대 위에서 본격적으로 발표되기 시작한다. 무대예술로서의 감각적 균형이 더해지고 화려한 공연예술로 거듭난 정재 발표 그 활동 영역의 중심에는 국립국악원이 있다. 이 시기에 발표된 정재는 김천흥이 이왕직아악부 시절 교육받았던 정재를 중심으로 재현한 것으로 당시에는 스승의 가르침대로 전승하는 것에 의의를 두고 하였다. 재현 정재의 기본 토대를 『악학궤범』과 『정재무도홀기』에 기록된 내용으로 하고자 시도하였으나 역사성만 부각시키고 실제 무대 위에 올려진 내용은 수십 년 동안 몸의 기억에서 벗어나지 못하였다. 이렇게 된 이유는 짧은 시간에 미발표된 수많은 정재를 재현하는 데 의의를 두었고, 당시에는 문헌과 실기의 간극을 찾아내는 고증연구 방법과 이를 진행하는 연구원과 연구기반이 마련되지 않았으며, 무엇보다도 이 모든 것을 수행할 시간이 충분하지 않았다. 발표는 대부분 국립극장과 국립국악원 소재의 극장 중심으로 하였고, 일제강점기 시절 발표된 정재와 기존에 미발표되었던 정재를 『악학궤범』과 『정재무도홀기』를 중심으로 발표하였다. 80년대 당시에는 정재뿐만 아니라 민속무용과 불교의식무용 그리고 전통을 재구성한 창작무용이 함께 발표되었으나 단연코 정재공연이 대부분을 차지할 정도로 그 수가 많았다. 이 시기에 발표된 정재는 〈가인전목단〉·〈검무〉·〈고구려무〉·〈곡파〉·〈근천정〉·〈만수무〉·〈몽금척〉·〈무고〉·〈무산향〉·〈무애무〉·〈문덕곡〉·〈박접무〉·〈봉래의〉·〈사선무〉·〈선유락〉·〈성택〉·〈수명명〉·〈수보록〉·〈수연장〉·〈승전무〉·〈아박무〉·〈연백복지무〉·〈오양선〉·〈장생보연지무〉·〈제수창〉·〈진주검무〉·〈처용무〉·〈첩승무〉·〈초무〉·〈춘앵전〉·〈침향춘〉·〈포구락〉·〈하성명〉·〈하황은〉·〈학무〉·〈학연화대처용무합설〉·〈향발무〉·〈헌선도〉·〈헌천화〉이다.[42] 이들 작품 중 〈승전무〉는[43] 통영 지방에 전승되어온 정재로

42 國立國樂院, 『建元1400年 開院50年 國立國樂院史』(서울: 국립국악원, 2001), 187~189쪽.

43 〈승전무〉, B001751, 전통무용발표회(1982.10.13), 국립극장대극장, 국립국악원자료실. 〈승전무〉는 고려 충렬왕 때 '무고(舞鼓)'라는 이름으로 시작했으며, 임진왜란 때 병사들의 사기를 돋우고 위로하는 데 사용되었다. 일제강점기에 사라졌다가 1966년에 발굴되어 1968년 중요무형문화재 제21호로 지정되었고, 춤은 〈북춤〉과 〈검기무〉로 구성된다. 참고사이트: 위키백과

이 춤의 기원은 〈무고〉 정재에 두고 있고, 〈진주검무〉는[44] 경남 진주지역에 전승되어온 교방정재로 춤의 기원은 〈검기무〉 정재에 두고 있다. 이렇게 1960년대부터 시작된 재현 정재의 결과물을 국립국악원에서는 기록으로 남기기에 이르는데, 그간 재현하여 무대 위에 올려진 정재를 『궁중무용무보집』으로 발간하였다. 지금까지 제작된 무보는 모두 13권으로, 1986년 『궁중무용무보』 제1집 〈처용무〉를 시작으로 제13집 〈아악일무〉까지 제작되었다.

1990년대에는 궁중정재가 사회 전반적으로 알려지기 시작하면서 자연스레 궁중왕실 문화에 대한 관심이 증폭되기 시작한다. 1980년대 시작한 정재 재현작업과 함께 기존의 정재를 재구성하여 발표하기도 하고 새로운 정재로 창작화하여 발표하였다. 그러나 이 시기의 정재는 일제강점기 이왕직아악부 시절과 국립국악원 국악사양성소 시절을 거쳐 재현된 정재의 틀에서 벗어나지 않았다. 그 이유는 일제강점기 시절부터 이미 극장식 무대 위에서 궁중정재를 축소하여 발표하였고, 그 이후에도 당시 발표하였던 정재 내용을 기반으

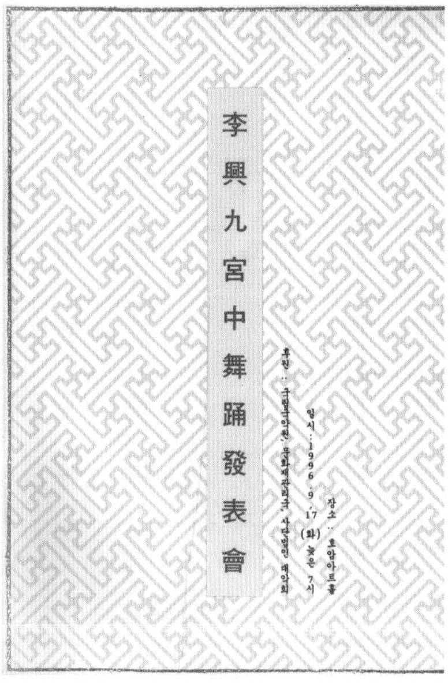

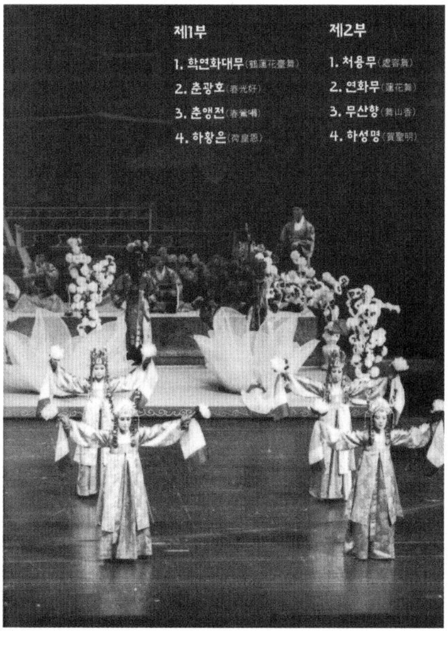

44 〈진주검무〉, B001751, 전통무용발표회(1982.10.13), 국립극장대극장, 국립국악원자료실. 〈진주검무(晋州劍舞)〉는 경상남도 진주 지방의 교방에서 전승되어 온 여성검무로 1967년 1월 16일에 국가무형문화재 제12호로 지정되었다. 참고사이트: 위키백과

로 다른 정재들을 재현하였기 때문인데, 결국 재현 정재의 무대 공간의 환경적 요인이 달라지지 않았기 때문이다. 1990년대 이전에 발표되었던 정재들이 김천흥에 의한 재현이었다면 1990년대부터는 국립국악원 예술감독으로 부임한 이흥구에 의해 재현 정재가 발표되었다. 기존에 발표하지 않았던 이전 시대의 작품과 아직 발표되지 않은 궁중정재를 중심으로 재현작업을 시도하였는데, 이것은 기존에 스승 중심의 전수교육으로 전해지던 것에서 벗어나 문헌 기록중심의 궁중정재를 재현하는 것으로 변화되었다. 90년대 후반에 들어 기존에 발표되지 않았던 새로운 정재 〈춘광호〉·〈연화무〉·〈영지무〉·〈춘대옥촉〉·〈망선문〉이 『정재무도홀기』를 바탕으로 재현되었다. 이들 정재는 정재명은 전해지지만 무보가 없어 내용을 알지 못한 것으로[45] 1994년 한국학중앙연구원 장서각에 소장된 『정재무도홀기』를 영인할 당시 정재용어 해설을 담당하였던 이흥구가 이 작업에 합류하면서 무보를 확보하였다. 이 중 〈춘광호〉와 〈연화무〉는 1996년 이흥구정재발표회 때 호암아트홀에서 초연되었고,[46] 〈춘대옥촉〉은 1997년 김명숙 무용발표회 때 초연되었다.[47] 이 작품들은 당시 국립국악원 예술감독이었던 이흥구에 의해 복원 안무된 것으로, 이후 이들 작품은 국립국악원 기획공연에서 정기적으로 발표되었다.[48] 이 외에도 국립국악원이 설립된 이래 처음으로 신라 및 고려와 조선시대의 궁중정재가 발표되었는데,[49] 1996년 국립국악원 예술감독 이흥구에 의해 신라시대의 〈선유

45 장사훈은 『한국전통무용연구』를 집필하면서 〈춘광호〉·〈영지무〉·〈춘대옥촉〉·〈망선문〉 정재의 무보가 전해지지 않아 내용을 싣지 못하였다고 밝혔고, 이때에는 〈연화무〉는 정재 종목에 포함되지 않았다. 張師勛, 『韓國傳統舞踊研究』, 一志社, 1979, 297·313·321쪽.

46 1996.9.17. 이흥구의 궁중정재발표회, 호암아트홀.

47 1997.9.9. 국립국악원화요상설 중요무형문화재정기공연, 제205회 김명숙무용발표회, 〈태평무〉·〈살풀이〉·〈진쇠춤〉·〈춘대옥촉〉·〈사풍정감〉 발표, 국립국악원우면당. 〈춘대옥촉〉은 이후 국립국악원 '2004 정재제전, 정재 궁중무용의 원류를 찾아서'라는 공연에서 〈헌선도〉·〈영지무〉·〈연화무〉와 함께 발표되었다. 2004.12, 15~16쪽. 국립국악원예악당.

48 1996.10.10. 〈수보록〉·〈춘광호〉, 국립국악원소극장; 1997.4.9. '정재제전 정재와 의식무용' 작법과 〈오양선〉·〈영지무〉, 국립국악원예악당; 1997.10.23~24. '정재제전, 정재 그 원형과 춤의 아름다움' 〈농발무〉·〈연화무〉·〈만수무〉·〈하황은〉·〈학연화대처용합설〉·〈왕모대가무〉, 국립국악원예악당.

49 1996.3.27~28. '전통무용발표회' 국립국악원우면당.

락〉, 고려시대의 〈아박무〉·〈농발무〉,[50] 조선 초기의 〈성택〉, 조선후기의 〈최화무〉·〈제수창〉이 재현되었다. 1999년 국립국악원 정기공연에서는 문헌에 전하는 고려시대의 〈왕모대가무〉를[51] 하루미가 재구성하여 발표하였는데, 이 작품은 '군왕만세(君王萬歲)', 혹은 '천하태평(天下太平)과 같은 글자를 대형으로 만들어가며 추는 지금의 매스게임 형식의 춤이다. 그리고 〈처용무〉와 〈학연화대합설무〉가 중요무형문화재로 지정되면서[52] 각 보존회를 중심으로 궁중정재가 활발하게 전승되었다. 『정재무도홀기』와 의궤 정재도에 제시된 〈처용무〉를 재구성한 〈처용, 여령병무〉와[53] 김홍도 작품으로 알려져 있는 〈부벽루연회도〉에 묘사된 〈처용무〉를[54] 바탕으로 재구성하여 발표하였다. 김영숙이 1996년 국립국악고등학교 재직시절 정재와 일무의 맥을 이어가기 위해 제자들과 함께《정재연구회》를[55] 창설하였는데, 정재 실기를 비롯한 정재 안에 담긴 유학의 정신, 악장, 의상, 의례, 미술 등과 같은 관련분야의 내용을 교육하고 정재의 재현 작업과 일무를 전승하기 위해 지금까지 활동하고 있다.

2000년대에는 사회 전반적으로 문화 원형에 대한 관심이 집중되기 시작하면서 일무(佾舞)와 궁중정재가 문헌대로 전승되는지에 대한 관심이 증폭되기 시작한다. 기존에 전승자 중심의 정재 전승에서 문헌 중심의 전승으로 정재를 재조명해야 한다는 문제가 제기되면서 이를 해결하는 방안들이 무용학

50 〈농발무〉는 고려시대의 〈향발무〉를 현대적 감각으로 새롭게 재구성한 창작 작품이다. 〈농발무〉, B001831, 전통무용발표회 (1996.3.26), 국립국악원소극장, 국립국악원자료실.

51 1999.11.25~26. 국립국악원 정기공연 '궁중의 한나절 정취를 찾아서' 〈쌍무고〉·〈춘앵전〉·〈수보록〉·〈영지무〉·〈왕모대가무〉 발표, 국립국악원예악당.

52 〈처용무〉는 1971년에 중요무형문화재 제39호로, 〈학연화대합설무〉는 1993년에 중요무형문화재 제40호로 지정받았다.

53 〈처용, 여령병무〉, B001799, 우리가락 우리춤무용(1995.3.24), 국립국악원소극장, 국립국악원자료실.

54 〈처용무〉, A008135, 풍류사랑방 기획공연, 풍류사랑방 수요춤전: 명인 명무전_心泉 印南順의 춤빛(2015.12.2), 국립국악원자료실.

55 《정재연구회》는 국립국악고등학교의 무용교사를 지냈고 인천시립무용단 예술감독을 역임한 김영숙이 김천흥으로부터 전수받은 실기와 고문헌 연구를 바탕으로 궁중의 정재와 의식무의 보존 및 창조적 계승을 위해 창단한 무용단체이다. 김정완·하루미, 『심소 김천흥의 해맑은 삶』(서울: 민속원, 2009), 112쪽.

자들에 의해 속속히 발표되기 시작한다. 일각에서는 1980년대부터 시작된 궁중정재의 화려한 복귀를 환영하면서도 한편으로는 문화의 정통성과 이의 온전한 복원에 관심이 집중되었다. 유네스코 세계무형유산에 대한 무용 종목의 지정과[56] 국가적 차원에서 의궤 반환 작업이 시작되고 2007년 불타버린 숭례문과 경복궁 재건 복원 사업이 문화원형사업의 단초가 되었다. 사회 전반에 걸쳐 이러한 현상이 확산되고 궁중정재와 종묘제례에 대한 관심이 집중되면서 국립국악원과 개인 그리고 소수 단체를 중심으로 궁중무악의 원형 복원 사업이 본격화되었다.

먼저 국립국악원에서는 궁중무용의 활성화와 국립국악원만의 전통성과 차별성을 확보하기 위해 전문경영대회로 특화된 궁중무용 경연대회를 개최하였다. 한편으로는 정재의 창조적 변용을 모색하기 위해 〈향발무〉·〈정대업지무〉·〈춘앵전〉·〈박접무〉·〈무애무〉 등 정재 소품을 활용하여 창작 작업을 시도하였는데, 2001년에 홍금산의 〈태평지무〉, 2005년에 하루미의 〈화고지무〉, 2007년에 박성호의 〈향기로운 알레테이아 향발〉, 최형선의 〈하늘마치〉, 백진희의 〈앵삼 속으로〉, 양선희의 〈산운〉, 정미라의 〈나비애〉, 안덕기·서희정의 〈무애지희〉를 각각 발표하였다.[57] 그리고 '찾아가는 정재'라는 명분 아래 궁궐에서의 정재공연과 시민을 위한 강좌 개설을 통해 정재를 다양한 관점으로 알리고 있다. 한편 전통예술의 저변 확대와 확충 기반을 견고히 하기 위해 2004년 국립남도국악원과 2008년 부산국악원을 설립하여 서울을 비롯한 전국 지방에 국악을 보급 전승하기에 이른다. 전통예술의 원형탐구 일환으로 2001년에[58] 복원 발표한 궁중연례악 〈왕조의 꿈, 태평서곡〉은 정조(正祖)가 왕위에 오른 뒤 45살 되던 해에 어머니 혜경궁홍씨의 60번째 생신을 맞아 빌이

56 2001년 1월에 〈종묘제례〉 및 〈종묘제례악〉, 2003년 11월에 판소리, 2009년 9월에 〈강강술래〉·〈제주칠머리당굿〉·〈처용무〉, 2010년 11월에 가곡·대목장·매사냥·줄타기·택견·한삼모시짜기, 2015년 5월에 아리랑이 유네스코 세계무형유산으로 등재되었다.

57 2007.12.8. 국립국악원공연, '고을사월하보에,' 국립국악원우면당.

58 '왕조의 꿈, 태평서곡'은 지난 2001년 국립국악원 50주년 기념공연으로 선보인 이래 국립국악원 송년 레퍼토리로 자리 잡으며 2005년 독일 프랑크푸르트 도서전, 2007년 창덕궁 인정전, 2008년 세종문화회관 30주년 기념행사, 2010년 프랑스축제에 초청받기도 하는 등 큰 무대에 올랐다.

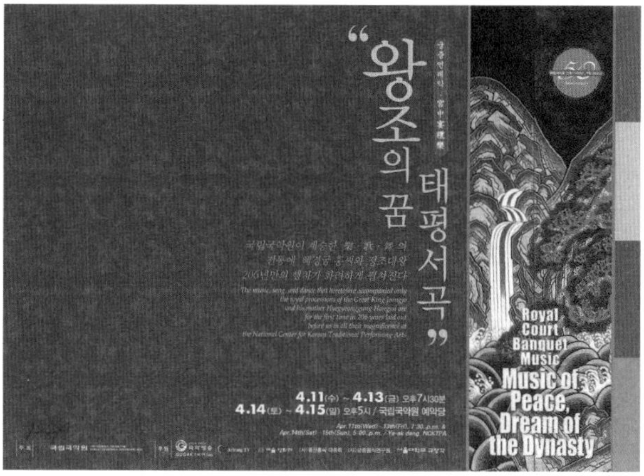

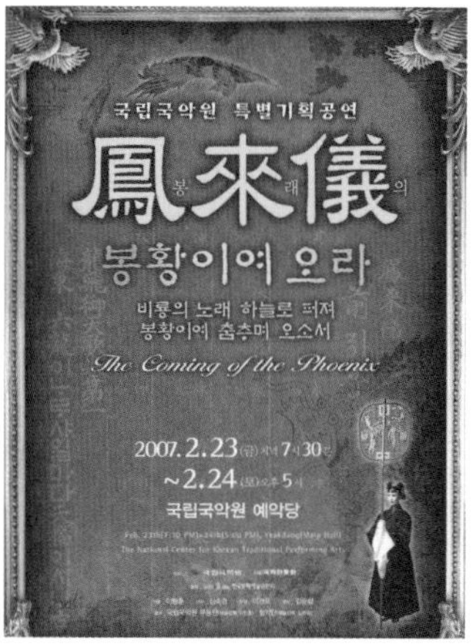

는 궁중연회를 재현한 공연으로, 궁중 연례의식의 장엄함과 화려함을 극대화하여 무대 양식화하는 데 성공하였다.

또한 궁중무악의 원형 복원에 보다 가깝게 다가가기 위해 3년 여 시간을 거쳐 세종조의 〈봉래의〉를 복원하기에 이르는데, 2005년에는 『악학궤범』의 〈봉래의〉 춤을 복원하여 기존의 현행 음악에 맞추는 작업을 하였고 안무는 하루미가 맡았다. 이후 2006년에는 『세종실록악보』에 기보된 〈봉래의〉 음악을 복원 연주하였고,[59] 2007년에 비로소 조선왕조 예악(禮樂)정신의 대표작인 〈봉래의〉를 발표하였는데[60] 당시에는 문헌 관점의 복원보다는 현대적 감각으로 재구성하여 종합적 공연 관점으로 발표하였다. 당시에는 심숙경이 안무를 맡았고 춤은 국립국악원단원이 추었다. 이때 발표된 〈봉래의〉 음악은 『세종실록악보』의 1정간을 1박으로 해석한 것이다.[61] 이의 음악적 구성을 『악학궤범』의 무용 구성과 비교하였을 때 음악장단이 남아도는 현상이 생겨났다. 이

59 2006.10.11. '세종대왕이 창제한 찬란한 문화유산 여민락 〈봉래의〉,' 국립국악원 정악단 정기연주회.

60 2007년 국립국악원에서는 치화평과 취풍형의 무용수를 16인으로 증가하여 추었다. 공연 진행 또한 여민락을 춘 다음에는 무용수들이 퇴장하고 좌우에 배열된 악공들이 창사를 부르는 등의 연출을 하였고, 치화평과 취풍형은 악장의 쉼에 따라 잠시 휴식하였으나 곧장 연결하여 추었다. 그리고 여민락에서는 8인으로 구성하여 의상색상을 홍의로 입었고, 치화평과 취풍형에서는 무용수 16인을 등장시켜 홍의·청의·녹의로 입었다. 2007.2.24. 국립국악원 특별기획공연. '〈봉래의〉 봉황이여 오라,' 국립국악원영상자료실.

61 문숙희·조규익·손선숙, 『공연문화연구』 28호(서울: 한국공연문화학회, 2014), 37~82쪽.

러한 관계로 당시 2007년 국립국악원 〈봉래의〉 발표에서는 『세종실록악보』에 제시된 악장을 전장 사용하지 않았다. 예로 취풍형의 음악구성은 해동장·불휘장·주국장·적인장·칠저장·상덕장·블근새장·태자장·천세장인데, 당시에는 주국장·적인장·블근새장을 생략하고 해동장·불휘장·칠저장·상덕장·태자장·천세장만 사용하여[62] 춤을 추었다.

〈봉래의〉는 악장, 즉 창사[노랫말]에 따라 춤의 구성이 정해져 있다. 취풍형은 〈표 3〉처럼 악장 2구에 춤을 추는 것으로 구성되었는데, 불휘·주국장에 북향무, 적인·칠저장에 대무, 상덕·블근새장에 배무, 태자장에 북향무, 천세장에 회무를 돈다. 그런데 국립국악원에서는 주국장·적인장·블근새장은 생략하고 불휘장에 북향무, 칠저장에 대무, 상덕장에 배무를 추어, 각 악장 1구에 춤을 추었다.[63] 즉 취풍형의 음악적 구성은 적은데 무용은 『악학궤범』에 기록된 순서 전체를 발표한 것이다. 이것은 결국 가·무·악의 융합적 복원이 온전하게 이루어지지 않았다는 것을 말해준다.

〈표 3〉 〈봉래의〉 취풍형의 음악 및 무용 구성

악장 및 창사	해동장	불휘장 주국장	적인장 칠저장	상덕장 블근새장	태자장	천세장
춤	창사	북향무	대무	배무	북향무	회무

2000년대 초에는 김용(金龍)과[64] 이종숙[65] 박사가 종묘 일무의 원형성에 대

62 손선숙, "『악학궤범』 취풍형의 회무 연구," 『한국무용기록학회지』 제28권(서울: 한국무용기록학회, 2013), 121~142쪽.

63 〈표 3〉에서 진하게 표시된 악장은 연주하지 않았다.

64 김용, "한국(韓國)의 문화(文化) : 고악(古樂),무보(舞譜)의 육대강(六大綱)에 나타난 일무술어(佾舞術語)의 등시성(等時性)에 관(關)한 연구(硏究): 『시용무보(時用舞譜)』의 무절구조(舞節構造)와 『세조실록악보(世祖實錄樂譜)』의 「종묘악(宗廟樂)」을 中心으로," 『韓國思想과 文化』 50권(서울: 한국사상문화학회, 2009), 579~605쪽; "한국궁중무용의 춤사위 기록법 연구: 『시용무보』의 술어를 중심으로," 『韓國思想과 文化』 33집(서울: 한국사상문화학회, 2006), 379~428쪽.

65 이종숙, "종묘일무 왜곡 시기 및 내용변질의 문제점 고찰," 『한국무용사학회』 1집(서울: 한국무용사학회, 2003), 75~97쪽; "〈時用舞譜〉의 舞節 構造分析과 現行 宗廟佾舞의 비교 硏究" 용인대학교박사학위논문(용인: 용인대학교, 2002), 1~195쪽; "종묘제례악 일제강점기 왜곡 과정 연구," 『梨花史學硏究』 30집(서울: 이화사학연구소, 2003), 389~410쪽.

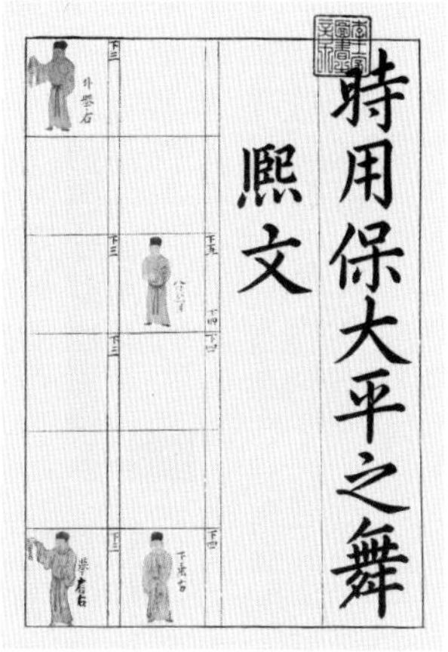

한 문제를 제기하면서 음악학계와 무용학계를 비롯한 예술 전반에 걸쳐 궁중무악의 복원에 대한 관심이 증폭된다. 60년대 초 전통예술의 소멸과 시급성에 의해 시작된 정재재현 사업은 40여 년 동안 무려 50여 종의 정재가 무대화되어 그야말로 괄목할만한 성과를 이루었다. 그러나 2000년대 일무를 시작으로 문화원형에 관심이 집중되기 시작하면서 궁중에서 추어진 일무가 『시용무보』에 기록되었음에도 문헌대로 추어지지 않은 점과 중요무형문화재로 지정되었음에도 문헌대로 전승되지 않아[66] 논란이 일기 시작한다. 김용은 그동안 연구하였던 결과물을 정리하여 『시용무보』에 나온 일무(佾舞) 전편을 여러 제자들과 함께 국립국악원에서 발표하였다. 그리고 정재를 연구하고자하는 후학들을 위해 정재홀기와 각종 의궤 등 정재와 관련된 문헌을 중심으로 정재에 담긴 이념과 시대별 변천과정을 살핀 『조선궁중무용 Ⅰ · Ⅱ』와 『한국궁중무용총서』[67]가 이흥구에 의해 발간되었다. 이흥구는 국립국악원에서 시작한 정재 재현작업과 이를 기록으로 남기는 『궁중무용무보』 제작에 직접 참여한 실무자로서 누구보다도 해방이후부터 시작된 정재 재현의 문제점을 바로잡고자 노력하였다. 이러한 문화원형의 복원을 기점으로 그동안 전통예술을 구전심수(口傳心授)로 전승되어온 것을 당연시 여기던 것에서 문헌을 근거로 복원하고 전승되어야 한다는 새로운 시각과 함께 궁중무악의 고증복원에도 새로운 관심이 집중되었다. 이후 처용의 복식과 가면 그리고 춤에 대한 원형 복원을 시

66 손선숙, "연화대 재연의 실제와 문제점, 나아갈 방향," 『한국문학과 예술』 제17집(서울: 한국문예연구소, 2015), 205~241쪽.

67 이흥구·손경순 『조선궁중무용 I』, 열화당, 2000; 『조선궁중무용 II』, 은하출판사, 2003; 『한국궁중무용총서(1)』, 보고사, 2008; 『한국궁중무용총서(2)』, 보고사, 2009; 『한국궁중무용총서(3)』, 보고사, 2009; 『한국궁중무용총서(4)』, 보고사, 2009; 『한국궁중무용총서(5)』, 보고사, 2009; 『한국궁중무용총서(6)』, 보고사, 2009; 『한국궁중무용총서(7)』, 보고사, 2009; 『한국궁중무용총서(8)』, 보고사, 2010; 『한국궁중무용총서(9)』, 보고사, 2010; 『한국궁중무용총서(10)』, 보고사, 2010; 『한국궁중무용총서(11)』, 보고사, 2010; 『한국궁중무용총서(12)』, 보고사, 2010; 『한국궁중무용총서(13)』, 보고사, 2011.

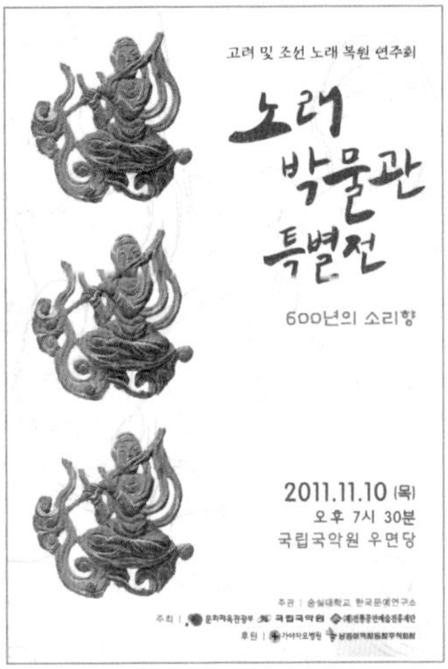

도한 학술 연구와 공연이 발표되었는데, 무용학계에서는 최초로 2008년 한국무용사학회에서 〈처용무〉의 가·무·악 복원 학술공연이 국립민속박물관에서[68] 발표되었다. 『세종실록악보』와 『악학궤범』에 기록된 〈처용무〉를 복원하였는데, 당시 음악 분석은 남상숙, 음악 복원은 최상화, 처용 가사는 김영기, 춤은 손선숙이 복원 안무를 맡았다.

그리고 대학교연구소 중심으로 궁중무악의 보존과 전승을 위한 연구와 공연활동이 본격적으로 시작된다. 한국예술종합학교무용원 부설 세계민족무용연구소에서는 허영일 소장을 중심으로 세계의 민족무용과 궁중무용을 비교 연구하는 학술 및 공연 활동을 지속적으로 하고 있다. 인문학 분야에서는 유일하게 궁중왕실의 가·무·악 융합연구를 하는 연구소가 창설되었는데, 숭실대학교 국문학과 조규익 교수가 연구소 소장직을 겸하고 있다. 2006년 숭실대학교 한국문예연구소에서는[69] 연구소 내에 궁중정재연구실을 마련하여 2007년과 2008년에 초·중·고 교사를 위한 궁중무용연수회를 실시하였고, 이후 고려시대와 조선시대의 음악과 무용을 복원하는 학술연구 활동을[70] 지금까지 해오고 있다.

한편 무용학계에서는 예술 자료를 체계적으로 발굴·수집하고 기록·보존

---

68 2008.12.5. 한국무용사학회학술발표, "『악학궤범』 봉황음(鳳凰音) 중기(中機)의 〈처용무(處容舞)〉" 발표. 국립민속박물관.

69 2006년 숭실대학교《한국전통문예연구소》로 출범하였다가 이후 2009년에《한국문예연구소》로 개칭하였고, 2016년에 다시《한국문학과예술연구소》로 개칭되었다. 궁중정재연구실에서 음악연구는 문숙희, 무용연구는 손선숙이 담당하고 있다.

70 숭실대학교《한국문학과예술연구소》에서는 2011년에는 '고려 및 조선시대의 노래'를 복원 발표하였고, 2012년에는 '세종시대의 신악'을 발표하였고, 2013년에는 '세종시대의 〈봉래의〉'를 가무악 융합관점으로 복원 발표하였다. 2011.12. 고려 및 조선의 노래 복원발표회 '노래박물관' 〈사모곡〉·〈구천별대왕〉 발표(국립국악원 우면당); 2012.11.27. 한국학중앙연구원 세종리더십연구소 '세종, 음악으로 다스리다' 〈봉래의〉의 여민락무〈안무〉 복원 연구 및 공연발표(한국학중앙연구원 대극장); 2013.11.21. 〈봉래의〉 복원 학술공연 "세종의 꿈, 봉황의 춤사위타고 하늘로 오르다". 국립국악원우면당.

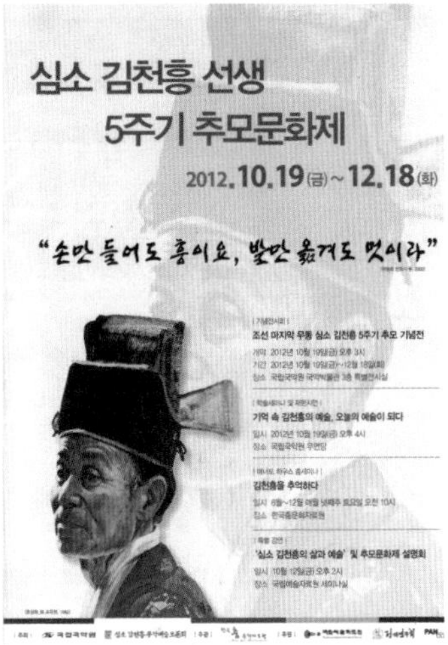

하기 위한 춤 자료관《연낙재(研駱齋)》와《한국춤문화자료원》이 개설되었다. 두 춤 자료관 모두 무용학자들에 의해 설립되었고, 국내외 춤 관련 서적을 비롯한 문화예술 관련 자료들을 확보하여 무용사 연구를 위한 선구적인 역할을 하고 있다. 2007년 조선의 마지막 무동이었던 김천흥이 타계한 후《심소김천흥무악예술보존회》가 결성되었고,《한국춤문화자료원》에서는 이왕직아악부 시절부터 활동해 온 김천흥의 춤 예술사를 전승 보전하고자 김천흥 자료를 중심으로 한국 근·현대기 궁중정재의 변천사를 알리는 전시회와 공연을[71] 하였다. 특히 2000년대 들어 국공립기관에서는[72] '한국 근·현대 예술사 구술채록사업'을 시작하였는데, 한국 근·현대 예술사의 단절과 공백을 메우기 위한 일환으로 연극, 무용, 음악, 미술, 시각, 문학 등 다양한 예술장르에 걸쳐 원로예술인들의 예술적 체험과 작품 세계를 집중 기록하는 작업을 착수하였다. 이왕직아악부와 국립국악원부설 국악사양성소 시절의 정재교육과 활동사의 실제 상황을 성경린, 이혜구, 김천흥, 송방송, 이흥구의 구술채록을 통해 확보하였고, 이들의 생생한 증언들은 궁중정재사 연구를 위한 귀중한 자료로 널리 활용되고 있다.

그리고 정재 실기와 문헌의 간극을 고증 연구를 바탕으로 복원한다는 명제 아래 궁중정재를 문헌에 기록된 내용대로 복원하는 새로운 연구 방안이 무용 학자에 의해 본격적으로 발표되기[73] 시작한다. 문헌에 기록된 정재 내용

71 2012.10.19~12.18. '조선의 마지막 舞童 심초 김천흥 5주년 추모문화제 '손만 들어도 흥이요 발만 들어도 멋이라' 국악박물관 특별전시실.

72 국립국악원과 한국문화예술위원회 예술자료원(구, 예술정보관, 국립예술자료원)에서는 한국 근 현대예술사를 위한 구술채록사업을 음악, 문학, 연극, 무용, 미술, 의상 등 예술 전반에 걸친 예술가들을 대상으로 구술채록을 하였다.

73 손선숙, "정재 사동작의 이론적 토대마련과 실기방안연구," 『한국무용기록학회지』 제12집(서울: 한국무용기록학회, 2007), 101~125쪽; "정재 무보체계의 보완과 방안마련연구(1): 몽금척의 정재대형을 중심으로," 『무용예술학연구』 제20집(서울: 한국무용예술학회, 2007), 101~125쪽; "정재 무보체계의 보완과 방안마련연구(2): 포구락정재의 이동을 중심으로," 『한국무용사학』 제8

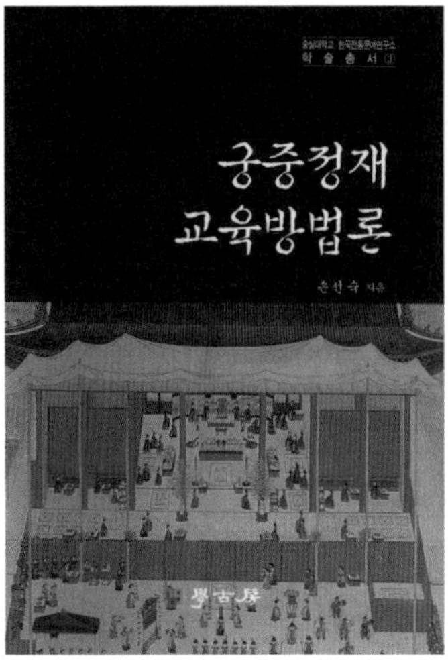

의 고증연구 없이 『악학궤범』과 『정재무도홀기』에 기록된 순서대로 재현한 기존의 해석에서 벗어난 새로운 연구방안을 제시하였고, 『고려사』 「악지」·『악학궤범』·『정재무도홀기』에 기록된 정재 내용이 무용 구성을 의미하는 용어로 기록된 것을 밝히고 이러한 용어들이 각 정재마다 어떤 내용으로 해석되는지를 밝힌 『궁중정재용어사전』과 『궁중정재용어연구』가[74] 무용학계에서는 처음으로 발간되었다. 이 저서는 원전사료와 현행 정재에서 사용되고 있는 정재용어의 차이점을 지적하고 각 정재용어의 내용을 무용학 관점으로 해석하여 궁중정재를 처음 접하는 연구자들에게 지침서가 되고 있다. 그리고 50여 종의 궁중정재를 효율적으로 교육하기 위한 『궁중정재교육방법론』이[75] 발표되었는데, 이 저서는 정재의 원전사료를 실 교육에 적용시켜 실용학문으로서 교육체계를 갖추고 정재 이론과 정재 실기를 병행하여 교육할 수 있다는 가능성을 밝혔다.

문헌 기록에 충실한 정재 복원에 대한 관심이 예술 전반에 증폭되면서부터 이러한 분위기는 문화재로 지정된 종목의 보존회로 확산된다. 《처용무보존회》에서는 내용의 변천 과정과 의상 및 처용 탈의 시대적 차이에 대한 고증을 학계별로 발표하였다. 《학연화대합설무보존회》에서는 『정재무도홀기』를 바탕으로 〈학연화대합설무〉 복원을 시도하면서 문헌에 기록되지 않은 '쌍호리춤'을 '도약무'로 바꾸어 추기 시작하지만 일제강점기 이왕직아악부의 춤을 고수하는 국립국악원에서는 여전히 김천흥에 의해 재현된 〈학연화대합설무〉의 '쌍호리춤'을 추는 상반된 양상을 보이고 있다.[76] 이처럼 재현되고 있는

집(서울: 한국무용사학회, 2008), 95~135쪽; "정재 무보체계의 보완과 방안마련연구(3): 장생보연지무의 방향을 중심으로," 『한국음악사학』 제40집(서울: 한국음악사학회, 2008), 307~337쪽.

74 손선숙, 『궁중정재용어사전』(서울: 민속원, 2005), 1~488쪽; 『궁중정재용어연구』(서울: 민속원, 2008), 1~286쪽.

75 손선숙, 『궁중정재교육방법론』(서울: 학고방, 2007), 1~389쪽.

정재 원형성에 대한 문제점이 무용학자들에 의해 끊임없이 제기되면서 이러한 문제를 해결하기 위한 연구들이 속속 발표되기 시작한다. 이러한 연구 결과물들은 정재원형복원에도 지대한 영향을 미쳤는데, 예로 국립국악원에서는 재현 〈무고〉 때 기존의 한삼 길이보다 짧게 하여 한삼 밖으로 북채가 보여지게 변화를 주었고,[77] 회무(回舞)에서 좌우로 도는 방향에 대한 뚜렷한 기준이 제시되지 않아 2000년대 이전까지는 무용수와 방위 중심 2가지 관점으로 돈 것에서 방위 관점으로 바뀌었다.[78] 그리고 기존에 배에 긴 끈을 늘어뜨려 무용수들이 서로 엮으며 추었던[79] 〈선유락〉이 의궤 정재도 연구를 통해 긴 끈을 없애고 무용수들이 배에 달린 줄을 좌우로 돌리며 추는 것으로[80] 복원되었다. 이러한 무용학자들의 연구결과물을 수용한 궁중정재의 복원은 전승자 중심에서 문헌 기록관점의 정재복원이라는 것에 의의가 있고, 무엇보다도 연구자의 연구결과물을 수용하는 사회적 환경이 변화된 점이 주목할 만하다 하겠다.

2010년대에는 2000년 초부터 일기 시작한 문화원형에 대한 관심이 확산되어 국립국악원을 비롯한 개인 및 무용 단체들에 의해 궁중정재의 고증연구와 복원 활동이 본격화된다. 궁중의 가·무·악 복원을 담당하였던 연구진들이 각각의 분야에서 개인적으로 해왔던 연구방법에서 이제는 가·무·악 융

---

76 손선숙, "연화대 재연의 실제와 문제점, 나아갈 방향," 『한국문학과 예술』 제17집(서울: 한국문예연구소, 2016), 205~241쪽.

77 이종숙, "舞鼓의 構成과 動慮" 『동양예술』 2호(서울: 동양예술학회, 2000), 189~215쪽. 이 논문이 발표된 이후 국립국악원에서는 〈무고〉 정재를 재현할 때에 한삼 밖으로 북채가 나오는 것으로 조정되었다.

78 1960년대부터 재현된 정재에서는 좌우로 도는 기준에 대한 기준이 명확하지 않아 스승에 따라 도는 방향을 오른쪽 혹은 왼쪽 2가지 방향으로 각각 돌았다. 문헌에 기록된 좌선을 무용수 관점으로 왼쪽[서]으로 돌아 문헌과 실기의 간극이 컸다. 그러나 2003년 『악학궤범』과 『정재무도홀기』에 기록된 정재무도에 나타난 좌우의 개념이 방위[북]를 기준으로 한 좌우로, 좌선은 동쪽 우선은 서쪽으로 도는 것을 밝혀내어 2005년 이후부터는 〈춘앵전〉의 좌우일불일전이무를 방위 관점으로 복원하여 오른쪽[東]에서 왼쪽[西]으로 돌아 문헌대로 추었다. 이 연구에서는 정재에서 좌와 우가 북쪽을 기준으로 동과 서로 정해져 있는 것을 처음으로 발표하였다. 손선숙, "現行呈才에 나타난 새로운 呈才用語에 대한 研究: 문헌적 근거를 중심으로," 『韓國舞踊教育學會誌』 13(1)(서울: 한국무용교육학회, 2002), 135~154쪽.

79 2012년 "경회루 연향의 〈선유락〉," 인터넷영상자료(4분 47초), 참고사이트: YouTube

80 2008.12.5. 국립국악원 가족음악회, "화려한 조선의 궁중 뱃놀이," 〈선유락〉, 인터넷영상자료(9분 7초), 참고사이트: YouTube

합연구로 전환되었고, 단순히 연구로만 그치지 않고 고증 복원공연으로 발표하였다. 특히 궁중정재를 복원하는 데 있어 궁중정재의 기본법례를 바탕으로 한 새로운 복원 방안이 발표되었는데,[81] 이것은 정재 50여 종과 의궤 정재도의 무도 내용을 통합 비교하여 얻어낸 결과이다. 이것은 실기와 문헌의 간극을 메우는 고증연구를 통한 복원으로 무용학계에서는 처음으로 발표되었다. 이러한 고증복원은 무용전공인 손선숙이 이끄는《궁중정재아카데미》에 의해 발표되었는데, 이 단체에서는 정재 춤의 구조를 의례적 법례에 맞추어 복원하는 것에 의의를 두고 『악학궤범』과 『정재무도홀기』의 정재를 통합 비교하는 방법을 통해 2010년에는 〈일불일전이무의 3인무〉, 2011년에는 〈포구락 좌우무춤〉, 2013년에는 〈포구락 포구희의 독무춤〉, 2014년에 조선전기의 세종조 〈봉래의〉를 발표하였다.[82]

국립국악원은 더 이상 궁중아악만을 고수할 수 없을 정도로 총체적 문화를 총괄하는 기관으로 발전하였다. 궁중무악의 복원 작업을 지속적으로 진행하면서 기존에 발표된 정재를 다양한 행사를 통해 꾸준히 무대 위로 올리는 작업을 지금까지 지속하고 있으나 행사의 성격에 따라 정재의 내용은 그때마다 약간의 조정을[83] 가하여 올려졌다. 그리고 대중들에게 감각적으로 다가

81 손선숙, "악학궤범 〈봉래의〉 여민락 무의 이동구조 탐색" 『한국무용기록학회지』 23집(서울: 한국무용기록학회, 2011), 19~44쪽; "악학궤범 〈봉래의〉 치화평무의 복원 및 재현을 위한 고무보 고찰," 『한국무용기록학회지』 25집(서울: 한국무용기록학회, 2012), 43~61쪽; "악학궤범 취풍형무의 회무 연구," 『한국무용기록학회지』 28집(서울: 한국무용기록학회, 2013), 121~142쪽; "『악학궤범』 전인자후인자 실연구조," 『한국무용기록학회지』 29집(서울: 한국무용기록학회, 2013), 83~110쪽; "조선 초기 당악정재의 도입부종결부의 무진무퇴 고찰," 『무용예술학연구』 44집(서울: 한국무용예술학회, 2013), 63~84쪽; "조선 초기 당악정재의 도입부종결부의 춤사위 기록 양상," 『한국무용기록학회지』 30집(서울: 한국무용기록학회, 2014), 101~118쪽; "조선 초기 대무배무 구조고찰," 『무용역사기록학』 34집(서울: 한국무용기록학회, 2014), 117~142쪽.

82 2010.11.13. 손선숙의 춤, 궁중악무의 복원과 창작, 그리고 민속, 〈좌우불전이무춤[3인무]〉 발표, 중요무형문화재전수회관 풍류극장; 2011.3.12. 손선숙의 춤, 궁중악무의 복원과 창작, 그리고 민속, 〈포구락 포구희의 좌우무춤〉 발표, 우리소리극장; 2013.3.13. 손선숙의 춤, 궁중악무와 민속의 향연, 〈포구락 포구희의 독무춤〉 발표, 중요무형문화재전수회관 풍류극장; 2013.11.21. 숭실대학교한국문예연구소 〈봉래의〉 복원학술공연 〈세종의 꿈, 봉황의 춤사위타고 하늘로 오르다〉, 국립국악원; 2014.3.15. 손선숙의 춤, 궁중악무와 민속의 향연, 〈봉래의〉 발표, 중요무형문화재전수회관 풍류극장.

83 2012.6.28~29, '정재, 조선의 역사를 품다,'에서 발표한 〈금척〉·〈수보록〉·〈영지무〉·〈연화무〉·〈망

서기 위해 궁중정재를 현대적으로 재해석한 '신궁중정재'가 무대 위에 올려졌는데,[84] 〈가인전목단〉·〈검기무〉·〈향발무〉·〈아박무〉·〈처용무〉를 원작과 함께 창작한 작품들과 함께 감상하는 무대로 선보였다. 최근 들어 정조(正祖) 대의 『사직서의궤(社稷署儀軌)』(1783)를 바탕으로 사직대제를 복원 연주하였고,[85] 조선시대에 하늘의 별에 지내는 제사의식인 '영성제(靈星祭)'를 국립국악원 송지원 연구실장과 연구진들의 고증연구를 통해 500년 만에 복원하여[86] 처음 선보였다.

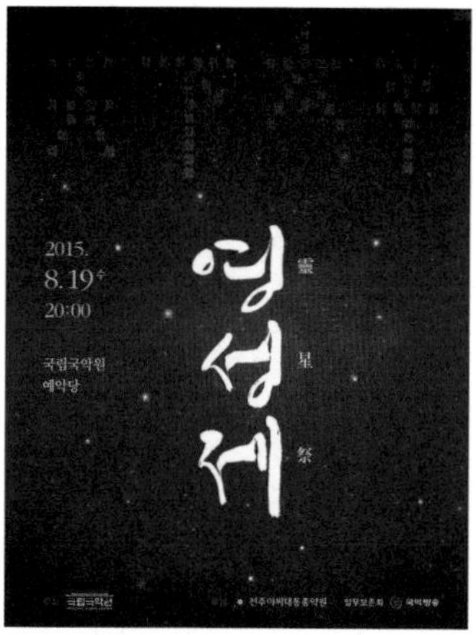

국립국악원 외 한국 궁중예술의 가·무·악 융합적 고증 복원을 전문적으로 담당하고 있는 숭실대학교《한국문학과예술연구소》궁중정재연구실에서는 문숙희 박사가 선율과 리듬이 동시에 기보된 정간보(井間譜)의 음악적 해석을 장고장단의 장고점을 중심으로 리듬을 해석하는 새로운 방법을 발표[87]

선문〉·〈춘대옥촉〉 정재는 『악학궤범』과 한국학중앙연구원장서각소장의 『정재무도홀기』의 기록을 근거로 재현한 공연임; 2013.5.11~12, 경복궁 근정전 '세종조 회례연' 왕과 신하가 정과 뜻을 나누기 위해 베푸는 잔치로, 세종 15년(1433)에 행한 회례연을 바탕으로 한 공연; 2013.9.6. '궁의태교 왕후의 뜨락,' 국립국악원예악당; 2014.3.20. 국립국악원 정악단의 정기공연, 국립국악원예악당; 2015.4.16~18. '고종대례의 대한의 아들' 대한제국의 성립과 고종 황제의 의식 즉위 과정을 기록한 고종대례의궤(高宗大禮儀軌)가 발표되었다. 국립국악원예악당.

84 2012년부터 시작된 기획공연으로 심숙경의 〈청가아무〉, 이종호의 〈황창의 비〉, 양선희의 〈향가〉, 이종호의 〈상혼〉, 한명옥의 〈오우의 춤〉 등 여섯 작품을 발표하였다. 당시 한명옥 국립국악원 예술감독이 주도하고 국악원무용단들이 안무하여 무대 위에 올렸다. 2013.9.26~27, 新,宮中呈才 '전통의 경계를 넘어,' 국립국악원예악당.

85 2014.12.12. '사직대제 복원 연주,' 연주: 국립국악원 정악단, 일무: 일무 보존회, 제례: 사직대제보존회, 주최: 국립국악원, 국립국악원예악당.

86 조선시대 별을 바라보며 풍요를 기원한 제사의식인 영성제는 삼국시대로부터 농업신으로 받들던 별을 향해 한 해 농사가 잘된 것에 감사하며 올렸던 제사이다. 조선 중종 때 소격서 혁파 등 도교적 전통을 배격하는 움직임이 일면서 폐지되었다가 삼국시대부터 조선시대에 이르기까지 농업 국가였던 이 땅에서 정성껏 치렀던 제사이다. 정조 대왕이 서술한 성단향의(1797)를 바탕으로 국립국악원 연구실이 고증하여 무대 위로 올렸다. 2015.8.19. '영성제,' 주최: 국립국악원, 국립국악원예악당.

87 문숙희, "정간보의 시가해석 재고," 『한국음악연구』 45권(서울: 한국국악학회, 2009), 89~118쪽; "기본박 찾기를 통한 고악보 정간보의 리듬해석 고찰," 『韓國音樂史學報』 45권(서울: 한국음악

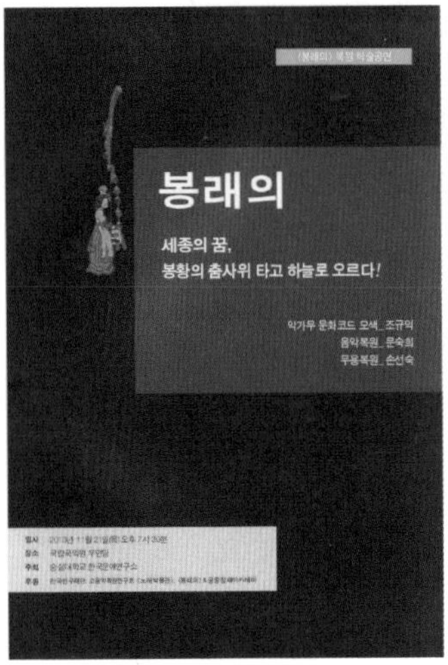

하였다. 이것은 기존에 1정간의 1음으로 해석한 것과는 대별되는 연구방법으로 한국음악학계에서는 처음으로 시도된 음악선율의 해석방법이다. 《한국문학과예술연구소》에서는 연구로만 그치지 않고 새로운 음악적 해석 방법을 토대로 고증방안을 제시하고 이에 실기까지 발표하였는데, 그 첫 번째가 종묘일무의 음악 복원이다.[88] 이후 2011년에는 연구재단의 지원을 받아 '세종조 〈봉래의〉의 가·무·악 융합복원연구'를 시작하였는데, 2012년에는 세종조 〈봉래의〉의 여민락 음악과 춤을 복원하여 발표하였다. 2013년에는 『세종실록악보』와 『악학궤범』을 토대로 세종대왕의 〈봉래의〉를 가·무·악 융합적 방법으로 복원하였는데,[89] 문학적 해석은 조규익, 음악 복원은 문숙희, 무용 복원은 손선숙이 맡았다. 이렇게 고증 복원된 세종조의 〈봉래의〉를 보존 및 전승하기 위해 손선숙은《봉래의보존회》를[90] 결성하였고, 이 단체는 세종대왕이 태어난 청운효자동 세종마을에서《세종마을가꾸기회》와[91] 함께 〈봉래의〉 전승 교육을 해오고 있다.

사학회, 2010), 293~330쪽.

88 문숙희, 『종묘제례의 원형과 복원』(서울: 학고방, 2011), 1~375쪽.

89 2013.11.21. '세종의 꿈, 봉황의 춤사위 타고 하늘로 오르다' 〈봉래의〉 복원 학술공연 국립국악원우면당, 주최: 숭실대학교 한국문예연구소, 음악 복원: 문숙희, 무용 복원 안무: 손선숙, 출연: 궁중정재아카데미무용단.

90 《봉래의보존회》는 2013년 숭실대학교 《한국문학과예술연구소》에서 복원 발표한 세종대왕의 〈봉래의〉를 보전하고자 2014년 1월에 창설되었다. 『세종실록악보』와 『악학궤범』의 〈봉래의〉를 전승 보전하고자 현재 청운효자동 세종대왕이 태어난 생가 터 세종마을을 기점으로 사단법인 《세종마을가꾸기회》와 손선숙이 이끄는 《궁중정재아카데미》와 함께 보존활동을 하고 있다. 조선시대 세종대왕이 창제한 〈봉래의〉는 세종대왕탄신일과 훈민정음 반포식 행사를 통해 발표하고 있다.

91 《세종마을가꾸기회》는 세종대왕의 얼이 숨 쉬는 문화예술마을로 만들어 가고자 하는 주민들의 열망을 담아 2010년 10월에 창설된 단체이다. 세종대왕이 태어나신 곳을 기점으로 지역주민을 구성원으로 한 최초의 민간단체로, 해마다 세종의 애민정신과 한글의 우수성을 세종마을의 관광자원화하고 지역의 역사 문화적 가치를 높이고자 '세종마을 세종주간 축제'를 개최하고 있다. 참고사이트: 세종마을

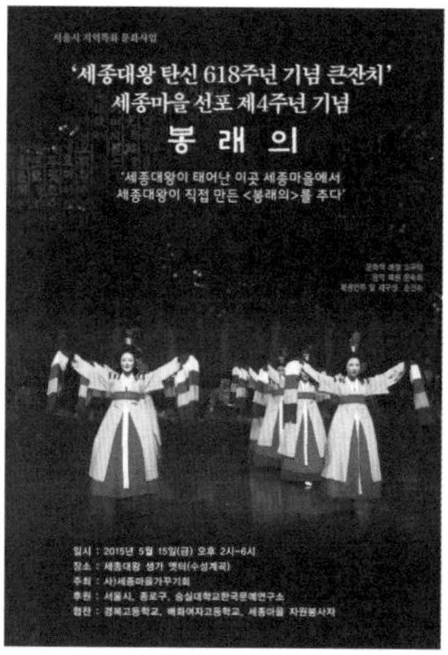

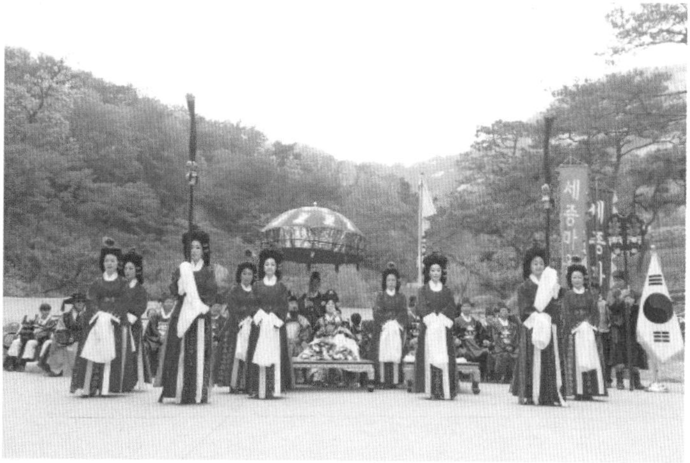

그리고 문화재로 지정된 종목 외 미지정된 수많은 궁중정재를 보존 전승시키기 위한 공연과 연구 활동이 개인 무용가 혹은 무용학자들에 의해 활발하게 전개되었다. 기존에 조선조 궁중무악의 전승을 위해 활동하고 있는 김영숙의 《정재연구회》와 인남순의 《한국전통문화연구원》에 이어 여러 무용학 박사 출신들에 의해 연구 및 보존 단체가 설립되었다. 먼저 2004년 결성된 《한국전통악무연구소》는 용인대 무용학 박사인 이종숙이 이끄는 단체로, 한국 전통춤의 역사와 철학적 의미를 공부하기 위해 모인 무용인과 주변 예술인들의 연구 모임을 통해 궁중무악의 학문적인 토대를 마련하기 위한 기초연구를 하고 있다. 《김영희춤연구소》는 김영희 박사가 이끄는 연구단체로, 한국춤 전반에 걸쳐 연구 활동을 해오고 있다. 숭실대학교 《한국문학과예술연구소》를 기점으로 한 《궁중정재아카데미》가 손선숙 박사에 의해 2007년에 창설되었는데, 이 단체는 한국 궁정왕실의 유일한 문화유산인 궁중정재를 『고려사』「악지」, 『악학궤범』, 『정재무도홀기』, 의궤 등의 원전사료를 근거로 복원하여 궁정예술의 재창조 가능성을 조명하고 정재이론에 근거한 실기 혹은 정재실기의 이론적 토대를 마련하여 한국 궁정예술의 정통성 회복을 위한 학술공연을 하고 있다. 이후 손선숙 박사는 2013년 복원한 세종조의 〈봉래의〉를 전승하기 위해 2014년 1월에 《봉래의보존회》를 결성하여 이론과 실기를 겸하여 전승활동을 하고 있다. 《사단법인 궁중무용 춘앵전보존회》는 박은영

박사가 이끄는 단체로, 2008년 7월에 설립되었다. 이 단체에서는 심소 김천흥 선생님의 궁중무용 정신과 맥을 이어받고자 〈춘앵전〉 학술활동과 연수회를 열고 있고, 궁중무용 〈춘앵전〉을 계승 발전시키기 위하여 '궁중무용 춘앵전무용경연대회'를 매년 개최하고 있다. 그리고 국내에서는 처음으로 지역단체를 중심으로 한《종로궁중무용협회》가 2014년 1월에 창설되었는데, 이 단체는 궁중무용을 이해하고 전승하는 데 목적을 두고 일반 시민들을 대상으로 〈춘앵전〉을 비롯한 여러 다양한 궁중무용을 교육하고 있다. 이들 단체를 이끄는 이들은 대부분 대학교 무용전공자 출신들로 학부 때의 무용 실기교육과 무대예술의 현장성을 몸소 경험한 무용전공자로서, 한국 춤을 비롯한 궁중무악을 학술적 기반에 바탕을 둔 고증연구 중심의 공연과 학술활동을 하고 있다.

1. 현대기 궁중정재의 무용형식과 구조

현대기의 궁중정재는 춤추는 장소가 궁 뜰에서 극장식 무대로 옮겨지면서 무대공연예술로서의 화려함이 더해지고 볼거리는 많아졌으나 정재 춤 속에 내재된 의례적인 진행은 대부분 생략되거나 간소화되었다. 춤과 의례가 융합적으로 진행되었던 것에서 춤 요소만 부각되었고 시·공간적 제약에 의해 무용수들의 등장과 퇴장 그리고 무대배열, 무구 설치, 악사의 진행, 창사 등 여러 내용들이 축약되거나 간소화되고 혹은 생략되었다. 그리고 동·서·남·북의 기본 방위와 전·후·좌·우·내·외 구조를 중심으로 진행되는 궁중정재의 기본법례가 현대기에 들어서는 지켜지지 않았다. 나아가고 물러나는 것 그리고 각 방위로 돌아서는 방향을 무용수 전제가 같은 방향으로 움직였고, 춤사위 또한 움직이는 위치와 방향에 내외 적용 없이 같은 방향으로 추었다. 대부분 문헌과 실기의 간극을 설명하는 고증연구 없이 전승자의 주관적인 해석과 경험을 바탕으로 재현되어 문헌과는 다른 내용으로 추어졌다. 대형의 형태와 변화과정을 임의로 해석하였고[92] 무용수 구성을 주관적으로 해석하여 수를 늘리기도[93] 하였으며 창사를 부르기 전과 혹은 춤을 마친 다음 궤면복하고 절하는 장면을 연출하였다.[94] 현대기에 재현된 정재는 대부분 『악학궤범』과 『정재무도홀기』에 기록된 내용을 토대로 하였으나, 실제 재현 때에는 무대 구성과 춤사위를 다양하게 구성하여 추었다. 현대기에 재현된 정재의 근거로 『고려사』 「악지」·『악학궤범』·『정재무도홀기』의 내용을 제시하면서 정재 복원의 명분으로 내세우고 있지만 이들 문헌들은 춤의 역사적 가치를 부각시키는 데 의의가 있을 뿐 실제 재현된 내용은 일제강점기 이왕직아악부 시절의 정재가 현대기까지 이어진 것이다.

현대기에 무대화되면서 변화된 궁중정재의 구조를 살펴보면 다음과 같다.

첫째, 무용수들의 등장과 퇴장, 그리고 무대를 배열하는 과정이 생략되었다. 무용수들이 배열하는 진행은 정재마다 구성된 무용수 구성에 따라 차이가 있지만 기본적으로 의물·죽간자·황개·무용수[협무·선모]가 차례로 들어와 남쪽에 춤의 대형을 만든다. 그러나 현대기에 들어와서 이러한 배열과정이 모두 생략되고 무대 위에 미리 배열한 상태에서 조명이 들어옴과 동시에 춤을 시작하거나 무대 좌우에서 걸어 들어와 배열과 동시에 춤추는 것으로[95] 바뀌었고, 춤을 마친 다음에는 퇴장하는 것을 생략하고 절하는 것으로 바뀌었다.

92 국립국악원에서는 〈하성명〉의 '복위' 해석을 4대 좌우대형으로 서는 것으로 진행하였다. 복위는 제자리로 돌아와서는 것으로, 2대 좌우대형에서 좌우대 4인이 차례로 나아가 춤을 춘 다음 다시 2대 좌우대형으로 서는 것인데, 재현 당시에는 4대 좌우대형으로 변화시켰다. 〈몽금척〉은 협무 12인이 2대 좌우대형에서 차례로 나아가 족자좌우에 섰다가 다시 뒤로 물러나 6대 좌우대형으로 서야 하는데, 곧장 무진하여 족자 뒤에 배열하였다.

93 〈봉래의〉의 무용수는 죽간자 2인과 협무 8인이지만, 2007년 국립국악원 〈봉래의〉 공연에서는 치화평과 취풍형의 무용수를 협무 16인으로 늘려 추었다.

94 〈연백복지무〉에서는 선모와 협무가 춤을 마친 뒤 절을 하였다. 〈향령무〉는 창사 부르기 전과 춤을 마치고 물러나기 전 궤면복하는 춤을 추가하였다.

95 재현 〈문덕곡〉, 〈침향춘〉, 〈연화대무〉는 무용수들이 처음부터 무대에 배열하지 않고 무대좌우에서 걸어 들어와 배열하며 춤추는 것으로 진행하였다.

둘째, 무대장치[무구]를 설치하는 과정이 생략되었다. 무구를 사용하는 정재에서는 춤을 추기 전 악사가 무구를 설치하는 의례적인 행위를 한다. 정재에서 무구를 설치하는 것은 춤의 구성 요소의 하나이며 정재마다 춤추기 전에 설치하거나 혹은 춤 중간에 설치하는 등 그 진행에 차이가 있다. 무구[소도구]를 사용하는 정재를 예를 들면 〈무고〉의 북, 〈포구락〉의 포구문, 〈검기무〉의 검, 〈헌선도〉의 탁자, 〈연화무〉의 화병 등이다. 현대기에 들어 무구를 설치하는 과정들이 생략되었는데, 이것은 정재 무구를 설치하는 의례적 성격이 공연양식으로 변모된 것으로 시공간적 제약에 의해 이러한 진행을 생략한[96] 것이다. 또한 무구를 설치할 때에 악사가 하지 않고 춤추는 무용수들이 설치하는 연출 기법을 더하기도 하였다. 한편 무구 설치는 음악 반주에 맞추어 해야 하는데 재현 정재에서는 음악 반주 없이 하여[97] 춤 구성에 포함시키지 않고 춤추기 전 무대 위에 무구를 미리 설치하는 것으로 변화되었다.

셋째, 악사의 역할이 간소화되거나 생략되었다. 악사는 무구를 전중[무대]에 설치하거나 춤의 진행을 돕는 역할을 하는데, 공연 때마다 악사의 역할이 일정하지 않고 그때마다 진행에 차이를 보인다. 예를 들면, 〈포구락〉 정재에서 좌무와 우무가 포구희를 할 때 악사 1인이 공을 들고 들어와 포구문 좌우에 차례로 놓는 역할을 하는데, 이러한 과정이 생략되고 봉화와 봉필이 이 역할을 대신하기도 하고 무용수들이 처음부터 공을 잡고 등장하여 춤추는 것으로 변화되었다. 재현 〈무고〉에서는 원무가 북채를 잡는 춤과 춤을 마친 다음 무구를 바닥에 내려놓는 춤이 생략되었다. 재현 〈연화대무〉 초창기에는 『정재무도홀기』에 기록된 대로 악사 1인이 동녀의 연화관 끈을 차례로 묶어주다가 차츰 이러한 절차가 생략되고 대신 악사 2인이 무대 좌우에서 등장하여 동시에 합립 끈을 묶어주는 것으로 간소화되었다. 그리고 춤의 진행을 돕는 악사의 등퇴장도 공연 때마다 진행에 차이를 두고 하였다. 첫째, 동쪽에서 걸어

96 재현 〈포구락〉에서는 악사 1인이 포구문 앞에 좌무와 우무 순서로 차례로 공을 내려놓는 과정이 생략되고 무용수들이 처음부터 공을 잡고 등장하는 것으로 변화되었다.

97 춤추기 전 무구를 무대에 미리 설치하다 보니 자연스레 음악반주가 생략된 것이다.

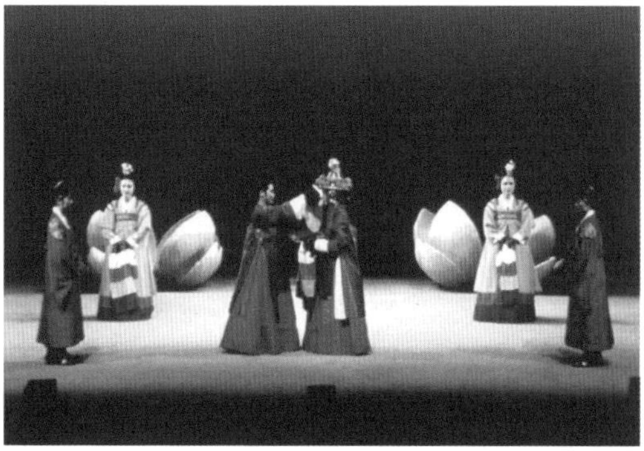

들어와 서쪽으로 퇴장한다.[98] 둘째, 동쪽에서 나와 다시 동쪽으로 퇴장한다.[99] 셋째, 악사가 서쪽에서 등장하여 동쪽으로 퇴장한다.[100] 넷째, 서쪽에서 들어와 다시 서쪽으로 물러난다. 다섯째, 악사가 2인으로 구성하여 무대 양쪽에서 나와 다시 양쪽으로 물러난다.

넷째, 춤의 진행이 간결화되었다. 정재는 무용수별로 춤의 진행에 차이를 두고 춤을 춘다. 선모와 협무로 구성된 경우 선모의 춤, 협무의 춤, 선모와 협무의 춤으로 진행한다. 그리고 협무로 구성된 경우는 협무가 함께 추기도 하고 좌무와 우무가 차례로 추기도 하는데, 좌무의 춤이 마치는 것과 우무의 춤 시작을 동시에 한다. 예로 〈포구락〉은 좌무와 우무가 차례로 공을 집어들고 창사를 부르고 포구희를 하는데, 재현 때에는 이러한 진행이 생략되고 좌대와 우대가 동시에 춤을 추면서 장단 차이를 두고 포구희를 하였다.

다섯째, 문헌에 기록된 내용 외 새로운 내용을 추가하여 추었다. 정재대형을 변화하는 구조가 임의로 재창작되었고 전반적으로 춤사위에 많은 변화가 나타난다. 예로 재현 〈처용무〉의 이론적 근거는 『정재무도홀기』의 내용으로 제시하면서 〈장생보연지무〉와 〈연화무〉에 사용된 산작화무[사우대형]를 수용하였고,[101] 도는 방향을 좌선에서 우선으로 잘못 표기하였다. 지금의 재현 〈처

98 〈경풍도〉에서는 악사가 탁자를 들고 동쪽에서 들어와 설치한 후 서쪽으로 나갔다. 국립국악원, 『궁중무용무보』 제7집, 〈경풍도〉, 1994, 137~138쪽; 〈헌선도〉 65~66쪽; 〈아박무〉, A002335, 토요상설국악공연(2000.10.21); 〈침향춘〉, A002335, 토요상설국악공연(2000.10.21), 국악원자료실.

99 선도반을 받들고 동쪽에서 들어와 선모에게 건네주고 다시 동쪽으로 물러난다. 국립국악원, 『궁중무용무보』 제7집, 〈헌선도〉, 1994, 70~71쪽.

100 재현 〈연화대무〉에서는 악사가 서쪽에서 들어와 동쪽으로 퇴장한다. 〈연화대무〉, DD8101/VT-0175, 『전통무용』 제8집, 한국문화예술위원회 예술자료원.

101 재현 〈처용무〉의 산작화무[사우대형]의 춤이 1931년도 일제강점기 조선총독부에서 촬영한 영상에서 확인된다.

용무〉는 1931년도 이왕직아악부에서 추어졌던 춤을 그대로 수용하여 춘 것으로, 1956년 국립국악원 국악사양성소 교재로 사용한 무보 내용을 참고로 한 것이다. 이 무보는 당시 황 처용을 맡았던 김기수가 작성한 것으로 재현 당시 가장 권위 있는 무보로 인정받았다.[102] 〈하성명〉에서는 2대 좌우대형에서 좌우대 4인이 차례로 나아가 족자 좌우에서 춤을 춘 다음 다시 제자리[2대 좌우대형]로 돌아와 서야 하는데, 재현 때에는 제자리로 물러나지 않았고 4대 좌우대형으로 배열하였다.

여섯째, 창사는 모든 정재에서 첫 소절만 부르는 것으로 간소화되었다. 정재에서 창사는 죽간자·선모·협무 등 출연하는 무용수들이 차례로 부르기도 하고 함께 부르기도 한다. 송축(頌祝)의 의미를 부르는데, 춤의 시작과 마친 다음 그리고 춤 중간에 부른다. 창사의 내용은 정재홀기에 무용수별로 기록되어 전하는데, 재현 때에는 전체 내용을 부르지 않고 무용수 모두 첫 소절만 부른다. 예로 재현 〈춘앵전〉에서는 '빙정월화보' 한 소절만 부른다.

일곱 번째, 회무할 때 좌와 우의 기준을 무용수 관점으로 진행하였다. 정재에서 좌우는 대형·위치·방향·이동·춤사위[손·발동작]가 이에 적용된다. 정재에서 좌우는 방위[북]를 기준으로 좌는 동쪽 우는 서쪽으로 정해져 있다. 현 무대 관점으로 설명하면 객석이 북쪽이고 무대는 남쪽에 해당된다. 따라서 좌선(左旋)은 동쪽 방향으로 돌고 우선(右旋)은 서쪽 방향으로 돌아야 한다. 그런데 재현 정재에서는 도는 기준을 무용수 중심으로 좌를 서쪽, 우를 동쪽으로 보았다. 예로 재현 〈춘앵전〉에서는 낙화유수(落花流水: 좌우일불일전이무)를 무용수 중심인 '서쪽-동쪽'순으로 돌았고,[103] 재현 〈몽금척〉에서는 홀기에 좌선으로 기록된 것을 우선으로 돌았다.

여덟 번째, 무진·무퇴할 때의 보법이 대열 혹은 무용수 중심의 내외(內外)가 적용되지 않았다. 정재에서 무진·무퇴는 북향, 남향, 좌우, 남북 등으로 진

102 張師勛, 『韓國傳統舞踊研究』, 一志社, 1979, 399쪽.

103 좌선과 우선의 방향이 재현 초창기에는 무용수 관점으로 돈[서향-동향] 것에서 2000년대 이후부터는 방위관점으로 도는[동향-서향] 것으로 변화되었다.

행하는데 무용수가 선 위치와 역할에 따라 다르게 적용된다. 예로 무용수 2인이 북향하여 나란히 무진할 때는 좌무와 우무가 내족[안쪽발]으로 먼저 나아간다. 이때의 발 위치는 좌무는 왼발 우무는 오른발로, 두 무용수가 내딛는 발의 위치가 다르다.[104]

아홉 번째, 대무·배무의 기본 구조가[105] 지켜지지 않았다. 정재에서 대무와 배무는 좌무와 우무, 선모와 좌우협무가 동시에 하기도 하고 무용수 별로 차례로 하는데 대무와 배무를 차례로 할 경우 항상 좌무가 먼저 하는 것이 기본 법례이다. 예로 선모와 좌우협무가 대무와 배무를 할 때에는 선모가 좌무와 대무·배무를 하고 다음에 우무와 대무·배무를 한다. 그리고 좌무와 우무가 차례로 할 경우에도 좌무가 먼저 춤을 추고 다음에 우무가 춤을 춘다. 현대기에 들어 선모와 좌우협무가 대무·배무할 때는 이러한 법례가 지켜지지 않았다. 대부분 사우대형에서 무대 가운데 선모와 좌우협무가 대무·배무를 할 때인데, 무대 가운데 선모가 '전좌무-전우무-후좌무-후우무'순으로 추는 원칙이 사라졌다. 예를 들면, 재현 〈만수무〉와 〈오양선〉에서는 〈그림 138〉처럼 선모가 '전우협-전좌협-후좌협-후우협'순으로 하였고, 재현 〈최화무〉[5인]에서는 〈그림 139〉처럼 중무가 '전좌무[청]-후좌무[홍]-후우무[흑]-전우무[백]'순으로 추었다. 또한 재현 〈제수창〉은 좌무와 우무의 표기를 잘못하여 선모가 '우무1-우무2-좌무2-좌무1'순으로 상대하며 춤을 추었는데 이러한 진행은 결국 〈그림 139〉와 같다.

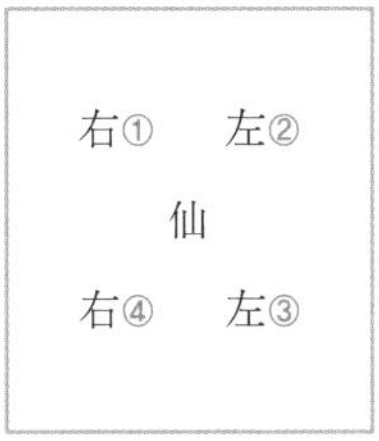

〈그림 138〉 만수무·오양선

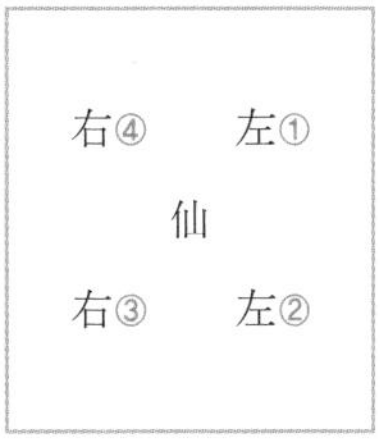

〈그림 139〉 최화무

열 번째, 무용수들이 서는 위치가 지켜지지 않았다. 정재는 무용수마다 이름이 정해져 있고 그 역할에 따라

104 1960년부터 시작된 재현 당시의 정재에서는 무용수 모두 이러한 원칙 없이 같은 발을 사용하거나 혹은 내외를 구분하여 추었는데, 이것은 작무자의 주관적인 전승교육에 의한 것이다. 2000년 이후에 들어서면서 부터 문헌 기록대로 내외를 적용하여 추었다.

105 오방과 사우대형에 따라 대무하는 순서에 차이가 있다. 오방대형에서는 '북-동-남-서'순으로 하고, 사우대형에서는 '전좌무-전우무-후좌무-후우무'순으로 한다.

서는 위치가 엄격하게 구분되어 있다. 무대화되면서 좌우의 개념이 지켜지지 않았고 무용수들이 서는 위치도 공연 때마다 임의로 변화되었다. 먼저 족자는 좌우 죽간자 사이에 서서 무대 앞쪽[북]에 나란히 배열하여 함께 무진한다. 죽간자가 구호를 부른 다음 좌우로 물러나면 족자는 제자리에 그대로 서 있어야 하는데 현 극장식 무대 위에서는 족자가 동쪽 혹은 서쪽으로 물러나 좌우의 죽간자와 나란히 선다. 그렇게 된 이유는 현 극장식 구조에 의해서인데, 족자가 무대 앞에 그대로 서 있을 경우 관객의 시야를 가리기 때문이다. 이러한 이유로 족자가 무대 좌[東] 혹은 우[西]로 물러나 좌우의 죽간자와 나란히 서는 것으로 진행하였다. 예로 재현 〈만수무〉에서는 족자 1인이 무진하여 구호를 부른 후 서쪽으로 물러나 우죽간자와 함께 동향하고[106] 선다. 그리고 무용수들이 차례로 앞으로 나아가 춤출 때에는 족자 좌우와 뒤로, 서는 위치가 정해져 있는데 무대화되면서 이러한 원칙이 지켜지지 않고 있다. 예로 재현 〈하성명〉에서는 무용수 12인이 2대 좌우대형으로 서서 좌우대 4인이 짝을 이루어 앞으로 나아가 족자 뒤에 서서 춤을 추는데, 재현 때에는 족자 뒤가 아닌 앞서 먼저 춤을 춘 전대 4인의 뒤에서 상배춤을 추었다.[107] 즉 전대 4인이 춤을 춘 다음 제자리로 물러나지 않고 그 자리에 그대로 머무르는 것으

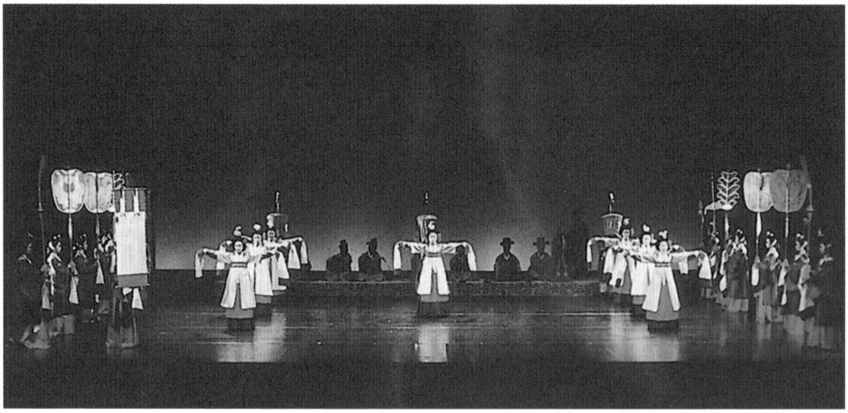

106 국립국악원, 『궁중무용무보』 제11집, 〈만수무〉, 2004, 18~25쪽.

107 국립국악원, 『궁중무용무보』 제9집, 〈하성명〉, 1999, 81~90쪽.

로 진행하였기 때문이다. 다음으로 무구를 사용하는 정재에서는 무구를 북쪽에 설치하고 무용수는 무구의 남쪽에 배열한다. 즉 무용수가 무구 앞[北]에서 춤을 추지 않는데, 재현 〈보상무〉에서는 보상반 앞[북]에 공을 놓았고, 무용수들은 이를 잡기 위해 보상반 앞[북]에 서서[108] 춤을 추었다.

2. 현대기 궁중정재의 종류와 내용

현대기의 정재는 한국동란 이후부터 무대 위에 본격적으로 올려졌고, 재현된 정재는 50여 종에 이른다. 종목은 〈가인전목단〉·〈검기무〉·〈곡파〉·〈근천정〉·〈경풍도〉·〈고구려무〉·〈공막무〉·〈관동무〉[109]·〈광수무〉·〈만수무〉·〈망선문〉·〈몽금척〉·〈무고〉·〈무산향〉·〈무애무〉·〈문덕곡〉·〈박접무〉·〈보상무〉·〈봉래의〉·〈사선무〉·〈사자무〉·〈선유락〉·〈성택〉·〈수명명〉·〈수보록〉·〈수연장〉·〈아박무〉·〈왕모대가무〉·〈연백복지무〉·〈연화대무〉·〈연화무〉·〈영지무〉·〈오양선〉·〈육화대〉·〈장생보연지무〉·〈제수창〉·〈처용무〉·〈처용, 여령병무〉·〈첨수무〉·〈첩승무〉·〈초무〉·〈최화무〉·〈춘광호〉·〈춘대옥촉〉·〈춘앵전〉·〈침향춘〉·〈포구락〉·〈하성명〉·〈하황은〉·〈학무〉·〈학연화대합설무〉·〈학연화대처용무합설〉·〈항장무〉·〈향령무〉·〈향발무〉·〈헌선도〉·〈헌천화〉이다. 이들 작품 중 〈봉래의〉는 조선전기와 조선후기 2종목으로 나누어 시대별로 재현되었고, 〈왕모대가무〉는 고려시대부터 전하는 정재로 무보 없이 기록으로만 전하던 것을 재현한 정재이고, 〈학연화대합설무〉는 〈학무〉와 〈연화대〉 두 정재가 합설로 1993년 중요무형문화재로 지정되면서 만들어진 정재이고, 〈처용,

108 국립국악원, 『궁중무용무보』 제6집, 〈보상무〉, 1993, 57~155쪽.

109 〈관동무〉는 의궤 정재도에 전해진다.

여령병무〉는 의궤 정재도에 처용 5인과 협무가 함께 춤 춘 것을 토대로 재구성한 정재이다.

현대기의 정재 내용은 『궁중무용무보』와[110] 영상자료를 통해 확인할 수 있다. 『궁중무용무보』는 성경린과 김천흥이 일제강점기 이왕직아악부 시절과 국립국악원 국악사양성소에서 추었던 전승 기억과 경험을 토대로 1960년대부터 무대 위에서 공연된 정재 내용을 기록하고 있다. 『궁중무용무보』를 발간할 당시 국립국악원에서는 극장식 무대 위에 재현된 내용 그대로를 무보로 만들자는 의도로 시작하였다. 그러나 무대 위에 공연되어진 내용 그대로를 기록하자는 의견과 『정재무도홀기』에 기록된 내용 그대로 기록하자는 두 가지 의견이 대립하게 되자 결국 공연 시간과 무대의 특성으로 인하여 『정재무도홀기』의 내용대로 재현하지 못한 것을 무보로 남기자는 의견 대신 『정재무도홀기』의 내용대로 남겨야 한다는 이흥구의 의견을 받아들여 『궁중무용무보』를 제작하였다.[111] 그러나 『궁중무용무보』에 기록된 정재 내용은 『정재무도홀기』의 내용과 무대화된 내용, 2가지가 서로 혼용되어 있다. 예로 『정재무도홀기』의 〈연화대무〉에 기록된 내용대로 악사 1인이 좌동녀와 우동녀 순서로 연화관 끈을 메어주는 것으로 제시하고는 정작 『궁중무용무보』 〈연화대〉에는 악사 2인이 무대 좌우에서 들어와 좌동녀와 우동녀의 연화관 끈을 동시에 메어주는 것으로 기록하고 있다. 그리고 무구를 사용하는 정재의 경우 악사가 무구를 전중에 설치하고 물러나는데, 『궁중무용무보』에는 악사가 설치하는 것으로 기록하고 실제 무대 위에서의 재현은 무구[소도구]를 무대 위에 미리 설치하였다.

『궁중무용무보』가 『고려사』 「악지」·『악학궤범』·『정재무도홀기』에 기록된 정재 내용을 토대로 한 무보이긴 하지만 기록 내용은 대부분 무대 위에서 추어진 재현 정재를 기록한 것이다. 결국 『궁중무용무보』에 제시한 이 세 가

110 『궁중무용무보』는 1960년대부터 무대 위에 재현된 정재를 기록한 무보이다. 재현 정재의 내용은 『高麗史』 「樂志」·『樂學軌範』·『呈才舞圖笏記』를 토대로 한 것이나 실제는 무대화된 내용으로 문헌과는 차이가 있다.

111 國立國樂院, 『建元1400年 開院50年 國立國樂院史』(서울: 국립국악원, 2001), 469쪽.

지의 고문헌은 재현 정재의 문헌 고증을 뒷받침하는 내용으로 제시하고 있어 결국 재현 정재의 역사적 가치를 강조하는 역할로만 사용되었다. 그리고 『궁중무용무보』에는 춤의 순서를 『정재무도홀기』에 기록된 내용으로 제시하고 실제 재현된 춤의 기록은 무대화 된 내용을 적고 있어 혼란스러운 양상을 보여준다. 당시 『궁중무용무보』의 고증은 성경린·김천흥이 하고 이흥구가 그림과 설명을 덧붙였다.[112] 이 문헌을 완성하는 데 기여한 성경린·김천흥·이흥구 3인은 일제강점기 이왕직아악부와 1960년 국립국악원 국악사양성소를 거친 정재1·2세대이다. 조선왕조 이후 단절된 시기의 궁중정재를 실제 경험을 한 실연자로 일제강점기를 거쳐 현대기로 잇는 징검다리 역할을 한다.

주지하듯이 현대기에 재현된 정재의 토대가 되는 『궁중무용무보』는 1960년대부터 무대 위에서 발표된 재현 정재의 내용을 기록한 것으로 1980년 〈처용무〉를 시작으로 2009년까지 모두 13집이 발간되었는데, 제1집 〈처용무〉, 제2집 〈춘앵전〉·〈학무〉, 제3집 〈무고〉·〈포구락〉, 제4집 〈제수창〉·〈봉래의〉·〈성택〉, 제5집 〈수연장〉·〈최화무〉·〈육화대〉, 제6집 〈아박무〉·〈향발무〉·〈보상무〉, 제7집 〈사선무〉·〈헌선도〉·〈문덕곡〉·〈경풍도〉, 제8집 〈연화대무〉·〈첩승무〉·〈하황은〉·〈수명명〉, 제9집 〈오양선〉·〈하성명〉·〈수보록〉·〈헌천화〉에, 제10집 〈몽금척〉·〈가인전목단〉, 제11집 〈만수무〉·〈무애무〉, 제12집 〈연백복지무〉·〈향령무〉, 제13집 〈아악일무〉가[113] 전해진다. 전술하였듯이 현대기에 재현 된 대부분의 정재는 『악학

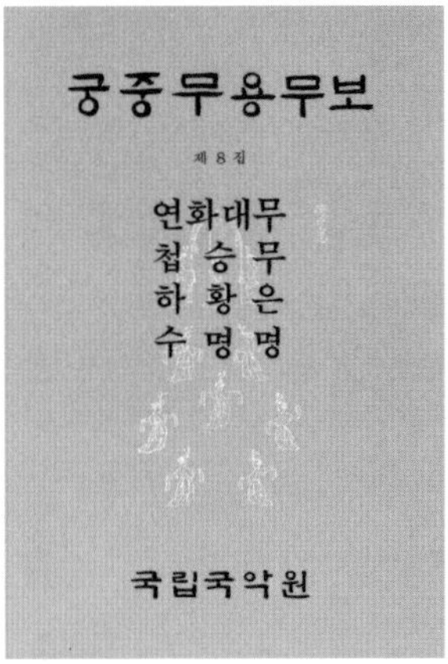

112 國立國樂院, 『建元1400年, 開院50年, 國立國樂院史』(서울: 국립국악원, 2001), 469쪽.

113 국립국악원에서 제작한 무보는 다음과 같다. 『궁중무용무보』 제1집, 〈처용무〉, 국립국악원, 1986; 『궁중무용무보』 제2집, 〈춘앵전〉·〈학무〉 국립국악원, 1987; 『궁중무용무보』 제3집, 〈무고〉·〈포구락〉, 국립국악원, 1987; 『궁중무용무보』 제4집, 〈제수창〉·〈봉래의〉·〈성택〉, 국립국악원, 1992; 『궁중무용무보』 제5집, 〈수연장〉·〈최화무〉·〈육화대〉, 국립국악원, 1993; 『궁중무용무보』 제6집, 〈아박무〉·〈향발무〉·〈보상무〉, 국립국악원, 1993; 『궁중무용무보』 제7집, 〈사선무〉·〈헌선도〉·〈문덕곡〉·〈경풍도〉, 국립국악원, 1994; 『궁중무용무보』 제8집, 〈연화대무〉·〈첩

궤범』과 『정재무도홀기』에 기록된 내용을 토대로 하였으나, 실제 재현 때에는 무대 구성과 춤사위를 다양하게 구성하여 추었다. 따라서 현대기 정재는 『궁중무용무보』와 영상자료를 중심으로 살펴볼 것이다. 『궁중무용무보』가 대부분 문헌에 기록된 내용을 주관적인 해석으로 하였고 이론과 실기의 간극을 설명하는 고증연구 없이 제작되었지만 1960년대부터 무대 위에서 재현한 정재 내용 중심으로 기록하고 있어 일제강점기 이후 근현대기 정재의 실제 상황을 확인할 수 있는 유일한 자료이다. 반면 영상 자료는 1960년대 이후 무대 위에서 발표된 현대기의 실제 내용을 확인할 수 있는 자료이다.

(1) 가인전목단(佳人剪牧丹)

재현 〈가인전목단〉[114] 내용은 『궁중무용무보』 제10집에 기록되어 있다. 재현은 조선후기 『정재무도홀기』의 내용을 토대로 하였으나, 실제 재현 때에는 무대 구성과 춤사위를 다양하게 구성하여 추었다.[115]

무보의 〈가인전목단〉 내용을 정리하면,[116] 무용수는 악사 2인·협무 12인으로 구성하였다. 악사 2인이 화준을 전중에 설치하고 나가면, 협무 12인이 무진한다. 좌대는 서향 외회(外回)하고 우대는 동향 내회(內回)하여 화준을 끼고 돌아 다시 초열로 서서 창사를 부른다. 협무 12인이 화준을 향해 둥글게 서서 춤추고, 이어 배무하고 화준을 향해 무진·무퇴한다. 이어 무용수끼리 상대·상배하고 화준을 향해 무진하고, 좌우외보로 물러나 원을 만들고 화준을 향

승무〉·〈하황은〉·〈수명명〉, 국립국악원, 1997; 『궁중무용무보』 제9집, 〈오양선〉·〈하성명〉·〈수보록〉·〈헌천화〉, 국립국악원, 1999; 『궁중무용무보』 제10집, 〈몽금척〉·〈가인전목단〉, 국립국악원, 2003; 『궁중무용무보』 제11집, 〈만수무〉·〈무애무〉, 국립국악원, 2004; 『궁중무용무보』 제12집, 〈연백복지무〉·〈향령무〉, 국립국악원, 2005; 『궁중무용무보』 제13집, 〈아악일무〉, 국립국악원, 2009.

114 재현 〈가인전목단〉의 유래는 조선후기 편 참조.

115 재현 때에는 공연의 성격에 따라 내용에 가감을 주어 다양하게 변화를 주어 추었다. 참고자료로는 〈가인전목단〉, B001745, 전통무용발표회(1981.5.18), 국립국악원무용단, 국립극장소극장, 국립국악원자료실; B001801, 우리노래 우리흥 무용(1995.4.21), 국립국악원소극장, 국립국악원자료실.

116 국립국악원, 『궁중무용무보』 제10집, 〈가인전목단〉, 2003, 55~137쪽.

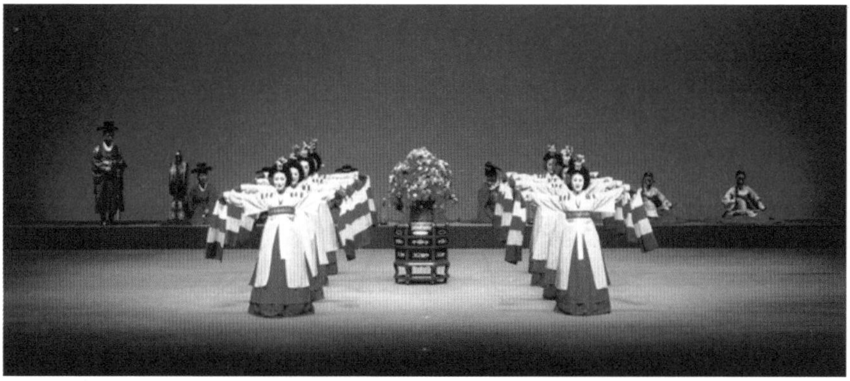

해 손을 내밀어 꽃을 어르는 춤을 춘다. 양손에 꽃을 집어들고 각각 좌우선전(左右旋轉)하고 무진·무퇴하며 춤추고 초열로 서서 무퇴하면 춤이 마친다.

무보 〈가인전목단〉의 정재대형은 2대 좌우대형과 원 대형으로 구성하였다. 재현 〈가인전목단〉에서는 화준을 중심으로 원 대형을 만드는 과정을 2대 좌우대형에서 〈그림 140〉처럼 각각 외보로 물러나 만들었다. 그리고 무보에는 악사가 화준을 무대 위에 설치하는 것으로 제시하였으나, 실제 재현 때에는 무구인 화준이 무대 위에 미리 설치되어 있다.

花罇 舞　　舞 舞　　舞 舞　　舞 舞　　舞 舞　　舞 舞　　舞	↑　　↑ 舞　　舞 舞　　舞 舞　　舞 舞 花罇 舞 舞　　舞 舞　　舞	舞 舞 舞←　　→舞 花罇 舞←　　→舞 舞 舞

〈그림 140〉『궁중무용무보』〈가인전목단〉의 대형 구성

(2) 검기무(劍器舞)

재현 〈검기무〉는[117] 조선후기 『정재무도홀기』에 기록된 내용을 토대로 하였으나, 실제 재현 때에는 무대 구성과 춤사위를 다양하게 구성하여 추었다.

117 재현 〈검기무〉의 유래는 조선후기 편 참조.

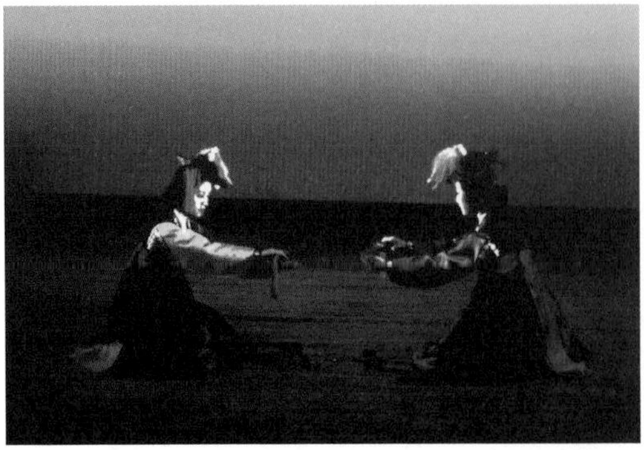

재현 〈검기무〉는 〈첨수무〉와 내용이 같다. 다만 무구의 형태와 의상에 차이가 있는데 〈검기무〉는 목이 돌아가는 검을 사용하였고, 〈첨수무〉는 목이 돌아가지 않는 나무로 만든 검을 사용하였다. 무용수는 공연 때마다 2인에서 8인으로 다양하게 구성되는데, 무용수 구성에 따라 대형은 달라진다. 재현 〈검기무〉의 내용을 정리하면,[118] 무대 위에 무구[검기]가 미리 설치되어 있고, 무용수가 마주 보고 선 상태에서 춤을 시작한다. 상대하여 무진·무퇴·환대·환복기대하며 손춤을 추다가 마주 보고 앉아 농검·집검하며 춤추고, 기립하여 상대 무진·무퇴·환대·환복기대하고 연풍대를 돌아 일렬로 서면 춤이 마친다.

(3) 경풍도(慶豐圖)

재현 〈경풍도〉[119]는 『궁중무용무보』 제7집에 기록되어 있다. 재현은 조선후기 『정재무도홀기』에 기록된 내용을 토대로 하였으나, 실제 재현 때에는 무대 구성과 춤사위를 다양하게 구성하여 추었다.[120] 〈경풍도〉는 1981년 김천흥

---

118 재현 때에는 공연의 성격에 따라 내용에 가감을 주어 다양하게 변화를 주어 추었다. 참고자료로는 〈검기무〉, B001801, 우리노래 우리홍, 무용(1995.4.21), 국립국악원무용단, 국립국악원소극장, 국립국악원영상자료실; 제198호 중요무형문화재무대종목발표회, 손선숙의 춤(1997.5.13), 국립국악원소극장; A007318, 토요명품공연:나형(2014.3.15), 국립국악원무용단, 국립국악원우면당, 국립국악원영상자료실; B002459, 심소 김천흥선생 무악생활칠십주년기념공연 무용의 밤(1992.9.29), 국립국악원, 국립국악원영상자료실; 국립국악원토요명품공연 인터넷영상자료(2010.10), 국립국악원예악당. 참고사이트: YouTube

119 재현 〈경풍도〉의 유래는 조선후기 편 참조.

120 재현 때에는 공연의 성격에 따라 내용에 가감을 주어 다양하게 변화를 주어 추었다. 참고자료로는 〈경풍도〉, CL.VT-0175, 전통무용 제8집(궁중무용), 심무회(1981.11.9), 문예회관대극장, 한국문화예술위원회 예술자료원.

에 의해 재현된 것으로, 무악생활 60주년기념공연에서 선 보였다.

무보의 〈경풍도〉 내용을 정리하면,[121] 무용수는 족자 1인·악사 2인·선모 1인·협무 5인으로 구성하였다. 악사 2인이 탁자를 받들고 동쪽에서 들어와 전중에 놓고 서쪽으로 나간다. 선모가 〈경풍도〉를 받들고 무진하여 창사를 부르고 탁자 위에 올려놓고 물러난다. 선모 및 후대 5인이 무진하여 선모가 좌[서향]로[122] 돌아 후대 5인과 상대무진하며 춤추는데, '우무3-우무2-우무1-좌무1-좌무2'순으로 한다. 이어 선모는 주선[좌선]하고 후대 5인은 우무 3부터 우선회무하여 초열로 서서 북향하고, 전체가 무진·무퇴하면 춤이 마친다.

무보 〈경풍도〉는 춤추는 내내 〈그림 141〉처럼 전후대형에서 추었다. 『정재무도홀기』에는 선모가 후대의 누구부터 상대하였는지 기록되지 않았으나 『궁중무용무보』 제7집에는 동쪽에 선 우무3부터 하는 것으로 제시하였다. 무보 〈경풍도〉에는 후대 무용수들의 배열위치를 동쪽에서부터 '우무3-우무2-우무1-좌무1-좌무2'순으로 표시하였는데 이를 북쪽[방위]을 기준으로 좌우를 확인하였을 때 좌우 위치가 바뀌었고, 후대 5인에서 가운데에 선 무용수를 우무1로 표시한 이러한 배열 번호는 임의로 정한 것이다. 그리고 무보에는 악사가 탁자를 무대 위에 설치하는 것으로 제시하였으나, 실제 재현 때에는 탁자가 무대 위에 미리 설치되어 있다.

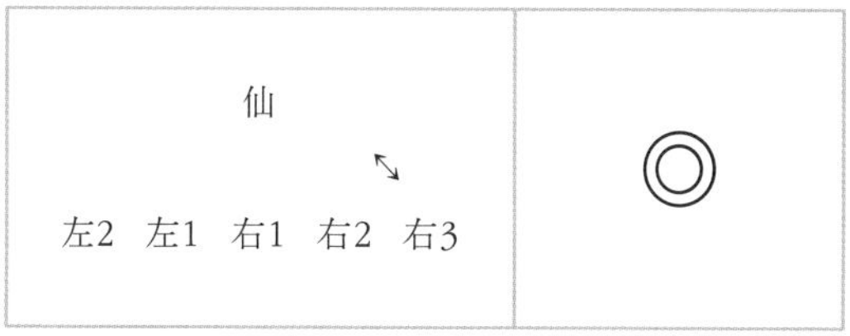

〈그림 141〉『궁중무용무보』〈경풍도〉의 대형 구성

121 이흥구는 무보에서 〈사선무〉·〈경풍도〉·〈헌선도〉는 『정재무도홀기』, 〈문덕곡〉은 『악학궤범』의 내용을 토대로 무보로 만든 것임을 밝혔다. 국립국악원, 『궁중무용무보』 제7집, 〈경풍도〉, 1994, 131~170쪽.

122 '좌'는 동쪽으로 돌아야 하는데 당시에는 서쪽으로 돌았다. 이것은 좌우의 기준을 무용수 관점으로 돈 것이다.

(4) 고구려무(高句麗舞)

재현 〈고구려무〉[123]는 조선후기 『정재무도홀기』에 기록된 내용을 토대로 하였으나, 실제 재현 때에는 무대 구성과 춤사위를 다양하게 구성하여 추었다. 재현 〈고구려무〉의 내용을 정리하면,[124] 협무 6인이 서로 마주 본 상태에서 춤을 시작한다. 염수하고 좌우상대 무진하고 이어 북향 무진하고 외수를 들어 창사를 부른다. 북향 무퇴·무진하고 상대 무퇴하여 비껴 사선으로 서서 상대하며 춤추고, 상대 무진하여 쌍호리춤을 추고, 무용수 중심으로 협무 2인이 각각 남북으로 상대하며 '우수-좌수'순으로 팔을 들어 춤추고, 상대 무퇴·무진하고 좌우각일전(左右各一轉)하며 춤추다가 좌대와 우대가 각각 내선하여 원으로 돌며 춤추고 좌우각일전하며 춤추고 초열로 서면 춤을 마친다.

(5) 곡파(曲破)

재현 〈곡파〉는[125] 조선전기 『악학궤범』에 기록된 내용을 토대로 하였으나, 실제 재현 때에는 무대 구성과 춤사위를 다양하게 구성하여 추었다. 무용수는 죽간자 2인·협무 2인·인인장 2인·용선 2인·봉선 2인·작선 2인·미선 2인·정절 8인·개 3인으로 구성한다. 재현 〈곡파〉 내용을 정리하면,[126] 죽간자 2인이 무진하여 구호를 부르고 물러나 좌우에 서면 협무 2인이 나란히 서서 춤추는데, 대부분 '무진·무퇴-무진·상대·상배·무퇴-무진·상대·상배·창사·무퇴'하며 춤을 춘다.

---

123 재현 〈고구려무〉의 유래는 조선후기 편 참조.

124 재현 때에는 공연의 성격에 따라 내용에 가감을 주어 다양하게 변화를 주어 추었다. 참고자료로는 〈고구려무〉, DD8102, 한국문화예술위원회 예술자료원; B001751, 전통무용발표회(1982.10.13), 국립극장대극장, 국립국악원영상자료실; B001801, 우리노래 우리흥 무용(1995.4.21), 국립국악원소극장, 국립국악원자료실.

125 재현 〈곡파〉의 유래는 조선전기 편 참조.

126 재현 때에는 공연의 성격에 따라 내용에 가감을 주어 다양하게 변화를 주어 추었다. 참고자료로는 〈곡파〉, B001748, 전통무용발표회(1982.4.7), 국립극장대극장.

(6) 공막무(公莫舞)

재현 〈공막무〉는[127] 조선후기 『정재무도홀기』에 기록된 내용을 토대로 하였으나, 실제 재현 때에는 무대 구성과 춤사위를 다양하게 구성하여 추었다. 재현 〈공막무〉의 내용을 정리하면[128] 무동 2인이 마주 보고 서서 춤을 시작하는데, 좌우 팔을 힘차게 앞으로 구부려 들고 좌우로 돌며 춘다. 춤추는 중반부에 악사 2인이 무대 좌우에서 걸어 들어와 무대 중앙에 무구[검]를 내려놓고 물러난다. 협무 2인은 마주 보고 좌우 팔을 휘두르며 춤을 추는데, 검을 잡은 후에는 마치 결투를 벌이는 장면을 구사하듯 힘차게 칼을 휘두르며 춤을 춘다.

(7) 광수무(廣袖舞)

재현 〈광수무〉는[129] 조선후기 『정재무도홀기』의 내용을 토대로 재현하였으나, 실제 재현 때에는 무대 구성과 춤사위를 다양하게 구성하여 추었다.[130] 무보에는 무용수 2인으로 구성되었는데, 재현 시에 무용수를 2인·6인으로 구성하여 다양한 내용으로 변화를 주어 추었다. 재현 〈광수무〉의 내용을 정리하면,[131] 협무 2인이 북향하여 궤면복 후 기립하고, 북향 무진하여 '거내수-거외수'순으로 팔을 휘두르며 춤을 춘다. 오른쪽과 왼쪽으로 이동하며 춤추고,

127 재현 〈공막무〉의 유래는 조선후기 편 참조.

128 재현 때에는 공연의 성격에 따라 내용에 가감을 주어 다양하게 변화를 주어 추었다. 참고자료로는 〈공막무〉, A008334, 풍류사랑방 수요춤전: 詩·畵·舞 -붓놀림, 춤으로 살아나다(2016.3.2), 국립국악원풍류사랑방, 국립국악원영상자료실; 국립국악원 토요명품공연 인터넷영상자료(2015.03.21), 참고사이트: YouTube

129 재현 〈광수무〉의 유래는 조선후기 편 참조.

130 재현 때에는 공연의 성격에 따라 내용에 가감을 주어 다양하게 변화를 주어 추었다. 참고자료로는 〈광수무〉, B000001, 토요상설국악공연: 협종형(2005.10.15), 국립국악원예악당; A005470, 토요상설공연: 무역형(2008.11.22), 국립국악원예악당, 국립국악원영상자료실; A005242, 토요상설공연 무역형(2008.4.26), 국립국악원자료실; A005376, 토요상설공연 무역형(2008.9.13), 국립국악원자료실.

131 〈광수무〉, B000001, 토요상설국악공연: 협종형(2005.10.15), 국립국악원예악당, 국립국악원영상자료실.

'거외수-거내수'순으로 팔을 들며 춤추고, 마주 보고 무퇴·무진하며 춤추고, 동서환대하고 무진하여 궤면복하고 무퇴하면 춤이 마치고, 모든 춤이 마치면 궤면복한다.

(8) 근천정(覲天庭)

재현 〈근천정〉은[132] 조선전기 『악학궤범』에 기록된 내용을 토대로 하였으나, 실제 재현 때에는 무대 구성과 춤사위를 다양하게 구성하여 추었다. 무용수는 족자 1인·죽간자 2인·선모 1인·협무 2인·인인장 2인·용선 2인·봉선 2인·작선 2인·미선 2인·정절 8인·개 3인으로 구성한다. 재현 〈근천정〉 내용을 정리하면,[133] 족자와 죽간자가 나아가 구호를 부르고, 죽간자가 물러난다. 선모와 협무 2인이 무진·무퇴하고, 선모가 무진하여 오른손을 들고 치어를 부른다. 선모와 협무 2인이 염수족도하며 근천정사를 부르고, 좌무와 우무가 차례로 무진하여 선모와 각각 대무·배무·북향하며 춤추고 무퇴한다. 춤이 마치면 죽간자가 무진하여 구호를 부르고 무용수 전체가 무퇴하면 춤이 마친다.

(9) 만수무(萬壽舞)

재현 〈만수무〉는[134] 『궁중무용무보』 제11집에 기록되어 있다. 재현 당시 조선후기 『정재무도홀기』의 내용을 토대로 재현하였으나, 실제 재현 때에는 무대 구성과 춤사위를 다양하게 구성하여 추었다.[135]

---

132 재현 〈근천정〉의 유래는 조선전기 편 참조.

133 〈근청전〉, B001751, 전통무용발표회(1982.10.13), 국립극장대극장.

134 재현 〈만수무〉의 유래는 조선후기 편 참조.

135 재현 때에는 공연의 성격에 따라 내용에 가감을 주어 다양하게 변화를 주어 추었다. 참고자료로는 〈만수무〉, B001751, 전통무용발표회(1982.10.13), 국립극장대극장, 국립국악원영상자료실; B001811, 정재제전, 정재 그 원형과 춤의 아름다움(1997.10.24), 국립국악원예악당, 국립국악원자료실; 〈만수무〉, CL.VT-0175, 전통무용 제8집(궁중무용), 심무회(1981.11.9), 문예회관대극장,

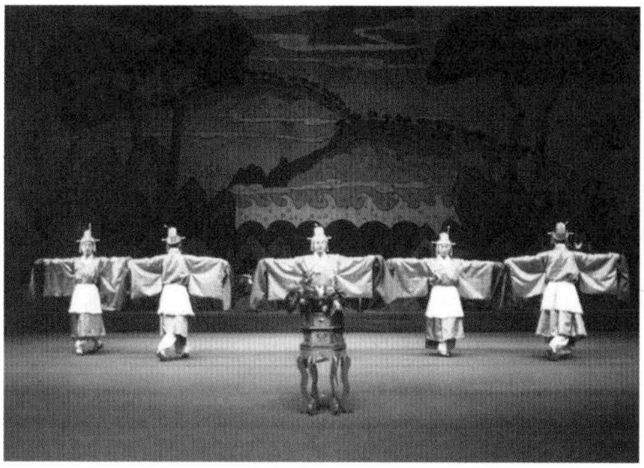
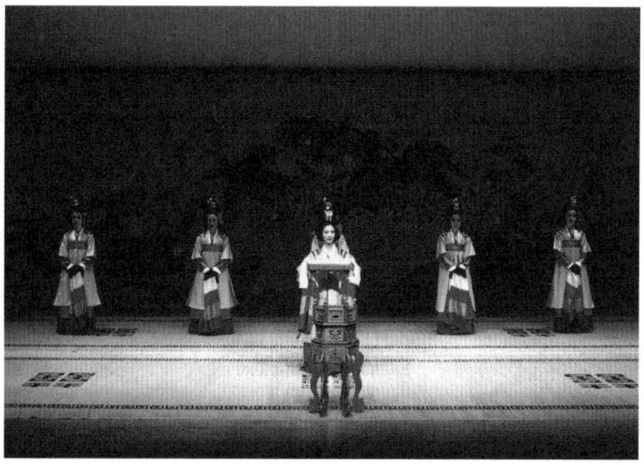

무보의 〈만수무〉 내용을 정리하면,[136] 무용수는 족자 1인·악사 2인·선모 1인·협무 4인으로 구성하였다. 악사 2인이 탁자를 들고 들어와 전중에 놓고 나가면, 족자 1인이 무진하여 창사를 부르고 서쪽으로 물러나 동향하고 선다.[137] 선모 및 협무 4인이 무진하고 다시 선모가 무진하여 탁자 앞에 서면 악사가 선도반을 받들고 동쪽에서 들어와 선모에게 건네주고 물러나면 선모는 선도반을 들고 창사를 부르고 탁자 위에 올려놓고 물러난다. 협무 4인이 무진하여 창사를 부르고 물러난다. 협무가 상대·상배하며 춤추고 좌우전하여 일렬대형으로 서서 무퇴·무진한다. 다시 사우대형으로 서서 선모는 협무와 각각 상대이무를 추는데, '전우협-전좌협-후좌협-후우협'순으로 한다. 이어 선모가 제자리에서 좌선, 협무는 우선회무하고 일렬대형으로 서서 무진·무퇴하고 처음대형으로 선다. 선모는 무진·무퇴하고 협무는 남북환대·환복위하고 무진한다. 족자가 서쪽에서 들어와 북향하고, 족자와 선모 및 협무 4인이 무퇴하면 춤이 마친다.

무보 〈만수무〉에서는 〈그림 142〉처럼 족자는 창사를 부른 뒤 서쪽으로 물러나 서고, 사우대형에서 선모가 '①전우협-②전좌협-③후좌협-④후우협'순으로 마주 보고 춤을 추었다. 그러나 『정재무도홀기』와 비교하였을 때 족자는

한국문화예술위원회 예술자료원.

136 국립국악원, 『궁중무용무보』 제11집, 〈만수무〉, 2004, 1~94쪽.

137 족자는 창사를 부른 뒤 북향한 채 제자리에 그대로 서 있어야 하는데, 당시 재현 〈만수무〉에서는 서쪽으로 물러나 선다. 국립국악원, 『궁중무용무보』 제11집, 〈만수무〉, 2004, 21~23쪽.

물러나지 말고 제자리에 그대로 서서 북향하고, 사우대형에서 무대 가운데 선모가 협무 4인과 상대할 때는 '전좌협②-전우협①-후좌협③-후우협④'순으로 추어야 한다. 그리고 무보에는 악사가 탁자를 무대 위에 설치하는 것으로 제시하였으나, 실제 재현 때에는 탁자가 무대 위에 미리 설치되어 있다.

簇 舞 舞 仙 舞 舞	▷← 舞① 舞② ◤ 舞④ 舞③	舞 舞 仙 舞 舞	▷ ◁ 仙 ▷ ◁	▽ ▽ ⇅ 仙 ⇅ △ △

〈그림 142〉『궁중무용무보』〈만수무〉의 대형 구성

(10) 망선문(望仙門)

재현 〈망선문〉은[138] 조선후기 『정재무도홀기』에 기록된 내용을 토대로 하였으나, 실제 재현 때에는 무대 구성과 춤사위를 다양하게 구성하여 추었다. 『정재무도홀기』의 〈망선문〉에는 작선 4인이 북쪽에 서고 남쪽의 집당 2인이 작선 사이로 오가며 작선의 북쪽에서 춤을 추는데, 재현 〈망선문〉에서는 다양한 대형을 구성하여 추었다.

재현 〈망선문〉의 내용을 정리하면,[139] 작선 4인이 무진하여 마주 보고 서면 집당 2인이 무진하여 작선 사이로 나아가 선다. 집당 2인이 창사를 부르는데 첫 소절만 부른다. 집당 2인이 상대하고 작선 4인이 각각 상대·상배하고 이어 남향무진하고, 집당 2인도 좌우로 돌며 무퇴한다. 집당 2인이 작선 밖으로 외선하여 남쪽으로 이동하였다가 이어 작선 사이로 북향무진하며 춤춘다. 작선 4인은 사우대형으로 서서 내향하고 집당 2인은 가운데에서 좌우상대하

138 재현 〈망선문〉의 유래는 조선후기 편 참조.

139 재현 때에는 공연의 성격에 따라 내용에 가감을 주어 다양하게 변화를 주어 추었다. 참고자료로는 〈망선문〉, 인터넷영상자료(7분 49초), 참고사이트: YouTube; A006695, 〈망선문〉, 국립국악원무용단기획공연, '정재(呈才) 조선의 역사를 품다(2012.6.29),' 국립국악원예악당, 국립국악원 영상자료실.

며 춤추고, 작선 사이로 나아가 일렬로 서서 북향 무진한다. 집당과 작선은 2대 좌우대형으로 서서 상대·상배하고 이어 작선 4인이 사선으로 대형을 짓고 집당 2인은 가운데에서 좌우전(左右轉) 하며 춤추다가 다시 작선 사이로 나아가 일렬로 서고 작선 4인도 초열로 서서 무퇴하면 춤이 마친다.

재현 〈망선문〉에서는 집당 2인이 일렬대형에서 상대·상배·무진·무퇴·환대·환복기대이무를 추고, 작선 4인은 일렬대형·2대 좌우대형·사선대형 등 대형을 다양하게 구사하며 추는데, 〈그림 143〉처럼 진행한다.

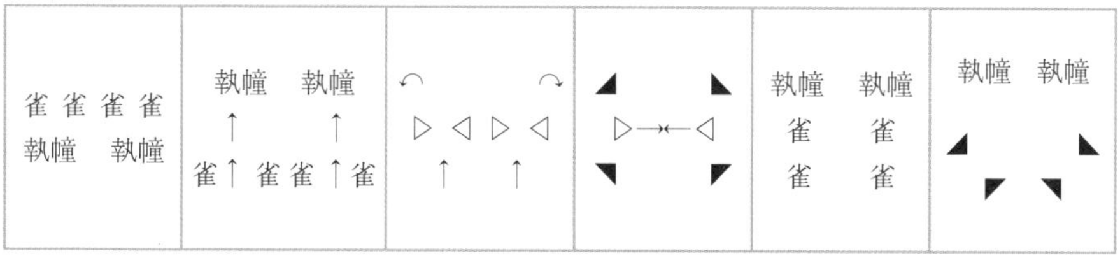

〈그림 143〉 재현 〈망선문〉의 대형 구성

(11) 몽금척(夢金尺)

재현 〈몽금척〉은[140] 『궁중무용무보』 제10집에 기록되어 있다. 재현은 조선후기 『정재무도홀기』의 내용을 토대로 재현하였으나, 실제 재현 때에는 무대 구성과 춤사위를 다양하게 구성하여 추었다. 예로 2대 좌우대형에서 6대 좌우대형으로 설 때 협무 4인이 짝을 지어 차례로 무진하여 6대로 서고, 족자·금척인·황개가 함께 무진하고, 금척인과 황개가 족자 좌우로 서기도 한다. 우선회무하여 초열로 서고 족자·금척인·황개·죽간자가 함께 무진한다.[141]

무보의 〈몽금척〉 내용을 정리하면,[142] 무용수는 족자 1인·죽간자 2인·금척인 1인·황개 1인·협무 12인으로 구성하였다. 족자와 죽간자가 무진하여 구호를 부르고 죽간자는 무대 뒤 남쪽으로 무퇴하여 좌우에 선다. 이어 좌무

---

140 재현 〈몽금척〉의 유래는 조선전기·조선후기 편 참조.

141 tv팟. [국악]전통음악과 무용: 〈몽금척〉. 2011.1.25. 참고사이트: 무용박물관

142 국립국악원, 『궁중무용무보』 제10집, 〈몽금척〉, 2003, 1~51쪽.

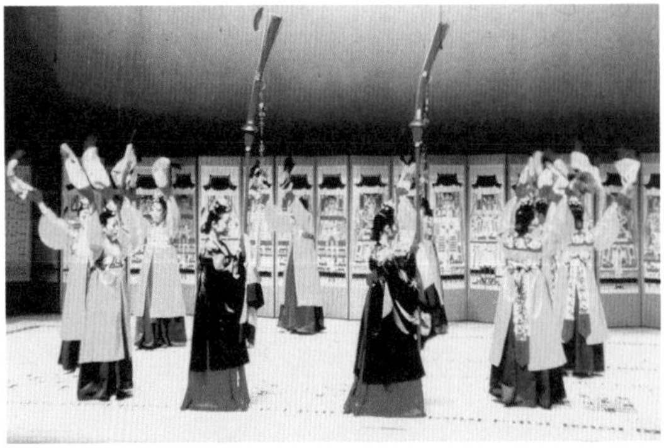

1인과 우무 1인이 동시에 무진하여 족자 뒤 좌우에 배열하고 제6대의 좌우무까지 차례로 배열하여 6대 좌우대형으로 선다. 이어 금척인과 황개가 무진하고 금척인이 치어를 부른다. 협무 12인이 수악절창사를 부르고, 이어 삼진퇴(三進退)한다. 죽간자가 앞으로 무진하고 좌대와 우대가 무퇴하면서 자연스레 한 줄을 만들어 우선회무하고,[143] 죽간자와 족자가 남쪽에 이르면 북향 무진하여 초열로 선다. 죽간자가 무진하여 구호를 부르고 죽간자·금척인·황개가 무퇴하고 이어 협무 12인이 무진·무퇴하면 춤이 마친다.

무보 〈몽금척〉에는 2대 좌우대형에서 6대 좌우대형으로 변화할 때 〈그림 144〉처럼 무용수가 무진하여 족자 뒤에 차례로 배열하였고, 죽간자가 구호를 부른 뒤 남쪽으로 물러나 선다. 그러나 『정재무도홀기』의 〈몽금척〉과 비교하면 협무 12인은 한 사람씩 무진하여 족자 좌우에 1차 배열하였다가 뒤로 물러나 6대 좌우대형으로 서야 하는데, 재현 때에 무대화되면서 이러한 내용이 변화되었다. 〈몽금척〉은 재현[142] 당시부터 다양한 내용으로 구성하여 추었다. 예로 춤의 시작을 무대 좌우에서 서로 마주 보고 들어와 북향 무진하여 곧장

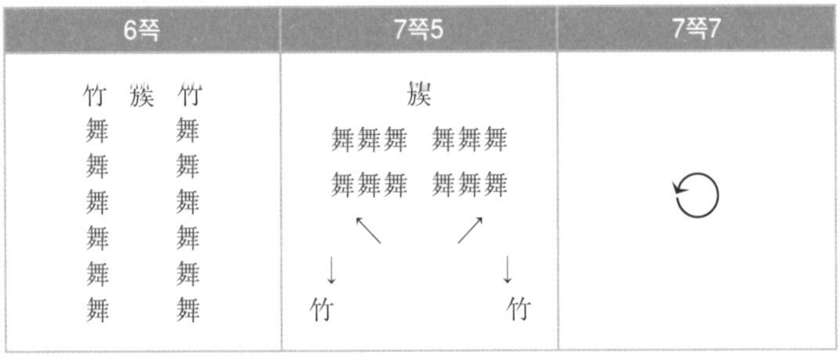

〈그림 144〉『궁중무용무보 〈몽금척〉의 대형 구성

143 『정재무도홀기』에는 좌선회무로 기록되었는데 〈몽금척〉 무보에는 우선회무로 돌았다.

6대 좌우대형으로 만들었고, 선모와 황개가 무진하여 족자 좌우로 나란히 서서 창사 부르는 것으로[145] 변화를 주어 추었다.

(12) 무고(舞鼓)

재현 〈무고〉는[146] 『궁중무용무보』 제3집에 기록되어 있다. 서문에 『고려사』 「악지」·『악학궤범』·『정재무도홀기』의 〈무고〉 내용과 1920년대 아악대에서 연행한 〈무고〉의 내용을 제시하면서 역대의 〈무고〉 내용과 별 차이가 없음을 밝히고 있다. 〈무고〉는 재현 당시 조선후기 『정재무도홀기』에 기록된 내용을 토대로 하였으나, 실제 재현 때에는 무대 구성과 춤사위를 다양하게 구성하여 추었고 〈쌍무고〉로도 추었다.[147]

무보의 〈무고〉 내용을 정리하면,[148] 무대 위에는 무대 중앙에 북과 함께 북채와 꽃이 2줄로 나란히 놓여져 있고, 무용수는 북의 남쪽에 4대 좌우대형으로 배열한다. 삼현도드리에 무용수 전체가 반절한 후 무작하고 무진한다. 원무와 협무가 팔수무를 추면서 북채와 꽃을 집어들고 일어서 원무가 창사를 부르고, 원무와 협무가 서로 자리 바꾸어 협무가 창사를 부른다. 원무와 협무가 환대하여 북을 중심으로 원무는 사방으로 서고 협무는 사우로 서서 북을 향해 춤을 추고 북을 두드리며 춤을 춘다. 이어 우선으로 자리를 바꾸어 가며 차례로 북을 두드리면서 춤추고, 원무와 협무가 이수고저하면서 한 줄로 둥

144 재현 때에는 공연의 성격에 따라 내용에 가감을 주어 다양하게 변화를 주어 추었다. 참고자료로는 〈금척〉, A006695, 국립국악원무용단 기획공연, '정재(呈才) 조선의 역사를 품다'(2012.6.29), 국립국악원예악당, 국립국악원자료실.

145 DD8001, 〈몽금척〉, 한국문화예술위원회 예술자료원.

146 재현 〈무고〉의 유래는 고려시대·조선전기·조선후기 편 참조

147 재현 때에는 공연의 성격에 따라 내용에 가감을 주어 다양하게 변화를 주어 추었다. 참고자료로는 〈무고〉, A007339, 2014 국립국악원 정기공연, 정재(呈才), 조선의 역사를 품다Ⅱ: 마지막 황태자, 조선의 꿈을 보다(2014.4.4), 국립국악원자료실; 〈쌍무고(18:30)〉, B001806, 국립국악원 정재제전, 궁중의 한나절 정취를 찾아서: 선과 색이 빚어내는 정재의 미학(1999.11.25), 국립국악원예악당, 국립국악원자료실.

148 국립국악원, 『궁중무용무보』 제3집, 〈무고〉, 1987, 9~90쪽.

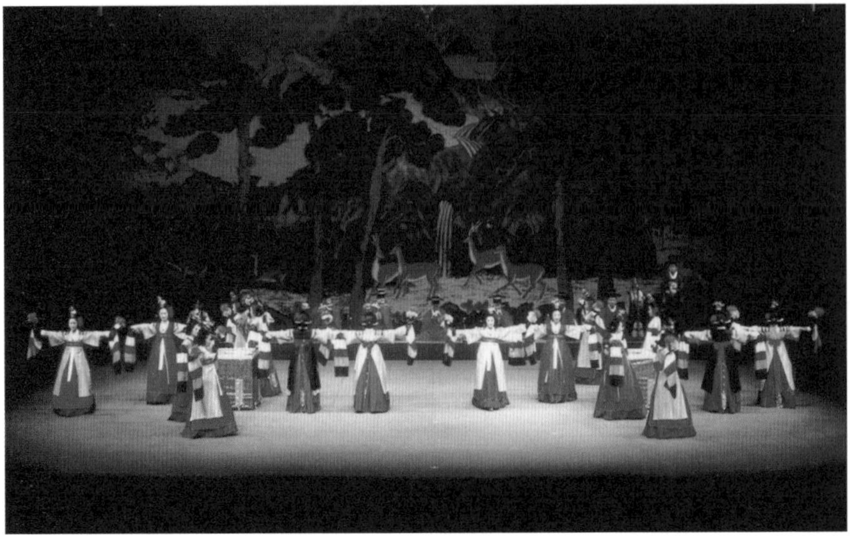

글게 우선하며 춤추다가 초열대형으로 서서 북향하여 무진·무퇴하면 춤이 마친다.

무보 〈무고〉에는 무구[북·북채·꽃]를 미리 무대 위에 설치한 상태에서 춤을 추고, 〈그림 145〉처럼 원무와 협무가 북을 중심으로 둥글게 서서 춤을 춘다. 『정재무도홀기』에는 협무가 꽃을 잡는 내용이 기록되지 않았는데 『궁중무용무보』에 협무가 꽃을 집어 드는 내용을 제시하고 있다. 협무가 꽃을 들고 추는 내용은 1931년 일제강점기 때 제작된 영상 〈무고〉에서도[149] 확인된다. 무보 〈무고〉의 경우는 일제강점기 이왕직아악부 때의 〈무고〉 내용이 그대로 전승되어 추어진 것으로서, 재현 때에 무대화되면서 이러한 내용이 변

挾 挾 挾 挾 元 元 元 元 鼓 花 花 花 花 褪 褪 褪 褪	挾 元 挾 元 鼓 元 挾 元 挾	◎ ◎ ◎ ◎鼓◎ ◎ ◎ ◎	↺

〈그림 145〉『궁중무용무보』〈무고〉의 대형 구성

149 1931 〈무고〉 내용 참조.

화되었고, 창사는 첫 소절만 부른다.[150]

(13) 무산향(舞山香)

재현 〈무산향〉[151] 춤의 실제는 김천흥에 의해 안무되어진 것이다. 재현 당시 조선후기 『정재무도홀기』의 내용을 토대로 하였으나, 실제 재현 때에는 무대 구성과 춤사위를 다양하게 구성하여 추었다. 재현 〈무산향〉에서는[152] 무대 위에 대모반(玳瑁盤)을 설치하는 과정을 생략하는데, 대모반을 무대 위에 설치하는 시간이 만만치 않은 관계로 공연 시간의 제약에 의한 것이다. 〈춘앵전〉과 같이 독무로 무동과 여령으로 추어지고, 무대 위에 미리 설치된 대모반 위에서 춤을 시작한다. 창사는 첫 소절만 부르고, 좌우로 도는 방향을 방위 관점

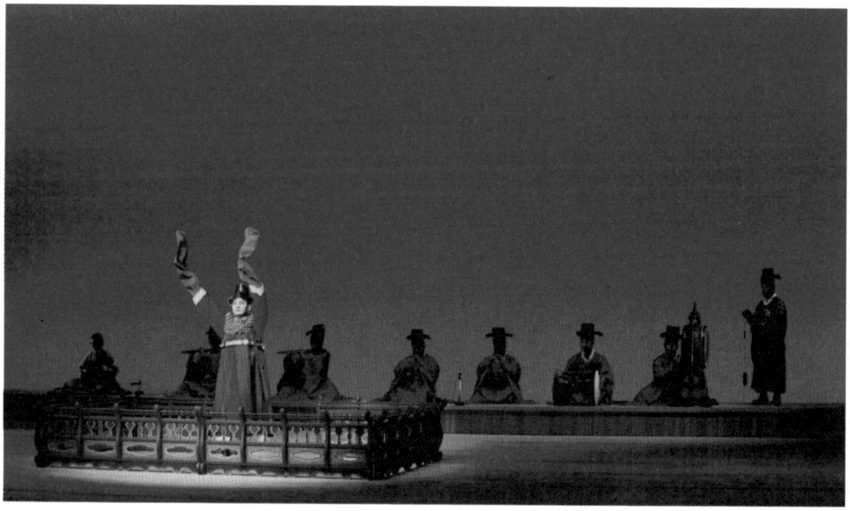

150 〈무고〉, A002307, 피리정악 궁중정재 발표회(2000.10.6).

151 재현 〈무산향〉의 유래는 조선후기 편 참조.

152 재현 때에는 공연의 성격에 따라 내용에 가감을 주어 다양하게 변화를 주어 추었다. 참고자료로는 〈무산향〉, 인터넷영상자료, 참고사이트: YouTube; B002459, 〈무산향〉, '심소 김천흥선생 무악생활칠십주년기념공연 무용의 밤(1992.9.29),' 국립국악원예악당. 국립국악원영상자료실; 〈무산향〉, CL.VT-0175, 전통무용 제8집(궁중무용), 심무회(1981.11.9), 문예회관대극장, 한국문화예술위원회 예술자료원; B002133 토요상설국악공연(2001.11.10), 국립국악원예악당, 국립국악원자료실.

이 아닌 무용수 관점으로 돌았는데, 우일전(右一轉)은 동쪽으로 좌일전(左一轉)은 서쪽을 향해 돌았다.

(14) 무애무(無㝵舞)

재현 〈무애무〉는[153] 『궁중무용무보』 제11집에 기록되어 있다. 재현 당시 조선후기 『정재무도홀기』의 내용을 토대로 하였으나, 실제 재현 때에는 무대 구성과 춤사위를 다양하게 구성하여 추었다.[154]

무보의 〈무애무〉 내용을 정리하면,[155] 무용수는 호로 2인·협무 10인으로 구성하였다. 악사가 호로를 전내에 놓고 나가면[156] 호로 2인이 무진하여 공읍하고 창사를 부른다. 궤하여 호로를 어르고 양손으로 집어들고 일어서서 왼손과 오른손을 차례로 들어 앞으로 모으며 춤을 춘다. 상대·상배하고 상대무진·상배무진하며 춤추고 북향하여 공읍하고 창사를 부른다. 호로 2인과 협무 10인이 무진하여 함께 창사를 부른다. 외립기(外立妓)부터 차례로 나아가 서로 마주 보고 돌아[교선] 2대 좌우대형으로 서서 호로 2인과 상대·상배하고 상대무진·상배무진하며 춤춘다. 좌무와 우무가 각각 원을 만들어 회선하며 돌다가 초열로 서서 무진·무퇴하면 춤이 마친다.

무보 〈무애무〉에서는 〈그림 146〉처럼 좌대와 우대가 각각의 호로 2인을 가운데 두고 2개의 원을[157] 만들어 추었다. 그러나 『정재무도홀기』와 비교하면 호로 2인을 중심으로 좌대와 우대가 서로 교선해야 하는데, 재현 때에 무대화되면서 이러한 내용이 변화되었다. 그리고 무보에는 악사가 호로를 무대 위에 설치하는 것으로 기록하였으나, 재현 때에는 호로를 무대 위에 미리 실

---

153 재현 〈무애무〉의 유래는 고려시대·조선후기 편 참조.

154 재현 때에는 공연의 성격에 따라 내용에 가감을 주어 다양하게 변화를 주어 추었다. 참고자료로는 〈무애무〉, B001745, 전통무용발표회(1981.5.18), 국립극장소극장, 국립국악원자료실; B001766, 전통무용, 정가, 농악과 사물놀이 전통무용(1988.7.5), 국립국악원자료실.

155 국립국악원, 『궁중무용무보』 제11집, 〈무애무〉, 2004, 95~182쪽.

156 무보 〈무애무〉에서는 악사가 등퇴장하는 구체적인 위치를 제시하지 않았다.

157 국립국악원, 『궁중무용무보』 제11집, 〈무애무〉, 2004, 161~166쪽.

치하였고, 창사 또한 첫 소절만 부른다.

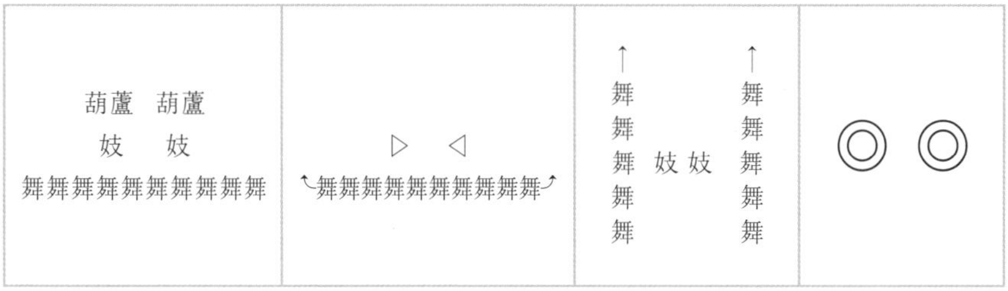

〈그림 146〉『궁중무용무보』〈무애무〉의 대형 구성

(15) 문덕곡(文德曲)

재현 〈문덕곡〉은[158] 『궁중무용무보』 제7집에 기록되어 있다. 무보에 제시된 〈문덕곡〉은 『악학궤범』의 무의에 준거하였지만, 정례악장(定禮樂章) 이후의 춤 내용에 대해서는 국립국악원의 김천흥에 의해 재현된 내용으로 소개하고 있다. 재현 당시 조선전기 『악학궤범』의 내용을 토대로 하였으나, 실제 재현 때에는 무대 구성과 춤사위를 다양하게 구성하여 추었다.

무보의 〈문덕곡〉 내용을 정리하면,[159] 〈문덕곡〉의 무용수는 선모 1인·협무 8인·노기 2인·소기 2인으로 구성하였다. 선모가 하수[동쪽]에서[160] 염수하고 서향 무진하고 다시 북향 무진하여 엎드려 절하고 기립하여 무퇴하고 양수를 들고 개언로장(開言路章)을 부른다. 협무 4인이 좌우에서 상대 무진하여 북향하여 보공신장(保功臣章)을 부르고 엎드려 절하고 기립하여 무퇴하면, 다시 협무 4인이 좌우에서 상대무진하여 북향하고 정경계장(正經界章)을 부르고 엎드려 절하고 기립하여 무퇴한다. 이어 소기 2인과 노기 2인이 좌우에서 상대 무진하여 북향하고 정례악장(定禮樂章)을 부르고 엎드려 절하고 기립한다. 이어 선모는 북향 무진하고, 소기와 노기 그리고 협무 4인이 무용수 중심으로 마주

158 재현 〈문덕곡〉의 유래는 조선전기 편 참조.

159 국립국악원, 『궁중무용무보』 제7집, 〈문덕곡〉, 1994, 91~130쪽.

160 일반적으로 정재는 남쪽에 미리 배열된 상태에서 춤을 시작하는데, 재현 〈문덕곡〉은 무용수가 동쪽 혹은 무대 좌우에서 걸어 들어와 차례로 배열하는 것으로 재현하였다.

보고 무진·무퇴하는데 선모가 소기 사이에 서면 전체 무용수가 북향하고 무퇴하면 춤이 마친다.

무보 〈문덕곡〉에는 선모 1인·협무 8인·노기 2인·소기 2인으로 구성하여 추었고, 〈그림 147〉처럼 무용수가 무대 좌우에서 걸어 들어와 배열하였다. 그러나 『악학궤범』에 제시된 〈문덕곡〉에는 무용수가 남쪽에 미리 배열한 상태에서 북향하여 춤을 추는데, 재현 때에 무대화되면서 무대 좌우에서 걸어 들어와 북쪽을 향하여 배열하는 것으로 내용이 변화되었다.[161]

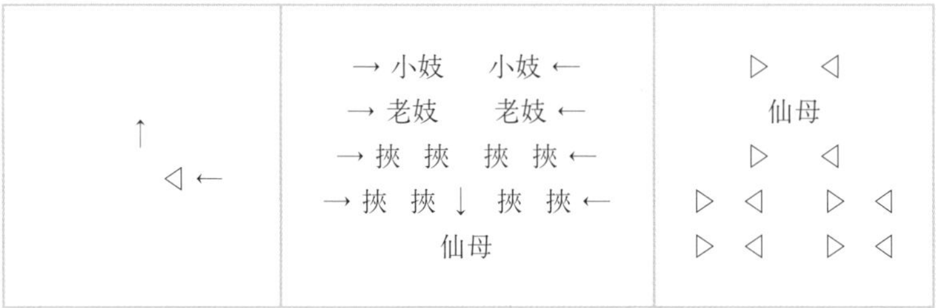

〈그림 147〉『궁중무용무보』〈문덕곡〉의 대형 구성

(16) 박접무(撲蝶舞)

재현 〈박접무〉는[162] 조선후기 『정재무도홀기』의 내용을 토대로 재현하였으나, 실제 재현 때에는 무대 구성과 춤사위를 다양하게 구성하여 추었다. 재현 〈박접무〉는 초열[전후좌우복합대형]에서 반절하는 것을 시작으로 손을 여미고 무진하여 창사를 부르는데, 첫 소절만 부르고 북향하여 춤추는 춤사위의 방향은 무용수 모두 같은 방향으로 움직였다.

재현 〈박접무〉 내용을 정리하면,[163] 무용수는 협무 6인으로 구성된다. 초

161 〈문덕곡〉, DD8104, 한국문화예술위원회 예술자료원.

162 재현 〈박접무〉의 유래는 조선후기 편 참조.

163 재현 때에는 공연의 성격에 따라 내용에 가감을 주어 다양하게 변화를 주어 추었다. 참고자료로는 〈박접무〉, 국립국악원 토요명품공연 인터넷영상자료(2015.2.7), 참고사이트: YouTube; B001751, 전통무용발표회(1982.10.13), 국립극장대극장, 국립국악원자료실; B001799, 우리가락 우리춤무용(1995.3.24), 국립국악원소극장, 국립국악원자료실.

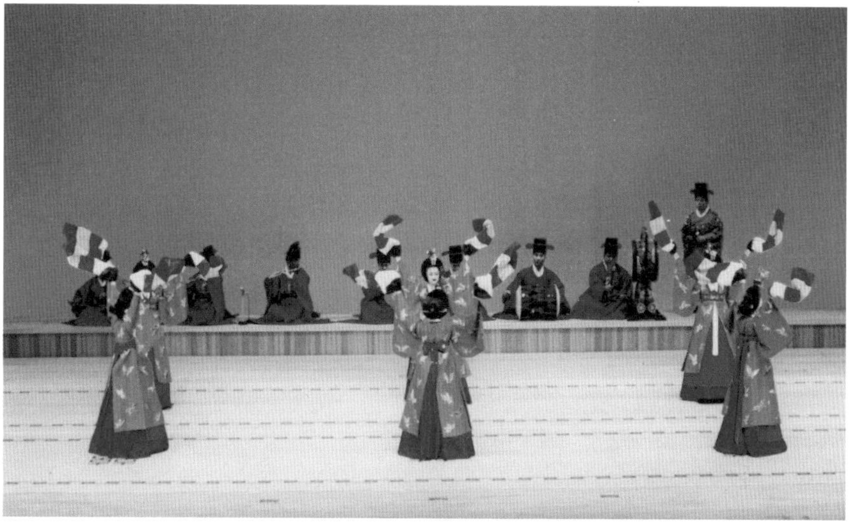

열에서 상배·상대한 후 좌선회무하여 전후대형으로 서서 삼전신(三轉身)하여 일렬대형으로 서서 무진·무퇴한다. 좌우대가 각각 동향·서향하여 2대 좌우대형을 만들고 상배하여 각각 좌우전[좌대는 우전, 우무는 좌전]하여 일렬로 선다. 일렬대형에서 이수고저하며 초열로 서고, 내향하여 전대와 후대가 환대하고 좌무와 우무가 환대한다. 이어 환복기대하여 북향하고 무진·무퇴하면 춤이 마치고 무용수 전체가 반절한다. 〈박접무〉의 정재대형은 전후좌우복합대형·전후대형·일렬대형·2대 좌우대형으로 구성되고 〈그림 148〉처럼 진행한다.

舞 舞 舞　　舞 舞 舞	▽ △ ▷　　◁ ▽ △	▽　▽　▽ △　△　▽	↑↓↑↓↑↓↑↓↑↓↑↓ 舞舞舞舞舞舞	舞　舞 舞　舞 舞　舞

〈그림 148〉 재현 〈박접무〉의 대형 구성

(17) 보상무(寶相舞)

재현 〈보상무〉[164]는 『궁중무용무보』 제6집에 기록되어 있다. 무보에는 조선후기의 『정재무도홀기』와 1930년대 추어진 〈보상무〉의 내용을 소개하고 있다. 재현 당시 조선후기 『정재무도홀기』의 내용을 토대로 재현하였으나, 실제 재현 때에는 무대 구성과 춤사위를 다양하게 구성하여 추었다.[165] 좌대는 동쪽 우대는 서쪽에 위치하는데, 무보에는 좌대와 우대를 바꾸어 표시하였다.

무보의 〈보상무〉 내용을 정리하면,[166] 무용수는 봉화 1인·봉필 1인·협무 6인으로 구성된다. 협무 6인이 무진하여 반통(盤桶) 전에 서서 창사를 부른다. 무용수 전체가 무진하고 무퇴할 때 봉화와 봉필이 좌우로 무진하여 마주 보고 선다. 좌우대 1인이 무진하여 보상반 앞에 놓여진 공을 잡고 일어서 뒤로 물러나 보상반을 마주 보고 서로 좌우로 끼고 돌며 춤춘다. 우무부터[167] 포구희를 하고 춤을 마치면 후대로 가서 서는데, 마지막 대의 춤이 마칠 때까지 같은 춤을 반복하여 춘다.

무보 〈보상무〉는 2대 좌우대형과 전후대형을 구성하여 추는데 〈그림 149〉와 같이 진행한다. 무보에는 보상반을 설치하는 내용이 생략되었는데 이는 『정재무도홀기』에 이러한 내용이 기록되지 않은 것을 그대로 수용한 것이기도 하고, 무대 진행상 예전처럼 무구를 미리 설치하는 진행에 의해서이다. 협무 6인이 북향 무진할 때 봉화와 봉필이 함께 북향·무진하는 것과 공을 보상반 좌우에 놓아야 하는데 보상반 앞[북]에 놓은 것은[168] 재현 때에 무대화되면서 변화된 내용이다. 그리고 무보에는 우무가 먼저 포구희를 한 것으로 기록하였는데, 이것은 좌무는 동쪽, 우무는 서쪽에 배열하는 정재의 기본 구조를

164 재현 〈보상무〉의 유래는 조선후기 편 참조.

165 재현 때에는 공연의 성격에 따라 내용에 가감을 주어 다양하게 변화를 주어 추었다. 참고자료로는 〈보상무〉, A007339, 2014 국립국악원 정기공연, 정재(呈才), 조선의 역사를 품다Ⅱ-마지막 황태자, 조선의 꿈을 보다(2014.4.4), 국립국악원자료실; A008135, 풍류사랑방 기획공연, 풍류사랑방 수요춤전: 명인 명무전_心泉 印南順의 춤빛(2015.12.2), 국립국악원자료실.

166 국립국악원, 『궁중무용무보』 제6집, 〈보상무〉, 1993, 57~155쪽.

167 무보에 좌우표시를 바꾸어 하였지만 실제 춤 진행은 동쪽의 좌무부터 하였다.

168 국립국악원, 『궁중무용무보』 제6집, 〈보상무〉, 1993, 66~69쪽.

잘못 이해한 것으로 방위관점이 아닌 무용수 관점에서 좌우를 적용하여 좌무를 서쪽, 우무를 동쪽으로 정하고 진행하였다.

↑ ↑ 奉筆 奉花 左1 右1 左2 右2 左3 右3	奉筆 彩毬 奉花 左1 右1 ↑↓ ↑↓ 盤 左2 右2 左3 右3	奉筆 奉花 ⤺ 左1 盤 右1 ⤻ 左2 右2 左3 右3	奉筆 奉花 左1 盤 左2 右2 左3 右3 右1	奉筆 奉花 盤 左2 右2 左3 右3 左1 右1

〈그림 149〉『궁중무용무보』〈보상무〉의 대형 구성

(18) 봉래의(鳳來儀)

재현 〈봉래의〉는 3가지가 전하는데, 조선전기의 『악학궤범』에 기록된 내용과[169] 조선후기의 『정재무도홀기』에 기록된 내용이[170] 발표되었다. 먼저 조선전기의 〈봉래의〉는 영상으로 전해지는데, 국립국악원과 숭실대학교 《한국문학과예술연구소》에서 복원한 2가지이다. 먼저 2007년 국립국악원에서 재현한 〈봉래의〉는 무대예술로서의 가무악 총체적 공연으로 발표하였는데, 2005년에는 『악학궤범』의 〈봉래의〉 무용을 먼저 재현하였고, 2006년에는 『세종실록악보』의 〈봉래의〉 음악을 복원하였고, 2007년에는 〈봉래의〉의 음악과 무용을 융합적으로 발표하였다. 당시 무용수 구성은 여민락은 협무 8인, 치화평과 취풍형은 협무 16인으로 각각 구성하였고, 취풍형의 음악 구성에서 주국장·적인장·블근새장을 생략하여[171] 무대 구성과 춤사위를 다양하게 구성하여 추었다. 그리고 2013년 숭실대학교 《한국문학과예술연구소》에서 복원한 조선전기 세종조의 〈봉래의〉는 『세종실록악보』에 기보된 음악과 『악학궤

169 조선전기의 재현 〈봉래의〉의 유래는 조선전기 편 참조.

170 조선후기의 재현 〈봉래의〉의 유래는 조선후기 편 참조.

171 2007.2.24. 국립국악원 특별기획공연. '〈봉래의〉 봉황이여 오라,' 국립국악원예악당, 국립국악원 자료실.

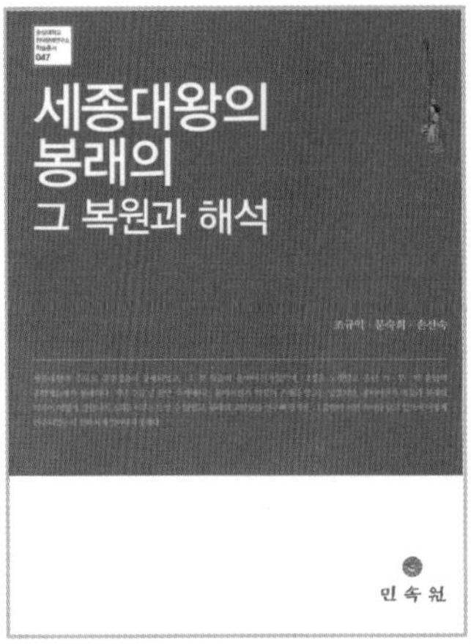

범』에 기록된 무용과 가사를 융합적으로 고증연구를 통해 복원하였고,[172] 이의 연구 결과물을 저서로 출간하였다.[173] 그리고 조선후기의 〈봉래의〉는 『궁중무용무보』 제4집에 기록되어 있다. 무보에는 조선전기의 『악학궤범』, 조선후기의 『정재무도홀기』, 1920년대 이왕직아악부에서 추어진 『무의』 내용을 소개하고 있다. 당시 1920년대 추어진 〈봉래의〉에 대해 예전 "제곡을 휘몰아서 웅대하고 장려한 구성과 연출의 거창하던 정재는 사라지고 한 가닥 가녀린 명맥의 진영을 보듯 하는 아쉬움과 애련함을 느낀다"라고[174] 회상하고 있다. 재현은 조선후기 『정재무도홀기』의 내용을 토대로 하였으나, 실제 재현 때에는 무대 구성과 춤사위를 다양하게 구성하여 추었다.[175]

가) 조선후기의 재현 봉래의

무보의 〈봉래의〉 내용을 정리하면,[176] 무용수는 죽간자 2인·협무 8인으로 구성된다. 죽간자가 무진하여 구호를 부르고 이어 협무 8인이 무진·무퇴한다. 우죽간자를 선두로 무용수 전체가 우선회무한다. 죽간자가 남쪽에 이르면 북향 무진하고 협무 8인은 2대 좌우대형으로 선다. 동1·서1·동4·서4는 내진(內進)하고 동2·동3·서2·서3은 외진(外進)하여 사방대형으로 만들어 내향·남북상대·동서상대하고 이어 남북환대·동서환대한다. 이어 환복기대이무를 하는데 남북이 먼저하고 동서가 다음에 한다. 북향하여 좌우선전하고 내향하여 수수무·대수·번수무를 춘다. 북향하여 우선회무하여 초열로 선다. 전대와

172 2013.11.21. 숭실대학교 한국문예연구소 세종조 〈봉래의〉 가무악융합복원학술공연, '봉래의 세종의 꿈, 봉황의 춤사위 타고 하늘로 오르다!' 국립국악원우면당.

173 조규익·문숙·손선숙, 『세종대왕의 봉래의 그 복원과 해석』(서울 : 민속원, 2015), 1~304쪽.

174 국립국악원, 『궁중무용무보』 제4집, 〈봉래의〉, 1992, 63쪽.

175 재현 때에는 공연의 성격에 따라 내용에 가감을 주어 다양하게 변화를 주어 추었다. 참고자료로는 〈봉래의〉, B001799, 우리가락 우리춤무용(1995.3.24), 국립국악원소극장, 국립국악원자료실.

176 국립국악원, 『궁중무용무보』 제4집, 〈봉래의〉, 1992, 59~108쪽.

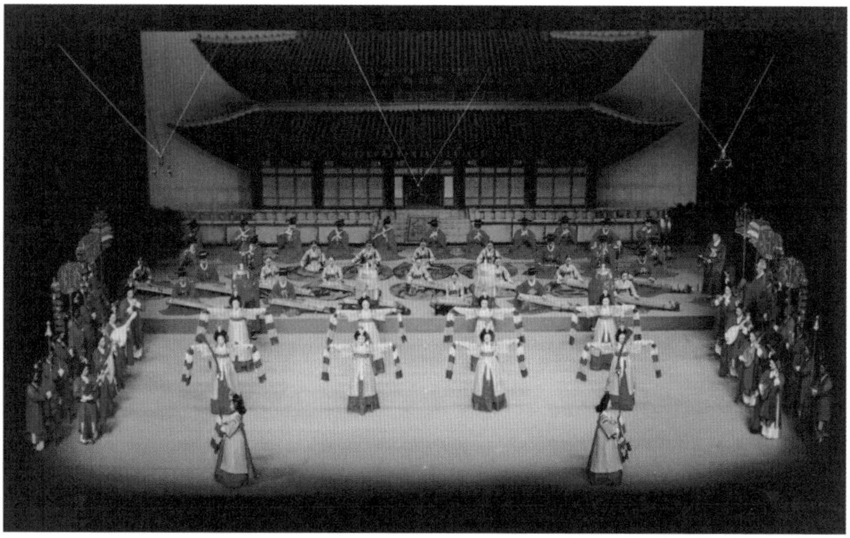

후대가 환대배무·환복기대이무·무진·무퇴하고 죽간자를 포함한 무용수 전체가 무퇴하면 춤이 마친다.

무보 〈봉래의〉의 춤 대형은 4대 좌우대형·2대 좌우대형·사방대형으로 구성되고, 〈그림 150〉처럼 진행한다. 4대 좌우대형에서 좌·우·내·외로 이동하여 사방대형을 만들고, 전대와 후대가 돌아서는 방향은 무용수 전체가 같은 방향으로 돌았는데 이러한 내용은 재현 때에 무대화되면서 변화되었다.

竹 竹 西3 西1 東3 東1 西4 西2 東4 東2	↺	↑ ↑ 竹 竹 ↑ ↑ 西1 東1 西2 東2 西3 東3 西4 東4	→西1 東1← 西2 ← → 東2 西3 ← → 東3 →西4 東4←	竹 竹 西3 西1 東3 東1 ⇅ ⇅ ⇅ ⇅ 西4 西2 東4 東2 ◡ ◡ ◡ ◡

〈그림 150〉『궁중무용무보』〈봉래의〉의 대형 구성

나) 2007년 국립국악원에서 발표한 조선전기의 봉래의

조선전기의 〈봉래의〉를 복원하기 위해 국립국악원에서는 2005년에는 무용을 복원하였고, 2006년에는 『세종실록악보』의 음악을 2007년에는 음악과

『악학궤범』을 토대로 〈봉래의〉를 복원 발표하였다.[177] 국립국악원에서 발표한 조선전기의 〈봉래의〉는 무용수 구성을 악장별로 다르게 하였는데, 여민락은 협무 8인, 치화평과 취풍형은 협무 16인이 춤을 추었다. 여민락을 춘 다음 사방대형으로 서지 않고 퇴장하였다가 협무 16인이 4대 좌우대형으로 배열하였다가 좌우분립하여 사방대형을 만들었다. 그리고 여민락·치화평·취풍형의 대형변화를 하였던 회무의 진행은 여러 형태의 원 대형을 구성하여 추었다.

국립국악원에서 복원한 조선전기 〈봉래의〉를 정리하면,[178] 여민락은 〈그림 151〉처럼 협무 8인이 4대 좌우대형에서 해동장부터 춤을 추기 시작하여 상대·상배하며 춤추고, 우선회무는 적인장에 좌무 1부터 나아가 '좌무1 - 좌무2 - 좌무3 - 좌무4⇒우무4 - 우무3 - 우무2 - 우무1'순으로 차례로 우선회무를 돌았다. 적인장에 무작하고 차례로 나아가며 원을 만드는 과정으로 연출하였고, 야인장부터 큰 원을 그리며 우선회무를 하는데 춤사위[동작]가 변화된다. 야인장 음악 말미에 제자리에 서서 내향과 외향을 한다. 이어 천세장에 음악이 빨라지고, 제자리에서 좌전(左轉)과 우전(右轉)을 하고 회무를 돌고, 자자장에도 빠른 음악에 맞춰 우선회무하는데 양손을 뒤로 여미고 도는 춤사위로 변화되었고, 자자장 음악 말미에 사방대형으로 섰으며, 오호장에는 4방에서

177 국립국악원에서 세종조의 봉래의 복원은 3차례 시도되었다. 먼저 2005년에 음악은 기존의 현행 음악을 사용하고 춤만 복원하였고 이때는 하루미가 안무를 했다. 그리고 2006년에는 『세종실록악보』의 음악을 복원하였고, 2007년에는 『악학궤범』의 〈봉래의〉 춤 전체와 2006년에 복원한 『세종실록악보』의 음악을 종합복원 발표하였는데, 춤은 심숙경이 안무를 하였다. 필자는 2011년 8월 25일 오후 2시 국립국악원 자료실을 방문하여 영상자료로 본 공연내용을 발췌하였다. 2007년에 공연한 〈봉래의〉의 영상자료를 살폈을 때 근심장의 남북상배에서의 사선방향의 수수무와 원원장의 동서상배에서의 사선방향의 수수무는 무용수를 보여주는 일부 화면이 연출되어 이를 가사와 음악(악보) 연주를 중심으로 비교하였을 때 다른 대형의 진행은 없는 것을 알 수 있다. 국립국악원정악단 정기연주회(2006.10.11). "세종대왕이 창제한 찬란한 문화유산 여민락 〈봉래의〉," 국립국악원; 국립국악원 특별기획공연. '〈봉래의〉 봉황이여 오라' (2007.2.23~24), 국립국악원예악당.

178 2007년 국립국악원에서 발표한 〈봉래의〉 정리 내용은 필자의 〈봉래의〉 복원연구물을 재인용한 글이다. 손선숙, "악학궤범 〈봉래의〉 여민락무의 이동구조 탐색," 『한국무용기록학회지』 23집(서울: 한국무용기록학회, 2011), 19~44쪽; "악학궤범 〈봉래의〉 치화평 무의 복원 및 재현을 위한 고무보 고찰," 『한국무용기록학회지』 25집(서울: 한국무용기록학회, 2012), 43~61쪽; "악학궤범 취풍형무의 회무 연구," 『한국무용기록학회지』 28집(서울: 한국무용기록학회, 2013), 121~142쪽.

좌전과 우전을 하고 무작하여 무진(舞進)·무퇴(舞退)하고 춤이 마치면 염수(斂手)하고 퇴장하였다.[179]

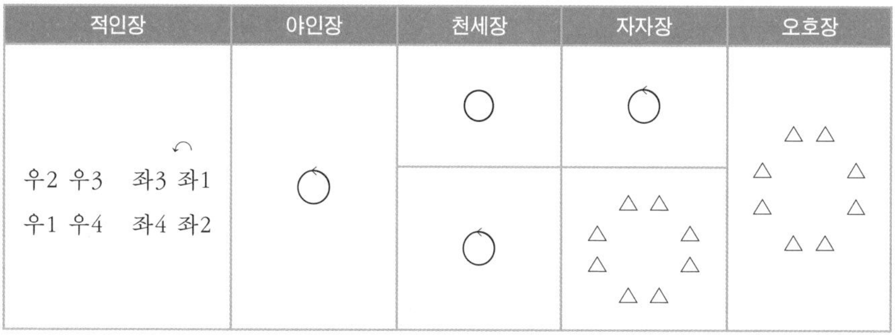

〈그림 151〉 2007년 국립국악원의 여민락의 회무 과정

치화평은 협무 16인이 홍색의 8인, 청색의 4인, 옥색의 4인으로 구성하여 좌우로 분립하여 사방대형을 만들었다. 각 대의 2인이 오른쪽으로 차례로 돌아가며 북대에서 춤을 추었고, 마지막 대의 춤이 마친 다음 회무에서는 협무 16인이 각각의 원을 만들어 추다가 다시 큰 원을 그리며 춤추고 서로 중행회선하여 4대 좌우대형으로 배열하는데, 회무는 〈그림 152〉처럼 여러 차례 변화를 주면서 하였다.

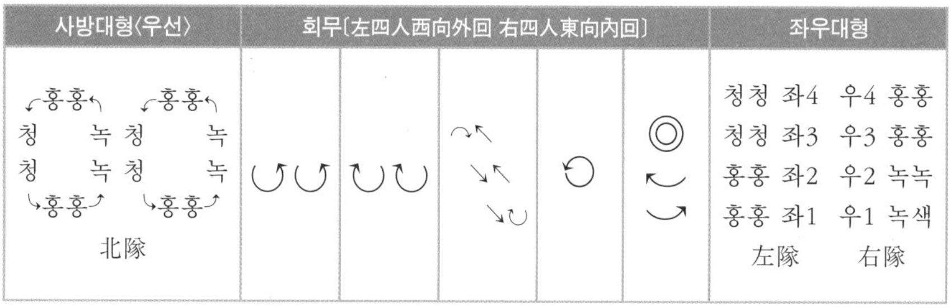

〈그림 152〉 2007년 국립국악원의 치화평의 회무 과정

179 『악학궤범』에는 여민락 다음에 치화평의 춤이 이어지는데, 국립국악원에서는 여민락에 협무 8인이 춤을 추고 퇴장하였다가, 다시 무대로 나와 치화평에 협무 16인이 남쪽에서 무진하여 초일배열로 서는 것으로 진행하는 형식으로 연출하였다. 2007.2.23·24. 국립국악원 특별기획공연. '〈봉래의〉 봉황이여 오라.' 국립국악원 예악당.

취풍형은 협무 16인이 4대 좌우대형으로 서서 춤을 추는데, 『악학궤범』에 제시된 취풍형 창사 중에서[180] 주국장·적인·블근새장은 생략하고, 해동장·불휘·칠저장·상덕·태자장·천세장만 사용하였다.[181] 내용을 정리하면 해동장에 염수하여 창사를 부르다가 공읍(拱揖)하여 무진하면서 창사를 부르고 이어 무퇴를 한다. 불휘장에 좌와 우로 외진(外進)과 내진(內進)을 하며 각각 외수(外袖) 불수(拂手)하면서 남향하였다가 북향하며 춤을 춘다. 칠저장에는 좌전(左轉)과 우전(右轉)을 하며 사선으로 상대와 상배를 하며 춤을 추다가 좌우 상배하고 북향하며 춤을 추고, 이어 전체가 우진(右進)과 좌진(左進)을 하고 북향한다. 상덕장에는 좌우상배하여 춤을 추다가 사선으로 상배하여 내진(內進)과 외진(外進)을 하고 좌우상배하여 무진·무퇴하며 춤을 춘다. 태자장에는 전체 북향하여 우전(右轉)과 좌전(左轉)을 하며 신비(伸臂) 춤을 추고, 북향하여 궤(跪)·기립하고 무퇴한다. 천세장에 회무를 도는데 〈그림 153〉처럼 무용수 전체가 좌우로 외진과 내진을 하여 사방(四方)으로 벌려 미리 원(圓) 대열로 서서 각각 우선(右旋)을 하는데 춤사위를 4가지로 변화를 주어 춤을 추며 돌다가 청(青)과 홍(紅), 녹(綠)과 홍이 북대(北隊)에 왔을 때 서로 마주 보고 교선(交旋)하여 회무를 돌아 후대(後隊)는 동쪽에서 서쪽으로 전대(前隊)는 서쪽에서 동쪽으로 무진하여 초열로 배열하였다.

취풍형초열	사방	우선		교선	초열
청 청 홍 홍 청 청 홍 홍 홍 홍 녹 녹 홍 홍 녹 녹	청 청 홍 홍 청 청 홍 홍 홍 홍 녹 녹 홍 홍 녹 녹	↺ ↺	홍 청 녹 홍 홍 청 녹 홍 홍 청 녹 홍 홍 청 녹 홍	⇐청 ⇐홍 홍⇒ 녹⇒	청청청청⇒ 홍홍홍홍⇒ ⇐홍홍홍홍 ⇐녹녹녹녹

〈그림 153〉 2007년 국립국악원의 취풍형의 회무 과정

180 2007년 국립국악원에서는 치화평과 취풍형의 무용수를 16인으로 증가하여 추었다. '〈봉래의〉 봉황이여 오라,' 국립국악원영상자료. 2007.2.24.

181 현행 국립국악원에서는 해동장〈1〉, 1불휘장〈2〉, 4칠저장〈5/8〉, 5상덕장〈6/7〉, 7태자장〈8〉, 8천세장〈125〉를 부르고 1/2로 축소하여 부름. '〈봉래의〉 봉황이여 오라,' 국립국악원영상자료. 2007.2.24.

다) 2013년 숭실대학교《한국문학과예술연구소》에서 복원한 조선전기의 봉래의

《한국문학과예술연구소》에서 복원한 조선전기의 〈봉래의〉는 정재 50여 종과 정재 무도를 통합 비교하여 복원하였다.[182] 〈봉래의〉 춤을 복원하는 데 있어 가장 중요한 쟁점은 배열도[그림]에 표시된 무용수들 배열 번호의 해석에 있다. 〈봉래의〉 복원에서 가장 어려운 부분은 여민락의 4대 좌우대형에서 치화평의 사방대형으로 변화할 때와 취풍형의 2대 좌우대형에서 여민락의 4대 좌우대형으로 변화할 때 무용수들이 이동하는 과정이다. 『악학궤범』에 제시된 여민락·치화평·취풍형 그림에는 무용수마다 좌1·좌2, 우1·우2 등과 같은 번호가 표시되어 있다. 문제는 좌1·좌2, 우1·우2의 위치가 다른 점이다. 이의 해석을 위하여 50종의 정재 내용과 의궤 정재도의 내용을 통합 비교하여 〈봉래의〉의 무용수별 배열 번호를 해석하였고, 그 결과 좌1·좌2, 우1·우2의 위치가 다른 이유를 찾아내었다.

숭실대학교《한국문학과예술연구소》에서 복원한 조선전기의 〈봉래의〉 내용을 정리하면,[183] 여민락은 4대 좌우대형에서 무용수 전체가 처음부터 끝까

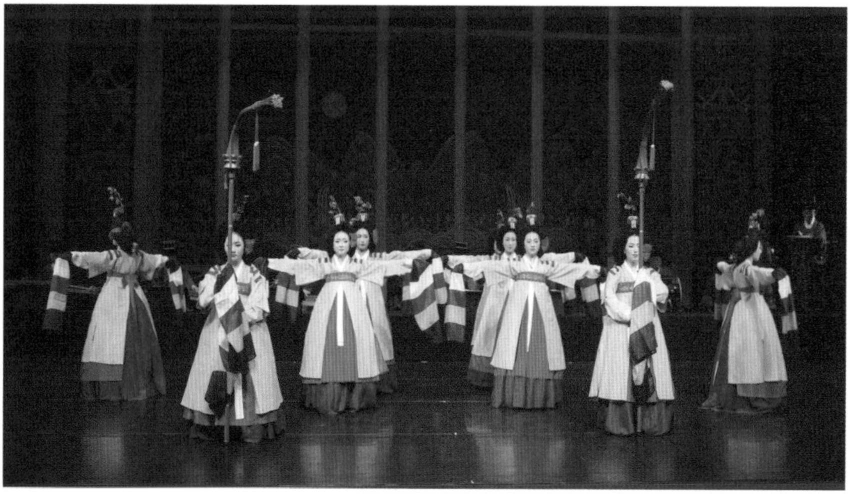

182 문학해설은 숭실대학교 국문학과 교수인 조규익, 음악 복원은 책임연구원 문숙희, 무용 복원은 전임연구원 손선숙이 담당하였다. 숭실대학교 한국문예연구소 궁중정재연구실.

183 2013.11.21. 숭실대학교 한국문예연구소 세종조 〈봉래의〉 가무악융합복원학술공연, '봉래의 세종의 꿈, 봉황의 춤사위 타고 하늘로 오르다!' 국립국악원우면당.

지 춤을 추고, 치화평은 사방대형에서 무용수 2명이 차례로 돌아가며 북대에 서서 춤을 추며, 취풍형은 2대 좌우대형에서 무용수 전체가 처음부터 끝까지 춤을 춘다. 여민락, 치화평, 취풍형 각각의 대형에서 무용수들은 북향무·대무·배무 등의 춤을 공통적으로 추고, 각 대형으로의 전환은 모두 회무(回舞)로 하였다. 여민락의 4대 좌우대형에서 치화평의 사방대형으로 전환할 때에는 아래의 〈그림 154〉처럼 '좌무 1-2-3-4와 우무 4-3-2-1'순으로 차례로 나아가 한 줄로 둥글게 돌아 치화평의 좌1·좌2와 우1·우2의 위치가 나란히 배열하였다. 취풍형의 2대 좌우대형에서 초열인 4대 좌우대형으로 변화할 때에는 〈그림 155〉처럼 '좌무 1-2-3-4와 우무 1-2-3-4'순으로 마주 보고 돌아 초열로 설 때에는 좌무와 우무가 '4-3-2-1'순으로 각각의 무용수 배열 위치를 차례로 밟아가며 배열하였다.

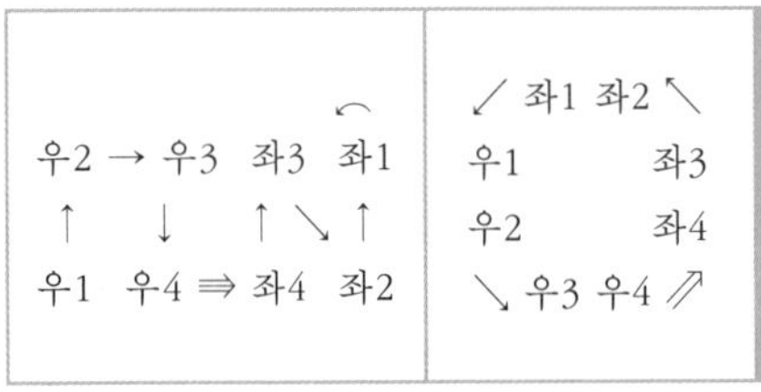

〈그림 154〉 여민락에서 치화평으로의 회무

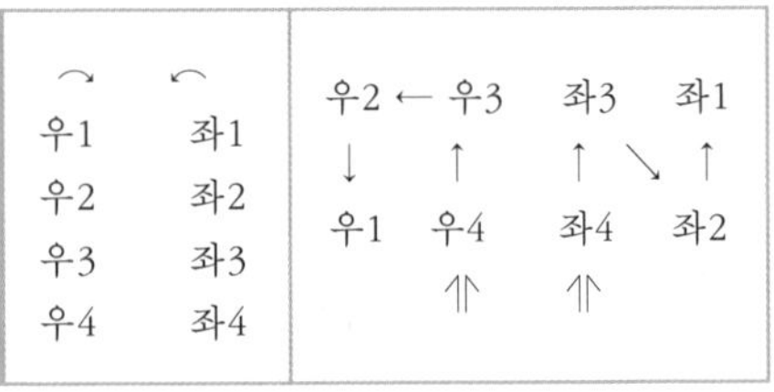

〈그림 155〉 취풍형에서 초열(初列)로의 회무

(19) 사선무(四仙舞)

재현 〈사선무〉는[184] 『궁중무용무보』 제7집에 기록되어 있다. 재현은 조선후기 『정재무도홀기』의 내용을 토대로 하였으나, 실제 재현 때에는 무대 구성과 춤사위를 다양하게 구성하여 추었다.[185]

무보의 〈사선무〉 내용을 정리하면,[186] 무용수는 집화 2인·협무 4인으로 구

184 재현 〈사선무〉의 유래는 조선후기 편 참조.

185 재현 때에는 공연의 성격에 따라 내용에 가감을 주어 다양하게 변화를 주어 추었다. 참고자료로는 〈사선무〉, B001745, 전통무용발표회(1981.5.18), 국립극장소극장, 국립국악원자료실; 〈사선무〉, B001766, 전통무용, 정가, 농악과 사물놀이 전통무용(1988.7.5), 국립국악원자료실.

186 국립국악원, 『궁중무용무보』 제7집, 〈사선무〉, 1994, 13~52쪽.

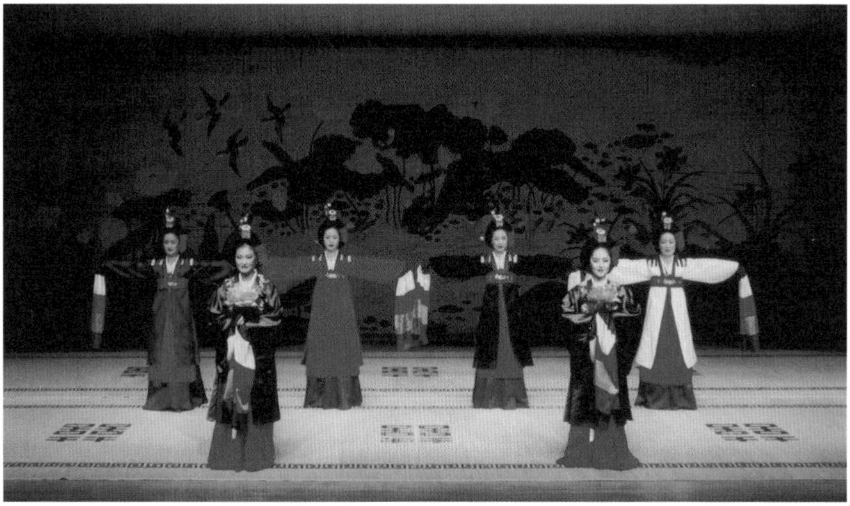

성하였다. 집연화 2인이 꽃을 들고 무진하여, 두 팔을 옆으로 펴 들고 상배·상대하고 북향한다. 이어 원무 4인이 무진하여 공읍하고[187] 창사를 부르고, 좌우대와 전후대가 각각 상대·상배하며 춤추고 좌우로 각각 돌며 일렬대형으로 선다. 이어 전대는 무진하고 후대는 무퇴하여 2대 좌우대형으로 서서 좌우일전하고 동서환대·환복기대이무한다. 각각 좌우전하며 일렬대형으로 서서 팔수무를 추고 이어 초열로 서서 좌우일불일전이무를 추고 북향하여 대수이무를 추고 무퇴하면 춤이 마친다. 무보 〈사선무〉의 춤 대형은 2대 좌우대형·전후대형·일렬대형으로 구성하여 〈그림 156〉처럼 진행한다.

<table>
<tr><td rowspan="2">蓮花 蓮花

前右 前左
後右 後左</td><td>▷ ◁
▷ ◁</td><td>▽ ▽
△ △</td><td rowspan="2">▷ ⇆ ◁
▷ ⇆ ◁</td><td rowspan="2">前右 後右 後左 前左</td></tr>
<tr><td>◁ ▷
◁ ▷</td><td>△ △
▽ ▽</td></tr>
</table>

〈그림 156〉『궁중무용무보』〈사선무〉의 대형 구성

187 공읍(拱揖): 양손을 모아 입 가까이 드는 것을 말함.

(20) 사자무(獅子舞)

재현 〈사자무〉는[188] 조선후기 『정재무도홀기』의 내용을 토대로 하였으나, 실제 재현 때에는 무대 구성과 춤사위를 다양하게 구성하여 추었다.[189] 재현 〈사자무〉 내용을 정리하면,[190] 청 사자와 백 사자가 좌우에서 마주 보고 뛰어 들어와 무대를 좌우로 빙빙돌아 좌우로 분립하여 앉는다. 고개를 들어 춤추고 일어서서 좌우로 이동하며 몸을 흔들며 춤추고, 각각 외선하여 북향하여 외진·내진하며 춤춘다. 마주 보고 앉아 춤추다가 일어서서 무진·무퇴하며 춤추고, 환대·환복위하며 춤추고 여러 차례 상대 무진·무퇴하며 춤추다 둥글게 돌아 좌우로 퇴장하면 춤이 마친다.

(21) 선유락(船遊樂)

재현 〈선유락〉은[191] 조선후기 『정재무도홀기』의 내용을 토대로 하였으나, 실제 재현 때에는 무대 구성과 춤사위를 다양하게 구성하여 추었다.[192] 재현 〈선유락〉은 공연 때마다 무대 위에 배를 미리 설치하기도 하고 무대 뒤에서 끌고 나오기도 한다. 무대 앞 좌우에 선 집사기의 호령에 따라 배를 잡은 무용수들이 좌우로 배를 끌어가며 춤을 춘다. 〈선유락〉은 시대별로 변화되었는데, 2가지 양상으로 추어졌다. 1980년대에는 배 돛대에 오색(五色)으로 된 긴 끈을 늘어뜨려 그 끈을 서로 꼬아가며 춤을 추었던[193] 것에서 2000년대 이후

---

188 재현 〈사자무〉의 유래는 조선후기 편 참조.

189 재현 때에는 공연의 성격에 따라 내용에 가감을 주어 다양하게 변화를 주어 추었다. 참고자료로는 〈사자무〉, B002459, 심소 김천흥선생 무악생활칠십주년기념공연 무용의 밤(1992.9.29), 국립국악원자료실.

190 〈사자무〉, B001799, 우리가락 우리춤무용(1995.3.24), 국립국악원소극장, 국립국악원영상자료실.

191 재현 〈선유락〉의 유래는 조선후기 편 참조.

192 재현 때에는 공연의 성격에 따라 내용에 가감을 주어 다양하게 변화를 주어 추었다. 참고자료로는 〈선유락〉, B001787, 전통무용발표회(1993.4.30), 국립국악원소극장, 국립국악원자료실; 〈선유락〉, B001830, 전통무용발표회(1996.3.26), 국립국악원소극장, 국립국악원자료실.

193 〈선유락〉, B001831, 전통무용발표회(1996.3.26), 국립국악원소극장; 2012년 "경회루 연향의 〈선유락〉," 인터넷영상자료(4분 47초), 참고사이트: YouTube

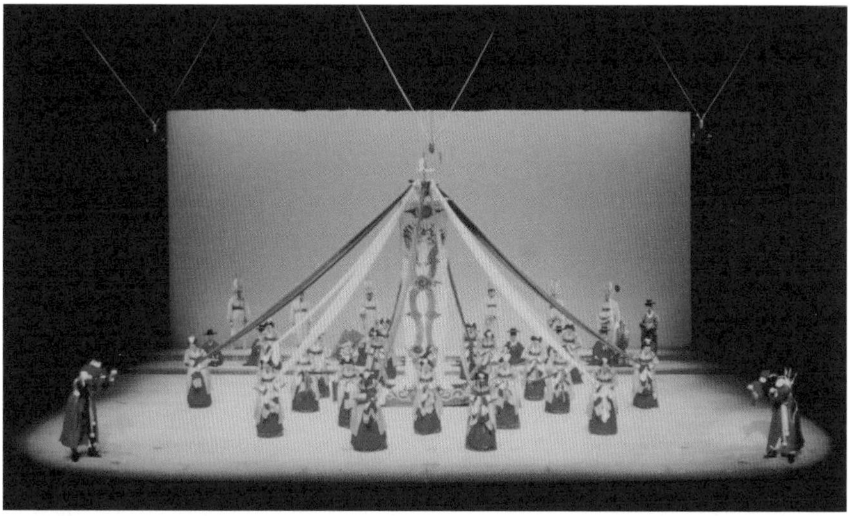

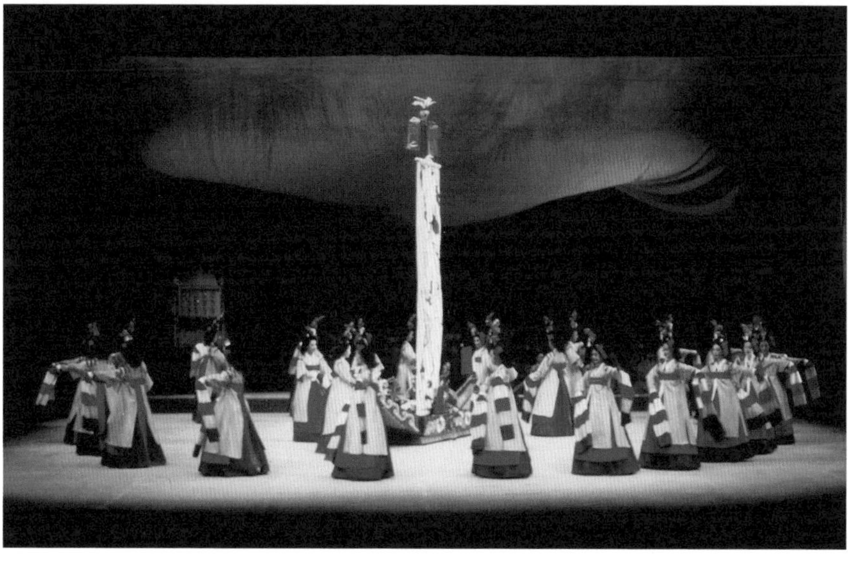

부터는 배 돛대에 달린 오색 끈은 없어지고 배에 달린 줄을 좌우로 이끌어 가며 춤추는 것으로[194] 변화되었다.

194 2008.12.5. 국립국악원 가족음악회, "화려한 조선의 궁중 뱃놀이" 〈선유락〉, 인터넷영상자료(9분 7초), 참고사이트: YouTube

(22) 성택(聖澤)

재현 〈성택〉은[195] 『궁중무용무보』 제4집에 기록되어 있다. 무보에는 조선전기의 『악학궤범』의 내용을 소개하고, 무보의 내용은 1980년대 국립국악원에서 김천흥에 의해 재현된 내용으로 제시하였다. 당시 조선전기 『악학궤범』의 내용을 토대로 재현하였으나, 실제 재현 때에는[196] 무대 구성과 춤사위를 다양하게 구성하여 추었다.

무보의 〈성택〉 내용을 정리하면,[197] 무용수는 족자 1인·죽간자 2인·선모 1인·협무 8인·의물 18인으로 구성하였다. 족자와 죽간자가 무진하여 구호를 부르고 좌우로 물러나 선다. 선모 1인·협무 8인이 북향 무진·무퇴하고 이어 선모가 무진하여 치어를 부르고 물러난다. 2대 좌우대형으로 선 좌우협무가 마주 보고 수수무를 추며 창사를 부르고, 북향한다. 좌우대가 각각 내외진퇴하며 춤추고, 교선하여 팔괘(八卦)로 서서 사방과 사우 위치에 선 협무 8인이 각각 선모와 상대무를 춘다. 이어 좌우대가 각각 회선하여 초열로 서면 춤이 마친다.

무보 〈성택〉의 대형은 2대 좌우대형·팔괘로 구성되고 〈그림 157〉과 같이 진행한다. 2대 좌우대형에서는 좌우협무가 마주 보고 수악절창사를 부르고 내외진퇴하며 춤추고, 좌대와 우대가 각각 회선한다. 이를 『악학궤범』과 비교하

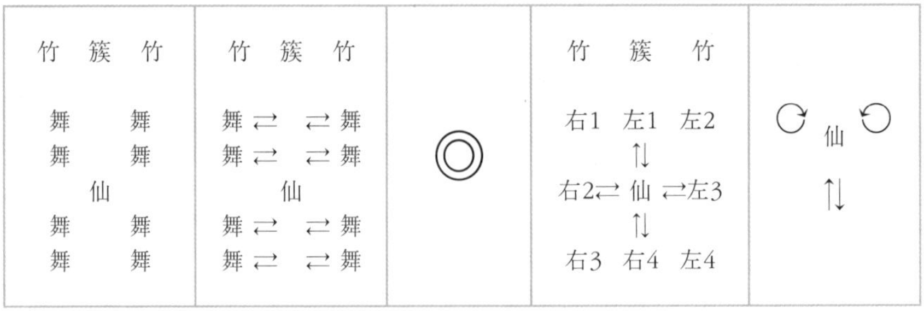

〈그림 157〉 『궁중무용무보』 〈성택〉의 대형 구성

195 재현 〈성택〉의 유래는 조선전기 편 참조.

196 재현 때에는 공연의 성격에 따라 내용에 가감을 주어 다양하게 변화를 주어 추었다. 참고자료로는 〈성택〉, B001831, 전통무용발표회(1996.3.26), 국립국악원소극장, 국립국악원영상자료실.

197 국립국악원, 『궁중무용무보』 제4집, 〈성택〉, 1992, 109~158쪽.

였을 때 수악절창사는 2대 좌우대형에서 북향하고 불러야 하는데 마주 보고 하였고, 회무는 무용수[좌무·우무]가 서로 마주 보고 돌아야 하는데 좌대와 우대가 각각 회무를 돌았다. 이러한 내용은 재현 때 무대화되면서 변화되었다.

(23) 수명명(受明命)

재현 〈수명명〉은[198] 『궁중무용무보』 제8집에 수록되어 있다. 조선전기에 전하는 당악정재로 『악학궤범』의 내용을 제시하고, 무보 내용은 1982년 4월 국립국악원 전통무용발표회 때 김천흥에 의해 안무된 작품으로 소개하고 있다. 당시 재현은 『악학궤범』의 내용을 토대로 하였으나, 실제 재현 때에는 무대 구성과 춤사위를 다양하게 구성하여 추었다.[199]

무보의 〈수명명〉 내용을 정리하면,[200] 무용수는 족자 1인·죽간자 2인·선모 1인·협무 8인으로 구성하였다. 족자 1인과 죽간자 2인이 무진하여 구호를 부른 뒤, 족자는 그대로 서고 죽간자는 좌우로 물러나 마주 보고 선다. 선

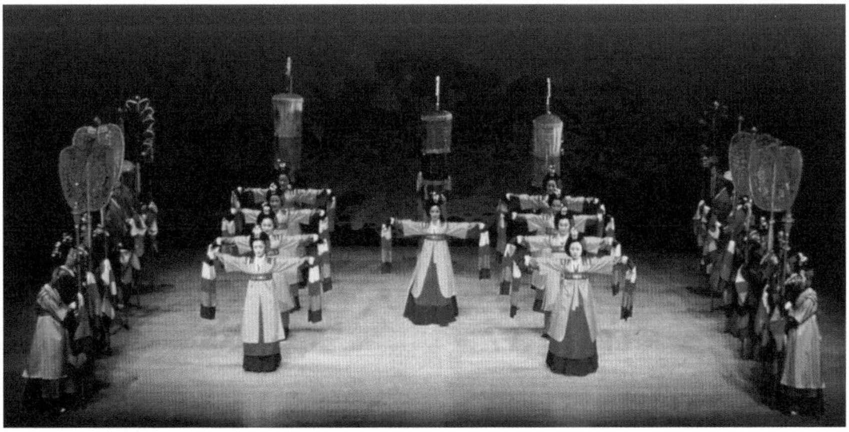

198 재현 〈수명명〉의 유래는 조선전기 편 참조.

199 재현 때에는 공연의 성격에 따라 내용에 가감을 주어 다양하게 변화를 주어 추었다. 참고자료로는 〈수명명(11:20)〉, B001748, 전통무용발표회(1982.4.7), 국립극장대극장, 국립국악원자료실; 〈수명명〉, B001766, 전통무용, 정가, 농악과 사물놀이 전통무용(1988.7.5), 국립국악원자료실.

200 국립국악원, 『궁중무용무보』 제8집, 〈수명명〉, 1997, 195~248쪽.

모와 협무 8인이 무진하여 선모는 제자리에서 춤추고 좌대와 우대는 교선하여 다시 초열로 선다. 선모가 무진하여 치어를 부르고 무퇴한다. 선모와 협무 8인이 수악절 수명명사를 부르고, 선모는 북향하여 춤추고 협무 8인은 상대·상배하며 춤추고 이어 상대무진·상배무진하고 북향한다. 선모는 제자리에서 주선하고 좌무와 우무는 각각 회무를 도는데, 좌무는 우선하고 우무는 좌선한다. 이어 죽간자 2인이 좌우에서 마주 보고 들어와 구호를 부르고 족자와 나란히 무퇴하고, 선모 및 협무 8인이 무진·무퇴하면 춤이 마친다.

무보 〈수명명〉에서는 2대 좌우대형을 유지하며 춤추는데, 〈그림 158〉처럼 진행한다. 회무를 무용수별로 각각 다르게 돌았는데 선모를 중심으로 좌대는 우선, 우대는 좌선으로 도는 방향을 서로 다르게 하여 돌았다. 이를 『악학궤범』과 비교하였을 때 조선전기의 〈수명명〉은 좌대와 우대가 서로 마주 보고 돌아야 하는데, 재현 때에 무대화되면서 이러한 내용이 변화되었다.

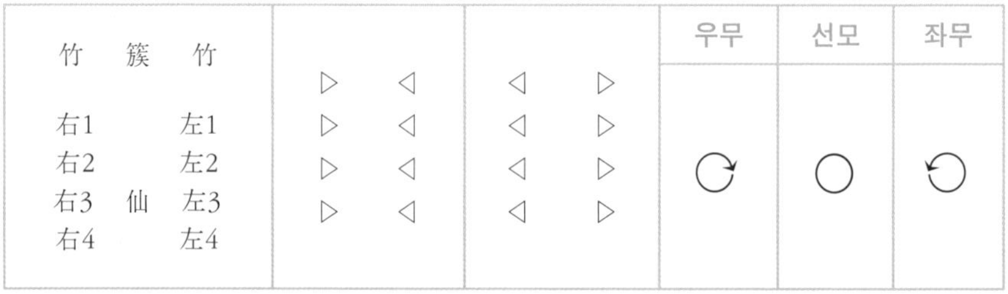

〈그림 158〉『궁중무용무보』〈수명명〉의 대형 구성

(24) 수보록(受寶籙)

재현 〈수보록〉은[201] 『궁중무용무보』 제9집에 수록되어 있다. 조선전기에 전하는 당악정재로, 정재 중에서 의물 18인이 무대대형을 구성하여 추는 춤으로는 〈수보록〉이 유일하다. 재현은 『악학궤범』의 내용을 토대로 하였으나, 실제 재현 때에는 무대 구성과 춤사위를 다양하게 구성하여 추었다.[202]

201 재현 〈수보록〉의 유래는 조선전기 편 참조.

202 재현 때에는 공연의 성격에 따라 내용에 가감을 주어 다양하게 변화를 주어 추었다. 참고자료

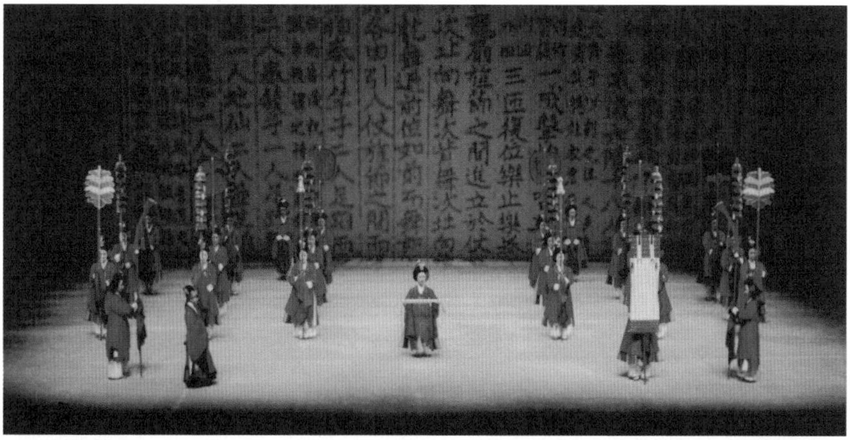

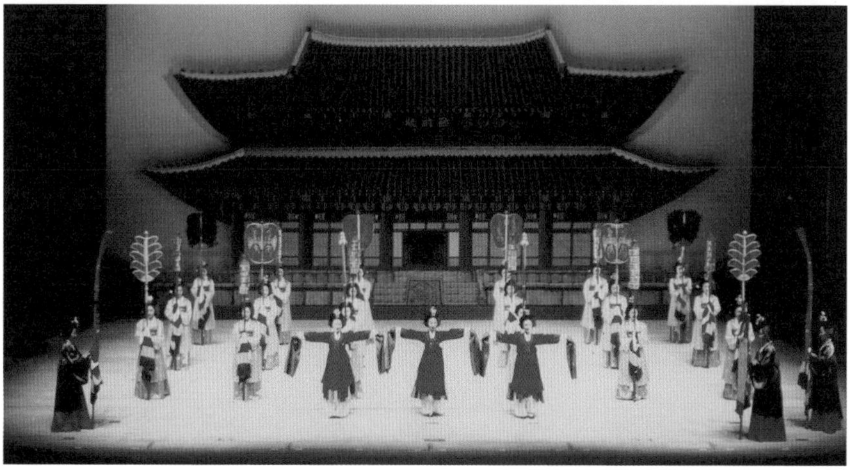

무보의 〈수보록〉 내용을 정리하면,[203] 무용수는 족자 1인·죽간자 2인·보록기 1인·지선 2인·인인장 2인·용선 2인·봉선 2인·작선 2인·미선 2인·정절 8인으로 구성하였다. 족자 1인과 죽간자 2인이 무진하여 구호를 부른 뒤, 족자는 그대로 서고 죽간자는 좌우로 물러나 마주 보고 선다. 보록기 1인이 무진하

로는 〈수보록(20:15)〉, B001806, 국립국악원 정재제전, 궁중의 한나절 정취를 찾아서: 선과 색이 빚어내는 정재의 미학(1999.11.25), 국립국악원예악당, 국립국악원자료실; 〈수보록〉, A006695, 국립국악원무용단 기획공연, '정재(呈才) 조선의 역사를 품다'(2012.6.29), 국립국악원예악당, 국립국악원자료실; 〈수보록〉, B001815, 전통무용발표회(1996.10.10), 국립국악원소극장, 국립국악원자료실; 〈수보록〉, B001799, 우리가락 우리춤무용(1995.3.24), 국립국악원자료실, 국립국악원영상자료실.

203 국립국악원, 『궁중무용무보』 제9집, 〈수보록〉, 1999, 67~126쪽.

여 족자 뒤에 꿇어 앉아 동쪽에서 나온 승지에게 건네주고 일어서 치어를 부르고 물러나 지선 사이에 선다. 의물 18인이 족도하며 수악절 보록사를 부르고 좌대와 우대가 교선하여 다시 제자리에 선다. 지선 2인이 좌대와 우대 사이로 나아가 장기[A] 전에 서서 대무·북향·배무·북향무를 추고, 다시 무진하여 족자 뒤에[B] 나란히 서서 대무·북향·배무·북향무를 추고 물러나 다시 장기 전으로 무퇴하여 앞에서와 같은 춤을 반복하여 추는데, 3번 진퇴하며 춤춘 다음 무퇴하여 처음 자리로 되돌아가 선다. 죽간자 2인이 무진하여 족자 좌우에 서서 구호를 부르고 무퇴하면 의물 전체가 무퇴한다.

무보 〈수보록〉의 초열은 지선 2인이 〈그림 159〉처럼 보록기 좌우에 나란히 선 위치이다. 초열 대형에서 지선 2인은 무대 가운데[용선 사이]로 무진하였고, 지선 2인은 'A'와 'B'의 위치에서 대무·배무하며 추었다. 이를 『악학궤범』의 내용과 비교하면 지선 2인은 정절과 용선 사이로 무진하여야 하고, 춤은 족자 뒤[後]와 족자 좌우에서 추어야 하는데, 재현 때에 무대화되면서 이러한 내용이 변화되었다. 그리고 또 다른 재현에서는 족자가 서쪽으로 물러나 서고 보록기 1인과 지선 2인이 무대 가운데에서 무진·무퇴하며 춤을 춘다.

竹 簇 竹 작 정 인　인 정 작 정 봉 정　정 봉 정 미 정 용　용 정 미 地 寶錄 地	竹← 簇 →竹 작 정 인　인 정 작 **地仙〔A〕地仙** 정 봉 정　정 봉 정 미 정 용 ↑ ↑ 용 정 미 寶錄	竹 簇 竹 **地仙〔B〕地仙** 작 정 인　인 정 작 정 봉 정　정 봉 정 미 정 용　용 정 미 寶錄

〈그림 159〉『궁중무용무보』〈수보록〉의 대형 구성

(25) 수연장(壽延長)

재현 〈수연장〉은[202] 『궁중무용무보』 제5집에 기록되어 있다. 『고려사』「악지」·『악학궤범』·『정재무도홀기』의 내용을 소개하면서 『정재무도홀기』와 1920년대에 연행된 내용의 구성과 무태가 비슷하다고 밝히고 있다. 이 무보

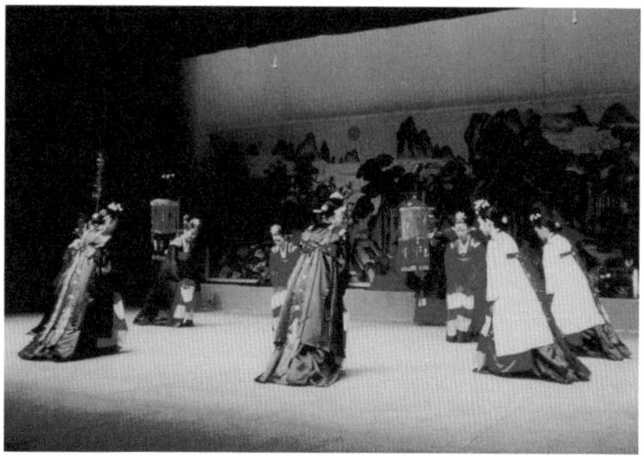

는 이왕직아악부에서 편간된 등사본에 의한 것으로[205] 밝히고 있다. 재현은 조선후기 『정재무도홀기』의 내용을 토대로 하였으나, 실제 재현 때에는 무대 구성과 춤사위를 다양하게 구성하여 추었다.

무보의 〈수연장〉 내용을 정리하면,[206] 무용수는 죽간자 2인·협무 8인으로 구성하였다. 죽간자가 무진하여 구호를 부르고 좌우로 물러나 마주 보고 서면 이어 무용수 전체가 무진·무퇴한다. 좌대는 좌선[동향] 우대는 우선[서향]으로 각각 회무하여 2대 좌우대형으로 선다. 사방대형에서 무용수 전체가 향내이무를 추고, 전후대가 먼저 무진·무퇴하고 이어 좌우대가 무진·무퇴한다. 이어 사방대형에서 무용수 전체가 상배[향외]하고 상대[향내]한다. 이어 전후대가 먼저 환대이무하고 다음에 좌우대가 환대하며 춤추고, 이어 전후대가 먼저 환복위하고 다음에 좌우대가 환복위한다. 이어 무용수 전체가 북향하여 후불(後拂)한[207] 체로 우선회무하여 초열로 선다. 초열에서 북향하여 이수고저를 추고 전대와 후대가 마주 보고 이수고저를 추며 환대와 환복위한 후 전체 북향하고 외수를 들고 청춘사(青春詞)를 부른다. 이어 죽간자가 무진하여 퇴구호를 부르고 무용수 전체가 무진·무퇴하면 춤이 마친다.

무보 〈수연장〉의 정재대형은 4대 좌우대형·사방대형·2대 좌우대형·전후대형으로 구성하여 〈그림 160〉처럼 진행한다. 재현된 〈수연장〉에는 대형 구성과 진행에 차이가 있다. 『정재무도홀기』에는 '4대 좌우대형-사방대형-초열[4대 좌우대형]'로 진행하는데, 무보에는 '4대 좌우대형-2대 좌우대형-사방대형-초열[4대 좌우대형]'로 진행하였다. 그리고 대형을 변화할 때 무용수들이

---

204 재현 〈수연장〉의 유래는 고려시대·조선전기·조선후기 편 참조.

205 국립국악원, 『궁중무용무보』 제5집, 1993, 232쪽.

206 국립국악원, 『궁중무용무보』 제5집, 〈수연장〉, 1993, 1~74쪽.

207 후불(後佛): 두 손을 뿌려 뒤로 여미는 동작.

이동하는 회무경로에도 차이가 있다. 먼저 4대 좌우대형에서 2대 좌우대형으로 설 때 좌대와 우대가 서로 마주 보고[교선] 돌아야 하는데 무보에는 좌대와 우대가 각각 좌선과 우선으로[208] 이동[외선]한 것이다. 결국 4대 좌우대형에서 2대 좌우대형으로 설 때의 좌우대 회선과 2대 좌우대형에서 사방대형으로 설 때의 우선(右旋)한 이동경로는 문헌 기록과 상관없이 재현 때 새로 만들어진 내용이다.

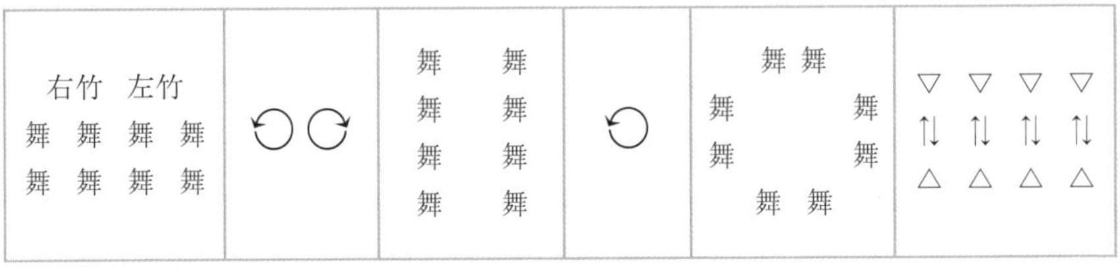

〈그림 160〉『궁중무용무보』〈수연장〉의 대형 구성

(26) 아박무(牙拍舞)

재현 〈아박무〉는[209] 『궁중무용무보』 제6집에 기록되어 있다. 〈아박무〉는 조선조 후기까지 전승되다가 1905년 원각사(圓覺社)의 개관과 1915년 경복궁(景福宮)에서 열린 박람회에서 공연되었고, 이후 1977년 춘계정기연주회에서 소개되었다. 당시 이 작품은 김천흥·문일지에 의해 재구성되어 1982년과 1986년 전통무용발표회를 통해 지금에 이른다.[210] 재현은 조선후기 『정재무도홀기』의 내용을 토대로 하였으나, 실제 재현 때에는 무대 구성과 춤사위를 다양하게 구성하여 추었다.[211]

무보의 〈아박무〉 내용을 정리하면,[210] 무용수는 협무 4인으로 구성된다. 아

208 국립국악원, 『궁중무용무보』 제5집, 1993, 23쪽.

209 재현 〈아박무〉의 유래는 고려시대[동동]·조선전기·조선후기 편 참조.

210 국립국악원, 『궁중무용무보』 제6집, 〈아박무〉, 1993, 17쪽.

211 재현 때에는 공연의 성격에 따라 내용에 가감을 주어 다양하게 변화를 주어 추었다. 참고자료로는 〈아박무〉, B001830, 전통무용발표회(1996.3.26), 국립국악원소극장, 국립국악원자료실; 〈아박무〉, B001831, 전통무용발표회(1996.3.26), 국립국악원소극장, 국립국악원자료실; 〈아박무(9:30)〉, B001748, 전통무용발표회(1982.4.7), 국립극장대극장, 국립국악원자료실.

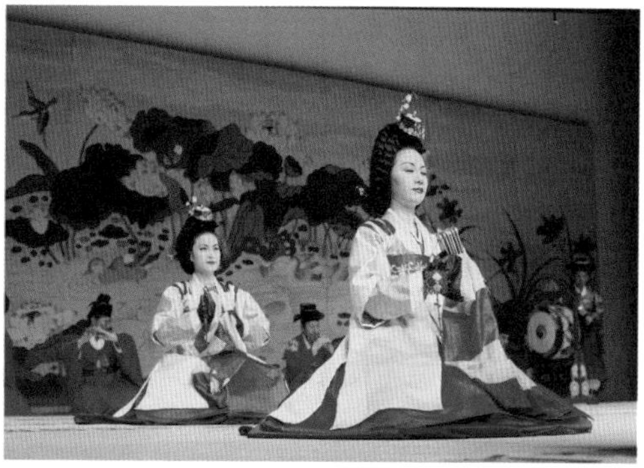

사 4인이 아박을 들고 무대 좌우에서 들어와 전중 좌우에 설치하고 나간다. 협무 4인이 무진하여 아박 전에 꿇어 앉아 아박을 집어 든다. 일어서서 상대·상배·북향·무진·무퇴하며 춤추고, 악사 4인이 무대 좌우에서 들어와 아박을 집어들고 나가면 춤이 마친다.

무보 〈아박무〉에서는 〈그림 161〉처럼 2대 좌우대형에서 대무·배무·북향하며 아박을 치며 춤을 춘다. 무보에는 좌무와 우무의 위치가 잘못 기록되었다. 북쪽을 기준으로 동쪽이 좌무, 서쪽이 우무가 되어야 하는데 그 위치가 바뀐 것이다. 그리고 재현 때에는 악사가 무구[아박]를 들고 들어와 바닥에 설치하고[213] 춤이 마치면 무구를 거두어 나가기도 하고, 무대 위에 미리 설치하여 추기도 하였다.

⇄牙拍　牙拍⇄ ⇄牙拍　牙拍⇄ 左1　右1 左2　右2	▷　◁ ▷　◁	◁　▷ ◁　▷	△　△ △　△	左1　右1 左2　右2 ⇅　⇅

〈그림 161〉『궁중무용무보』〈아박무〉의 대형 구성

(27) 연백복지무(演百福之舞)

재현 〈연백복지무〉는[214] 『궁중무용무보』 제12집에 기록되어 있다. 재현은 조선후기 『정재무도홀기』의 내용을 토대로 하였으나, 실제 재현 때에는 무대

212 국립국악원, 『궁중무용무보』 제6집, 〈아박무〉, 1993, 11~38쪽.

213 〈아박무〉, A002335, 토요상설국악공연(2000.10.21); B001831, 전통무용발표회(1996.3.26), 국립국악원소극장, 국립국악원자료실.

214 재현 〈연백복지무〉의 유래는 조선후기 편 참조.

구성과 춤사위를 다양하게 구성하여 추었다.[215]

무보의 〈연백복지무〉 내용을 정리하면,[216] 무용수는 죽간자 2인·선모 1인·협무 4인으로 구성하였다. 죽간자 2인이 무진하여 구호를 부르고 좌우로 물러나 마주 보고 선다. 선모 및 협무 4인이 무진하고 이어 선모가 무진하여 절하고 일어서 치어를 부르고 무퇴하면 선모 및 협무 4인이 수악절창사 전단과 후단을 부른다. 사우대형으로 서서 선모가 '전좌협-전우협-후좌협-후우협'순으로 마주 보고 춤추고 전체 무진·무퇴하며 춤춘다. 좌우전하며 일렬대형으로 서서 춤추고, 오방대형으로 서서 선모가 '북-동-남-서'순으로 마주 보고 춤추고 제자리에서 좌우일전을 추고 북향하여 해동금일사(海東今日詞)를 부른다. 우죽간자는 서북위치에, 좌죽간자는 동북위치로 들어와 '우죽간자-북협무-선모-좌죽간자-동협무-남협무-서협무'순으로 우선회무를 돌며 춤추고, 초열로 서서 협무가 파자사(破子詞)를 부른다. 무진·무퇴하며 춤추고 사우대형으로 서서 일불일전이무와 수수무를 춘다. 전대와 후대가 환대·환복위하며 춤추고 선모는 제자리에서 춤추고 사우에 선 좌우협무는 우선회무하여 사우위치로 서고 다시 일렬대형으로 서서 무퇴한다. 좌우죽간자가 마주보고 들어와 구호를 부르고 물러나 선모가 무진하여 치어를 부르고 물러나면 선모와 협무 4인이 무진하여 엎드려 절하고 기립하여 무퇴하면 춤이 마친다.

무보 〈연백복지무〉는 일렬대형·사우대형·오방대형·전후대형으로 구성하여 〈그림 162〉처럼 진행한다. 오방대형에서 좌우죽간자가 서북과 동북위치

右竹 左竹 右1 右2 仙 左2 左1	右竹 左竹 右1② 左1① 仙 右2④ 左2③	↘ ↙ **右竹** 右2 **左竹** 右1 仙 左1 左2	右1 左1 ⇅ 仙 ⇅ 右2 左2

〈그림 162〉『궁중무용무보』〈연백복지무〉의 대형 구성

215 재현 때에는 공연의 성격에 따라 내용에 가감을 주어 다양하게 변화를 주어 추었다. 참고자료로는 〈연백지무(20:15)〉, B001748, 전통무용발표회(1982.4.7), 국립극장대극장, 국립국악원자료실.

216 국립국악원, 『궁중무용무보』 제12집, 〈연백복지무〉, 2005, 1~196쪽.

로 들어와 서쪽[우선]으로 회무를 돌았다.[217] 이를 『정재무도홀기』와 비교하면 우죽간자가 선두로 나아가 좌선[동쪽]하는 것으로 기록되었는데, 재현 〈연백복지무〉에서는 오방대형에서 좌우죽간자가 우선회무[서쪽]로 돌았다. 이러한 내용은 재현 때 무대화되면서 변화되었다.

(28) 연화대무(蓮花臺舞)

재현 〈연화대무〉[218]는 『궁중무용무보』 제8집에 수록되어 있다. 『고려사』 「악지」·『악학궤범』·『정재무도홀기』의 〈연화대무〉 내용을 소개하고, 〈학무〉와 〈연화대무〉가 합설로 추어지는 것이 당연함을 밝혔다. 이 무보는 『정재무도홀기』의 내용으로 소개하고 있으나 내용 전체가 기록되지 않고 처음부터 일렬대형까지만 기록되었다.[219] 재현은 조선후기 『정재무도홀기』의 내용을 토대로 하였으나, 실제 재현 때에는 무대 구성과 춤사위를 다양하게 구성하여 추었다.

재현 〈연화대무〉 내용을[220] 정리하면, 무용수는 죽간자 2인·동기 2인·협

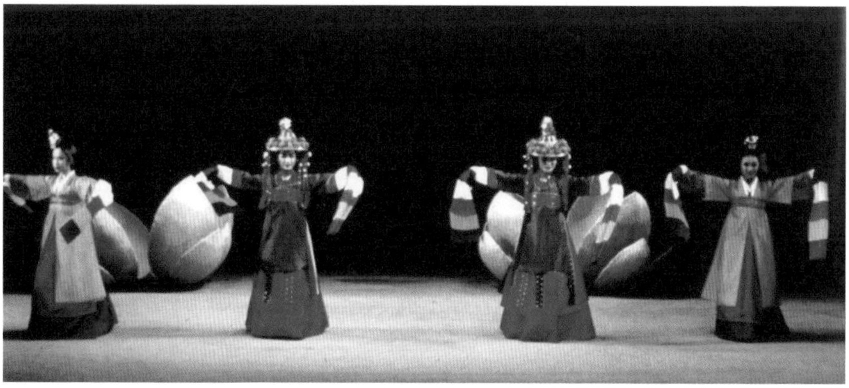

217 『궁중무용무보』 제12집, 2005, 133~135쪽.

218 재현 〈연화대무〉의 유래는 고려시대·조선전기·조선후기 편 참조.

219 국립국악원, 『궁중무용무보』 제8집, 〈연화대무〉, 1997, 15~60쪽.

220 『궁중무용무보』 제8집에 수록된 〈연화대무〉의 내용은 일렬대형 이후의 내용이 누락되어 본문에서는 무대 위에서 재현된 내용으로 살펴보았다. 〈연화대무〉, CLVT-0175, 전통무용 제8집(궁중무용), 심무회(1981.11.9), 문예회관대극장, 한국문화예술위원회 예술자료원; 1996.9.17. 이흥구정재발표회 〈연화대무〉, 호암아트홀.

무 2인으로 구성하였다. 악사 2인이 좌우에서 들어와 연화관을 놓고 물러나면, 죽간자 2인이 북향 무진하여 구호를 부르고 좌우로 물러나 선다. 동기 2인과 협무 2인이 무진하고 이어 협무는 제자리에 서고 동기가 무진하여 창사[거외수]를 부른다. 동기와 협무가 무퇴하고 다시 동기가 무진하여 연화관을 집어들고 서로의 머리 위에 씌워 주면 악사 2인이 좌우에서 들어와 끈을 묶어주고 물러나면, 동기는 상대 무퇴하고 협무는 어깨춤을 춘다. 동기와 협무가 북향 무퇴하여 상대·상배하고, 양손을 뿌려 뒤로 여미고 좌우전하면서 일렬대형으로 선다.[221] 동기와 좌우협무가 무작하고 무진하여 2대 좌우대형으로 서서 좌우일불일전이무와 이수고저를 춘다. 상대 무진하여 쌍호리춤을 추고 마주 보고 물러난다. 음악이 잦아들면서 좌우손을 머리 위로 휘두르며 좌우전하고 전대와 후대가 마주 보고 환대와 환복위하여 북향한다. 동기와 협무가 무퇴하고 서면, 죽간자가 상대무진하여 북향하고 구호를 부르고, 무용수 전체가 물러나면 춤이 마친다.

재현 〈연화대무〉는 2대 좌우대형·일렬대형·사우대형·전후대형으로 구성하여 〈그림 163〉처럼 진행한다. 2대 좌우대형에서는 북향하여 무진과 일불일전·이수고저와 마주 보고 연화관을 씌워주는 춤과 쌍호리춤을 추고, 좌우전하며 일렬대형을 짓고, 사우대형에서는 각 향[외향]하여 좌우로 빙글빙글 돌고, 전후대형에서는 환대와 환복위하며 춤을 춘다. 악사 2인이 무대 좌우에서 나와[222] 연화관의 끈을 묶어 주고, 2대 좌우대형에서 쌍호리춤을[223] 추고 일렬대형에서 좌우로 돌면서 춤을 추는데 무용수들이 같은 방향으로 돌면서 하였다. 이를 『정재무도홀기』와 비교하면 〈연화대무〉에는 일렬대형이 구성되지

---

221 일렬대형으로 변화된 이후의 내용이 누락되어 있다. 국립국악원, 『궁중무용무보』 제8집, 1997, 56~57쪽.

222 재현 〈연화대무〉는 악사의 등장을 여러 내용으로 추었는데, 악사가 동쪽에서 들어와 동쪽으로 무퇴하는 것, 동쪽에서 들어와 서쪽으로 무퇴하는 것, 서쪽에서 들어와 동쪽으로 무퇴하는 것, 서쪽에서 들어와 서쪽으로 무퇴하는 것, 악사 2인이 무대 좌우에서 동시에 들어와 무퇴하는 것으로 진행하였다.

223 쌍호리춤은 정재홀기에 기록되지 않은 용어로, 현행 정재 때 새로 만들어 사용한 용어이다. 재현 〈연화대무〉에서 도약무를 쌍호리춤으로 추었고, 2005년 이후부터는 도약무로 추었다. 손선숙, 『궁중정재용어사전』, 2005, 239쪽; 〈학연화대합설무〉 영상자료. 2005년 12월. 문화재청.

않았고, 악사 1인이 좌무와 우무 순서로 끈을 묶어주었으며, 쌍호리춤이 아닌 도약무를 추었다. 재현 〈연화대무〉는 재현 초창기부터 다양한 내용으로 변화를 주면서 무대화하였다. 동기 스스로가 연화관을 자기 머리 위로 쓰기도 하고, 악사 1인이 우무와 좌무 순서로 연화관 끈을 묶어주었고, 쌍호리춤은 환대의 춤과 환복위 춤으로 구분하여 다양한 춤사위를 구성하며[224] 추었다.

右竹　左竹 童妓　童妓 挾舞　挾舞	↷　↶ 童妓　童妓 挾舞　挾舞	挾舞 童妓　童妓 挾舞	▷ ⇆ ◁ ⇅　⇅ ▷ ⇆ ◁

〈그림 163〉『궁중무용무보』〈연화대무〉의 대형 구성

(29) 연화무(蓮花舞)

재현 〈연화무〉는[225] 조선후기 『정재무도홀기』의 내용을 토대로 하였으나, 실제 재현 때에는 무대 구성과 춤사위를 다양하게 구성하여 추었다. 〈연화무〉는 1996년 9월 이흥구정재발표회 때 호암아트홀에서 처음 초연되었다.[226] 1990년 초부터 숭의여자대학 손경순을 주축으로 한 정재 공부모임이 결성되어,[227] 조선후기인 『정재무도홀기』를 시작으로 이론과 실기를 교육하던 차에 한국학중앙연구원에서 발간한 『정재무도홀기』에서 〈연화무〉·〈춘광호〉·〈영지무〉·〈춘대옥촉〉을 찾아내어 이흥구가 이를 토대로 재현 안무하였다.

224 〈연화대무〉, DD8101, 한국문화예술위원회 예술자료원.

225 재현 〈연화무〉의 유래는 조선후기 편 참조.

226 1996년 당시 초연 때 〈연화무〉를 춘 무용수는 최형선·이지연·김정연·정은경·오주신·복미경이다. 〈연화무〉, 1996.9.17. 이흥구정재발표회, 호암아트홀; 1999.12.21. 제286회 중요무형문화재 무대종목 공연, '99손선숙의 춤, 당시 〈연화무〉를 춘 무용수는 백재욱·김정연·이은하·신언경·최선미·김윤숙이다. 국립국악원우면당.

227 1990년 초 손경순과 손선숙을 포함한 5인으로 구성된 정재스터디 모임은 회원들의 잦은 교체로 인하여 어려움이 있었으나 숭의여대 무용과, 삼성동 중요무형문화재 전수회관, 중앙문화센터에서 2000년도까지 지속되었고, 이후 중요무형문화재 전수회관으로 옮겨 지금은 〈학연화대무〉 전수교육을 통해 교육되어지고 있다.

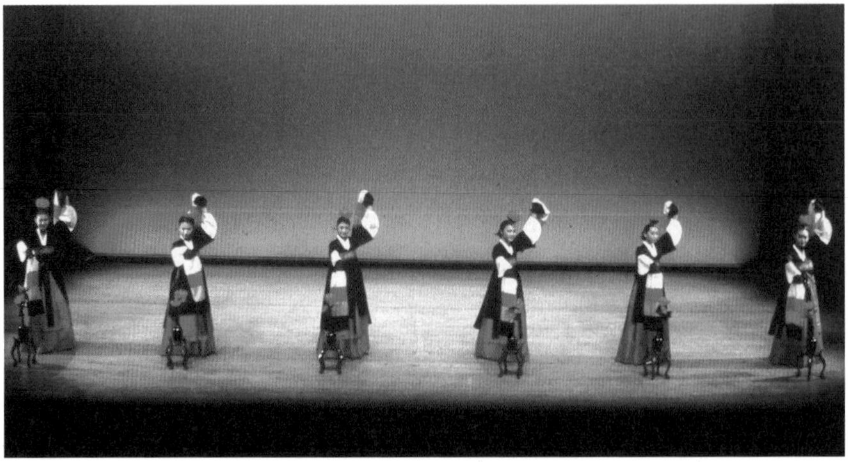

재현 〈연화무〉 내용을 정리하면,[228] 무용수는 악사 6인·협무 6인으로 구성된다. 악사가 화병을 설치하고 나가면 협무 6인이 무진하여 우선회무하고 각각 꽃을 집어들고 산작화무대형으로 서서 상대·환전하며 춤춘다. 정재대형은 일렬대형·산작화무대형으로 구성하여 〈그림 164〉처럼 진행한다. 재현 〈연화무〉는 『정재무도홀기』의[229] 내용을 토대로 하였으나 당시에는 악사가 화병을 설치하는 것은 생략하여 무대 위에 미리 설치하기도 하고, 악사 6인이 무대 좌우에서 화병을 들고 들어와 설치하기도 하였다. 그리고 창사는 내용 전체를 부르지 않고 첫 소절만 불렀다.

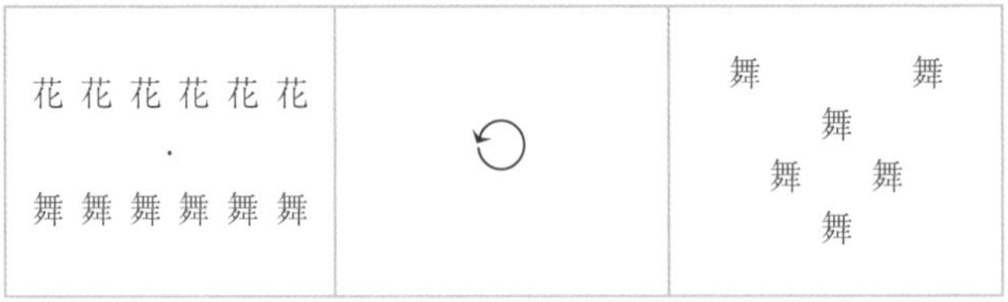

〈그림 164〉 재현 〈연화무〉의 대형 구성

228 재현 때에는 공연의 성격에 따라 내용에 가감을 주어 다양하게 변화를 주어 추었다. 참고자료로는 〈연화무〉, A006695, 국립국악원무용단기획공연, '정재(呈才)조선의 역사를 품다(2012.6.29),' 국립국악원예악당, 국립국악원자료실; 〈연화무〉, B001811, 정재제전, 정재 그 원형과 춤의 아름다움(1997.10.24), 국립국악원예악당, 국립국악원자료실.

229 〈연화무〉, 『정재무도홀기』(성남 : 한국학중앙연구원, 1994), 46·466쪽.

(30) 영지무(影池舞)

재현 〈영지무〉는[230] 조선후기 『정재무도홀기』의 내용을 토대로 하였으나, 실제 재현 때에는 무대 구성과 춤사위를 다양하게 구성하여 추었다. 〈영지무〉는 이흥구에 의해 재현 안무되었고, 한국학중앙연구원에서 발간한 『정재무도홀기』의 내용을 토대로 하였다. 재현 〈영지무〉 내용을 정리하면[231] 무용수는 악사·협무 6인으로 구성된다. 협무 6인이 무대 가운데 영지[연못]를 중심으로 동서와 남북으로 나누어 서서 상대·상배하며 춤추고, 영지를 향해 상대·상배·수수무·이수고저·좌우각일전·비리를 춘다. 재현 〈영지무〉 때에는 무구[영지]를 미리 설치한 상태에서 춤을 시작하기도 하고 악사를 대신하여 무용수가 무구를 끌어와 추었는데, 이것은 무대 현장성과 공연시간의 제약에 의해 다양한 연출기법을 활용하여 공연화되면서 변화되었다.

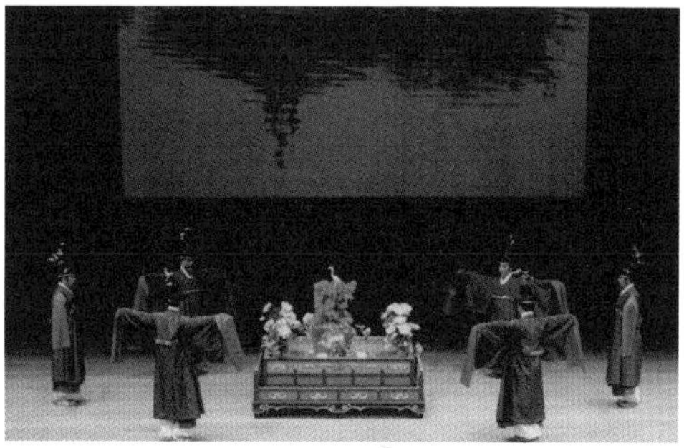

(31) 오양선(五羊仙)

재현 〈오양선〉은[232] 『궁중무용무보』 제9집에 기록되어 있다. 재현 〈오양선〉은 조선전기와 조선후기의 내용을 발표하였으나 무보에 밝힌 〈오양선〉은 조선후기 『정재무도홀기』의 내용을 토대로 하였고, 실제 재현 때에는 무대 구성과 춤사위를 다양하게 구성하여 추었다.[233]

---

230 재현 〈영지무〉의 유래는 조선후기 편 참조.

231 재현 때에는 공연의 성격에 따라 내용에 가감을 주어 다양하게 변화를 주어 추었다. 참고자료로는 〈영지무〉, A006695, 국립국악원무용단기획공연, '정재(呈才)조선의 역사를 품다'(2012.6.29), 국립국악원예악당, 국립국악원자료실; 〈영지무(13:15)〉, B001806, 국립국악원 정재제전, 궁중의 한나절 정취를 찾아서: 선과 색이 빚어내는 정재의 미학(1999.11.25), 국립국악원예악당, 국립국악원자료실.

232 재현 〈오양선〉의 유래는 고려시대·조선전기·조선후기 편 참조.

233 재현 때에는 공연의 성격에 따라 내용에 가감을 주어 다양하게 변화를 주어 추었다. 참고자료로는 〈오양선〉, B001745, 전통무용발표회(1981.5.18), 국립극장소극장, 국립국악원자료실.

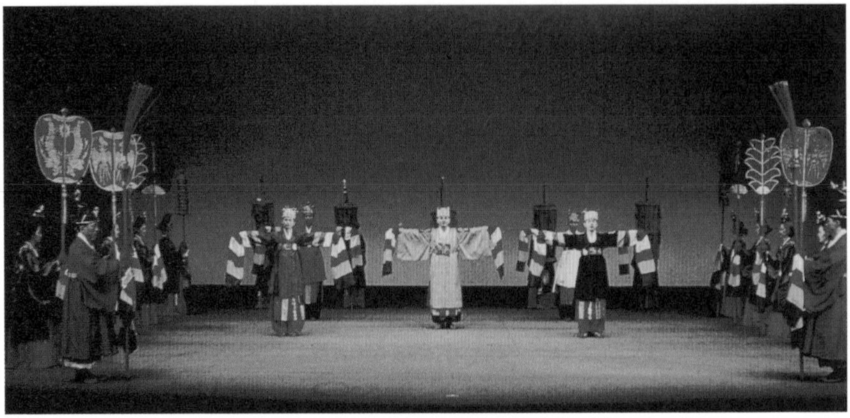

무보의 〈오양선〉 내용을 정리하면,[234] 무용수는 죽간자 2인·선모 1인·협무 4인으로 구성하였다. 죽간자 2인이 무진하여 구호를 부르고 좌우로 물러나 마주 보고 서면, 선모 및 협무 4인이 무진하고, 이어 선모가 무진하여 공읍하고 치어를 부르고 무퇴하면, 선모와 협무 4인이 수악절창사를 부른다. 선모는 제자리에서 춤추고 협무 4인이 사방대형으로[235] 서서 선모를 향해 춤추는데, 선모가 '전우무-전좌무-후좌무-후우무'순으로 각각 마주 보고[236] 무진·무퇴하며 춤춘다. 제자리에서 좌우선전[237] 하고 선모를 향해 수수무·상배무·대수무를 춘다. 이어 선모가 '전우무-전좌무-후좌무-후우무'순으로 각각 마주 보고[238] 무진·무퇴하며 번수무를 춘다. 선모는 제자리에서 우선하고 협무 4인은 그 주위를 우선하여 일렬대형으로 서서 무퇴한다. 좌1·우1, 좌2·우2가 차례로 북향 무진하여 상대하고 무퇴한다. 선모는 무진하여 남향·북향하며 무퇴하고, 협무 4인은 좌무와 우무끼리 각각 마주 보고 춤추고 일렬로 선다. 죽간자가 좌우에서 무진하여 구호를 부르고 물러나면 선모가 무진하여 치어를 부르고 물러나고 이어 선모 및 협무 4인이 무진·무퇴하면 춤이 마친다.

234 국립국악원, 『궁중무용무보』 제9집, 〈오양선〉, 1999, 15~61쪽.

235 『궁중무용무보』 제9집, 〈오양선〉에는 『정재무도홀기』의 사방대형을 사우대형으로 제시하였다. 국립국악원, 『궁중무용무보』 제9집, 〈오양선〉, 1999, 24쪽.

236 국립국악원, 『궁중무용무보』 제9집, 〈오양선〉, 1999, 25쪽.

237 무용수 중심의 좌우로 선전(旋轉)하였다.

238 국립국악원, 『궁중무용무보』 제9집, 〈오양선〉, 1999, 45쪽.

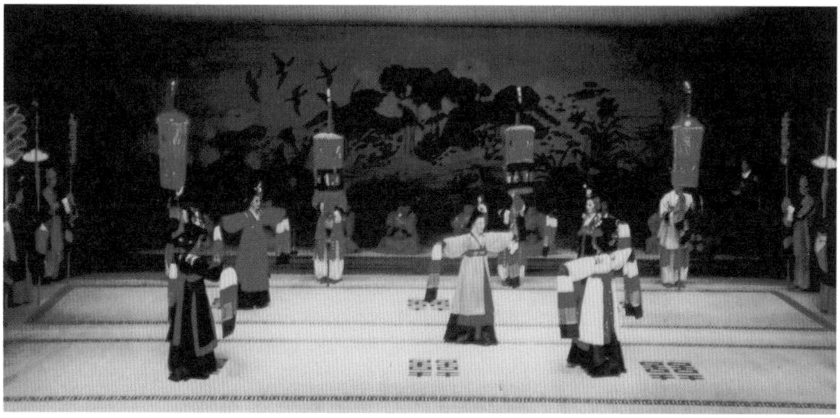

무보 〈오양선〉에는 일렬대형·사우대형·전후대형으로 구성하여 〈그림 165〉처럼 진행한다. 사우대형에서는 무대 가운데 선모가 '전우무-전좌무-후좌무-후우무'순으로 마주 보고 춤을 추었는데, 이를 『정재무도홀기』와 비교하면 홀기에 사방대형으로 기록된 것을 재현 때에 사우대형으로 만들었다. 사방대형의 형태는 동·서·남·북 정방위에 서는 것이다. 『악학궤범』에 수록된 〈봉래의〉·〈수연장〉·〈오양선〉의 대형과 비교해 보면, 〈봉래의〉·〈수연장〉은 협무 8인 구성으로 사방대형으로 기록하였고, 〈오양선〉은 선모 1인과 협무 4인 구성으로 사우대형으로 기록하고 있다. 사방과 사우의 형태가 분명히 다르고 조선후기 의궤 〈오양선〉 정재도를 살폈을 때에도 사우대형을 제시하고 있다. 따라서 『정재무도홀기』 〈오양선〉의 사방은 사우의 오기(誤記)로 보여진다. 그리고 정재대형에 따라 상대하는 순서가 정해져 있는데, 사우대형의 경우는 선모가 '전좌무-전우무-후좌무-후우무'순으로 추어야 하는데, 재현 〈오양선〉에서는 '전우무-전좌무-후좌무-후우무'순으로 추었다. 이러한 내용은 재현 때 무대화되면서 변화된 것이다.

	舞① 舞②	右1 左1	右2 左2	仙
舞 舞 仙 舞 舞	仙	↑ ↑	↑ ↑	↑
	舞④ 舞③	右2 仙 左2	右1 仙 左1	▷ ◁ ▷ ◁

〈그림 165〉『궁중무용무보』〈오양선〉의 대형 구성

(32) 왕모대가무(王母隊歌舞)

재현 〈왕모대가무〉는 고려시대 『고려사』 「악지」에 이름으로만 전하는 춤을 무대 구성과 춤사위를 다양하게 재구성하여 추었다. 재현 〈왕모대가무〉 내용을 정리하면,[239] 무대좌우에서 협무 40인이 염수하여 걸어 들어와 배열한다. 양손을 입 가까이 들고 창사를 부르고, 춤을 추며 여러 형태의 대형을 만들어가며 춤을 춘다.

(33) 육화대(六花隊)

재현 〈육화대〉[240]는 『궁중무용무보』 제5집에 기록되어 있다. 재현은 조선후기 『정재무도홀기』의 내용을 토대로 하였으나, 실제 재현 때에는 무대 구성과 춤사위를 다양하게 구성하여 추었다.[241]

무보의 〈육화대〉 내용을 정리하면,[242] 무용수는 죽간자 2인·선모 1인·협무 6인으로 구성하였다. 죽간자 2인이 무진하여 구호를 부르고 좌우로 물러나 마주 보고 서면, 선모가 무진하여 치어를 부르고 무퇴한다. 좌무 1인부터 차례로 무진하여 일념시부터 삼념시를 부르고 다시 제자리로 물러난다. 좌대와 우대가 서로 교선하여 초열로 서고, 다시 좌무 1인부터 차례로 무진하여 일념가부터 삼념가를 부르고 제자리로 돌아와 선다. 좌선회무하여 전대와 후대로 서서 감(坎)과 리(離)가 서로 환대하여 전대의 가운데 감(坎)이 동향·서향하면 건(乾)과 간(艮)이 각각 서향·동향하여 상대·상배하며 춤춘다. 이어 전대와 후대가 환대하고 다시 전대의 가운데 감이 동향·서향하면 건과 간이 각각 서향·동향하여 상대·상배하며 춤춘다. 이어 감과 리가 환대하고 전대

239 재현 때에는 공연의 성격에 따라 내용에 가감을 주어 다양하게 변화를 주어 추었다. 참고자료로는 〈왕모대가무〉, B001806, 국립국악원 정재제전: 궁중의 한나절 정취를 찾아서(1999.11.25), 국립국악원 예악당, 국립국악원자료실.

240 재현 〈육화대〉의 유래는 조선전기·조선후기 편 참조.

241 재현 때에는 공연의 성격에 따라 내용에 가감을 주어 다양하게 변화를 주어 추었다. 참고자료로는 〈육화대〉, B001815, 전통무용발표회(1996.10.10), 국립국악원소극장, 국립국악원자료실.

242 국립국악원, 『궁중무용무보』 제5집, 〈육화대〉, 1993, 135~231쪽.

와 후대가 환대하고 다시 좌선회무하여 초열로 선다. 죽간자가 무진하여 구호를 부르고 무용수 전체가 무진·무퇴하면 춤이 마친다.

무보 〈육화대〉에는 2대 좌우대형·전후대형을 구성하여 〈그림 166〉처럼 진행한다. 무보에는 『정재무도홀기』에 기록된 대로 전후대형에서 "좌선회무한다"라고 하였으나 실제 재현 때에는 우선으로 돌았다. 기록된 내용과 반대 방향으로 돈 것은 좌와 우의 방향을 방위 관점으로 해석하지 않고 무용수 관점으로 해석한 것에 기인한 것이다. 그리고 초열에서 좌무 1인부터 차례로 무진하여 일념가부터 삼념가를 부르며 다시 제자리[초열]로 섰는데, 이를 『정재무도홀기』와 비교하면 초열[2대 좌우대형]이 아닌 일렬대형으로[243] 서야 하는 것인데 재현 때 이러한 내용이 변화되었다.

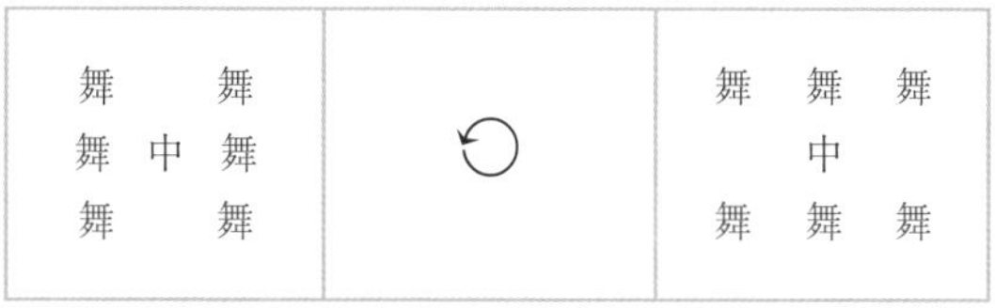

〈그림 166〉『궁중무용무보』〈육화대〉의 대형 구성

(34) 장생보연지무(長生寶宴之舞)

재현 〈장생보연지무〉[244]는 조선후기의 『정재무도홀기』의 내용을 토대로 하였으나, 실제 재현 때에는 무대 구성과 춤사위를 다양하게 구성하여 추었다.[245] 재현 〈장생보연지무〉 내용을 정리하면, 무용수는 죽간자 2인·선모 1

243 일렬대형으로 보는 이유는, "2대 좌우대형에서 좌1의 옥색의가 무진하여 일념가를 부른 뒤 동(東)쪽에 서고, 우1의 초록의가 무진하여 일념가를 부른 뒤 서(西)쪽에 선다. 좌2의 자적의가 무진하여 이념가를 부른 뒤 무퇴하여 전대[좌1]의 왼쪽에 서고, 우2의 진홍의가 무진하여 이념가를 부른 뒤 무퇴하여 전대[우1]의 오른쪽에 선다. 좌3의 아청의가 무진하여 삼념가를 부른 뒤 무퇴하여 전대[좌2]의 왼쪽에 서고, 우3의 분홍의가 무진하여 삼념가를 부르고 무퇴하여 전대[우2]의 오른쪽에 선다"는 내용에 의해서이다. 이 내용을 해석하면 초열인 2대 좌우대형이 아닌 일렬대형으로 서는 것이다. | 우1 우2 우3 좌3 좌2 좌1 |

244 재현 〈장생보연지무〉의 유래는 조선후기 편 참조.

245 재현 때에는 공연의 성격에 따라 내용에 가감을 주어 다양하게 변화를 주어 추었다. 참고자료로는 〈장생보연지무(16:51)〉, B001751, 전통무용발표회(1982.10.13), 국립극장대극장, 국립국악

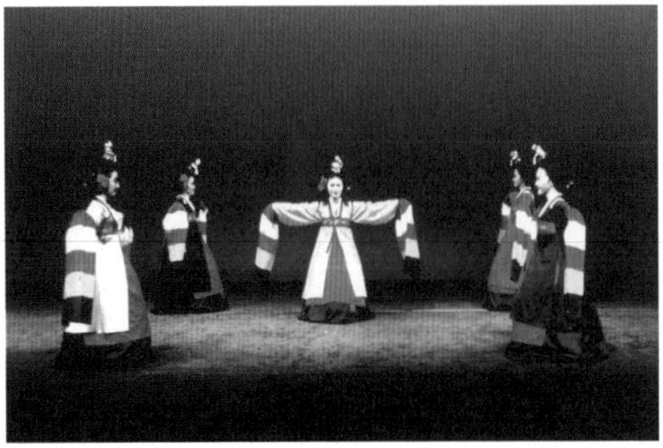

인·협무 6인으로 구성된다. 죽간자 2인이 무진하여 무용수 전체가 무진하고, 이어 선모가 무진하여 치어 첫 소절을 부르고 물러난다. 선모와 협무 4인이 창사 첫 소절을 부르고 북향하여 춤춘다. 이어 일변상대무·이변수수무·삼변상배무·사변산작화무·오변수수무·육변오방무·칠변염수무·팔변사선무·구변염수무를 추고, 둥글게 돌아 초열로 서면 모든 춤이 마치고 죽간자가 무진하여 구호를 첫 소절만 부르고 물러나면 춤이 마친다.

(35) 제수창(帝壽昌)

재현 〈제수창〉은[246] 『궁중무용무보』 제4집에 기록되어 있다. 1980년대 국립국악원에서 김천흥의 주도로 『정재무도홀기』를 저본으로 하여, 그리고 이에 1920년대 이왕가아악부에서 재현된 정재를 토대로 수차례 발표된 〈제수창〉은 이후 1989년 이흥구의 재현 안무로 거듭 발표되었다. 재현은 조선후기 『정재무도홀기』의 내용을 토대로 하였으나, 실제 재현 때에는 무대 구성과 춤사위를 다양하게 구성하여 추었다.[247]

무보의 〈제수창〉 내용을 정리하면,[248] 무용수는 족자 1인·죽간자 2인·선모 1인·협무 4인·황개 1인·후대 4인으로 구성된다. 족자와 죽간자가 무진하

원자료실; 〈장생보연지무〉, B001766, 전통무용, 정가, 농악과 사물놀이 전통무용(1988.7.5), 국립국악원자료실.

246 재현 〈제수창〉의 유래는 조선후기 편 참조.

247 재현 때에는 공연의 성격에 따라 내용에 가감을 주어 다양하게 변화를 주어 추었다. 참고자료로는 〈제수창〉, B001745, 전통무용발표회(1981.5.18), 국립극장소극장, 국립국악원자료실; 〈제수창〉, B001830, 전통무용발표회(1996.3.26), 국립국악원소극장, 국립국악원자료실; 〈제수창〉, B001831, 전통무용발표회(1996.3.26), 국립국악원소극장, 국립국악원자료실.

248 국립국악원, 『궁중무용무보』 제4집, 〈제수창〉, 1992, 11~58쪽.

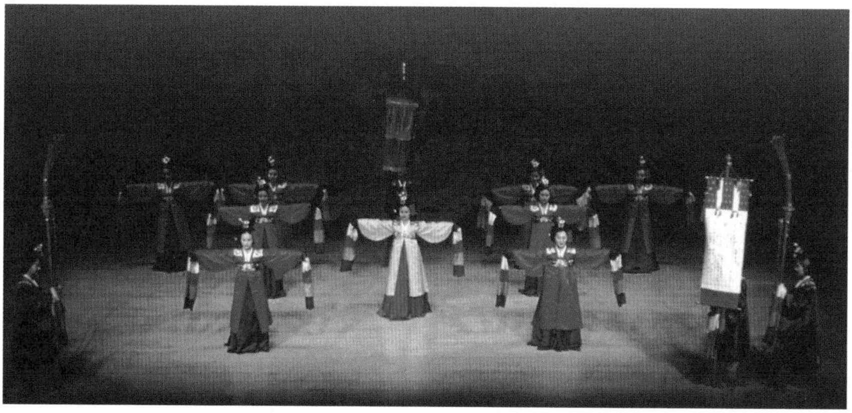

여 죽간자가 구호를 부른다. 좌우 제1대가 무진하여 족자 뒤로 배열하고 이어 좌우 제2대가 무진하여 1대 뒤에 배열하면 선모와 황개·후대 4인이 무진한다. 선모가 '우무1-우무2-좌무2-좌무1'순으로 마주 보고 춤춘다. 전대의 협무 4인이 일렬로 서서 후대와 무진·무퇴·환대·환복기대하며 춤추고, 선모는 가운데에서 우전(右轉)하고 전대와 후대는 무진·무퇴하며 춘다. 무용수 전체가 우선하여 2대 좌우대형으로 서서 선모가 '협무 4인-후대 4인'순으로 마주 보고 무진·무퇴하며 춤춘다. 다시 우선하여 초열로 서서 무진·무퇴하면 춤이 마친다.

무보 〈제수창〉은 전후좌우복합대형·전후대형·2대 좌우대형·사우대형으로 구성하여 〈그림 167〉처럼 진행한다. 전대의 사우대형에서 선모가 협무 4인과 상대할 때 '우무1-우무2-좌무2-좌무1'순으로 추었는데 이를 『정재무도홀기』와 비교하면 사우대형에서 선모와 협무의 상대는 '좌무1-우무1-좌무2-우무2'순으로 해야 한다. 그리고 좌무와 우무의 위치가 서로 바뀌었고, 상대하는 순서도 잘못 기록하였다.

竹 簇 竹 左1④ 右1① 仙 左2③ 右2② 舞 舞 蓋 舞 舞	竹 簇 竹 左1 左2 仙 右2 右1 ⇅ ⇅ ⇅ ⇅ ⇅ 舞 舞 蓋 舞 舞	↺	竹 簇 竹 ② ① 舞⇄ ⇄右1 舞⇄ 仙 ⇄右2 舞⇄ ⇄左2 舞⇄ 蓋 ⇄左1

〈그림 167〉『궁중무용무보』〈제수창〉의 대형 구성

(36) 처용, 여령병무

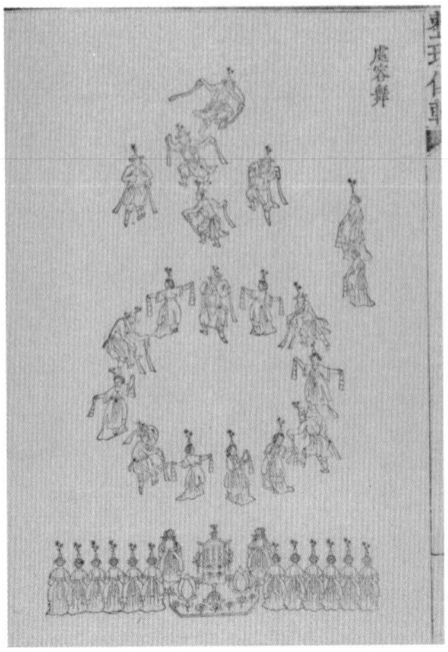

〈처용, 여령병무〉의 재현은 조선후기 『정재무도홀기』 〈처용무〉와 의궤 정재도의 내용을 토대로 재구성한 것이다. 『정재무도홀기』에는 협무의 구성이 기록되지 않았다. 그러나 의궤 정재도에 수록된 〈처용무〉에는[249] 처용 5인과 협무가 함께 춤을 춘 것으로 기록되어 있다. 무용수는 처용 5인과 협무 8인으로 구성하여 무대 구성과 춤사위를 다양하게 구성하여 추었다. 재현 〈처용, 여령병무〉의 내용을 정리하면,[250] 협무 8인이 무대에 미리 배열되어 있고 청·홍·황·흑·백 처용이 무대 상수에서 일렬로 들어와 〈그림 168〉처럼 배열하여 춤을 춘다. 춤 내용은 〈처용무〉와 같게 하고, 상대와 상배와 같은 무용 구성은 처용 5인과 협무 8인이 서로 상응하며 추었다.

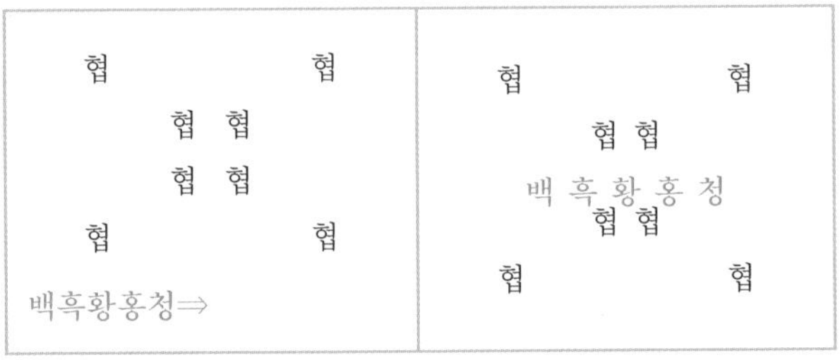

〈그림 168〉 재현 〈처용, 여령병무〉 무대 구성

(37) 처용무(處容舞)

재현 〈처용무〉는[249] 『궁중무용무보』 제1집에 기록되어 있다. 재현은 조선

249 〈처용무〉 정재도는 정조 을묘 『정리의궤』[여령]13b·순조 무자 『진작의궤』[무동]17a·순조 기축 『진찬의궤』[여령]28b·헌종 무신 『진찬의궤』[여령]21a에 수록되어 있다.

250 〈처용, 여령병무〉, B001799, 우리가락 우리춤무용(1995.3.24), 국립국악원소극장, 국립국악원자료실.

후기 『정재무도홀기』의 내용을 토대로 하였으나, 실제 재현 때에는 무대 구성과 춤사위를 다양하게 구성하여 추었고,[252] 1931년 조선총독부에서 촬영한 〈처용무〉와 내용이 같다. 무보에는 춤의 절차와 춤의 내용을 기록한 무보, 처용무 계보, 언락(言樂)과 우편(羽編)의 창사악보가 실려 있다. 춤의 절차는 '평진(平進)-전배(前拜)-상배(相拜)-상배(相背)-삼진(三進)-사방작대도(四方作隊圖: 散作花舞)-동서상대이무-동서상배이무-좌선회무-일렬작대도-오방작대도-수양수오방무(垂揚手五方舞:1)-수양수오방무(2)-우선회무[오방회무]-일렬작대도-낙화유수(落花流水)'로 진행되었고, 음악은 '수제천-향당교주-세령산-삼현도드리-송구여지곡'으로 구성되었다.

무보의 〈처용무〉 내용을 정리하면,[253] 무대 오른쪽[상수]에서 일렬로 들어와 가지런히 서서 북향하여 양손을 허리에 대고 처용가 언락을 부른다. 일렬대형에서 황 처용이 동향[右向]하면[254] 청·홍과 흑·백 처용이 서로 마주 보고

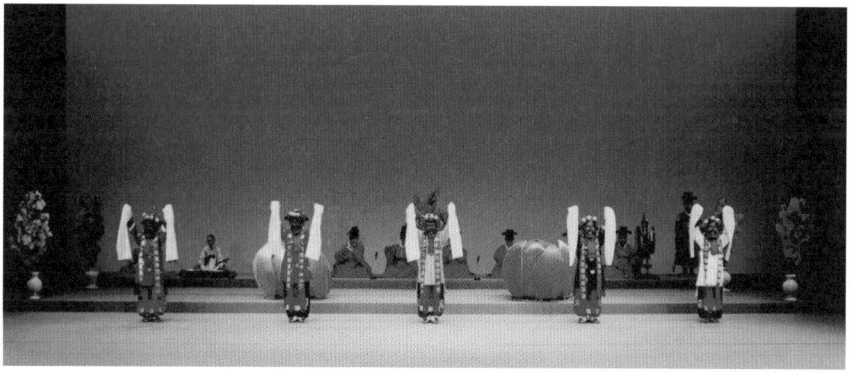

251 재현 〈처용무〉의 유래는 조선전기·조선후기 편 참조.

252 재현 때에는 공연의 성격에 따라 내용에 가감을 주어 다양하게 변화를 주어 추었다. 참고자료로는 〈처용무(부벽루연회도)〉, A008135, 풍류사랑방 기획공연, 풍류사랑방 수요춤전 명인 명무전 心泉 印南順의 춤빛(2015.12.2), 국립국악원자료실; 〈처용무〉 B001745, 전통무용발표회(1981.5.18), 국립극장소극장, 국립국악원자료실; 〈처용무〉, A007339, 2014 국립국악원 정기공연, 정재(呈才), 조선의 역사를 품다Ⅱ-마지막 황태자, 조선의 꿈을 보다(2014.4.4), 국립국악원자료실; 〈처용무〉, B002459, 심소 김천흥선생 무악생활칠십주년기념공연 무용의 밤(1992.9.29), 국립국악원자료실.

253 국립국악원, 『궁중무용무보』 제1집, 〈처용무〉, 1988, 1~119쪽.

254 여기서의 '우향'은 무용수 관점에서 오른쪽[서쪽]으로 도는 것을 명기한 것이다.

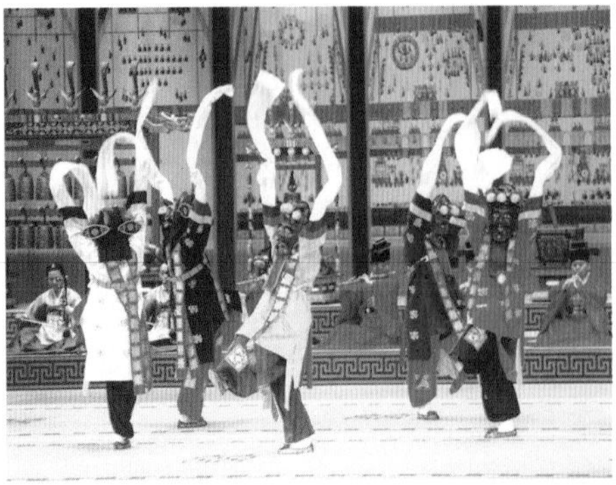

허리를 숙여 절하고[相拜], 이어 황 처용이 서향하면 청·홍과 흑·백 처용이 서로 등을 지고 허리를 숙여 절한다[相背]. 이어 북향 삼진(三進)하는데 양손을 겨드랑이에서 뿌려가며 춘다. 이어 양손을 허리에 대고 사방대형으로[255] 서서 동서가 마주 보고 등을 지고 춤을 추는데, 오른손·왼손·양손 순서로 뿌려가며 춤춘 후 좌선회무하고 다시 일렬로 서고 이어 오방대형으로 선다. 오방대형에서 가운데 황 처용이 북의 흑 처용을 시작으로 '청-홍-백 처용'과 상대·상배하는 수양수오방무(1)을 추고 이어 수양수오방무(2)를 차례로 춘다. 이어 황 처용이 홍과 백 처용 사이로 들어가 우선회무하고[256] 일렬대형으로 서서 무퇴한다. 이어 편락을 부르고 무진·무퇴하고, 청 처용을 선두로 하여 둥글게 돌아[우선] 낙화유수를 추며 퇴장하면 춤이 마친다.

무보 〈처용무〉의 정재대형은 일렬대형·사방대형·오방대형으로 구성하여 〈그림 169〉처럼 진행한다. 일렬대형에서는 북향·상배·상배·낙화유수를 추고, 사방대형에서는 동과 서가 상대·상배를 추고[산작화무], 오방대형에서는 수양수오방무(1)·(2)를 춘다. 이를 『정재무도홀기』와 비교하면, 산작화무의 형태를 사방대형으로 제시하였지만 이는 사우대형이다. 그리고 사방대형에서의 춤을 산작화무라 하였는데, 〈처용무〉에는 산작화무가 기록되지 않았고 사방과 사우대형을 사용하지 않는다. 산작화무는 〈장생보연지무〉와 〈연화무〉에 나오는 대형으로,[257] 두 정재에 사용된 산작화무 대형의 형태가 서로 다르다. 그리고 현행 〈처용무〉에서는 〈장생보연지무〉와 〈연화무〉에 사용된 산작화무의 대형과는 또 다르다. 현행 〈처용무〉에 산작화무[사우대형]의

255 산작화무는 사우대형인데 『궁중무용무보』에는 사방대형으로 잘못 기록하였다.

256 실제로 도는 방향은 좌선회무인데 무용수가 도는 관점으로 해석하여 우선으로 잘못 기록하였다.

257 손선숙, 『궁중정재용어사전』, 2005, 191쪽.

춤을 수용한 것을 1929년 소화 4년 『무의』와 일제강점기 조선총독부에서 촬영한 영상에서 확인된다. 즉 지금의 국립국악원에서 재현되는 〈처용무〉는 일제강점기 이왕직아악부에서 추어졌던 춤을 그대로 수용하여 추어온 것으로, 1956년 국립국악원 국악사양성소에서 교재로 사용하던 김기수의 무보 내용을[258] 참고로 한 것이다. 그리고 산작화무[상대·상배]를 춘 다음 좌선회무하는 것으로 기록하였는데 실제 도는 방향은 우선회무이다. 이것은 도는 방향을 방위관점으로 기록하여야 하는데 무용수 관점으로 잘못 기록한 것이다.

<table>
<tr><td rowspan="3">白 黑 黃 紅 靑</td><td>白 ← 靑</td><td>黑</td></tr>
<tr><td>↓ 黃 ↑</td><td>白 黃 靑</td></tr>
<tr><td>黑 → 紅</td><td>紅</td></tr>
</table>

〈그림 169〉『궁중무용무보』〈처용무〉의 대형 구성

(38) 첨수무(尖袖舞)

재현 〈첨수무〉는[259] 조선후기 『정재무도홀기』의 〈검기무〉 내용을 토대로 하였고 실제 재현 때의 춤 내용도 재현 〈검기무〉와 같다. 『정재무도홀기』의 〈첨수무〉는 〈공막무〉와 춤 내용이 같은데, 재현 때에는 〈검기무〉의 내용으로 추어 차이가 있다. 재현 〈첨수무〉 내용을 정리하면,[260] 검은 무대 바닥에 놓여져 있고 나무로 만든

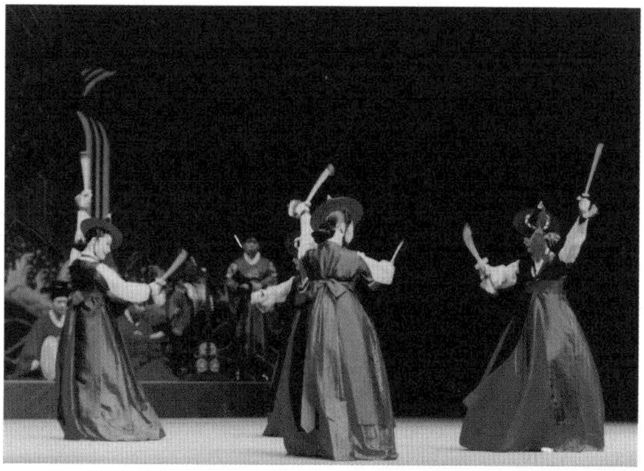

258 張師勛, 『韓國傳統舞踊硏究』, 一志社, 1979, 399~403쪽.

259 재현 〈첨수무〉의 유래는 조선후기 편 참조.

260 재현 때에는 공연의 성격에 따라 내용에 가감을 주어 다양하게 변화를 주어 추었다. 참고자료로는 〈첨수무〉, A002307, 피리정악 궁중정재 발표회(2000.10.6), 국립국악원, 국립국악원자료실; 〈첨수무〉, B001787, 전통무용발표회(1993.4.30), 국립국악원소극장, 국립국악원자료실.

검을 사용하였다. 기녀 4인이 서로 마주 보고 춤을 시작하는데 〈검기무〉의 음악적 구성과 춤 내용이 같다.

(39) 첩승무(疊勝舞)

재현 〈첩승무〉는[261] 『궁중무용무보』 제8집에 기록되어 있다. 조선조 말의 향악정재로 소개하고 있고, 제1첩부터 10첩까지 노래를 부르며 추는 노래 중심의 춤으로 소개하고 있다. 재현은 조선후기 『정재무도홀기』의 내용을 토대로 하였으나, 실제 재현 때에는 무대 구성과 춤사위를 다양하게 구성하여 추었다.[262]

무보의 〈첩승무〉 내용을 정리하면,[263] 무용수는 협무 6인으로 구성하였다. 전후좌우복합대형으로 선 협무 6인이 무진하여 제1첩[第一疊] 창사를 부르고 물러난다. 전후대와 좌우대가 각각 상대·상배하고 '전대1-좌무1-좌무2-후대1-우무1-우무2'순으로 나아가 우선회무하여 초열로 서서 북향하여 제2첩[第

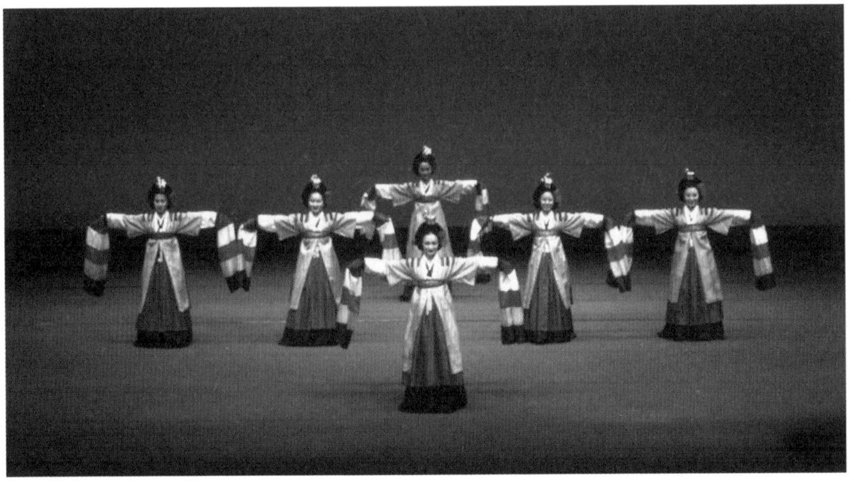

261 재현 〈첩승무〉의 유래는 조선후기 편 참조.

262 재현 때에는 공연의 성격에 따라 내용에 가감을 주어 다양하게 변화를 주어 추었다. 참고자료로는 〈첩승무〉, B001787, 전통무용발표회(1993.4.30), 국립국악원소극장, 국립국악원자료실.

263 국립국악원, 『궁중무용무보』 제8집, 〈첩승무〉, 1997, 61~128쪽.

二疊] 창사를 부른다. 전후대형으로 서서 좌우전·남북상배하고 북향하여 제3첩[第三疊] 창사를 부른다. 이어 남북상대하고 북향하여 2대 좌우대형으로 서서 동서상대·상배·환대·환복위를 하고 북향하여 제4첩[第四疊] 창사를 부른다. 일렬대형으로 서서 무진·무퇴하고 북향하여 제5첩[第五疊] 창사를 부른다. 좌우 제1인이 무진하여 나란히 서서 북향하여 제6첩[第六疊] 창사를 부른다. 좌우 제2인이 무진하여 나란히 서서 북향하여 제7첩[第七疊] 창사를 부른다. 좌우 제3인이 무진하여 나란히 서서 북향하여 제8첩[第八疊] 창사를 부른다. 이어 좌우대가 서로 마주 보고 회선[交旋]하여 일렬대형으로 서서 북향하여 제9첩[第九疊] 창사를 부른다. 일렬대형에서 무진·무퇴하고 초열로 서서 북향 무진하여 제10첩[第十疊] 창사를 부르고 무퇴하면 춤이 마친다. 무보 〈첩승무〉에는 전후좌우복합대형·전후대형·2대 좌우대형·일렬대형으로 구성하여 〈그림 170〉처럼 진행한다.

가	나	다	라	마
前 右2 右1 左1 左2 後	↙前 ← 左1↖ 右2 左2 ↳右1 → 後↗	右2 前 左2 右1 後 左1	右2 ⇆ 左2 前 ⇆ 後 右1 ⇆ 左1	右 右 前 後 左 左 2 1 1 2
바	**사**	**아**	**자**	**차**
右2 左2 ↗ ↖ 右1 前 後 左1	右2 左2 右1 左1 前 後	↷ ↶ 右2 左2 右1 左1 前 後	←右右前 後左左→ 21 12	前 右2 右1 左1 左2 後

〈그림 170〉『궁중무용무보』〈첩승무〉의 대형 구성

(40) 초무(初舞)

재현 〈초무〉는[264] 조선후기의 『정재무도홀기』 내용을 토대로 하였으나, 실제 재현 때에는 무대 구성과 춤사위를 다양하게 구성하여 추었다. 재현 〈초

264 재현 〈초무〉의 유래는 조선후기 편 참조.

무〉 내용을 정리하면,[265] 협무 2인이 일렬대형으로 서서 반절로 춤을 시작하는데, 〈그림 171〉처럼 북향무진·무퇴·좌우전·상대·상배·환대·환복기대이무하며 춘다. 재현 때에는 모든 춤사위를 내수·외수와 내족을 적용하여 추었다.

舞 舞	↷ ↶	▷ ⇄ ◁

〈그림 171〉 재현 〈초무〉의 대형 구성

(41) 최화무(催花舞)

재현 〈최화무〉는[266] 『궁중무용무보』 제5집에 기록되어 있다. 순조 대 당악정재의 형식을 빌러 창제된 정재로 죽간자 2인·중무 1인·협무 4인으로 구성된 〈최화무〉를 소개하고 있다. 〈최화무〉는 한말 이후 추어지지 않다가 1981년 10월에 김천흥에 의해 재현되어 국립국악원에서 추어졌으며, 재현 내용은 조선후기 『정재무도홀기』의 내용을 토대로 무보로 제작하였으나, 실제 재현 때에는 무대 구성과 춤사위를 다양하게 구성하여 추었다.[267]

무보의 〈최화무〉 내용을 정리하면,[268] 죽간자가 북향 무진하여 구호를 부르고 좌우로 물러나 서면, 무용수 전체가 무진하여 중무가 치어를 부르고, 중무가 무퇴하면 협무 4인이 서로 마주 보고 춤춘다. 이어 사우대형으로 서서 중무가 전좌무[청]-후좌무[홍]-후우무[흑]-전우무[백]순으로 마주 보고 등지

265 재현 때에는 공연의 성격에 따라 내용에 가감을 주어 다양하게 변화를 주어 추었다. 참고자료로는 〈초무〉, B001787, 전통무용발표회(1993.4.30), 국립국악원소극장, 국립국악원자료실; 〈초무(6:56)〉, B001751, 전통무용발표회(1982.10.13), 국립극장대극장, 국립국악원자료실; 〈초무〉, 인터넷영상자료(4분 19초). 참고사이트: YouTube

266 재현 〈최화무〉의 유래는 조선후기 편 참조.

267 재현 때에는 공연의 성격에 따라 내용에 가감을 주어 다양하게 변화를 주어 추었다. 참고자료로는 〈최화무[5인]〉, B001831, 전통무용발표회(1996.3.26), 국립국악원소극장, 국립국악원자료실; 〈최화무〉, B001830, 전통무용발표회(1996.3.26), 국립국악원소극장, 국립국악원자료실.

268 국립국악원, 『궁중무용무보』 제5집, 〈최화무〉, 1993, 75~132쪽.

고 춤춘다. 무용수 전체가 북향하여 창사를 부르고 일렬대형으로 서고 다시 오방대형으로 서서 창사를 부른다. 다시 일렬대형으로 서서 무진·무퇴하며 춤추고, 중무가 무진하여 전대에 서고 협무 4인이 후대에 서서 마주 보고 이수고저를 추고, 일불일전하며 일렬로 서서 좌우전하고 무진·무퇴하며 춤춘다. 중무는 후대에 서고 협무 4인은 전대에 서서 무진·무퇴하고 우선하여 일렬로 선다. 죽간자가 무진하여 구호를 부르고 물러나면 중무와 협무 4인이 무진·무퇴하고 춤이 마친다.

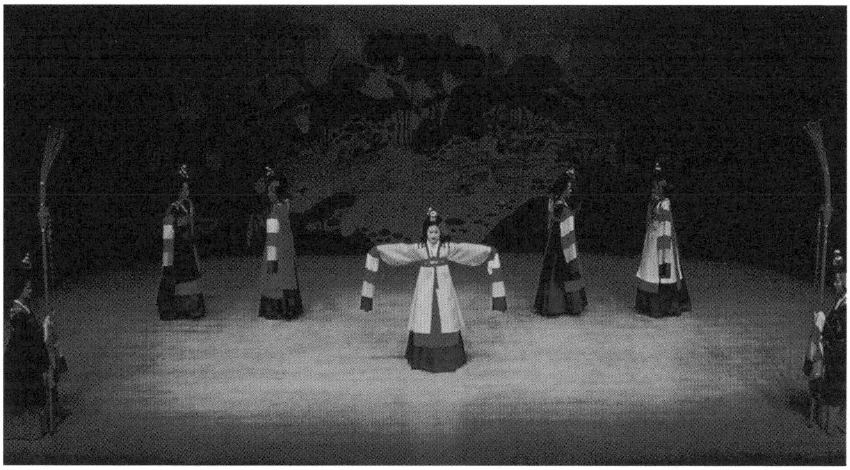

무보 〈최화무〉의 정재대형은 전후대형·사우대형·일렬대형·오방대형으로 구성하여 〈그림 172〉처럼 진행한다. 사우대형에서 무대 가운데 중무가 좌우협무 4인과의 상대를 전좌무[청]-후좌무[홍]-후우무[흑]-전우무[백] 순서로 하였다. 이를 『정재무도홀기』와 비교하면 '전좌무-전우무-후좌무-후우무'순으로 해야 되는데, 이는 재현 때에 무대화되면서 변화되었다.

中 舞 舞 舞 舞	舞 舞 舞 舞 中	舞 舞 中 舞 舞	前右④ 前左① 中 後右③ 後左②	舞 舞 中 舞 舞

〈그림 172〉『궁중무용무보』〈최화무〉의 대형 구성

(42) 춘광호(春光好)

재현 〈춘광호〉는[269] 조선후기 『정재무도홀기』의 내용을 토대로 하였으나, 실제 재현 때에는 무대 구성과 춤사위를 다양하게 구성하여 추었다. 〈춘광호〉는 1996년 9월 이흥구정재발표회 때 호암아트홀에서 처음 초연되었다.[270] 한국학중앙연구원에서 발간한 『정재무도홀기』의 내용을 토대로 이흥구가 재현 안무하였다.

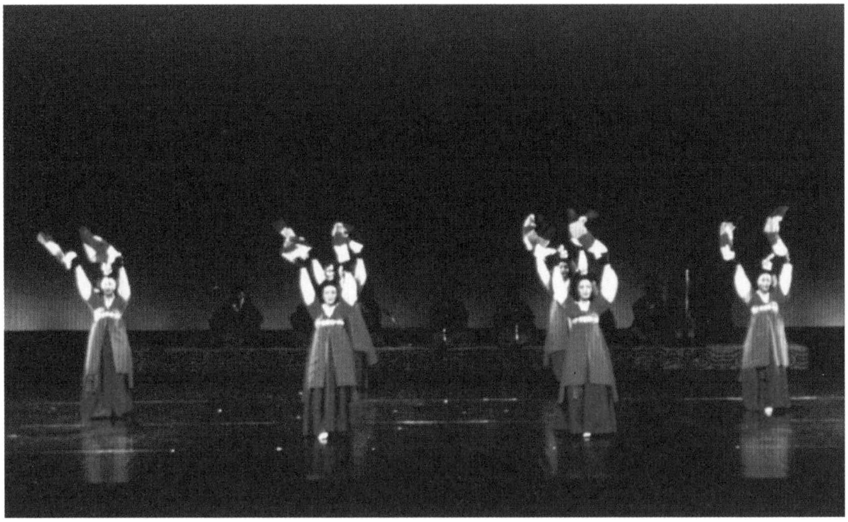

재현 〈춘광호〉 내용을 정리하면,[271] 〈춘광호〉는 협무 6인으로 구성된다. 협무 6인이 〈그림 173〉처럼 전후좌우복합대형으로 구성하여 무진하여 창사를

269 재현 〈춘광호〉의 유래는 조선후기 편 참조.

270 1996년 초연 때 〈춘광호〉를 춘 무용수는 손선숙·백재욱·복미경·노윤선·최형선·이지연이다. 1996.9.17. 이흥구정재발표회, 호암아트홀; 1997.5.13. 제198회 중요무형문화재 무대종목 공연, 손선숙의 춤, 당시 〈춘광호〉를 춘 무용수는 백재욱·노윤선·김정연·정은경·이은하·최선미이다. 국립국악원우면당.

271 재현 때에는 공연의 성격에 따라 내용에 가감을 주어 다양하게 변화를 주어 추었다. 참고자료로는 〈춘광호〉, 1996.9.17. 이흥구궁중정재발표회, 영상자료참조, 호암아트홀; B001815, 전통무용발표회(1996.10.10), 국립국악원소극장, 국립국악원자료실; 〈춘광호〉, B001548, 토요상설국악공연(2000.10.21), 국립국악원자료실.

부르고 상향·상배·좌우선전·이수고저·수수무·번수무·환대·환복기대·일불일전하며 춤춘다. 재현 〈춘광호〉는 춤을 출 때의 춤사위 방향을 모두 같은 방향으로 하였고, 창사 내용을 전체 부르지 않고 첫 소절만 불렀다.

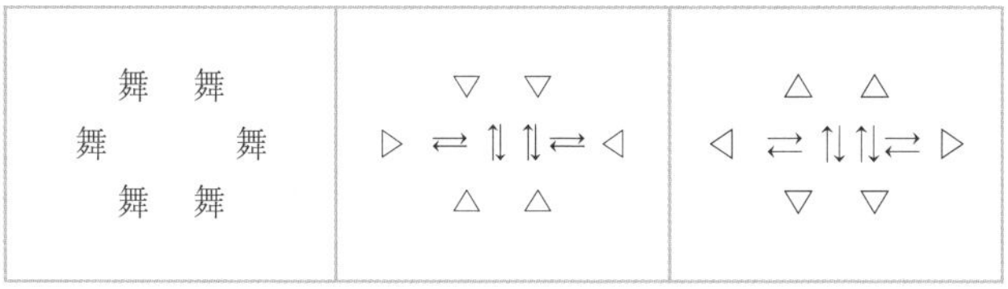

〈그림 173〉 재현 〈춘광호〉의 대형 구성

(43) 춘대옥촉(春臺玉燭)

재현 〈춘대옥촉〉은[272] 조선후기 『정재무도홀기』의 내용을 토대로 하였으나, 실제 재현 때에는 무대 구성과 춤사위를 다양하게 구성하여 추었다. 〈춘대옥촉〉은 1997년 김명숙무용발표회에서 처음 초연되었다. 한국학중앙연구원에서 발간한 『정재무도홀기』의 내용을 토대로 이흥구가 재현 안무하였다. 재현 〈춘대옥촉〉 내용을 정리하면,[273] 〈춘대옥촉〉은 집당 2인·보등 4인으로 구성된다. 재현 〈춘대옥촉〉 때에는 무구[윤대]를 무대 위에 미리 설치한다. 집당 2인은 후대에 보등 4인이 전대에 선 초열대형에서 집당 2인과 보등 4인이 윤대(輪臺)의 동·서·남쪽의 계단으로 각각 올라가 집당 2인은 동서에 서고, 보등 4인은 2대 좌우대형 혹은 사우대형으로 구성하며 상대·상배·선전·내향·외향·환대·환복위하며 춤추고, 춤이 마치면 윤대 아래로 내려온다. 『정재무도홀기』의 기록대로라면 무용수들이 윤대의 사방[동·서·남·북]으로 올라가야 하는데 재현 때에는 이러한 내용에 변화를 주어 추었다.

---

272 재현 〈춘대옥촉〉의 유래는 조선후기 편 참조.

273 재현 때에는 공연의 성격에 따라 내용에 가감을 주어 다양하게 변화를 주어 추었다. 참고자료로는 〈춘대옥촉〉, A006695, 국립국악원무용단기획공연, 정재(呈才) 조선의 역사를 품다(2012.6.29), 국립국악원예악당, 국악원자료실; 〈춘대옥촉〉, A004424, 토요상설공연 대려형(2006.1.14), 국립국악원예악당, 국립국악원자료실.

(44) 춘앵전(春鶯囀)

재현 〈춘앵전〉은[274] 『궁중무용무보』 제2집에 기록되어 있다. 서문에 〈춘앵전〉의 역사적 중요성을 기술하고, 예전과 현재의 〈춘앵전〉의 차이를 설명하고 있다. 특히 "〈춘앵전〉을 평조회상(平調會相) 전장으로 추자면 음악의 길이가 적어도 30분은 걸릴 것인데 10분 이내로 추어지는 것"을 지적하고,[275] 근대에 들어와 영산회상곡을 변주하여 지은 평조회상도 당시 한 미천한 악공에 의한 것이라는 점을 애석해 하고 있다. 무보에 기록된 내용은 고종 조 『정재무도홀기』를 저본으로 삼았으나, 실제 무보 내용은 1930년대 당시 아악부 아악사장 김영제 선생이 아악생 교수를 위하여 우리말로 풀이한 홀기 내용으로 제시하고 있다. 음악은 아명인 유초신지곡으로 제시하면서 실제의 반주곡은 '상령산-중령상-세령산-염불도드리-빠른염불도드리-타령'으로 구성된다.

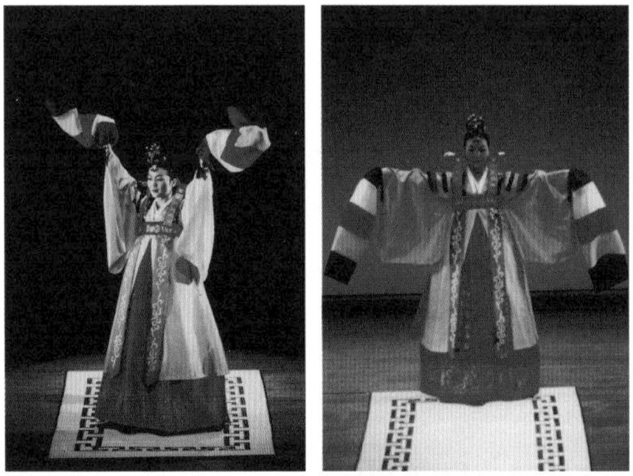

재현 〈춘앵전〉은 조선후기 『정재무도홀기』의 내용을 토대로 하였으나, 실제 재현 때에는 무대 구성과 춤사위를 다양하게 구성하여 추었다.[276] 재현 〈춘앵전〉은 재현 초장기부터 지금까지 『정재무도홀기』에 기록된 순서대로 추기도 하고[277] '좌우소전[좌우각일전], 소

274 재현 〈춘앵전〉의 유래는 조선후기 편 참조.

275 〈춘앵전〉, 『궁중무용무보』 제2집, 1987, 12쪽.

276 재현 때에는 공연의 성격에 따라 내용에 가감을 주어 다양하게 변화를 주어 추었다. 참고자료로는 〈춘앵전(22:30)〉, B001806, 국립국악원 정재제전, 궁중의 한나절 정취를 찾아서: 선과 색이 빚어내는 정재의 미학(1999.11.25), 국립국악원예악당, 국립국악원자료실; 〈춘앵전〉, A007339, 2014 국립국악원 정기공연, 정재(呈才), 조선의 역사를 품다Ⅱ-마지막 황태자, 조선의 꿈을 보다(2014.4.4), 국립국악원자료실; 〈춘앵전〉, A008135, 풍류사랑방 기획공연 ; 풍류사랑방 수요춤전: 명인 명무전_心泉 印南順의 춤빛(2015.12.2), 국립국악원자료실; 〈춘앵전〉, B001745, 전통무용발표회(1981.5.18), 국립극장소극장, 국립국악원자료실; 〈춘앵전〉, B002459, 심소 김천흥선생 무악생활칠십주년기념공연 무용의 밤(1992.9.29), 국립국악원자료실.

277 〈춘앵전〉, B001806, 국립국악원 정재제전: 궁중의 한나절 정취를 찾아서: 선과 색이 빚어 내는

수수[반수수불], 도수아[선우차좌], 대수[거족시수족대수], 요수[거수휘지]' 등과 같은 춤사위를 생략하여 10분 이내로 축소하여 추는 등 다양한 변화를 주어 추었는데, 이것은 무대화되면서 공연 시간의 제약에 의해서 변화된 것이다.

무보의 〈춘앵전〉 내용을 정리하면,[278] 무용수는 1인이다. 반각에 허리를 숙여 반절하고 염수 무진하는 것으로 춤을 시작한다. 사예거(斜曳裾)는 오른쪽[東]으로 먼저 이동하였고, 회란의 좌우일대전은 북을 기준으로 한 동쪽-서쪽 순서로 차례로 돌았다. 반면 타령의 낙화유수[좌우일불일전]는 '서쪽-동쪽'순으로 돌았는데, 이것은 방위 기준이 아닌 무용수 기준의 좌우로 돈 것이다. 즉 재현 〈춘앵전〉에서 좌우전(左右轉)은 방위와 무용수 두 가지 기준으로 각각 서로 다르게 돌았는데, 재현 〈춘앵전〉에서는 도는 방향을 방위 기준으로 〈그림 174-가〉처럼 '좌[東]-우[西]'로 돌고, 무용수 기준으로 〈그림 174-나〉처럼 '우[西]-좌[東]'로 서로 다르게 돌아 차이를 보인다.

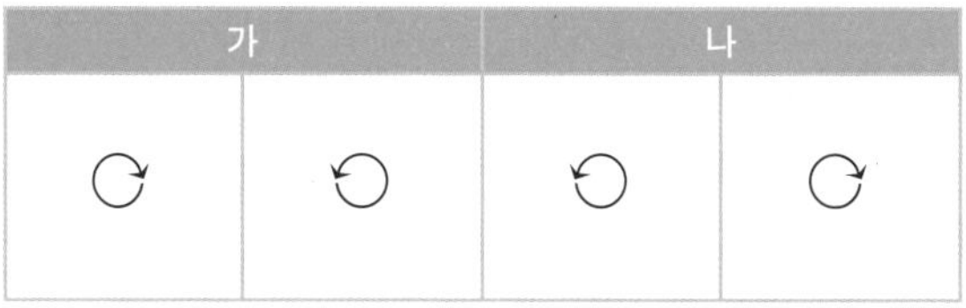

〈그림 174〉『궁중무용무보』〈춘앵전〉의 대형 구성

(45) 침향춘(沈香春)

재현 〈침향춘〉은[279] 조선후기 『정재무도홀기』의 내용을 토대로 하였으나, 실제 재현 때에는 무대 구성과 춤사위를 다양하게 구성하여 추었다. 재현 〈침향춘〉 내용을 정리하면,[280] 무대 위에는 탁자가 미리 설치되어 있다. 악사 2인

정재의 미학(1999.11.25), 국립국악원예악당, 국립국악원자료실; 〈춘앵전〉, DD8001 한국문화예술위원회 예술자료원.

278 국립국악원, 『궁중무용무보』 제2집, 〈춘앵전〉, 1987, 9~76쪽.

279 재현 〈침향춘〉의 유래는 조선후기 편 참조.

280 재현 때에는 공연의 성격에 따라 내용에 가감을 주어 다양하게 변화를 주어 추었다. 참고자료로는 〈침향춘〉, B001749, 전통무용발표회(1982.4.7), 국립국악원소극장, 국립국악원자료실; 〈침향춘(10:03)〉, B001748, 전통무용발표회(1982.4.7), 국립극장대극장, 국립국악원자료실.

이 무대 좌우에서 화병을 들고 들어와 탁자 위에 올려놓고 퇴장한다.[281] 협무 2인은 무대 좌우에서 염수하고 마주 보고 걸어 들어와 북향하고 궤면복하고 기립한다. 다시 북향 무진하여 공읍하고 창사 첫 소절을 부른다. 두 팔을 펴 들고 각각 좌우로 돌아 남향하여 춤춘다. 좌우상대하여 환대·환복위하며 춤추고, 빙글빙글 돌면서 화병 앞으로 다가와 오른손으로 꽃을 집어들고 상대무진·상배무진하며 춤추고, 북향하여 무진·무퇴하여 반절로 춤을 마친다.

(46) 포구락(抛毬樂)

재현 〈포구락〉은[282] 『궁중무용무보』 제3집에 기록되어 있다. 재현은 조선후기 『정재무도홀기』의 내용을 토대로 하였으나, 실제 재현 때에는 무대 구성과 춤사위를 다양하게 구성하여 추었다.[283] 무보의 〈포구락〉은 1930년대 추어진 내용이 1990년대까지 이어지면서 기존의 내용 그대로 추기도 하고 공연 성격 혹은 시간적 제약에 의해 여러 차례 변화를 주어 추었다. 변화된 내용은 먼저 좌무와 우무가 차례로 춤을 추고 마친 다음 후대로 물러나는 내용이 생략되었고, 좌우 무용수가 포구문을 서로 끼고 도는 내용이 사라지고 대신 좌대와 우대가 동시에 춤을 추면서 장단 차이를 두고 포구희하는 내용으로 변화되었다. 그리고 재현 때에는 포구문을 설치하는 내용이 생략되었고, 『정재무도홀기』에는 악사가 공을 바닥에 내려놓는데 재현 때에는 봉화와 봉필이 이 역할을[284] 대신하였다.

무보의 〈포구락〉 내용을 정리하면,[285] 무용수는 죽간자 2인·협무 6인으로 구성하였고, 음악은 '향당교주[상령산]-세령산-삼현도드리'로 진행하였다. 향

281 악사 2인은 동쪽에서 등장하여 서쪽으로, 서쪽에서 등장하여 동쪽으로 퇴장한다.

282 재현 〈포구락〉의 유래는 고려시대·조선전기·조선후기 편 참조.

283 재현 때에는 공연의 성격에 따라 내용에 가감을 주어 다양하게 변화를 주어 추었다. 참고자료로는 〈포구락〉, B001801, 우리노래 우리흥 무용(1995.4.21), 국립국악원소극장, 국립국악원자료실.

284 봉화와 봉필이 공을 바닥에 내려놓는 역할을 한 것은 1931년도 일제강점기 〈보상무〉·〈포구락〉에서 확인된다.

285 국립국악원, 『궁중무용무보』 제3집, 〈포구락〉, 1987, 91~148쪽.

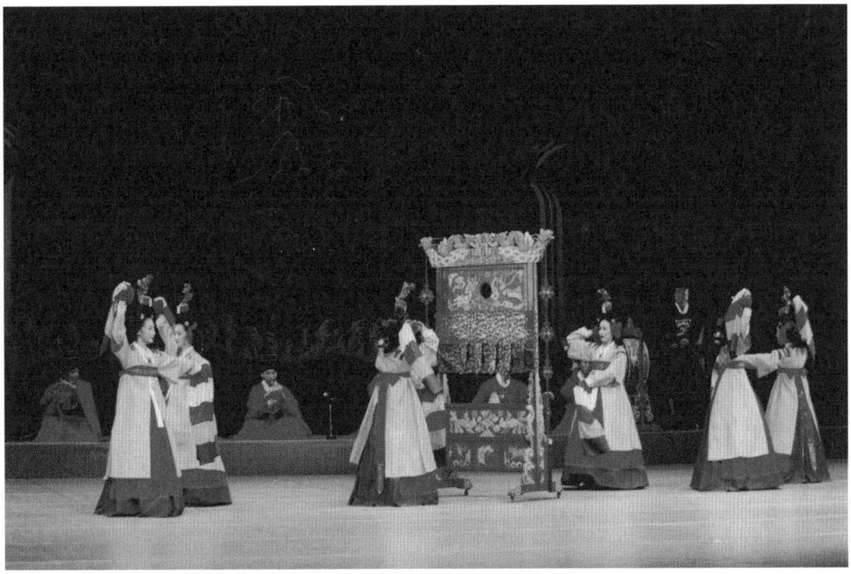

당교주에 죽간자가 무진하여 구호를 부르고 물러나 구문 남쪽 좌우로 배열한다. 세령산에 무용수 전체가 무진하여 제 위치에 서면 제2·제3대가 무퇴하는데, 제2·제3대가 환위(還位)할 때 봉화·봉필이 구문좌우에 공[채구]을 내려놓고 나간다. 좌우 제1대는 팔수무를 추며 공을 집어들고 일어서서 창사를 부른 후 다시 뒤로 물러나 제자리에 가서 선다. 이어 다시 무진하여 구문을 향해 마주 보고 서서 서로 자리를 바꾸어 춤을 추다가 다시 제자리로 돌아와[286] 제1대 좌무부터 구문을 향해 왼손은 머리에 얹고 오른손을 앞으로 내밀어 포구문을 어르다가 공을 던진다. 공이 들어가면 그 대의 전체가 무릎을 꿇어 앉아 봉화에게 꽃을 받아들고, 공이 들어가지 않으면 봉필이 얼굴에 먹물을 긋는다. 매 대의 춤이 마치면 후대의 뒤로 물러나 서는데, 이러한 진행은 마지막 대의 춤이 모두 마칠 때까지 같은 내용을 반복하여 춘다. 마지막 대의 춤이 마치면 죽간자가 무진하여 퇴구호를 부르고 물러나면, 무용수 전체가 무진·무퇴하고 춤이 마친다.

---

286 이때의 〈포구락〉은 김천흥에 의해 재현된 것으로, 김천흥이 1950년대 무용학원을 운영하면서 개인발표회 때 '포구희'라는 제목으로 추어진 내용을 당시 그대로 수용하여 재현하였다.

(47) 하성명(賀聖明)

재현 〈하성명〉은[287] 『궁중무용무보』 제9집에 기록되어 있다. 재현은 조선전기 『악학궤범』의 내용을 토대로 하였으나, 실제 재현 때에는 무대 구성과 춤사위를 다양하게 구성하여 추었다.[288]

무보의 〈하성명〉 내용을 정리하면,[289] 무용수는 족자 1인·죽간자 2인·협무 12인으로 구성하였다. 족자 1인과 죽간자 2인이 무진하여 구호를 부른 뒤 좌우로 물러나 마주 보고 선다. 협무 12인이 무진·무퇴하고 족자 1인이 무진하여 구호를 부르고 무퇴한다. 협무 12인이 무진하여 좌무 6인은 서향내회(西向內回)하고 우무 6인은 동향외회(東向外回)하여 2대 좌우대형으로 선다. 좌우대 4인이 차례로 무진하여 족자 뒤에 2대 좌우대형으로 서서 상배·환북향하여 궤면복하고 기립하여 일렬대형으로 서는데, 다음의 대도 이와 같은 춤을 반복하여 추고 4대 좌우대형으로 선다.[290] 좌대와 우대가 각각 교선하여 초열로 서면, 죽간자 2인이 좌우에서 무진하여 구호를 부르고 족자와 나란히 무퇴

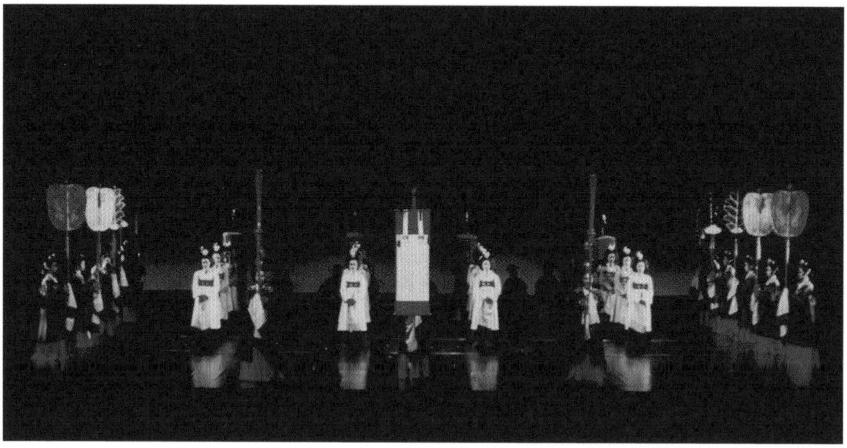

287 재현 〈하성명〉의 유래는 조선전기 편 참조.

288 재현 때에는 공연의 성격에 따라 내용에 가감을 주어 다양하게 변화를 주어 추었다. 참고자료로는 〈하성명〉, B001745, 전통무용발표회(1981.5.18), 국립극장소극장, 국립국악원자료실.

289 국립국악원, 『궁중무용무보』 제9집, 〈하성명〉, 1999, 63~96쪽.

290 '복위(復位)'는 제자리로 돌아와 서는 것을 말하는데, 『궁중무용무보』에는 4대 좌우대형으로 대형을 변화시켰다.

하면, 이어 협무 12인이 무진·무퇴하고 춤이 마친다.

무보 〈하성명〉에서는 4대 좌우대형·2대 좌우대형·전후대형으로 구성하여 〈그림 175〉처럼 진행한다. 2대 좌우대형에서 좌우대 4인이 차례로 나아가 족자좌우에서 춤을 춘 다음 그 자리에서 4대 좌우대형으로 변화하였다. 그리고 다음 대는 전대의 뒤에서 같은 춤을 반복하였고 춤을 마친 다음에는 그대로 4대 좌우대형으로 배열하였다. 회무는 좌대의 좌무끼리 우대의 우무끼리 각각 돌았다. 이를 『악학궤범』과 비교하였을 때, 2대 좌우대형에서 좌우대 4인이 차례로 나아가 족자 좌우에서 춤을 춘 다음 다시 제자리[2대 좌우대형]로 돌아와 서야 하는데, 재현 때에는 그 자리에 그대로 머물렀다. 즉 2대 좌우대형에서 2대 좌우대형으로 서지 않고 4대 좌우대형으로 변화한 것이다. 무용수는 차례대로 족자좌우에 배열하여 춤을 추어야 하는데 재현 때에는 다음 대의 뒤에 서서[291] 춤을 추었다. 그리고 회무는 좌대와 우대가 서로 마주 보고 돌아야[交旋] 하는데 재현 때에는 좌대와 우대가 각각 교선하는 것으로 추었다.

竹 簇 竹 右2 右1 左1 左2 右4 右3 左3 左4 右6 右5 左5 左6	簇 右1 左1 右2 左2 ↑ ↑ 右3 좌3 우4 좌4 우5 좌5 우6 좌6	簇 右2 右1 左1 左2 右3 左3 右4 左4 右5 左5 右6 左6	簇 右2 右1 左1 左2 右4 右3 左3 左4 右6 右5 左5 左6	◎ ◎

〈그림 175〉『궁중무용무보』〈하성명〉의 대형 구성

(48) 하황은(荷皇恩)

재현 〈하황은〉은[292] 『궁중무용무보』 제8집에 기록되어 있다. 『악학궤범』·『정재무도홀기』의 내용을 제시하면서 무보 내용은 1981년 국립국악원 전통무용발표회에서 김천흥 안무로 발표된 〈하황은〉으로 밝혔다. 재현은 조선후

291 국립국악원, 『궁중무용무보』 제9집, 〈하성명〉, 81~90쪽.

292 재현 〈하황은〉의 유래는 조선전기·조선후기 편 참조.

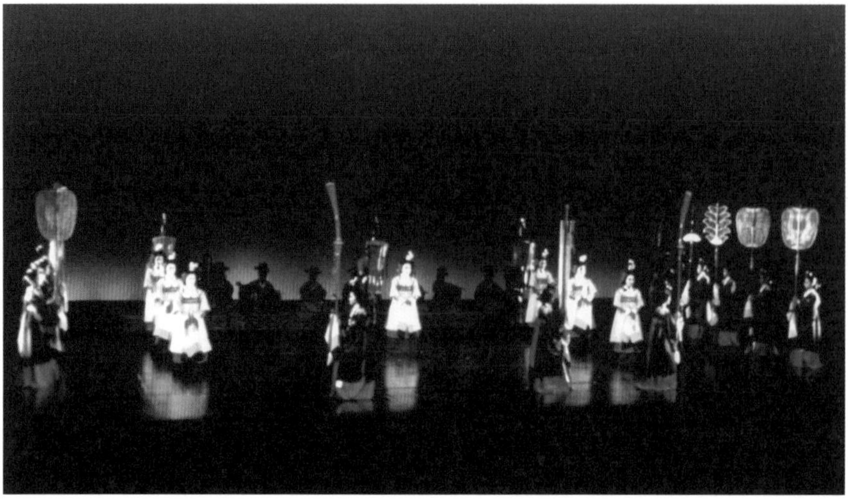

기 『정재무도홀기』의 내용을 토대로 하였으나, 실제 재현 때에는 무대 구성과 춤사위를 다양하게 구성하여 추었다.[293]

무보의 〈하황은〉 내용을 정리하면,[294] 무용수는 족자 1인·죽간자 2인·선모 1인·협무 6인으로 구성하였다. 족자 1인과 죽간자 2인이 무진하여 구호를 부른 뒤 좌우로 물러나 마주 보고 선다. 선모와 협무 6인이 무진하여 선모가 치어를 부르고, 선모와 협무는 두 손을 앞에 여미고 무릎을 굽혔다 펴며[염수족도] 수악절창사를 부른다. 좌무2와 우무2가 각각 외보(外步)로 나아가 삼대를 만들고, 선모가 '우무1-좌무1', '좌무2-좌무3', '우무2-우무3'순으로 마주 보고 춤을 추는데, 협무는 선모가 나머지 무용수들과 춤이 마칠 때까지 무대 가운데를 향해 수수무를 춘다. 이어 선모는 제자리에서 춤추다가 좌우전하고 족자를 선두로 협무 6인이 우선회무하다가 족자가 남쪽 중앙에 이르렀을 때 무대 가운데로 무진하여 북쪽의 제자리에 서고 협무 6인도 초열로 선다. 죽간

293 재현 때에는 공연의 성격에 따라 내용에 가감을 주어 다양하게 변화를 주어 추었다. 참고자료로는 〈하황은〉, B001745, 전통무용발표회(1981.5.18), 국립극장소극장, 국립국악원자료실; 〈하황은〉, B001787, 전통무용발표회(1993.4.30), 국립국악원소극장, 국립국악원자료실; 〈하황은〉, B001811, 정재제전, 정재 그 원형과 춤의 아름다움(1997.10.24), 국립국악원예악당, 국립국악원자료실.

294 국립국악원, 『궁중무용무보』 제8집, 〈하황은〉, 1997, 129~194쪽.

자 2인이 좌우에서 마주 보고 들어와 구호를 부르고 족자와 나란히 무퇴하면, 이어 선모와 협무 6인이 무진·무퇴하고 춤이 마친다.

무보 〈하황은〉은 2대 좌우대형·삼대로 구성하여 〈그림 176〉처럼 진행한다. 무대 가운데에 선 선모가 북대의 협무 2인을 시작으로 차례로 마주 보고 추었고, 먼저 춤을 춘 협무는 춤을 마친 다음에도 계속 선모를 향해 수수무를[295] 추었다.

竹　簇　竹 右1　　左1 右2　仙　左2 右3　　左3	▷　　　◁ 右1　左1 右2←　仙　→左2 右3　左3

〈그림 176〉『궁중무용무보』〈하황은〉의 대형 구성

(49) 학무(鶴舞)

재현 〈학무〉는[296] 『궁중무용무보』 제2집에 기록되어 있으며, 〈학무〉의 역사적 배경을 고려시대부터 조선후기까지의 내용으로 소개하고 있다. 『정재무도홀기』의 무보를 저본으로 삼았고, 춤사위는 한성준의 〈학춤〉 춤사위를 삽입시켜 도안한 것으로 밝히고 있다. 즉 무보는 궁중 〈학무〉로 하면서 실제 춤 내용은 한영숙의 민속 〈학무〉 춤 내용을 수용하여 재구성한 것이다. 이렇게 된 이유는 1969년 한영숙의 민속 〈학무〉가 중요무형문화재로 지정되는 과정에 〈학무〉의 역사적 배경을 『악학궤범』과 『정재무도홀기』를 제시한 것에서 기인한다. 이의 지정을 위해 김천

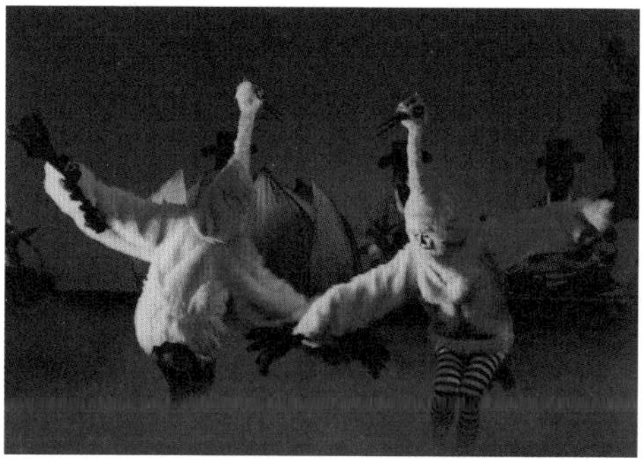

295 수수무(垂手舞): 양손을 무릎 위에 모아 허리를 굽혀 몸을 앞과 뒤로 움직이며 추는 춤이다. 손선숙, 『궁중정재용어사전』, 2005, 227쪽.

296 재현 〈학무〉의 유래는 조선전기·조선후기 편 참조.

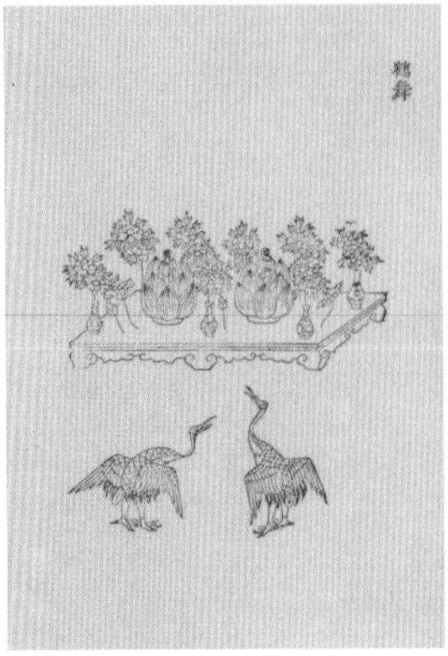

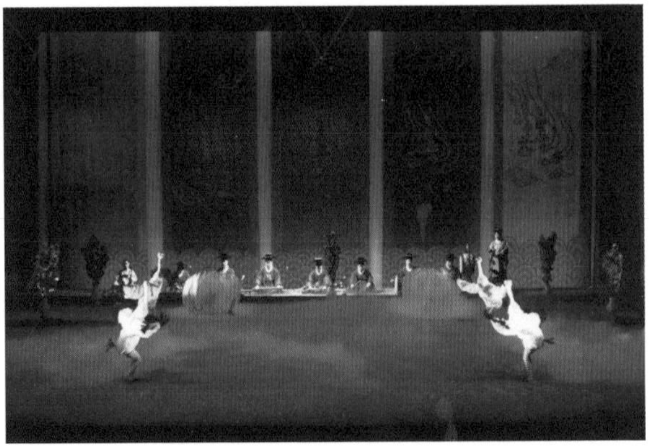

홍과 최현이 조사보고서를 작성하면서 궁중 〈학무〉와 민속 학춤의 차이를 드러내기 위해 〈학무〉 음악을 한영숙의 학춤에 사용한 굿거리장단을 배제하고 궁중악인 '영산회상-세령산-삼현도드리-타령'으로 구성한 것이다. 재현 〈학무〉는 조선후기 『정재무도홀기』의 내용을 토대로 하였으나, 실제 재현 때에는 무대 구성과 춤사위를 다양하게 구성하여 추었다.

무보의 〈학무〉 내용을 정리하면,[297] 학 두 마리가 좌우에서 뛰어들어와 둥글게 돌아 무대 좌우에 북향하고 선다. 북향 무진하여 내고·외고하고 부리를 바닥에 부비며 춤추다가, 이어 삼현환입도드리 장단에 사선 앞으로 나아가 춤을 춘다. 타령 장단에 황학은 서쪽 뒤, 청학은 동쪽 앞에서 서로 마주 보고 들어가 서로 끼고 돌며 춤을 추고, 둥글게 돌아 무대 앞쪽에서 무대 뒤의 연통을 향해 걸어 들어가며 춤을 춘다. 이내 지당판 안쪽을 끼고 들어가 연통 남쪽에 서서 고개를 좌우로 기웃거리며 춤을 춤추다가 부리로 연통을 쪼고 동기가 나타나면 좌우로 퇴장하고 춤이 마친다.

재현 〈학무〉에서는 지당판을 남쪽에 배열하였는데, 의궤 정재도에는 지당판이 북쪽에 놓여 있다. 『정재무도홀기』에 기록된 〈학무〉는 북향과 남향을 바라보며 무진·무퇴하며 춤을 추는데, 재현 때에는 사선에서의 춤과 두 마리 학이 서로 끼고 도는 춤을 추가하여 추었다.

297 국립국악원, 『궁중무용무보』 제2집, 〈학무〉, 1987, 77~159쪽.

(50) 학연화대합설무(鶴蓮花臺合設舞)

〈학연화대합설무〉는[298] 1993년 중요무형문화재 제40호로 지정되면서부터 합설로 추어졌다. 이흥구가 보유자로 인정되고 손경순과 홍웅기가 전수조교로 지정되었다. 춤은 〈학무〉와 〈연화대무〉 모두 『정재무도홀기』의 내용을 저본으로 삼았으나, 〈학연화대합설무〉는 1996년 이흥구정재발표회를 기점으로 여러 차례 내용에 변화를 주어 추었다. 1960년대부터 1980년대까지는 〈학무〉와 〈연화대무〉가 독자적으로 추어오다가 1993년 중요무형문화재로 〈학연화대합설무〉가 지정받은 이후부터는 합설로 추어지는 경향을 보인다. 〈연화대무〉의 춤 구성 또한 쌍호리와 도약무로 구분하여 추었는데, 1995년·1996년에는 쌍호리로 추었고, 2000년대 원형복원 논란에 휩싸이면서 2005년과 2009년

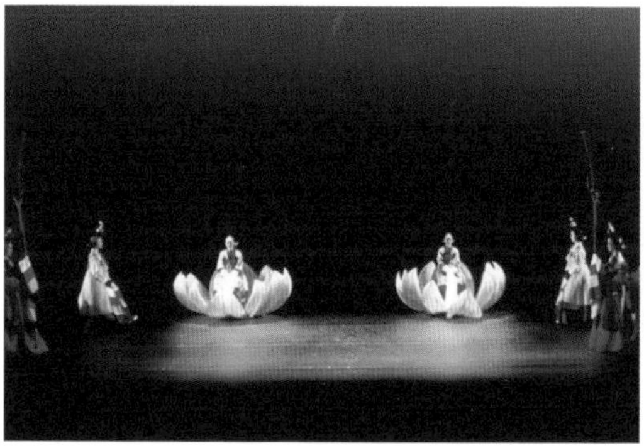

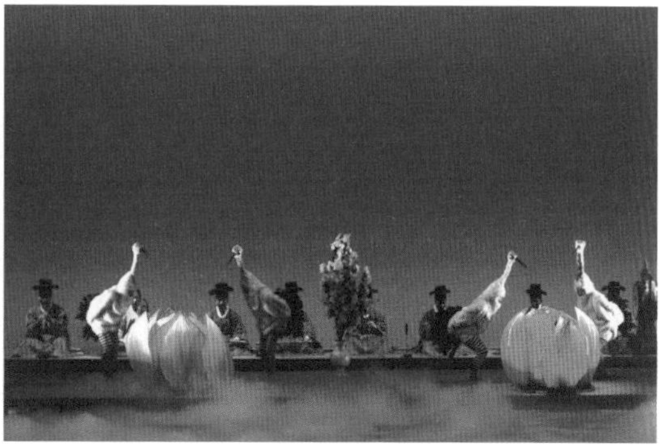

에는 도약무로 추었다. 그러나 2006년에는 다시 쌍호리로 추었고, 2012년에는 쌍호리, 2014년에는 다시 도약무로 추는 등 시대를 넘어서 혹은 동시대에도 2가지 양상으로 공연되고[299] 있다. 이러한 양상은 김천흥과 이흥구 두 양대 산

298 재현 〈학연화대합설무〉의 유래는 조선전기·조선후기의 〈학무〉와 〈연화대무〉 편 참조.

299 재현 때에는 공연의 성격에 따라 내용에 가감을 주어 다양하게 변화를 주어 추었다. 참고자료로는 〈연화대무〉, CL.VT-0175, 전통무용 제8집(궁중무용), 심무회(1981.11.9), 문예회관대극장, 한국문화예술위원회 예술자료원; 〈학연화대합설무〉, 문화재청. 2005; 이흥구궁중무용발표회. 호암아트홀. 1996; A004603, 한국의 음악과 무용(2006.2.4); A004652, 토요상설-협종형(2006.7.29); A004689, 토요상설-협종형(2006.10.21); A004692, 제500회 무형문화재 무대종목공연-예인, 시대를 초월한 향기(2006.10.24); A004670, 토요상설-협종형(2007.3.24);

맥으로 이어지는 정재 전승교육에 의해 나뉘어지고 있다. 춤 내용은 재현 〈학무〉와 〈연화대무〉와 같으며, 현재 〈학연화대합설무〉는 중요무형문화재 전수회관에 보존회 사무실을 두고 전승교육을 하고 있다.

(51) 학연화대처용무합설(鶴蓮花代處容舞合設)

재현 〈학연화대처용무합설〉은[300] 조선전기의 『악학궤범』에 기록된 내용을 토대로 하였으나, 실제 재현 때에는 무대 구성과 춤사위를 다양하게 구성하여 추었다. 무용수는 학[협무] 2인, 동기 2인, 협무 2인, 청·홍·황·흑·백 처용, 화동[집화]으로 구성하는데, 재현 때마다 무용수의 구성에 가감을 주어 춘다. 〈학연화대처용무합설〉은 〈학무〉·〈연화대〉·〈처용무〉순으로 춤을 추고, 각 정재별로 춤을 마친 다음 집화 무용수와 함께 다양한 대형을 구성하며 춤을 춘다.

재현 〈학연화대처용무합설〉 내용을 정리하면,[301] 연통은 무대 위에 미리 설치되어 있다. 학 2마리가 무대 좌우에서 뛰어들어와 춤을 추고 무대 남쪽에 놓여진 연통을 부리로 쪼고 무대 좌우로 무퇴한다. 연통이 벌려지고 그 속에서 동기가 일어서 무진함과 동시에 무대좌우에서 죽간자가 무진하여 구호를

A004852, 토요상설-무역형(2007.6.16); A004990, 토요상설-협종형(2007.9.8); A005092, 토요상설-무역형(2007.12.1); A004479, 국립국악원 토요상설 국악공연 실황자료, 한국의 음악과 무용(2008.1.25); A005177, 국립국악원 정월대보름 2008산대희(山臺戲)(2008.2.21); A005267, 제28차 국제출판협회(IPA)세계총회(2008.5.14); A005616, 토요상설공연-이칙형(2009.4.25); A005699, 토요상설공연-이칙형(2009.8.1); A005757, 토요상설공연-이칙형(2009.10.10); A006830, 왕조의 꿈 태평서곡(2009.12.24); A005876, 2010국립국악원 정월대보름 공연-달꿈, 보름땅(2010.2.28); A006183, 왕조의 꿈 태평서곡 셋째잔[第三爵](2010.12.19); A006467, 왕조의 꿈 태평서곡 셋째잔[第三爵](2011.12.17); A006945, 왕조의 꿈, 태평서곡 셋째잔[第三爵](2012.12.23); A007497, 2014 국립국악원무용단 정기공연-사제동행(2014.9.26); 손선숙, "연화대 재연의 실제와 문제점, 나아갈 방향," 『한국문학과 예술』 제17집(서울: 한국문예연구소, 2015), 205~241쪽.

300 재현 〈학연화대처용무합설〉의 유래는 조선전기·조선후기의 〈학무〉·〈연화대〉·〈처용무〉 편 참조.

301 재현 때에는 공연의 성격에 따라 내용에 가감을 주어 다양하게 변화를 주어 추었다. 참고자료로는 〈학연화대처용무합설〉, B001811, 정재제전, 정재 그 원형과 춤의 아름다움(1997.10.24), 국립국악원예악당, 국립국악원자료실; 〈학연화대합설무〉, B001801, 우리노래 우리춤 무용(1995.4.21), 국립국악원소극장, 국립국악원자료실.

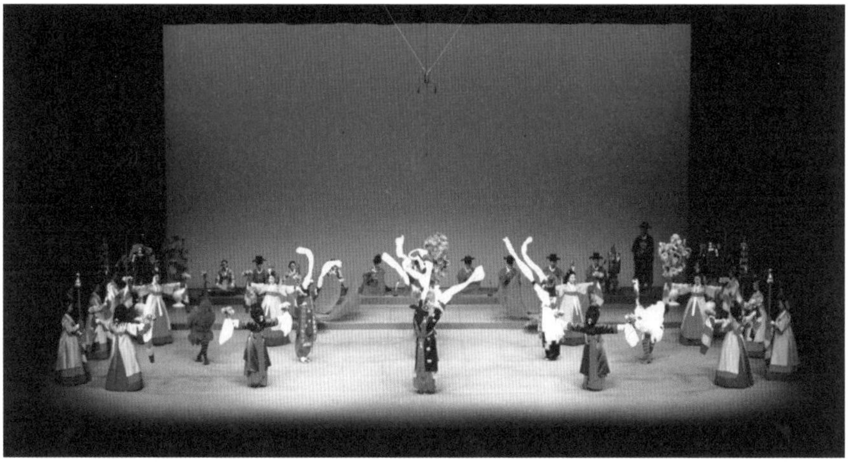

부르고 동기의 창사에 이어 춤을 춘다. 이어 처용 5인이 일렬로 들어와 일렬 대형과 오방대형을 구성하여 상대·상배하며 춤을 추고 회선하여 춤춘다. 처용 5인은 춤을 마친 뒤 둥글게 돌아 무대 뒤에 일렬로 서고, 학 2마리와 연화대 동기 그리고 꽃을 든 무용수가 함께 대형을 구성하며 춤을 춘다.

(52) 항장무(項莊舞)

재현 〈항장무〉는[302] 조선후기 『정재무도홀기』의 내용을 토대로 하였으나, 실제 재현 때에는 무대 구성과 춤사위를 다양하게 구성하여 추었다. 재현 〈항장무〉 내용을 정리하면,[303] 무대 남쪽에 대취타가 나란히 배열하고, 동쪽에 기녀가 서고 무대 가운데에 탁자 3개를 남쪽에 배열하고 서쪽에서 무용수들이 등장하여 각각의 자리에 앉는다. 동쪽 앞에 선 순령수의 호령에 따라 등장인물이 차례로 군례를 행하며 대사를 치고, 춤 중간에 모의하는 장면을 연출하였다. 중반부에 〈검무〉를 1인무와 2인무로 추는데 〈검무〉와 〈진주검무〉의 춤사위를 복합적으로 재구성하여 추었고, 춤은 남쪽의 극중 인물을 향해 추었다.

302 〈항장무〉 춤 유래는 조선후기편 참조.

303 재현 때에는 공연의 성격에 따라 내용에 가감을 주어 다양하게 변화를 주어 추었다. 참고자료로는 〈항장무〉, B001788, 전통무용발표회(1993.12.3), 국립국악원소극장, 국립국악원자료실.

(53) 향령무(響鈴舞)

재현 〈향령무〉는[304] 『궁중무용무보』 제12집에 기록되어 있다. 재현은 조선후기 『정재무도홀기』의 내용을 토대로 하였으나, 실제 재현 때에는 무대 구성과 춤사위를 다양하게 구성하여 추었다.[305] 무보의 〈향령무〉 내용을 정리하면,[306] 무용수는 협무 6인으로 구성하였다. 협무 6인이 무진하여 궤면복하고 기립하여 '북향-동향-서향'하면서 수수무를 춘다. 다시 양손을 아래로 드리우고 향령을 흔들며 '북향-동향-서향'하면서 향령창무두사를 부른다. 양손을 앞으로 모아들고 혹은 옆으로 펴 들고 향령을 흔들며 향령창중박사를 부른다. 좌우손을 각각 가슴께로 들고 향령을 흔들며 춤추고, 궤면복하여 절하고 기립하여 무퇴하면 춤이 마친다. 무보 〈향령무〉는 춤추는 내내 품(品)자 대형을 유지하며 추었다. 『정재무도홀기』에는 춤추기 전과 춤을 마친 다음 '궤면복'이 기록되지 않았음에도 재현 〈향령무〉에서는 창사 부르기 전과 춤을 마치고 물러나기 전에 절하는 춤을 추가하였다.

(54) 향발무(響鈸舞)

재현 〈향발무〉[307] 내용은 『궁중무용무보』 제6집에 기록되어 있다. 재현은 조선후기 『정재무도홀기』의 내용을 토대로 하였으나, 실제 재현 때에는 무대 구성과 춤사위를 다양하게 구성하여 추었다.[308] 〈향발무〉는 조선후기까지 전승되다가 일시 단절되어 1960년 국립국악원 제48회 국악감상회에서 KBS여자국악생들에 의해 발표되었고, 이후 1980년에 김천흥에 의해 재현되어 지금

304 재현 〈향령무〉의 유래는 조선후기 편 참조.

305 재현 때에는 공연의 성격에 따라 내용에 가감을 주어 다양하게 변화를 주어 추었다. 참고자료로는 〈향령무(7:40)〉, B001748, 전통무용발표회(1982.4.7), 국립극장대극장, 국립국악원자료실.

306 국립국악원, 『궁중무용무보』 제12집, 〈향령무〉, 2005, 197~260쪽.

307 재현 〈향발무〉의 유래는 조선전기·조선후기 편 참조.

308 재현 때에는 공연의 성격에 따라 내용에 가감을 주어 다양하게 변화를 주어 추었다. 참고자료로는 〈향발무〉, B001801, 우리노래 우리홍 무용(1995.4.21), 국립국악원소극장, 국립국악원자료실.

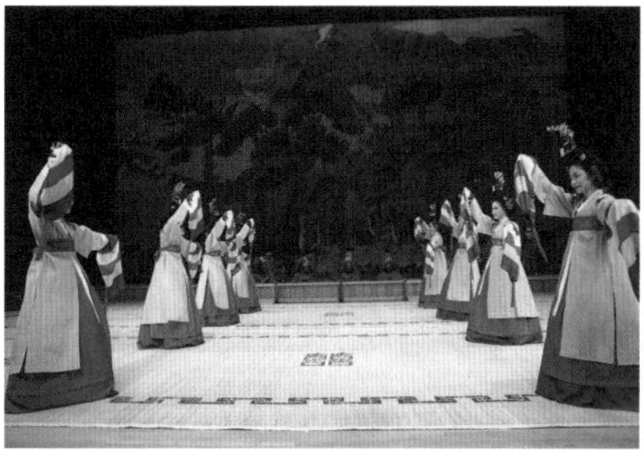

에 이른다.

무보의 〈향발무〉 내용을 정리하면,[309] 무용수는 협무 2인으로 구성된다. 협무 2인이 미간에 두 손을 모아들고 무진하여 창사를 부른다. 한 손은 입 가까이 들고 한 손은 아래로 내려들고, 이어 두 팔을 옆으로 펴 들고, 이어 양손을 가슴께로 모아들고 향발을 치면서 춤추는데, 〈그림 177〉처럼 북향·상대·상배하며 춘다. 〈향발무〉는 일렬대형을 유지하며 춤추는데, 무보에는 좌우협무의 배열번호가 동쪽에 우, 서쪽에 좌로 잘못 표기되었다. 정재에서 좌우는 방위 관점으로 해석하여 동쪽에 좌, 서쪽에 우로 표기되어야 하는데 무용수 관점으로 표기하였다.

左　右	▷　◁	◁　▷

〈그림 177〉『궁중무용무보』〈향발무〉의 대형 구성

(55) 헌선도(獻仙桃)

재현 〈헌선도〉는[310] 『궁중무용무보』 제7집에 기록되어 있다. 고려시대부터 조선후기까지의 〈헌선도〉 내용을 소개하고 있으며, 실제 무보 내용은 1981년 10월 김천흥에 의해 재현된 〈헌선도〉를 소개하고 있다. 재현 〈헌선도〉는 조선후기 『정재무도홀기』의 내용을 토대로 하였으나, 실제 재현 때에는 무대 구성과 춤사위를 다양하게 구성하여 추었다.[311]

309 국립국악원, 『궁중무용무보』 제6집, 〈향발무〉, 1993, 39~56쪽.

310 재현 〈헌선도〉의 유래는 고려시대·조선전기·조선후기 편 참조.

311 재현 때에는 공연의 성격에 따라 내용에 가감을 주어 다양하게 변화를 주어 추었다. 참고자료로는 〈헌선도〉, B001766, 전통무용, 정가, 농악과 사물놀이 전통무용(1988.7.5), 국립국악원자료실.

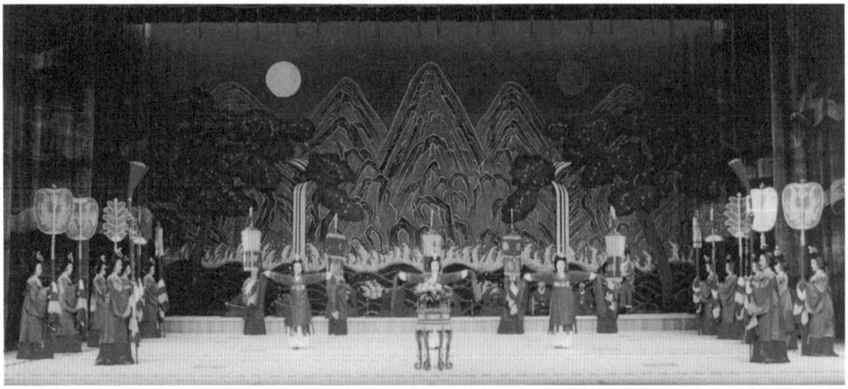

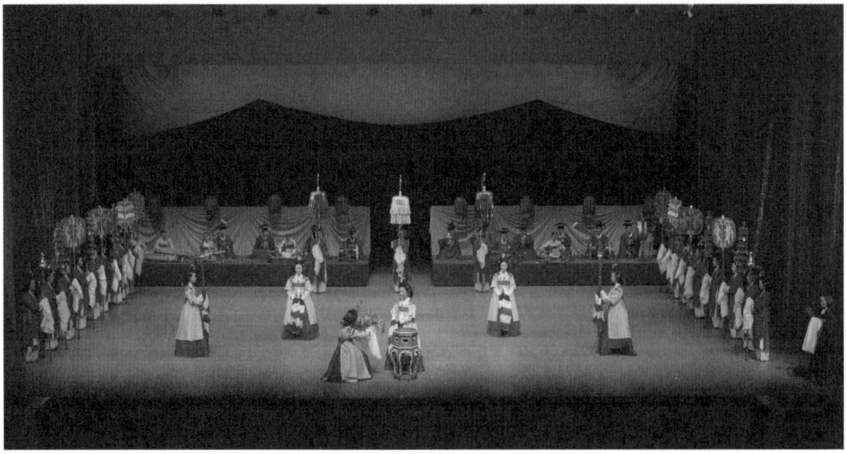

무보의 〈헌선도〉 내용을 정리하면,[312] 무용수는 죽간자 2인·선모 1인·협무 2인으로 구성하였다. 악사 2인이 동쪽에서 들어와 탁자를 전중에 설치하고 서쪽으로 나가면, 죽간자 2인이 북향 무진하여 구호를 부르고 좌우로 물러나 마주 보고 선다. 선모와 협무 2인이 무진하면 선도반을 받든 기녀가 동쪽에서 들어와 선모에게 건네주고 다시 동쪽으로 물러난다. 선도반을 든 선모는 창사를 부르고 탁자 위에 올려놓고 엎드려 절하고 물러나, 선모는 우수를 들고 협무는 외수를 들고 창사를 부른다. 일렬대형에서 선모는 주선하고 협무 2인은 우선[서]하여[313] 초열로 선다. 일렬대형에서 무진·무퇴하고 선모가

312 국립국악원, 『궁중무용무보』 제7집, 〈헌선도〉, 1994, 53~90쪽.

313 국립국악원, 『궁중무용무보』 제7집, 〈헌선도〉, 1994, 75~79쪽.

무진하여 우수를 미간에 들고 창사를 부르고 물러난다. 죽간자 2인이 좌우에서 무진하여 북향하고 구호를 부르고 물러나면 선모와 협무 2인이 무진·무퇴하고 춤이 마친다.

무보 〈헌선도〉에서는 일렬대형·전후대형으로 구성하여 〈그림 178〉처럼 진행한다. 『정재무도홀기』에는 무용수들이 창사를 부를 때 손의 위치가 기록되지 않았지만 재현 때에는 조선전기에 추어졌던 창사의 춤사위를 그대로 적용하고 있다. 창사는 죽간자와 선모 및 협무 모두가 가사 전체를 부르지 않고 첫 소절만 불렀다. 무보에는 악사가 탁자를 설치하는 것으로 기록하였지만 실제 재현 때에는 무대 위에 미리 설치하였다.

舞 仙 舞	仙 舞 舞	◎

〈그림 178〉『궁중무용무보』〈헌선도〉의 대형 구성

(56) 헌천화(獻天花)

재현 〈헌천화〉는[314] 『궁중무용무보』 제9집에 기록되어 있다. 재현은 조선후기 『정재무도홀기』의 내용을 토대로 하였으나, 실제 재현 때에는 무대 구성과 춤사위를 다양하게 구성하여 추었다.[315] 무보의 〈헌천화〉 내용을 정리하면,[316] 무용수는 집당 2인·선모 1인·협무 2인으로 구성하였다. 악사 2인이 헌도탁을 받들고 전중에 놓고 좌우로 나가면 집당 2인이 무진하여 좌우에 선다. 선모와 협무 2인이 무진하여 창사를 부르고, 선모가 무진하여 화병을 탁자 위에 올려놓고 물러나면 집당 2인이 좌우에서 무진·무퇴한다. 선모와 협무가

314 재현 〈헌천화〉의 유래는 조선후기 편 참조.

315 재현 때에는 공연의 성격에 따라 내용에 가감을 주어 다양하게 변화를 주어 추었다. 참고자료로는 〈헌천화〉, B001766, 전통무용, 정가, 농악과 사물놀이 전통무용(1988.7.5), 국립국악원자료실.

316 국립국악원, 『궁중무용무보』 제7집, 〈헌천화〉, 1994, 127~153쪽.

상대·상배를 추고, 우선회무하여 초열로 서서 선모는 무퇴하고 협무는 무진하여 일렬로 서서 무진·무퇴하고 다시 우선회무하여 초열로 서서 북향무를 춘다. 집당 2인이 북향하고 선모 및 협무가 무진하고 이어 무용수 전체가 무퇴하면 춤이 마친다. 무보 〈헌천화〉는 전후대형·일렬대형으로 구성하여 진행한다. 무보에는 악사가 헌도탁을 설치하는 것으로 기록하였으나 실제 재현 때에는 무대 위에 미리 설치하였다.

The History of Korean Court Dance

Gungjung Jeongjae is a royal court dance and a national dance boasting of 1000 years of history. The dance had a clear goal of national existence and represents its symbolic significance and was initiated after establishment of political system based on sovereign rights. Gungjung Jeongjae used Ak(music) as a means of representing royal status and propriety based on 'Ye(decorum).' Royal feasts that contributed to strengthening the royal family served as a mean of integrating the society, and they harmonized 'Ye(禮)' aimed to stress discriminatory order with 'Ak(樂)' aimed to emphasize balance. The royal feasts were not just parties, but they were political rituals aimed to enhance sovereign order centering around the king and the status of the king. Jeongjae aimed to accentuate the dignity and authority of the king through royal banquets and reaffirm hierarchy between a king and subjects always played a central role. From old times, a royal palace had an institution that took charge of national dances and music, and it started with Eumseongseo in the Silla era before going through the Goryeo Kingdom, the Joseon Dynasty and the Japanese colonial period. Today, National Gugak Center plays the role. Throughout ages, it was renamed again and again, but it has never stopped to fulfill its obligations to maintain its national identity.

50 types of Korean Gungjung Jeongjae have been passed down until now. Gungjung Jeongjae, the Korean royal court dance and national dance, has been able to continue because such records as 『Goryeosa(高麗史)』「Akji(樂志)」, 『Akhakgwebeom(樂學軌範)』 and 『Jeongjaemudoholgi(呈才舞圖笏記)』 that recorded dances in those days still exist. Jeongjae that was initiated when the dynasty was established in Korea starts with the Goryeo Kingdom, and items that have been passed down until now through the literary records include 〈Gainjeonmokdan(佳人剪牧丹)〉, 〈Geomgimu(劍器舞)〉, 〈Gokpa(曲破)〉, 〈Geuncheonjeong(覲天庭)〉, 〈Gyeongpungdo(慶豐圖)〉, 〈Goguryeomu(高句麗舞)〉, 〈Gujanggibyeolgi(九張機別技)〉, 〈Gongmakmu(公莫舞)〉, 〈Gwandongmu(關東舞)〉,

〈Gwangsumu(廣袖舞)〉, 〈Dapsahaenggamu(踏沙行歌舞)〉, 〈Dongdong(動動)〉, 〈Mansumu(萬壽舞)〉, 〈Mangseonmun(望仙門)〉, 〈Monggeumcheok(夢金尺)〉, 〈Mugo(舞鼓)〉, 〈Musanhyang(舞山香)〉, 〈Muaemu(無㝵舞)〉, 〈Mundeokgok(文德曲)〉, 〈Bakjeopmu(撲蝶舞)〉, 〈Bosangmu(寶相舞)〉, 〈Botaepyeong(保太平)〉, 〈Bongraeui(鳳來儀)〉, 〈Siseonmu(四仙舞)〉, 〈Sajamu(獅子舞)〉, 〈Seonyurak(船遊樂)〉, 〈Seongtaek(聖澤)〉, 〈Sumyeongmyeong(受明命)〉, 〈Suborok(受寶籙)〉, 〈Suyeonjang(壽延長)〉, 〈Abakmu(牙拍舞)〉, 〈Yeonbaekbokjimu(演百福之舞)〉, 〈Yeonhwadaemu(蓮花臺舞)〉, 〈Yeonhwamu(蓮花舞)〉, 〈Youngjimu(影池舞)〉, 〈Oyangseon(五羊仙)〉, 〈Wangmodaegamu(王母隊歌舞)〉, 〈Yukhwadae(六花隊)〉, 〈Jangsaengboyeonjimu(長生寶宴之舞)〉, 〈Jeongdaeeop(定大業)〉, 〈Jesuchang(帝壽昌)〉, 〈Cheoyongmu(處容舞)〉, 〈Cheoyong(處容)〉, 〈Yeoryeongbyeongmu(女伶並舞)〉, 〈Cheomsumu(尖袖舞)〉, 〈Cheopseungmu(疊勝舞)〉, 〈Chomu(初舞)〉, 〈Choihwamu(催花舞)〉, 〈Chungwangho(春光好)〉, 〈Chundaeokchok(春臺玉燭)〉, 〈Chunaengjeon(春鶯囀)〉, 〈Chimhyangchun(沈香春)〉, 〈Pogurak(抛毬樂)〉, 〈Haseongmyeong(賀聖明)〉, 〈Hahwangeun(荷皇恩)〉, 〈Hakmu(鶴舞)〉, 〈Hakyeonhwadaecheoyonghapseol(鶴蓮花臺處容舞合設)〉, 〈Hangjangmu(項莊舞)〉, 〈Hangryeongmu(響鈴舞)〉, 〈Hyangbalmu(響鈸舞)〉, 〈Heonseondo(獻仙桃)〉 and 〈Heoncheonhwa(獻天花)〉. Of them, records on 〈Dapsahaenggamu〉, 〈Gujanggibyeolgi〉 and 〈Wangmodaegamu〉 have not been passed down.

Gungjung Jeongjae pertains to a special area of dance. 『Goryeosa』, 「Akji」, 『Akhakgwebeom』 and 『Jeongjaemudoholgi』 that recorded actual royal dances from the Goryeo Kingdom to the late Joseon Dynasty are filled with terminologies related to the royal court. Records are based on the perspectives of detailed dance processes and Jeongjae rituals. They are the only literary records that can help reproduce and restore the royal family's Gungjung Jeongjae that has been splendid for the past 1,000 years and require a specialized decoding ability to figure out rituals featuring special dances of Gungjung Jeongjae. The history of royal court dance that had been introduced until now was mostly concentrated on interpreting Chinese characters in Jeongjae recorded in the three literary records. It is possible to figure out the procedures and order of dance through interpretation of the Chinese characters, but it is impossible to explain changes in spatial structure and progress that vary according to actual forms, techniques and components of dances. As many know, contents of the three literary records pertain to actual performance of Gungjung Jeongjae, and they are the only literatures that help understand the history of performance arts of the royal court that change by royal feast. Accordingly, it is possible to figure out the contents and order of Jeongjae through interpretation of Chinese characters introduced earlier, but it is difficult to understand the field and actuality of pertinent Jeongjae of the time. Although Chinese characters explaining about Jeongjae in literary records are interpreted in Korean, it is hard to properly understand the history of performance arts of Gungjung Jeongjae without knowledge about special dance structures of Gungjung Jeongjae and rituals based on the structure. Without specialized ability to interpret Jeongjaeholgi, it is hard to fully describe the history of royal court dance.

It is possible to confirm the actual existence of Gungjung Jeongjae in Korea from the era of the Goryeo Kingdom. Dances that had been performed from the era of the Goryeo Kingdom were recorded in literature to be passed down until today. Jeongjae during the Goryeo Kingdom was recorded in 『Goryeosa』 「Akji」, and that during the early Joseon Dynasty in 『Akhakgwebeom』, and that during the late Joseon Dynasty in 『Jeongjaemudoholgi』. In the meantime, as for Jeongjae during the modern times, 『Muui』 in 1929 when Korea was colonized by Japan and videos made by the Japanese Government-General of Korea in 1931 still remain. Present Jeongjae started with The Training Center for Performance of Korean Traditional Music affiliated with National Gugak Center, and the Mubo 『Gungjungmuyongmubo』 and videos still remain. 『Goryeosa』, 「Akji」, 『Akhakgwebeom』 and 『Jeongjaemudoholgi』 that contained actual Jeongjae that had been performed from the Goryeo Kingdom to the late Joseon Dynasty record the contents of dances in Chinese characters. These literary records suggest the composition and number of dancers, titles of accompaniments, the process of arranging formations that enable dancers to dance, songs (Guho[口號] and Chie[致語] changsa[唱詞]) sung by dancers (Jukganja[竹竿子], Wangmo[王母] and Hyupmu[挾舞]) and components of dances (formation, movement, direction, location and dance motions). In particular, an arrangement plan indicates dancers' position with numbers to notify the process of changes in Jeongjae formation and the order of movement by dancers so that the progress of dances can be compared with pictures. 『Muui(舞儀)』 made in 1929 and videos produced in 1931 record the contents of education and Jeongjae that was performed in various events in the era of Iwangjikaakbu and make it possible to examine reproduction in the era of Iwangjikaakbu after abolishment of the monarchism following the Japanese annexation of Korea. 『Gungjungmuyongmubo』 and videos that record Jeongjae, a reproduction on stage from the Korean War to 1960s, are the only records that make it possible to confirm the actual conditions of Jeongjae that was performed in the modern times after the Japanese colonial rule. Accordingly, three types of Jeongjaeholgi that record the procedures and contents of dances based on royal court ceremonies from the Goryeo Kingdom to the late Joseon Dynasty and performance videos made based on them still serve as a driving force behind reproduction and restoration of magnificent Gungjung Jeongjae of the Korean royal court 1,000 years later.

Going through numerous periods, Gungjung Jeongjae experienced a lot of changes in environmental factors. Of them, music can be cited as one of the most closely related reasons for change. From ancient times, various cultures related to royal court dance and music were introduced and exchanged to experience development, and changes were made due to political situation or external environmental factors by dynasty. These changes varied depending on dynasties or royal feasts, but certain dance structures continued as they were performed centering around forms. As for Gungjung Jeongjae, components of dances were added as new types of Jeongjae were created by era, and progress was made based on diversification of structures. Gungjung Jeongjae adopted dance styles from previous eras as they were or transformed them based on new styles for the purpose of advancement. Basic rules were not changed from the era of Goryeo Kingdom to the late Joseon Dynasty by era and royal feast. During the Goryeo Kingdom and the late Joseon Dynasty, they were passed down as Dangakjeongjae[唐樂呈才] and Hyangakjeongjae[鄕樂呈才], and the distinction disappeared in the late Joseon Dynasty. Jeongjae performed by royal feast was divided into Mudongjeongjae[舞童呈才] and Yeoryeongjeongjae[女伶呈才] to be passed down until today. However, drastic changes were made from the era of Japanese colonial rule, and after that time, stage performance appeared and changes were made in structures and processes of dances. During the modern times, Gungjung Jeongjae was succeeded by National

Gugak Center to be continued. National Gugak Center is the successor to Jangakwon during the Joseon Dynasty. It was organized by members of Iwangjikaakbu during the era of Japanese colonial rule and transformed into National Gugak Center to succeed to royal court dance and music, and education on Korean traditional music was conducted in earnest. Since the Korean War, an emphasis has been put on reproduction of Gungjung Jeongjae in order to preserve and succeed to royal court dance and music, and since 1980s, stress has been laid upon distribution of the Korean royal court arts at a time of publication of 『Gungjungmuyongmubo』. As to grounds for reproduction of Jeongjae at that time, contents of 『Goryeosa』, 「Akji」, 『Akhakgwebeom』 and 『Jeongjaemudoholgi』 were suggested to restore Jeongjae, but the literary records carried significance in that they accentuated historical value of dance, and as for the actual reproductions, Jeongjae in the era of Iwangjikaakbu(李王職雅樂部) during the Japanese colonial rule is passed down until today. As a growing number of artists argue for the necessity of conducting historical investigation in order to restore royal court dance and music from 2000s, historical research was initiated with an aim to narrow the gap between actual Jeongjae and literary records. In the meantime, performances focused on reorganizing tradition with an emphasis on creation of new Gungjung Jeongjae culture were facilitated. As the place of royal feasts was transformed from a palace to a theater, dance structure based on royal court ceremonies disappeared to be replaced with western theater structures. Under the pretext of performing arts, Gungjung Jeongjae was gradually transformed from ceremonies aimed to overcome the restriction of performing time and meet periodic demand for modern sensitivity to stage performances befitting performing arts. As Jeongjae activities were facilitated centering around national institutions, organizations and individual dancers, restoration of prototype of Jeongjae tended to be accelerated.

As everyone knows, 『Goryeosa』, 「Akji」, 『Akhakgwebeom』 and 『Jeongjaemudoholgi』 refer to Mubo that records actual dances that had been performed from the Goryeo Kingdom to the late Joseon Dynasty, and the literary records that went through the Japanese colonial period still remain. They made it possible to implement reproduction helping confirm ancient splendid and strict Gungjung Jeongjae at the moment. As the literary records contain the actual Gungjung Jeongjae that was performed at that time, the study divided the period into the Goryeo Kingdom, the early Joseon Dynasty, the late Joseon Dynasty, Japanese colonial period and modern times based on literary records (Jeongjaeholgi) and videos in order to examine the actual performing aspects of Gungjung Jeongjae. As for the composition of the study, the motivation and historical background of Jeongjae and records included in Jeongjaeholgi were examined, and dance progress based on Jeongjae formations, changes made according to dynasties and royal feasts and common dance forms and structures were investigated. In order to figure out the aspects of actual dance structures of Gungjung Jeongjae, such dance components as formation, movement, direction, location and dance motions need to be specifically unveiled. In order to figure out the actual structures, interpretation of Chinese characters needs to be prioritized, but three types of 『Jeongjaeholgi』 have been already interpreted by previous researchers and introduced on the Internet, so it was not included in the study, and the actual structure of periodic dances and the beauty of forms were examined. Starting with analyses on interpretation of the three types of Jeongjaeholgi from the actual aspects and comparison between written Jeongjae with an arrangement plan to review actual Gungjung Jeongjae, the study emphasized examination on dance structures of Jeonjae performed in the past based on Mubo and delved into the process of transformation of Gungjung Jeongjae.

Accordingly, the study aims to analyze and interpret Mubo[舞譜] and videos that record the entire process of dances and music performed in national and royal events from the actual perspectives so that the comprehensive aspects of performance of Gungjung Jeongjae, the 1,000-year-long national dance, can be examined.

참고문헌

원전사료

『高麗史』「樂志」
『三國史記』
『太祖實錄』
『太宗實錄』
『世宗實錄』
『世祖實錄』
『宋史』
『破閑集』
『隋書』
『舞儀』 소화 4년(1929).
『呈才』 소화 6년(1931).
正祖 乙卯年『園行乙卯正理儀軌』, 규장각 도서번호-14532.
純祖 戊子年『進爵儀軌』, 규장각 도서번호-14364.
純祖 己丑年『進饌儀軌』, 규장각 도서번호-14370.
憲宗 戊申年『進饌儀軌』, 규장각 도서번호-14372.
高宗 戊辰年『進饌儀軌』, 규장각 도서번호-14374.
高宗 丁丑年『進饌儀軌』, 규장각 도서번호-14376.
高宗 丁亥年『進饌儀軌』, 규장각 도서번호-14405.
高宗 壬辰年『進饌儀軌』, 규장각 도서번호-14428.
高宗 辛丑年『進宴儀軌』, 규장각 도서번호-14464.
高宗 辛丑年『進饌儀軌』, 규장각 도서번호-14446.
高宗 壬寅年(4月)『進宴儀軌』, 규장각 도서번호-14494.
高宗 壬寅年(11月)『進宴儀軌』, 규장각 도서번호-14499.
『園行乙卯正理儀軌』, 수원시, 1996.
『進爵儀軌』, 韓國音樂學資料叢書 三, 국립국악원, 1989.
『進饌儀軌』, 韓國音樂學資料叢書 六, 국립국악원, 1989.
『進饌儀軌』, 韓國音樂學資料叢書 二十三, 국립국악원, 1987.
『進宴儀軌』, 韓國音樂學資料叢書 二十四, 국립국악원, 1989.
『進宴儀軌』, 奎章閣圖書叢書錦湖시리즈 儀軌編, 서울大學校奎章閣, 1996.
『大樂後譜』, 『한국음악학자료총서』 권1, 국립국악원, 1979.
『(女伶)呈才舞蹈笏記』·『한국음악학자료총서』 권4, 국립국악원, 1979.
『세종장헌대왕실록악보 · 세조혜장대왕실록악보』·『한국음악학자료총서』 권20, 국립국악원, 1989.
『慈慶殿進爵整禮儀軌』, 서울大學校 奎章閣, 1996.

『時用舞譜全·呈才舞圖笏記』, 국립국악원, 1980.
『呈才舞圖笏記』, 한국정신문화연구원, 1994.
『樂學軌範』, 국립출판부, 1956.
『樂學軌範』, 一潮閣, 2001.
『慈慶殿進爵整禮儀軌』, 서울大學校 奎章閣, 1996.
『樂學軌範』, 『韓國音樂學資料叢書』 권26, 국립국악원, 1989.
『樂學軌範』, 韓國古典叢書(復元版)Ⅱ, 詩歌類 原本 影印, 大提閣, 1973.

단행본

國立國樂院, 『세종장헌대왕실록악보·세조혜장대왕실록악보』, 한국음악학자료총서 권20, 1989.
國立國樂院, 『建元1400年 開院50年 國立國樂院史』, 국립국악원, 2001.
『國譯樂學軌範』, 민족문화추진위원회, 1979.
『궁중무용무보』 제1집, 국립국악원, 1986.
『궁중무용무보』 제2집, 국립국악원, 1987.
『궁중무용무보』 제3집, 국립국악원, 1987.
『궁중무용무보』 제4집, 국립국악원, 1992.
『궁중무용무보』 제5집, 국립국악원, 1993.
『궁중무용무보』 제6집, 국립국악원, 1993.
『궁중무용무보』 제7집, 국립국악원, 1994.
『궁중무용무보』 제8집, 국립국악원, 1997.
『궁중무용무보』 제9집, 국립국악원, 1999.
『궁중무용무보』 제10집, 국립국악원, 2003.
『궁중무용무보』 제11집, 국립국악원, 2004.
『궁중무용무보』 제12집, 국립국악원, 2005.
『궁중무용무보』 제13집, 국립국악원, 2009.
金英云, 『國樂學論叢: 寬齋 成慶麟 先生九旬 記念』, 은하출판사, 2000.
琴章泰, 『朝鮮前期의 儒學思想』, 서울대학교 출판부, 1997.
김기수, 『종묘제례악』, 국립국악원, 1980.
김기수, 『한국음악』 제25집, 국립국악원, 1989.
김매자, 『韓國舞踊史』, 삼신각, 1995.
김영희 외 4인, 『한국춤통사』, 보고사, 2015.
김운미, 『한국교육무용사』, 한학문화, 1998.
김재은, 예술교육과 무용, 미간행 문화예술진흥원, 1994.
김정완·하루미, 『심소 김천흥의 해맑은 삶』, 민속원, 2009.
김종수, 『조선시대 궁중연향과 여악 연구』, 민속원, 2001.
김천흥, 『심소김천흥 무악칠십년』, 민속원, 1997.
김천흥, 『심소김천흥 선생님의 우리춤 이야기』, 민속원, 2005,
문숙희, 『고려말 조선초 시가와 음악형식』, 학고방, 2009.
문숙희, 『시용향악보 복원 악보집』, 학고방, 2012.

문숙희, 『종묘제례악의 원형과 복원』, 학고방, 2011.
문화재청, 『중요무형문화재해설』, 음악편, 문화재관리국, 1985.
박정혜, 『조선시대 궁중기록화 연구』, 일지사, 2000.
박정혜 외 2인. 『조선시대 진연진찬진하병풍』, 국립국악원, 2000.
서인화, 『조선시대 음악풍속도 Ⅰ』, 韓國音樂學資料叢書 권37, 민속원, 2002.
서인화, 『조선시대 음악풍속도 Ⅱ』, 韓國音樂學資料叢書 권38, 민속원, 2004.
서인화 외, 『조선시대 진연 진찬 진하병풍』, 한국음악학자료총서 35권, 국립국악원, 2000.
서인화 · 윤진영, 『조선시대 연회도』, 국립국악원, 2001.
성경린, 『국악감상』, 국민음악연구회, 1976.
성경린, 『한국의 무용』, 세종대왕기념사업회, 2000.
성경린, 『韓國의 舞踊』, 교양국사편찬위원회, 1994.
성무경, 『교방가요』, 보고사, 2002.
성무경 외, 『완역집성 정재무도홀기』, 보고사, 2005.
손선숙, 『궁중정재 교육방법론』, 한국문예연구소 학술총서(3), 학고방, 2007.
손선숙, 『궁중정재 용어연구』, 한국무용사학회 학술총서(11), 민속원, 2008.
손선숙, 『궁중정재의 복원과 재현 : 이론과 실제』, 학고방, 2012.
손선숙, 『궁중정재용어사전』, 민속원, 2005.
송방송, 『의궤 속의 우리 춤과 음악을 찾아서 : 조선의궤의 해제와 색인』, 보고사, 2008.
송방송, 『조선왕조정재사연구』, 보고사, 2013.
송방송, 『증보 한국음악통사』, 민속원, 2007.
송방송, 『韓國音樂學序說』, 민속원, 2001.
송방송, 『증보한국음악통사』, 세광음악출판사, 1986.
송방송, 『한국음악통사』, 일조각, 1984.
宋芳松, 『韓國音樂史論叢』, 민속원, 1999.
宋芳松 · 金鍾洙, 『國譯純祖己丑進饌儀軌』 卷一, 2007.
송방송 · 김종수, 『국역 순조기축진찬의궤』 권1, 민속원, 2007.
송방송 · 손선숙, 『궁중홀기 속의 우리 춤과 음악찾기』, 보고사, 2009.
송방송 외 2인, 『국역 순조기축진찬의궤』 권2, 민속원, 2007.
송방송 외 3인, 『국역 순조기축진찬의궤』 권3, 민속원, 2007.
양태순, 『고려가요의 음악적 연구』, 이화문화사, 1997.
李敏弘, 『韓國 民族樂舞와 禮樂思想』, 집문당, 1997.
이성천, 『국악사』, 국민음악연구회, 1976.
이성천, 『한국전통음악형성론』, 민속원, 2004.
이순림, 『심소 김천흥의 춘앵전』, 민속원, 2008,
이의강, 『국역순조무자진작의궤』, 보고사, 2006.
이재룡, 『조선 예의 사상에서 법의 통치까지』, 예문서원, 1995.
李在淑 外著, 『조선조 궁중의례와 음악』, 서울대학교출판부, 1999.
李惠求, 『國譯樂學軌範』, 민족문화추진위원회, 1980.
이혜구, 『井間譜의 井間 · 大綱 및 長短』, 세광음악출판사, 1987.
이혜구, 『한국음악서설』, 서울대학교 출판부, 1967.
이혜구 역, 『세종장헌대왕실록 악보』 22, 세종대왕기념사업회, 1973.

이혜구 역주, 『신역 악학궤범』, 국립국악원, 2000.
이흥구 · 손경순, 『조선궁중무용 Ⅰ』, 열화당, 2000.
이흥구 · 손경순, 『조선궁중무용 Ⅱ』, 은하출판사, 2003.
이흥구 · 손경순, 『한국궁중무용총서(1)』, 보고사, 2008.
이흥구 · 손경순, 『한국궁중무용총서(2)』, 보고사, 2009.
이흥구 · 손경순, 『한국궁중무용총서(3)』, 보고사, 2009.
이흥구 · 손경순, 『한국궁중무용총서(4)』, 보고사, 2009.
이흥구 · 손경순, 『한국궁중무용총서(5)』, 보고사, 2009.
이흥구 · 손경순, 『한국궁중무용총서(6)』, 보고사, 2009.
이흥구 · 손경순, 『한국궁중무용총서(7)』, 보고사, 2009.
이흥구 · 손경순, 『한국궁중무용총서(8)』, 보고사, 2010.
이흥구 · 손경순, 『한국궁중무용총서(9)』, 보고사, 2010.
이흥구 · 손경순, 『한국궁중무용총서(10)』, 보고사, 2010.
이흥구 · 손경순, 『한국궁중무용총서(11)』, 보고사, 2010.
이흥구 · 손경순, 『한국궁중무용총서(12)』, 보고사, 2010.
이흥구 · 손경순, 『한국궁중무용총서(13)』, 보고사, 2011.
이희병, 『조선조 궁중무용사』, 민속원, 2010.
인남순, 『국역고종정해진찬의궤』, 보고사, 2008.
張師勛, 『국악논고』, 서울대학교 출판부, 1966.
장사훈, 『세종조의 음악연구』, 서울대학교출판사, 1982.
張師勛, 『增補韓國音樂史』, 世光音樂出版社, 1986.
장사훈, 『최신 국악총론』, 세광음악출판사, 1985.
張師勛, 『韓國舞踊概論』, 대광문화사, 1992.
張師勛, 『韓國傳統舞踊硏究』, 一志社, 1979.
장정수, 『한국전통무용의 변천과 전승』, 보고사, 2005.
전인평, 『한국음악 장단의 역사와 논리』, 중앙대학교출판부, 2005.
전통예술원, 『한국 중세사회의 음악문화: 조선전기 편』, 한국예술종합학교 전통예술원, 2002.
전통예술원 편저, 『궁중음악의 음악학적 연구』, 민속원, 2007.
정병호, 『춤사위』, 한국문화예술진흥원, 1981.
정병호, 『한국의 전통춤』, 집문당, 1999.
정은혜, 『呈才研究 Ⅰ』, 대광문화사, 1993
조규익, 『조선조 악장의 문예미학』, 민속원, 2005.
조규익 · 문숙희 · 손선숙, 『세종대왕의 봉래의 그 복원과 해석』, 민속원, 2015.
조규태, 『용비어천가 개정판』, 한국문화사, 2007.
조남권 · 김종수, 『악기』, 민속원, 2001.
조원경, 『무용예술』, 해문사, 1967.
지두환, 『조선전기 의례연구: 성리학 정통론을 중심으로』, 서울대학교출판부, 1996.
車柱環, 『高麗史』「樂志」, 乙酉文化社, 1972.
한국예술종합학교 전통예술원, 『高宗辛丑進宴儀軌』 卷一, 민속원, 2001.
한국예술종합학교 전통예술원, 『국역헌종무신진찬의궤』, 민속원, 2004.
한국정신문화연구원, 『呈才舞圖笏記』, 한국정신문화연구원, 1994.

한국정신문화연구원, 『한국민족문화대백과사전』, 한국정신문화연구원출판부, 1994.
韓亨周, 『朝鮮初期國家祭禮硏究』, 一潮閣, 2002.
허영일, 『완역집성정재무도홀기』, 보고사, 2005.
허영일, 『한국전통무용의 변천과 전승』, 보고사, 2005.
황준연, 『조선조 정간보 연구』, 서울대학교출판부, 2009.

논문

김 용, "한국(韓國)의 문화(文化) : 고악(古樂), 무보(舞譜)의 육대강(六大綱)에 나타난 일무술어(佾舞術語)의 등시성(等時性)에 관(關)한 연구(硏究): 『시용무보(時用舞譜)』의 무절구조(舞節構造)와 『세조실록악보(世祖實錄樂譜)』의 「종묘악(宗廟樂)」을 中心으로," 『韓國思想과 文化』 50권, 한국사상문화학회, 2009.
김 용, "한국궁중무용의 춤사위 기록법 연구: 『시용무보』의 술어를 중심으로," 『韓國思想과 文化』 33집, 한국사상문화학회, 2006.
김경희, "〈鳳來儀〉의 역사적 변천과 의미," 『한국음악연구』 제29집, 한국국악학회, 2001.
김명숙, "춘대옥촉의 재현에 관한 고찰," 『무용예술학연구』 8, 한국무용예술학회, 2001.
김세종, "세종대 〈용비어천가〉의 창제배경과 음악화 과정 연구," 『고시가연구』 제24집, 한국고시가문학회, 2009.
김세종, "『세종실록악보』의 치화평1·2·3에 대한 고찰: 박과 장구의 장단구조를 중심으로," 『한국음악연구』 제33집, 한국국악학회, 2003.
김승우, "〈용비어천가(龍飛御天歌)〉향유, 수용양상의 특징과 그 의미: 봉래의(鳳來儀) 정재를 중심으로," 『韓國詩歌硏究』 제23집, 한국시가학회, 2007.
김승우, "〈용비어천가〉의 제작 기반 연구: 선행 악장(樂章)에 대한 평가와 활용 양상," 『민족문화연구』, 고려대학교 민족문화연구원, 2009.
김승우, "세종조 〈용비어천가(龍飛御天歌)〉 보수(補修)의 정황과 실상," 『어문논집』, 민족어문학회, 2009.
김윤희·윤종대·정철규·윤필규, "효명세자의 정재 창작과 사상적 배경," 『움직임의철학: 한국체육철학회지』 17(3), 한국체육철학회, 2009.
김은자, "철종대 진찬례와 정재무도홀기 연구," 『국악원논문집』 25집, 국립국악원, 2012.
김은자, "朝鮮後期 平壤敎坊의 規模와 公演活動," 『한국음악사학보』 제31집, 한국음악사학회, 2003.
김은자·박태규·이정인, "악무를 통해 본 한·중·일의 문화 비교: 배(船)를 소재로 한 악무를 중심으로," 『韓國音樂史學報』 42집, 한국음악사학회, 2009.
김종수, "19세기-20세기 초 궁중연향의 악가무차비(樂歌舞差備) 고찰: 여령을 중심으로," 『한국음악연구』 32집, 한국국악학회, 2002.
김종수, "외연과 내연의 의례구성과 특징(Ⅰ)," 『韓國音樂史學報』 제29집, 한국음악사학회, 2002.
김종수, "세종조 신악(新樂)의 전승 연구," 『온지논총』 제3집, 1997.
김종수, "세종조 아악정비가 여민락·보태평·정대업에 끼친 영향," 『한국문화』 제9집, 서울대학교 한국문화연구소, 1988.
김종수, "외연과 내연의 의례구성과 특징(Ⅱ)," 『韓國音樂史學報』 제30집, 한국음악사학회, 2003.

김죽엽, "문헌별 홀기해석에 의한 포구락 진행절차 비교분석," 『한국무용연구』 28집, 한국무용연구회, 2010.
김채현, "국립국악원의 정재 전승양상: 정기공연을 중심으로" 『국악원논문집』 제27집, 국립국악원, 2013.
김학주, "『시경』을 중심으로 본 중국 고대의 예·악·무" 『한국무용사학』 13, 한국무용사학회, 2012.
남후선·김순영, "봉래의, 향발무, 학무 복식의 복색사상," 『복식』 제55권 6호, 한국복식학회, 2005.
문숙희, "16세기 이전 보허자의 리듬변천에 관한 연구," 『한국음악연구』 제43집, 한국국악학회, 2008.
문숙희, "기본박 찾기를 통한 고악보 정간보의 리듬해석 고찰," 『한국음악사학보』 제45집, 한국음악사학회, 2010.
문숙희, "보태평과 정대업의 종합적인 고찰," 『온지논총』 제26집, 온지학회, 2010.
문숙희, "『세종실록악보』 여민락의 음악형식과 그 변천에 대한 고찰," 『한국음악연구』 제41집, 한국국악학회, 2007.
문숙희, "『세종실록악보』 〈봉래의(鳳來儀)〉의 음악적 구성," 『공연문화연구』 제27집, 공연문화학회, 2013.
문숙희, "세종창제 신악은 어떤 음악인가?" 『공연문화연구』 제26집, 공연문화학회, 2013.
문숙희, "『시용향악보』 대국1·2·3과 구천 그리고 별대왕의 리듬 고찰," 『한국음악사학보』 제42집, 한국음악사학회, 2009.
문숙희, "시용향악보 수록악곡의 음악양식," 『한국음악사학보』 제48집, 한국음악사학회, 2012.
문숙희, "정간보의 시가해석 재고," 『한국음악연구』 제45집, 한국국악학회, 2009.
문숙희, "종묘제례악 귀인류의 원형과 그 변천에 관한 연구," 『한국음악연구』 제46집, 한국국악학회, 2009.
문숙희, "종묘제례악 기명과 독경의 음악적 변천에 관한 연구," 『한국음악사학보』 제41집, 한국음악사학회, 2008.
문숙희, "진작류 악곡의 리듬해석과 음악: 진작, 치화평, 봉황음, 횡살문, 자하동, 이상곡, 성황반, 내당, 잡처용에 한하여," 『한국음악연구』 제50집, 한국국악학회, 2011.
문숙희, "취풍형의 리듬에 관한 연구," 『한국음악연구』 제53집, 한국국악학회, 2013.
문숙희, "현악여민락의 리듬변천에 관한 연구," 『한국음악사학보』 제40집, 한국음악사학회, 2008.
박은영, "김천흥과 김진향의 〈춘앵전〉 춤사위 비교연구," 『대한무용학회논문집』 70집(5호), 대한무용학회, 2012.
박은영, "〈춘앵전〉 춤동작 이수고저의 미적 의미," 『움직임의철학: 한국체육철학회지』 17집(3), 한국체육학회, 2009.
박자은, "朝鮮時代 宮中呈才와 禮樂思想: 정재의 역사적 변천을 중심으로," 『한국무용연구』 26(2), 한국무용연구회, 2008.
박진태, "한국 공연문화 정책사 序說," 『공연문화연구』 제15집, 한국공연문화학회, 2007.
박태규, "일본의 궁중악무 「신소리코(進蘇理古)」 연구: 무구 스하에(白楚)와 춤동작을 중심으로," 『우리춤과 과학기술』 29집, 한양대학교 우리춤연구소, 2015.
박태규·이도남, "일본의 궁중악무 부가쿠(舞樂)에 관한 연구: 「다규라쿠(打毬樂)」를 중심으로," 『일본문화연구』 42집, 동아시아일본학회, 2012.
배성한, "고종 임진(壬辰) 근정전(勤政殿) 외진찬의 의례구성과 공간 연구," 『한국무용연구』 31

집, 한국무용연구회, 2013.

백현순, "당악정재(唐樂呈才) 포구악(抛毬樂)에 대한 고찰," 『한국체육학회지』 37집(1), 한국체육학회, 1998.

사진실, "궁중정재(宮中呈才)의 공연공간과 연출원리," 『한국음악연구』 38집, 한국국악학회, 2005.

서인화, "조선시대 궁중연향도에 나타난 공연양식: 「신축진연도병(辛丑進宴圖屛)」(1901)을 중심으로," 『무용역사기록학』 9집, 무용역사기록학회, 2005.

성기숙, "조선후기 궁중정재의 극장공간성 연구: 純祖 己丑 慈慶殿 進饌儀를 中心으로," 『대한무용학회회논문집』(29), 대한무용학회, 2001.

성무경, "조선후기 呈才와 歌曲의 관계: 19세기 현상에 주목하여," 『韓國詩歌研究』(14), 한국시가학회, 2003.

성윤선, "조선조 정재악장에 표현된 봄의 상징성," 『한국무용사학』 8집, 한국무용사학회, 2008.

손선숙, "20세기 초 궁중정재의 발현양상 : 1931년도 영상자료를 중심으로," 『한국무용사학』 제11호, 한국무용사학회, 2010.

손선숙, "검기무 · 공막무 · 첨수무 정재도 연구," 『우리춤과 과학기술』 34집, 우리춤연구소, 2016.

손선숙, "交旋舞에 대한 研究 : 문헌적 근거를 중심으로," 『韓國舞踊協會學術論文集』(8), 한국무용협회, 2001.

손선숙, "宮中呈才動作用語의 反復性에 대한 研究: 呈才舞圖笏記를 中心으로," 『韓國舞踊協會學術論文集』(5), 한국무용협회, 1998.

손선숙, "궁중정재 무원구성의 변화양상," 『한국무용사학』 제5집, 韓國舞踊史學會, 2006.

손선숙, "宮中呈才에 나타난 人舞 研究," 『韓國音樂史學報』 제29집, 韓國音樂史學會, 2002.

손선숙, "宮中呈才用語에 대한 研究 I : 同一呈才用語의 해석차이를 중심으로," 『대한무용학회논문집』 제39집(6), 대한무용학회, 2004.

손선숙, "宮中呈才用語에 대한 研究 II : 呈才用語 內容에 나타나는 區分性을 중심으로," 『韓國音樂史學報』 제25집, 韓國音樂史學會, 2000.

손선숙, "宮中呈才用語解釋에 대한 재검토," 『韓國舞踊史學』 제1집, 한국무용사학회, 2003.

손선숙, "궁중정재의 교육적 수용범위와 한계에 따른 기본적 이해" 『한국황실학논총』 제8집, 황실학회, 2007.

손선숙, "궁중 학무에 나타난 마임적 요소," 『공연문화연구』 제18집, 한국공연문화학회, 2009.

손선숙, "보상무 정재도 연구 : 『進爵儀軌』 · 『進宴儀軌』 · 『進饌儀軌』를 중심으로," 『무용예술학연구』 제14집, 한국무용예술학회, 2004.

손선숙, "〈봉래의〉 치화평 사방회무 춤의 양식화를 위한 방안모색," 『공연문화연구』 27집, 한국공연문화학회, 2013.

손선숙, "세종시대 〈봉래의〉의 무용구조 고찰," 『대한무용학회논문집』 71(2), 대한무용학회, 2013.

손선숙, "수연장 정재도 연구: 『進爵儀軌』 · 『進宴儀軌』 · 『進饌儀軌』를 중심으로," 『한국무용사학』 제4집, 韓國舞踊史學會, 2005.

손선숙, "악학궤범 〈봉래의〉 여민락 무의 이동구조 탐색," 『한국무용기록학회지』 제23집, 한국무용기록학회, 2011.

손선숙, "악학궤범 〈봉래의〉 치화평무의 복원 및 재현을 위한 고무보 고찰," 『한국무용기록학회지』 25집, 한국무용기록학회, 2012.

손선숙, "악학궤범에 수록된 정재무도의 기록양상," 『한국무용기록학회지』 제11집, 한국무용기록학회, 2006.
손선숙, "『악학궤범』 전인자후인자 실연구조," 『한국무용기록학회지』 제29집, 한국무용기록학회, 2013.
손선숙, "악학궤범 취풍형무의 회무 연구," 한국무용기록학회, 『한국무용기록학회지』 제28집, 한국무용기록학회, 2013.
손선숙, "『악학궤범』에 수록된 정재무도의 기록양상," 『한국무용기록학회지』 제11집, 한국무용기록학회, 2006.
손선숙, "『악학궤범』을 토대로 한 처용무의 재창작," 『한국무용사학』 제10호, 한국무용사학회, 2009.
손선숙, "연화대 재연의 실제와 문제점, 나아갈 방향," 『한국문학과 예술』 제17집, 한국문예연구소, 2015.
손선숙, "의궤의 검기무 정재도 연구," 『한국무용기록학회지』 제14집, 한국무용기록학회, 2008.
손선숙, "의궤 정재도 가인전목단의 도상학적 연구," 『한국동방학』 제15집, 한국동방학회, 2008.
손선숙, "의궤 정재도의 도상학적 연구(Ⅰ): 〈가인전목단〉·〈몽금척〉·〈무고〉·〈아박무〉·〈포구락〉을 중심으로" 『무용역사기록학』 36집, 무용역사기록학회, 2015.
손선숙, "의궤 정재도의 도상학적 연구(Ⅱ): 〈보상무〉·〈수연장〉·〈장생보연지무〉·〈향령무〉·〈헌선도〉를 중심으로" 『무용역사기록학』 37호, 무용역사기록학회, 2015.
손선숙, "의궤 정재도의 도상학적 연구(Ⅲ): 〈관동무〉·〈광수무〉·〈무산향〉·〈무애무〉·〈선유락〉·〈연화대무〉·〈처용무〉·〈초무〉·〈춘앵전〉·〈침향춘〉·〈학무〉·〈향발무〉 정재도를 중심으로," 『무용역사기록학』 제40호, 무용역사기록학회, 2016.
손선숙, "정재무보체계의 보완과 방안마련연구(Ⅰ): 〈몽금척〉 정재의 대형을 중심으로," 『무용예술학연구』 제20집, 한국무용예술학회, 2007.
손선숙, "정재무보체계의 보완과 방안마련연구(Ⅱ): 〈포구락〉 정재의 이동을 중심으로," 『한국무용사학』 제8집, 한국무용사학회, 2008.
손선숙, "정재사 동작의 이론적 토대마련과 실기방안연구," 『한국무용기록학회지』 제12집, 한국무용기록학회, 2007.
손선숙, "정재무보체계의 보완과 방안마련연구(Ⅲ): 〈장생보연지무〉의 정재의 방향을 중심으로," 『한국음악사학』 제39집, 한국음악사학회, 2008.
손선숙, "정재춤동작의 변화와 계승," 『정재연구회논문집(1)』, 정재연구회, 2007.
손선숙, "조선초기 당악정재의 도입부종결부의 무진무퇴 고찰," 『무용예술학연구』 44집, 한국무용예술학회, 2013.
손선숙, "조선초기 당악정재의 도입부종결부의 춤사위 기록 양상," 『한국무용기록학회지』 30집, 한국무용기록학회, 2013.
손선숙, "조선초기 대무배무 구조고찰," 『무용역사기록학』 34집, 무용역사기록학회, 2014.
손선숙, "조선초기 정재춤사위의 기록양상," 『한국무용기록학회지』 32집, 한국무용기록학회, 2014.
손선숙, "조선초기 죽간자 기록유형," 『한국무용사학』 14집, 한국무용사학회, 2013.
손선숙, "조선후기 당악과 향악의 이중적 음악구성 정재연구," 『대한무용학회논문집』 제74권5호, 대한무용학회, 2016.
손선숙, "조선후기 정재의 무적구조 변화양상," 『한국문학과 예술(창간호)』, 숭실대학교 한국전통문예연구소, 2008.

손선숙, "조선후기 정재춤동작 분포현황," 『무용예술학연구』 제18집, 한국무용예술학회, 2006.

손선숙, "조선후기 진주 교방의 정재공연양상," 『한국음악사학보』 46집, 한국음악사학회, 2011.

손선숙, "처용무 춤동작의 기록과 현행양상," 『한국무용사학』 제9집, 한국무용사학회, 2008.

손선숙, "春鶯囀 硏究: 春鶯囀 舞譜를 中心으로," 『韓國舞踊敎育學會誌』 10(2), 한국무용교육학회, 1999.

손선숙, "〈포구락〉 무도와 홀기의 연관성 연구," 『한무용기록학회지』 제8호, 한국무용기록학회, 2005.

손선숙, "포구락 정재도 연구: 『進爵儀軌』·『進饌儀軌』·『進宴儀軌』를 중심으로," 『한국무용사학』 3집, 한국무용사학회, 2004.

손선숙, "향령무 정재도 연구," 『韓國音樂史學報』 제38집, 韓國音樂史學會, 2007.

손선숙, "현행 정재에 나타난 散作花舞 硏究," 『韓國音樂史學報』 제30집, 韓國音樂史學會, 2003.

손선숙, "現行呈才에 나타난 새로운 呈才用語에 대한 硏究 : 문헌적 근거를 중심으로," 『韓國舞踊敎育學會誌』 13(1), 한국무용교육학회, 2002.

손선숙, "협무[무용수] 6인 구성 정재의 정재도 연구," 『우리춤과 과학기술』 31집, 우리춤연구소, 2016.

송방송, "조선후기 여민락계 악곡의 전승 양상: 실록(實錄)·의궤(儀軌)·홀기(笏記)를 중심으로," 『한국음악연구』 제41집, 한국국악학회, 2007.

송혜진, "조선시대 왕실음악의 시공간과 향유의 특징: 조선전기 용악(用樂)의 차등(差等) 사례를 중심으로," 『동양예술』 18집, 한국동양예술학회, 2012.

신경숙, "순조 조 외연의 한글 악장: 효명세자의 작품을 중심으로," 『韓國詩歌硏究』 15집, 한국시가학회, 2004.

신대철, "용비어천가의 음악과 그 전승," 『용비어천가와 세종의 국가 경영』, 한국학중앙연구원 출판부, 2011.

안태욱, "朝鮮宮中宴享圖의 特徵과 性格," 『東岳美術史學』 13집, 동양미술사학회, 2012.

오용록, "문묘제례악의 한배 변화와 그 배경에 대한 고찰," 『국악교육』 제4권 제1호, 한국국악교육연구학회, 2010.

유정숙, "일무 구조에 관한 음양오행학적 연구," 『대한무용학회논문집』 제24(1), 대한무용학회, 1998.

이명성, "조선후기 궁중공연예술의 공연형태," 『동양문화연구』 18권, 영산대학교 동양문화연구원, 2014.

이미영, "왕비의 코믹발레와 학연화대처용합설무 작품양식연구," 『무용예술학연구』(3), 한국무용예술학회, 1999.

이미영, "현행 일무의 예악사상에 관한 연구," 『대한무용학회논문집』 제26(1), 대한무용학회, 1999.

이민홍, "동아시아 일무의 예악론적 함의와 미학," 한국예술종합학교 세계민족연구소 학술심포지움, 『2016학술심포지움』, 2016.

이병기, "시용향악보의 한 고찰," 『한글』 제115호, 한글학회, 1955.

이보형, "한국 민속음악 장단의 대강박. 박. 분박(소박)에 대한 전통 기보론적 고찰," 『국악원 논문집』 제4집, 국립국악원, 1992.

이성천, "한국전통음악의 창작방법에 관한 연구 Ⅲ-〈치화평〉과 〈취풍형〉," 『한국전통음악형성론』, 민속원, 2004.

이승열, "處容舞의 歷史的 傳承과 辟邪의 특징," 『국립국악원논문집』(4), 1992.
이애경 · 임승희, "정치 · 문화 · 사회학적 관점에서의 봉래의 가치연구," 『무용예술학연구』 제17집, 한국무용예술학회, 2006.
이애현, "〈수연장〉의 변천에 대한 연구," 『한국 근 · 현대 전통무용의 변천과 전승』, 세계민족무용연구소, 2005.
이의강, "정재연출형식에 대한 탐색 試論," 세계민족무용연구소, 2005.
이종숙, "舞鼓의 構成과 動態," 『동양예술』 2호, 동양예술학회, 2000.
이종숙, "「시용무보」 구성체제의 사상성 분석," 『동양예술』 제6호, 한국동양예술학회, 2002.
이종숙, "오행으로 본 처용무의 해석," 『선사와 고대』 10집, 한국고대학회, 1998.
이종숙, "조선조(朝鮮朝) 궁중악무(宮中樂舞)의 대륙문화(大陸文化) 수용(受用) 범구(範購)," 『동양예술』 5집, 한국동양예술학회, 2002.
이종숙, "종묘제례악 일제강점기 왜곡 과정 연구," 『梨花史學硏究』 30집, 이화사학연구소, 2003.
이종숙, "한국의 문화 : 조선 방위형 춤의 오행적 특징 -5인 정재무도(呈才舞圖)의 상변을 중심으로," 『한국사상과 문화』 35집, 한국사상문화학회, 2006.
이진원, "정간보의 시가 해독," 『한국음악사학보』 제50집, 한국음악사학회, 2013.
이현정, "궁중무용에 나타난 음양오행사상에 관한 연구: 정대업 · 무고 · 처용무를 중심으로" 梨花女子大學校 大學院, 석사학위논문, 1993.
이혜구, "세종실록과 금합자보의 여민락장단," 『중앙대논문집』 제35집, 중앙대학교 인문과학연구소, 1992.
이혜구, "세종실록 봉래의의 장단과 속도," 『중앙음악연구』 Vol.8-9, 2000.
이혜구, "여민락고," 『한국음악연구』, 국민음악연구소, 1957.
이혜구, "여민락 장단의 변천," 『音樂論壇』 5집, 한양대학교 음악연구소, 1991.
이혜구, "용비어천가의 형식: 치화평과 취풍형에 기하여," 『아세아연구』 제8집 제1호, 고려대학교 아세아문제연구소, 1965.
이혜구, "용비어천가의 형식," 『한국음악서설』, 서울대학교 출판부, 1975.
이혜구, "정간보의 한 정간이 한 박이냐?" 『한국음악사학보』 제33집, 한국음악사학회, 2004.
이혜구, "치화평과 진작," 『한국음악논고』, 서울대학교 출판부, 1995.
이혜구, "한국 정재의 음악: 봉래의에 기하여," 『고전희곡연구』 제6집, 한국고전희곡학회, 2003.
이화진, "『시경(詩經)』에서 나타나는 민간악무(民間樂舞)와 궁중제례악무(宮中祭禮樂舞) 고찰: 「풍(風)」, 「송(頌)」을 중심으로," 『대한무용학회논문집』 72(6), 대한무용학회, 2014.
임미선, "船遊樂과 漁父詞," 『문헌과 해석』 8호, 문헌과 해석사, 1999.
임미선, "조선조 정재의 반주형태," 『이혜구박사 9순기념 음악학논총』, 이혜구학술상운영위원회, 1998.
임수정, "조선시대 궁중검무의 유형별 고찰(考察)," 『우리춤과 과학기술』 9집, 한양대학교 우리춤연구소, 2009.
임재해, "시용향악보 소재 무가류시가 연구," 『한민족어문학』 제9집, 한민족어문학회, 1982.
임주탁, "高麗後期 宮中文化와 高麗歌謠" 『精神文化硏究』 21(4), 1998.
전인평, "세종시대의 장단 연구," 『관재 성경린선생구순기념 국악학논총』, 국악고등학교동창회, 2000.
전인평, "세종실록 봉래의의 장단과 속도," 『중앙음악연구』 제8 · 9집 통합본, 중앙대학교 중앙음악연구소, 2000.

전인평, "우리 시대 장단 틀에서 보이는 세종시대의 장단," 『음악과 문화』 제12집, 세계음악학회, 2005.

전인평, "정간보에 관한 연구," 『한국음악학논문집』, 한국정신문화연구원, 1982.

전인평, "향악장구형 鼓搖鞭雙의 뿌리," 『한국학연구』 제8집, 고려대학교 한국학연구소, 1996.

정용수, "OSMU 방식의 문화콘텐츠 제작 연구: OSMU 활용을 위한 부산 설화의 기초 연구 -부산이 삼신산 봉래의 고장이다," 『석당논총』 42집, 2008.

정진원, "치화평 상에 나타난 『용비어천가』 텍스트의 종결구조 분석," 『텍스트언어학』 2, 한국텍스트언어학회, 1994.

정화순, "초기 정간보의 역학적(易學的) 해석을 위한 시도," 『한중철학』 창간호, 한중철학회, 1995.

정화순, "致和平의 排字 方法에 관하여," 『淸藝論叢』 제9집, 청주대학교 예술문화연구소, 1995.

조경아, "무고(舞鼓) 정재의 가무악 요소에 담긴 의미와 그 역사성," 『한국무용사학』 13집, 한국무용사학회, 2012.

조경아, "純祖代 呈才 創作樣相: 중국 문헌의 수용을 중심으로" 『한국음악사학보』 31집, 한국음악사학회, 2003.

조경아, "순조대 효명세자 대리청정시 정재의 연행양상," 한국음악사학회 학술발표, 2004.

조경아, "일제강점기 기록을 통해 본 검무의 계승양상," 『韓國音樂史學報』 51집, 한국음악사학회, 2013.

조경아, "정도전 악장 정재의 가무악 요소에 담긴 상징과 비유," 『무용역사기록학』 제33집, 한국무용역사기록학회, 2014.

조경아, "정재의 가무악(歌舞樂) 요소에 담긴 상징과 비유(Ⅰ): 헌선도를 중심으로," 『무용예술학연구』 32집, 한국무용예술학회, 2011.

조경아, "조선후기 내연(內宴)과 외연(外宴)의 정재 구성 비교," 『무용역사기록학』 34집, 한국무용역사기록학회, 2014.

조경아, "조선후기 儀軌를 통해 본 呈才 연구," 韓國學中央硏究院 韓國學大學院, 박사학위논문, 2009.

조경아, "조선후기 의궤의 정재도(呈才圖) 기록 현황," 『무용예술학연구』 37집, 한국무용예술학회, 2012.

조규익, "궁중정재의 선계 이미지 그 지속과 변이의 양상," 『한국문학과 예술』 1집, 숭실대학교 한국문예연구소, 2008.

조규익·문숙희·손선숙, "가무악 융합에 바탕을 둔 〈봉래의〉 복원 연구," 『공연문화연구』 제28집, 한국공연문화학회, 2014.

조규익, "〈봉래의〉 악장 연구(1)," 『온지논총』 제31집, 온지학회, 2012.

조규익, "鮮初 樂章의 장르적 性格," 『崇實語文』(7), 1990.

조규익, "조선조 악장과 음악관," 『溫知論叢』(7), 2001.

조규익, "조선조 악장과 呈才의 문예미적 상관성 연구," 『韓國詩歌硏究』(10), 2001.

조흥욱, "악장의 향유 방식에 대한 연구," 『語文學論叢』 19집, 국민대학교 어문학연구소, 2000.

조흥욱, "〈용비어천가〉의 음악적 쓰임에 대한 연구," 『어문학논총』 제22집, 국민대학교 어문학연구소, 2003.

조흥욱, "용비어천가의 창작 경위에 대한 연구: 국문가사와 한문가사 창작의 선후관계를 중심으로," 『어문학논총』, 국민대학교 어문학연구소, 2001.

최선·서은미, "宮中舞踊 抛毬樂의 時代的 特性 比較,"『韓國舞踊教育學會誌』15(1), 韓國舞踊教育學會, 2004.
최진영, "헌선도와 만수무의 관련양상," 세계민족무용연구소, 2005.
한윤희, "궁중정재 춘앵전의 구조적 분석연구,"『한국무용연구』27집, 한국무용연구회, 2009.
홍정수, "대강보(大綱譜)의 절주방식(節奏方式),"『한국음악사학보』제11집, 한국음악사학회, 1993.
황준연, "三機曲의 사설붙임,"『조선조 정간보 연구』, 서울대학교 출판부, 2010.
황준연, "조선전기의 음악,"『한국음악사』, 대한민국예술원, 1985.
황준연, "조선조 정간보의 시가에 대한 통시적 고찰,"『조선조 정간보 연구』, 서울대학교출판문화원, 2009.
황준연, "치화평(3)과 취풍형의 관계,"『예술논문집』1, 부산대학교 예술대학, 1984.
황준연, "향당교주 연구,"『국악원논문집』제8집, 국립국악원, 1996.

학위논문

구사회, "한국악장문학연구," 동국대학교 박사논문, 1991.
金希璟, "朝鮮時代呈才史料硏究," 영남대학교 석사학위논문, 1995.
金熙淑, "唐樂呈才 獻仙桃의 歷史的 變遷에 관한 考察," 상명여자사범대학교 석사학위논문, 1981.
김난희, "韓國獅子춤과 中國獅子춤의 比較연구," 이화여자대학교 석사학위논문, 1994.
김미나, "舞譜를 通한 處容舞의 構成型式에 關한 연구," 전북대학교 석사학위논문, 1986.
김수진, "鶴蓮花臺處容合設舞의 思想的 背景에 관한 硏究," 이화여자대학교 석사학위논문, 1995.
김승우, "〈용비어천가〉의 성립과 수용·변전 양상," 고려대학교 박사학위논문, 2010.
김율희, "조선 세종조 궁중정재 창사에 나타나는 예악사상(禮樂思想) 연구," 이화여자대학교 석사학위논문, 2002.
김진환, "春鶯囀 硏究," 한성대학교 석사학위논문, 2000.
김현주, "〈世宗樂譜〉와 〈大樂後譜〉에 나타난 향악곡의 제2선율 고찰 : 致和平·鳳凰吟·眞勺·横殺門·井邑·紫霞洞에 기하여," 부산대학교 석사학위논문, 1992.
김현주, "唐樂呈才 獻仙桃에 관한 硏究," 동덕여자대학교 석사학위논문, 1999.
문영주, "舞山香과 春鶯囀 比較硏究," 상명여자대학교 교육대학원석사학위논문, 1995.
박금숙, "교과 간 통합을 통한 여민락 지도방안 연구," 한국교원대학교 교육대학원 석사학위논문, 2010.
박은선, "抛毬樂에 관한 考察," 이화여자대학교 교육대학원석사학위논문, 1989.
박은영, "春鶯囀에 관한 硏究," 이화여자대학교 대학원, 1985.
변계원, "致和平 一. 二. 三과 醉豊亨에 관한 연구 : 세종시대 창작기법에 관한 연구," 서울대학교 석사학위논문, 1994.
서혜욱, "處容舞의 變遷過程에 관한 歷史的 硏究," 중앙대학교 석사학위논문, 1992.
손선숙, "궁중정재의 교육방법 연구," 단국대학교 박사학위논문, 2007.
신대철, "조선조의 고취와 고취악," 한국학 중앙연구원 박사학위논문, 1995.
이명희, "處容舞의 時代的 變遷過程," 숙명여자대학교 석사학위논문, 1999.
李美英, "抛毬樂과 寶相舞의 比較硏究," 청주대학교 석사학위논문, 1986.

이종숙, "〈時用舞譜〉의 舞節 構造分析과 現行 宗廟佾舞의 비교 硏究" 용인대학교박사학위논문, 2002.
정은혜, "처용무의 동양 사상적 분석을 통한 무의 연구," 경희대학교 박사학위논문, 1995.
趙南奎, "樂學軌範과 呈才舞蹈笏記상에 나타난 處容舞에관한 硏究," 한양대학교 석사학위논문, 1989.
조정임, "春鶯囀 服食考," 이화여대 석사학위논문, 1982.
최선미, "朝鮮朝 宮中呈才服飾硏究: 處容舞·蓮花臺·鶴舞를 中心으로," 이화여자대학교 석사학위논문, 1992.
崔恩姬, "壽延長에 관한比較硏究," 이화여자대학교 교육대학원 석사학위논문, 1980.
허연희, "궁중무용의 춤사위연구 및 전승문제," 청주대학교 석사학위논문, 1986.
홍혜선, "宮中呈才의 構成形式에 관한 硏究," 중앙대학교 교육대학원 석사학위논문, 1987.

영상 및 공연자료

CL.VT-0175. 전통무용 제8집(궁중무용), 한국문화예술위원회 예술자료원, 1981.
A004603. 한국의 음악과 무용, 국립국악원자료실, 2006.
A004652. 토요상설-협종형, 국립국악원자료실, 2006.
A004689. 토요상설-협종형, 국립국악원자료실, 2006.
A004692. 제500회 무형문화재 무대종목공연-예인 시대를 초월한 향기, 국립국악원자료실, 2006.
A004670. 토요상설-협종형, 국립국악원자료실, 2007.
A004852. 토요상설-무역형, 국립국악원자료실, 2007.
A004990. 토요상설-협종형, 국립국악원자료실, 2007.
A005092. 토요상설-무역형, 국립국악원자료실, 2007.
A004479. 국립국악원 토요상설 국악공연 실황자료, '한국의 음악과 무용' 국립국악원자료실, 2008.
A005177. 국립국악원 정월대보름 2008산대희(山臺戲), 국립국악원자료실, 2008.
A005267. 제28차 국제출판협회(IPA)세계총회, 국립국악원자료실, 2008.
A005616. 토요상설공연-이칙형, 국립국악원자료실, 2009.
A005699. 토요상설공연-이칙형, 국립국악원자료실, 2009.
A005757. 토요상설공연-이칙형, 국립국악원자료실, 2009.
A006830. 왕조의 꿈 태평서곡, 국립국악원자료실, 2009.
A005876. 2010국립국악원 정월대보름 공연-달꿈, 보름땅, 국립국악원자료실, 2010.
A006183. 왕조의 꿈 태평서곡, 셋째잔[第三爵], 국립국악원자료실, 2010.
A006467. 왕조의 꿈 태평서곡, 셋째잔[第三爵], 국립국악원자료실, 2011.
A006945. 왕조의 꿈, 태평서곡, 셋째잔[第三爵], 국립국악원자료실, 2012.
A007497. 2014국립국악원무용단정기공연-사제동행, 국립국악원자료실, 2014.
B001788, 전통무용발표회, 1993.12.3.
B001799, 우리가락 우리춤, 1995.03.24.
B001831, 전통무용발표회, 1996.03.26.
B001806, 정재제전 : 궁중의 한나절 정취를 찾아서, 1999.11.25.

A008334, 풍류사랑방 수요춤전: 詩·畵·舞 -붓놀림, 춤으로 살아나다, 2016.3.2.
A002307, 피리정악 궁중정재 발표회, 2000.10.6.
A001749, 전통무용발표회, 1982.4.7.
〈학연화대합설무〉, 문화재청 영상자료(DVD), 2005.12.
KBS 제16회 국악춘추, 자료번호 934, 국립국악원자료실, 1993.7.20.
KBS 제94회 국악춘추, 자료번호 840, 국립국악원자료실, 1993.1.7.
KBS국악한마당, 자료번호 1218, 국립국악원자료실, 1996.5.17.
국립국악원 고음악연주회, '18세기 종묘제례악,' 국립국악원, 2006.
국립국악원 기획공연, '고종대례의 대한의 아들,' 국립국악원예악당, 2015.4.16~18.
국립국악원 기획공연, '궁의태교 왕후의 뜨락,' 국립국악원예악당, 2013.9.6.
국립국악원 기획공연, '정재, 조선의 역사를 품다,' 2012.6.28~29.
국립국악원 상설공연, 자료번호 1153, 국립국악원자료실, 1994.3.19.
국립국악원 상설공연, 자료번호 1300, 국립국악원자료실, 1996.5.14.
국립국악원 상설국악공연, '타,' 자료번호 624, 국립국악원자료실, 1991.5.18.
국립국악원 상설국악공연, 자료번호 1288, 국립국악원자료실, 1996.2.10.
국립국악원 상설국악공연, 자료번호 213, 국립국악원자료실, 1988.10.22.
국립국악원 상설국악공연, 자료번호 281, 국립국악원자료실, 1989.3.4.
국립국악원 상설국악공연, 자료번호 427, 국립국악원자료실, 년도미상, 3.17.
국립국악원 상설국악공연, 자료번호 617, 국립국악원자료실, 1991.4.20.
국립국악원 상설국악공연, 자료번호 722, 국립국악원자료실, 1992.3.7.
국립국악원 신축청사 개관기념공연. 자료번호 141, 국립국악원자료실, 1988.3.12.
국립국악원 전통무용발표회, 자료번호 232. 국립국악원자료실, 1998.12.8.
국립국악원 전통무용발표회, 자료번호 4, 국립국악원자료실, 1981.5.18.
국립국악원 정기공연, '新,宮中呈才 전통의 경계를 넘어,' 국립국악원예악당, 2013.9.26~27.
국립국악원 토요상설공연, 자료번호 1417, 국립국악원자료실, 1997.3.1.
국립국악원 토요상설공연, 자료번호 1433, 국립국악원자료실, 1997.4.5.
국립국악원 토요상설공연, 자료번호 1799, 국립국악원자료실, 1999.3.6.
국립국악원 토요상설공연, 자료번호 749, 국립국악원자료실, 1992.5.2.
국립국악원 특별기획공연, '〈봉래의〉 봉황이여 오라,' 국립국악원영상자료, 국립국악원자료실, 2007.2.24.
국립국악원공연, '97, 정재 그 원형과 춤의 아름다움,' 자료번호 1531, 국립국악원자료실.
국립국악원공연, '세종조 회례연,' 2013.5.11~12.
국립국악원공연, '정재제전 정재와 의식무용,' 국립국악원예악당, 1997.4.9.
국립국악원공연, '정재제전, 정재 그 원 형과 춤의 아름다움,' 국립국악원예악당, 1997.10.23~24.
국립국악원공연, '세종조 회례연,' 국립국악원자료실, 2013.5.11~12,
국립국악원공연, '고종대례의 대한의 아들,' 국립국악원예악당. 2015.4.16~18.
국립국악원공연, '광복50주년기념 신춘국악대공연,' 자료번호 1201, 국립국악원자료실, 1995.2.19~20.
국립국악원공연, 국립국악원소극장, 1996.10.10.
국립국악원공연, '궁의태교 왕후의 뜨락,' 국립국악원예악당; 2014.3.20.
국립국악원공연, '신춘국악대전,' 자료번호 717, 국립국악원자료실, 1994.2.21.

국립국악원공연, '영성제,' 국립국악원예악당. 2015.8.19.

국립국악원공연, '정재, 조선의 역사를 품다,' 국립국악원자료실, 2012.6.28~29.

국립국악원정악단 정기공연, 국립국악원예악당, 2014.3.20.

국립국악원정악단 정기공연, 국립국악원예악당, 2013.9.6.

국립국악원정악단 정기연주회, '세종대왕이 창제한 찬란한 문화유산 여민락 〈봉래의〉,' 2006.10.11.

국립국악원화요상설 중요무형문화재정기공연, 제205회 김명숙무용발표회, 국립국악원우면당, 1997.9.9.

궁중정재발표회, 자료번호 10, 국립국악원자료실, 공연일자미상.

김창하의 달 기념 정재연구회공연, 자료번호 2187, 국립국악원자료실, 2000.11.28.

김천흥춤보존회, '조선의 마지막 舞童 심초 김천흥 5주년 추모문화제 〈손만 들어도 홍이요 발만 들어도 멋이라〉,' 국악박물관 특별전시실, 2012.10.19~12.18.

舞童呈才와 朝鮮舞樂, 심소 김천흥선생 기증자료 1931년 조선총독부촬영본 무성필름. 한국춤문화자료원 〈NO.13 PI-FNS-13,2〉, 〈NO.3 PI-FNS-3,2〉

舞童呈才와 朝鮮舞樂, 심소 김천흥선생 기증자료 1931년 조선총독부촬영본 무성필름. 한국문화예술위원회 아르코예술정보관 〈DVD 1618〉, 〈DVD 1628〉

손선숙의 춤, 국립국악원우면당, 1997.5.13.

손선숙의 춤, 국립국악원우면당, 1999.12.21.

손선숙의 춤, '궁중악무와 민속의 향연,' 〈봉래의〉발표, 중요무형문화재전수회관 풍류극장. 2014.3.15.

손선숙의 춤, '궁중악무와 민속의 향연,' 〈포구락 포구희의 독무춤〉발표, 중요무형문화재전수회관 풍류극장; 2013.3.13.

손선숙의 춤, '궁중악무의 복원과 창작 그리고 민속,' 〈좌우불전이무춤[3인무]〉발표, 중요무형문화재전수회관 풍류극장; 2010.11.13.

손선숙의 춤, '궁중악무의 복원과 창작, 그리고 민속,' 〈포구락 포구희의 좌우무춤〉발표, 우리소리극장; 2011.3.12.

손선숙의 춤, '봉래의&궁중정재아카데미 響·感·化,' 중요무형문화재전수회관 풍류극장, 2016.3.19.

숭실대학교한국문예연구소 〈봉래의〉 복원학술공연, '〈세종의 꿈, 봉황의 춤사위타고 하늘로 오르다〉,' 국립국악원, 2013.11.21.

숭실대학교한국문예연구소, '고려 및 조선노래 복원 연주회,' 노래박물관, 국립국악원우면당, 2011.12.

이흥구궁중정재발표회, 호암아트홀, 1996.9.17.

전통무용발표회, 자료번호 232, 국립국악원자료실, 1988.12.8.

전통무용발표회, 자료번호 483, 국립국악원자료실, 년도미상, 11.30.

제10회 아시아경기대회 문화예술축전, '국악의 향연,' 자료번호 50, 국립국악원자료실, 1986.9.29.

한국무용사학회 학술발표, '『악학궤범』 봉황음 중기의 〈처용무〉발표,' 국립민속박물관, 2008.12.5.

한국학중앙연구원 세종리더십연구소, '해석이 있는 세종의 음악세계,' 한국학중앙연구원대강당, 2012.11.27.

신문기사 및 인터넷자료

【매일신보 1911.05.25】, 【매일신보 1912.04.29】, 【매일신보 1913.11.02】, 【매일신보 1913.11.13】, 【매일신보 1914.01.29】, 【매일신보 1914.02.11】, 【매일신보 1915.09.24】, 【매일신보 1915.09.24】, 【매일신보 1917.10.30】.

YouTube 인터넷사이트(https://www.youtube.com)

국립국악원 인터넷사이트(http://www.gugak.go.kr)

국사편찬위원회 인터넷사이트(http://100.daum.net)

네이버백과사전 인터넷사이트(http://dic.naver.com)

다음백과사전 인터넷사이트(http://100.daum.net)

문화재청 인터넷사이트(http://www.cha.go.kr)

문화콘텐츠닷컴 인터넷사이트(http://www.culturecontent.com)

위키백과 인터넷사이트(http://ko.wikipedia.org)

조선왕조실록 인터넷사이트(https://sillok.history.go.kr)

한국민족문화대백과사전 웹사이트(http://encykorea.aks.ac.kr)

한국콘텐츠진흥원 인터넷사이트(http://www.culturecontent.com)

사진 및 자료 제공

국립국악원

궁중정재아카데미

봉래의보존회

사) 세종마을가꾸기회

숭실대학교 한국문학과예술연구소

손경순예전무용단

자연칼라 정주원 사장님

사)중요무형문화재 제40호〈학연화대합설무〉 보존회

사)한국춤문화자료원

한국문화예술위원회 예술자료원(국립예술자료원)

찾아보기

ㄱ

ㅁ

ㅇ

ㅌ

손선숙 孫善淑, Seonsuk Son(무용학박사: Ph.D)

조선대학교 무용과(학사) 및 동 대학원(석사)

단국대학교 대학원 무용학박사(Ph.D) 취득

현 중요무형문화재 제40호 〈학연화대합설무〉 이수자, 숭실대학교 연구교수

봉래의보존회 및 궁중정재아카데미 대표

ssson1359@hanmail.net

필자는 『고려사』「악지」·『악학궤범』·『정재무도홀기』 그리고 조선후기 의궤를 중심으로 50여 궁중정재를 고증연구로 복원하고, 정재교육과 정재 인프라를 구축하기 위한 다양한 연구와 학술 공연을 병행하고 있음.

저서 『궁중정재용어사전』(2005), 『궁중정재 교육방법론』(2007), 『궁중정재 용어연구』(2008), 『홀기 속의 우리 춤과 음악찾기』(2009), 『궁중정재의 복원과 재현: 이론과 실제』(2012), 『세종대왕의 봉래의 그 복원과 해석』(2015).

논문 "宮中呈才動作用語의 反復性에 대한 硏究: 呈才舞圖笏記를 中心으로(1998)," "春鶯囀 硏究(1999)," "宮中呈才用語에 대한 硏究Ⅱ : 呈才用語 內容에 나타나는 區分性을 중심으로(2000)," "交旋舞에 대한 硏究 : 문헌적 근거를 중심으로(2001)," "現行呈才에 나타난 새로운 呈才用語에 대한 硏究(2002)," "현행정재에 나타난 散作花舞 硏究(2003)," "보상무 정재도 연구(2004)," "포구락무도와 홀기의 연관성 연구(2005)," "궁중정재 무원구성의 변화양상(2006)," "궁중정재의 교육적 수용범위와 한계에 따른 기본적 이해(2007)," "정재 무보체계의 보완과 방안마련연구(2008)," "『악학궤범』을 토대로 한 처용무의 재창작(2009)," "20세기 초 궁중정재의 발현양상(2010)," "악학궤범 〈봉래의〉 여민락 무의 이동구조 탐색(2011)," "악학궤범 〈봉래의〉 치화평무의 복원 및 재현을 위한 고무보 고찰(2012)," "세종시대 〈봉래의〉의 무용구조 고찰(2013)," "가무악 융합에 바탕을 둔 〈봉래의〉 복원 연구(2014)," "연화대 재연의 실제와 문제점, 나아갈 방향(2015)," "궁중정재의 문화재 지정을 위한 문헌고증방안 모색(2016)," 외 다수.

학술복원공연(주요작품) 『악학궤범』 鳳凰音 中機의 처용무(2008), 좌우불전이무춤:3인무(2010), 포구락 포구희의 좌우무춤(2011), 포구락 포구희의 독무춤(2013), 세종조 봉래의(2013), 봉래의 독무춤(2017)

숭실대학교한국문학과예술연구소 학술총서 55

한국궁중무용사

2017년 6월 9일 초판 1쇄 발행

지은이 손선숙
펴낸이 김흥국
펴낸곳 도서출판 보고사

책임편집 황효은
표지디자인 오동준

등록 1990년 12월 13일 제6-0429호
주소 경기도 파주시 회동길 337-15 보고사 2층
전화 031-955-9797(대표), 02-922-5120~1(편집), 02-922-2246(영업)
팩스 02-922-6990
메일 kanapub3@naver.com/bogosabooks@naver.com
홈페이지 http://www.bogosabooks.co.kr

ISBN 979-11-5516-667-3 93600

정가 30,000원